普通高等教育"十一五"国家级规划教材
黑龙江省首届出版精品工程奖
黑龙江省第十届优秀图书奖

污染控制微生物学

（第4版）

编著　任南琪　马　放　杨基先
　　　王爱杰　李建政　马汐萍
　　　冯玉杰　王继华

哈尔滨工业大学出版社

内 容 提 要

本书除介绍了微生物的形态结构、生理特征、新陈代谢、生长繁殖和遗传变异等知识外,还叙述了难降解物质的降解与转化规律、废水生物处理基本原理和新工艺、新技术及生物修复等方面内容,反映了国内外最新研究成果。此外,还首次在污染控制微生物学中阐述了微生物生态学的基本原理。

本书可作为高等学校的市政工程、环境工程和环境科学等学科本科生和研究生的教材,同时,还可供从事环境保护工作的科研人员、技术人员和相关的工程设计人员参考。

图书在版编目(CIP)数据

污染控制微生物学/任南琪编著. —4 版. —哈尔滨:哈尔滨工业大学出版社,2011.12(2022.1 重印)
(市政与环境工程系列丛书)
ISBN 978-7-5603-1801-1

Ⅰ.①污… Ⅱ.①任… Ⅲ.①环境污染-污染控制-微生物学 Ⅳ.①X506

中国版本图书馆 CIP 数据核字(2011)第 012730 号

责任编辑　贾学斌
封面设计　卞秉利
出版发行　哈尔滨工业大学出版社
社　　址　哈尔滨市南岗区复华四道街 10 号　邮编 150006
传　　真　0451-86414749
网　　址　http://hitpress.hit.edu.cn
印　　刷　哈尔滨市工大节能印刷厂
开　　本　787 mm×1 092 mm　1/16　印张 28.5　字数 680 千字
版　　次　2004 年 9 月第 1 版　2011 年 12 月第 4 版
　　　　　2022 年 1 月第 10 次印刷
书　　号　ISBN 978-7-5603-1801-1
定　　价　48.00 元

(如因印装质量问题影响阅读,我社负责调换)

第4版说明

近几年,随着环境污染防治理论与技术的发展,生物处理技术得到了更广泛、深入地研究,而作为其重要的支撑学科——"污染控制微生物学",就需要不断地加以补充和完善。因此,有必要将本书作适当的调整,一方面是适应相关领域研究和应用的需要,另一方面是力求面向广大学生读者,并突出本书的特色。

为此我们从内容到结构都有一定的调整,补充了产能代谢及微生物生长繁殖规律的基础理论,增加了厌氧微生物学的最新研究成果等。同时,在附录中增加了2003~2011年硕士及2006年博士研究生入学考试试题。

本书自第1版发行以来,得到了广大读者的关注和好评,并已被多所高校相关专业作为教材,同时给予我们极大的鼓励与支持,又提出宝贵的意见。另外,本书再版期间,哈尔滨工业大学出版社给予了大力支持和帮助,在此一并表示深深的感谢。本书再版是由哈尔滨工业大学市政环境工程学院环境科学与工程学环境生物技术学科的集体讨论,最后由任南琪、马放、杨基先、王继华执笔并审稿。

本书尽管再版,也难免有疏漏及不妥之处,恳请广大读者及时批评指正,以便于本书的更加完善。

作 者

2011年11月

前 言

20世纪80年代以来,我国在污染控制微生物学方面的深入研究促进了污染控制工程领域的进一步发展,利用污染控制微生物学研究和开发的新技术、新工艺相继出现。同时,污染控制工程的深入研究也扩展和充实了本学科的研究范畴和基础理论,使本学科发生日新月异的变化,并对本学科提出了更新的要求。

污染控制微生物学是一门实践性很强的学科,与污染控制工程有着密切联系。因此,在本书编写中除介绍基础理论、基础知识和基本技能外,还力求联系实际,反映本学科领域的最新成就。本书汲各家所长,结合自己的教学和科研实践经验,本着污染控制工程的实际需要,增添了与污染控制工程科学研究和运行管理等有关的内容和理论。

本书除介绍了有关微生物的形态结构和生理特征外,还对以下问题进行了较深入的讨论:微生物的产能代谢、物质代谢与代谢调节;微生物的培养;微生物生态学基本原理;细菌的基因重组;难降解物质的降解与转化规律;各种生物处理工艺技术及生物类群;好氧生物处理基本原理;厌氧生物处理新技术,以及非产甲烷细菌和产甲烷细菌的生理、生态学特征;生物脱氮、除磷基本原理和工艺技术;生物修复技术。在某些章节中,融入了作者近年来的科研成果和观点,并反映了国内外最新研究成果,有些内容在同类著作中至今还尚未涉足,但从现代污染控制工程的角度来看,这部分内容具有较重要的实际意义。

本书中的大部分章节已在哈尔滨工业大学、辽宁大学等学校讲授过多年,而今,为了适应市政工程、环境工程等工程类学科以及环境科学等理科类学科在新形势下的不同需要撰写了本书。本书得以促成撰写,用于教学并正式出版,要感谢国际水协会(IWQ)理事、国际水科学院终身院士、哈尔滨工业大学王宝贞教授的鼓励与指导,辽宁大学周大石教授、蒋志学教授的悉心指教。三位老先生的理论与著作在本书的撰写过程中给予了莫大的启迪与帮助,在此向三位老先生表示衷心的感谢。本书既阐述了微生物学基础理论和应用,又系统地介绍了污染控制的生物处理工艺和技术,可供读者根据不同学科的需要选择所需章节作为详读和简读。此外,某些理论较深的章节可作为市政工程、环境工程和环境科学等学科研究生的学习内容。

参加本书编写的有哈尔滨工业大学任南琪、马放、杨基先、李建政、冯玉杰,辽宁大学马沙萍。编写分工是:马放第1、2、3章,杨基先第4、5、15章,任南琪第6、7、8章,冯玉杰第9章,李建政第10、12、14章,马沙萍第11、13章,最后由任南琪、马放、杨基先统稿。

本书可以作为市政工程、环境工程、环境科学等学科的教材或参考教材,并可作为非生物专业的市政工程和环境工程学科的研究生和从事环境保护与给排水工程设计人员的参考书。

由于时间紧迫,作者水平有限,书中不妥之处在所难免,敬请专家学者、广大师生和读者批评指正。

作 者

2002年10月

目　　录

第1章　绪论 ··· (1)
　　1.1　污染控制微生物学的研究对象和任务 ··· (1)
　　1.2　污染控制中的微生物作用 ·· (2)
　　1.3　微生物概述 ·· (3)
　　1.4　微生物学的发展简史 ·· (8)
　　1.5　污染控制微生物学的发展简史 ·· (10)
　　思考题 ·· (11)
第2章　原核微生物 ··· (12)
　　2.1　细菌 ·· (12)
　　2.2　放线菌 ·· (26)
　　2.3　鞘细菌 ·· (30)
　　2.4　滑动细菌 ··· (33)
　　2.5　蓝细菌 ·· (34)
　　2.6　光合细菌 ··· (36)
　　思考题 ·· (36)
第3章　真核微生物 ··· (37)
　　3.1　真菌 ·· (37)
　　3.2　藻类 ·· (43)
　　3.3　原生动物 ··· (48)
　　3.4　后生动物 ··· (52)
　　思考题 ·· (54)
第4章　非细胞生物——病毒 ··· (55)
　　4.1　病毒的形态结构 ·· (55)
　　4.2　病毒的增殖 ·· (57)
　　4.3　影响水中病毒存活的因素 ·· (60)
　　4.4　水中病毒的去除与破坏 ··· (61)
　　4.5　微生物主要类群形态特征比较 ·· (62)
　　思考题 ·· (62)
第5章　微生物的营养 ·· (63)
　　5.1　微生物的营养物质 ··· (63)
　　5.2　微生物细胞的化学组成 ··· (65)
　　5.3　物质的运输 ·· (65)
　　5.4　微生物的营养类型 ··· (67)

5.5 培养基 …………………………………………………………………… (69)
   思考题 …………………………………………………………………… (72)

第6章 微生物的代谢 …………………………………………………… (73)
6.1 微生物的酶和酶促反应 ………………………………………………… (73)
6.2 化能异养型微生物的产能代谢——发酵与呼吸 ……………………… (87)
6.3 化能自养型微生物的产能代谢 ……………………………………… (102)
6.4 微生物的有机物质代谢 ……………………………………………… (104)
6.5 代谢调节 ……………………………………………………………… (110)
   思考题 …………………………………………………………………… (113)

第7章 微生物的生长繁殖 …………………………………………… (114)
7.1 微生物纯培养的生长 ………………………………………………… (114)
7.2 微生物的生长曲线 …………………………………………………… (117)
   思考题 …………………………………………………………………… (125)

第8章 微生物的生态 ………………………………………………… (126)
8.1 自然环境中的微生物生态分布 ……………………………………… (126)
8.2 微生物个体的生态条件 ……………………………………………… (139)
8.3 微生物种群的生存竞争 ……………………………………………… (161)
8.4 微生物群落的生态的演替 …………………………………………… (169)
8.5 生态系统 ……………………………………………………………… (171)
8.6 微生物与自然界中的物质循环 ……………………………………… (176)
8.7 环境微生物分子生态学 ……………………………………………… (178)
8.8 水的卫生细菌学 ……………………………………………………… (209)
   思考题 …………………………………………………………………… (223)

第9章 微生物的遗传和变异 ………………………………………… (225)
9.1 微生物的遗传 ………………………………………………………… (225)
9.2 微生物的突变 ………………………………………………………… (230)
9.3 细菌的基因重组 ……………………………………………………… (234)
9.4 基因工程在环境科学与工程中的应用 ……………………………… (239)
   思考题 …………………………………………………………………… (247)

第10章 微生物对难降解物质的降解与转化 ……………………… (248)
10.1 有机污染物的生物降解性 …………………………………………… (248)
10.2 微生物对自然界中难降解物质的分解与转化 ……………………… (251)
10.3 微生物对石油化工废水中烃类化合物的分解与转化 ……………… (254)
10.4 微生物对合成有机化合物的分解与转化 …………………………… (257)
10.5 微生物对无机污染物的转化 ………………………………………… (261)
   思考题 …………………………………………………………………… (267)

第11章 废水生物处理基本原理和主要微生物类群 ……………… (268)
11.1 废水生物处理基本原理 ……………………………………………… (268)

11.2 好氧生物处理 ………………………………………………………… (270)
11.3 氧化塘 …………………………………………………………………… (285)
11.4 厌氧生物处理简介 …………………………………………………… (292)
11.5 废水生化处理中主要微生物类群 …………………………………… (293)
思考题 ………………………………………………………………………… (299)

第12章 厌氧生物学原理及厌氧生物处理技术 …………………………… (300)
12.1 非产甲烷细菌 ………………………………………………………… (300)
12.2 产甲烷细菌 …………………………………………………………… (303)
12.3 厌氧生物处理微生物生态学 ………………………………………… (307)
12.4 厌氧生物处理工艺学 ………………………………………………… (310)
思考题 ………………………………………………………………………… (353)

第13章 水体的富营养化和氮磷的去除 …………………………………… (354)
13.1 水体富营养化 ………………………………………………………… (354)
13.2 生物脱氮 ……………………………………………………………… (359)
13.3 生物除磷 ……………………………………………………………… (364)
思考题 ………………………………………………………………………… (367)

第14章 污染控制微生物学的应用 ………………………………………… (368)
14.1 微污染水源水的生物预处理 ………………………………………… (368)
14.2 污染控制微生物学在废水处理中的应用 …………………………… (372)
14.3 污染控制微生物学在大气治理中的应用 …………………………… (379)
14.4 微生物在固体废弃物处理中的应用 ………………………………… (383)
思考题 ………………………………………………………………………… (385)

第15章 生物修复技术 ………………………………………………………… (386)
15.1 概述 …………………………………………………………………… (386)
15.2 生物修复技术的原理 ………………………………………………… (389)
15.3 生物修复的可行性研究 ……………………………………………… (399)
15.4 生物修复工程技术 …………………………………………………… (401)
15.5 海洋石油污染的生物修复 …………………………………………… (405)
15.6 无机污染物的生物积累和生物吸着 ………………………………… (407)
15.7 湖泊的生物修复 ……………………………………………………… (411)
15.8 污染土壤的植物修复 ………………………………………………… (413)
思考题 ………………………………………………………………………… (420)

附录 ……………………………………………………………………………… (421)
附录一 2003年哈尔滨工业大学硕士研究生入学考试试题 ……………… (421)
附录二 2004年哈尔滨工业大学硕士研究生入学考试试题 ……………… (423)
附录三 2005年哈尔滨工业大学硕士研究生入学考试试题 ……………… (426)
附录四 2006年哈尔滨工业大学硕士研究生入学考试试题 ……………… (429)
附录五 2006年哈尔滨工业大学博士研究生入学考试试题 ……………… (432)

附录六	2007年哈尔滨工业大学硕士研究生入学考试试题	(433)
附录七	2008年哈尔滨工业大学博士研究生入学考试试题	(436)
附录八	2009年哈尔滨工业大学博士研究生入学考试试题	(439)
附录九	2010年哈尔滨工业大学博士研究生入学考试试题	(441)
附录十	2011年哈尔滨工业大学博士研究生入学考试试题	(443)

参考文献 ………………………………………………………………………… (445)

第1章 绪 论

1.1 污染控制微生物学的研究对象和任务

污染控制微生物学是环境污染治理与微生物学相结合而产生发展起来的一门边缘性学科,属于环境微生物学的研究范畴,重点是研究污染控制工程中涉及的微生物学问题,是在普通微生物学的基础上,着重研究栖息在自然环境、受污染环境和人工处理系统中的微生物生态、环境的自净作用、环境污染及其生物处理工程中的微生物学原理。

微生物学(microbiology)是研究微生物及其生命活动规律的一门基础学科。研究的内容涉及微生物的形态结构、分类鉴定、生理生化、生长繁殖、遗传变异、生态分布,微生物各类群之间、微生物与其他生物之间及微生物与环境之间的相互作用、相互影响的复杂关系等,目的是为了更好地认识、利用、控制和改造微生物,造福于人类。而污染控制微生物学是研究环境污染治理中的微生物,虽然有其特殊性,但它也离不开普通微生物学的基本原理,只有掌握这些基本原理,才能在此基础上把微生物学原理应用到污染控制中去。本学科就是要在学习微生物学原理的基础上,着重讨论与环境污染控制有关的微生物学问题。微生物在整个自然界的物质循环和转化过程中起着巨大的作用,作为分解者,是整个生物圈维持生态平衡不可缺少的部分。不难想象,如果没有微生物的分解作用,地球上将会尸骨遍野,堆积如山,人类将无法生存和发展。正是因为分解转化的作用,我们才能够利用微生物进行环境污染的生物处理,使污染物得以去除,环境得到净化。参与环境污染净化的微生物主要有细菌、真菌、藻类和原生动物等类群,它们彼此之间、它们同污染物之间构成了种种复杂关系,而且微生物本身又在污染的环境中生长繁殖,不断演变,所以,阐明微生物自身的生长变化规律以及与环境的复杂关系是本学科的主要任务之一。具体来讲,就是要搞清楚被污染环境中微生物的种类、生态分布、生长繁殖和遗传变异的规律,同时,还要阐明污染控制的作用机理。

事物的发展总是辩证的,大多数微生物对人类是有益的。例如,在酿造业、石油发酵、抗生素药品生产中,特别是在环境污染控制等方面,微生物都起着重要作用。但是有少数微生物是有害的,例如,病原微生物*(病毒、细菌、霉菌、变形虫的某些种)能引起人类和牲畜等动植物产生疾病;环境中的蓝藻、绿藻和甲藻等中的某些种,若极度生长,将引起湖泊发生"水华"和海洋发生"赤潮";硫细菌和铁细菌能造成管道的生物腐蚀和堵塞等。因此,如何最有效地去除环境中有害于人类健康的病原微生物,防止和控制微生物造成的危害,也是污染控制微生物学研究的主要任务之一。此外,如何发挥学科的支撑作用,开发新的处理工艺,解决处理中的微生物学问题,把微生物的新技术应用到污染控制工程中去,也属于本学科亟待研究解决的问题之一。

---

* 能够引起人或动植物产生疾病的微生物,叫病原微生物

1.2 污染控制中的微生物作用

1.2.1 在给水排水工程中的作用

给水工程和排水工程(废水处理)二者虽然在工程设施和工艺流程方面各不相同,但目的都是解决水源的无害化问题。

1.2.1.1 在给水工程中的作用

水是生命的源泉,是国民经济发展和人类生存的一个基本条件。在 5.1 亿 km^2 的地球总表面积中,71%被水覆盖,因此,人们把地球称为水球。但是,这些水中的 97.3%是海水,淡水仅占地球总水量的 2.7%,而淡水中能够被人类开采利用的只有 0.2%。随着人类的进步、科学的发展,环境污染也日趋严重,出现了全球性的水资源危机。特别是在人口稠密的大城市,用于生活的饮用水和工业生产用水的水量日益增大,水的供需之间矛盾越来越大。1977 年联合国曾向全世界发出警告:"水资源匮乏将成为一种严重的社会危机"。联合国大会已从 1993 年开始,将每年的 3 月 22 日定为世界水日,足可见水资源危机的严重性。在我国,像北京、上海、天津、沈阳、哈尔滨、青岛、深圳等许多大城市都普遍存在水资源短缺和供水不足的问题,加之水污染的严重性更使水资源危机加深,同时,也使给水的净化增加很大的困难。评价给水水质的一个重要内容就是水的卫生细菌学标准,这也是污染控制微生物学中的一项重要内容。水是病原微生物主要的传播媒介,如伤寒、痢疾、霍乱和腹泻等疾病,就是由于水中存在的细菌性病原体引起的。所以,给水工作者都应具备水的卫生细菌学知识,了解水中病原微生物的生长及传播规律,进而掌握消毒和杀菌的方法,以保证饮水卫生,防止疾病蔓延。水中往往存在致突变污染物,这些物质可以利用微生物检测出来。另外,藻类大量滋生时会堵塞给水厂的滤池,并会使水中带有异味或增加水的色度、浊度等,因此,在给水工程中应尽可能除去这些微生物,以提供符合标准的生活饮用水和工业生产用水。同时,也可利用工程菌形成固定化生物活性炭,来消除水中的微量有机物;利用微生物生产生物絮凝剂,取代无机和有机絮凝剂,以进一步提高饮用水水质。

1.2.1.2 在排水工程中的作用

排水工程主要是对废水进行处理,去除废水中的各种污染物,达到无害化的目的。废水处理有物理、化学和生物等多种方法,其中生物处理法占有很重要的地位。生物处理法的基本原理就是利用各种微生物的分解作用,对废水中的污染物进行降解和转化,使之矿化且使水中的重金属得以适当转化。由于生物处理法具有高效、经济等优点,因此被普遍采用。

生物处理法主要包括活性污泥法、生物膜法(生物转盘、生物滤池、接触氧化)、自然处理法(氧化塘、氧化沟等)、厌氧消化法等等。在实际处理中,可以根据被处理的废水性质以及各种处理法的特点来选择较为适宜的组合式处理工艺。另外,在受污染水体的生物修复技术中,微生物起着极为重要的作用。

1.2.2 在土壤净化工程中的作用

土壤是生态环境的重要组成部分,是人类赖以生存的主要资源之一,也是物质、生物、地球化学循环的储存库,对环境变化具有高度的敏感性。

由于农业上不断增加化肥、农药的使用量,工业废水的农田排放、有毒有害固体废物的堆放与填埋所引起的有毒有害物质的泄漏等原因,造成了土壤环境质量的日益恶化。特别是在油田地区,土壤油污染十分严重。被污染的土壤通过对地表水和地下水形成二次污染和经土壤-植物系统由食物链进入人体,直接危及人体健康。因此,土壤生态环境的保护与治理已引起人们的普遍关注,土壤污染治理技术研究与开发,已成为当前国内外环境保护领域的热点课程,如利用土壤微生物或筛选驯化的工程菌来进行污染土壤修复的生物修复技术研究就是其中之一。

1.2.3 在污染空气净化工程中的作用

空气与人类的生存息息相关,空气质量对人类健康有着直接的影响。空气中缺乏微生物可直接利用的营养物质,微生物不能独立地在空气中生长繁殖,它不是微生物生长繁殖的天然环境,所以,空气中没有固定的微生物种群。正因如此,利用微生物对污染空气进行净化并不普遍,但在可控条件下采用微生物处理法还是比较经济、高效的。例如,城市垃圾中转站的恶臭空气,可以通过向空气中喷洒有效菌群加以净化;在污泥消化过程中产生的含H_2S的气体,也可以通过生物滤塔得以净化。

另外,在"废水"、"废气"、"废物"的资源化、废旧物质的回收利用,以及环境污染防治中的生物监测与评价等方面,微生物将发挥更大的作用。

随着人类社会的发展和科学的进步,特别是现代化工业的出现,人类的物质生活条件大大改善,同时,也造成了日益严重的环境污染,尤其是水污染已成为严峻的社会问题。现在人们已经充分认识到,环境污染治理离不开微生物的作用。就目前的研究来看,污染控制微生物学的研究大致有以下几方面的内容:

① 自然环境以及污染环境中的微生物生态学;
② 污染控制中的微生物学原理以及微生物资源的开发与利用;
③ 特种废水的处理技术以及高效、经济、节能废水处理技术的开发与应用;
④ 生物工程和一些微生物新技术在污染控制中的应用;
⑤ 环境中有害微生物的去除以及病原微生物的快速检测技术;
⑥ 废水及固体废弃物生物处理过程中的减量化和资源化技术。

随着研究的不断深入,微生物在污染控制方面将发挥更为巨大的作用。因此,从事污染控制工作的科技人员和研究者都应该具备扎实的微生物学知识。本着这一宗旨,在阐述微生物学基本概念、基础理论和基本方法的同时,着重讨论微生物学在污染控制中的应用。

1.3 微生物概述

1.3.1 微生物的定义

微生物(microorgnisms)一词并非生物分类学上的专用名词,而是指所有形体微小单细胞的,或个体结构较为简单的多细胞,甚至无细胞结构的,必须借助光学显微镜甚至电子显微镜才能观察到的低等生物的通称。因此,微生物类群十分复杂,其中包括不具备细胞结构的病毒,单细胞的细菌和蓝细菌,属于真菌的酵母菌和霉菌,单细胞藻类和原生动物、后生动物等。

1.3.2 原核微生物与真核微生物

如果按细胞核结构和细胞器分化程度的不同,可将全部生物分为两大类,即原核生物(procaryotic organisms)和真核生物(eucaryotic organisms)。同样,微生物也被分为原核微生物和真核微生物两大类。

凡是细胞核发育不完全,仅有一个核物质高度集中的核区(叫拟核结构),不具核膜,核物质裸露,与细胞质没有明显的界限,没有分化的特异细胞器,只有膜体系的不规则泡沫结构,不进行有丝分裂的细胞称为原核细胞,由原核细胞构成的微生物称为原核微生物。反之,凡是具有发育完好的细胞核,有核膜(使细胞核与细胞质具有明显的界限),有高度分化的特异细胞器(如线粒体、叶绿体、高尔基体等),进行有丝分裂的细胞称为真核细胞,由真核细胞构成的微生物称为真核微生物。

真核细胞与原核细胞的主要区别见表1.1。

此外,病毒的大小在 $0.2\ \mu m$ 以下,属于非细胞型生物,也是污染控制微生物学中极为重要的研究对象。由病毒引起的流行疾病有许多例子,但是,因为条件所限,在这方面的研究工作尚少,有待于今后更加深入地开展研究。

1.3.3 微生物的分类地位

地球上的生物都是从无到有、从少到多、从简单到复杂、从低级到高级逐渐进化形成的。为了更好地、更深入地了解和认识生物,需要把它们进行分类。最初,生物学的分类仅仅是根据生物有无细胞壁、能否进行光合作用、运动与否等,将所有生物分为植物界和动物界两大类。20世纪30年代,电子显微镜的发明揭示了生物细胞的微细结构,尤其是核结构。近年来,科学技术的迅猛发展,特别是分子生物学的发展,新技术和新方法越来越多地被用于生物分类,尤其是微生物分类。自从林耐(Linnaeus)第一次尝试对生物进行综合分类之后,分类学家不断提出各自的分类系统。其中,1969年魏塔克(Whitaker)提出的五界分类系统被普遍接受,即原核生物界,包括细菌(放线菌在内)和蓝细菌(亦称蓝绿藻);原生生物界,包括大部分藻类和原生动物;真菌界,包括酵母菌和霉菌等;植物界;动物界。在此基础上,我国学者提出应补上病毒这类不具细胞结构的生物类群,建议将所有的生物分为六界,即病毒界、原核生物界、真核原生生物界、真菌界、植物界和动物界。据此,污染控制微生物学的研究对象在生物分类系统中分别属于病毒界、原核生物界、真核原生生物界和真菌界、动物界中的微型后生动物。本书采用六界分类系统,并将污染控制微生物学研究对象在生物分类中所处的地位归纳于图1.1。图中带*号者为本学科的主要研究对象。

表 1.1 原核细胞与真核细胞的主要区别

区别项目＼细胞类型	原核细胞	真核细胞
核	拟核	完整的核
核膜	−	+
核仁	−	+
DNA 个数	只有一条，不与 RNA 和蛋白质结合	一至数条，与 RNA 和蛋白质结合
DNA 复制	单一的复制源双向复制	多源双向复制
核糖体	70 s，在细胞质中	80 s，在细胞质中；70 s，在某些细胞器中
细胞分裂	二分裂	有丝分裂，减数分裂
有性繁殖	通常没有或有	+
中体	+	−
呼吸链位置	细胞膜	线粒体
细胞壁组成	肽聚糖或脂多糖	几丁质、多聚糖或寡糖
运动器官	较细的鞭毛	较粗的鞭毛或纤毛
细胞大小	1～10 μm	10～100 μm
固氮作用	某些细菌和蓝细菌具此能力	尚未发现
与氧的关系	好氧、兼性、厌氧	好氧、少数兼性厌氧

注：+ 表示有；− 表示无。

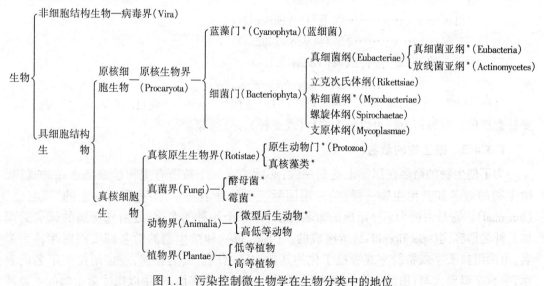

图 1.1 污染控制微生物学在生物分类中的地位

1.3.4 微生物的分类单位、命名和分类依据

分类学(taxonomy)是将有机体进行分类或系统地编排成类群(groups)，即所谓的分类单位(taxa)。分类学可以分成以下三个部分。

首先是分类(classification)，将各单位(units)有规则地编排列入较大单位的类群中去；其次是命名法(nomenclature)，对由分类所划分了的(测知特征的)并进行过描述的单位给予名称；最后是鉴定(identification)，运用上述分类和命名法所规定了的标准，按"未知的"和"已知的"单位相互比较来鉴定微生物。鉴定一个"新"分离的微生物,需要充分确定其特征,进行特征描述,并与已知的微生物特征相比较。当然,分类学的这三个部分并非彼此独立,在很大程度上是相互依赖的。

微生物分类,就是把各种微生物按照它们的亲缘关系分群归类,编排成系统,在分类工作中,必然要涉及到大量的微生物种类和排列等级,因此,就需要有一个统一的、为大家所理解和接受的分类单位和命名法则。

1.3.4.1 微生物的分类单位

微生物的主要分类单位依次为:界(Kingdom)、门(Phylum)、纲(Class)、目(Order)、科(Family)、属(Genus)、种(Species)。其中,种是最基本的分类单位。种内微生物之间的差异很小,有时为了区别小的差异可用株来表示,但"株"并非分类学单位。具有完全或极多相同特点的有机体构成同种;性质相似,相互有关的各种组成属;相近似的属合并为科;近似的科合并为目;近似的目归为纲;综合各纲成为门,由此构成一个完整的分类系统。这样一个分类方案使我们有可能把生物界极其纷杂的事实加以组织,并有系统地阐述各大类群中的小类群之间的关系。

下面以小口钟虫为例,表示分类顺序。

界………真核原生生物界(Protistae)
　门…………原生动物门(Protozoa)
　　纲………………纤毛纲(Ciliata)
　　　目…………………缘毛目(Peritrichida)
　　　　科………………钟形科(*Vornicellidae*)
　　　　　属…………钟虫属(*Vorticella*)
　　　　　　种……小口钟虫(*Vorticella microstoma*)

另外,在两个主要分类单位之间,可以添加"亚门"、"亚纲"、"亚目"、"亚科"、"亚属"等次要分类单位。在种以下还可以分为变种(或亚种)、型、株等。

1.3.4.2 微生物的命名

为了使生物的命名在国际上达到一致,必须建立一个被所有生物学家都遵循的规则。微生物的命名和其他生物一样,均采用国际统一的命名法则,即林耐所创立的"双名法"(binomial)。它是由两个名字组成的命名方法,即一个物种的名字,是由它所属的属名后面加上种名形容词(specificepithet)所组成的。因此,每一种微生物的学名都依据属和种而命名,由两组拉丁字或希腊字或者拉丁化的其他文字组成。属名在前,规定用拉丁字名词表示,字首字母要大写,由微生物的构造、形状或由科学家名字而来,用以描述微生物的主要特征;种名在后,常用拉丁字形容词表示,字首字母小写,为微生物的色素、形状、来源、病名或科学家的姓名等,用以描述微生物的次要特征。下面举例说明。

金黄色葡萄球菌(*Stapylococcus aures*)
巴斯德酵母(*Saccharomyces pastori*)
破伤风梭菌(*Clostridium tetani*)

以上各学名中的第一个词是属名,为拉丁字名词,用来表示微生物的主要特征是"葡萄球菌"、"酵母菌"、"梭菌",第二个词是种加词,为拉丁字形容词,用来描述微生物的次要特征是"金黄色的"、"巴斯德的"、"引起破伤风的"。

自然界中的微生物种类太多,有时会发生同物异名或同名异物的现象。为了避免混乱和误解,常需要在种名之后附有定名人的姓,例如,大肠埃希氏杆菌的名称是:*Escherichia coli* Cadtellani ct Chalmers。另外,大家熟知的学名,其属名可以缩写,如 *E. coli*,但属名第一个字母应用记号,即用实心圆点。再有,当泛指某一属微生物时,可以在属名后面写上 sp. 或 spp.,例如, *Pseudomonas* sp. 表明是假单胞菌属的某一种细菌,具体种名不知。

总之,微生物的命名按"双名法"命名,即属名+种名(+命名者等)。

1.3.4.3 微生物的分类依据

微生物分类是在对大量微生物进行观察、分析和描述的基础上,以它们的形态、结构、生理生化反应和遗传性等特征的异同为依据,并根据生物进化的规律和应用的方便,将微生物分门别类地排列成一个系统。随着微生物分类研究的逐步深入,以及其他学科的不断发展,一些新技术、新方法被用于微生物分类上,使微生物分类更趋于完善和合理。

微生物的分类依据很多,主要有形态特征,包括个体形态、群体形态(即培养特征),生理生化反应,生态特征,血清学反应,细胞成分,红外吸收光谱,GC 含量(G 代表鸟嘌呤,C 代表胞嘧啶),DNA 杂交,DNA-rRNA 杂交,16S RNA 碱基顺序分析等等。在实际工作中,可以根据需要来选择各种分类依据,以达到区分和鉴定微生物的目的。

1.3.5 微生物的特点

微生物的种类庞杂,形态结构差异很大,但它们具有以下特点。

1.3.5.1 个体微小,分布广泛

微生物的大小用微米(μm)甚至纳米(nm)来表示,从零点几微米到几百微米不等,而病毒的大小不能用普通光学显微镜观测,因为它无法分辨小于 0.2 μm 的物体。尽管微生物之间大小差异显著,但都需要借助显微镜才能观察到。由于微生物个体微小而且轻,故可通过风和水的散播而广泛分布。江、河、湖、海、高山、陆地、人体等,甚至在寒冷的北极冰层中也发现有微生物存在。

1.3.5.2 种类繁多,代谢旺盛

据统计,已发现的微生物有十几万种,而且不同种类的微生物具有不同的代谢方式,能用各种各样的有机物和无机物作为营养物质,使之分解和转化,同时,又能将无机物合成复杂的有机物。因此,微生物在自然界的物质循环中起着重要的作用,正因为微生物的种类繁多,代谢类型的多样化,才能够利用微生物分解和转化各种污染物,使环境得到改善,达到保护环境的目的。

由于微生物的个体微小,与高等生物相比,具有极大的表面积和体积之比,所以,能够迅速和周围环境进行物质交换(营养物质的吸收与废弃物的排泄),代谢十分旺盛。例如,乳酸杆菌的表面积/体积 = 120 000;鸡蛋的表面积/体积 = 1.5;体重 80 kg 的人体表面积/体积 = 0.3。而且,微生物的代谢强度比高等生物的代谢强度大几千倍、几万倍。例如,上述的乳酸杆菌在 1 h 内可分解 1 000 倍于自身体重的乳糖的话,那么人要代谢自身体重 1 000 倍的糖则需要250 000 h(约 20 年)。相反,像霉腐微生物在代谢强度大了以后,单位时间内破坏的物质就越多,这对人类是有很大害处的。

1.3.5.3 繁殖快速,易于培养

微生物在最适宜的条件下具有高速度繁殖的特性。尤其是细菌,其细胞一分为二,即裂殖,繁殖速度非常惊人。例如,大肠杆菌在最适宜的条件下,17 min 可繁殖一代。按此速度计算,它在 24 h 可以繁殖 85 代,即由一个大肠杆菌生成 3.9×10^{25} 个;培养 4~5 d 就能形成与地球体积同样大小的杆菌群体。当然这只是推算,实际上由于营养物质的缺乏及代谢产物的积累等因素的限制,这种现象是不可能发生的,但由此可知微生物惊人的繁殖速度。

大多数微生物都能在常温常压下,利用简单的营养物质生长繁殖,这就使我们容易培养微生物,特别是获得纯种微生物,有利于微生物的研究和利用。如废水生化处理过程中微生物的驯化和培养,是很容易成功的。当然,对于病毒、其他病原微生物和极端微生物的培养较困难,需要探讨新的方法。

1.3.5.4 容易变异,利于应用

微生物繁殖后,其子代与亲代在形态、生理等性状上常有差异,这些差异又能稳定地遗传下去,这一特性为变异。由于绝大多数微生物结构简单,多为单细胞且无性繁殖,与环境直接接触,易受外界环境影响,因而容易发生变异或菌种退化,有可能变异为优良菌种,这也是微生物能广泛适应各种环境的一个有利因素,同时也为利用遗传变异手段筛选优良菌种提供了有利条件。例如,在处理某种有毒的工业废水过程中,不能生存的微生物经过培养驯化后,能够忍受毒性并把有毒物质作为养料加以分解,使废水得以净化。

除上述特点外,细胞型微生物还具有其他一些特点:以细胞为结构单位,并随时间的增加而生长;细胞的构成物质大致相同;细胞内的化学反应大致相同,适应能力较强。

1.4 微生物学的发展简史

人类利用微生物已有 4 000 多年的历史,但真正发现和认识微生物却是在 17 世纪中叶。当时,荷兰人列文虎克(Leeuwenhoek,1632~1723)制成了能放大 200~300 倍的简单显微镜,观察到了污水、牙垢、腐败有机物中的各种微生物,并作了详尽描述。在此之前,人类对微生物的作用仅有感性知识并加以利用。特别是我国古代劳动人民对微生物的利用和控制有着悠久的历史,积累了丰富的经验。

在农业方面,积肥、沤粪、翻土压青等,都能控制微生物的生命活动,提供适宜的有机质肥料的腐熟条件,为农业生产服务。公元前 1 世纪,《氾胜之书》中就提出肥田要熟粪以及瓜与小豆间作的耕作制度。在食品酿造方面,人们利用微生物酿酒、制醋、腌制酸菜等。公元前 14 世纪,《书经》一书里有"若作酒醴,尔惟曲糵"的记载。在医学方面,种痘预防天花是一切免疫方法的起源,同时,在预防疾病方面也积累了丰富经验。

微生物学的真正发展大致经过三个阶段:形态学、生理学和分子生物学阶段。

1.4.1 微生物的形态学发展阶段

微生物的形态学发展阶段又称为观察时期,始于荷兰人列文虎克。列文虎克是荷兰一个小镇上的布商,擅长磨制透镜,一生中用磨制的短焦距透镜装配了几十架单式显微镜,最精密的能够放大 300 倍。他用自制的显微镜观察了雨水、牙垢、井水等,发现了许多"微动

体"并描绘成图。1676年10月,他给伦敦皇家学会写了一封信,报告他的发现,此信发表在1677年的《皇家学会科学研究会学报》上。他在1695年出版了《列文虎克所发现的自然界的秘密》一书,为微生物的存在提供了有力的证据。

在观察时期,随着显微镜技术的发展,人们描述了大量的微生物,并被发现者当做"微动体"来认识。但是对于这些微生物的机能的了解以及它们和人类生活的密切关系则一无所知。此阶段持续了约200年,才由巴斯德和科赫等人奠定了微生物的发展基础。

1.4.2 微生物的生理学发展阶段

微生物学的建立和发展始于19世纪50年代,集中表现于19世纪法国著名学者巴斯德的划时代的学术贡献。他的工作对微生物的研究奠定了理论基础,还为微生物的研究提供了实验基础,成为近代微生物学的奠基人,使微生物学的发展进入了生理学阶段。

巴斯德(Louis Pasteur,1822~1895)在微生物发酵和病原微生物方面的研究,奠定了工业微生物学和医学微生物学的基础,在农业方面也做出了重要贡献。他在研究酿酒生产酒质变酸的问题中指出,发酵是微生物的作用,不同微生物引起不同的发酵,没有微生物的存在,发酵是不能进行的,并应用加温灭菌(即巴斯德消毒法)解决了酒的变质问题。他在研究蚕病、鸡霍乱和炭疽病中,证实传染病由病原微生物所引起,并发现被减毒的鸡霍乱和炭疽病病原菌能诱发免疫性。巴斯德晚年在狂犬病疫苗的研究上也作出了贡献,创造了免疫学原理和预防接种的方法。继巴斯德之后,德国细菌学家科赫(Robert koch,1843~1910)对病原体的研究作出了卓越贡献,成为细菌学奠基人之一。科赫发明了固体培养基和把混合培养物纯化的技术,并用在固体培养基上划线接种的方法获得了单一的纯种,这种技术使细菌学发生革命性的变化。在1892~1900年之间,几乎所有细菌疾病的病原体都被分离出来。

在19世纪最后10年,关于土壤中细菌方面的知识有了长足进步。正是这些细菌的作用,才使得碳、氮、硫、磷等元素得以循环。俄国微生物学家、土壤微生物学的创立者之一维诺格拉德斯基(С.Н.Виноярадский,1856~1920),首先发现了硝化作用是硝化菌引起的,揭示了微生物的另外一个大类——自养微生物。

伊凡诺夫斯基(Л.И.Ивановскнй,1864~1920)于1892年发表了有关烟草花叶病的论文,首次记载了生命的新形式——病毒。病毒的发现,为生物与非生物之间存在着发生学联系这一论点提供了又一物质证据。在这一阶段,以研究微生物基本生物学规律的综合学科——普通微生物学开始形成,代表人物是美国加利福尼亚的克利分校的Doudoroff。另外,各相关学科和技术方法的相互渗透、相互促进,加速了微生物学的发展。

1.4.3 微生物的分子生物学阶段

自从20世纪以来,由于生物化学和化学分析技术的发展,尤其是20世纪30年代电子显微镜的问世,使得微生物学从细胞水平、亚细胞水平进入分子水平。由于微生物特别是单细胞有机体比较简单、生长繁殖迅速等特点,使微生物成为研究纷杂的生命过程的最理想材料。

李普曼(Fritz Lipman)和克雷布斯(Hans krebs)通过对微生物的研究,揭开了有机体以及高等植物和动物组织器官中细胞生长的复杂机制,使得他们在生理学和代谢研究方面取得了进展,并于1953年获得诺贝尔奖金。

1944年艾弗里(Avery)和他的助手们证明,在肺炎球菌的转化实验中,DNA携带着遗传信息。1953年4月25日,华生(Watson)和克里克(Crick)总结了前人的实验结果,在英国《自然杂志》上提出了脱氧核糖核酸分子双螺旋结构模型及核酸半保留复制假说,使整个生命科学进入了分子生物学阶段。另外,弗朗克－康勒脱(Fraenkel－Conrat)等关于烟草花叶病毒重组试验,说明核酸是遗传信息载体等,对促进分子遗传学的发展起了重要作用。

霍利(Robert W. Holley)、康拉纳(Hor Gobind Khorana)和尼伦伯格(Marshall W. Nirenbnrg)在了解遗传密码及其在蛋白质合成中的作用方面做出了贡献,并于1968年分享了诺贝尔生理学和医学奖。德尔布吕克(Max Delbrück)、赫尔希(Alfred D. Hechnology)和卢里亚(Salvador E. Luria)研究了细菌噬菌体的生命过程,获得1976年的医学、生理学诺贝尔奖,这一研究有助于现代分子生物学的建立。20世纪70年代以来,基因的人工合成与基因的体外操纵,使得按照人们的需要去定向改造和创建新的微生物类型、获得新型微生物产品成为可能,。另外,微生物鉴定及微生物生态学研究等方面都涉及分子生物学。可以预见,这种发现必将会对环境的污染控制产生巨大的推动作用。

1.5 污染控制微生物学的发展简史

微生物学本身就是通过解决实际问题,并伴随着其他相关学科的发展而发展起来的。污染控制微生物学作为一门分支学科,也是在微生物学研究不断深入以及实践需要的基础上而逐渐发展起来的。

1.5.1 学科的产生

19世纪初,虽然人们开始注意到污水中细菌的存在及其对环境的影响,但是,直到1913年英国的弗拉(Fowler)开创了活性污泥法,并随着欧美各国一些城市先后建立和发展了自来水厂,开展简易的水质卫生细菌学检验后,才为本学科的形成奠定了良好的基础。

由于第二次世界大战等原因,人类尚未顾及到污染控制微生物学有关方面的研究,战后,人们虽然对污水处理过程中微生物作用的机理和水的卫生检验技术等方面开展了研究工作,但研究还不够广泛和深入。20世纪50年代,美、英、法一些国家的学者陆续发表了研究报告,同时,欧、美、俄等国及我国一些高校土木类给水排水专业都先后开设了较少学时的水微生物学课程,污染控制微生物学作为一门边缘学科才开始形成和发展。

1.5.2 学科的发展和形成

20世纪60~70年代,由于世界经济的飞速发展,环境污染的日趋严重,人类充分认识到环境保护与生态平衡的重要性,污染控制技术也有了许多突破性发展,生物膜法和活性污泥法更加完善,使得本学科有了很大发展。微生物学与生物化学的结合,诞生了遗传工程。20世纪70年代中期,美国科学家创造了分解海水石油污染物的"超级细菌",使特种废水的处理收到良好效果。人们对饮水中致癌物和病毒的检测也有了新进展。1980年高迪(A. F. Goudy. Jr)等撰写的《环境科学家和工程师用微生物学》(Microbiology for Environmental Scientists and Engineers,1980),在一定程度上反映了本学科的成果。20世纪80年代以后,污染控制微生物学日臻成熟。在某种意义上说,本学科的发展与形成同水污染控制密切相关。当然,在土壤污染控制、大气污染和固体废弃物处理与处置等方面的研究也促进了本学科的发展,但在这几方面的研究与应用并不深入和系统。

我国污染控制微生物学研究起源于20世纪50年代中期,但由于种种原因,直至20世纪70年代末期才得到应有的重视。20世纪80年代以来,一些高校先后建立了环境工程和环境科学专业,至20世纪末期环境科学与工程学科有了更大发展。我国在污染控制微生物学方面的深入研究促进了污染控制领域的进一步发展,利用微生物学开发的新技术、新方法相继出现,并达到甚至超过国外先进水平。同时,环境污染治理方面的深入研究又扩展了污染控制微生物学的研究范畴,使污染控制微生物学发生日新月异的变化。

思 考 题

1. 何谓微生物?微生物有何特点?
2. 何谓原核微生物和真核微生物?二者有何区别?
3. 概述微生物在环境污染控制中的作用。
4. 简述本学科的发展简史。

第2章 原核微生物

原核微生物主要包括细菌门和蓝细菌门中的所有微生物。其中,重点要介绍的是细菌、放线菌和蓝细菌,因为它们与污染控制工程关系极为密切。

2.1 细 菌

细菌(bacterium)是一种具有细胞壁的单细胞原核生物,裂殖繁殖,个体微小,多数在 1 μm 左右,通常用放大 1 000 倍以上的光学显微镜或电子显微镜才能观察到。各种细菌在一定的环境条件下,有相对恒定的形态和结构。

2.1.1 细菌的形态和大小

就单个有机体而言,细菌的基本形态有三种:球状、杆状和螺旋状,分别称为球菌、杆菌和螺旋菌(包括弧菌)。在自然界所存在的细菌中,杆菌最为常见,球菌次之,而螺旋菌最少。此外,近些年来还陆续发现了少数其他形态,如三角形、方形和圆盘形等形态的细菌。由于细菌分裂后的排列方式不同,使它们的形态多样化。

2.1.1.1 球菌

细胞呈球形或椭球形,其大小以细胞直径来表示,一般为 0.5~1.0 μm。有些球菌在分裂后子细胞并不立即分开,这样,由于球菌分裂面的不同,使得分裂后各子细胞排列呈现不同的空间排列方式。如果只有一个分裂面,新个体分散而单独存在,或成对排列,或链状排列,就形成了单球菌,如尿素微球菌(*Micrococcus ureae*);双球菌,如肺炎双球菌(*Diplococcus pneumoniae*);链球菌,如乳链球菌(*Streptococcus lactis*)。如果有两个分裂面并且相互垂直就形成四联球菌,如四联微球菌(*Micrococcus tetragenus*)。如果有三个分裂面并相互垂直,就形成八叠球菌,如巴氏甲烷八叠球菌(*Methanosarcina barkeri*)。如果分裂面不规则,子细胞排列无次序而像一串葡萄,就形成葡萄球菌,如金黄色葡萄球菌(*Staphylococcus aureus*),如图 2.1、2.2、2.3 所示。

2.1.1.2 杆菌

细胞呈杆状或圆柱形,其大小以宽度和长度表示。杆菌的宽度一般为 0.5~2.0 μm,长度为宽度的一倍或几倍。杆菌按着大小可细分为小型杆菌(0.2~0.4) μm × (0.7~1.5) μm、中型杆菌(0.5~1.0) μm × (2~3) μm 和大型杆菌(1~1.25) μm × (3~8) μm;按着细胞排列方式有单杆菌、双杆菌和链杆菌,如图 2.4 所示。常见的枯草芽孢杆菌(*Bacillus subtilis*)、大肠杆菌(*E. coli*)、奥氏甲烷杆菌(*Methnobacterium Omelianskii*)等都属于这类细菌。一般来讲,同一种杆菌的粗细比较稳定,而长度经常因为发育阶段或培养条件的不同而有较大的变化。

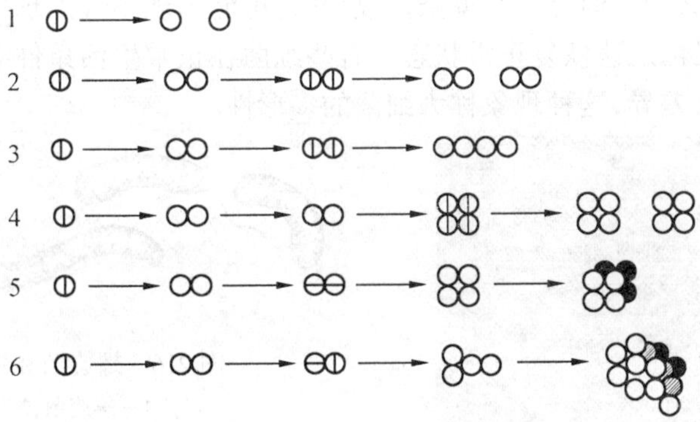

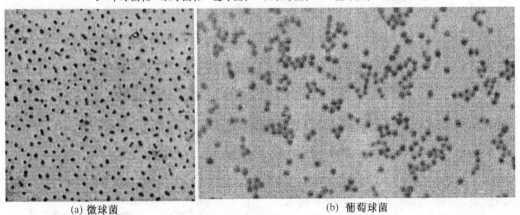

图 2.1 球菌的排列
1—单球菌；2—双球菌；3—链球菌；4—四联球菌；5—八叠球菌；6—葡萄球菌

(a) 微球菌　　　　　　　　　　(b) 葡萄球菌

图 2.2 微球菌及葡萄球菌

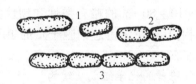

图 2.4 杆菌的排列
1—单杆菌；2—双杆菌；3—链杆菌

图 2.3 甲烷八叠球菌

2.1.1.3 螺旋菌

细胞呈弯曲的杆状。根据弯曲的程度不同又可分为弧菌和螺旋菌。螺旋菌的大小也是以长度和宽度来表示，但是螺旋菌的长度是菌体空间长度而不是它的真正长度，螺旋菌宽度常在 0.5~5.0 μm，长度差异很大，约为5~15 μm，如图 2.5、2.6 所示。

细菌在适宜的环境里，其形态和排列一般是比较一致而有规则的，这些规则，对于细菌的鉴定是具有一定意义的。但是当环境条件改变时,可能出现不规则现象,将细菌再转移到适宜的环境条件后,又可迅速恢复正常状态。有些细菌在正常生活条件下,生长的形状很不规则,彼此之间有很大差异,这种现象称为细菌的多形性。

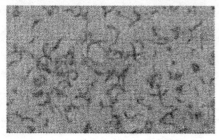

图2.5 霍乱弧菌

图2.6 螺旋菌和弧菌的形态
1—螺旋菌;2—弧菌

细菌虽然个体微小,但是它有很复杂的内部结构。细菌的细胞结构可以分为两部分:一是不变部分或称基本结构,是全部细菌细胞所共有的;二是可变部分或称特殊结构,它仅为部分细菌所具有。

细菌细胞结构 { 基本结构(不变结构) { 细胞壁 原生质体:细胞质膜、细胞质及内含物、核质 特殊结构(可变结构):荚膜、鞭毛、芽孢

2.1.2 细菌的细胞结构

细菌细胞的基本结构主要由细胞壁、细胞质膜、细胞质、核质及内含物等构成。有些细菌还可能有荚膜、芽孢或鞭毛等特殊结构,如图2.7所示。

2.1.2.1 细胞壁

细胞壁(cell wall)是包在原生质体外面,厚约10~80 nm的略有弹性和韧性的网状结构,其质量约占总细胞干重的10%~25%左右。

1. 细胞壁的化学组成及结构

构成细胞壁的主要成分是肽聚糖、脂类和蛋白质。肽聚糖(Peptidoglycan)是由

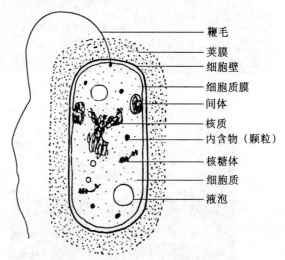

图2.7 细菌细胞结构模式图

N-乙酰葡萄糖胺(N-acetyl-glucosamine,简写NAG)和N-乙酰胞壁酸(N-acetyl muramic acid,简写NAM)以及少量氨基酸短肽链聚合而成的一个大分子复合体,形成多层网状结构。此外,磷壁(酸)质又名垣酸,是大多数革兰氏阳性细菌细胞壁中组成基质所特有的化学成分。根据细胞壁成分和结构的不同(图2.8),可将细菌分为革兰氏阳性(简称G^+)细菌和革兰氏阴性(简称G^-)细菌两大类。

G^+细菌的细胞壁是由厚约20~80 nm的肽聚糖层构成,并含少量蛋白质和脂类。G^-细菌的细胞壁较薄,约10 nm,分外壁层和肽聚糖层,外壁层主要含有脂蛋白和脂多糖等脂类

图 2.8 革兰氏阳性细菌和革兰氏阴性细菌的细胞壁剖面
1—革兰氏阳性;2—革兰氏阴性

物质,而肽聚糖层很薄,肽聚糖仅占细胞壁化学组成的 5%~10%。

2. 细菌的染色方法和革兰氏染色

细菌本身为无色透明的,在普通光学显微镜下,菌体与背景反差很小,不易看清楚细菌的形态和结构,所以,通常要对细菌进行染色,以增加菌体与背景的反差,以便于在显微镜下观察。

细菌的染色方法很多,但可以归纳为两大类:单染色法和复染色法。单染色法是仅用一种染料使菌体着色,目的是增加反差,便于观察细菌的形态;复染色法是用两种染料分别对细菌染色,目的是为了鉴别细菌(如革兰氏染色反应),或使菌体和某一结构染成不同颜色,便于观察。

细菌染色用的染料主要采用人工染料,一般可分为碱性、中性和酸性三大类。酸性染料的离子带负电荷,如伊红、刚果红等;碱性染料的离子带正电荷,如美蓝、结晶紫、碱性品红(复红)、蕃红等;中性染料是前二者的结合物,又称复合染料,如伊红化美蓝等。由于细菌的等电点较低,pH 值约在 2~5 之间,原生质体带负电荷,易与阳离子染料相结合,因此,细菌学上常用碱性染料。

革兰氏染色法(Gram staining)为复染色法,是鉴别细菌的重要方法。它是丹麦细菌学家革兰氏(Christian Gram)于 1884 年发明的。这种染色方法的主要步骤是:先用碱性染料结晶紫染色,再加碘液媒染,然后用酒精脱色,最后以复染液(沙黄或蕃红)复染。用这种方法染色的细菌,通过镜检可以将它们分为两大类:凡是能够固定结晶紫与碘的复合物而不被酒精脱色者,仍呈紫色,称为革兰氏阳性(G^+)细菌;凡能被酒精脱色,经复染着色,菌体呈红色,称为革兰氏阴性(G^-)细菌。

关于革兰氏染色的机理有许多种解释,还有待于进一步研究。一般认为,细胞壁的结构和组成与革兰氏染色反应有关。在染色过程中,细胞内形成了深紫色的结晶紫－碘的复合物。由于 G^+ 细菌细胞壁较厚,特别是肽聚糖含量较高,网格结构紧密,脂类含量又低,当被酒精脱色时,引起了细胞壁肽聚糖层网状结构孔径缩小以至关闭,从而阻止了不溶性结晶紫－碘复合物的浸出,故菌体仍呈深紫色;相反,G^- 细菌的细胞壁肽聚糖层较薄,含量较少,而脂类含量又高,当酒精脱色时,脂类物质溶解,细胞壁通透性增大,结晶紫－碘复合物也随之被抽提出来,故菌体呈现复染液的红色。

3. 细胞壁的生理功能

细菌失去细胞壁之后,任何形态的细胞均呈球状,这说明细胞壁具有保护作用,使细胞免遭外界损伤,维持细胞形状和保持细胞的完整性;由于细胞壁具有一定的韧性和弹性,这样可以保持原生质体,避免渗透压对细胞产生破坏作用;细胞壁具有多孔性,在营养代谢方面,可以允许水及一些化学物质通过,但对大分子物质有阻挡作用,是有效的分子筛;对于有鞭毛的细菌来说,细胞壁为鞭毛提供支点,支撑鞭毛的运动,如果用溶菌酶水解掉细胞壁,则细菌无法运动;细菌的抗原性、致病性以及噬菌体的敏感性,均决定于细菌细胞壁的化学成分。

2.1.2.2 原生质体

原生质体(protoplast)包括细胞膜、细胞质和核质,是指在人工条件下用溶菌酶除尽原有细胞壁或用青霉素抑制细胞壁的合成,所留下的仅由细胞膜包裹着的脆弱细胞。

1. 细胞膜(cell membrane)

细胞膜又称原生质膜(plasma membrane)或质膜(plasma lemma),是外侧紧贴于细胞壁而内侧包围细胞质的一层柔软而富有弹性的半透性薄膜,厚度约 7~10 nm。细胞膜约占细胞干重的 10%,其化学组成是脂类(20%~30%)和蛋白质(60%~70%),少量糖蛋白、糖脂(约 2%)和微量核酸。

关于细胞膜结构,人们提出了许多假说或模型。比较普遍采用的是"单位膜"假说,认为膜的单位结构是由磷脂双分子层与蛋白质组成,双层磷脂夹在蛋白质分子之间,有的蛋白质分子又镶嵌在磷脂中间,如图 2.9 所示。

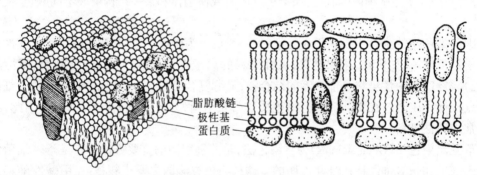

图 2.9 细胞膜结构模式图

细胞膜具有很重要的生理功能,主要表现为渗透性与转运作用。细胞膜上特殊的渗透酶(permease)和载体蛋白能选择性地转运可溶性的小分子有机化合物及无机化合物,控制营养物、代谢产物进出细胞;转运电子和磷酸化作用,即呼吸作用的场所;排出水溶性的胞外酶(水解酶类),将大分子化合物水解为简单化合物,而后摄入细胞内;生物合成功能。

2. 细胞质(cytoplasm)及其内含物

细胞质又称细胞浆(cytoplasm),是细胞膜内除细胞核质外所有物质的统称,是细菌细胞的基本物质,是一种透明粘稠的胶状物。细胞质的主要成分是水、蛋白质、核酸、脂类、少量的糖类和无机盐类。

细胞质中含有各种酶系统,使细菌细胞与其周围环境不断地进行新陈代谢。此外,细胞质中还有各种不同的内含物。

(1)核糖体(ribosome)

核糖体是细胞中的一种核糖核蛋白的颗粒状结构,由 65% 的核糖核酸(RNA)和 35% 的蛋白质组成,分散存在于细菌细胞质中,沉降常数 S^* 为 70 s 原核微生物的核糖体常以游离

---

* S 沉降常数(亦称沉降系数),是指在单位离心力作用下颗粒沉降的速度,单位为 s。

状态或多聚核糖体(生长旺盛的细胞中,核糖体串联在一起)状态分布于细胞质中;而真核微生物的核糖体既可以游离状态存在于细胞质中,又可以结合在内质网上。

核糖体是合成蛋白质的部位。

(2)间体(mesosome)

间体亦称中体,是细菌细胞质中主要的膜状结构,由细胞膜以最大量的折皱内陷而形成的层状、管状或囊状物,伸入细胞质内,多见于革兰氏阳性菌。

间体的存在增大了细胞膜的面积,使酶含量增加。现在人们认为间体有多种功能,但尚不完全了解。例如,据推测间体可能是能量代谢和某些合成代谢的场所,相当于真核微生物的线粒体;还可能与细胞壁合成有关,特别是横隔壁所需的酶,因它们在细胞分裂时,与形成中的横隔壁相连;另外,间体还可能与核分裂有关。

(3)内含颗粒(inclusion granule)

细胞质中存在的各种颗粒状物质,大多属于贮藏的养料,即营养物质过剩的产物。随着细菌的种类、菌龄及培养条件的不同,内含颗粒物质有很大的变化。

①异染颗粒(metachromatic granule)又称捩转菌素(volutin),主要成分是多聚偏磷酸盐,具有较强的嗜碱性或嗜中性。因为它被蓝色染料(如甲烯蓝)染色后不呈蓝色而呈紫红色而得名。幼龄菌中的异染颗粒很小,随着菌龄的增长而变大。一般认为它可能是磷源和能源性贮藏物。

②聚 β - 羟基丁酸(poly - β - hydroaybutyric acid,简写 PHB)颗粒,为细菌所特有,是 β - 羟基丁酸的直链多聚物,易被亲脂染料苏丹黑染色,在光学显微镜下可观察到。当细菌生长在富含碳水化合物而缺少氮化合物培养基时,积累 PHB;反之则降解 PHB。因此,PHB 是一种碳源和能源性贮藏物。羟基丁酸分子呈酸性,当其聚合为聚 β - 羟基丁酸时就成为中性脂肪酸,这样就能维持细胞内中性环境,避免菌体内酸性增高。

③肝糖(glucogen)粒和淀粉粒,二者均可作为碳源和能源被利用。有些细菌如大肠杆菌(*E. coli*)含有肝糖粒,它较小,只能在电子显微镜下观察,如用稀碘液可染成红褐色,可在光学显微镜下看到。有些细菌含有淀粉粒,用碘液可染为深蓝色。

④硫粒(sulfur granule),有些硫细菌如贝氏硫菌属(*Beggiatoa*)、发硫菌属(*Thiothrix*)等能氧化 H_2S 为硫,从而获得能量。当它们生活在含 H_2S 的环境时,氧化 H_2S 为硫元素积累在菌体内。当环境中缺乏 H_2S 时,氧化体内的硫粒变为 SO_4^{2-},从而获得能量。因此,硫粒是硫素的贮藏物质和能源。

综上所述,不同微生物其贮藏性内含物不同,而且在不同的环境中颗粒状内含物的量也不同。一般说来,当环境中缺乏氮源而碳源和能源丰富时,细胞贮存较大量的颗粒状内含物,直至达到细胞干重的 50%。如果将这样的细胞移入有氮培养基时,这些贮藏物将被酶分解而作为碳源和能源用于合成反应。另外,这些贮藏物质以多聚体的形式存在,有利于维持细胞内环境的平衡,避免不适宜的 pH 值、渗透压等的危害。

3. 细胞核质(cell nucleus)和质粒

细菌的核位于细胞质内,为一絮状的核区。它没有核膜、核仁,没有固定形态,结构也很简单,这些是与真核微生物的主要区别之处。核区内集中有与遗传变异密切相关的脱氧核糖核酸(DNA),称为染色质体(chromatinic body)或细菌染色体(bacterial chromosome)。核区由一条环状双链 DNA 分子高度折叠缠绕而成。细菌的核携带遗传信息,其功能是决定遗传性状和传递遗传信息。

质粒(plasmid)是指独立于染色体外,存在于细胞质中,能自我复制,由共价闭合环状双螺旋 DNA 分子所构成的遗传因子。其相对分子质量较细菌染色体小,每个菌体内有一个或几个,也可能有很多个质粒。

按照功能可将质粒分为抗药性质粒(R 因子)、致育因子(F 因子)、降解质粒以及对某些重金属离子(如 Hg^{2+}、Co^{2+}、Ag^+、Cd^{2+})具有抗性的质粒。质粒对细菌来说,存在与否不致影响其生存,但许多次生代谢产物如抗菌素、色素的产生常受质粒控制,对环境中的某些毒物及复杂的人工合成化合物的去除也常借助降解质粒、抗性质粒的降解作用。由于质粒可以独立于染色体而转移,通过遗传手段(接合、转化或转导)可使质粒转入另一菌体中,所以,在遗传工程中可以将质粒作为基因的运载工具,组建新菌株,近年来备受重视。

2.1.2.3 细菌细胞的特殊结构

1. 荚膜及菌胶团

在某些细菌细胞壁外常围绕一层粘液性物质,厚薄不一,这是细菌在代谢过程中分泌出的物质。具有一定外形,相对稳定地附着于细胞壁外的粘液性物质叫荚膜(capsule);没有明显的边缘,可向周围的环境中扩散的粘液性物质称为粘液层(slime layer)。

荚膜的化学组成因菌种而异,主要是多糖类,也有多肽、蛋白质、脂类以及由它们组成的复合物——脂多糖、脂蛋白等。荚膜的含水率很高,一般在 90% 以上,有的甚至达 98%。产荚膜细菌由于有粘液性物质,在固体琼脂培养基上形成的菌落,表面湿润、有光泽、粘液状,称为光滑型菌落(简称 S 型);而无荚膜细菌形成的菌落,表面干燥、粗糙,称为粗糙型菌落(R 型)。

荚膜的功能主要表现为五个方面:对细菌起保护作用,使细菌免受干燥的影响,保护致病菌免受宿主吞噬细胞的吞噬,防止微小动物的吞噬和噬菌体的侵袭,增强对外界不良环境的抵抗力;荚膜有助于细菌的侵染力,如 S - 型肺炎双球菌毒力强,失去荚膜之后毒力降低;荚膜是细胞外贮藏物,当营养缺乏时可作为碳(或氮)源和能源被利用;许多细菌通过荚膜或粘液层相互连接,形成体积和密度较大的菌胶团;堆积某些代谢产物。

菌胶团(zoogloea)是由细菌遗传性决定的。很多细菌细胞的荚膜物质相互融合,连为一体,组成共同的荚膜,内含许多细菌。并不是所有的细菌都能形成菌胶团,凡是能够形成菌胶团的细菌,则称为菌胶团细菌。菌胶团形状多样,有球形、椭球形、分支状等等,如图2.10、2.11 所示。

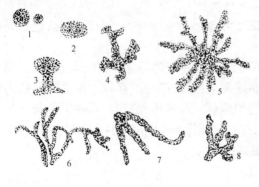

图 2.10 几种菌胶团的形态
1—球状;2—椭球形;3—蘑菇状;4—块状;
5—分支状;6,7—垂丝状;8—指状

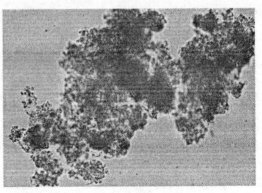

图 2.11 菌胶团照片

菌胶团是活性污泥(废水生物处理曝气池中所形成的污泥)的重要组成部分,它除了具有荚膜的功能外,还具有以下功能。

①具有较强的吸附和氧化有机物的能力。其中,吸附能力早在20世纪40年代末就被人们所注意,并由此产生出一种对传统活性污泥法的改进技术——生物吸附再生法,此方法对于处理含有较多悬浮固体和胶体的有机物的废水表现出很大的优越性。

②具有较好的沉降性能,这是利用菌胶团细菌净化废水的重要因素。废水中的有机物通过微生物的分解作用,一部分被氧化分解为 CO_2 和 H_2O,一部分合成为细胞物质而成为菌体,如果作为菌体的有机物不能从处理后的水中分离出来,只是改变了有机物的形态而随水排出,则仍未达到处理的目的。而形成菌胶团的细菌很容易沉淀分离出来。

③防止被吞噬,自我保护。

关于菌胶团形成的机理众说不一,其中主要有两个具有代表性的学说。

(1) 粘液说

认为荚膜或粘液层是形成菌胶团的原因。但是许多人发现,能产生荚膜或粘液层的细菌不一定形成菌胶团。

(2) 含能说

麦金尼(Mekinney)认为如果营养不足,能量含量(常用营养/细菌表示)低,细菌的运动性能减弱,则细菌之间易于凝聚,从而形成菌胶团。这一学说被废水活性污泥处理法的实际运行规律所证实,因而得到普遍承认。

在废水处理过程中,要经常观察菌胶团,以便及时了解废水处理的运行状况。新形成的菌胶团颜色较浅,甚至无色透明,有旺盛的生命力,氧化能力强;老化的菌胶团,因为吸附许多杂质,颜色深,氧化能力差;当遇到不良环境时,菌胶团松散,污泥发生膨胀。因此,只有结构紧密,吸附、氧化和沉降性能好的菌胶团才能保证废水处理有良好的效果。

2. 芽孢

某些细菌细胞发育到某一生长阶段,在营养细胞内部形成一个圆形或椭圆形的,对不良环境具有较强抗性的休眠体,称为芽孢(spore)。能形成芽孢的细菌称为芽孢细菌。产芽孢的细菌大多为 G^+ 菌,一般多为杆菌。球菌中只有尿素八叠球菌(*Sarcina ureae*),螺旋菌中也只有一种弧菌能形成芽孢。芽孢的位置可能在菌体的中央,也可能在菌体的一端。另外,芽孢的大小、形状和位置,因细菌的种类不同而异,在细菌鉴定中有重要意义,如图2.12、2.13所示。

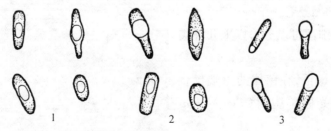

图2.12 细菌芽孢的位置和大小示意图

1—中央位;2—近端位;3—极端位

芽孢不是繁殖体,因为一个细胞只能形成一个芽孢,而一个芽孢萌发之后仍形成一个营养细胞。一般认为,细菌只有在遇到恶劣的环境条件时才形成芽孢,以芽孢来度过恶劣环境;一旦环境条件适宜就释放芽孢(出芽),形成新的营养细胞。

芽孢具有如下一些特点:具有厚而致密的壁,不易透水且含水率低,一般在 40% 左右,故抗干燥性强;芽孢中的 2,6-吡啶二羧酸(dipicolinic acid,简称 DPA)含量高,以钙盐的形式存在;在芽孢形成过程中,DPA 随即合成,使芽孢具有耐热性,而当芽孢萌发后,DPA 释放,则耐热性消失;芽孢中含有耐热酶;芽孢具有高度的折光性,很难着色;芽孢的代谢活力弱,对化学药品、紫外线的抵抗能力强;芽孢的休眠能力是很惊人的,在休眠期间,不能检查出任何代谢活力,也称为隐生态(cryptobiosis),一般的芽孢在普通的条件下可存活几年至几十年。

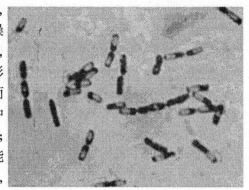

图 2.13 芽孢杆菌

总之,芽孢具有抵抗外界恶劣环境条件的能力,是保护菌种生存的一种适应性结构。例如,普通细菌的营养细胞在 70~80 ℃的水中煮沸 10 min 就死亡,而芽孢在 120~140 ℃时还能生存几小时;在 5% 的苯酚溶液中,普通细菌立即死亡,而芽孢能存活 15 d。在废水生物处理过程中,特别是处理有毒废水时都有芽孢杆菌生长。

3.鞭毛

鞭毛(flagellum)是指某些细菌表面长出的一种纤细而呈波状的丝状物,是由细胞膜上的鞭毛基粒长出的,穿过细胞壁伸出菌体外的丝状物,为细菌的运动"器官"。鞭毛很细,一般为 10~20 nm,具有鞭毛的细菌能主动运动。

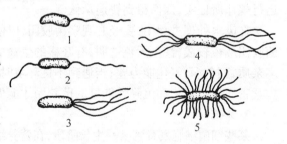

图 2.14 鞭毛的位置和数目
1—偏端单生鞭毛;2—两端单生鞭毛;3—偏端丛生鞭毛;
4—两端丛生鞭毛;5—周生鞭毛

鞭毛的着生位置、数目和排列方式是种的特征,是分类鉴定的依据之一。一般情况下,大部分杆菌和所有的螺旋菌都具有鞭毛,而球菌均无鞭毛。

具有鞭毛的细菌可以分为以下几种类型(图 2.14、2.15)。

①偏端单生鞭毛,在菌体的一端仅生一根鞭毛,如荧光假单胞菌(*Pseudomonas fluorescens*);

②两端单生鞭毛,在菌体的两端各有一根鞭毛,如鼠咬热螺旋体(*Spirochaeta morsusmuris*);

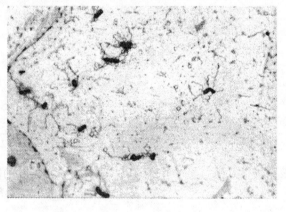

图 2.15 鞭毛

③偏端丛生鞭毛,菌体一端生一束鞭毛,如铜绿色假单胞菌(*Pseudomonas aeruginosa*);

④两端丛生鞭毛,菌体两端各具一束鞭毛,如红色螺菌(*Spirillum rubrum*);

⑤周生鞭毛,周身均生有鞭毛,如枯草芽孢杆菌(*Becillus subtilis*)。

细菌的运动主要是靠鞭毛的作用,鞭毛以很快的速率转动,使细菌每秒钟运动的距离比其细胞长很多倍。如具极生鞭毛的逗号弧菌,以每秒 200 μm 的速率运动。但是,有些细菌以非鞭毛的其他方式运动,例如,滑动细菌以蜿蜒起伏的方式在固体培养基表面移动或滑动。另外,有一些细菌有趋向或离开化学物质或物理刺激的运动,称为趋向性反应。对应于化学因素的运动叫趋化性,对应于光的运动叫趋光性。

不少细菌,如肠细菌都具有伞毛(pili),原称缴毛(fimbria),它是细菌表面的一类毛状突起物,比鞭毛细、短而挺直,数量多。每个细菌可有几百根伞毛,可以分布于整个细胞表面,如大肠埃希氏杆菌(*Escherichia coli*),也可以极生簇出现。伞毛与细菌的运动无关,但它具有某些特殊的功能。有伞毛的细胞倾向于彼此粘附,在液体培养基的表面形成菌膜;有的伞毛是噬菌体的吸附位点;有的可附着在寄主细胞上;还有的可以作为细菌接合过程中遗传物质的通道,这种伞毛可以决定细菌的性别,所以又称性伞毛(sex pili)。

2.1.3 细菌的繁殖方式

细菌为无性繁殖,主要通过裂殖,即二分裂繁殖,是由一个母细胞分裂为两个子细胞。对于大多数细菌来说,分裂后的两个子细胞大小基本相同,称为同型分裂(homotypic division),少数细菌偶尔出现分裂后的两个子细胞大小不等的现象,称为异型分裂(heterotypic division)。

研究表明,细菌分裂大致经过细胞核和细胞质的分裂、横隔壁的形成、子细胞分离等过程。

2.1.4 细菌的培养特征

将细菌接种在固体培养基中,由于单个细胞在局部位置大量繁殖,形成肉眼可见的细菌群体,称为菌落(colony),也叫群落或集落。

菌落特征决定于组成菌落的细胞结构与生长行为。如肺炎双球菌具有荚膜,菌落表面光滑、粘稠。不具荚膜的菌株菌落表面干燥、皱褶。菌落的大小和形态也受邻近菌落的影响,营养物有限及有害代谢物的分泌积累,将使菌落的生长受到抑制。

各种细菌在一定条件下,形成的菌落具有一定的稳定性和专一性特征,这是衡量菌种纯度、辨认和鉴定菌种的重要依据。菌落特征包括:大小、形状(圆形、假根状和不规则状等)、隆起形状(扩展、台状、低凸、凸面等)、边缘情况(整齐、波状、裂叶状等)、表面状态(光滑、皱褶、颗粒状、同心环等)、表面光泽(闪光、金属光泽、无光泽等)、质地(油脂状、膜状、粘、脆等)、颜色、透明程度等(图 2.16)。

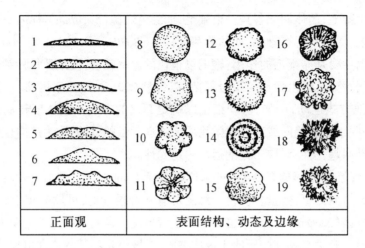

图 2.16 细菌菌落特征

1—扁平；2—隆起；3—低凸起；4—高凸起；5—脐状；6—草帽状；7—乳头状；8—圆形、边缘完整；9—不规则、边缘波浪；10—不规则、颗粒状、边缘叶状；11—规则、放射状、边缘呈叶状；12—规则、边缘呈扇边状；13—规则、边缘呈齿状；14—规则、有同心环、边缘完整；15—不规则、似毛毯状；16—规则、似菌丝状；17—不规则、卷发状、边缘波状；18—不规则、呈丝状；19—不规则、根状

细菌的菌落大多湿而粘，小而薄，与培养基结合不紧密，易挑起。在平皿培养基上形成的菌落往往有表面菌落、深层菌落和底层菌落三种情况。上述的菌落特征是指表面菌落。

如果将细菌接种在琼脂试管斜面培养基上，在接种线上长出一片密集的细菌群落，称为菌苔(lawn)。不同细菌的菌苔不同，以此观察群体生长特征(图2.17、2.18)。

若在培养基中加0.3%～0.5%的琼脂，就制成半固体培养基。利用穿刺法接种，不仅可观察细菌群体的培养特征，还可借此判断该菌是否是有运动性(如2.19)。

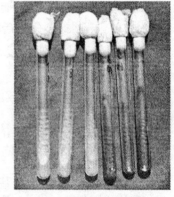

图 2.17 细菌在斜面培养基上的生长情况

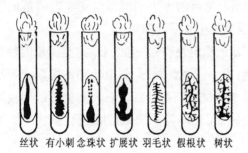

丝状　有小刺　念珠状　扩展状　羽毛状　假根状　树状

图 2.18 细菌在琼脂划线培养中的生长

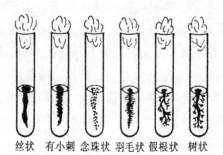

丝状　有小刺　念珠状　羽毛状　假根状　树状

图 2.19 细菌在琼脂穿刺培养中的生长

在细菌分类鉴定中，判断细菌是否水解明胶，常以明胶代替琼脂，用穿刺法接种，如果该菌含有明胶酶则能水解明胶，并形成一定形态的液化区(图2.20)。

在液体培养基中,细菌的流动性大,但由于各种细菌的生活习性不同,会表现出不同现象。有的形成均匀一致的混浊液,有的形成沉淀,有的形成菌膜(scum)或菌醭(pellicle)漂浮在液体表面(图 2.21)。

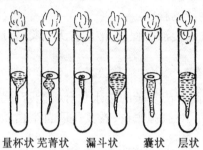

量杯状　芜菁状　漏斗状　囊状　层状

图 2.20　细菌在明胶穿刺培养中的生长

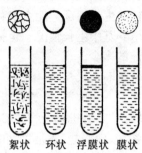

絮状　环状　浮膜状　膜状

图 2.21　细菌在肉汤培养中的表面生长

2.1.5　细菌表面带电性

细菌体内蛋白质含量在50%以上,菌体蛋白质是由许多氨基酸组成。氨基酸是两性电解质,在一定 pH 值的溶液中,氨基酸所带的正电荷和负电荷相等,这一 pH 值就称该氨基酸的等电点(以 pI 表示)。细菌在不同 pH 值中对一定染料的着染性,根据细菌对阴、阳离子的相对亲和性,细菌在不同 pH 值的电场中的泳动方向(用电泳方法)可以测得细菌的等电点。细菌的等电点在 pI = 2～5 之间。革兰氏阳性菌的等电点较低,pI = 2～3。革兰氏阴性菌的等电点稍高,pI = 4～5。溶液的 pH 值比细菌等电点高时,氨基酸中的氨基电离受抑制,羧基电离,细菌就带负电。反之,溶液 pH 值比细菌等电点低时,羧基电离受抑制,氨基电离,细菌就带正电。在一般的培养、染色、血清试验等过程中,细菌多数处在偏碱性(pH > 7)、中性(pH = 7)和偏酸(6 < pH < 7)的环境条件下,比所有细菌的等电点都高,所以,细菌表面总是带负电。其反应过程和条件如下方程式所示。

$$\underset{pH < pI}{R-\underset{\underset{NH_3^+}{|}}{C}HCOOH} \underset{+H^+}{\overset{-H^+}{\rightleftharpoons}} \underset{pH = pI}{R-\underset{\underset{NH_3^+}{|}}{C}H-COO^-} \underset{+H^+}{\overset{-H^+}{\rightleftharpoons}} \underset{pH > pI}{R-\underset{\underset{NH_2}{|}}{C}H-COO^-}$$

2.1.6　细菌的分类

2.1.6.1　分类的依据

水环境中,特别是废水中的细菌种类繁多,因此,若要对细菌进行分类,首先就要进行纯种的分离与培养,得到由单个细胞发育而成的菌落,再根据下述的分类依据进行鉴定。

1. 形态特征

细菌的形态特征包括个体形态、大小及排列情况,革兰氏染色反应,有无运动,鞭毛着生位置和数目,芽孢的有无及芽孢着生的部位和形状,细胞内含物,个体发育过程中形态变化的规律性。此外,荚膜、菌胶团也是某些细菌分类的参考依据。

2. 培养特征

1) 琼脂平板培养基上的特征　主要观察表面菌落的形状、大小、颜色、粘稠度、透明度、边缘情况及隆起情况、光泽、质地、表面性质等。

2) 斜面特征　生长好坏,形状和光泽等。

3) 马铃薯斜面上生长特征　生长发育情况,生成色素情况。

4) 明胶柱内生长特征　能否水解明胶及水解明胶的程度。

5) 液体培养基中生长情况　包括液体是否混浊及混浊的程度,液面有无菌膜,管底有无沉淀以及沉淀的多少。

3. 生理特性和生化反应

1) 营养来源　如碳源、氮源和能源。试验多种简单或复杂的碳水化合物能否作为碳源和能源,以及对一定有机化合物或 CO_2 利用的能力。对氮源来讲,看其是取自蛋白质、蛋白胨、氨基酸、铵盐、硝酸盐,还是大气中的游离氮。

2) 代谢产物的特征　能否形成有机酸、乙醇、碳氢化合物、气体等,能否分解色氨酸形成吲哚,分解糖产生甲基乙酰甲醇,能否使硝酸盐还原,是否产生色素等。

3) 其他反应　能否凝固牛乳,胨化牛乳蛋白质,产酸还是产碱。

4) 生长发育条件　温度要求和需氧的程度。

5) 生化试验　V.P 试验和 M.R 试验等。

2.1.6.2　细菌的分类系统

细菌的分类系统目前有三个较全面的系统:一是前苏联克拉西里尼科夫(Красилвников)著的《细菌和放线菌的鉴定》(1949);二是法国的普雷沃(Prevot)所著《细菌分类学》(1961);三是美国布瑞德(Breed)等人主编的《伯杰氏鉴定细菌学手册》(Bergey's Manual of Determinative Bacteriology)。这三个分类系统虽然都是针对细菌的,但所依据的原则、排列的系统、对细菌各类的命名、所用名称的含义都各不相同。目前,认为比较有代表性和参考价值的分类系统是《伯杰氏鉴定细菌学手册》(简称《手册》),下面加以简单介绍。

1915 年起,美国微生物学家布坎南(R.E.Buchanan)发表了一系列论文,这些论文大多刊登在《细菌学杂志》上,这些文章的总标题是《细菌的命名和分类研究》。在这些论文中,他依据形态、染色、生化以及病原性等多方面的特征,把细菌分成科、族和属。布坎南的工作有着深远的影响,1917 年,美国细菌学家协会组成了一个细菌鉴定和分类委员会,直接指导了《手册》的编撰工作。《手册》自 1923~1957 年,先后出版了 7 版,几乎每一版都汲取了许多分类学家的经验,内容不断地扩充和修改。特别是 1974 年的第 8 版,有美、英、德、法、日等 14 个国家的细菌学家参与了编写工作,对系统内的每一属和每一个种都作了较详尽的属性描述。《手册》第 8 版根据形态、营养型等分成 19 个部分,把细菌、放线菌、粘细菌、螺旋体、支原体和立克次氏体等 2 000 多种微生物归于原核生物界细菌门。《手册》第 9 版改称为《伯杰氏系统细菌学手册》(Bergey's Manual of Systematic Bacterilogy),从 1984~1989 年陆续出版了 4 卷,在着重于表现特征描述的基础上,结合化学分类、数值分类(特别是 DNA 相关性分析)以及 16SrRNA 寡核苷酸序列分析在生物种群间的亲缘关系研究中的应用作了详细的阐述。此外,还附有每个菌群的生态、分离和保藏及鉴定方法。

2.1.7　污染控制工程中常见的菌属

污染控制工程研究中所涉及的细菌,几乎包括所有细菌的纲、目。下面介绍一些常见的菌属。

2.1.7.1 微球菌属(*Micrococcus*)

球状,直径为 0.5~2.0 μm,单生、对生和特征性的向几个平面分裂形成不规则堆圆、四联或立方堆。革兰氏染色阳性,但易变成阴性,有少数种运动。在普通肉汁胨培养基上生长,可产生黄色、橙色、红色色素。属化能异养菌,严格好氧,能利用多种有机碳化物为碳源和能源。最适生长温度为 20~28 ℃,主要生存于土壤、水体、牛奶和其他食品中。

2.1.7.2 链球菌属(*Streptococcus*)

细胞球状或卵球状,排列成链或成对。直径很少有超过 2.0 μm 的,不运动,少数肠球菌运动,革兰氏染色阳性,有的种有荚膜。属化能异养菌,发酵代谢,主要产乳酸,但不产气,为兼性厌氧菌。营养要求较高,普通培养基中生长不良,最适生长温度为 37 ℃。本属的菌可分为致病性和非致病性两大类,广泛分布于自然界,如水体、乳制品、尘埃、人和动物的粪便以及健康人的鼻咽部。

2.1.7.3 葡萄球菌属(*Staphylococcus*)

球状,直径为 0.5~1.5 μm,单个,成对出现,典型的是繁殖时呈多个平面的不规则分裂,堆积成葡萄串状排列。不运动,一般不形成荚膜,菌落不透明,革兰氏染色阳性,属化能异养菌,营养要求不高,在普通培养基上生长良好。兼性厌氧,最适生长温度 37 ℃。本属菌广泛分布于自然界,如空气、土壤、水及物品上,也经常存在于人和动物的皮肤以及与外界相通的腔道中,大部分是不致病的腐物寄生菌。

2.1.7.4 假单胞菌属(*Pseudomonas*)

杆菌,单细胞,偏端单生或偏端丛生鞭毛,无芽孢的革兰氏染色阴性细菌,大小为 $(0.5 \sim 1.0)$ μm × $(1.5 \sim 4.0)$ μm。大多为化能异养菌,利用有机碳化物为碳源和能源,但少数是化能自养菌,利用 H_2 或 CO_2 为能源,专性好氧或兼性厌氧。在普通培养基上生长良好,可利用种类广泛的基质,如樟脑、酚等。本属细菌种类很多,达 200 余种,有些种能在 4 ℃生长,属于嗜冷菌。在自然界中分布极为广泛,常见于土壤、淡水、海水、废水、动植物体表以及各种含蛋白质的食品中。

2.1.7.5 动胶菌属(*Zoogloea*)

杆菌,大小为 $(0.5 \sim 1.0)$ μm × $(1.0 \sim 3.0)$ μm,偏端单生鞭毛运动,在自然条件下,菌体群集于共有的菌胶团中,特别是碳氮比相对高时更是如此。革兰氏染色阴性,专性好氧,化能异养,最适温度 28~30 ℃,广泛分布于自然水体和废水中,是废水生物处理中的重要细菌。

2.1.7.6 产碱菌属(*Alcaligenes*)

杆菌,大于 $(0.5 \sim 1.0)$ μm × $(0.5 \sim 2.6)$ μm,周生鞭毛运动,无芽孢,革兰氏染色阴性。属化能异养型,呼吸代谢,从不发酵,分子氧是最终电子受体,严格好氧。有些菌株能利用硝酸盐或亚硝酸盐作为可以代换的电子受体进行兼性厌氧呼吸。最适温度在 20~37 ℃ 之间。产碱杆菌一般认为都是腐生的,广泛分布于乳制品、淡水、废水、海水以及陆地环境中,参与其中的物质分解和矿质化的过程。

2.1.7.7 埃希氏菌属(*Escherichia*)

直杆菌,大小为 $(1.1 \sim 1.5)$ μm × $(2.0 \sim 6.0)$ μm(活菌)或 $(0.4 \sim 0.7)$ μm × $(1.0 \sim 3.0)$ μm

(干燥和染色),单个或成对,周生鞭毛运动或不运动,无芽孢,革兰氏染色阴性。本属主要描述的是大肠埃希氏菌,即大肠杆菌($E.\ coli$),因为蟑螂埃希氏菌($E.\ blattae$)没有很多的研究,并仅有少数菌株。有些菌株能形成荚膜,可能有伞毛或无伞毛。化能异养型,兼性厌氧。在好氧条件下,进行呼吸代谢。在厌氧条件下进行混合酸发酵,产生等量的 H_2 和 CO_2,产酸产气。最适温度为 37 ℃,最适 pH 值为 7,在营养琼脂上生长良好,37 ℃ 培养 24 h,形成光滑、无色、略不透明、边缘光滑的低凸型菌落,直径为 1~3 mm。广泛分布于水、土壤以及动物和人的肠道内。

大肠杆菌是肠道的正常寄生菌,能合成维生素 B 和 K,能产生大肠菌素,对人的机体是有利的。但当机体抵抗力下降或大肠杆菌侵入肠外组织或器官时,则又是条件致病菌,可引起肠外感染。由于大肠杆菌系肠道正常寄生菌,一旦在水体中出现,便意味着直接或间接地被粪便污染,所以被卫生细菌学用作饮水、牛乳或食品的卫生检测指标。在微生物学上,有些大肠杆菌的菌株是研究细菌的细胞形态、生理生化和遗传变异的重要材料。

2.1.7.8 短杆菌属(*Brevibacterium*)

短杆菌,单个,成对或呈短链排列。大小为 $(0.5~1.0)\ \mu m \times (1~1.5)\ \mu m$,少数可以达 $0.3\ \mu m \times 0.5\ \mu m$,大多数以周生鞭毛或偏端生鞭毛运动或不运动,无芽孢,革兰氏染色阳性。在普通营养琼脂上生长良好。有时产生红、橙红、黄、褐色的脂溶性色素。属化能异养型,好氧,在 20% 或更高的氧分压下生长最好。分布于乳制品、水和土壤中。

2.1.7.9 芽孢杆菌属(*Bacillus*)

杆菌,大小为 $(0.3~2.2)\ \mu m \times (1.2~7.0)\ \mu m$,大多数有鞭毛,形成芽孢,革兰氏染色阳性。在一定条件下有些菌株能形成荚膜,有的能产生色素。芽孢杆菌为腐生菌,广泛分布于水和土壤中,有些种则是动物致病菌。属化能异养型,利用各种底物,严格好氧或兼性厌氧,代谢为呼吸型或兼性发酵;有些种进行硝酸盐呼吸。本菌能分解葡萄糖产酸,但不产气。

2.1.7.10 弧菌属(*Vibrio*)

短的无芽孢的杆菌,弧状或直的,大小为 $0.5\ \mu m \times (1.5~3.0)\ \mu m$,单个或有时联合成 S 形或螺旋状。革兰氏染色阴性,无荚膜。在普通营养培养基上生长良好和迅速。有偏端单生鞭毛,运动活泼。化能异养型,呼吸和发酵代谢,好氧或兼性厌氧。最适的温度范围 18~37 ℃,对酸性环境敏感,但能生长在 pH 值为 9~10 的基质中。弧菌广泛分布于自然界,尤以水中多见。本菌属包括弧菌 100 多种,其中的霍乱弧菌($V.\ cholerae$)能引起霍乱这一烈性的肠道传染病。

2.2 放线菌

放线菌(actinomyces)因菌落呈放射状而得名,是介于细菌与丝状真菌之间而又接近于细菌的一类丝状原核微生物。其细胞结构与真菌十分相近;细胞核属于原核,没有核膜与核仁的分化;细胞壁化学成分亦与细菌相仿,仅有无性繁殖,因此,将放线菌归列细菌门,是细菌门中进化较高级的类群。放线菌具有发育良好的菌丝体,菌丝直径不超过 $1.5\ \mu m$,大多数约在 $1.0\ \mu m$ 以下。而细菌没有菌丝体,这是二者的主要区别之一。

放线菌广泛分布于人类生存的环境中,特别是在中性或偏碱性的土壤和有机质丰富的土壤中较多。土壤中所特有的泥腥味主要是由放线菌产生的土腥味素(yeosmin)所引起的。

放线菌多数是腐生菌,可以分解许多有机物,包括吡啶、甾体、芳香族化合物、纤维素、木质素等复杂化合物,在自然界的物质循环中起着相当重要的作用;少数是寄生菌,可引起人、动物和植物的疾病。放线菌最突出的特性之一是能产生大量的、种类繁多的抗生素,至今已报道过的近万种抗生素中,约70%由放线菌产生的,像链霉素、土霉素、卡那霉素等已在临床上广泛使用。放线菌常被用于特种废水的生物处理,如放线菌中的诺卡氏菌属(*Nocardia*)对腈类化合物分解能力较强,被用于处理丙烯腈废水,在上海金山石化总厂被采用。

2.2.1 放线菌的形态结构

放线菌菌体为单细胞、多核质,大多由分支发达的菌丝组成。革兰氏阳性反应,极少数呈阴性,不能运动。放线菌菌丝细胞的结构与细菌基本相同,菌丝无隔膜。根据其菌丝体形态与功能的不同,可分为基内菌丝、基外菌丝与孢子丝三种。

2.2.1.1 基内菌丝

基内菌丝又称营养菌丝。长在培养基内和紧贴在培养基表面,并缠绕在一起形成密集菌落。其主要功能为吸收营养物质。菌丝直径较小,常在 $0.2 \sim 0.8\ \mu m$ 之间,有的无色,有的能产生黄、橙、红、紫、褐、绿、黑等不同颜色的水溶性或脂溶性色素。

2.2.1.2 基外菌丝

基外菌丝又称气生菌丝。是由基内菌丝长出至培养基外,伸向空中的菌丝。它比基内菌丝粗,直径为 $1 \sim 1.4\ \mu m$,呈直或弯曲状。有的基外菌丝能产生色素,但颜色较浅。气生菌丝可能长满整个菌落表面,呈绒毛状、粉状或颗粒状等,其功能是吸收和输送营养物质,形成繁殖胞器的孢子丝。

2.2.1.3 孢子丝

放线菌生长至一定阶段,在基外菌丝上分化出可以形成孢子的菌丝。其功能是作为主要的繁殖体。孢子丝的形状及在基外菌丝上的排列方式,随不同的种类而异(图2.22)。

孢子丝长到一定程度可以形成孢子,散落的孢子在适宜的条件下就萌发长出菌丝,最后成为菌丝体。孢子有球形、卵圆形、瓜子形、杆状等,而且常具有色素,呈现各种颜色,在一定培养基与培养条件下比较稳定,是鉴定菌种的重要特征。孢子对不良环境有较强的抵抗力,但它只耐干旱,而不耐高温,这与细菌的芽孢是不同的。

2.2.2 放线菌的菌落特征

放线菌容易在培养基上生长,接种在固体培养基上的孢子、菌丝体片断,在环境条件适宜时,生长形成菌丝体而组成菌落。放线菌的菌落介于细菌和霉菌菌落之间,以菌落形状就容易区别开。一般来说,放线菌在基质上生长牢固,不易被接种针挑起,这是由于放线菌能产生大量的基内菌丝伸入培养基内,而基外菌丝又紧贴在培养基的表面交织成网状;形成的菌落较小而不致扩散,质地较密,表面呈紧密、絮状、粉末状或颗粒状的典型菌落;菌落正、反面往往具有不同颜色;菌落有特殊气味。

菌落可以分为两种类型:一是能产生大量分支的基内菌丝和基外菌丝的菌种形成的菌落,如链霉菌属(*Streptomyces*)称为扩展型菌落;另一种是不能产生大量菌丝的菌种,如诺卡

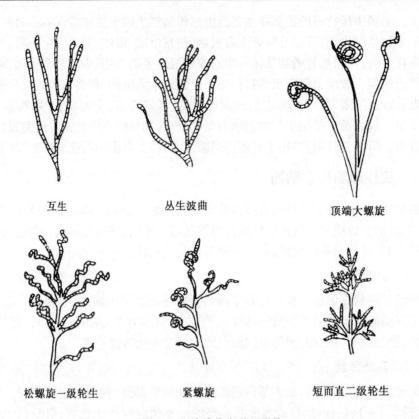

图 2.22 放线菌孢子丝形状

氏菌属(Nocardia),称为局限型菌落。

2.2.3 放线菌的繁殖方式

放线菌主要是通过形成无性孢子的方式进行繁殖。菌丝长到一定程度,一部分基外菌丝形成孢子丝,孢子丝成熟后便分化形成许多孢子,称为分生孢子(conidia)。孢子在适宜环境条件下吸收水分,膨胀,萌发,长出一至几个芽管,芽管进一步生长,分支形成许多菌丝(图 2.23)。

放线菌孢子的形成有三种方法:①凝聚分裂;②横隔分裂;③孢囊孢子。大部分放线菌的孢子是凝聚分裂形成的,其过程是:孢子丝长到一定阶段,从顶端向基部,其原生质分段围绕核物质,逐渐凝聚成一串大小相似的椭圆或圆形小段,然后每个小段外面形成新的孢子的细胞壁和细胞膜,这样形成的孢子呈长圆、椭圆或球形,孢子丝壁最后裂开,释放出孢子(图 2.24)。横隔分裂是孢子丝先形成隔膜,然后在横隔处断裂形成孢子(图 2.25)。孢囊孢子(sporangiophore)是由于菌丝上形成孢子囊(sporaxgium),孢子囊成熟后破裂,释放出大量的孢囊孢子,如图 2.26 为粉红链囊菌(Streplosporangium roseum)孢子囊形成过程。

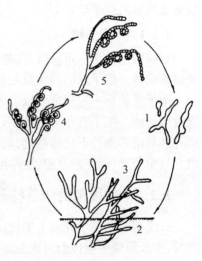

图 2.23 链霉菌的生活史
1—孢子萌发;2—基内菌丝体;3—气生菌丝体;4—孢子丝;5—孢子丝分化为孢子

图2.24 凝聚分裂
1—孢子丝的原生质分段，并渐趋圆形；2—孢子形成，原来的外壁消失；3—成熟的孢子

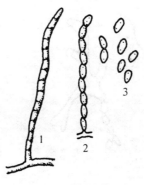

图2.25 横隔分裂
1—孢子丝中形成横隔；2—沿横隔渐裂而形成孢子；3—成熟的孢子

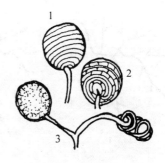

图2.26 粉红链孢囊菌孢子囊形成
1—孢子囊形成初期；2—孢子囊继续增长，孢子囊内形成横隔；3—成熟孢子囊，孢囊孢子不规则排列

2.2.4 放线菌的分类及其代表属

关于放线菌的分类，因各家的分类观点不同，所以，分类系统比较多，对放线菌目以下科、属的排列很不一致。1984~1989年陆续出版的四卷《伯杰氏系统细菌学手册》在着重于表面特征描述的基础上，结合化学分类、数值分类特别是 DNA 相关性分析，及 16S rRNA 寡核苷酸序列分析在生物种群间的亲缘关系研究中的应用作了详细的阐述，同时，将细菌分为四个门，放线菌列入厚壁菌门的放线菌纲。而其他较有代表性并应用较为广泛的分类系统，一是美国瓦克斯曼(Waksman)的分类系统，以菌丝体生长状况划分科属；二是前苏联克拉西里尼科夫(Красильников)的分类系统，以形态作为科属的标准；三是中国科学院微生物研究所提出的分类系统，它吸取了两者的优点，基本上以形态和菌丝生长情况为科属的分类标准。放线菌的代表属如下：

2.2.4.1 链霉菌属(*Streptomyces*)

链霉菌属的基本形态如前所述，有繁杂的菌丝体，菌丝无隔膜，在气生菌丝顶端发育成各种形态的孢子丝。主要借分生孢子繁殖。链霉菌生活史如图2.23所示。已知的链霉菌属放线菌有千余种，多生活在各类土壤中。链霉菌属能分解多种有机质，是产生抗菌素菌株的主要来源。近年来发现有的链霉菌能产生致癌或促癌物。

2.2.4.2 诺卡氏菌属(*Nocardia*)

诺卡氏菌属又称原放线菌。气生菌丝不发达，菌丝产生横隔使之断裂成杆状或球状孢子。菌落小，形态如图2.27所示。诺卡氏菌有红、橙、粉红、黄、黄绿、紫及其他颜色。大部分系需氧性腐生菌，少数厌氧寄生。许多种在自然界有机质转化及废水生物处理中起着重要作用，如用于烃类的降解、氰与腈类转化中。

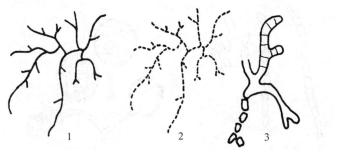

图2.27 诺卡氏菌属
1—菌丝；2—菌丝断裂为孢子；3—部分菌丝放大，视菌丝产隔断裂情况

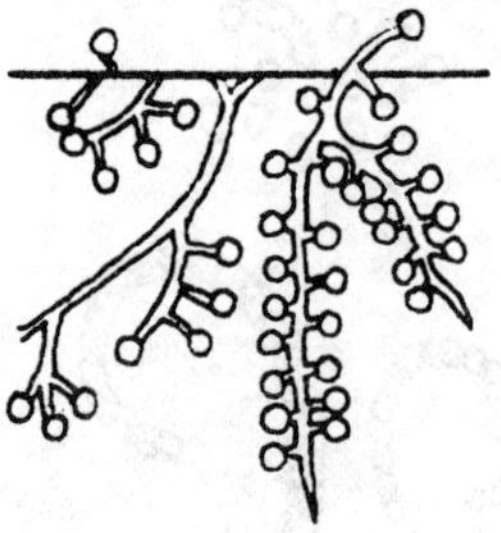

图2.28 小单孢菌属

2.2.4.3 小单孢菌属(*Micromonospora*)

菌丝较细，0.3~0.6 μm，无横隔，不形成气生菌丝。在营养菌丝上长出很多的分支小梗，顶端着生一个孢子（图2.28）。菌落小，一般为2~3 mm，通常为橙黄色或红色，也有深褐、黑和蓝色。好氧性腐生，能利用各种氮化物和碳化水合物。大多分布在土壤或湖泊底泥中，堆肥和厩肥中也不少。

2.2.5 放线菌与细菌的异同

放线菌和细菌同属于原核微生物，不具有完整的核，无核膜、核仁；细胞壁均由粘多糖构成粘性复合体，含有胞壁酸和二氨基庚二酸；某些放线菌生有细菌型鞭毛；放线菌的菌丝直径小，通常为0.2~1.0 μm，与杆菌相似；抑制细菌的抗菌素，对放线菌同样有抑制作用；二者生长的 pH 值范围大都一样，pH 值为6.0~7.0。二者的区别在于放线菌有真正的分支菌丝体，而细菌没有；在繁殖方式上，放线菌以孢子繁殖方式繁殖，而细菌则以分裂方式繁殖。

2.3 鞘 细 菌

鞘细菌(sheathet bacteria)是由单细胞连成的不分支或假分支的丝状体细菌。因丝状体外包围一层由有机物或无机物组成的鞘套，故称为鞘细菌。

鞘细菌的大小和外形与单核细菌完全不同。在低倍显微镜下即可看到，用高倍显微镜观察，可以观察到它们是由很多个体细菌共同生存在一个圆筒状的鞘内形成的群体（图2.29）。鞘细菌的菌丝体通常呈单丝状，但也有几种具有一个或几个细菌在鞘边上连接，称为假分支。鞘细菌的大小一般为(1~5) μm×(5~50) μm，最长的约为1.0 cm，肉眼可见。鞘细菌的繁殖靠游动孢子或不能游动的分生孢子。

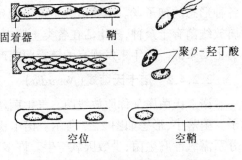

图2.29 鞘细菌的形态和衣鞘

由于鞘细菌大部分属尚未进行过研究，也未研究过纯培养，因此，在分类学上进展缓慢。近年来，世界各国对废水活性污泥法处理中出现的污泥膨胀等异常现象的重视，对鞘细菌的研究工作也越来越多，并从活性污泥中分离出了很多种。根据《伯杰氏鉴定细菌学册》，已确

认 7 个属：球衣菌属（*Sphaerotilus*）、纤发菌属（*Leptothrix*）、软发菌属（*Streptothrix*）、利斯克氏菌属（*Lieskeella*）、栅发菌属（*Phragmidiothrix*）、泉发菌属（*Crenothrix*）、细枝发菌属（*Clonothrix*）。属的鉴别是根据形态特征，其中包括有无鞭毛，鞘是附着的还是非附着的，丝状体的顶端的形状，鞘外是否包有铁或锰的氧化物外壳。

水中常见的鞘细菌代表类群主要有铁细菌和球衣细菌。

2.3.1 铁细菌

铁细菌（iron bacteria）亦称具鞘的丝状菌，丝状体多不分支。由于在细胞外鞘或原生质内含铁粒或铁离子，故俗称铁细菌。一般生活在含溶解氧少，但溶有较多铁质和二氧化碳的自然水体。铁细菌能将细胞内所吸收的亚铁氧化为高铁，从而获得能量，其反应为

$$4FeCO_3 + O_2 + 6H_2O \longrightarrow 4Fe(OH)_3 + 4CO_2 + 167.5 \text{ kJ}$$

由于反应产生的能量很小，铁细菌为了满足对能量的需求，必然要有大量的高铁，如 $Fe(OH)_3$ 的形成。这种不溶性的铁化合物排出菌体后就沉淀下来，这说明了为什么在含有自养铁细菌的水中会发现大量的 $Fe(OH)_3$ 沉淀。当水管中有大量 $Fe(OH)_3$ 沉淀时，就会降低水管的输水能力。例如，某地水厂有一使用 30 年的铸铁管，由于铁细菌的作用，沉积物占了管子容积的 37.33%，通过的流量降低到新管流量的 44.7%。同时，水管中的 $Fe(OH)_3$ 沉积物还能使水发生混浊并呈现颜色，影响出水水质。此外，铁细菌吸收水中的亚铁盐后，促使组成水管的铁质更多地溶入水中，因而加速了钢管和铁管的腐蚀。水中常见的铁细菌有：

2.3.1.1 多孢泉发菌（*Crenothrix polyspora*）

丝状，菌体细长，不分支，一端固定于物体上，另一端为游离端。游离端可能膨大，外鞘包被，鞘无色透明，含铁化物。细胞有圆筒形和球形，可产生球形的分生孢子，并进行繁殖（图 2.30(a)）。

2.3.1.2 褐色纤发菌（*Leptothrix ochracea*）

不分支菌体有鞘，皮鞘随水解物沉淀的增多而加厚，呈黄色或褐色，能氧化低价铁为高价铁（图 2.30(b)）。

2.3.1.3 含铁嘉氏菌（*Gallionella ferruginea*）

圆柱状像柄的丝状菌，其一端常交织着双绞绳状的对生分支，不具鞘。单细胞为肾形或圆形。菌体内含蛋白质纤维，其外覆有氢氧化铁的成分，柄的另一端（游离端）分生出子细胞具有单极鞭毛，游离运动（图 2.30(c)）。

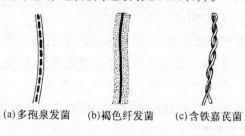

图 2.30 几种铁细菌形态
(a)多孢泉发菌 (b)褐色纤发菌 (c)含铁嘉氏菌

图 2.31 球衣细菌
上图为菌体放大图，示假分支

2.3.2 球衣菌属

球衣菌属(*Sphaerotilus*)亦常称球衣细菌,具鞘,个体细胞长约 3~10 μm,宽 0.5~2.4 μm,革兰氏染色阴性,在鞘内成链状排列,大多数具假分支(如图 2.31)。成熟的球衣细菌鞘崩解后,释放出具单极生鞭毛的单细胞,在适宜条件下,一个单细胞能增殖并再度形成具有鞘的细胞链。

从天然生境分离时,球衣细菌易于按其略呈丝状的特征菌落而辨别出来,而在实验室培养过程中,丝状或 R(粗糙)型分化产生出一种 S(光滑)型,其菌落光滑、闪光、半球形,如图 2.32、2.33、2.34、2.35 所示。

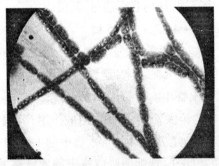
图 2.32 球衣细菌

图 2.33 球衣细菌的鞘

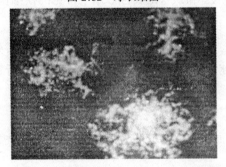
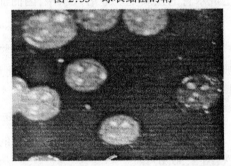
图 2.34 球衣细菌在 S 培养基上形成的 R 型菌落   图 2.35 球衣细菌在 C 培养基上形成的 S 型菌落

球衣细菌是好氧细菌,在微氧环境中生长最好。生长的 pH 值范围为 5.8~8.1,最适宜的 pH 值为 7.0~7.5,温度范围为 15~40 ℃,最适温度 30 ℃。球衣细菌能利用多种有机化合物,包括糖类、糖醇类、四碳、三碳和二碳化合物作为碳源和能源。大量的碳水化合物能加速其生长繁殖。许多菌株需要外源供应维生素 B_{12} 或钴氰胺。

球衣细菌对有机物的分解能力特别强。在废水处理过程中,装置运转正常时,有一定数量的球衣细菌对有机污染物的去除是有利的。但是,如果在活性污泥中大量繁殖后,就会造成污泥结构松散,增加污泥浮力而引起污泥膨胀,影响出水水质。自然界,在有相当大量的有机物环境中,诸如污染的小溪和河流,可形成大的白色胶状长毛丝状或飘带状的球衣菌,在被水流和风移开之前,它们一直附着在固体表面上。

2.4 滑动细菌

滑动细菌(gliding bacteria)是指至少在发育周期的某一阶段表现有滑行运动的细菌。它们不借鞭毛运动而靠菌体的蠕动进行滑动。包括粘细菌目(Myxobacterales)和噬纤维菌目(Cytophagales)以及一些分类地位尚未确定的属。滑动细菌均为革兰氏阴性细菌。

与污染控制有关的常见菌属有以下几种。

(1) 贝日阿托氏菌属(*Beggiatoa*)

亦称贝氏硫菌属。是无鞭毛能滑动的丝状菌,长为 0.5~1 mm,直径为 1.0~3.0 μm,为同一衣鞘所包围。繁殖方式为断节繁殖,断节的子细胞无硫粒,能氧化 H_2S 为硫,硫粒可贮存于体内。正常的生境是 H_2S 含量丰富的地方,如硫磺温泉、腐烂的海藻地、湖的淤泥层和受污染的水体中。贝氏硫菌是微好氧菌,最适生长温度为 30~33 ℃,最适 pH 值为 6.5~8.0。本属的代表种巨大贝氏硫菌(*Beggiatoa gigantea*)的菌丝体直径可达 26~55 μm,每节长 5~13 μm,为细菌中最大的(图 2.36、2.37)。

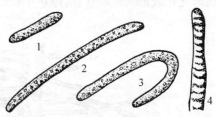

图 2.36 贝氏硫菌属的形态
1、2、3—体内含明显的硫粒;
4—表示菌体的一端,体内不含硫粒

(2) 辫硫菌属(*Thioploca*)

与贝日阿托氏菌属同在贝日阿托氏菌科(Beggiatoaceae),细胞呈圆柱状长丝,丝状体从一端到另一端做锥状波形运动,一个鞘内可有一个以上的丝状体,细胞内通常含硫粒,经常丛生于污泥上。

(3) 发硫菌属(*Thiothrix*)

是由许多细长细胞排列在一层很薄的鞘内形成的菌丝体。丝状体固着于其他物体上,不做滑行运动(这是和贝氏硫菌的重要区别),仅产生微生子(即丝状体的细胞团产生的一种单细胞),有时可滑行运动。

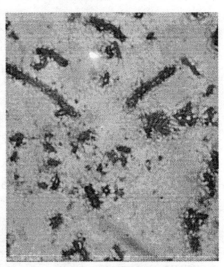

图 2.37 贝氏硫细菌

如果微生子的浓度大,可能由于互相吸引而聚合成固着器,使它们的末端粘连成花瓣状并长出新的丝状体,形成花球。在活性污泥中,它们生长在一些较粗硬的纤维植物残片或菌胶团上,构成特殊形状(如放射状、花球状)的聚集体,易辨认(图 2.38)。

发硫菌严格好氧,通常生存在 H_2S 浓度高的地方。在淡水生境中,最常见于硫泉及工厂废水道中。它们转化 H_2S 生成硫滴积累在细胞内。当环境中 H_2S 缺乏时,细胞内的硫滴又逐渐消失。属自养性细菌,在曝气池内,如果通气不良,可大量繁殖,而引起污泥膨胀。

以上介绍的细菌,均是能氧化 H_2S、硫磺和其他硫化物生成硫酸,从中获得能量的一类细菌,俗称硫细菌。

硫细菌在氧化 H_2S 和硫为硫酸的同时，可同化 CO_2，合成有机物。反应式为

$$2H_2S + O_2 \longrightarrow 2H_2O + 2S + 343\ kJ$$

$$2S + 3O_2 + 2H_2O \longrightarrow 2H_2SO_4 + 494\ kJ$$

$$CO_2 + H_2O \longrightarrow [CH_2O] + O_2$$

当环境中 H_2S 充足时，菌体积累硫滴；当环境中 H_2S 缺少时，硫滴消失。完全消失后，硫细菌死亡或进入休眠状态，停止生长。

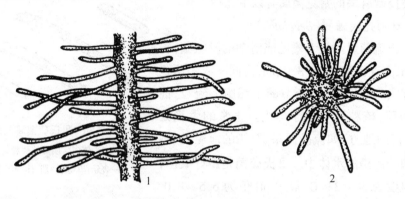

图 2.38 发硫菌属的形态

1—菌丝一端吸附在植物残片或纤维上；2—从活性污泥菌胶团中伸展出的菌丝

硫细菌在水管中大量繁殖时，因有强酸产生，对管道有腐蚀作用。

(4) 噬纤维菌属(*Cytophaga*)

细胞柔软、杆状，两端略尖，有类胡萝卜素。可滑动，不形成孢囊与休眠体。细胞无鞘，分解琼脂、纤维素或几丁质，分解纤维素的能力很强。

2.5 蓝 细 菌

蓝细菌(cyanobacteria)亦称蓝藻或蓝绿藻(blue-green algae)。过去被划为藻类，但近代研究表明，它们的细胞核结构中无核膜、核仁，属原核生物，加之不进行有丝分裂，细胞壁也与细菌相似，由肽聚糖组成，革兰氏染色阴性，故现在将它们归于原核微生物中。

蓝细菌为单细胞生物，个体比细菌大，一般直径或宽度为 3～15 μm。但是，蓝细菌很少以单一个体生活，通常是在分裂后仍聚集在一起，形成丝状或单细胞的群体。当许多个体聚集在一起，可形成很大的群体，肉眼可见。

蓝细菌分布广泛，从南极到北极，从海洋到高山均可见其踪迹。它们常生长在岩石、树皮上或在池塘、湖泊中生长，繁殖旺盛，使水体的颜色随蓝细菌本身的颜色而变化。有的种类能发生草腥味或霉臭味。

蓝细菌含有色素系统(主要含有藻蓝素，此外还含有叶绿素 a、胡萝卜素或藻红素)。由于每种蓝细菌细胞内所含各种色素的比例不一，所以，可能呈现蓝、绿、红等颜色。蓝细菌的营养简单，不需要维生素，以硝酸盐或氨作为氮源，能固氮的种很多。某些种具有圆形的异

形胞(heterocyst),一般沿着丝状体或在一端单个地分布,是蓝细菌进行固氮作用的场所。蓝细菌进行放氧性的光合作用,为专性光能无机营养型微生物,其反应为

$$CO_2 + H_2O \xrightarrow[\text{光合色素}]{\text{光能}} [CH_2O]_{\text{细胞物质}} + O_2 \uparrow$$

这些特点与一般藻类相似。其繁殖以裂殖为主,少数种类有孢子;丝状蓝细菌还可通过断裂形成段殖体进行繁殖,没有有性繁殖。

当水体中排入大量含氮和磷的物质,导致水体富营养化,则使蓝细菌过度繁殖,将水面覆盖并使水体形成各种不同色彩的现象,在淡水域称为"水华"(water bloom),在海水域称为赤潮。能形成"水华"的蓝细菌包括微囊藻属(*Microcystis*)、鱼腥藻属(*Anabaena*)、颤藻属(*Oscillatoria*)等属中的一些种。由蓝细菌形成的"水华"往往有剧毒,如铜色微囊藻(*Microcystis aerugeosa*)和水华鱼腥藻(*Anabaena flos-aguae*)等,家禽或家畜饮用这种水后不到一小时就可中毒死亡,而且也能引起水生生物(如鱼类)中毒死亡。此外,由于大量蓝细菌将水面覆盖从而阻碍了水体复氧,同时大量蓝细菌因死亡而腐败,致使水体因缺氧而发臭。由此可见,水体富营养化所造成的危害是很严重的(见第十三章),尤其是水源水富营养化后,导致常规处理后的出水难以达标。

蓝细菌的种类很多,这里仅介绍几个代表属。

(1) 微囊藻属(*Microcystis*)

亦称微胞藻属。由多个细胞组成群体,自由漂浮。群体球形、类椭圆形或不规则形,群体胶被均质无色。细胞一般为球形,很小,排列紧密,无个体胶被。细胞呈浅蓝色、亮绿色、橄榄绿色,常有颗粒,分裂繁殖,少数产生微孢子。

此藻是湖泊、池塘中常见的种类,最适 pH 值为 8～9.5。温暖季节水温 28～30 ℃时繁殖最快,当大量生长时使湖泊、池塘水变灰绿色,形成"水华",具臭味。铜色微囊藻就是一例(图 2.39)。可用 0.5 $\mu g/g$ 硫酸铜 + 0.2 $\mu g/g$ 硫酸亚铁处理。

(2) 鱼腥藻属(*Anabaena*)

又名项圈藻属。细胞球形或桶形。沿着一个平面分裂,并排列成链状丝,链状丝外包一层或薄胶

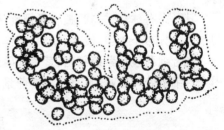

图 2.39 铜色微囊藻

鞘,许多链状丝包在一个共同的胶被内,形成不定形的胶块,它在水中大量繁殖也能形成"水华",如水华鱼腥藻(*Anabaena flos-aguae*)、曲鱼腥藻(*Anabeena contorta*),见图 2.40。

(3) 颤藻属(*Oscillatoria*)

生长于水中并不断颤动而得名。个体为多细胞圆柱状的丝状体,不分支也没有假分支。没有异形胞,以段殖体繁殖。它生长在废水中,常见的有大颤藻(*O. Pirinceps*)等(图 2.41)。

(4) 单歧藻属(*Tolypothrix*)

细胞沿着一个平面进行分裂,排列成整齐的、有平行隔膜的链状细胞丝,在细胞丝外面有一共同的鞘膜,很多有鞘膜的细胞连在一起形成假分支。这一属大部分生长于水中,其中小单歧藻(*Tolypothrix tenuis*)为常见种之一(图 2.42)。

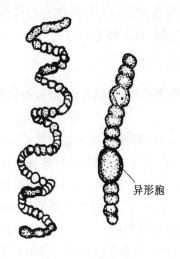  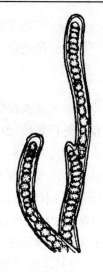

图 2.40　曲鱼腥藻　　　　图 2.41　大颤藻　　　　图 2.42　小单歧藻

2.6　光合细菌

　　光合细菌(PSB)亦称光能营养型细菌,含光合色素,能同化 CO_2 为菌体有机物,但它们与蓝细菌不同,均不含叶绿素,只有菌绿素及类胡萝卜素。

　　光合细菌的光合作用与蓝细菌和高等植物的不同,区别在于:①PSB 不能光解水中的氢还原 CO_2,而是从有机物或水以外的无机物中获取氢;②不产氧;③一般是在厌氧条件下进行。

　　其形态有球状、杆状、弧状及螺旋状,大多具极生鞭毛,因有色素,菌体呈红、紫、绿等不同颜色。分布于土壤、废水、湖泊、海洋及矿泉中。

　　光合细菌包括紫硫细菌、紫色非硫细菌、绿硫细菌、绿色非硫细菌。现在人们已开始利用光合细菌处理废水,具有广阔的前景。

思　考　题

1. 什么是细菌细胞的基本结构和特殊结构?
2. 细菌细胞各部分结构的化学组成和生理功能?
3. 革兰氏染色的主要过程和机理。
4. 什么是菌胶团? 菌胶团的功能有哪些?
5. 为什么细菌表面带负电荷?
6. 放线菌由哪几种菌丝构成? 各种菌丝的功能?
7. 放线菌的繁殖方式。
8. 鞘细菌、滑动细菌、蓝细菌的形态及营养方式。
9. 水华(赤潮)是怎样形成的?
10. 什么是菌落? 细菌、放线菌的菌落有什么区别?

第3章 真核微生物

真核微生物是指细胞中具有完整的细胞核,即细胞核有核膜、核仁,进行有丝分裂,原生质体中存在与能量代谢有关的线粒体,有些还含有叶绿体等细胞器的一类微生物的统称。它包括真菌、藻类和原生动物。另外,与污染控制有关的后生动物也包括在内。

3.1 真 菌

真菌(fungus)是指单细胞(包括无隔多核细胞)和多细胞、不能进行光合作用、靠寄生或腐生方式生活的真核微生物。真菌能利用的有机物范围很广,特别是多碳类有机物。真菌能分解很复杂的有机化合物,如某些真菌可以降解纤维素,并且还能破坏某些杀菌剂,这对于废水处理是很有价值的。

真菌和藻类在细胞结构和繁殖方式上有许多相似之处,但主要区别在于真菌没有光合色素,不能进行光合作用,属于有机营养型的,而藻类则是无机营养型的光合微生物。

真菌在自然界分布极为广泛。依种的不同分别存在于水、土壤、大气和生物体内外。腐生种类对于推动自然界的物质循环起着重要作用。真菌的种类繁多,形态各异,大小差别悬殊,细胞结构多样,包括霉菌、酵母菌。

3.1.1 酵母菌

酵母菌(yeast)是指以芽殖为主,大多数为单细胞的一类真菌。

在自然界中,酵母菌主要分布在含糖质较高的偏酸性环境中,例如,果实、蔬菜、花蜜、五谷以及果园的土壤中;在牛奶和动物的排泄物中也可找到;石油酵母则多在油田和炼油厂周围的土壤中。在活性污泥中,也发现有酵母菌存在。除此之外,有少数酵母菌是病原菌,可引起隐球菌病等。酵母菌的生长温度范围在 4~30 ℃,最适温度为 25~30 ℃。

我国劳动人民早在几千年前就已经用酵母菌酿酒和发面。这类酵母菌能分解糖类为酒精(或甘油、有机酸等)和二氧化碳,称为发酵型酵母菌。20世纪60年代以来,国内外正加强研究氧化能力强而发酵能力弱或无发酵能力的酵母菌。这类酵母菌称为氧化型酵母菌,能分解多种石油烷烃($C_9 \sim C_{18}$),并生产多种产品,为酵母菌的应用开拓新的广阔天地。

3.1.1.1 酵母菌的形态和大小

酵母菌大多数为单细胞,其形态多样,依种类不同而有差异,一般呈卵圆形、球形、椭圆形或柠檬形等。酵母菌的菌体比细菌大几倍至几十倍,大小约为 $(1 \sim 5)\ \mu m \times (5 \sim 30)\ \mu m$,最长可达 $100\ \mu m$,各种酵母菌具有一定的大小和形态。

3.1.1.2 酵母菌的细胞结构

酵母菌具有典型的细胞结构,有细胞壁、细胞膜、细胞质、细胞核、液泡、线粒体以及各种贮藏物等,有些种还具有荚膜和菌毛等(图3.1)。细胞核膜为双层单位膜,膜上散布着直径为 80～100 nm 的圆形小孔,这是细胞核和细胞质交换物质的通道。酵母菌细胞内有一个或多个大小不一的液泡(0.3～3 μm),其内含有浓缩的溶液、盐类、氨基酸、糖类和脂类,其生理功能是作为体内贮藏物质。线粒体是需氧真核微生物所具有的,通常呈杆状,数量 1～20 个,是能量代谢的场所,是电子传递的功能单位。但酵母菌只有在有氧代谢的情况下,才需要线粒体,而在厌氧条件或葡萄糖过量时,对线粒体的形成或功能都有影响。

3.1.1.3 酵母菌的繁殖方式和菌落特征

大多数酵母菌是以出芽的方式繁殖(芽殖),少数为裂殖。芽殖中首先在细胞一端突起,接着细胞核分裂出一部分并进入突起部分。突起部分逐渐长大成芽体。由于细胞收缩,使芽体与母细胞相隔离。成长的芽体可能立即与母细胞分离,也可能暂时与母细胞连接在一起(图 3.1)。当有多个细胞相互连接成菌丝体,我们称之为假丝酵母(图 3.2)。

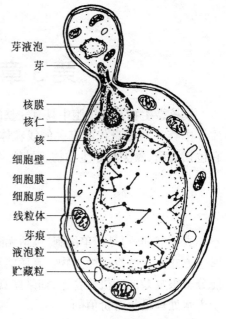

图 3.1 酵母菌细胞结构

酵母菌的菌落与细菌相似,但比细菌菌落大而且厚,菌落表面湿润、粘稠,易被挑起。有些种因培养时间较长,使菌落表面皱缩,较干燥。菌落通常是乳白色,少数呈红色。

酵母菌在液体培养基中生长时,有的在培养基表面生长并形成菌膜;有的在培养基中均匀生长;有的则生长在培养基底部并产生沉淀。

3.1.1.4 利用酵母菌处理废水及单细胞蛋白的生产

Cooke 等人曾对活性污泥中存在的酵母进行了分离鉴定,主要的属为假丝酵母属(*Condida*)、红酵母属(*Rhodotorula*)、球拟酵母属(*Torulopsis*)、丝孢酵母属(*Trichosporon*)等。这些酵母在某些条件下,可以凝集沉降。另外,它们能快速分解某些有机物,产生大量酵母蛋白,可作为饲料蛋白,实现资源化,在废水处理中有重要作用。

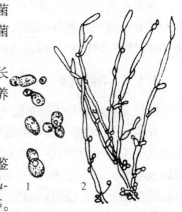

图 3.2 热带假丝酵母
1—细胞;2—假菌丝

利用石油中一些能被酵母菌利用的馏分,作为微生物的碳源生产单细胞蛋白,已获得成功。我国也成功地生产出供饲料用的石油蛋白。利用假丝酵母如解脂假丝酵母和热带假丝酵母对各种烷烃的发酵研究表明,大部分的烷烃转变成了细胞物质。

酵母菌亦可用于处理高浓度有机废水,并实现资源化。例如,酒精废醪液 BOD 浓度很高,同时含有丰富的营养物质,所以,用此废水培养酵母,既处理了废水,又可以回收菌体蛋白。又如,豆酱生产中,大豆煮沸汁液的废水 BOD 可达 3 000 mg/L,用此培养酵母,在处理废水的同时,可得到大量菌体作为饲料而利用。在分批培养中,COD 被去除 82%～84%,而菌体的产量对于糖来讲为 80%～83%,对液体来讲占 1.2%～1.6%。

此外,酵母菌对某些难降解物质及有机毒物亦有较强的分解能力。某些特殊的酵母如假丝酵母及丝孢酵母,在含有杀菌剂和酚浓度为 500~1 000 mg/L 的废水中也能增殖,并将其分解,消耗酚的速率为 0.35 mg/(mg 酵母·h)。

3.1.2 霉菌

霉菌(mold)是生长在营养基质上,形成绒毛状、蜘蛛网状或絮状菌丝体的真菌,属腐生性或寄生性营养,在分类学上分别隶属于藻状菌、子囊菌和半知菌。

霉菌在自然界分布极广,土壤、水域、空气、动植物体内外均有它们的踪迹。它们同人类的生产、生活关系密切。发酵工业上广泛用来生产酒精、抗生素(青霉素等)、有机酸(柠檬酸等)、酶制剂(淀粉酶、纤维素酶等);农业上用于饲料发酵、杀虫农药(白僵菌剂)等。腐生型霉菌在自然界物质转化中也有十分重要的作用。在废水生物膜法处理中常见,如镰刀霉对含无机氰化物(CN^-)的废水降解能力很强。

但是,它对人类的危害和威胁也应予以重视。霉菌的营养来源主要是糖类和少量氮,极易在含糖的食品和各种谷物、水果上生长。据统计,全世界平均每年由于霉变而不能食(饲)用的谷物约占 2%,这是一笔相当惊人的经济损失。近年来还不断发现霉菌能产生多种毒素,如黄曲霉产生的黄曲霉毒素等有致癌作用,严重危害人畜健康。有的霉菌还可引起衣物、器材、工具及工业原料霉变,故采取有效措施防止或控制有害霉菌的活动,防治环境污染,提高经济效益成为重要课题。

3.1.2.1 霉菌的形态、大小和结构

霉菌的营养体由分支或不分支的菌丝(hypha)构成,菌丝可以无限制地伸长和产生分支,分支的菌丝相互交错在一起,形成菌丝体(mycelium)。菌丝直径一般为 3~10 μm,比放线菌的菌丝粗几倍到几十倍,所以在显微镜下很容易观察到。

菌丝分无隔菌丝和有隔菌丝两种类型。无隔菌丝的菌丝无隔膜,整个菌丝就是一个细胞,菌丝内有许多核,又称多核系统,例如,藻状菌纲中的毛霉(*Mucor*)和根霉(*Rhizopus*)等。有隔菌丝由多个细胞组成,例如,青霉(*Penicillium*)和曲霉(*Aspergillus*)等。在菌丝生长过程中,每个细胞也随之分裂。每个细胞含一个或多个核,隔膜上具有极细的小孔,可作为相邻细胞间物质交换的通道(图 3.3)。

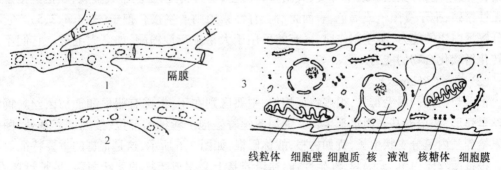

图 3.3 两种类型的菌丝体及细胞结构
1—有隔菌丝;2—无隔菌丝;3—菌丝放大图

霉菌的菌丝体构成与放线菌相同,分为基内菌丝、基外菌丝和孢子丝,各菌丝的生理功

能亦相同。

细胞壁的组成多含有几丁质,少数低等的水生性较强的真菌则以纤维素为主。另外,幼嫩的菌丝细胞质均匀,而老菌丝中出现液泡。

3.1.2.2 霉菌的菌落特征

霉菌与放线菌一样,霉菌的菌落也是由分支状菌丝组成。因菌丝较粗而长,形成的菌落较疏松,呈绒毛状、絮状或蜘蛛网状,一般比细菌菌落大几倍到几十倍。有些霉菌,如根霉、毛霉生长很快,菌丝在固体培养基表面可无限蔓延。有一些霉菌可将水溶性色素分泌到培养基中,使菌落背面呈不同颜色;一些生长较快的霉菌菌落,处于菌落中心的菌丝菌龄较大,位于边缘的则较年幼。因霉菌的菌落疏松,故易于挑起。

3.1.2.3 霉菌的繁殖方式

霉菌的繁殖能力一般都很强,而且方式多样,主要靠无性孢子和有性孢子繁殖。一般霉菌菌丝生长到一定阶段,先行无性繁殖,到后期,在同一菌丝体上产生有性繁殖结构,形成有性孢子。根据孢子形成方式,孢子的作用以及本身的特点,又可分为多种类型。

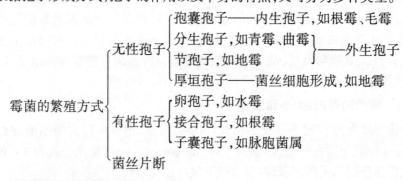

3.1.2.4 霉菌的常见属

1. 单细胞霉菌

(1) 毛霉(*Mucor*)

毛霉的菌丝体在基质上或基质内能广泛的蔓延,无假根和匍匐枝,孢囊梗直接由菌丝体生出,一般单生,分支较少或不分支,其菌丝为白色,多为腐生,菌丝不具隔膜,以孢囊孢子进行无性繁殖,孢子囊黑色或褐色,表面光滑。有性繁殖则产生接合孢子(图3.4、3.5)。它具有分解蛋白质的能力,用于制作腐乳,有的可用于大量生产淀粉酶,如高大毛霉。它们不具有转化甾族化合物的能力。

(2) 根霉(*Rhizopus*)

根霉与毛霉同属毛霉目,很多特征相似,主要区别在于,根霉有假根和匍匐菌丝。匍匐菌丝呈弧形,在培养基表面水平生长。匍匐菌丝着生孢子囊梗的部位,接触培养基处,菌丝伸入培养基内呈分支状生长,犹如树根,故称假根,如图3.6所示,这是根霉的重要特征。

根霉菌丝体白色,无隔膜,气生性强,在培养基上交织成疏松的絮状菌落,生长迅速,可蔓延覆盖整个表面,有性繁殖产生接合孢子,无性繁殖形成孢囊孢子。

根霉分布广,分解淀粉能力强,将淀粉转化为糖,是有名的糖化菌,近年来在甾族激素转化、有机酸(乳酸等)的生产中广泛应用。

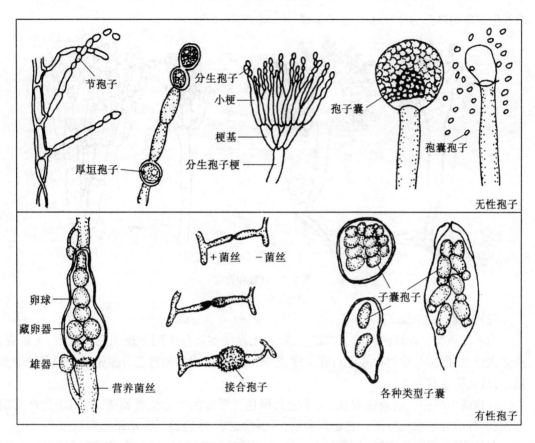

图 3.4 无性孢子和有性孢子示意图

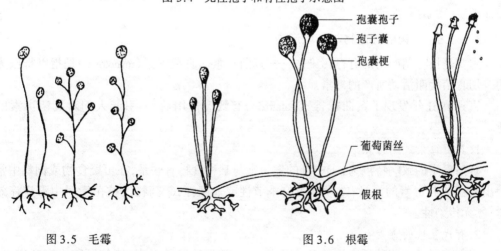

图 3.5 毛霉　　　　　图 3.6 根霉

2. 多细胞霉菌

(1) 曲霉(*Aspergillus*)

为半知菌类,大多为无性阶段。菌丝有隔膜,与其他霉菌突出不同的是具有足细胞。分生孢子梗生于足细胞上,并通过足细胞与营养菌丝相连。分生孢子梗顶端膨大,呈圆形或椭圆形顶囊。顶囊表面长满一层或两层辐射状小梗(初生小梗与次生小梗)。最上层梗瓶状,顶端着生成串的球形分生孢子。孢子呈绿、黄、褐、黑等颜色。

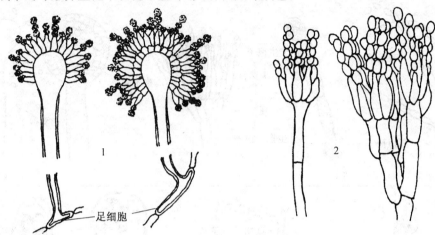

图 3.7 曲霉和青霉
1—曲霉;2—青霉

(2) 青霉(*Penicillum*)

为半知菌类。青霉菌菌丝与曲霉相似,但无足细胞。分生孢子梗顶端不膨大,无顶囊,经多次分支,产生几轮对称或不对称小梗,小梗顶端产生成串的青色分生孢子。孢子穗形如扫帚,故又称帚状分支。

青霉菌落呈密毡状或松絮状,大多为灰绿色。青霉菌可产生青霉素,也用于生产有机酸,有些种可分解棉花纤维。它是霉腐菌,可引起皮革、布匹、谷物、水果等腐烂。

此外,常见霉菌还有镰刀霉属(*Fusarium*)、木霉属(*Trichoderme*)、交链孢霉属(*Alternaria*)和地霉属(*Geotrichum*)等。

3.1.2.5 霉菌的代谢物与环境污染

主要是指霉菌产生的有毒污染物——真菌毒素。真菌毒素(mycotoxin)是指以霉菌为主的一切真菌代谢活动所产的毒素。

直到 1961 年发现了黄曲霉毒素(afatoxin)有致癌作用后,才引起人们对真菌毒素的注意。

1.真菌毒素致病特点

真菌毒素的致病特点为:①中毒的发生常与某种食物有联系,在可疑食物或饲料中常可检出真菌或其毒素的污染;②发病可有季节性或地区性;③药物或抗菌素对中毒症疗效甚微;④无传染性。

2.有代表性的毒素

青霉菌属的一些种所产生的岛状毒素,是一类烈性肝脏毒素,能使肝脏损害和出血,导致动物在 2~3 h 内死亡。

曲霉属的菌产生的黄曲霉毒素,由于是剧毒物,也是致癌物,而使人望而生畏。其毒性为氰化钾的 10 倍,砒霜的 68 倍。1960 年英国伦敦附近养鸡厂中,10 万只火鸡相继于数日内死亡。追踪调查获知,系食用污染了霉菌的花生粉所致,以后查明是一种黄曲霉菌产生的黄曲霉毒素引起。

3.1.2.6 霉菌和废水处理

已知活性污泥中霉菌的各属有:毛霉属、根霉属、曲霉属、青霉属、镰刀霉属、木霉属、地霉属和头孢霉属等等。

活性污泥中霉菌数量较少,它们的出现一般与水质有关,一些霉菌常出现于 pH 值较低的废水中。霉菌在活性污泥中的作用,估计与絮凝体的形成和活性污泥的膨胀都有联系,一些研究者报道了有霉菌引起的膨胀现象。一般来讲,真菌在活性污泥中并不占有重要地位,丝状真菌的数量低于酵母。

在生物膜的好氧区可生长大量霉菌,它们只存在于有溶解氧的层次内,不过在正常的情况下,霉菌在营养竞争上受细菌的抑制。只有在 pH 值较低或特殊的工业废水中,霉菌才能在滤池中超过细菌而占优势。

1986 年马放等曾对生物转盘处理印染废水的微生物类群进行了研究,在生物膜上分离出 9 株霉菌,其中青霉属 6 株,根霉属 1 株,曲霉属 1 株,交链孢霉属 1 株。

在废水活性污泥法处理构筑物内,真菌的种类和数量较少。由于霉菌菌丝能使活性污泥沉淀性能变坏,引起污泥膨胀,因此,尽管霉菌对有机物降解能力较强,但一般不希望它们在活性污泥中出现。但在生物膜法处理构筑物中,它们的出现对有机物的去除有利。

3.2 藻 类

3.2.1 概述

藻类一般都具有能进行光合作用的色素,利用光能将无机物合成有机物,供自身需要。藻类是光能自养型的真核微生物。

藻类的种类很多,有的是单细胞生物。多细胞的藻类形态极其复杂,而且功能上有分化,如负责生殖的生殖细胞,固着在附着物上的藻类具有像根一样的细胞。但是,多细胞的藻类细胞之间并不是有机地结合在一起,多数是单一地结合,外侧由胶质物所覆盖,从外面看像一个整体,因此,只能称为多细胞的群体或集合体。

藻类的大小差异很显著,小的藻类只能用显微镜观察,大小以 μm 表示,大的藻类有海藻中的褐藻(海带、裙带菜等)和红藻(石花菜、紫菜)。

藻类与人类生产、生活有着密切的关系。海洋藻类是很有利用价值的自然资源,可作为食物、药材和工业的原料。淡水藻类与工业、农业、水产、地质、水域、环境保护等密切相关,特别有意义的是某些绿藻,有可能成为宇航员的氧气供应者。

藻类主要为水生生物,广泛分布于淡水和海水中,单细胞藻类浮游于水中,称为浮游植物。在自然界的水生生态系统中,藻类是重要的初级生产者,是水生食物链中的关键环节,它关系着水体生产力及物质转化与能量流动,使水体保持自然生态平衡。

藻类与给排水工程有密切的关系,在给水工程中有一定的危害性,常使自来水产生异味或颜色,或造成滤池堵塞。当水体富营养化(含过量 N、P)常产生"水华"或"赤潮"(详见第 13 章)。"水华"或"赤潮"常改变水的 pH 值,使水体带有臭味,并使水含有剧毒。另一方面在排水工程中,可以利用藻类进行废水处理,典型的是氧化塘处理系统,利用菌藻互生原理,进行废水处理(详见第 11 章)。藻类在水体复杂的自净过程中起着重要作用,在污染的生物监测中,作为指示生物可以反映出污染程度。

3.2.2 藻类的微生物学特征

3.2.2.1 藻类的分布

藻类的分布极为广泛,同细菌一样,从南极到北极,在地球上所有的地方均有藻类分布。如果从大的生活环境来分,可分为海洋藻类和淡水藻类。淡水藻类不仅分布在江河、湖泊中,而且分布在潮湿的土壤表面、树干、墙壁、花盆上,甚至冰雪上和岩洞中等极端恶劣环境下也能生长,如在美国的某国立公园的温泉中,水温达 85~90 ℃情况下也有藻类生长。

3.2.2.2 藻类的生活条件

1. 温度

每一种藻类都生活在一定的温度范围内,都有其能忍受的最高温度和最低温度,以及最适温度。各种藻类能够生活的温度幅度是不同的,可分为广温性种类和狭温性种类。广温性种,如一种菱形藻(硅藻),其温幅达 41 ℃(-11~30 ℃);而狭温性种温幅仅 10 ℃左右。

外界条件(营养、氧气、溶解盐类等)和有机体的大小都能影响耐温性,如一种棕鞭藻(*Ochromonas malhamensis*)生长的温度上限为 35 ℃,但在培养液中添加维生 B_{12}、硫胺素和某些氨基酸以及 Fe、Mg、Mn、Zn 等金属离子时,可耐温到 35 ℃以上。

另外,随着温度改变,水域中藻类种群的优势种有演替上的变化,在具有正常混合藻类种群的河流中,可以观察到在 20 ℃时,硅藻占优势;在 30 ℃时,绿藻占优势;在 35~40 ℃时蓝藻占优势。

2. 光照

在水表面,光线对于藻类的出现不是一个限制的因素。但如果水体污染造成水中悬浮物质过多,由于悬浮物散射和吸收光线,妨碍了光的透入,严重时就会导致水环境光合作用停止,使整个水生态系统被破坏。

当水体富营养化造成浮游藻类生长过多时,也影响光线透入水层,降低水的透明度,反过来又影响浮游藻类的生长,造成它们大量死亡,使水的透明度又提高。

3. pH 值

藻类生长的最适宜 pH 值为 6~8,生长的 pH 值范围在 4~10 之间。有些种类在强酸、强碱下也能生长,如 *Cyanidium caldarium* 在 pH 值为 1.4 的情况下也能生长。

当天然水体藻类大量生长繁殖,由于强烈的光合作用,可使 pH 值急剧升高达 9~10。

除上述影响因子外,像水的运动、溶解盐类和有机物质、溶解气体等也对藻类的营养和有机物形成有限制。

此外,共同生活的其他生物种类对藻类的出现也有决定性作用。

3.2.2.3 藻类的营养

藻类一般是无机营养的,属光能自养型微生物,其细胞内含有叶绿素及其他辅助色素,能进行光合作用。在有光照时,能利用二氧化碳合成细胞物质,同时放出氧气。在夜间无阳光时,则通过呼吸作用取得能量,吸收氧气同时放出二氧化碳。在藻类很多的池塘中,白天水中的溶解氧往往很高,甚至过饱和;夜间溶解氧急剧下降。少数藻类是腐生型的,极少数营共生生活。

3.2.2.4 藻类的繁殖和生活史

1. 藻类的繁殖

藻类的繁殖方式基本上有三种：营养繁殖、无性生殖和有性生殖。

许多单细胞藻类的营养繁殖是通过细胞分裂进行的，而丝状类型藻类营养繁殖是营养体上的一部分，由母体分离出来后又长成一个新个体。

无性生殖是通过产生不同类型的孢子(spore)进行的，产生孢子的母细胞叫孢子囊(sporangium)，孢子囊是单细胞的，孢子不需结合，一个孢子长成一个新个体。

有性生殖其生殖细胞叫配子(gamete)，产生于配子囊(gametangium)。一般情况下，配子必须两两结合成为合子(zygone)，由合子萌发长成新个体，或合子产生孢子长成新个体。在极少数情况下，一个配子不经过结合也能长成一个个体，叫单性生殖。

2. 藻类的生活史

指某种生物在整个发育阶段中，有一个或几个同形或不同形的个体前后相继形成一个有规律的循环，也就是藻类在一生中所经历的发育和繁殖阶段的全部过程，藻类的生活史有4种基本类型：①营养繁殖型；②生活史中仅有一个单倍体的植物体，行无性和有性生殖，或只行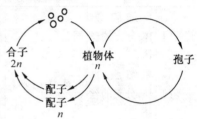一种生殖方式；③生活史中仅有一个双倍体的植物体，只行有性生殖，减数分裂在配子囊中配子产生之前；④生活史中有世代交替的现象，即无性与有性两个世代相互交替出现的现象。

3.2.2.5 藻类的分类

根据光合色素的种类、个体的形态、细胞结构、生殖方式和生活史等，将藻类分为蓝藻门（现已归为原核微生物中的蓝细菌）、裸藻门、绿藻门、轮藻门、金藻门、黄藻门、硅藻门、甲藻门、褐藻门及红藻门等，其主要特征见表3.1。

下面将简要介绍一下藻类主要门的特征及代表属。

1. 蓝藻门(Cyanophyta)

蓝藻门即蓝细菌，详见第2章。

2. 绿藻门(Chlorophyta)

其细胞中的色素以叶绿素为主，个体形态差异较大，有单细胞或多细胞，生殖方式有无性和有性生殖。某些绿藻带有鱼腥或青草的气味。大部分绿藻适宜在微碱性环境中生长。有些绿藻在含有丰富的有机物质的池塘中生长特别旺盛，如衣藻。常见绿藻有小球藻属(*Chlorella*)、栅藻属(*Scenedesmus*)、衣藻属(*Chlamydomonas*)、空球藻属(*Eudorina*)、团藻属(*Volvox*)、盘星藻属(*Pediastrum*)、新月藻属(*Closterium*)、鼓藻属(*Cosmarium*)及水绵属(*Spirogyra*)等。大部分绿藻在春夏之交和秋季生长得旺盛(图3.8)。绿藻中某些种能形成"水华"。

小球藻和栅藻富含蛋白质，可供人食用和作饲料，在水体自净中起净化和指示生物的作用。

表 3.1 藻类各门的主要特征

藻类	细胞	色素	色素的位置	核膜	毛	贮藏物质	分布	生殖
蓝藻门	单细胞,群体,多细胞	叶绿素a,脂环族类胡萝卜素等	原生质外缘部分	−	−	糖原	淡水、土壤、树皮等	无性生殖
裸藻门	单细胞	叶绿素a、b,β-胡萝卜素3种叶黄素	色素体中	+	+	裸藻淀粉、油	淡水	无性生殖(纵裂)
绿藻门	单细胞,群体,多细胞,丝状体	叶绿素a、b,叶黄素,泥黄素,β-胡萝卜素	色素体中	+	+	淀粉、油	淡水、海水、土壤、树皮	无性生殖,有性生殖
轮藻门	单细胞,群体;分支的丝体	同上	色素体中	+	+	淀粉、油	淡水、半咸水	有性生殖(卵式生殖)、营养繁殖
金藻门	单细胞,群体,分支的丝体	叶黄素,胡萝卜素	色素体中	+	+	金藻糖、油	淡水	
黄藻门	单细胞,群体,丝状体	叶绿素a、c,β-胡萝卜素,异黄素	色素体中	+	−	油	淡水	无性生殖(游动孢子,不动孢子),有性生殖
硅藻门	单细胞,群体	叶绿素,藻黄素,β-胡萝卜素	色素体中	+	−	淀粉粒(用磺处理呈棕色),油	淡水、海水	有性生殖,无性生殖
甲藻门	单细胞,群体,丝状体	叶绿素a、c,β-胡萝卜素等	色素体中	+	+−	淀粉、淀粉状物质或脂肪	海水、淡水	裂殖,无性生殖有游动孢子,不动孢子
褐藻门	多细胞	叶绿素a、c,β-胡萝卜素,叶黄素	色素体中	+	+	淀粉、油	冷海水	有性生殖,无性生殖(孢子)
红藻门	多细胞	同上	色素体中	+	−	红藻糖、红藻淀粉	暖的海水	有性生殖,无性生殖(孢子)

3. 裸藻门(Euglenophyta)

所有裸藻都不具有细胞壁,因而得名。有1~3条鞭毛,能运动。在具色素的绿色种类中,营养方式以自营的光合作用为主。在无色种类中,营腐生或动物性吞食生活。细胞贮存物以特有的裸藻淀粉为主,还有少量的油类。

裸藻的生殖方式以细胞纵裂为主,即细胞由前向后纵裂为二。如环境不适宜时,可形成休眠孢囊。待环境条件好转时,原生质体从孢囊中脱出成为一个新个体。

裸藻主要生长在有机物丰富的流水中,对温度的适应范围较广,水温在25 ℃时繁殖最快,大量繁殖时形成绿色、褐色或红色的水华。所以裸藻是水体富营养化的指示生物。

裸藻的代表属有扁裸藻属(Phacus)、囊裸藻属(Trachelomonas)、胶柄藻属(Colacium)及

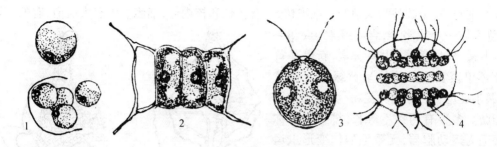

图 3.8 四种绿藻

1—小球藻属;2—栅藻属;3—衣藻属;4—空球藻属

裸藻属(即眼虫藻属,*Euglena*),如图 3.9 所示。

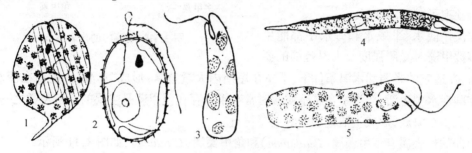

图 3.9 裸藻门的各属

1—扁裸藻属;2—囊裸藻属;3—胶柄藻属;4—裸藻属;5—变形藻属

4. 硅藻门(Bacillariophyta)

硅藻为单细胞藻类,形体像小盒,由上壳和下壳组成。上壳面(壳面)和下壳面(瓣面)上花纹的排列方式是分类的依据。硅藻的细胞壁由硅质($SiO_2 \cdot nH_2O$)和果胶质组成,硅质在外层。细胞内有一个核和一个或两个以上的色素体,含叶绿素、藻黄素和 β-胡萝卜素。硅藻呈黄褐色或黄绿色。贮存物为淀粉粒(用碘处理呈棕色)和油。繁殖方式为纵分裂和有性生殖。硅藻的代表属有舟形藻属(*Navicula*)、羽纹藻属(*Pinnularia*)、直链藻属(*Melosira*)、平板藻属(*Tabellaria*)、圆筛藻属(*Coscinodisous*)等(图 3.10)。

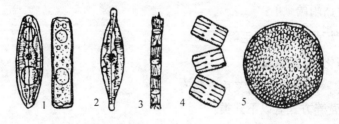

图 3.10 硅藻门的代表属

1—羽纹藻属;2—舟形藻属;3—直链藻属;4—平板藻属;5—圆筛藻属

硅藻分布广,是全球性的,有明显的区域种类,受气候、盐度和酸碱度的制约。有些种可作土壤和水体盐度、腐殖质含量及酸碱度的指示生物。浮游和附着的种是水中动物的食料,对水体的生产力起重要作用。硅藻可作为海水富营养化的指示性生物,常引起"赤潮"。

5. 甲藻门(Pyrrophyta)

甲藻多为单细胞个体,呈球形、三角形、针形,前后或左右略扁,前、后端常有突出的角,多数有细胞壁,少数种为裸型的。细胞核大,有核仁和核内体,细胞质中有大液泡,有的有眼点,色素体一个或多个,含叶绿素 a、c、β-胡萝卜素、硅甲黄素、甲藻黄素、新甲藻黄素及环甲藻黄素。藻体呈黄绿色或棕黄色,偶尔红色。贮存物为淀粉、淀粉状物质或脂肪。多数有两条不等长,排列不对称的鞭毛为运动胞器,无鞭毛的作变形虫运动或不运动。营养型为植物性营养,少数腐生或寄生。有少数为群体的,或具有分支的丝状体。甲藻繁殖方式为裂殖,也有的产游动孢子或不动孢子。

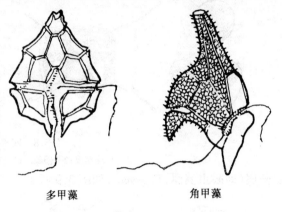

多甲藻　　　角甲藻

图 3.11　甲藻门的代表属

甲藻在淡水、半咸水和海水中都能生长。多数甲藻对光照强度及水温范围的要求严格,在适宜的光照和水温条件下,甲藻在短期内大量殖繁,形成"赤潮"。生活在淡水的种喜在酸性水中生活,故水中含腐殖质酸时常有甲藻存在。甲藻是主要的浮游藻类之一,甲藻死后沉积在海底,形成生油地层中的主要化石。

甲藻的代表属有多甲藻属($Peridinium$)和角甲藻属($Ceratium$),如图 3.11 所示。

3.3　原生动物

3.3.1　原生动物的形态及生理特性

原生动物门属真核原生生物界,它们的个体都很小,长度一般为 100～300 μm。大多数为单核细胞,少数有两个或两个以上细胞核。原生动物在生理上具有完善的系统,能和多细胞动物一样行使营养、呼吸、排泄、生殖等机能。常见的"胞器"有:行动胞器,消化营养胞器,排泄胞器,感觉胞器。

3.3.1.1　行动胞器

行动胞器有伪足、鞭毛或纤毛等。

3.3.1.2　消化、营养胞器

消化、营养胞器内含消化液,又称食物泡。

原生动物的营养方式有以下几类。

(1) 动物性营养(holozoic nutrition)

动物性营养是指以吞食其他生物(如细菌、真菌、藻类)或有机颗粒为生。绝大多数原生动物及后生动物为动物性营养。有些动物性营养的原生动物具有胞口、胞咽等摄食胞器。

(2) 植物性营养(holophtic nutrition)

植物性营养是指含色素,能够进行光合作用。植物性鞭毛虫、藻类及光合细菌采用这种方法。

(3) 腐生性营养(saprophylic nutrition)

腐生性营养是指以死的机体或无生命的可溶性有机物质为生,某些原生动物、细菌及全部真菌采取该营养方式。

(4) 寄生性营养(paralrophy)

寄生性营养是指以其他生物的机体(即寄主)作为生存的场所,并获得营养和能量。

3.3.1.3 排泄胞器

大多数原生动物具有专门排泄胞器——伸缩泡。伸缩泡一伸一缩,即可将原生动物体内多余的水分及积累在细胞内的代谢产物通过胞肛排出体外。

3.3.1.4 感觉胞器

一般原生动物的行动胞器就是它的感觉胞器。有些原生动物有专门的感觉器官——眼点。

图3.12所示为草履虫(*Paramecium caudatum*)的细胞结构。图3.13所示的草履虫的形态显微照片。

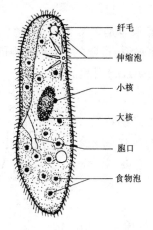
图 3.12 草履虫的细胞结构

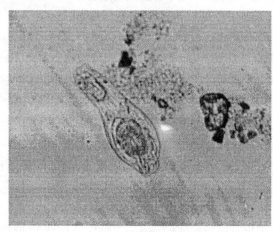
图 3.13 草履虫显微照片

3.3.2 原生动物的分类

水处理中常见的原生动物有三类:肉足类、鞭毛类和纤毛类。

3.3.2.1 肉足类

肉足类原生动物只有细胞质本身形成的一层薄膜,归为肉足总纲(Sarcodina)。它们大多无固定的形状,少数种类为球形。细胞质可伸缩变动而形成伪足,作为运动和摄食的胞器。绝大部分肉足类都是动物性营养。肉足类原生动物没有专门的胞口,完全靠伪足摄食,以细胞、藻类、有机颗粒和比它本身小的原生动物为食物。

肉足总纲分为两纲。可以任意改变形状的肉足类为根足纲(Rhizopodea),一般叫做变形虫(*Amoeba*),如辐射变形虫(*Amoeba radiosa*)。还有一些体形不变的肉足类,呈球形,它的伪足呈针状,称辐足纲(*Actinpodea*),如太阳虫(*Actinophrys*)等(图3.14、3.15)。

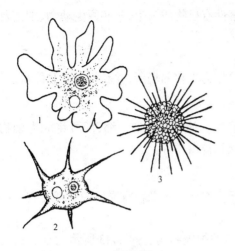

图3.14 几种肉足类原生动物
1—无恒变形虫;2—辐射变形虫;3—太阳虫

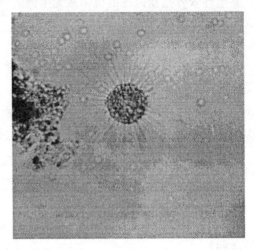

图3.15 太阳虫

肉足类在自然界分布很广,土壤和水体中都有。中污带水体是多数种类最适宜的生活环境,在废水中和废水处理构筑物中也有发现。就卫生方面来说,重要的水传染病阿米巴痢疾(赤痢)就是由于寄生的变形虫赤痢阿米巴(*Endamoeba histolytica*)引起的。

3.3.2.2 鞭毛类

鞭毛类原生动物因为具有一根或一根以上的鞭毛,所以统称鞭毛虫,在分类学中称鞭毛总纲(Mastigophora)。鞭毛长度大致与其体长相等或更长些,是运动器官。鞭毛虫又可分为植物性鞭毛虫(植鞭纲,Phytomastigophorea)和动物性鞭毛虫(动鞭纲,Zoomastigophorea)。

1. 植物性鞭毛虫

多数有绿色素体的鞭毛虫,是仅有的进行植物性营养的原生动物。此外,有少数无色的植物性鞭毛虫,它们没有绿的色素体,但具有植物性鞭毛虫所专有的某些物质,如坚硬的表膜和副淀粉粒等。它们形体一般都很小,也会进行动物性营养。在自然界中绿色的种类较多,在活性污泥中则无色的植物性鞭毛虫较多。

最普通的植物性鞭毛虫为绿眼虫(*Euglena viridis*),亦称绿色裸藻(图3.16)。它是植物性营养型,有时能进行植物式腐生性营养。最适宜的环境是α-中污性小水体,同时,也能适应多污性水体。在生活废水中较多,在寡污性的静水或流水中极少。在活性污泥中和生物滤池表层滤料的生物膜上均有发现,但为数不多。

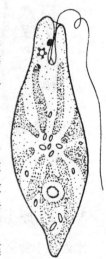

图3.16 绿眼虫

2. 动物性鞭毛虫

动物性鞭毛虫体内无绿色的色素体,也没有表膜、副淀粉粒等植物性鞭毛虫所特有的物质。一般体形很小,动物性营养,有些还兼有动物式腐生性营养。在自然界中,动物性鞭毛虫生活在腐化有机物较多的水体内。在废水处理厂曝气池运行的初期出现。

常见的有梨波豆虫(*Bodo edax*)和跳侧滴虫(*Pleuromonas jaculans*)等,如图3.17所示。

3.3.2.3 纤毛类

纤毛类原生动物为纤毛纲(Ciliata),特点是周身表面或部分表面具有纤毛,作为行动或摄食的工具。纤毛虫是原生动物中构造最复杂的,不仅有比较明显的胞口,还有口围、口前庭和胞咽等吞食和消化的细胞器官。它的细胞核有大核(营养核)和小核(生殖核)两种,通常大核只有一个,小核则有一个以上。纤毛类可分为游泳型和固着型两种。前者能自由游动,

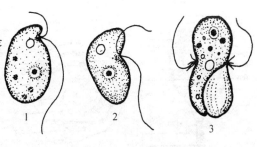

图 3.17 动物性鞭毛虫
1—梨波豆虫;2—跳侧滴虫;3—活泼锥滴虫

如周身有纤毛的草履虫;后者则固着在其他物体上生活,如钟虫等。

纤毛虫喜吃细菌及有机颗粒,竞争能力也较强,所以与废水生物处理的关系较密切。在废水生物处理中常见的游泳型纤毛虫属于全毛亚纲(Holotrichia),有草履虫(*Paramecium caudatum*)、肾形虫(*Colpoda*)、豆形虫(*Colpidium*)、漫游虫(*Lionotus*)、裂口虫(*Amphileptus*)、盾纤虫(*Aspidisca*)等(图3.18)。

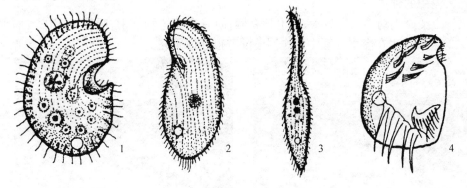

图 3.18 游泳型纤毛虫
1—肾形虫;2—豆形虫;3—漫游虫;4—纤虫

常见的固着型纤毛虫主要属于缘目亚纲(Peritricha)和吸管虫亚纲(Suctoria)。缘目亚纲中钟虫属(*Vorticella*)为典型类群。钟虫类因外形像敲的钟而得名。钟虫前端有环形纤毛丛构成的纤毛带,形成似波动膜的构造。纤毛摆动时使水形成漩涡,把水中的细菌、有机颗粒引进胞口(图3.19)。

大多数钟虫在后端有尾柄,它们靠尾柄附着在其他物质(如活性污泥、生物滤池的生物膜)上。也有无尾柄的钟虫,它可在水中自由游动。有时有尾柄的钟虫也可离开原来的附着物,靠前端纤毛的摆动而移到另一固体物质上。大多数钟虫类进行裂殖。有尾柄的钟虫的幼体刚从母体分裂出来,尚未形成尾柄时,靠纤毛带摆动而自由游动。

钟虫属为单个生长,而群体生长的有累枝虫属(*Epistylis*)和盖虫属(*Opercularia*)等。常见的累枝虫有瓶累枝虫等,盖虫属有集盖虫、彩盖虫等(图3.20)。累枝虫的各个钟形体的尾柄一般相互连接呈等枝状,也有不分支而个体单独生活的。累枝虫和盖虫的尾柄内,不像钟虫,它们都没有肌丝,所以尾柄不能伸缩,当受到刺激后只有虫体收缩。

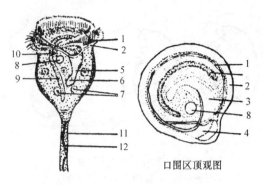 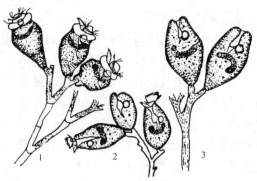

图 3.19　钟虫的构造　　　　　　　图 3.20　群体钟虫类
1—波动膜;2—口围边缘;3—口前庭 4—口前庭的波动　1—瓶累枝虫;2—集盖虫;3—彩盖虫
膜;5—胞口;6—形成食泡;7—食泡;8—伸缩泡 9—大
核;10—小核;11—柄;12—肌丝

钟虫等都经常出现于活性污泥和生物膜中,可作为处理效果较好的指示生物。图 3.21 为活性污泥中的钟虫。

吸管虫类原生动物具有吸管,并也长有柄,固着在固体物质上,吸管是用来诱捕食物的(图 3.22)。吸管虫在废水处理中的作用还没有很好地研究。

 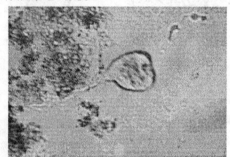

图 3.21　钟虫

原生动物在废水生物处理系统中起着较为重要的作用,特别是在废水处理日常管理中可作为重要的指示性生物,详见第 11 章。

3.4　后生动物

在废水生物处理构筑物中还常常出现一些多细胞动物——后生动物,这些动物属无脊椎动物,包括轮虫、甲壳类动物、昆虫以及幼虫等。

3.4.1　轮虫

轮虫(Rotifers)是多细胞动物中比较简单的一种。它的身体前端有一个头冠,头冠上有纤毛环。纤毛环摆动时,将细菌和有机颗粒等引入口部,纤毛环还是轮虫的行动工具(图3.23、3.24)。轮虫就是因其纤毛环摆动时状如旋转的轮盘而得名。

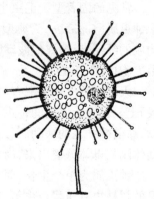

图 3.22　吸管虫

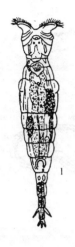  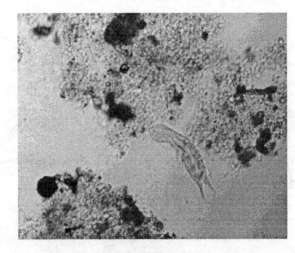

图 3.23 轮虫　　　　　图 3.24 轮虫
1—转轮虫；2—红眼旋轮虫

在废水的生物处理过程中，轮虫也可作为指示生物。当活性污泥中出现轮虫时，往往表明处理效果良好，但如数量太多，则有可能破坏污泥的结构，使污泥松散而上浮。活性污泥中常见的轮虫有转轮虫（*Rotaria rotatoria*）、红眼旋轮虫（*Philodina erythrophthalma*）等。

轮虫在水源水中大量繁殖时，有可能阻塞水厂的砂滤池。

3.4.2　甲壳类动物

水处理中遇到的多为微型甲壳类动物，这类生物的特点是具有坚硬的甲壳。常见的有水蚤（*Daphnia*）和剑水蚤（*Cyclops*），如图 3.25 所示。它们以细菌和藻类为食料。它们若大量繁殖，可能影响水厂滤池的正常运行。氧化塘出水中往往含有较多藻类，可以利用甲壳类动物除藻。

3.4.3　其他小动物

水中有机淤泥和生物粘膜上常生活着一些小动物，如线虫和昆虫（包括它的幼虫）等。在废水生物处理的活性污泥和生物膜中都可发现线虫（*Nematode*）。线虫的虫体为长线形，长 0.25～2 mm，断面为圆形（图 3.26、3.27）。有些线虫是寄生性的，在废水处理中遇到的是独立生活的。线虫可同化其他微生物不易降解的固体有机物。

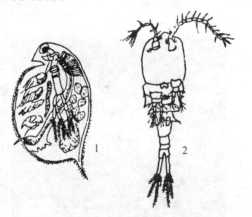

图 3.25　甲壳类动物
1—大型水蚤；2—刘氏中剑水蚤

在水中还可以见到小虫或其幼虫还有摇蚊幼虫（*Chironomus gr. plumosus*）、蜂蝇（*Eristalis tenax*）幼虫和颤蚯蚓（*Tubifex tubifex*）等，这些生物都可用作研究河流污染的指示生物。常见的微型动物还有水熊和红斑壤体虫（图 3.28、3.29）。

动物生活时需要氧气，但微型动物在缺氧的环境里也能数小时不死。一般来说，在无毒废水的生物处理过程中，如无动物生长，往往说明溶解氧不足。

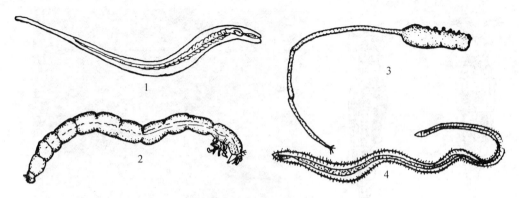

图 3.26 几种小动物
1—线虫;2—摇蚊幼虫;3—蜂蝇幼虫;4—颤蚯蚓

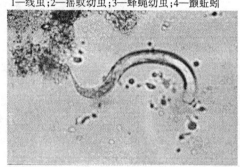

图 3.27 线虫

 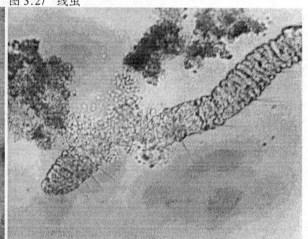

图 3.28 水熊　　　　　图 3.29 红斑瓀体虫

思 考 题

1. 酵母菌的形态和结构?
2. 霉菌的形态和结构?
3. 比较霉菌和放线菌有哪些异同?
4. 影响藻类生长的因素有哪些?
5. 原生动物的营养方式?水处理中有哪些常见的种类?
6. 酵母菌、霉菌、藻类、原生动物和后生动物在污染物治理中的作用?

第4章 非细胞生物——病毒

病毒(virus)是广泛寄生于人、动物、植物、微生物细胞中的一类微生物。它比一般微生物小,能够通过细菌过滤器,必须借助电子显微镜才能观察到。

病毒具有下列基本特征:①无细胞结构,只含有一种核酸,或为核糖核酸(RNA),或为脱氧核糖核酸(DNA);②没有自身的酶合成机制,不具备独立代谢的酶系统,营专性寄生生活;③个体微小能通过细菌滤器,电子显微镜才能观察到;④对抗菌素不敏感,对干扰素敏感;⑤在活细胞外具有一般化学大分子特征,进入宿主细胞后又具有生命特征。

病毒是以其致病性被发现的,当病毒侵染人和动植物细胞内并大量繁殖时,会引起各种疾病。例如,脊髓灰质炎病毒(可引起小儿麻痹症)和传染性肝炎病毒可随患者粪便排泄出去,因而这些病毒不仅通过直接与患者接触而传染,也可通过饮水而传播。所以在水处理工程中,应注意防止传染性病毒对水的污染。其他如天花、疱疹、某些流感以及腮腺炎等也均由病毒感染而患病。

病毒在寄主外生存时,感染能力很容易丧失。它对温度很敏感,在 55~60 ℃时,几分钟便可变性。x 射线、γ 射线和紫外线照射都能使病毒变性失活。

4.1 病毒的形态结构

4.1.1 病毒的形态和大小

在电子显微镜下观察,各种病毒的形状不一,一般呈球状、杆状、椭圆状、蝌蚪状和丝状等。人、动物的病毒大多呈球状、卵圆状或砖状;植物病毒多数为杆状或丝状;细菌病毒即噬菌体(bacteriophage)大多呈蝌蚪状,少数呈丝状(图4.1、4.2)。

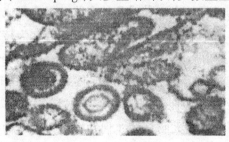
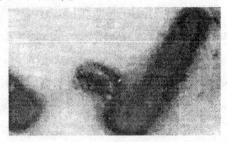

图 4.1 疱疹病毒　　　　　图 4.2 流行性感冒病毒

病毒体积微小,常用纳米(nm)表示。病毒的大小差异显著,有的病毒较大,如痘病毒约为 $(250\sim300)$ nm $\times (200\sim250)$ nm,而口蹄疫病毒的直径约为 $10\sim22$ nm。

一些病毒的形状、大小和核酸类型见表 4.1。

表 4.1 一些病毒的形状、大小和核酸类型

	病毒	核酸型	形状	大小(或直径×长)/nm
动物病毒	痘苗	DNA		230×300
	腮腺炎	RNA		150×300
	疱疹	DNA		100×200
	流感	RNA		80×120
	腺病毒	DNA		70×90
	脊髓灰质炎病毒	RNA		28
植物病毒	伤瘤病毒	RNA		55×60
	烟草花叶病毒	RNA		18×300
	马铃薯X病毒	RNA		10×500
噬菌体	T噬菌体	DNA		65×200
	$\phi \times 174$	DNA		25

4.1.2 病毒的化学组成和结构

成熟的具有侵染力的病毒颗粒称为病毒粒子(virion)。大多数病毒粒子的组成成分只有蛋白质和核酸，较大的痘病毒除含蛋白质和核酸外，还含类脂质、多糖等。蛋白质包在核酸外面，称为衣壳(capsid)。每种病毒仅含一种核酸，大多为RNA，少数为DNA，其中噬菌体的核酸大多数为DNA。含DNA的病毒称为DNA病毒，含RNA的病毒称为RNA病毒。

病毒的个体虽小，但也有一定结构。病毒的衣壳是由一种或几种多肽链折叠而成的蛋白质亚单位，并构成对称结构。衣壳的中心包含着病毒的核酸。衣壳与核酸合称为核衣壳(nucleocapsid)。有些病毒核衣壳是裸露的，有些则由囊膜(envelope)包围着。有些病毒粒子表面，尤其是在有囊膜的病毒粒子表面具有突起物，称为刺突(spike)，见图4.3。由此可见，病毒的结构具有高度的稳定性，从而使病毒核酸不致在细胞外环境中遭到破坏。

大多数噬菌体为蝌蚪状，并有头尾之分。图4.4为大肠杆菌T偶数噬菌体的结构示意图，其头部为对称的廿面体，尾部为螺旋体对称。头部为蛋白质外壳，内含核酸；尾鞘与头部由颈部连接，尾鞘为中空结构，称尾髓。此外，还有基片、刺突、尾丝等附属物，这些附属物的作用是附着于寄主细胞上。

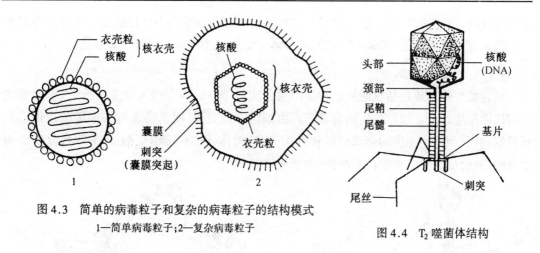

图4.3 简单的病毒粒子和复杂的病毒粒子的结构模式
1—简单病毒粒子；2—复杂病毒粒子

图4.4 T_2噬菌体结构

4.2 病毒的增殖

4.2.1 病毒的增殖过程

病毒侵入寄主细胞后,利用寄主细胞提供的原料、能量和生物合成机制,在病毒核酸的控制下合成病毒核酸和蛋白质,然后装配为病毒颗粒,再以各种方式从细胞中释放出病毒粒子。病毒的这个过程与一般微生物的繁殖方式不同,称增殖(miltiplication),又称为复制(replication),整个过程称为复制周期。无论是动、植物病毒或噬菌体,其增殖过程基本相同,大致分为吸附、侵入(及脱壳)、生物合成、装配与释放等连续步骤。

4.2.1.1 吸附

吸附是病毒粒子通过扩散和分子运动附着在寄主细胞表面的一种现象。对于大肠杆菌T系噬菌体,还包括尾丝和刺突固着在寄主细胞表面。

噬菌体的吸附专一性很强,吸附只发生在特定寄主细胞的特定部位。这一部位称为受体,受体大多为细胞壁的脂蛋白或脂多糖部位,少数为鞭毛或伞毛上。当受体部位发生突变或经化学处理结构改变时,病毒就不能吸附,寄主细胞也就获得了对该病毒侵染的抗性。

4.2.1.2 侵入和脱壳

不同病毒粒子侵入宿主细胞内的方式不同。大部分噬菌体通过注射的方式将核酸注入细胞内,而外壳则留于细胞外。例如,大肠杆菌T_4噬菌体,当它的尾端吸附在细胞壁上后,便依靠存在于尾端的溶菌酶水解细菌细胞壁上的肽聚糖,并通过尾鞘收缩,将头部的DNA射入细胞内(图4.5)。植物病毒没有直接侵入细胞壁的能力,在自然界中大多通过伤口侵入或昆虫刺吸传染,并通过导管和筛管等组织传布至整个植株。动物病毒以类似吞噬作用的胞饮方式,由宿主细胞将整个病毒颗粒吞入细胞内,或者通过病毒囊膜与细胞质膜的融合方式进入细胞。

有些动、植物病毒当侵入细胞时衣壳已开始破损。有囊膜的病毒其囊膜与细胞质融合除去囊膜后,以完整的核衣壳进入细胞,被吞饮的病毒在吞噬泡中进行脱壳。多数病毒的脱壳是依靠寄主细胞内的溶酶体进行的,溶酶体分泌的酶能将衣壳和囊膜降解去除。

4.2.1.3 生物合成

病毒的生物合成包括核酸复制和蛋白质合成两部分。病毒侵入寄主细胞后,引起寄主细胞代谢发生改变。细胞的生物合成不再由细胞本身支配,而受病毒核酸携带的遗传信息所控制,并利用寄主细胞的合成机制和机构(如核糖体、tRNA、mRNA、酶、ATP 等),复制出病毒核酸,并合成大量病毒蛋白质结构(如衣壳等)。

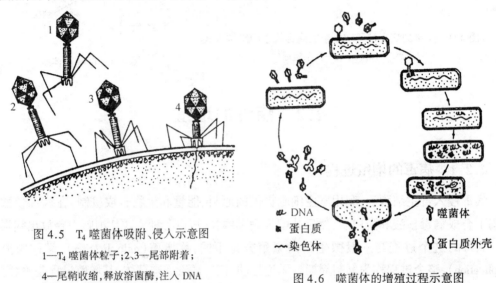

图 4.5 T_4 噬菌体吸附、侵入示意图
1—T_4 噬菌体粒子;2、3—尾部附着;
4—尾鞘收缩,释放溶菌酶,注入 DNA

图 4.6 噬菌体的增殖过程示意图

4.2.1.4 装配与释放

新合成的核酸与蛋白质,在细胞的一定部位装配,成为成熟的病毒颗粒。如大多数 DNA 病毒(除痘病毒等少数外)的装配在细胞核中进行,大多数 RNA 病毒则在细胞质中进行。一般情况下,T_4 噬菌体的装配是先由头部和尾部连结,然后再接上尾丝,完成噬菌体的装配。装配成的病毒颗粒离开细胞的过程称为病毒的释放。病毒的释放方式有两种:①没有囊膜的 DNA 或 RNA 病毒在装配成以后,能合成溶解细胞的酶,以裂解寄主细胞的方式使子代病毒一齐从寄主细胞中释放出来,释放量在 100~10 000 个左右。②有囊膜的病毒如流感病毒、疱疹病毒等以出芽方式逐个释放。这类病毒的囊膜是在形成芽体时由寄主细胞膜包裹的。

经释放后的病毒颗粒重新成为具有侵染能力的病毒粒子。

4.2.2 烈性噬菌体与温和性噬菌体

上面介绍的病毒(噬菌体)侵染寄主细胞后,能引起寄主细胞迅速裂解,这种噬菌体称为烈性噬菌体(virulent phage),相应的寄主细胞(细菌)称为敏感性细菌,而该反应称为裂解(lytic)反应。

但噬菌体侵染寄主细胞后并不总是呈现裂解反应。当噬菌体侵染细菌后细菌不发生裂解而能继续生长繁殖,这种反应称为溶原性(lysogeny)反应(图4.7),这种噬菌体称为温和性噬菌体(temperate phage),含有这种温和性噬菌体的细菌称为溶原性细菌。溶原性细菌中找不到形态上可见的噬菌体颗粒,侵入的温和性噬菌体以其核酸整合在细菌染色质体的一定位置上,称为原噬菌体。原噬菌体与细菌染色质体一道复制,而且随着细菌的分裂传给每个子代细胞,使子代细胞也成为溶原性细菌。所以,细菌的溶原性具有遗传特性。

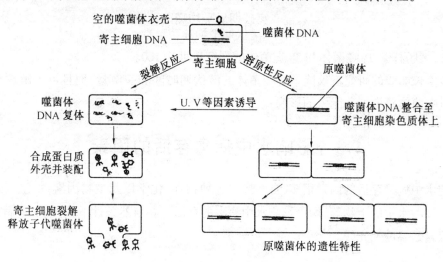

图4.7 细菌受噬菌体感染后的裂解反应和溶原性反应

原噬菌体附着在染色质体上对细菌一般无不良影响,而且常常赋予溶原性细菌以某些特性。例如,具有产生噬菌体的潜在能力,具有不再受同源噬菌体感染的免疫性。如果溶原性细菌经物理、化学等因子诱导,原噬菌体便从细菌染色质体上脱离而成为烈性噬菌体。

关于溶原性的大部分研究工作都是用大肠杆菌λ噬菌体和K_{12}噬菌体等进行的。溶原性噬菌体在微生物遗传研究中具有重要作用,它可作为基因重组的载体。

4.2.3 一步生长曲线

病毒的生长规律可以通过噬菌体的一步生长曲线(one step growth curve)研究。噬菌体的增殖过程与细胞生物完全不同,其增殖速率很快。研究一步生长曲线的实验方法如下:将高浓度的敏感性细菌悬液与适量相应的噬菌体悬液相混合(一般混合比为10∶1),经一定时间混合后(一般几分钟,目的是达到吸附阶段),采用离心或加入抗病毒血清消除去过量的游离噬菌体,把经过上述处理的菌悬液进行高倍稀释,以免发生第二次吸附和侵入。此后,每隔一定时间取样,接种于敏感性细菌琼脂培养基(固体培养基),通过固体培养基表面噬菌斑的多少,测试噬菌体增殖数目。把培养时间对噬菌斑数的坐标下做图,绘出一步生长曲线(图4.8)。

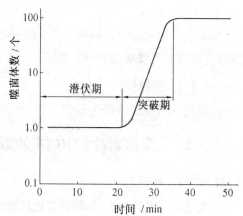

图4.8 噬菌体的一步生长曲线

一步生长曲线可分为潜伏期(latent period)和突破期(rise phase)。潜伏期噬菌体经历了吸附、侵入、生物合成和装配阶段。潜伏期的后期若将细菌细胞破碎,便可发现已形成的噬菌体颗粒。突破期细菌细胞开始裂解,释放出噬菌体粒子,直至全部释放完成,达到极限。

每个噬菌体增殖后释放出新的噬菌的平均数称为裂解量(burst size)。裂解量可用下式计算

$$裂解量 = \frac{突破期后平均噬菌斑数}{潜伏期平均噬菌斑数}$$

通常,大肠杆菌 T_4 噬菌体和 T_2 噬菌体的裂解量可达 100。

一步生长曲线的研究不仅能了解噬菌体的潜伏期时间和裂解量,而且可了解理化因素的变化对噬菌体感染细菌能力的影响。

4.3 影响水中病毒存活的因素

影响水中病毒存活的因素很多,自然界中各种物理、化学以及生物因素,如温度、光线、水质、酸碱度、水中的生物等,均可影响水中病毒的存活。在自然条件下,影响水中病毒存活的主要因素是温度和光线。

4.3.1 物理因素对水中病毒的影响

4.3.1.1 温度
温度是影响水中病毒存活的重要因素。大多数病毒在 60 ℃经 30 min 即被灭活,温度升高会使病毒蛋白质及核酸变性失活或使其易被氧化致死。病毒对低温的抵抗力较强,在 -20 ℃条件下一般可存活数月甚至更长时间。

4.3.1.2 光线
紫外线照射可使病毒核酸受损,造成病毒死亡。环境中若有氧和染料存在,如美蓝、中性红等,病毒对光线更加敏感。

4.3.1.3 渗透压
低渗透压可使某些肠道病毒失活。

4.3.2 化学因素对水中病毒的影响

4.3.2.1 酸碱度
一般水的 pH 值在 5~9 时病毒比较稳定。高 pH 值对病毒不利,pH 值超过 11 时,病毒将受到较大的损伤,所以,加石灰提高 pH 值可以杀死病毒。在低 pH 值时,病毒对温度较敏感。

4.3.2.2 化学药剂
一般病毒对高锰酸钾、过氧化氢、二氧化氯、碘化物、臭氧等氧化剂都很敏感,甲醛、苯

酚、来苏尔、新洁尔灭也常用于灭活某些病毒。但病毒对漂白粉、液氯的抵抗力较强。

4.3.3 生物因素对水中病毒的影响

少数细菌如枯草杆菌、绿脓杆菌等能够灭活病毒,一般认为是由于这些细菌具有能分解病毒蛋白外壳的酶而引起的。部分藻类产生的代谢产物亦可使病毒失活。

尽管影响病毒在水中存活的因素是多种多样的,但许多肠道病毒具有较强的抵抗力,仍能够较长时间地存活在废水及自然水体中。就肠道病毒而言,柯萨奇 B 组病毒的抵抗力比较强,在河水及废水中最为常见;其次是脊髓灰质炎病毒和埃可病毒,由于它们在自然水体及废水中常和水中的悬浮固体颗粒结合在一起,使其在水中的生存期更长。因此,在处理废水或给水时,不能忽视水中病毒的去除。

4.4 水中病毒的去除与破坏

去除和破坏水中的病毒,可采用物理的、化学的或生物的方法。在物理方法中主要采用加温以及光线照射来破坏水中的病毒,其中加温处理效果较好。沉淀、絮凝、吸附、过滤等虽能够去除水中的病毒,但不能破坏和杀死病毒。

化学处理法中,高 pH 值、化学消毒剂及染料可以破坏和灭活水中的病毒,其中以加石灰、漂白粉或碘的方法较为常用。

生物因素对病毒的破坏是由于生物直接吞食病毒,产生生物热,分泌抑制病毒存活的物质或影响 pH 值而导致病毒失活。

在废水处理的各个阶段,病毒的消除情况有所不同。一般一级处理主要是沉淀,可除去部分病毒,最多时达 50%。二级处理为活性污泥或其他的生物处理方法,此过程去除的病毒较多,可以达到 60%~99%。

在应用活性污泥法处理废水后产生的污泥中,病毒的含量较高,一般比原废水中的病毒含量高 10~100 倍。如果不加处理地将这些污泥用作肥料,将引起病毒疾病的传播。目前,常用的污泥处理方法是污泥消化,即在 30~35 ℃或 50 ℃的温度下进行厌氧消化,污泥在消化池中的滞留时间一般三周或三周以上,这样的温度及滞留时间虽足以灭活肠道病毒,但因操作方法等原因,少量病毒可以逃脱,故消化后的出水中还可能含有一定量的病毒。若采用堆肥法处理污泥则效果较好,堆肥产生的高温可杀灭病毒,但此法可能会有肠道细菌再繁殖。最有效的去除病毒的方法是加温灭活病毒,如巴斯德灭菌及其他热处理。

4.5 微生物主要类群形态特征比较

原核微生物、真核微生物和非细胞微生物三个类群的形态特性比较见表4.2。

表4.2 微生物主要类群形态特征比较表

类别		个体形态	菌落特征	繁殖方式
原核微生物	细菌	单细胞,球状、杆状、螺旋状,细胞结构不完善	光滑,湿润,半透明或不透明,无色或有色,菌体和培养基结合不紧,易被针挑起	分裂繁殖
	放线菌	单细胞,菌体丝状,细胞核结构不完善,在培养基上分基内菌丝和气生菌丝	干燥,有皱褶,短绒状或粉末状,白色或各种颜色。菌体与培养基结合紧,不易被针挑起	由孢子丝形成孢子或菌丝断裂繁殖
真核微生物	酵母菌	单细胞,比细菌大,圆、卵圆或椭圆形,有的形成假菌丝。细胞核结构完善	菌落特征与细菌相似,但较大而厚,不透明,灰白、乳白或红色	以无性出芽繁殖为主。有性繁殖形成子囊孢子
	霉菌	单细胞或多细胞,菌丝有横隔或无横隔,宽度似酵母菌,分气生菌丝和基内菌丝。细胞核结构完善	菌落大,棉絮状或绒毛状,疏松,有的蔓延不成形,无色或有各种颜色	无性繁殖以分生孢子或孢囊孢子进行。有性繁殖产生子囊孢子和接合孢子
非细胞微生物	病毒	无细胞结构,杆状、球状、多角形、蝌蚪形	不形成菌落。噬菌体在寄主细菌或放线菌的固体培养基上,呈大小不等针孔状的噬菌斑	在寄主细胞内进行复制

思 考 题

1. 什么是病毒?病毒有哪些特点?
2. 病毒的化学组成和结构特点。
3. 噬菌体的增殖过程?
4. 什么是烈性噬菌体?什么是温和性噬菌体?
5. 裂解量的含义,怎样通过一步生长曲线计算裂解量?
6. 影响病毒存活的因素有哪些?

第5章 微生物的营养

微生物在生长过程中,需要不断从外界环境吸收物质,并加以利用,以获得能量和合成细胞物质,这个过程称为微生物的营养。而可被微生物吸收和利用的物质,称为微生物的营养物质。

5.1 微生物的营养物质

营养物质是微生物生命活动的物质基础,没有这个基础,生命也就停止了。

微生物种类繁多,各种微生物要求的营养物质不尽相同,自然界中所有的物质都可被这种或那种微生物所利用,甚至对于某些有机毒物,也是某些微生物的必需营养物。有些微生物还需要特殊的生长因子作为营养物质。

5.1.1 微生物的水分要求

微生物细胞含水量很高(约占80%~85%),以维持其正常代谢活动。细胞中的水分,一部分约束于原生质胶体系统中成为细胞物质的组成部分,另一部分处于自由流动状态,是生物细胞中各种生物化学反应的介质,也是最基本的溶剂。

水在机体中的生理作用有:①水是微生物细胞的重要组成成分;②机体内一系列生理生化反应都离不开水;③营养物质的吸收与代谢产物的分泌都通过水来完成的;④由于水的比热高,又是热的良好导体,因而能有效地吸收代谢过程中放出的热,并将吸收的热迅速地散发出去,避免导致细胞内温度陡然升高,故能有效地控制细胞内温度的变化。

5.1.2 微生物的碳素营养(碳源)

构成微生物细胞或代谢产物中碳素来源的营养物质称碳源物质。细胞内各种有机物质以碳为骨架,绝大多数细菌以及全部放线菌和真菌以有机物质作为碳源,而进行光合作用的微生物则以无机含碳化合物(如 CO_2)和碳酸盐等为碳源。

大多数微生物可利用单糖、双糖、低级有机酸等简单有机物作为碳源,并可作为能源物质。而某些复杂有机物(如多糖、蛋白质、脂类等)则只有那些具有降解能力的微生物才能利用。鞣酸、木质素等芳香族难降解物质,只有少数微生物才能分解利用。由此可知,每种微生物对营养物质的需要是不同的,同一物质对于一种微生物有营养价值,对另一种微生物则不能被利用。

5.1.3 微生物的氮素营养(氮源)

凡能被微生物用来构成菌体物质或代谢产物中氮素来源的营养物质称氮源物质。自然界中存在的氮素物质有分子态氮、无机氮化合物、简单的有机氮化合物(如氨基酸)和复杂的有机氮化合物(如蛋白质)等,不同微生物对以上氮素的要求不同。

氮是细胞中的一种主要组成元素,细胞所吸收的氮素营养用于合成细胞内各种氨基酸和碱基,从而合成蛋白质、核酸等细胞成分。

5.1.4 微生物矿质营养

矿质元素是微生物生长的必要物质,其主要作用是:构成细胞的组成成分;作为酶的组成部分,维持酶的活性;调节细胞内的渗透压、pH值和氧化还原电位;作为某些微生物的能源物质。微生物需要的矿质元素因需要量的大小,分为大量元素和微量元素两类。大量元素有硫、磷、钾、钠、钙、镁等;微量元素有铜、锌、锰、钴、钼等。这些元素大都作为氨基酸、核酸的组成成分和酶活性的激活剂(表5.1)。然而,当环境中的这些元素较多时,就会抑制微生物酶的活性,即具有毒性作用。目前还发现,某些认为具有毒性的重金属(如铬等),当痕量时,对微生物也具有激活作用。

表 5.1 主要矿质元素的生理功能

元素	生 理 功 能
硫	蛋白质(如胱氨酸、甲硫氨酸)和维生素的成分,一些辅酶(如 CoA、辅羧酶)的成分
磷	核酸、磷脂、垣酸和辅酶的成分
钾	细胞中的主要无机阳离子之一,一些酶的辅因子
镁	重要的阳离子,许多酶反应的辅因子,叶绿素的组成成分,有稳定核糖体、细胞膜和核酸的功能
锰	一些酶的无机辅因子,有时可替代镁
钙	细胞的重要阳离子,一些酶的重要辅因子(如蛋白酶、淀粉酶等胞外酶),是芽孢的组成成分
铁	细胞色素及其他血红蛋白或非血红蛋白的成分,几种酶的辅因子,与白喉杆菌产生毒素有关
钴	维生素 B_{12} 等的成分
锌	RNA 和 DNA 聚合酶的成分
铜	特殊酶的成分,与霉菌孢子色素的形成有关
钼	在氮素代谢和甲酸氧化中起重要作用,黄嘌呤脱氢酶中含有钼
硒	存在于甘氨酸还原酶中
钨和镍	钨存在于甲酸脱氢酶中,镍为尿酶的成分
钡	钡能促进微生物的固氮作用

5.1.5 生长因子

某些微生物不能从普通的碳源、氮源物质合成,而只有通过外源供给才能满足机体生长需要的有机物质称为生长因子(growth factor)。微生物对生长因子需求量很少,但在机体生长中必不可少,若缺乏则微生物不能生长或生长极差。

根据生长因子的化学结构及生理作用,可将它们分为维生素、氨基酸和嘌呤(或嘧啶)碱基三种类型。微生物不同,所需要的生长因子亦不同,微生物之所以需要某种生长因子,是因为其本身缺乏合成这种物质的能力,因此,必须在它们的培养基里补充这种物质。丧失合成一种或多种生长因子能力的微生物称为营养缺陷型(auxotroph),如鼠伤寒沙门氏菌(*Salmonella typhimurium*)中某个菌株以组氨酸为生长因子,并称做组氨酸缺陷型。

5.2 微生物细胞的化学组成

根据微生物细胞化学组成的分析结果表明,微生物细胞和其他高等动植物细胞一样,主要由碳、氢、氧、氮、磷、硫、钾、钠、镁、钙、铁、锰、铜、钴、镍、钼等化学元素组成。其中碳、氢、氧、氮、磷、硫六种元素占细胞干重的97%(表5.2)。

表5.2 细胞中几种主要元素的含量(干重的百分数)

元 素	细 菌	酵母菌	霉 菌
碳	50	49.8	47.9
氮	15	12.4	5.2
氢	8	6.7	6.7
氧	30	31.1	40.2
磷	3	—	—
硫	1	—	—

各种微生物细胞的化学组成各不相同,在正常情况下,化学组成较稳定。一般可用下列实验式表示细胞内主要元素的含量:细菌为 $C_5H_7NO_2$ 或 $C_{60}H_{87}O_{23}N_{12}P$;真菌为 $C_{10}H_{17}NO_6$;藻类为 $C_5H_8NO_2$;原生动物为 $C_7H_{14}NO_3$。微生物细胞的化学组成是配制培养基的主要依据,在废水生物处理中,亦应考虑废水中C、N、P等的比例。如在好氧生物处理中,营养元素的比例一般取 $BOD_5:N:P = 100:5:1$,而在厌氧生物处理中,$BOD_5:N:P$ 可取较大值。

微生物细胞的化学组成并不是绝对不变的,它往往因微生物种属、培养条件、菌龄等不同而在一定程度的范围内发生改变。例如,幼龄菌或在氮源丰富的培养基上生长的细胞含氮量较高,因而,在活性污泥培养期应提供较多的氮元素,而正常运转期氮含量可稍低。一般来说,运转期的活性污泥可在较高的 $BOD_5:N(P)$ 条件下正常运行。

微生物细胞一般含有水、蛋白质、核酸、碳水化合物、脂类和无机盐类,见表5.3。

表5.3 细菌细胞化学组成含量(质量分数)   %

水 分	干 物 质						
	总 量	蛋白质	RNA	DNA	碳水化合物	脂 类	无机盐类
75~85	25~15	50~80	3~14	1~6	12~28	5~20	1.4~14

5.3 物质的运输

微生物没有专门的摄食和排泄器官(某些原生动物和微型后生动物除外),各种物质依靠细胞质膜的功能进出细胞。营养物质需透过细胞膜才能被微生物吸收,并分解或利用;同时,代谢产物必须及时地分泌至胞外,避免他们在胞内累积而对机体造成损害。

微生物吸收营养物质和分泌代谢产物与细胞膜的透性关系十分密切,物质需透过细胞膜才能被微生物吸收或排除。根据对细胞膜结构及其传递系统的深入研究,一般认为营养物质或代谢产物主要以单纯扩散、促进扩散、主动运输和基团转位四种方式透过细胞膜。

5.3.1 单纯扩散

单纯扩散(simple diffusion)亦称被动扩散(passive diffusion)，这是一种物理扩散作用。这种扩散决定于细胞内外渗透压的差别，即以被输送的物质(底物)在细胞内外的浓度梯度为动力，根据渗透压的大小由高浓度一侧向低浓度一侧扩散。这种扩散是非特异性的，并且通常是慢的。溶于水的小分子物质以其分子状态或离子状态透过膜孔。

大肠杆菌吸收钠离子就是通过单纯扩散进行的。

5.3.2 促进扩散

促进扩散(facilitated diffusion)与单纯扩散一样，也是以被运输物质的浓度梯度为动力，而不需要消耗能量。所不同的是促进扩散有载体蛋白参加。载体蛋白是位于膜上的蛋白质，它可以与营养物质发生可逆性结合，起着"渡船"的作用，把物质从膜一侧运至另一侧，而其本身并不发生变化。例如，营养物质在细胞质膜外侧与载体蛋白的亲和力高，易于结合；进入膜内侧后，亲和力的降低，又将营养物质释放出来。膜内外这种亲和力的改变与载体蛋白的构型改变有关。

载体蛋白实质上是渗透酶(亦称透过酶，permease)，大多数有特异性，即一种渗透酶只能载运一种物质，并且具有较快的载运速度。某些单糖、氨基酸及维生素等的运输，常采取促进扩散方式，因而这是一种重要的运输方式。

5.3.3 主动运输

主动运输(active transport)的特点是物质的运输不受被运输物质浓度梯度的制约。同促进扩散类似，主动运输必须有载体蛋白(渗透酶)的参与，但被运输物质与载体蛋白的亲和力较强，只有在能量参与的条件下，载体蛋白才能发生构型的变化，从而降低载体蛋白与被运输物质的亲和力，将被运输物质在膜的另一侧释放出来。因此，主动运输将因能量的缺乏而停止。

主动运输是微生物中存在的一种主要运输方式。大肠杆菌对许多单糖、氨基酸、核苷及钾离子等的输送都通过这种方式。例如，大肠杆菌对钾离子的主动运输，可使细胞内钾离子浓度高于细胞外 3 000 倍。

5.3.4 基团转位

基团转位是主动运输的特殊形式。在运输中需要能量参与，并且被运输的物质发生了化学变化，这种运输方式称为基团转位(group translocation)。微生物在吸收多糖与糖的衍生物，如葡萄糖、甘露糖、果糖等就是利用基团转位方式。这些糖及其衍生物在运输过程中被磷酸转移酶系统磷酸化，继而这类磷酸化的糖进入细胞，由于细胞膜对大多数磷酸化合物具有高度不可渗透性，所以，一旦磷酸化糖类化合物在细胞膜上形成并进入细胞后，就不易再透出细胞，从而使细胞内糖的浓度远远超过细胞外。

微生物通过磷酸转移酶系统(PTS)输送糖类就是一个例子。磷酸转移酶系统十分复杂，包括酶Ⅰ、酶Ⅱ和热稳定蛋白（heat stable protein，简写为 HPr）。反应中分别通过酶Ⅰ和酶Ⅱ两个独立催化反应过程使磷酸烯醇式丙酮酸（PEP）上的磷酸基转移至糖上。

$$PEP + HPr \xrightarrow{Mg^{2+}、酶Ⅰ} Pr \sim P + 丙酮酸$$

$$HPr \sim P + 糖 \xrightarrow{酶Ⅱ} 糖 \sim P + HPr$$

总反应：$PEP + 糖 \xrightarrow[酶Ⅱ、HPr]{Mg^{2+}、酶Ⅰ} 糖 \sim P + 丙酮酸$

微生物的营养物质及代谢产物运输系统的多样性，使一个细胞同时运送多种物质，为微生物广泛分布于自然界提供了可能。以上四种物质运输方式概括于图 5.1，运输方式的比较见表 5.4。

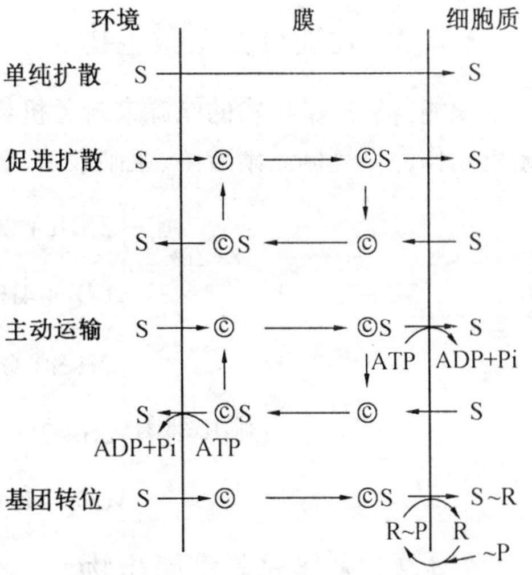

图 5.1 微生物运输方式比较

表 5.4 微生物运输营养物质方式的比较

运输方式	动力	载体	与营养物质浓度关系	完成时间
单纯扩散	渗透压	不需载体	顺浓度进行	膜两端浓度差为零
促进扩散	渗透压	载体蛋白	顺浓度进行	膜两端浓度差为零
主动运输	ATP	渗透酶	不受浓度限制	能量缺乏或膜外无营养物质
基团转位	转移反应	磷酸转移酶系统	不受浓度限制	能量缺乏或膜外无营养物质

5.4 微生物的营养类型

根据微生物生长时所需碳素来源，可将微生物分为自养微生物和异养微生物。能够以 CO_2 或碳酸盐作为惟一碳源进行生长的微生物称为自养型微生物；反之，称为异养型微生物。根据微生物的能量来源，可将微生物分为光能营养型微生物和化能营养型微生物。依靠光作为能源进行生长的微生物称为光能营养型微生物；依靠物质氧化过程中放出的能量进行生长的微生物称为化能营养型微生物。因此，可将微生物分为四种营养类型：光能自养型微生物、化能自养型微生物、光能异养型微生物和化能异养型微生物。

5.4.1 光能自养型微生物

光能自养型微生物具有光合色素，能够利用光作为能源，利用 CO_2 作为碳源，以无机物作为供氢体来还原 CO_2，合成细胞物质。藻类、蓝细菌和某些光合细菌（红色硫细菌、绿硫细菌）都是光能自养微生物，它们都含有光合色素（叶绿素或细菌叶绿素等）。例如

藻类和蓝细菌 $\qquad CO_2 + H_2O \xrightarrow[叶绿素]{光能} [CH_2O] + O_2 \uparrow$

红色硫细菌和绿硫细菌 $\qquad CO_2 + 2H_2S \xrightarrow[细菌叶绿素]{光能} [CH_2O] + 2S + H_2O$

5.4.2 化能自养型微生物

化能自养型微生物的能源来自无机物氧化所产生的化学能，CO_2（或碳酸盐）作为碳源，无机物作为供氢体。硝酸菌、亚硝酸菌、硫化细菌、铁细菌等都是化能自养微生物。例如

亚硝酸菌 $\begin{cases} 2NH_3 + 2O_2 \xrightarrow{酶} 2HNO_2 + 4H^+ + 619 \text{ kJ} \\ CO_2 + 4H^+ \xrightarrow{酶} [CH_2O] + H_2O \end{cases}$

硫化细菌 $\begin{cases} 2H_2S + O_2 \xrightarrow{酶} 2H_2O + 2S + 343 \text{ kJ} \\ 2S + 3O_2 + 2H_2O \xrightarrow{酶} 2H_2SO_4 + 494 \text{ kJ} \\ CO_2 + H_2O \xrightarrow{酶} [CH_2O] + O_2 \end{cases}$

5.4.3 光能异养型微生物

光能异养型微生物具有光合色素，能利用光作为能源，以有机化合物作为碳源和供氢体，合成细胞物质。例如，红色非硫细菌在含有机物和缺氧条件下，能利用有机酸、醇等有机物。

$$CH_3COONa + H_2O + CO_2 \xrightarrow[细菌叶绿素]{光} 2[CH_2O] + NaHCO_3$$

或

$$CO_2 + 2 \begin{array}{c} CH_3 \\ | \\ CHOH \\ | \\ CH_3 \end{array} \xrightarrow[细菌叶绿素]{光} [CH_2O] + 2 \begin{array}{c} CH_3 \\ | \\ C=O \\ | \\ CH_3 \end{array} + H_2O$$

5.4.4 化能异养型微生物

化能异养型微生物以有机化合物作为碳源和能源。在许多情况下，同一有机化合物既是碳源又是能源。大部分微生物都属于这种类型。

化能异养型微生物又可根据它们的栖息场所和获取营养的方式而分为腐生性和寄生性两类微生物。腐生性微生物利用无生命的有机化合物或死的有机残体作为营养物质。寄生性微生物只能从活的寄主体内吸取营养物质。寄生性微生物又有专性和兼性之分，专性寄生微生物只能在一定的寄主细胞内营寄生生活；而兼性寄生微生物既可寄生，又可腐生。

对于上述营养类型的划分不是绝对的，如红色非硫细菌在光照－厌氧条件下为光能异养型，而在暗处－好氧条件下为化能异养型。而就碳源的不同所分成的自养型和异养型之间也没有绝对的界限，有些微生物在缺乏有机物环境中行自养生物，如果供给合适的有机碳源，它们便行异养生活，这类微生物被称为兼性自养微生物。如氢细菌（*Hydrogenmonas*）是典型的兼性自养菌，它在完全无机的环境中利用氢的氧化获得能量，将 CO_2 还原成细胞物质，如果环境中具有有机物，它们便直接利用有机物而行异养生活。微生物营养型比较见表5.5。

废水生物处理中有机污染物的降解主要是由腐生性微生物（大多数细菌、放线菌和全部真菌）来完成，通过这些化能异养微生物利用有机物作为碳源和能源，从而使有机污染物转化为 CO_2 和 H_2O 等无机物，如下所示

$$n(C_xH_yO_z) + (nx + \frac{ny}{4} - \frac{nz}{2} - 5)O_2 \rightarrow C_5H_7NO_2 + (nx-5)CO_2 + \frac{1}{2}(ny-4)H_2O + 能量$$

有机污染物　　　　　　　　　　　　细菌细胞物质

表 5.5　微生物各营养类型的比较

营养类型	供氢体(电子供体)	碳源	能源	举例
光能自养型	无机物(H_2O、H_2、H_2S 等)	CO_2	光能	植物、藻类、光合细菌等
光能异养型	有机物	有机物(不能以 CO_2 为惟一碳源)	光能	红螺菌
化能自养型	无机物	无机碳化物	化学能	氢细菌、硝化细菌等
化能异养型	有机物	有机碳化物	化学能	多数细菌

5.5　培　养　基

由人工配制的,供给微生物生长繁殖或积累代谢产物所用的营养基质,叫做培养基(medium)。它是科学研究、生产微生物制品及应用等方面的基础,由于各种微生物所需要的营养物质不同,所以培养基的种类也很多。为此,在配制培养基时需要针对微生物不同的营养类型,满足特定的生长条件,并根据不同的培养目的,选择适宜的培养基。

5.5.1　配制培养基的基本原则

5.5.1.1　适合微生物的营养特点

任何培养基都必须含有水、碳源、氮源、矿质元素,某些微生物还需生长因子,从而合成微生物细胞的碳水化合物、脂类、蛋白质、核酸、维生素等物质。但是不同营养类型微生物的要求不同,自养型微生物的培养基不需含有机物,而异养型微生物则以有机物作为碳源和能源。

5.5.1.2　调配好培养基中各种营养成分比例

通常通过分析菌体的化学组成和代谢特点配制成各种成分浓度适宜的培养基。一般来说,微生物将一份碳组成细胞物质,大约需要四份碳作为能源,所以碳的需要较多。为了满足微生物生长繁殖的需要,各组成成分要有适当的比例,因为,某些营养物质的浓度大小直接影响着微生物的生长发育以及代谢产物的积累,特别是 C/N(碳氮比)的影响更为明显。氮源过多时,菌体生长过于旺盛,不利于积累代谢产物;氮源不足,菌体又生长过慢。不同微生物的 C/N 不同,一般细菌细胞的 C/N 约为 5/1,真菌细胞约为 10/1,所以,细菌比真菌要求的氮源要多。此外,在使用矿质元素时,必须注意各种离子间的适当比例,避免金属盐离子产生的毒害作用。

在采用活性污泥法等生物处理废水技术中,为了保证微生物的正常生长,一般要求废水中 BOD_5:N:P 的比值以 100:5:1 为佳,若氮严重缺乏,必须向废水中适当添加氮源。

5.5.1.3　控制培养条件

微生物的生长除受营养因素的影响外,还受 pH 值、渗透压、氧以及 CO_2 浓度的影响(详见后面介绍),因此,为了保证微生物正常生长,还需控制这些环境条件。

5.5.2 培养基的类型

根据微生物的类型和配制目的,可以把培养基分成几类。

5.5.2.1 根据微生物种类分类

根据微生物的种类可把培养基分为细菌、放线菌、酵母菌、霉菌和藻类培养基。

常用的细菌培养基为营养肉汤(nutrient broth):

| 蛋白胨 | 10 g | 牛肉膏 | 3 g |
| 水 | 1 000 ml | NaCl | 5 g |

在营养肉汤中加入1.5%琼脂称营养琼脂(nutiient agar)培养基,它是常用的培养细菌的固体培养基。

常用的放线菌培养基为高氏一号培养基:

可溶性淀粉	20 g	硝酸钾	1 g
磷酸氢二钾	0.5 g	硫酸镁	0.5 g
氯化钠	0.5 g	硫酸亚铁	0.01 g
水	1 000 ml	琼脂	20 g

常用的霉菌培养基为察氏(Czapek)培养基:

蔗糖	20 g	硝酸钠	3 g
磷酸氢二钾	1 g	氯化钾	1 g
硫酸镁	0.5 g	硫酸亚铁	0.01 g
琼脂	20 g	水	1 000 ml

5.5.2.2 按照培养基的成分分类

按照培养基的成分可把培养基分为合成培养基、天然培养基和半合成培养基。

1. 合成培养基(synthetic medium)

合成培养基完全用化学药品配成,营养物质的浓度和化学成分完全清楚,组成成分精确,重复性强。但微生物在这类培养基中生长缓慢,所以,一般只在实验室范围内进行有关营养、代谢、分类、鉴定和选育菌种等工作时采用。

2. 天然培养基(natural medium)

采用动、植物组织或微生物浸出物,如牛肉膏、蛋白胨、麦芽汁、玉米粉、马铃薯、牛奶、血清、酵母膏等为原料配制而成。这些物质的化学成分很不固定,也难以确定,但优点是配制方便,营养丰富,所以常被采用。

牛肉膏是由精牛肉煮汁,经浓缩去渣而得的胶状物,含有糖类、含氮有机物、水溶性维生素、无机盐类等营养物质。蛋白胨是蛋白质水解产物,可以用牛奶、大豆等制作,也可以是肉食品加工厂、皮革厂等副产品,主要含有含氮有机物,也含有维生素、糖类等。

3. 半合成培养基(semisynthetic medium)

半合成培养基又称综合培养基,是在天然有机物的基础上适当加入已知成分的无机盐类,或在合成培养基的基础上添加某些天然成分,如马铃薯,这样就使培养基能更有效地满足微生物对营养物质的要求。

5.5.2.3 按照培养基的用途分类

按照培养基的用途可将培养基分为基本培养基、选择培养基、加富培养基和鉴别培养基。

1. 基本培养基(minimum medium)

不少微生物需要的营养物质,除少数几种外,大部分是相同的。因此,可以按照其基本营养成分配制成一种培养基,这种培养基就叫做基本培养基(基础培养基)。当培养某一具体微生物时,在基本培养基中再根据该微生物的特殊需要,加入其所需的物质。例如,培养细菌营养缺陷型菌株用的基本培养基是:

K_2HPO_4	30 g	$MgSO_4 \cdot 7H_2O$	100 mg
KH_2PO_4	10 g	$MnSO_4 \cdot 2H_2O$	10 mg
NH_4NO_4	5 g	$FeSO_4 \cdot 7H_2O$	10 mg
Na_2SO_4	1 g	$CaCl_2$	5 mg
水	1 000 ml		

配成后,放置冰箱中保存备用。使用时,将基本培养基稀释10倍,并加入葡萄糖,再根据该菌缺陷的生长因子加入一定量的某种生长因子。这种培养基常在微生物的代谢和育种等研究中使用。

2. 选择培养基(selective medium)

在自然情况下,各种微生物总是混杂在一起生长的,为了分离某种微生物,可以根据这种微生物的营养要求,配制出适合它生长而不利于其他微生物生长的培养基。如筛选纤维素酶生产菌种所用的培养基:

K_2HPO_4	2 g	$(NH_4)_2SO_4$	1.4 g
$MgSO_4 \cdot 7H_2O$	0.3 g	$CaCl_2$	0.3 g
$FeSO_4 \cdot 7H_2O$	5 mg	$MnSO_4$	1.6 mg
$ZnCl_2$	1.7 mg	$CaCl$	22 mg
纤维素粉	20 g	琼脂	20 g
水	1 000mg	pH 值	5.5

如果不加入纤维素粉和琼脂,可在培养液中放入一条滤纸(长4~5 cm,宽0.5 cm),把滤纸条的一端露出液面,制成滤纸条培养基。某些微生物可以滤纸作为惟一碳源。

但用这种培养基分离出来的微生物并不是纯种,而仅是营养要求相同的微生物类群。所以,这种培养基的选择性是相对的,实际应用时,还应配合其他培养条件,如对氧含量的需要、温度的要求等,这样才能充分发挥选择培养基的优越性。

3. 鉴别培养基(differential medium)

根据微生物的代谢特点,通过指示剂的显色反应,用以鉴别不同微生物的培养基称为鉴别培养基。这种培养基能使难于区分菌落的微生物呈现出明显的差别,有助于在较短时间内鉴别出某种微生物。例如,检查乳品和饮用水中是否含有肠道致病菌时,常用的伊红-美蓝培养基就是一种鉴别培养基。

蛋白胨	10 g	20%伊红水溶液	20 ml
K_2HPO_4	2 g	0.325%美蓝水溶液	20 mg
乳糖	10 g	琼脂	25 g
水	1 000 ml		

培养基中的伊红为酸性染料,美蓝为碱性染料。当微生物发酵乳糖时,能使伊红和美蓝

结合成黑色化合物。大肠杆菌在此培养基上生长形成具有金属光泽的紫黑色小菌落,而产气杆菌则呈湿润的灰棕色大菌落。

4. 加富培养基(enrichment medium)

加富培养基是指在基础(本)培养基中加入血、血清、动(植)物组织液或其他营养物质(或生长因子)的一类营养丰富的培养基。样品中的微生物量少或对营养要求苛刻,不易培养时,用特殊物质使其生长速度加快,如石油脱蜡酵母菌增殖用培养基。

$(NH_2)HPO_4$	6 g	K_2HPO_4	2 g
$Na_2HPO_4 \cdot 12H_2O$	0.5 g	酵母膏	0.5 g
微量元素液	0.01 ml	石蜡油	50 ml
H_2O	1 000 ml	pH	4.8~5.0

加富培养基和选择培养基较类似,但两者的区别在于加富培养是用来增加所要分离的微生物的数量,使其形成生长优势,从而分离到该种微生物;选择培养基则是抑制不需要的微生物的生长,使所需要的微生物增殖,从而达到分离所需微生物的目的。

5.5.2.4 按照培养基的物理性状分类

按照培养基的物理性状可将培养基分为固体培养基、液体培养基和半固体培养基。

1. 固体培养基(solid medium)

在培养基中加入凝固剂,使培养基呈固体状态,称为固体培养基。常用的凝固剂是琼脂。琼脂又名洋菜,是由红藻(如石花菜)中提炼出来的,化学成分是多聚半乳糖硫酸酯。琼脂的熔点是96℃,凝点是40℃,所以,在一般微生物的培养温度下呈固体状态,并且除少数外,微生物不水解琼脂。培养自养型细菌时,采用硅胶为凝固剂。固体培养基常用于微生物分离、鉴定、计数和菌种保存等方面。此外,用天然物质如麸皮等固形物配制成的培养基,也属于固体培养基,在生产中经常使用。

2. 液体培养基(liquid medium)

未加凝固剂呈液态的培养基,称为液体培养基。这种培养基的组分均匀,微生物能充分接触和利用培养基中的养料,适于做生理等研究。液体培养基发酵率高,操作方便,也常用于发酵工业。在废水处理中,废水就是微生物的液体培养基。

3. 半固体培养基(semisolid medium)

在液体培养基中加入少量的(0.2%~0.5%)琼脂制成半固体状态的培养基,可用于观察细菌的运动,进行鉴定菌种和测定噬菌体效价等。

细胞培养是近年来常用的方法,把病毒等接种到体外培养的活细胞上使其增殖而得到培养物。这种方法也是诊断病毒的有效手段。

思 考 题

1. 微生物需要哪些营养物质?这些类营养物质在微生物细胞内的作用是什么?
2. 微生物运输营养物质的方式有哪几种?
3. 微生物有哪几种营养类型,它们的划分依据是什么?
4. 什么是培养基?配制培养基应遵循哪些原则?
5. 按照培养基的用途可分为哪几种培养基?

第6章 微生物的代谢

生物的生命活动以新陈代谢为基础,即以同化作用和异化作用的对立统一过程为基础。

新陈代谢(metabolism)是指生物有机体从环境中将营养物质吸收进来,加以分解再合成,同时将不需要的产物排泄到环境中去,从而实现生物体的自然更新的过程。它是生物的最基本特征之一,包括合成代谢和分解代谢。

合成代谢(anabolism)是指生物从内外环境中取得原料合成生物体的结构物质或具有生理功能的物质的过程,也是从简单的物质转化为复杂的物质的过程,需要能量。分解代谢(katabolism)是指在生物体内进行的一切分解作用,往往伴随着能量的释放,释放的能量用于合成代谢,分解作用中形成的小分子物质为合成提供原料。而生物体内能量的输入、转变和利用的过程,则称为能量代谢(ewergy metabolism)。

$$\text{新陈代谢} \begin{cases} \text{合成代谢} \begin{cases} \text{生物小分子合成生物大分子} \\ \text{需要能量} \end{cases} \\ \text{分解代谢} \begin{cases} \text{释放能量} \\ \text{生物大分子分解为生物小分子} \end{cases} \end{cases} \text{能量代谢} \Bigg\} \text{物质代谢}$$

各种生物的新陈代谢过程虽然复杂,但却有共同的特点:①是生物化学反应的一系列过程,反应步骤虽然很多,但顺序性很强,有条不紊,环环相扣;②均在比较温和的条件下,由多酶体系催化完成;③有灵活的自动调节能力。

生物生命活动过程中,物质代谢伴随能量的变化。微生物的产能方式有多种,能量也有多种,如电能、化学能、机械能、光能等。而能量的去向大致分为三部分:①以热的形式散失;②供合成代谢用;③暂时贮存于 ATP 中。

微生物机体内发生的化学反应基本上都是一些氧化还原反应,即在反应过程中,一部分物质被氧化时,另一部分被还原。在这个过程中,伴随有电子和氢质子的转移过程。根据电子(或氢质子)的最终受体不同,可将微生物的产能方式分为发酵和呼吸两种主要方式。另外,化能自养微生物通过对无机物氧化获得能量,而光合微生物通过光能转换,即以光合磷酸化的方式获得能量。总之,根据微生物供能底物的不同,将其产能方式分为四种:

$$\text{产能方式} \begin{cases} \text{发酵} \\ \text{呼吸} \begin{cases} \text{有氧呼吸} \\ \text{无氧呼吸} \end{cases} \\ \text{无机物氧化} \\ \text{光能转换} \end{cases}$$

6.1 微生物的酶和酶促反应

微生物同其他动植物一样,一切生命活动都离不开酶,没有酶的存在,生物的生命活动就不能进行。微生物对环境中的营养物质的吸收,以及在体内的利用都必须有酶参与。在废水生物处理中,微生物对废水中污染物质的分解和转化过程,实质上都是在酶的催化下进行的一系列复杂的生化反应过程。因此,对于环保工作者来说,掌握和了解一些有关酶学的生化基础知识是极为必要的。

6.1.1 酶的概念及其作用特性

酶(enzyme)是活细胞的组成成分,由活细胞自身合成的,并能在细胞内或细胞外起催化作用的一种催化剂,故又称为生物催化剂。或者说,酶是由活体细胞产生的,在细胞内外均能起催化作用的一类特蛋白质。酶虽是细胞的产物,但并非必须在细胞内才能起作用,在一定条件下,精制的纯酶能离开机体而起催化作用,因此,我们可以利用酶的这一性质制成酶制剂。酶的本质是蛋白质,具有一般蛋白质的理化性质。然而,酶又不是一般的蛋白质,它是具有催化活性的蛋白质,它与普通化学催化剂相比具有如下特性。

6.1.1.1 酶与一般催化剂的相同点

酶既是一种催化剂,就必然和一般催化剂有共性,即可以加快反应速度,而本身在反应前后没有结构和性质上的改变,只能催化热力学上允许进行的化学反应,而不能实现那些热力学上不能进行的反应;只能缩短反应达到平衡所需的时间,而不改变反应的平衡点。

6.1.1.2 酶与一般催化剂的区别

1. 高效性

酶具有很高的催化效率,一般为无机化学催化剂的 $10^6 \sim 10^{10}$ 倍。以 $2H_2O_2 \longrightarrow 2H_2O + O_2$ 为例,1 mol 过氧化氢酶在一定条件下可催化 5×10^6 mol 过氧化氢分解为水和氧,同样条件下,每摩尔离子铁只能催化 6×10^{-4} mol 过氧化氢。酶的高效性不仅表现为使催化反应的速度非常快,而且还表现为极微量的酶就有催化作用。例如,将唾液淀粉酶稀释到百万分之一时,仍能使淀粉水解。

2. 专一性(特异性)

一种酶只能对某一类物质或某一种特定结构的物质起催化作用。我们把酶所能够催化的物质叫做该酶的底物。所以说,酶对所作用的底物有严格的选择性。例如,麦芽糖酶只能催化麦芽糖水解,淀粉酶只能催化淀粉水解。

酶作用的特异性是酶最重要的特性。生物体内复杂的代谢过程包含着许多步骤的化学反应,每一步都需要一种酶来完成,所以,必须有许多不同的酶参与作用。如果没有许多特异性的酶组成一系列的催化体系,生物体内物质不可能有规律的新陈代谢。由于酶的高度的特异性,当代谢途径中某一环节的酶遭到破坏或缺失,则这一代谢过程就会停止。

不同的酶其特异性也是不同的。有些酶只能作用于一种底物,以催化一种反应,这称为绝对特异性。而多数酶能作用于一类立体异构体化合物或一种化学键,这种要求不太严格的特异性称为相对特异性,它们分别称为立体异构特异性和化学键特异性。

3. 易失活

酶的本质是蛋白质,因而在高温、高压、强酸、强碱、重金属盐类或紫外线等能使蛋白质变性的环境条件下,都能使酶失去催化活性。

此外,酶的催化作用只需在常温、常活和近中性条件下即可发生。

6.1.2 酶的分类与命名

迄今为止,已经发现的酶已达 2 000 多种,且催化的反应各式各样。原有的习惯命名法(recommended name)比较混乱,往往造成一酶多名或一名多酶。为了避免混乱,便于比较,必须严格地对酶加以分类和命名。基于此,国际生物化学联合会酶学委员会(Enzyme Commission, EL)对自然界中存在的酶进行了广泛深入的研究,于 1961 年,对每一种酶都给出了一个系统名称和习惯名称,即国际系统命名法(systematic name)。

6.1.2.1 酶的分类

国际生物化学联合会酶学委员会根据酶所催化反应的类型,将酶分为六大类,分别用 1,2,3,4,5,6 的编号来表示。

1. 氧化还原酶类

氧化还原酶类(oxido-reductases)能引起底物的脱氢或受氢作用,发生氧化还原反应。这类酶负有生物氧化的功能,是一类获得能量反应的酶。

应当指出,在生化反应中只有两种氧化还原形式:氢的得失——失氢为氧化,得氢为还原;电子得失——失电子为氧化,得电子为还原。

催化氧化还原反应的酶数量很大,大致可分为氧化酶和脱氢酶两种。一般情况下,氧化酶催化的反应都有氧分子直接参与,脱氢酶所催化的反应总伴随氢原子的转移。

(1) 脱氢酶

脱氢酶能活化底物上的氢并使它转移到另一物质上,使底物因脱氢而氧化。不同的底物将由不同的脱氢酶进行脱氢作用。

$$\underset{\text{底物}}{A-2H} + B \xrightleftharpoons{\text{脱氢酶}} A + B - 2H$$

(2) 氧化酶

氧化酶能将分子氧(空气中的氧)活化,从而作为氢的受体而形成水;或催化底物脱氢,并氧化生成过氧化氢。反应通式为

$$A - 2H + O_2 \longrightarrow A + H_2O$$

$$A - 2H + O_2 \longrightarrow A + H_2O_2$$

2. 转移酶类

转移酶类(transferases)能催化一种化合物分子的基团转移到另一种化合物分子上。反应通式为

$$A - X + B \rightleftharpoons A + B - X$$

3. 水解酶类

水解酶类(hydrolases)能催化底物的水解作用及其逆反应。反应通式为

$$A - B + H - OH \rightleftharpoons AOH + BH$$

4. 裂解酶类

裂解酶类(lyases),也称裂合酶类,能催化有机物碳链的断裂,产生碳链较短的产物。反应通式为

$$A - B \longrightarrow A + B$$

5. 异构酶类

异构酶类(isomerases)能催化同分异构化合物之间的互相转化,即分子内部基团的重新排列。

$$A \rightleftharpoons A'$$

6. 合成酶类

合成酶类(ligases),也称连接酶,能催化有三磷酸腺苷(ATP)参加的合成反应。这类酶关系着许多重要生命物质的合成。

$$A + B + ATP \rightleftharpoons A - B + ADP + Pi$$

每一大类酶可分为几个亚类,每一亚类又分为几个亚亚类,然后再把属于这一亚亚类的酶按顺序排列,便可将已知的酶分门别类地排成一个表,称酶表。由此可将每种酶用四个数字的编号来表示。例如,乳酸脱氢酶的编号为 EC1.1.1.27,催化的反应为

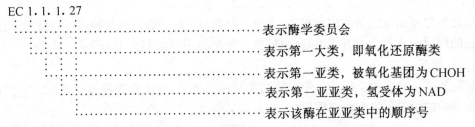

其编号可解释如下:

EC 1. 1. 1. 27
            表示酶学委员会
            表示第一大类,即氧化还原酶类
            表示第一亚类,被氧化基团为 CHOH
            表示第一亚亚类,氢受体为 NAD
            表示该酶在亚亚类中的顺序号

6.1.2.2 酶的命名

根据酶学委员会的建议,每一种酶都给以两个名称,一个是系统名,一个是惯用名。

系统名可确切地表明底物的化学本质及酶的催化性质,因此,它包括两部分,底物名称和反应类型,并用":"分开来表示。如 L–乳酸:NAD 氧化还原酶(EC1.1.1.27)。

惯用名比较简短,亦常以酶所作用的底物及反应类型命名,但不够严格。如乳酸脱氢酶是催化乳酸生成丙酮酸的反应,但事实上它包括两种酶:L–乳酸:NAD 氧化还原酶(EC1.1.1.27)和 D–乳酸:NAD 氧化还原酶(EC1.1.1.28)。

催化水解作用的酶的惯用名常省去反应类型,如水解蛋白质的叫蛋白酶,水解淀粉的叫淀粉酶。

此外,尚有以下两种分类常被人们所采用:

①大多数酶存在于细胞内,在细胞内起催化作用,这类酶称为胞内酶(endoenzyme)。存在于细胞外的酶称为胞外酶(ectoenzyme)。胞外酶能透过细胞膜,作用于细胞外面的物质,主要催化复杂的有机大分子水解为简单的小分子,从而易于被微生物吸收利用。这类酶为水解酶类。

②大多数微生物的酶的产生与底物存在与否无关。这类在微生物体内始终都存在着的相当数量酶,称为固有酶。在某些情况下,例如,受到了某种持续的物理、化学因素影响或某种生物存在,微生物会在体内产生出适应新环境的酶,这种酶称为诱导酶(induced enzyme)。诱导酶的合成机制信息贮存于细胞 DNA 中,但其合成将受操纵子调控。诱导酶的产生在废水生物处理中具有重要意义。

6.1.3 酶的化学组成与重要辅酶(辅基)

6.1.3.1 酶的化学组成

按化学组成,酶可分为单纯酶和结合酶两种。

(1) 单纯酶(单成分酶)

单纯酶类完全由蛋白质组成,酶蛋白本身就具有催化活性。这类酶大多可以分泌到细胞外,作为胞外酶,催化水解作用。

(2) 结合酶(全酶或复合酶类)

结合酶类由酶蛋白和非蛋白两部分构成。非蛋白部分又称为酶的辅因子。酶蛋白必须与酶的辅因子结合才具有催化活性。

$$全酶(结合酶) = 酶蛋白 + 辅因子(辅酶或辅基)$$

辅因子通常是对热稳定的金属离子或有机小分子(如维生素)。与酶蛋白结合较疏松,可用透析等方法去除而使酶活性丧失的辅助因子称为辅酶(coenzyme),结合较紧密,不易用透析等方法去除的辅助因子称为辅基(agon)。

6.1.3.2 酶的活性中心

酶为什么会具有催化作用的特异性呢?这是由酶的结构特性所决定的,具体说,就是由酶的活性中心决定了酶的催化作用的特性。所谓酶的活性中心是酶蛋白分子中,由必需基团所组成的、具有一定空间结构的活性区域(图6.1)。在酶的活性中心内,必需基团有两种:结合基团和催化基团。这两个基团构成两个功能部分:结合基团部位与底物起结合作用,特定的底物靠此部位结合到酶分子上;催化基团部位则催化化学反应,底物的某种化学键在此部位上被打断或在此部位上形成新的化学键,从而发生一定的化学变化。此外,还有活性中心以外的必需基团,这种基团起着维持活性中心构型的作用。酶活性中心是酶催化作用的关键部位,当酶的活性中心被非底物物质占据或空间构型被破坏,酶也就失去了催化活性。

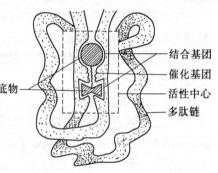

图6.1 酶的活性中心示意图

酶的催化作用发生在酶的活性中心部位,所以,酶催化作用的特异性就必然与活性中心结构有关。活性中心的结合基团是行使识别底物,并且与底物进行特异性结合功能的结构;然而,催化基团的催化作用必须在结合基团完成了它的结合功能,并判明是否为所催化底物后才有可能发生。由此不难看出,酶催化作用的特异性实质上就是结合基团和催化基团的特异性。

6.1.3.3 重要的辅酶(辅基)

1. 转移氢的辅酶

(1) NAD(辅酶Ⅰ)和 NADP(辅酶Ⅱ)

NAD 为烟酰胺腺嘌呤二核苷酸,NADP 为烟酰胺腺嘌呤二核苷酸磷酸,存在于几乎一切细胞中,是许多脱氢酶的辅酶。可直接与底物脱氢过程相耦联,参与各种底物脱氢作用。

$$NAD(P)^+ \underset{-2H}{\overset{+2H}{\rightleftharpoons}} NAD(P)H + H^+$$

在生物细胞内,$NAD^+/NADH$ 值较恒定,上述可逆反应处于一种动态平衡状态。$NAD^+/NADH$ 比例,往往控制着氧化还原进程和代谢产物种类,是细胞内物质代谢的重要控制因素。

(2) FAD(黄素腺嘌呤二核苷酸)和 FMN(黄素单核苷酸)

FAD 与 NAD 类似,能直接参与底物脱氢,但仅作为琥珀酸脱氢酶等少数酶的辅酶,参与琥珀酸等脱氢过程。FAD 和 FMN 均是电子传递体系(包括呼吸链)的组成部分。

$$FAD \underset{-2H}{\overset{+2H}{\rightleftharpoons}} FADH_2$$

(3) 辅酶 Q(CoQ)

又称泛醌,在电子传递系统中作为氢的中间传递体。

2. 转移电子的辅酶

(1) 含铁卟啉的细胞色素类(简写 Cyt.)和铁氧还蛋白(Ferredoxin,简写 Fd)通过铁离子的变价($Fe^{2+} \rightleftharpoons Fe^{3+} + e$)传递电子。

①细胞色素类可分为四大类:Cyt.a、Cyt.b、Cyt.c、Cyt.d,其中细胞色素 a、a_3、b、c、c_1 为好氧微生物呼吸链的组成部分,而 Cyt.c_3 参与厌氧微生物的电子传递。

②铁氧还蛋白主要存在于厌氧微生物和光合微生物中,参与发酵、光合作用及固氮的电子传递过程。

(2) 辅酶 F_{420}(F420)

一般认为,F_{420} 是产甲烷菌所特有的辅酶,但 Laval 等(1984)发现灰色链霉菌(*Streptomyces griseus*)中也含有 F_{420}。F_{420} 为低分子量的荧光化合物,其氧化态在 420 nm 处出现最大吸收峰和荧光,还原态的吸收峰和荧光消失。F_{420} 的功能是作为电子载体,类似于铁氧还蛋白,反应中与 $NADP^+$ 的氧化还原耦联,作为氢化酶、甲酸脱氢酶、一氧化碳脱氢酶及 $NADP^+$ 还原酶等的辅酶。

Chesseman 等认为,产甲烷菌对氧极为敏感的原因是由于 O_2 影响 F420 的氧化还原态。在实验中,常利用 F420 产生荧光这一特性,通过荧光显微镜观察产甲烷菌及其菌落,并可鉴别产甲烷菌的存在与否。

3. 转移基团的辅酶

(1) 辅酶 A(CoA 或 CoA-SH)

辅酶 A 在糖代谢和脂肪代谢中起重要作用。辅酶 A 通过其硫基(-SH)的受酰与脱酰参与转酰基反应,如

$$CH_3-\underset{\underset{O}{\|}}{C}-OH + CoA-SH \xrightarrow{能量} CH_3-\underset{\underset{O}{\|}}{C} \sim SCoA + H_2O$$

在受酰和脱酰过程中有能量的转移。酰化时需要能量,在硫酯键形成高能键,如乙酰 CoA($CH_3CO \sim SCoA$);脱酰基时释放能量,产生 ATP。

(2) 生物素

生物素属 B 族维生素,为羧化酶的辅酶,催化 CO_2 的掺入和转移及脂类的合成反应,合成中需要

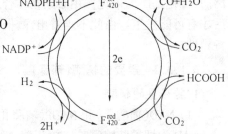

图 6.2 产甲烷细菌中一些有 F420 参与的反应

能量。生物素是微生物的生长辅因子。

(3) 四氢叶酸(辅酶 F, THFA)

四氢叶酸其功能是传递甲酰基、羟甲基和亚胺甲基,是一碳基团转移中的重要辅酶。

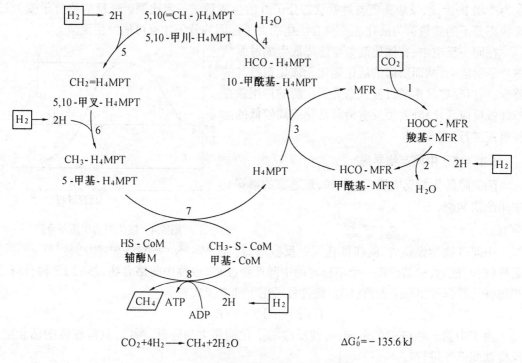

$$CO_2 + 4H_2 \longrightarrow CH_4 + 2H_2O \qquad \Delta G_0' = -135.6 \text{ kJ}$$

图 6.3　通过 CO_2 还原形成甲烷的循环图(根据资料整理)

MFR: 甲烷呋喃; H_4MPT: 四氢甲烷喋呤

(4) 辅酶 M(CoM, HS–CoM)

是专性厌氧的产甲烷菌所特有的一种辅酶,为 2–巯基乙烷磺酸,分子结构为 $HSCH_2CH_2SO_3^-$。辅酶 M 发现于 1974 年,其功能为甲基载体,在产甲烷菌细胞提取液中常可检出甲基辅酶 M(CH_3–SCoM)。辅酶 M 具有渗透性和热稳定性。

(5) F_{430} 因子(辅酶 F_{430},F430)

无荧光的一种黄色物质,Pfaltz 等(1982)首先提出其分子结构,F_{430} 因子为含镍的四吡咯结构,最大吸收峰在 430 nm。目前,F_{430} 因子的具体功能尚不清楚,可能在甲烷产生的最终步骤中作为甲基辅酶 M 还原酶的辅酶之一。

(6) 磷酸腺苷及其他核苷酸类

主要包括 AMP(一磷酸腺苷)、ADP(二磷酸腺苷)、ATP(三磷酸腺苷),其他核苷酸类有 GTP(鸟嘌呤核苷三磷酸)、UTP(尿嘧啶核苷三磷酸)及 CTP(胞嘧啶核苷三磷酸),它们是转磷酸基酶(如磷酸激酶)的辅酶,作为磷酸基载体,参与能量转移。

6.1.4　酶作用的基本原理

6.1.4.1　酶的催化作用与分子活化能

与所有催化剂相同,酶能够降低底物分子反应的能阈。在某一个反应中,如 S(反应物)

⟶P(产物)，中间需经过一个生成过渡状态分子 B 的阶段。

$$S \rightleftharpoons [B] \longrightarrow P$$

过渡状态分子是能量超过一定值(能阈)的活化分子,这种活跃的分子极易放出能量,转变为产物 P,因此,反应速度与过渡状态分子 B 的生成量成一定比例。使反应物分子变为过渡状态分子的能量称为活化能。只有活化能大于能阈的分子才有可能发生反应。

在同一反应中,有催化剂参与能降低生成过渡状态分子的能阈,从而所需的活化能比无催化剂参与的要少,所以很容易生成过渡状态分子。酶的作用就在于降低反应活化能阈,使反应沿着活化能阈较低的途径迅速进行(图 6.4)。

6.1.4.2 中间产物学说

酶能降低化学反应的活化能阈,最适宜的解释是中间产物学说。

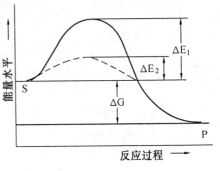

图 6.4 催化剂的作用示意图

ΔE_1、ΔE_2 分别表示无催化剂和有催化剂的活化能

$$S \underset{底物}{\longrightarrow} P \underset{产物}{}$$

中间产物学说认为,酶在催化某一反应时,首先是酶(E)与底物(S)结合成一个不稳定的中间产物(ES),也称中间络合物,然后 ES 再分解成产物(P),并释放出原来的酶(E)。此过程可用下列方程式表示

$$E + S \rightleftharpoons ES \longrightarrow E + P$$

由于中间产物(ES)的形成,可使反应的活化能阈大为降低,所以,只需较低的活化能,反应就能迅速进行。

6.1.4.3 诱导契合学说

过去有人认为,酶与底物结合时,酶的活性中心结构与底物结构必须相互吻合,就像锁和钥匙那样结合成中间产物,进而促进底物转变为产物,此即所谓酶作用的锁钥学说。此学说的缺点在于认为酶的结构是固定不变的。

近年来发现,酶的活性中心结构与底物原本并非恰巧吻合,只当底物分子与酶分子相接触时,可诱导酶的活性中心结构发生构象改变,从而与底物结构吻合,然后才结合成中间产物,进而引起底物发生相应的化学反应。此即所谓酶作用的诱导契合学说,其作用模式见图 6.5。

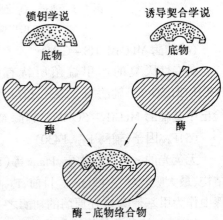

图 6.5 酶和底物的结合示意图

6.1.5 酶促反应动力学

酶促反应动力学是研究酶的反应速度以及决定反应速度的各种因素。这些因素主要包括酶的浓度、底物的浓度、pH 值、温度、抑制剂和激活剂等。但必须注意,酶促反应动力学中所指的速度是反应的初速度,即酶作用于底物开始不久的一段时间内所测得的酶促反应速度,因为若继续延长酶与底物的接触时间,产物浓度的增加就会加速逆反应的进行或对酶产

生抑制作用,从而造成酶促反应速度降低,给实验结果带来误差。

6.1.5.1 酶浓度对反应速度的影响

在一定条件下,当底物浓度足够大并为一定值,且酶浓度也相对较低时,酶浓度与反应速度成正比(图 6.6)。这种关系是测定酶活力的基础。

6.1.5.2 底物浓度对酶促反应速度的影响

图 6.7 表示在酶浓度不变的条件下,底物浓度〔S〕与反应速度 v 的相互关系。在低的底物浓度时,底物浓度增加,反应速度随之急剧增加,并成正比关系。当底物浓度较高时,增加底物浓度,反应速度增加的程度不再明显,并且不再成正比关系。当底物达到一定浓度后,若底物浓度再增加,则反应速度将趋于恒定,并不再受底物浓度的影响,此时,底物的浓度称为饱和浓度。当底物浓度等于或大于饱和浓度后反应速度不再增加的原因,是由于此时酶的活性中心全部为底物所占据(即达到饱和),酶分子已发挥了最大能力,所以,即使底物再增加,反应速度也不可能提高。

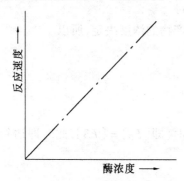

图 6.6 酶浓度对反应速度的影响

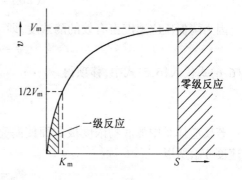

图 6.7 底物浓度对酶促反应速度的影响

1. 米–门方程式

Michaelis 和 Menten 根据中间产物学说,推导了能够表示整个反应中底物浓度与反应速度关系的方程式,称为米–门方程式。

$$v = \frac{V_m S}{K_m + S} \tag{6.1}$$

式中　v——酶促反应的(初)速度;

　　　V_m——最大反应速度;

　　　S——底物浓度;

　　　K_m——米氏常数。

这个公式是研究酶反应动力学的一个最基本的公式,它符合图 6.7 所得的实验曲线。

2. 米–门公式的推导

根据中间产物学说,酶促反应为

$$E + S \underset{k_2}{\overset{k_1}{\rightleftharpoons}} ES \xrightarrow{k_3} E + P$$

〔E〕〔S〕　〔ES〕　〔E〕

上式中 k_1、k_2 和 k_3 分别代表各反应的速度常数。因此

$$ES \text{ 形成的速度} = k_1[E][S]$$
$$ES \text{ 分解的速度} = (k_2 + k_3)[ES]$$

当反应达到平衡状态时,可得

$$\frac{[E][S]}{[ES]} = \frac{k_2 + k_3}{k_1} \tag{6.2}$$

设 $\frac{k_2 + k_3}{k_1} = K_m$,则

$$\frac{[E][S]}{[ES]} = K_m \tag{6.3}$$

设酶的总浓度为 $[E_0]$,则

$$[E] = [E_0] - [ES] \tag{6.4}$$

将(6.4)式代入(6.3)式,移项得

$$[ES] = \frac{[E_0][S]}{K_m + [S]} \tag{6.5}$$

因为酶促反应速度由有效的酶浓度,即 ES 中间产物的浓度决定,所以

$$v = k_3[ES] \tag{6.6}$$

将(6.6)式代入(6.5)式中,移项得

$$v = \frac{k_3[E_0][S]}{K_m + [S]} \tag{6.7}$$

若反应体系中的底物浓度极大而使酶完全饱和时,即 $[E_0] = [ES]$,此时即达到最大反应速度 V_m,所以

$$V_m = k_3[E_0] \tag{6.8}$$

将(6.8)式代入(6.7)式中,则得

$$v = \frac{V_m[S]}{K_m + [S]} \tag{6.9}$$

为方便起见,将表示浓度 $[S]$ 的括弧除去,则得米－门方程式。

3. 米－门方程式的讨论

当底物浓度较低时,$K_m \gg S$,则

$$v = \frac{V_m}{K_m} S$$

即反应速度与底物浓度成正比,符合一级反应。

当底物浓度很高时,$S \gg K_m$,则

$$v = V_m$$

即反应速度与底物浓度无关,符合零级反应。

4. 米氏常数 (K_m) 的意义

K_m 是酶促反应速度为最大反应速度一半时的底物浓度。因为,当 $v = \frac{1}{2} V_m$ 时,$K_m = S$。

米氏常数的单位为浓度单位。米氏常数是酶的特征性物理常数,它只与酶的性质和它所催化的底物种类有关,而与酶浓度无关,所以,一种酶在一定条件下对某一底物只有一个

特定的 K_m 值,因而 K_m 值可作为鉴别酶的一种手段。所以说,米氏常数是酶学研究中的一个重要的参数。

此外,$1/K_m$ 可近似地表示酶对底物亲和力的大小,$1/K_m$ 越大,表明亲和力越大,反应速度越快;反之,亲和力越小,反应速度越慢。

5. K_m 和 V_m 的确定

测定一个酶促反应的 K_m 和 V_m 的方法很多,常用的要算 Lineweaver-Burk 做图法。取米-门方程式倒数形式。

$$\frac{1}{v} = \frac{1}{V_m} + \frac{K_m}{V_m}\frac{1}{S} \quad (6.10)$$

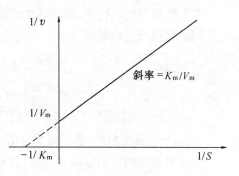

图 6.8 Lineweaver-Burk 做图法

若以 $\frac{1}{v}$ 对 $\frac{1}{S}$ 做图,可得如图 6.8 中直线。

【例题】 下列数据取自某酶促反应 S→P,以该数据作图并确定 K_m 和 V_m。

S/mol	v/(mol·min^{-1})
1.00×10^{-5}	16.0×10^{-9}
1.25×10^{-5}	19.0×10^{-9}
1.67×10^{-5}	23.6×10^{-9}
2.50×20^{-5}	30.8×10^{-9}
4.0×10^{-5}	40.0×10^{-9}

【解】

$S \times 10^5$/mol	$v \times 10^9$/(mol·min^{-1})	$1/S \times 10^{-4}$/mol^{-1}	$1/v \times 10^{-7}$/(min·mol^{-1})
1.00	16.0	10.00	6.25
1.25	19.0	8.00	5.26
1.67	23.6	6.00	4.24
2.50	30.8	4.00	3.25
4.0	40.0	2.50	2.50

6.1.5.3 温度对酶促反应速度的影响

酶对温度具有高度敏感性是酶最重要的特性之一。每一种酶,在一定条件下,只有在某一个温度下才表现出最大活力,这个温度称为该酶作用的最适温度。各种酶在一定条件下,都有它的最适温度。一般来讲,动物组织中的最适温度为 37~50 ℃,微生物各种酶的最适温度在 25~60 ℃ 范围内。在适宜温度范围内,温度每增高 10 ℃,酶催化的化学反应速度约可提高 1~2 倍。

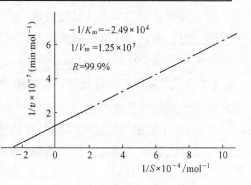

图 6.9 以例题所给数据作 $1/v - 1/S$ 图

温度对酶活性有双重影响。

①酶反应速度在一定范围(0~40 ℃)内,随着温度升高而加快;

②酶是蛋白质,随着温度升高,酶变性速度加快。

因而,温度对酶促反应速度的影响是以上两种相反作用的综合结果(图6.10)。

在生物处理构筑物中,酶的活性表现为微生物群体的代谢活性。温度对生物降解反应速度的影响可用下列形式表示

$$\frac{v_{T+10}}{v_T} = \theta_{10}$$

式中 v_T——温度为 T℃时的反应速度;

v_{T+10}——温度为 $T+10$ ℃时的反应速度;

θ_{10}——温度系数,表示温度每增加 10 ℃,其反应速度增加的倍数。

温度对活性污泥的影响,可参见表6.1

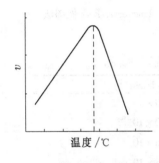
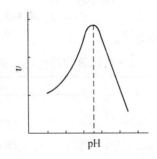

图6.10 温度和pH值对反应速度的影响

表6.1 温度对活性污泥的影响

温度/℃	θ_{10}
10~20	285
15~25	222
20~30	189

6.1.5.4 pH值对酶促反应速度的影响

氢离子浓度对酶促反应速度有显著的影响,而且其机理也是非常复杂的。酶的基本成分是蛋白质,是具有离解基团的两性电解质,因此,酶只有在一定的 pH 值范围中才是稳定的,高于或低于这个 pH 值范围,酶就不稳定,易变性失活。此外,pH 值还能影响酶分子的活性中心上有关基团的解离或底物的解离,这样就影响了酶与底物的结合,从而影响酶的活性。一般认为最适宜 pH 值时,酶分子上活性基团的解离状态最适合与底物结合,改变 pH 值时,就使酶与底物的结合能力降低。例如,胃蛋白酶只能作用于蛋白质正离子,而胰蛋白酶则只能分解蛋白质负离子,所以,胃蛋白酶和胰蛋白酶的最适 pH 值分别在此等电点偏酸和偏碱的一边。因此,pH 值对酶活性也有双重影响(图6.10)。

废水生物处理中应保持 pH 值在 6~9 之间,最适 pH 值为 6~8。

6.1.5.5 抑制剂对酶促反应速度的影响

凡能降低酶的活性甚至使酶完全丧失活性的物质,称为酶的抑制剂。它之所以能抑制酶的活性,是由于它破坏或改变了酶与底物结合的活性中心,阻碍了酶-底物中间产物的生成或分解,因此,影响了酶的活性。抑制剂与温度、pH 值等对酶的失活作用不同,它对酶有一定的选择性,只能引起某一类或某几类酶的抑制。抑制作用可分为两大类。

1. 不可逆抑制作用

这类抑制剂与酶的某些基团以共价键方式结合,结合后不能自发分解,不能用透析或超滤等物理方法除去抑制剂而恢复酶活性。例如,含汞、含砷的有机物是含硫基活性基团硫基酶的不可逆抑制剂。

2. 可逆抑制作用

这类抑制剂与酶的结合是可逆的,结合后可用物理方法除去抑制剂而恢复酶活性。这种结合往往是非共价键的结合。可逆性抑制剂可分为两类。

(1) 竞争性抑制剂

竞争性抑制剂的化学构造与底物的很相似,所以,与底物共同竞争酶的活性中心,妨碍了底物与酶结合形成中间产物,致使酶的活性受到抑制。竞争性抑制的典型例子是丙二酸对琥珀酸脱氢酶的抑制。琥珀酸脱氢酶可催化琥珀酸脱氢,生成延胡索酸。

$$\begin{array}{c} COOH \\ | \\ CH_2 \\ | \\ CH_2 \\ | \\ COOH \end{array} \xrightarrow[\text{琥珀酸脱氢酶}]{-2H} \begin{array}{c} COOH \\ | \\ CH \\ \| \\ CH \\ | \\ COOH \end{array}$$

琥珀酸　　　　　延胡索酸

当向反应体系中加入丙二酸时,可使琥珀酸的脱氢作用受到抑制,这是因为丙二酸与琥珀酸的分子结构很相似。但是,若增加琥珀酸的浓度,丙二酸的抑制作用将减弱。这种由于相互竞争而引起的抑制作用,称为竞争性抑制作用。丙二酸则是该酶的竞争性抑制剂。

竞争性抑制剂尽管可与酶的活性中心结合,但不能受酶催化而发生反应。

竞争性抑制剂的特点是:当底物浓度增加时,抑制剂的抑制作用就减弱。可见,抑制作用的强弱取决于抑制剂浓度与底物浓度的相对比例。

竞争性抑制剂(I)与酶作用生成酶-抑制剂(EI)复合物。可用下式表示

$$E + S \underset{K_2}{\overset{K_1}{\rightleftharpoons}} ES \xrightarrow{K_3} E + P$$
$$+$$
$$I$$
$$K_2 \updownarrow K_1$$
$$EI$$

设 $\dfrac{K_2}{K_1} = K_i$,为 EI 复合物的离解常数。经推导可得存在竞争性抑制剂时的酶促反应动力学关系式为

$$v = \frac{V_m S}{K_m \left(1 + \dfrac{I}{K_i}\right) + S} \tag{6.11}$$

K_i 可以表示酶与抑制剂的亲和力。K_i 越大,EI 结合形式越小。因此,可由 K_i 精确地反映抑制剂的抑制作用薄弱。

(2) 非竞争性抑制剂

有些抑制剂不是与底物竞争同一酶的活性中心,而是与酶的其他部位(如活性中心外的必需基团—SH)进行可逆性结合,从而改变了酶活性中心的空间构型,使酶的活性受到抑制,称为非竞争性抑制作用。

大多数非竞争性抑制剂的分子结构与底物不相类似。这种类型的抑制特点是:不能通过增加底物浓度而减弱抑制作用。这种抑制作用的强弱取决于抑制剂的浓度以及抑制剂与酶的亲和力,而与底物浓度无关。

非竞争性抑制剂往往是一些重金属盐类(如 Ag^+、Cu^{2+}、Hg^{2+}、Fe^{3+} 等)和氰化物(CN^-)等。由于它们与酶的活性中心外的必需基团结合,因此,并不降低酶与底物的亲和力,但却能阻止酶的催化基团行使催化作用而使反应速度降低。非竞争性抑制作用可表示为

$$E + S \underset{K_2}{\overset{K_1}{\rightleftharpoons}} ES \overset{K_3}{\longrightarrow} E + P$$

$$+ \qquad \qquad +$$
$$I \qquad \qquad I$$
$$K_2 \updownarrow K_1 \qquad K_2 \updownarrow K_1$$

$$EI + S \underset{K_2}{\overset{K_1}{\rightleftharpoons}} IES$$

非竞争性抑制剂存在时的酶促反应动力学关系式为

$$v = \frac{V_m S}{(K_m + S)\left(1 + \dfrac{I}{K_i}\right)} \tag{6.12}$$

6.1.5.6 激活剂对酶促反应速度的影响

酶反应体系中可因加入某些无机离子使酶的活性增加,这类物质称为激活剂。激活剂可能是酶活性部位中的组成成分。例如,纯唾液淀粉酶的活性极低,当加入少量 NaCl,则酶活性大大提高,因此,可以说 NaCl(更加确切地说是 Cl^-)就是唾液淀粉酶的激活剂。

在废水生物处理中,常采用测定脱氢酶活性的方法来研究温度的影响及废水的可生化性。脱氢酶是微生物分解氧化有机物的重要参与者,它对温度、抑制剂等环境因素非常敏感,因此,常把脱氢酶作为研究温度等因素对废水生物降解影响以及工业废水毒性的手段。同时,也可以通过对脱氢酶活性的测定来监测和评价处理系统的运行状况。

6.1.6 酶的应用

酶不仅在生物体的生理活动中有着极为重要的作用,而且在工业、农业、医药等领域也得到广泛利用。近 10 年来,酶也开始在废水处理方面得以利用,并越来越显示出它的生命力。

目前,在国际市场上,商品酶制剂品种已达 200 种,使用范围广泛。如淀粉酶用于纺织品退浆;蛋白酶用于皮革工业的脱毛和蚕丝脱胶;脂肪酶用于羊毛洗涤、食品增香。此外,葡萄糖异构酶可用来制造果糖浆,葡萄糖氧化酶可用来去除罐头中残余的氧等。

活性污泥法、生物膜法等废水生物处理工艺,之所以能够广泛有效地用于处理各种有机性废水,归根结底都是在活性污泥、生物膜上生长繁殖的微生物体内所产生的具有高效催化作用的酶的作用结果。此外,人们还设法把酶从生物体中分离出来制成酶制剂,并已开始用于废水处理。

近年来,世界上有许多国家都在积极研究酶的固定化的各种方法。酶的固定化就是把从生物体内提取出的水溶性酶,通过吸附、耦联、交联和包埋等物理或化学方法使之与载体相结合而形成一种仍具有催化活性、不溶于水的酶。固定化酶,也称为固相酶或固化酶,仍具有酶的催化特性,而且稳定性大大增加,可以反复使用,易于实现自动控制。酶的固定化是当代生物科学中的重要技术成就,它十分可能在不远的将来被用于净化有机性废水。

固定化微生物细胞的新技术也已出现,所谓微生物细胞的固定化,就是把微生物细胞直接固定在载体上,实质上也是对微生物体内酶的利用,这样可免去分离提纯的工艺,能够最大限度地提高酶的效率。这项新技术在我国废水处理和饮用水深度处理领域也得到应用,并取得

了良好的效果。

6.2 化能异养型微生物的产能代谢——发酵与呼吸

微生物在生长繁殖过程中,需要不断地从外界环境中吸收营养物质。营养物质的一部分通过同化作用用于细胞物质的合成;另一部分通过生物氧化(异化作用)用于产生微生物所需的能量和必要的中间代谢产物。

有机底物的生物氧化主要以脱氢(包括失电子)方式实现,底物氧化后脱下的氢可表示为

$$2H \longrightarrow 2H^+ + 2e$$

而发酵与呼吸的区别在于最终电子(或氢)受体不同。

产能代谢
- 发酵(厌氧微生物):以有机物氧化分解的中间代谢产物为最终电子受体的氧化还原过程。最终产物:有机酸、醇、CO_2、H_2 及能量
- 呼吸
  - 有氧呼吸(好氧微生物):以 O_2 为最终电子受体的氧化还原过程。最终产物:CO_2、H_2O 及能量
  - 无氧呼吸(厌氧微生物):以 NO_3^-、SO_4^{2-}、CO_3^{2-} 等为最终电子受体的氧化还原过程。最终产物:N_2、H_2S、CH_4、CO_2、H_2O 及能量

微生物贮存或释放能量的载体是具有高能键的高能化合物。微生物在产能代谢中产生的能量,除一部分直接被同时发生的吸能反应利用及用于机械运动和转化为热量散发等外,小部分(小于 40%)转移为高能化合物,贮存起来供必要时使用。ATP(三磷酸腺苷)是机体内最重要的高能化合物,它含有高能焦磷酸键($\sim PO_3H_2$,简写 $\sim P$),水解后可释放 30.6 kJ/mol。作为生物能量的转移中心,ATP 的能量贮存和释放通过以下反应

$$ATP \longrightarrow ADP + H_3PO_4 + 30.6 \text{ kJ}$$
$$ATP \longrightarrow AMP + 2H_3PO_4 + 61 \text{ kJ}$$

微生物在产能代谢中,通过氧化磷酸化(oxidalive phosphorylation)产生 ATP,即利用机体内有机物质氧化作用中所释放的能量,使无机磷酸盐转变为高能焦磷酸化合物(ATP),从而使能量得以贮存和利用。

6.2.1 发酵

发酵(fermentation)是某些厌氧微生物在生长过程中获得能量的一种方式。在发酵过程中,可被利用的底物通常为单糖或某些双糖,亦可为氨基酸等。下面将以葡萄糖为例,介绍微生物如何通过发酵将葡萄糖分解并获得能量,同时积累某些代谢产物的过程,从而揭示发酵的途径。

6.2.1.1 糖酵解(EMP)途径

糖酵解(Embdem – Meyerhof – Parnas)可分为两大步骤(图 6.11):第一步骤包括一系列不涉及氧化还原反应的预备性反应,主要是通过加入能量使葡萄糖活化,并将六碳糖分解为三碳糖,其结果是生成一种主要的中间产物 3 - 磷酸甘油醛,并消耗 2 molATP;第二步骤是通过氧化还原反应,产生 4 molATP,2 molNADH + H^+ 和 2 mol 丙酮酸。

微生物在厌氧条件下,通过氧化还原反应(脱氢)将葡萄糖分解为丙酮酸,并产生可供机体生长的能量的过程,称为糖酵解途径。糖酵解具有以下重要意义。

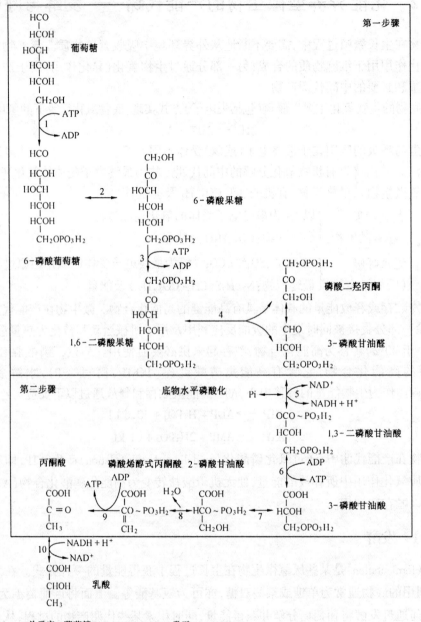

图6.11 糖酵解途径(包括乳酸发酵)

表 6.2 催化糖酵解的酶类

反应步骤	酶	反应步骤	酶
1	己糖激酶	6	3-磷酸甘油酸激酶
2	磷酸己糖异构酶	7	磷酸甘油酸变位酶
3	磷酸果糖激酶	8	烯醇化酶
4	醛缩酶	9	丙酮酸激酶
5	3-磷酸甘油醛脱氢酶	10	乳酸脱氢酶(属发酵过程)

1. 微生物发酵产能

(1) 产能方式

1 mol 葡萄经酵解后净产 2 molATP,产能方式称为底物水平磷酸化(substrate level phosphorylation),分别发生在 1,3-二磷酸甘油酸与磷酸烯醇式丙酮酸两处。所谓底物水平磷酸化是指底物被氧化过程中,在中间代谢产物分子上直接形成比高能焦磷酸键($\Delta G° = -30.6$ kJ)含能更高的高能键(如高能磷酸酯键 $-\overset{\overset{O}{\|}}{C}-O \sim P$,$\Delta G° = -42.3$ kJ;高能烯醇式磷酸键 $-\overset{|}{C}=\overset{|}{C}-O \sim P$,$\Delta G° = -62.0$ kJ),并可直接将键能交给 ADP 使之磷酸化,生成 ATP 的这一过程。

底物水平磷酸化是进行发酵的微生物获取能量的惟一方式。

(2) 糖酵解是产能的主要途径

微生物通过发酵可将葡萄糖转变为乳酸、丙酸、丁酸、乙醇、丁醇等多种代谢产物,糖酵解途径产生的能量作为各种发酵产物产生的主要甚至惟一的能量来源(表 6.3)。

表 6.3 1 mol 葡萄糖转化为各发酵产物的 ATP 量

	乳酸	丙酸	丁酸	乙醇	丁醇
产物的量/mol	2	2	1	2	1
ATP 净产量/mol	2	4	3	2	2

2. 丙酮酸是重要的中间代谢产物

糖酵解的终产物丙酮酸是微生物进行发酵产生各种发酵产物的转折点。通过丙酮酸的进一步发酵,可产生各种发酵产物,并可通过 $NADH + H^+$ 的氧化,使机体内 $NADH + H^+$ 含量保持在一定范围内,从而保证发酵的正常进行。

6.2.1.2 主要发酵类型

微生物发酵的形式多样,其中普遍存在的是以糖酵解为主体的分解代谢,末端产物则各不相同,发酵的类型是根据主要末端产物命名的。微生物机体内调控某一发酵类型中末端产物种类及数量的原因主要有两点:其一,氧化反应必须与另一个还原反应相耦联,从而维持 $NADH + H^+/NAD^+$ 在一定范围内,这种耦联是通过辅酶在两者之间反复地还原和氧化,不断周转而完成的;其二,发酵产能是微生物的目的所在,微生物可根据能量需求状况来调整高产能发酵产物的转化率。表 6.4 为碳水化合物发酵的主要类型。

表 6.4 碳水化合物发酵的主要类型

分 类	主要末端产物	典型微生物
丙酸发酵	丙酸,乙酸,CO_2	丙酸杆菌属(*Propionibacterium*)
丁酸发酵和丙酮丁醇发酵	丁酸,乙酸,H_2,CO_2,丁醇,丙酮	梭状芽孢杆菌属(*Clostridium*) 丁酸梭状芽孢杆菌(*C. butyricum*) 丙酮丁醇梭菌(*C. acetobutylicum*) 多粘芽孢杆菌(*Bacillus polymyxa*)
(同型)乳酸发酵	乳酸	乳酸杆菌属(*Lactobacillus*) 链球菌属(*Streptococcus*)
(异型)乳酸发酵	乳酸,乙醇乙酸,CO_2	明串珠菌属(*Leuconostoc*)
混合酸发酵	乳酸,乙酸,琥珀酸,H_2,CO_2,甲酸,乙醇	埃希氏菌属(*Escherichia*) 大肠埃希氏菌(*E. coli*) 假单胞菌属(*Psudomonas sp.*) 变形菌属(*Proteus*)
乙醇发酵	乙醇,CO_2	酵母属(*Saccharomyces*) 曲霉属(*Aspergillus sp.*)

发酵在废水和污泥厌氧生物处理(或称厌氧消化)过程中起着重要作用,有人认为这一过程比产甲烷阶段更为关键。目前,国内外的研究表明,在厌氧生物处理中主要存在两种发酵类型:丙酸型发酵(Propionic acid type fermentation)和丁酸型发酵(Butyric acid type fermentation)。这两种发酵类型分类与生物化学中的分类有一定联系,但也有所差别。

任南琪和王宝贞(1990)在研究制糖废水和淀粉废水的产酸发酵试验中发现一种可称做乙醇型发酵(Ethanol type fermentation)的发酵类型,这一发酵类型尚无资料报导。

1. 丁酸发酵(butyric acid fermentation)

某些解糖梭状芽孢杆菌(*Clostridium* spp.)进行这类反应(图 6.12)。在丁酸发酵中,丁酸循环机制起着重要作用,一方面可使 EMP 途径及乙酸产生中释放的 $NADH+H^+$ 通过与丁酸产生相耦联而得以氧化,另一方面还可减少酸性末端。总反应式为

$$2.5 \text{ 葡萄糖} \longrightarrow 2 \text{ 丁酸} + \text{乙酸} + 5CO_2 + 5H_2 + 8ATP$$

尽管如此,当 pH 值降至 4.5 以下时,丁酸循环机制被阻断,转为形成中性末端产物的丙酮丁醇发酵。

该发酵类型与废水厌氧生物处理中的丁酸型发酵类似,许多研究结果表明,含可溶性碳水化合物(如葡萄糖、蔗糖、乳糖、淀粉等)废水的发酵常出现丁酸型发酵,发酵中主要末端产物为丁酸、乙酸、H_2、CO_2 及少量丙酸。当运行管理不当时,丙酸含量显著增加,甚至有可能转化为丙酸型发酵。

2. 丙酸发酵(propionic acid fermentation)

主要参与的细菌是丙酸杆菌属(*Propionibacterium*)。丙酸发酵以 EMP 途径产生的丙酮酸为起点,其中包括部分 TCA 循环(图 6.13)。丙酸发酵的特点是气体(CO_2)产量很少,甚至无气体产生,主要发酵末端产物为丙酸和乙酸。

总反应式为

$$1.5 \text{ 葡萄糖} \longrightarrow 2 \text{ 丙酸} + \text{乙酸} + CO_2 + 6ATP$$

据资料介绍,废水厌氧处理中,含氮有机化合物(如酵母膏、明胶、肉膏等)和难降解碳水

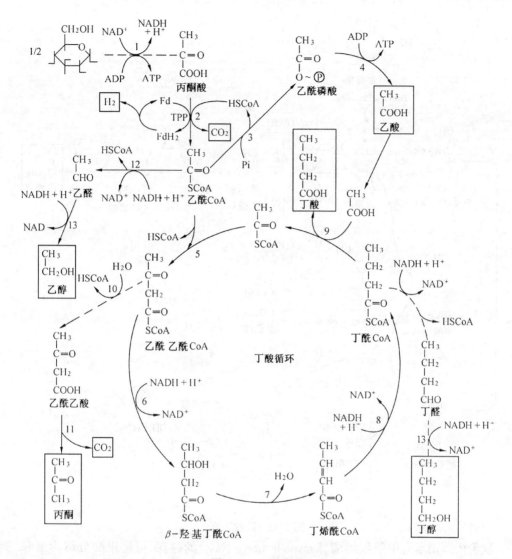

图 6.12 丁酸发酵

化合物(如纤维素等)常呈现丙酸型发酵(末端产物与丙酸发酵类似)。丙酸型发酵在厌氧生物处理中不够理想,因为末端产物丙酸不易转化为可被产甲烷菌利用的底物,易出现丙酸积累。当丙酸大量积累,可引起厌氧反应器中 pH 值大幅度下降,从而因产甲烷菌失去活性而导致厌氧反应器的运行失败。

3. 混合酸发酵(mixed acid fermentation)

在这一类型的发酵产物中,由于有许多种有机酸,所以称为混合酸发酵。进行混合酸发酵的主要是一些肠道细菌,例如,埃希氏菌属(*Escherichia*)、志贺氏菌属(*schigella*)等。这些细菌是一些兼性厌氧细菌,在有氧情况下进行呼吸,在缺氧情况下进行发酵。在进行混合酸发酵时,除了将一部分丙酮酸还原为乳酸,将一部分磷酸烯醇式丙酮酸还原为琥珀酸外,还由于存在丙酮酸甲酸解酶(pyruvate-formate lyase)而将丙酮酸分解为甲酸和乙酰辅酶 A,乙酰辅酶 A 再变为乙酸。

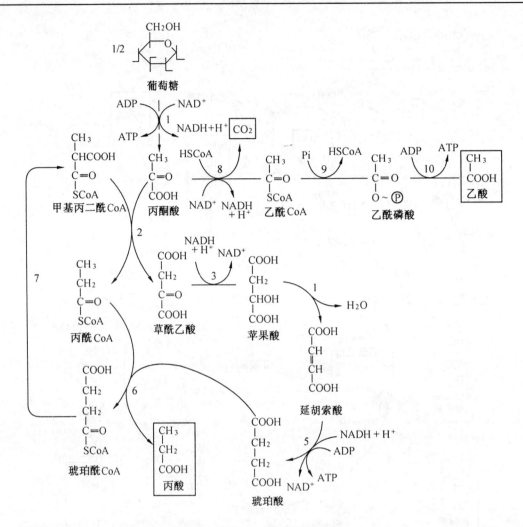

图 6.13 丙酸发酵

埃希氏菌由于有甲酸氢解酶(formate-hydrogen lyase)的存在,可将甲酸分解为氢和二氧化碳,因此,大肠杆菌能产气;而志贺氏菌等由于没有甲酸氢解酶,不能将甲酸分解为氢和二氧化碳,因此不产气。所以通过产酸产气试验,可以把一些不产酸以及虽然也产酸但是不产气的细菌区别开来。混合酸发酵的反应式可表示为图 6.14 的形式。

有些细菌,例如,产气肠杆菌(Aerobacter aerogenes)在进行发酵时,除了将一部分丙酮酸按混合酸发酵的类型进行外,大部分丙酮酸先通过两个分子的缩合成为乙酰乳酸,再脱羧为 3-羟基丁酮(acetoin),然后再还原为丁二醇。

3-羟基丁酮在碱性条件下,被空气中的氧氧化为乙二酰。根据乙二酰能与胍基作用生成红色化合物的特点,可以测定 3-羟基丁酮的存在,这就是 V.P.试验(Voges Proskauer test)。大肠杆菌由于不产 3-羟基丁酮,所以 V.P.试验阴性,而产气杆菌 V.P.试验为阳性。此外,大肠杆菌由于产酸较多,pH 值可低于 4.5,用甲基红作指示剂可显出,而产气杆菌的产物丁二醇是中性化合物,所以通过 V.P.试验和甲基红试验,可对这两种细菌进行鉴别。

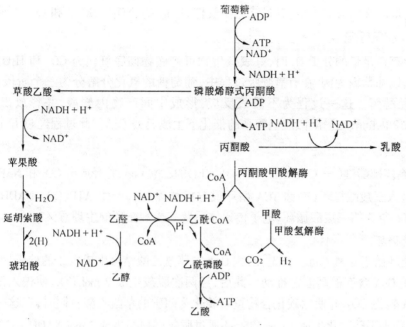

图 6.14 混合酸发酵

4. 乙醇发酵 (ethanol fermentation)

进行乙醇发酵的微生物主要是酵母菌,如酿酒酵母(*Saccharomyces cerevisiae*),其发酵葡萄糖的末端产物仅有乙醇和 CO_2。乙醇发酵以 EMP 途径为基础,反应过程如下

总反应为

$$葡萄糖 \longrightarrow 2\,乙醇 + 2CO_2 + 2ATP$$

有些厌氧细菌亦可进行乙醇发酵,但其代谢途径与酵母菌不同。例如,螺旋体属(*Spirochaeta*)亦为严格发酵碳水化合物,在代谢中与梭状芽孢杆菌属类似。发酵葡萄糖生成的主要末端产物为乙醇、乙酸、CO_2 和 H_2,其中乙醇的产生是通过乙酰 CoA 还原生成乙醛。螺旋体属为专性或兼性厌氧微生物,存在于活性污泥和废水中。

乙醇型发酵(Ethanol type fermentation)与细菌性乙醇发酵相似,主要终产物为乙醇、乙酸、H_2、CO_2、丁酸及极少量丙酸,试验结果的总反应式为

$$葡萄糖 \longrightarrow 乙醇 + 乙酸 + 2CO_2 + 2H_2 + 3ATP$$

乙醇型发酵的末端产物极为理想,丙酸产物很少,且乙醇很容易转化为产甲烷菌可利用的底物(乙酸、CO_2/H_2)。

6.2.2 呼吸

呼吸(respiration)是大多数微生物用以产生能量(ATP)的一种方式。与发酵相比,底物在氧化过程中脱下的氢或电子($NADH + H^+$)不是直接与中间代谢产物耦联,而是通过一系

列电子传递体最终交给有关无机物(最终电子受体,包括 O_2、NO_3^-、SO_4^{2-} 和 CO_3^{2-} 等)。

6.2.2.1 有氧呼吸

当环境中存在足量的分子 O_2 时,好氧微生物可将底物彻底氧化为 CO_2 和 H_2O,同时产生大量能量。以葡萄糖为例,在有氧呼吸过程中,葡萄糖的氧化分解分为三个阶段:①葡萄糖经 EMP 途径酵解。这一过程为不需氧反应,形成中间产物丙酮酸,并释放出 ATP 和 $NADH + H^+$。②丙酮酸在丙酮酸脱氢酶系的催化下生成乙酰 CoA。此过程经过五个步骤完成,生成具有高能硫酯键($-\overset{O}{\underset{\|}{C}} \sim S$,$\Delta G° = -31.4 \text{ kJ}$)的乙酰 CoA,并释放出 CO_2 和 $NADH + H^+$。③乙酰 CoA 进入三羧酸循环(亦称 TCA 循环或柠檬酸循环),产生 ATP、CO_2、$NADH + H^+$ 和 $FADH_2$。下面着重介绍三羧酸循环、电子传递体系及三羧酸循环的生理意义。

1. 三羧酸循环

三羧酸循环始于乙酰 CoA。首先,乙酰 CoA 与草酰乙酸结合生成六碳的柠檬酸,这一合成过程靠乙酰 CoA 含有的高能键推动。此后,经两次脱羧生成 2 mol CO_2,使进入三羧酸循环的乙酰 CoA 转为 CO_2,并使六碳化合物重新转化为四碳的草酰乙酸。同时,在这一循环过程中,通过底物水平磷酸化生成 1 mol ATP,并通过脱氢(氧化)生成 3 mol $NADH + H^+$ 和 1 mol $FADH_2$(图 6.15)。参与三羧循环的酶类见表 6.5。

表 6.5 参与三羧酸循环的酶类

反应步骤	酶	反应步骤	酶
1	丙酮酸脱氢酶系	6	琥珀酸硫激酶
2	柠檬酸合成酶	7	琥珀酸脱氢酶
3	顺乌头酸水合酶	8	延胡索酸酶
4	异柠檬酸脱氢酶	9	苹果酸脱氢酶
5	α-酮戊二酸脱氢酶系		

2. 电子传递体系

电子传递体系具有两个基本功能:①接受供电子体(供氢体)释放的电子(氢),并将电子传递给最终电子受体 O_2;②合成 ATP,将电子传递过程中释放的能量贮存起来。有氧呼吸的电子传递体系常称为呼吸链(respiratorn chain),共有两条,即 NADH 氧化呼吸链和 $FADH_2$ 氧化呼吸链(图 6.16)。呼吸链是由 NAD^+、FAD、FMN、CoQ、Cyt.b、Cyt.c_1、Cyt.c、Cyt.a、Cyt.a_3 组成。在电子传递中,能量逐渐积存在传递体中,当能量增加至足以将 ADP 磷酸化时,则产生 ATP。

由 $NADH + H^+$(或 $NADPH + H^+$)和 $FADH_2$ 经呼吸链形成高能磷酸酯键的这一过程称为呼吸链磷酸化(respiratory chain phosphorylation),它是氧化磷酸化产能的又一种形式。

3. 有氧呼吸产能分析

底物水平磷酸化是发酵中惟一的产能方式,而有氧呼吸中还存在呼吸链磷酸化产能方式,并且这一产能方式成为好氧微生物的主要能量来源(表 6.6)。每 1 mol 葡萄糖彻底氧化可产生 38 mol ATP,即

$$C_6H_{12}O_6 + 6O_2 \longrightarrow 6CO_2 + 6H_2O + 38ATP \quad (\Delta G° = -2\,872.2 \text{ kJ})$$

其中,34 mol ATP 通过呼吸链磷酸化产生,占总产能的 90%。

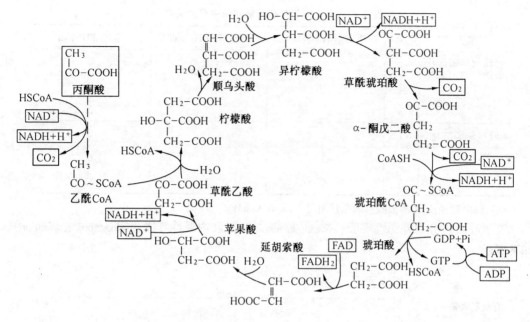

图 6.15 三羧酸循环

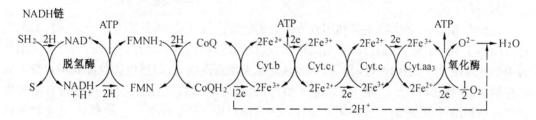

图 6.16 电子传递体系(呼吸链)

每摩尔葡萄糖彻底氧化的总产能量为 $\Delta G° = -2\,872.2$ kJ,其中共有 1 162.8 kJ 转变为 ATP,贮能效率约 40.5%,其余能量以热能等形式散发掉。然而,1 mol 葡萄糖经发酵产生乳酸和乙醇的总产能量分别为 $\Delta G° = -217.7$ kJ 和 $\Delta G° = -235.2$ kJ,均产生 2 molATP,贮能效率分别为 28.1% 和 26.0%。可见,发酵过程中,每摩尔葡萄糖的总产能量较少,且贮能效率也低,因而,进行发酵的厌氧微生物为了满足细胞合成中的能量需求,需消耗的营养物质(能源)要比好氧微生物多,同时,也表明发酵微生物在发酵过程中往往散发出大量热量。

表 6.6　1 mol 葡萄糖在有氧呼吸中产能分析

产能方式	阶段*	产生 NADH+H$^+$/mol	产生 FADH$_2$/mol	净产 ATP/mol
底物水平磷酸化	1			2
	2			0
	3			2
呼吸链磷酸化	1	2		6
	2	2		6
	3	6	2	22

* 1.EMP 途径；2.丙酮酸脱氢酶系代谢过程；3.TCA 循环。

有氧呼吸可分为外源性呼吸(exogenous respiration)和内源性呼吸(endogenous respiration)。如下所示

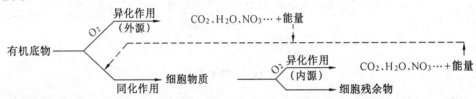

在正常情况下,微生物主要利用外界供给的能源进行呼吸,叫外源性呼吸;同时,细胞内有机质为了不断更新,亦进行部分新陈代谢,这种利用内部贮存的能源所进行的呼吸作用称为内源性呼吸,常称做内源呼吸。当外界缺乏或无能源供给时,则微生物仅能利用自身内部贮存的能源(如多糖、脂类、聚 β-羟基丁酸等)进行呼吸,以提供细胞合成或维持有限的生命活动所需的能量,此时内源呼吸作为惟一的产能过程。处于缺乏外在能源时,微生物的内源呼吸速率取决于细胞原有的营养水平,已贮存有关大量能源性内含物的细胞的内源呼吸速率较高。

目前,可较准确地测定呼吸耗氧量的方法是采用瓦勃氏(Warburg)呼吸仪。采用瓦勃氏呼吸仪可获得两个结果(图 6.17):呼吸,试验中加入底物,其试验结果中实质上还包括内源呼吸(图中曲线 1);内源呼吸,试验中直接将经生理盐水洗涤的被试菌液加入反应瓶,所得结果如图中曲线 4。目前,人们常取以上两个试验结果之差作为外源呼吸(即用以反映底物的耗氧速率,图中曲线 2)。但实质上,细胞内所进行的内源呼吸曲线应为曲线 3,但这一曲线难以获得。

4.三羧酸循环的生理意义

(1) 为细胞合成和维持生命活动提供大量能量

三羧酸循环中产生 24 mol ATP,占葡萄糖彻底氧化总产能量的 63%。

(2) 为细胞合成提供原料

在微生物生长繁殖过程中,除某些维生素和氨基酸等(生长辅因子)需由食物供给外,大多数细胞合成的原料来源于代谢途径中产生的中间产物。由于三羧酸循环中的中间代谢产物种类较多,这就为细胞合成提供了方便。例如,α-酮戊二酸是脯氨酸、组氨酸、精氨酸、谷氨酰胺及脲等的原料,琥珀酰 CoA 是蛋氨酸、异亮氨酸、缬氨酸等的原料。此外,延胡索酸、草酰乙酸和乙酰 CoA 等都是重要的原料。

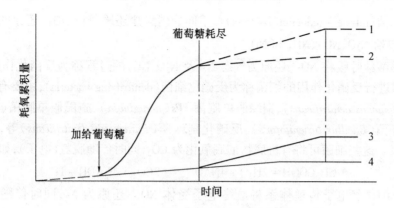

图 6.17 内源呼吸与外源呼吸的比较
1—呼吸;2—外源呼吸;3—内源呼吸(细胞内实际发生);
4—采用现有实验方法可测得内源呼吸(未加葡萄糖)

(3) 作为各种有机底物彻底氧化的共同途径

三羧酸循环不仅是碳水化合物(糖类)彻底氧化分解的途径,而且亦是脂类、蛋白质等的共同代谢途径(图 6.18)。

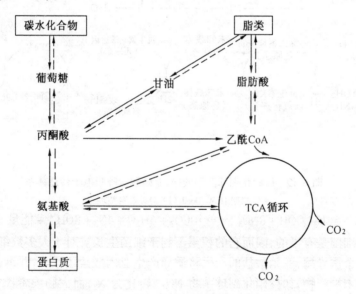

图 6.18 三大有机物有氧呼吸代谢途径示意图

6.2.2.2 无氧呼吸

进行无氧呼吸的厌氧微生物生活在河、湖、池塘底部淤泥等缺氧环境中,以 NO_3^-、SO_4^{2-}、CO_3^{2-} 作为最终电子受体进行有机物的生物氧化。

进行无氧呼吸的微生物细胞均含有还原酶,迄今,对还原酶的性质尚不十分清楚,但已知它们相当于细胞色素氧化酶。

1. 硝酸盐呼吸

硝酸盐呼吸(nitrate respiration)亦称异化型硝酸盐还原(dissimilation nitrate reduction)。在缺氧条件下,有些细菌能以有机物为供氢体,以硝酸盐 NO_3^- 作为最终电子受体,这类细菌称硝酸盐还原菌(nitrate-reduction bacteria)。不同的硝酸盐还原菌将 NO_3^- 还原的末端产物不同,如 N_2(包括 N_2O、NO)、NH_3 和 NO_2^-。

通过硝酸盐呼吸将 NO_3^- 还原为气态 N_2(及 N_2O、NO)的过程称为反硝化作用 denitrification)。能够进行反硝化作用的细菌称为反硝化细菌(denitrifying bacteria),主要有反硝化假单胞菌(*Pseudomonas denitrificans*)、铜绿假单胞菌(*Ps. aeruginosa*)、施氏假单胞菌(*Ps. stutzeri*)、地衣芽孢杆菌(*Bacillus licheniformis*)、反硝化副球菌(*Paracoccus denitrificans*)等,其中某些菌可兼性好氧。这些细菌可将有机底物彻底氧化为 CO_2,同时伴随脱氢(电子),如

$$CH_3COOH + 2H_2O + 4NAD^+ \longrightarrow 2CO_2 + 4NADH + H^+$$

$NADH + H^+$ 经电子传递体系将最终电子受体 NO_3^- 还原为 N_2,同时伴随能量的产生(图6.19),因而有

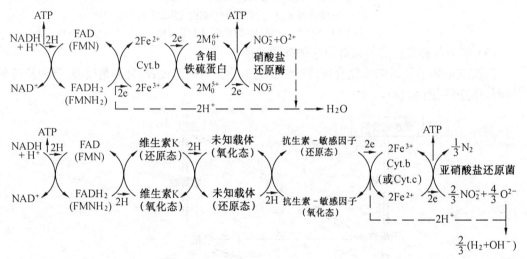

图 6.19 反硝化副球菌硝酸盐、亚硝酸盐呼吸电子传递体系
根据 H.W.Doelle(1975)等资料整理

$$5CH_3COOH + 8NO_3^- \longrightarrow 10CO_2 + 6H_2O + 4N_2 + 8OH^- + 能量$$

亚硝酸对细菌是有毒的,因而它的积累不利于细菌生长。对于大多数细菌来说,亚硝酸盐还原酶是一个诱导酶,亚硝酸盐的产生将诱导产生亚硝酸盐还原酶,并迅速将亚硝酸盐还原产生相应的末端产物,如反硝化副球菌将 NO_2^- 转化为 N_2,而大肠埃希氏杆菌(*E. coli*)将 NO_3^- 转化为 NH_3。对于无亚硝酸盐还原酶合成机制的硝酸盐还原细菌则只能在有限的亚硝酸盐浓度范围内利用硝酸盐。

硝酸盐还原作用对农业生产将带来较大的损失。一般情况下,施入水稻田里的氮肥可由于硝酸盐还原作用而损失一半。但是,从自然界物质循环考虑,硝酸盐还原作用是有利的。在废水处理中,为降低水中含氮量所采取的生物脱氮法就是基于反硝化作用原理。

2.硫酸盐呼吸

硫酸盐呼吸(sulphate respiration)常称为异化型硫酸盐还原(dissimilation sulphate reduction)或反硫化作用。在无氧条件下,主要有两类硫酸盐还原菌(sulphate-reduction bacteria)以 SO_4^{2-} 为最终电子受体,无芽孢的脱硫弧菌属(*Desulphovibrio*)和形成芽孢的脱硫肠状菌属(*Desulphotomaculum*)均为专性厌氧、化能异养型。大多数硫酸盐还原菌不能利用葡萄糖作为能源,而是

利用乳酸和丙酮酸等其他细菌的发酵产物。乳酸和丙酮酸等作为供氢(电子)体,经无 NAD^+ 参与的电子传递体系将 SO_4^{2-} 还原为 H_2S(图 6.20)。这个反应的详细顺序可表示为

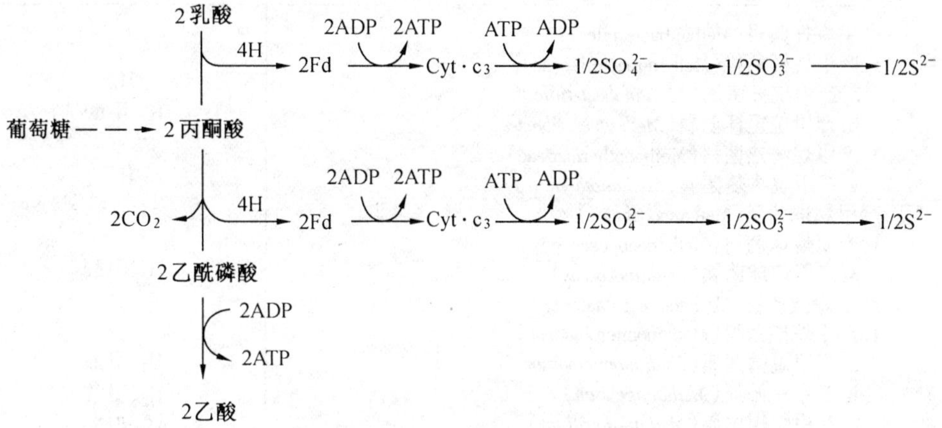

$$2乳酸 \xrightarrow{4H} 2Fd \xrightarrow{2ADP\ 2ATP} Cyt \cdot c_3 \xrightarrow{ATP\ ADP} 1/2SO_4^{2-} \longrightarrow 1/2SO_3^{2-} \longrightarrow 1/2S^{2-}$$

葡萄糖 ——— 2丙酮酸

$$2CO_2 \xleftarrow{} \xrightarrow{4H} 2Fd \xrightarrow{2ADP\ 2ATP} Cyt \cdot c_3 \xrightarrow{ATP\ ADP} 1/2SO_4^{2-} \longrightarrow 1/2SO_3^{2-} \longrightarrow 1/2S^{2-}$$

2乙酰磷酸

$$\xrightarrow{2ADP\ 2ATP}$$

2乙酸

图 6.20 硫酸盐还原菌的乳酸和丙酮酸代谢

$$2CH_3CHOHCOOH \longrightarrow 2CH_3COCOOH + 4H$$
$$2CH_3COCOOH + 2HOPO_3H_2 \longrightarrow 2CH_3COOPO_3H_2 + 2CO_2 + 4H$$
$$2CH_3COOPO_3H_2 + 2ADP \longrightarrow 2CH_3COOH + 2ATP$$
$$SO_4^{2-} + 8H + 2ADP + 2HOPO_3H_2 \longrightarrow S^{2-} + 6H_2O + 2ATP$$

总反应
$$2CH_3CHOHCOOH + SO_4^{2-} + 4ADP + 4HOPO_3H_2 \longrightarrow$$
$$2CH_3COOH + 2CO_2 + S^{2-} + 6H_2O + 4ATP$$

3. 碳酸盐呼吸

碳酸盐呼吸(carbonate respiration)即异化型碳酸盐还原(dissimilation carbonate reduction),亦可称做产甲烷作用,过去人们常误称做甲烷发酵。进行碳酸盐还原的细菌称为产甲烷细菌(*Methanogens*)。

产甲烷菌从分类地位来讲属古细菌(*archaebacleria*),有 3 个目,包括 12 个属(表 6.7),迄今已分离到约 40 个种。产甲烷菌专性厌氧,仅能以甲酸、甲醇、甲胺、乙酸和 H_2/CO_2 作为底物(供氢体)。产甲烷菌不含 N-乙酰胞壁酸和 N-乙酰葡萄糖胺组成的肽聚糖,对青霉素(可阻止细胞壁合成)不敏感。因而在产甲烷菌的分离中,可利用这一特性抑制非产甲烷菌的生长,达到产甲烷菌分离的目的。

产甲烷菌除存在于缺氧的沼泽地以及河、湖、池塘的淤泥中外,在反刍动物的瘤胃中也含有。产甲烷菌在废水、污泥厌氧生物处理中起重要作用,底物经发酵细菌转化为乙酸、甲酸、甲醇、甲胺及 H_2/CO_2 后,在产甲烷菌的厌氧呼吸下生成 CH_4 和 CO_2。在废水厌氧生物处理中常见的产甲烷菌有:产甲烷八叠球菌属、产甲烷杆菌属、产甲烷短杆菌属、产甲烷球菌属、产甲烷螺菌属及产甲烷丝菌属等(表 6.8)。

表 6.7 产甲烷菌分类

分 类	主要底物
Ⅰ.产甲烷杆菌目(Methanbacteriales)	
1.产甲烷杆菌科(Methanobacteriaceae)	
a.产甲烷杆菌属(*Methanobacterium*)	H_2
b.产甲烷短杆菌属(*Methanobrevibacter*)	H_2、甲酸
2.产甲烷嗜热菌科(Methanothermaceae)	
a.产甲烷嗜热菌属(*Methanothermus*)	H_2
Ⅱ.产甲烷球菌目(Methanococcales)	
1.产甲烷球菌科(Methanococcaceae)	
a.产甲烷球菌属(*Methanococcus*)	H_2、甲酸
Ⅲ.产甲烷微菌目(Methanomicrobiales)	
1.产甲烷微菌科(Methanomicrobiaceae)	
a.产甲烷微菌属(*Methanomicrobium*)	H_2、甲酸
b.产甲烷菌属(*Methanogenium*)	H_2、甲酸
c.产甲烷螺菌属(*Methanospirillum*)	H_2、甲酸
2.产甲烷八叠球菌科(Methanosarcinaceae)	
a.产甲烷八叠球菌属(*Methanosarcina*)	H_2、甲胺、乙酸、甲醇
b.产甲烷丝菌属(*Methanothrix*)	乙酸、H_2
c.拟甲烷球菌属(*Methanococcoides*)	甲醇、甲胺
d.甲烷叶菌属(*Methanolobus*)	甲醇、甲胺
e.盐产甲烷球菌属(*Halomethanococcus*)	甲醇、甲胺

注:根据 W.J.Jones(1978)等资料整理。

表 6.8 厌氧生物处理中常见产甲烷菌特性

菌 种	适宜温度/℃	适宜 pH 值	G+C/mol%
产甲烷杆菌属			
甲酸产甲烷杆(*M. formicicum*)	37	7.0	40.7
布氏产甲烷杆菌(*M. Bryanlii*)	38	7.0	32.7
武氏产甲烷杆菌(*M. wolfei*)	55~65	7.0~7.5	61
嗜热自养产甲烷杆菌(*M. thermoautotrophicum*)	65~70	7.2~7.6	49.7
产甲烷短杆菌属			
反刍产甲烷短杆菌(*M. ruminantium*)	38	7.2	30.6
史氏产甲烷矩杆菌(*M. smithii*)	38	6.9~7.4	31
产甲烷球菌属			
万尼氏产甲烷球菌(*M. vannielii*)	36~40	7.0~9.0	32.5
沃氏产甲烷球菌(*M. voltae*)	32~40	6.7~7.4	29.6
产甲烷微菌属			
运动产甲烷微菌(*M. mobile*)	40	6.1~6.9	48.8
产甲烷菌属			
卡列阿科产甲烷菌(*M. cariaci*)	20~25	6.8~7.3	51.6
黑海产甲烷菌(*M. marisnigri*)	20~25	6.2~6.6	61.2
产甲烷螺菌属			
亨氏产甲烷螺菌(*M. hungatei*)	30~37	6.6~7.4	45
产甲烷八叠球菌属			
巴氏产甲烷八叠球菌(*M. barkeri*)	35	7.0	39
马氏产甲烷八叠球菌(*M. mazei*)	40	6.0~7.0	42
产甲烷丝菌属			
索氏产甲烷丝菌(*M. soehngenii*)	37	7.4~7.8	51.9

图 6.3 为 H_2/CO_2 作为底物形成甲烷的反应机理的推测。

产甲烷菌对各底物代谢所产生的能量见表 6.9。由表中可见，每产生 1 mol CH_4 应能产生 1 mol ATP（乙酸作为供氢体除外），但迄今尚不知 CH_4 产生过程中在什么部位释放 ATP。

表 6.9 产甲烷菌的能量代谢

反 应 式	$\Delta G_0'/(kJ/molCH_4)$
$4H_2 + HCO_3^- + H^+ \longrightarrow CH_4 + 3H_2O$	-136.5
$4HCOO^- + 4H^+ \longrightarrow CH_4 + 3CO_2 + 2H_2O$	-145.3
$4CH_3OH \longrightarrow 3CH_4 + CO_2 + 2H_2O$	-106.6
$CH_3COO^- + H^+ \longrightarrow CH_4 + CO_2$	-31.0

6.2.3 兼性微生物的呼吸与发酵

自然界中除了一部分微生物采取专性发酵、专性有氧呼吸、专性无氧呼吸外，大多数细菌为兼性微生物。兼性微生物可分为两大类：兼性厌氧微生物和兼性好氧微生物。

兼性厌氧微生物是一类群在有氧条件下进行有氧呼吸，且在无氧条件也能生存，并可进行发酵的微生物。

微生物由有氧生活到无氧生活的变化时，必须具有某些调节机制，目前认为，这主要是由氧控制。氧是以刺激或抑制微生物的代谢机制来控制它们的生命的，大量的酶类，如 TCA 循环和电子传递体系中的酶，是受到氧的诱导和阻遏（或抑制）的。如 TCA 循环中的 α-酮戊二酸脱氢酶（EC1.2.4.2）是受氧强烈诱导的酶之一，在有氧条件下，可诱导 α-酮戊二酸脱氢酶的合成。在无氧条件下，TCA 循环由于 α-酮戊二酸的缺乏，使环路改变成一条支路，并且乙酰 CoA 可经由柠檬酸 → 苹果酸 → 延胡索酸 → 琥珀酸的逆向途径生成琥珀酸，其间为了由延胡索酸生成琥珀酸，在无氧条件可诱导出延胡索酸还原酶（EC1.3.1.6）。迄今，这类微生物在有氧条件下发酵代谢系统如何被控制尚不十分清楚。兼性厌氧微生物主要有酵母属（Saccharomyces）、肠杆菌科（Enterobacteriaceae）等。

兼性好氧微生物是一类群进行无氧呼吸的微生物，但在有氧条件下亦能生存，并进行有氧呼吸。这类微生物主要有反硝化细菌中的某些种属。目前，对于有氧呼吸和无氧呼吸间代谢机制的调控不十分清楚，但从反硝化细菌的电子传递系统来看，有共同之处。

$$[H] \longrightarrow NAD^+ \longrightarrow \begin{array}{c} FAD \\ (FMN) \end{array} \longrightarrow Cyt.b \longrightarrow Cyt.C \longrightarrow Cyt.aa_3 \longrightarrow O_2$$
$$\downarrow$$
$$NO_3^-$$

兼性微生物在废水生物处理中占主导地位，有人统计，在活性污泥中有 70% 左右，甚至 90% 以上微生物为兼性微生物。因而，对于好氧活性污泥法，即使处理构筑物短时甚至长时间呈现缺氧状态，亦不致造成大量微生物死亡。目前，为了进行生物脱氮，国内外专家推荐的一种技术恰恰采用在处理构筑物中创造缺氧-好氧交替环境，以便利用反硝化细菌的反硝化作用进行脱氮。但值得注意的是，硝化细菌是专性好氧菌，因而，若长期出现无氧环境，则将导致生物脱氮过程失败。

6.3 化能自养型微生物的产能代谢

化能自养细菌能从无机物的氧化中得到能量。能被化能自养细菌氧化并产生能量的无机物主要有氢、氨、亚硝酸、硫化氢、硫代硫酸盐等,氧化这些无机物的细菌分别称为氢细菌、硝化细菌、硫细菌和铁细菌。

6.3.1 氢细菌

氢细菌(hydrogen bacteria),如嗜糖假单胞菌(*Pseudomonas saccharophila*),能从氢的氧化中获得能量(ATP),这是通过电子传递而得到的。氢细菌的细胞膜上具有电子传递体系,并且具有氢化酶,这些电子传递体系的传递体在电子传递中由于存在电位差,因此在有些步骤产生 ATP。$2H^+/H_2$ 的氧化还原电位($-0.42V$)与 $NAD^+/NADH+H^+$ 的氧化还原电位($-0.32\,V$)比较接近,所以,产生的 ATP 数量基本上相同,也就是说可以产生 3 个 ATP。

$$H_2 \xrightarrow{\text{氢化酶}} NAD \xrightarrow{2H} FAD(FMN) \xrightarrow{2H} CoQ \xrightarrow{2e} Cyt.b \xrightarrow{2e} Cyt.c \xrightarrow{2e} Cyt.a \xrightarrow{2e} \frac{1}{2}O_2 + H_2O$$

氢细菌是兼性自养菌,也就是说,不仅能从氢的氧化中获得能量,还能利用有机物得到碳源和能源。

6.3.2 硝化细菌

自然界的硝化作用(nitrification)是硝化细菌(*nitrifying bacteria*)活动的结果,仅在有氧条件下进行。所谓硝化作用就是氨氧化为亚硝酸,亚硝酸氧化为硝酸的过程。

硝化细菌有两类,一类是将氨氧化为亚硝酸,常称做亚硝酸菌,如亚硝酸单胞菌属(*Nitrasomonas*);另一类是将亚硝酸氧化为硝酸,常称作为硝酸菌,如硝酸杆菌属(*Nitrobacter*)。硝化细菌有很强的专一性,也就是说,没有一种细菌既能将氨氧化为亚硝酸,又能将亚硝酸氧化为硝酸。

亚硝酸菌将氨按以下反应式氧化为亚硝酸,即

$$NH_3 + \frac{1}{2}O_2 \longrightarrow NO_2^- + H_2O + H^+ \qquad \Delta G^\circ = -309.8\,\text{kJ}$$

硝酸菌将亚硝酸氧化为硝酸的反应为

$$NO_2^- + \frac{1}{2}O_2 + ADP \longrightarrow NO_3^- + ATP \qquad \Delta G° = -100.5 \text{ kJ}$$

NO_2^- 氧化为 NO_3^- 时失去 2 个电子而被氧化。所产生的 2 个电子经细胞色素 $a_1 \longrightarrow$ 细胞色素 $a_3 \longrightarrow O_2$ 的电子传递链进行电子传递磷酸化作用产生 1 个 ATP。

生物合成需要还原力（$NADH_2$ 或 $NADPH_2$），但大多数化能自养菌，如硝化细菌及后面将要介绍的硫化细菌等，由于它们所利用的无机底物的氧化还原电位都比 $NADH/NAD^+$ 高，因此这些无机底物的氧化，不能直接与 NAD^+ 的还原相偶联而产生 NADH。在这些细菌中，为了使 NAD^+ 还原，就必须在消耗 ATP 提供能量的情况下，进行反向电子传递，即电子从氧化还原电位高的载体流向氧化还原电位低（负）的 $NADH/NAD^+$，使 NAD^+ 还原成 NADH。

由于 NO_2^-/NO_3^- 的氧化还原电位很高，为 +0.42，而 $NADH/NAD^+$ 为 -0.32，在一般情况下，电子不可能从 NO_2^- 流向 NAD^+。因此为了使电子反向传递，硝化细菌就必须大量消耗在亚硝酸氧化过程中通过氧化磷酸化作用所产生的 ATP。从以上电子传递过程可以看出，产生 1 分子 NADH 需要消耗 3 分子 ATP。这也就是为什么硝化细菌生长时需要消耗大量底物（亚硝酸），而生长却非常缓慢、细胞得率很低的原因。

硝化细菌为专性好氧菌，大部分种群为专性化能自养型，但也有少部分为兼性化能异养型。硝化细菌均为革兰氏染色阴性，无芽孢的球状或短杆状，适宜中性或碱性环境，对毒性物质敏感。在废水好氧生物处理中，活性污泥和生物膜中常存在硝化细菌，但由于废水中的硝化细菌大多为兼性化能异养型，因而，当废水中有机营养较多时，这类细菌为获得较多的能量，常采取有机营养型（化能异养型），这也就是为什么只有当废水中有机底物较少时才进行硝化作用的原因。

6.3.3 硫细菌

硫细菌（或称硫氧化细菌）可以通过对硫化氢、硫以及硫代硫酸盐的氧化而得到能量，这些物质最后都被氧化为硫酸。这些硫细菌称为无色硫细菌（*colourless sulphur bacteria*），以区别于那些含有叶绿素的绿硫细菌和紫硫细菌。主要的硫细菌有氧化亚铁硫杆菌（*thiobacillus ferrooxidans*）。

硫化氢先氧化为硫，硫再氧化为亚硫酸。硫代硫酸盐先分解为硫和亚硫酸，然后再分别被氧化。亚硫酸可以通过以下两个途径产生：一是通过电子传递并产能，另一是先与 AMP 作用产生腺苷酰磷酸（APS），在这一过程中有 2 个电子放出，电子通过传递而产生能量。接着 APS 与无机磷酸盐作用，产生 ADP 和 SO_4^{2-}，而 2 个 ADP 可以产生一个 ATP 和一个 AMP，所以也产能。

$$S^{2-} \xrightarrow{2e} S^0 \xrightarrow{4e} SO_3^{2-} \xrightarrow{2e} SO_4^{2-}$$
$$S^0 \to S_2O_3^{2-} \to SO_3^{2-}$$
（AMP → APS → ADP, 2e, Pi）

$$4H^+ + 4e + 2S_2O_3^{2-} \longrightarrow 2SO_3^{2-} + H_2S$$
$$2H_2S + O_2 \longrightarrow 2S^\circ + 2H_2O$$
$$2SO_3^{2-} + 2AMP \longrightarrow 2APS + 4e$$
$$2APS + 2P_i \longrightarrow 2ADP + 2SO_4^{2-}$$
$$2ADP \longrightarrow ATP + AMP$$

总反应 $2S_2O_3^{2-} + AMP + O_2 + 2P_i + 4H^+ \longrightarrow 2S^\circ + 2SO_4^{2-} + ATP + H_2O$

硫细菌存在于含硫、硫化氢、硫代硫酸盐丰富的环境中。在氧化硫化氢时可形成元素硫，元素硫可形成硫粒作为体内贮藏物质；当外界缺乏硫时，可将硫氧化为硫酸盐获取能量。

另外，光能自养型微生物产生 ATP 的方式是利用光能转换，这类生物利用光合色素吸收光能，通过光合磷酸化作用，生成生物可利用的能量。光合磷酸化作用是一个将光能转变为化学能(ATP)的过程，根据电子传递方式的不同，可分为环式光合磷酸化用(如光合细菌)和非环式光合磷酸化作用(如绿色植物和蓝细菌)两种形式。前者的特点是产生能量，但不产生 NADH(NADPH)，也无分子氧释放，反应通式为

$$nADP + nPi \xrightarrow[\text{光}]{\text{细菌叶绿素}} nATP$$

后者的特点是除产生 ATP 外还产生 NADH(或 NADP)和释放氧，反应通式为

$$2NADP^+ + 2ADP + 2Pi + 2H_2O \xrightarrow[\text{光合色素}]{\text{光}} 2NADPH + 2H^+ + 2ATP + O_2$$

6.4 微生物的有机物质代谢

外界环境中分子量较小的有机物(如单糖及某些双糖、氨基酸、小分子有机酸等)能被微生物直接吸收，而分子量较大的有机物必须经微生物分解(即水解)为分子量较小的有机物，才能被微生物吸收。微生物能对自然界中存在的各种有机物进行分解，其中较为重要的有不含氮有机物中的淀粉、脂类、芳香族化合物的分解，含氮有机物中的蛋白质、尿素的分解及含硫有机物的分解。关于自然界难降解有机物质及人工合成物质的分解代谢，参见第 10 章。

6.4.1 不含氮有机物的分解

6.4.1.1 淀粉的分解

淀粉质的原料(如米、高粱等)常用来酿酒，而纯淀粉在工业中亦广泛应用，如在纺织工业中用于上浆，印染工业中用于调制印花浆料，制药工业中作为抗生素生产的原料等，因此，在纺织、印染、制药等工业废水中含有淀粉。

淀粉是葡萄糖聚合物,分为直链淀粉和支链淀粉,直链部分由葡萄糖通过 $\alpha-1,4-$ 糖苷键结合形成,支链部分通过 $\alpha-1,6-$ 糖苷键形成侧链。一般情况下,淀粉在自然界中很容易被降解,能被多种微生物分解,细菌、放线菌和真菌都能分解淀粉,真菌中的曲霉和根霉等霉菌对淀粉的分解能力最强。

由于淀粉的分子比较大,所以,不能直接被微生物吸收,必须在胞外酶的作用下水解为小分子的单糖和双糖才能被微生物所吸收。淀粉的分解途径为

$$\text{淀粉} \longrightarrow \text{糊精} \longrightarrow \text{麦芽糖(双糖)} \longrightarrow \text{葡萄糖}$$

分解淀粉的酶种类较多,而且作用方式各异,目前按作用方式与特点可将淀粉酶分为下面几类。

(1) 液化型淀粉酶

此酶可以从淀粉分子内部作用于淀粉的 $\alpha-1,4-$ 糖苷键,但不能作用于淀粉的 $\alpha-1,6-$ 糖苷键以及靠近 $\alpha-1,6-$ 糖苷键的 $\alpha-1,4-$ 糖苷键。液化型淀粉酶作用的结果是产生麦芽糖,含有 6 个葡萄糖单位的寡糖和带有支链的寡糖。由于它作用的结果使原来淀粉溶液的粘度下降,故称为液化型淀粉酶。

(2) 糖化型淀粉酶

这是一类酶的总称,它们的一个共同特点是可以将淀粉水解成麦芽糖或葡萄糖,故名糖化型淀粉酶。目前,已知这类酶至少包括下面三种:①淀粉 $-1,4-$ 麦芽糖苷酶(又称 $\beta-$ 淀粉酶)。它作用方式是从淀粉分子的非还原性末端开始,以双糖为单位,逐步作用于 $\alpha-1,4-$ 糖苷键,生成麦芽糖。但它不能作用于淀粉分子中的 $\alpha-1,6-$ 糖苷键,也不能越过 $\alpha-1,6-$ 糖苷键去作用于 $\alpha-1,4-$ 糖苷键,即遇到 $\alpha-1,6-$ 糖苷键时,此酶的作用停止。故此酶作用于淀粉后的产物是麦芽糖与极限糊精。②淀粉 $-1,4-$ 葡萄糖苷酶。此酶也是从淀粉分子的非还原性末端开始,依次以葡萄糖为单位逐步作用于淀粉分子中的 $\alpha-1,4-$ 糖苷键,生成葡萄糖,此酶也不能作用于淀粉分子中的 $\alpha-1,6-$ 糖苷键,但能够越过 $\alpha-1,6-$ 糖苷键去继续作用于 $\alpha-1,4-$ 糖苷键,因此,此酶作用于直链淀粉后的产物几乎全是葡萄糖,作用于支链淀粉后的产物有葡萄糖与带有 $\alpha-1,6-$ 糖苷键的寡糖。根霉与曲霉普遍都能合成与分泌此酶。③淀粉 $-1,6-$ 葡萄糖苷酶(又称异淀粉酶)。此酶专门作用于淀粉分子中的 $\alpha-1,6-$ 糖苷键,生成葡萄糖,它能水解淀粉,分解后的产物极限糊精。

淀粉在上述两类酶的共同作用下,将淀粉完全水解成葡萄糖。

6.4.1.2 芳香族化合物的分解

芳香族化合物都是六碳环(苯)的衍生物,其中酚类化合物是比较重要的。酚类化合物存在于炼焦、石油、煤气等多种工业废水中,木质素和鞣酸的中间代谢产物中也存在许多种类的酚类化合物。

微生物对芳香族化合物氧化时,开始的步骤虽然不一样,但往往有共同的中间产物,双酚化合物的邻苯二酚(又称儿茶酚)和原儿茶酸(图 6.21)。而邻苯二酚和原儿茶酸可以在好氧微生物的作用下通过 $\beta-$ 酮基已二酸途径(邻位环裂解)或 $\alpha-$ 酮酸途径(间位环裂解)进一步分解(图 6.22),并进入三羧酸循环。

能够分解酚类物质的微生物主要有细菌中的分支杆菌属(*Mycobacterium* spp.)、芽孢杆菌属(*Bacillus*)、假单胞菌属(*Pseudomonas*)以及放线菌中的诺卡氏菌属(*Nocardia*),这些微生物在好氧

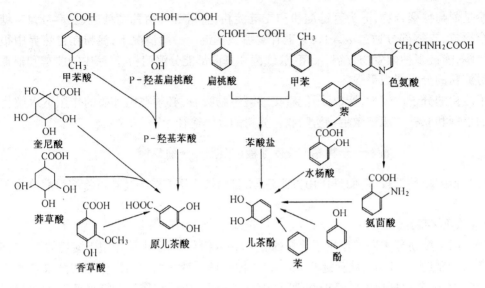

图 6.21 几种芳香族化合物生物分解的前几个步骤

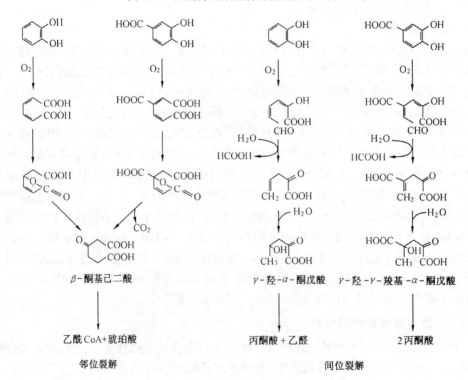

图 6.22 邻苯二酚和原儿茶酸的环裂解途径

生物处理构筑物中常常出现,因而,目前生物处理法已被广泛地应用于含酚工业废水的处理。

6.4.1.3 脂类的分解

脂类既是生命活动的能源物质,也是细胞内有机物质合成的碳源之一。

脂类也是由碳、氢、氧几种元素所构成的,它的来源主要是动植物体。通常把来自动物体的称做脂肪,来自植物体的称做油。洗毛、肉类加工等工业废水和生活废水中都含有油脂。

脂类是比较稳定的有机物质,但也能被某些微生物分解,其中最活跃的有荧光杆菌(*Bacterium fluorescens*)、绿脓杆菌(*B. pyocyaneus*)和灵杆菌(*B. prodigiosum*)等。此外,有些放线菌和分支杆菌以及真菌中的青霉属(*Penicillium*)、曲霉和乳霉等也有分解脂类的能力,并从中取得营养物质和能源。

不论在有氧或缺氧环境中,脂类分解的第一阶段都是在酯酶的作用下水解为甘油和脂肪酸。

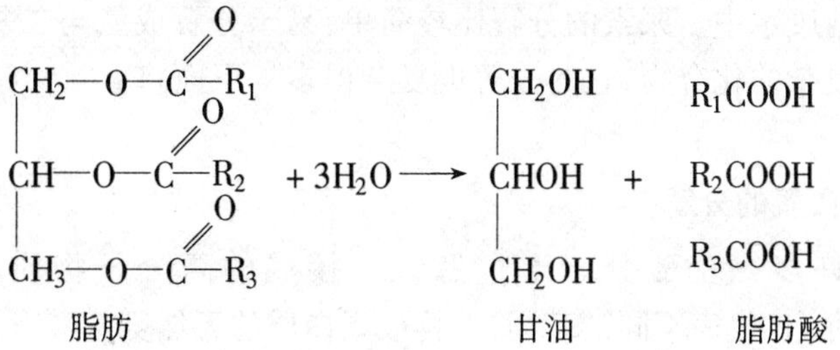

$$\begin{array}{c} CH_2-O-CO-R_1 \\ CH-O-CO-R_2 \\ CH_3-O-CO-R_3 \end{array} + 3H_2O \longrightarrow \begin{array}{c} CH_2OH \\ CHOH \\ CH_2OH \end{array} + \begin{array}{c} R_1COOH \\ R_2COOH \\ R_3COOH \end{array}$$

　　　脂肪　　　　　　　　　　　　甘油　　　　脂肪酸

甘油和脂肪酸进而分别生成丙酮酸和乙酰 CoA。甘油生成丙酮酸的过程如下

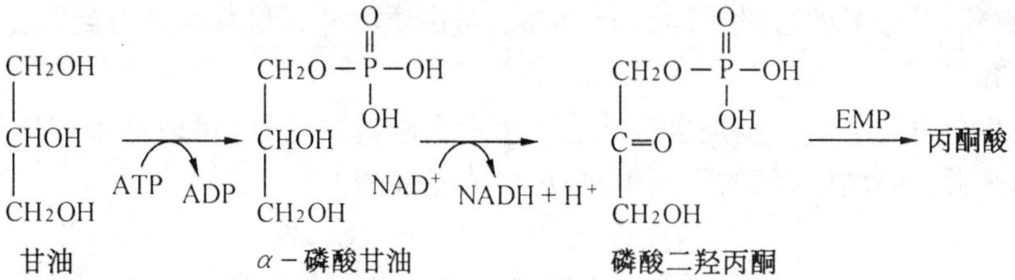

甘油 →(ATP/ADP) α-磷酸甘油 →(NAD⁺/NADH+H⁺) 磷酸二羟丙酮 →(EMP) 丙酮酸

脂肪酸生成乙酰 CoA 的过程是通过 β-氧化完成的(图 6.23)。

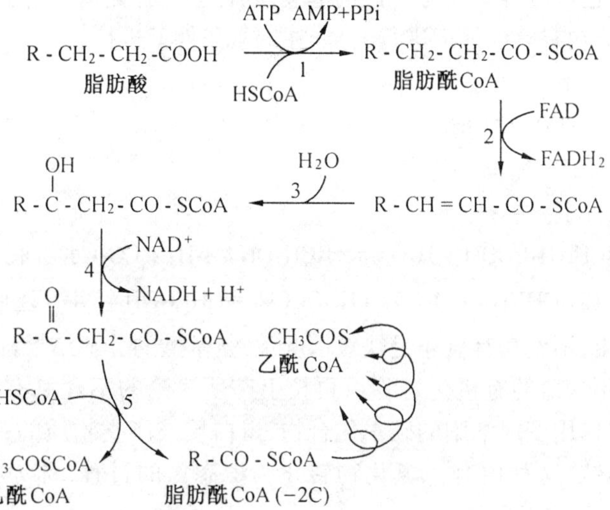

图 6.23　脂肪酸 β-氧化作用
1—脂酰 CoA 合成酶;2—脂酰 CoA 脱氢酶;3—烯基水解酶;
4—脂酰脱氢酶;5—β-酮酯酰硫解酶

在有氧条件下,丙酮酸和乙酰 CoA 经三羧酸循环生成 CO_2 和 H_2O。

在无氧的环境中,甘油分解生成的丙酮酸经发酵生成乙酸、乙醇和甲酸等,而脂肪酸经 β-氧化生成的乙酰 CoA 可转化为乙酸。这些产物在产甲烷菌的作用下生成 CH_4 和 CO_2。

6.4.2 含氮有机物的分解

废水中可能存在的含氮有机物质主要有蛋白质、氨基酸、尿素、胺类、腈化物、硝基化合物等,生活废水中所含的氮主要是以铵离子或尿素的形式存在的。此外,在全部含氮有机物质中约有 10% 是更为复杂的有机化合物,包括蛋白质和氨基酸。蛋白质不仅存在于生活废水中,也存在于多种工业废水中,如食品加工、屠宰场、制革工业等生产废水,而尿素有时也存在于印染等工业废水中。尿素的分解比较简单,易于分解成氨与二氧化碳和水。蛋白质是一类组成极其复杂的化合物,它的分解也复杂得多。下面将着重讨论蛋白质的生物氧化过程。

6.4.2.1 蛋白质的分解

蛋白质是由许多氨基酸分子通过肽键连接成的高分子物质。氨基酸可用通式 $RCHNH_2COOH$ 表示(R 代表不同的基团)。构成蛋白质的天然氨基酸有 20 余种,这些氨基酸以某种排列顺序构成蛋白质,所以蛋白质种类也很多。蛋白质除含有碳、氢、氧和氮四种元素外,还含有硫,其中氮的含量平均约为 16%。蛋白质的分子量高达几万到几百万。

1. 氨化作用

蛋白质生化分解的第一步是水解。能产生蛋白酶的微生物,可以把蛋白质逐渐水解成简单的产物短肽,短肽在肽酶的作用下,最后生成氨基酸。

$$蛋白质 \longrightarrow 胨 \longrightarrow 肽 \longrightarrow 氨基酸$$

蛋白质必须水解至氨基酸,才能渗入细菌的细胞内。在细胞内氨基酸可以直接用于合成菌体的蛋白质,也可能转变成另一种氨基酸,或者进行脱氨基作用被分解。

脱氨基作用能在有氧条件下进行,也能在缺氧条件下进行。

(1)在有氧条件下

$$RCHNH_2COOH + O_2 \longrightarrow RCOOH + CO_2 + NH_3 (氧化脱氨基)$$

(2)在缺氧条件下

$$RCHNH_2COOH + H_2O \longrightarrow RCH_2OH + NH_3 + CO_2 (水解脱氨基)$$

$$HOOCCH_2CHNH_2COOH \longrightarrow HOOCCH=CHCOOH + NH_3 (还原脱氨基)$$

由上可以看出,不论在有氧还是缺氧情况下,氨基酸的分解结果都产生氨和一种不含氮的有机化合物。不含氮的有机化合物可再按上节所讨论的不含氮有机物质转化的规律分解,或者参与合成作用变成细胞的碳水化合物、蛋白质或脂类物质的一部分,氨则能作为微生物所需氮的来源。这种由有机氮化物转化为氨态氮的过程,称为氨化作用(ammonification)。

参与氨化作用的细菌称为氨化细菌(ammonifier),在自然界中,它们的种类很多,主要有好氧性的荧光极毛杆菌和灵杆菌,兼性的变形菌属(*Proteus*)和厌氧的腐败梭菌(*Clostridium putrificum*)等。除细菌外,有些真菌在有氧条件下也能分解蛋白质,但产生氨的能力则很不一致,有的比较活跃,不过大部分真菌在分解蛋白质过程中只能产生少量的氨。

氨基酸的分解过程,除脱氨基产生氨外,含硫的氨基酸同时还可以脱去硫,产生有臭气的硫化氢。如果通气不畅,还会有一些硫醇等产生。但是,这些化合物的大部分仅在缺氧的环境中才会累积到一定程度而影响环境卫生,在有充分氧气存在时,一般都会被氧化成无臭的物质。这说明为什么在活性污泥法曝气池中废水的分解虽进行得比较快,但并无臭气发生。

2. 硝化作用

氨和硫化氢的进一步转化都需要氧。氨在硝化细菌的呼吸过程中先氧化成亚硝酸,再氧化成硝酸(参见上节)。

硝化作用的进行,除必须有氧和氨的存在外,还要有细菌生活所需营养的磷素和某些碱性物质以中和所产生的亚硝酸和硝酸。

根据上面的讨论可以看出,在有氧的情况下,蛋白质最后被氧化成二氧化碳、水、硝酸、硫酸,所产生的酸与水中的碱性物质作用可形成相应的盐。

3. 反硝化作用

硝酸盐在缺氧的情况下,可在硝酸盐还原菌的无氧呼吸作用下还原成亚硝酸盐和氮气等(参见硝酸盐呼吸)。

一般来说,反硝化作用是在硝酸盐与有机物(作为供电子体)同时存在,而氧气又不足(溶解氧低于 0.5 mg/L)的情况下发生的。

但反硝化细菌也有自养的,如反硝化硫杆菌可以利用硝酸盐中的氧把硫氧化成硫酸,把所得到的能量用来同化二氧化碳,如

$$6KNO_3 + 5S + 2CaCO_3 \longrightarrow 3K_2SO_4 + 2CaSO_4 + 2CO_2 + 3N_2 + 能量$$

6.4.2.2 尿素的分解

尿素含氮 47%,是人畜尿中的主要含氮有机物。每人一昼夜排出的尿素约达 30 g。尿酸也是尿的组成成分,尿酸水解时产生大量尿素。

尿素的分解过程很简单,先由尿素酶把尿素水解成碳酸铵。碳酸铵很不稳定,易分解成氨与二氧化碳和水。

$$CO(NH_2)_2 + 2H_2O \longrightarrow (NH_4)_2CO_3$$
$$(NH_4)_2CO_3 \longrightarrow 2NH_3 + CO_2 + H_2O$$

引起尿素水解的细菌称尿素细菌,尿素细菌可分成球状与杆状两大类。一般来说,它们都是好氧的,但对氧的需要量不大,并且有若干菌种即使在无氧条件下也能生长。

6.4.2.3 反硝化在废水处理中的作用

1. 反硝化作用对二次沉淀池的影响

二次沉淀池位于曝气池的后面。在活性污泥法中,如果废水中含氮有机物在好氧微生物的作用下生成了 NO_2^- 和 NO_3^-,则当含有大量的 NO_2^- 和 NO_3^- 的处理后水由曝气池进入二次沉淀池后,若二次沉淀池中缺氧,且污泥在沉淀池中停留时间过长或存在死泥区,则在反硝化细菌的作用下,可将 NO_2^- 和 NO_3^- 转化为氮气。因为产生的大量氮气附着在活性污泥上,气体的上升将使污泥杂质浮起而影响沉淀效果。

2. 生物脱氮

随着社会对环境的要求越来越高,许多国家和地区对含氮物质排入自然水体也有了一定的要求。由于 N 和 P 大量排入自然水体后能够造成水体富营养化,藻类大量生长,发生水华或赤潮,给自然环境条件带来一定的危害,所以,必须控制 N 和 P 的排放量。

目前，国内外对 N 的去除非常重视，并做了一些研究工作，其中一种去除氮的方法为生物脱氮，详见第十三章。

此外，有机氮化合物中的 N 除可通过反硝化作用产生 N_2 而被释放外，还可被微生物所利用，作为合成细胞物质的氮源，从而达到部分脱氮的作用。

6.5 代谢调节

微生物的物质代谢是由许多相关而复杂的代谢途径所组成的，而代谢途径实际上是一系列连续的酶促反应过程。

$$A \xrightarrow{\text{酶}a} B \xrightarrow{\text{酶}b} C \xrightarrow{\text{酶}c} D \xrightarrow{\text{酶}d} \cdots \longrightarrow P$$

在正常情况下，不断的代谢过程不会引起微生物细胞内发生异常情况，但是，当某种代谢产物大量积累或不足，则将对微生物产生不良影响。如酶 C 缺乏，则产物 C 便会大量积累，从而对微生物细胞产生毒害作用。但事实上，这种积累现象在生物体内是不会出现的，微生物的代谢受到严格的调节。

代谢调节对微生物的意义：首先是使复杂的代谢活动取得协调，从而使微生物能及时地得到所需的代谢产物和停止生产过剩的代谢产物。所以，代谢调节机制也是微生物适应外界所不可缺少的。代谢实质上是微生物与外界的物质交换和能量交换。由于外界环境不断发生变化，生物体也必须随之而变化，这就要求对代谢进行调节。代谢调节主要通过酶的调节，包括酶活性的调节和酶合成的调节。

6.5.1 酶活性的调节——反馈抑制作用机制

酶活性调节主要通过反馈抑制（feed back inhibition），这是末端产物对引起某一代谢途径中的第一个酶行使的一种暂时的抑制作用。如下所示

无反馈抑制时

$$A \xrightarrow{\text{酶}a} B \xrightarrow{\text{酶}b} C \xrightarrow{\text{酶}c} D \xrightarrow{\text{酶}d} \cdots \longrightarrow P$$

有反馈抑制时

$$A \xrightarrow{\text{酶}a'} B \xrightarrow{\text{酶}b} C \xrightarrow{\text{酶}c} D \xrightarrow{\text{酶}d} \cdots \longrightarrow P$$

当末端产物过剩，它就与第一个酶分子上的非催化部位以外的别构中心相互作用，使酶蛋白分子发生构象的改变，从而抑制酶的活性，使代谢过程不能继续进行。能受到这种调节作用的酶称为变构酶（allosteric enzyme，亦称别构酶），它们往往位于代谢过程的始端或重要部位。

末端产物往往是合成微生物细胞的原料，如合成蛋白质的氨基酸、合成脂肪酸的脂肪酰 CoA 等，当末端产物不断用于合成而浓度降低后，酶的活力又重新恢复。

6.5.2 酶合成的调节——诱导和阻遏作用机制

酶合成的调节包括酶合成的诱导（induction）和酶合成的阻遏（repression）。这一调节机制可由操纵子（operon）学说解释。

6.5.2.1 酶合成的诱导

酵母菌的酶合成诱导现象早在20世纪初就已经被发现,后来又发现大肠杆菌($E.coli$)也有这种现象。大肠杆菌只有在含有乳糖的培养基里生长,才能大量产生利用乳糖的β-半乳糖苷酶、β-半乳糖苷渗透酶和转乙酰基酶。但是仅当乳糖操纵子(lac operon)模型提出后,才有可能对这一现象作出解释。

乳糖操纵子模型是1961年法国的Jacob和Monod提出来的。我们根据乳糖操纵子模型以及酶合成理论,归纳出如图6.24所示的操纵子模型,从而能够更清晰明了地解释诱导作用机制,并能从中简单地了解蛋白质(酶)合成的机制。

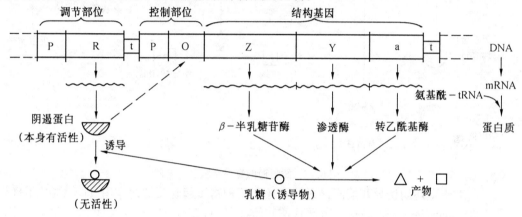

图6.24 酶诱导的操纵子模型
P—启动基因;R—调节基因;O—操纵基因;t—终止密码;Z、Y、a—结构基因

根据图6.24中模型,微生物的DNA上主要包括调节基因(regulator gene)、启动基因(promotor gene)、操纵基因(operator gene)和结构基因(structural gene),其中启动基因、操纵基因和结构基因总称为操纵子。调节基因可以指导产生出阻遏蛋白(apo-repressor)。根据这一模型,在没有乳糖存在的情况下,与利用乳糖的酶的合成过程有关的基因被关闭着。这是由于当不存在乳糖时,阻遏蛋白可以与操纵基因结合,从而阻止了启动基因发出指令合成mRNA,也就不能合成出与利用乳糖有关的酶。当乳糖存在时,乳糖作为诱导物(inducers)与阻遏蛋白结合,并改变了阻遏蛋白与操纵基因结合部位的构象,从而使阻遏蛋白不能与操纵基因结合,启动基因可发出合成mRNA的指令,并由mRNA指导利用乳糖的酶的合成。目前认为,也可能是异丙基-β-D-硫代半乳糖苷(IPTG)作为诱导物。这种需要通过诱导作用机制才能产生的酶称为诱导酶。微生物细胞内有许多酶为诱导酶,特别是在废水处理中,由于废水中的有机物种类很复杂,所以,许多酶需要通过诱导作用才能产生出来。

6.5.2.2 酶合成的阻遏

酶的阻遏与酶的诱导两种现象非常相似,都可用操纵子学说解释。诱导是指酶的合成可被底物所促进,而阻遏是指酶的合成可被其代谢产物所阻止。阻遏现象中研究得较深入的有组氨酸操纵子(The his operon)系统等。

大肠杆菌、鼠伤寒沙门氏菌($Salmonella\ lyphimurium$)等在低浓度组氨酸(his)培养基中,可合成大量的组氨酸。一旦组氨酸过量,它的合成反而受阻。过量的组氨酸之所以使合成受阻,是由于阻遏了与组氨酸合成有关的酶系的合成。这种代谢终产物阻遏有关酶的形成的过程,又称为反馈阻遏。实验指出,组氨酸浓度过高时,在体系中它与tRNA首先生成

his-tRNA 复合体,称为辅阻遏物(co-repressor),图 6.25 所示。这种辅阻遏物(代谢终产物)与阻遏蛋白结合,使阻遏蛋白活化,迅速与操纵基因结合,从而阻止了启动基因发出指令合成 mRNA,使得组氨酸合成酶系不能被合成。一旦组氨酸浓度降低,辅阻遏物脱离阻遏蛋白,阻遏蛋白又失去活性,不能与操纵基因结合,组氨酸合成酶系又被合成出来。

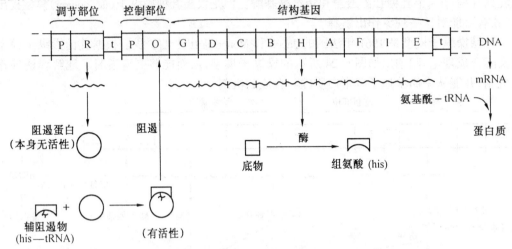

图 6.25　酶阻遏的操纵子模型

此外,对于上述酶诱导和酶阻遏过程中还有两种物质起着关键的作用,即 cAMP(环腺苷酸)和 CAP(catabolite active protein,分解代谢物激活蛋白,亦称 cAMP:受体蛋白,CRP)。当阻遏蛋白未与操纵基因结合时,mRNA 聚合酶可结合到启动基因上,并作出指令按结构基因转录出合成蛋白质(酶)的 mRNA。但 mRNA 聚合酶能否结合到启动基因上,受 cAMP-CAP 数量的控制,当 cAMP 缺乏时,mRNA 聚合酶不能结合到启动基因,因而即使阻遏蛋白未与操纵基因结合,仍不能按结构基因合成出物质代谢中所需酶类。

目前,已知的操纵子除分解代谢途径操纵子(the operon of catabolic pathway)、乳糖(lac)操纵子、合成代谢途径操纵子(the operon of biosynthetic pathway)、组氨酸(the his)操纵子外,还分别有半乳糖(gal)、阿拉伯糖(ara)、色氨酸(the trp)、苯丙氨酸(the phe A)、苏氨酸(the thr)等操纵子。尽管每一种操纵子受自身特异的调节系统控制,但还具有其他共同特点:依赖于 cAMP 和 CAP,都产生葡萄糖效应,并受细胞中 cAMP 的水平影响。

6.5.2.3　葡萄糖效应——酶合成调节的实例

大肠杆菌的葡萄糖效应(glucose effect)或两次生长甚至三次生长曲线(图 6.26)早已被注意到。当大肠杆菌在含有葡萄糖和乳糖的液体培养基中生长时,大肠杆菌首先利用葡萄糖而不利用乳糖,只有当葡萄糖被利用完后才开始利用乳糖,这就是所谓葡萄糖效应。由图 6.26 可见,大肠杆菌呈现二次生长现象。为什么会出现这种现象呢?

乳糖是一种双糖,细菌利用乳糖时必须通过 β-半乳糖苷酶等将乳糖分解为简单的葡萄糖和 β-半乳糖。

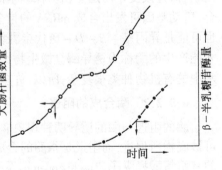

图 6.26　大肠杆菌的二次生长现象

$$乳糖 \xrightarrow{\beta-半乳糖苷酶} \beta-半乳糖 + 葡萄糖$$

β-半乳糖苷酶是一种诱导酶,受乳糖操纵子控制,分解葡萄糖的酶系统均为固有酶。当葡萄糖存在时,葡萄糖的代谢产物对由 ATP 生成 cAMP 所需的腺环化酶产生抑制作用,而对 cAMP 生成 AMP 所需的磷酸二酯酶起激活作用,导致细胞内 cAMP 水平很低,如图 6.26 所示为大肠杆菌的二次生长现象。

$$ATP \xrightarrow[(-)]{\text{脂环化酶}} cAMP \xrightarrow[(+)]{\text{磷酸二酯酶}} AMP$$

葡萄糖代谢产物
(+)激活作用   (-)抑制作用

即使此时存在乳糖操纵子的诱导物,但由于 cAMP(或 cAMP-CAP 复合物)缺乏,因而阻遏了 β-半乳糖苷酶等的合成,这时,大肠杆菌只能以葡萄糖作为惟一碳源和能源,并进行生长繁殖。一旦葡萄糖被消耗尽,培养液中只有乳糖作为碳源和能源,此时,由于 cAMP 数量增加,乳糖操纵子启动,合成分解乳糖所需的酶,大肠杆菌将以乳糖作为底物,生物合成重新开始。

葡萄糖效应在废水生物处理中普遍存在。由于废水中含有各种有机成分,有简单的,也有复杂的,那么,微生物为了尽快获得所需碳源和能源,往往首先利用简单的有机物,而后再逐渐利用较为复杂的有机物。笔者在研究制革废水的生物处理过程中发现,微生物在降解制革废水时,首先利用废水中的脂类、蛋白质等,而当以上物质很少后,才利用废水中的难降解物质鞣酸。因而,对于含有难降解物质的废水,往往也会出现微生物的二次生长甚至多次生长现象。而且大多数难降解物质的分解都需经过一段时间的诱导,待合成出所需的酶系统后才能进行。

在推流式活性污泥法中,葡萄糖效应往往导致构筑物中有机物质沿水流方向各种按易难程度逐级降解,并且对于同一种群微生物在不同的过水断面采取不同的代谢途径。根据以上状况,对于较复杂的有机废水,通过加入填料从而人为创造良好的生态环境,使构筑物中出现种群自然分级,有利于各级生物种群各司其职,提高有机物的去除能力。这种现象对于多级生物转盘法更为显著。然而,单级完全混合活性污泥法,由于生态条件的制约,微生物种群较单一,因而不宜处理较复杂的有机废水。

思 考 题

1. 新陈代谢及其特点。
2. 简述合成代谢和分解代谢的关系。
3. 什么是酶?酶有哪些特点?
4. 酶分为哪几类?什么是全酶、辅酶和酶基?
5. 转移氢的辅酶有哪几类?
6. 影响酶促反应速度的因素有哪些?
7. 底物浓度与酶促反应速度的关系曲线对废水的生化处理有什么指导意义?
8. 化能异养型微生物产能代谢的方式有哪些?它们之间的根本区别是什么?
9. 分析葡萄糖在有氧呼吸过程中能量的产生。
10. 三羧酸循环的生理意义?
11. 硝酸盐呼吸、硫酸盐呼吸、碳酸盐呼吸的底物和产物分别是什么?
12. 硝化细菌和硫细菌获得能量的方式?
13. 糖类、脂类、蛋白质有氧代谢的途径。
14. 什么是葡萄糖效应?葡萄糖效应在污染物生化处理中有何指导意义?

第7章 微生物的生长繁殖

生长和繁殖统称为发育,发育是一个复杂的生命活动。当微生物吸收营养物质后,通过合成代谢作用,合成新的细胞成分,使菌体的重量增加(主要是原生质和其他组成成分有规律地增加),菌体体积长大,这种现象称为生长。细胞的生长是有限度的,当细胞增长到一定程度时就开始分裂,这种菌体数量增多的现象称为繁殖。生长是繁殖的基础,繁殖是生长的结果。生长和繁殖虽有区别,但关系十分密切。微生物群体在生长过程中,个体的细胞体积和重量变化不易被察觉,所以,常以细胞数量的增加或以细胞群体重量的增加作为生长繁殖的指标。因此,要研究微生物的发育过程,必须从研究微生物的群体生长方面着手。

7.1 微生物纯培养的生长

在自然界,土壤、水、空气或人及动、植物体中,微生物都是混杂生活在一起的。例如,一粒砂或一小撮土中常生长着多种细菌及其他微生物,要想研究某一微生物,必须把混杂的微生物类群分离开,以得到只含有一种微生物的培养。微生物学中将在实验室条件下,从一个细胞或一种细胞群繁殖得到的后代称为纯培养。相对应的称为不纯培养物。

7.1.1 纯培养的分离方法

微生物纯培养可按下列方法分离得到。

7.1.1.1 稀释倒平皿法

将待分离的材料作一系列稀释(如1:10、1:100、1:1 000、1:10 000…),取不同稀释液各少许与已熔化并冷却至45 ℃的琼脂培养基相混合,倾入灭过菌的培养皿中,待琼脂培养基凝固后,保温培养一定时间,即有菌落出现(图7.1)。

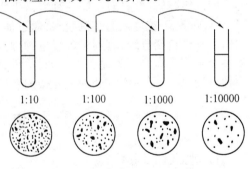

图7.1 稀释倒平皿分离法

如果稀释得当,平皿中出现分散的单个菌落便可能是由一个细菌繁殖所形成。挑取此单个菌落或再重复以上操作数次,可得到纯培养。

7.1.1.2 划线法

将熔化的琼脂培养基倾入无菌培养皿中,冷凝后,用接种环蘸取少许待分离材料,在培养基表面连续划线,如,可作平行划线、扇形划线或其他形式连续划线(图7.2、7.3),随着接种环在培养基上的移动,细菌得以分散,经保温培养即形成菌落。在划线的开始部分,细菌分散度小,形成菌落往往连在一起。但由于连续划线,细菌逐渐减少,划到最后常可形成单独孤立的菌落。这种单独的菌落可能是由单个细胞形成的,因而获得纯培养。用其他工具如形玻棒代替接种环在琼脂培养基表面涂布,亦可得到同样结果。

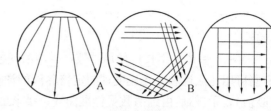

图7.2 平行划线后细菌生长情况　　　　图7.3 划线分离
A—扇形划线；B—连续划线；C—方格划线

7.1.1.3 单细胞挑取法

单细胞挑取法是从待分离材料中只挑取一个细胞来培养。可用一台显微挑取器，装置于显微镜上，把一滴细菌悬浮液置于载玻片上，用装于显微挑取器上的极细的毛细吸管，在显微镜下对准一个单独的细菌细胞挑取，再接种于培养基上培养而得纯培养。

7.1.1.4 利用选择培养基分离法

不同的细菌需要不同的营养物。有些细菌的生长适于酸性，有些则适于碱性。各种细菌对于化学试剂，例如，消毒剂、染料、抗菌素以及其他物质等具不同抵抗能力。因此，可以把培养基配制成适合于某种细菌生长而限制其他细菌生长的环境。这样的选择培养基可用来分离培养纯种。

也可以将待分离的样品先进行适当处理，以排除不需要的微生物。例如，想分离得到芽孢细菌，可在倒平皿前将样品在高温处理一段时间，以破坏所有的或大部分的非芽孢细菌，这样分离得到的菌落将是芽孢形成菌。

有些病原菌可先将它们接种至敏感动物体内，感染后，宿主的某些组织中可能只含有该种微生物，这样较易得到纯培养。微生物纯培养分离方法比较见表7.1。

表7.1　微生物纯培养分离方法的比较

方　　法	应用范围
稀释倒平皿法	即可定性，又可定量，用途广泛
划线法	方法简便，多用于分离细菌
单细胞挑取法	局限于高度专业化的研究
利用选择培养基分离法	适用于分离某些生理类型较特殊的微生物

7.1.2　微生物生长量的测定

微生物生长量的测定主要有测定微生物的数量、重量和细胞物质成分等方法。

7.1.2.1　测定微生物的数量

1．全数测定（直接计数法）

测定结果中，既包括活菌又包括死菌。

1) 计数器直接计数法　在显微镜下，用特制的细菌计数器或血球计数器直接进行计数。这些计数器在载玻片上有小室，内有很多小格，测定中计数数个格中微生物，并取平均值，从而推算水样中微生物的数目。这是一种常用的方法，测定速度较快，适用于原生动物、真菌、藻类等计数，如果是细菌，应染色后测定。

2) 涂片染色计数　取一已知容积的细菌悬液,经染色后在显微镜下计数每一视野中的平均细胞数。

3) 比浊法　菌体的生长可使培养液产生混浊现象,根据菌悬液中细胞数量与浊度成正比的原理,可用比浊计和分光光度计测定培养液的浊度。菌悬液的浓度可用透光率或光密度值(OD 值)表示,然后由细菌数量标准曲线直接求出菌数。也可将未知的菌悬液与标准比色管相比求出菌数。标准比色管可用不同浓度的硫酸钡溶液配制。

2. 活菌计数(间接计数法)

1) 平板菌落计数法　将菌悬液稀释到一定程度,在固体培养基上培养,由培养皿中出现的菌落数计算原菌液中的细菌数。

2) 薄膜过滤计数法　常用微孔膜过滤法测定空气或水中的微生物数目。此法特别适用于测定量大而其中含菌浓度很低的样品。水或空气通过薄膜过滤后,将膜与阻留在膜上的细菌一起放在培养基上进行培养,由形成的菌落数可计算出样品中的含菌量。自来水中大肠菌群数目测定中的滤膜法就是采用这种方法。

7.1.2.2 测定细胞物质量

1. 测定细胞干重法

用离心或过滤的方法将菌体从菌悬液中分离出来,洗净,烘干,称重,求得单位容积菌悬液中细胞的干重。细菌的干重约为湿重的 20% ~ 25%,即 1 mg 干菌体 = 4 ~ 5 mg 湿菌体 = $(4 ~ 5) \times 10^9$ 个菌体。这是测定细胞重量较为直接而可靠的方法,但只适用于菌体浓度较高的样品,而且要求样品中不含菌体以外的其他干物质。

在活性污泥法中常采用干重法来测定活性污泥的重量,以近似代表活性污泥中微生物的量,这一指标称为活性污泥浓度(符号为 MLSS),它表示每升活性污泥混合液中活性污泥的毫克数。这种测定结果既包括活菌和死菌量,又包括有机颗粒和无机盐类的重量,因而,这一指标随非生物物质含量的增加,可靠性降低。

2. DNA 含量测定法

由于 DNA 在细胞生长中起重要作用,所以,测定 DNA 的含量也是研究微生物生长的一种重要的化学测定方法。DNA 的测定不但可以反映细胞物质的重量,并且由于每个细菌细胞中 DNA 含量对于某类群微生物来说较恒定(平均为 8.4×10^{-5} ng),所以,通过测定细菌的 DNA 还可推算出细菌细胞的数量。

3. 测定细胞总含氮量

蛋白质是细胞的主要物质,含量比较稳定,而氮又是蛋白质的重要组成。其方法要点:从一定量培养物中分离出细菌,洗涤,以除去培养基带入的含氮物质。再用凯氏定氮法测定总含氮量,以表示原生含量的多少。一般细菌的含氮量约为原生质干重的 14%。而总氮量与细胞蛋白质总含量的关系为

$$蛋白质总量 = 含氮量\% \times 6.25$$

此法只适用于细胞浓度较高的样品,同时操作过程也较麻烦。

4. 其他生理指标测定法

微生物新陈代谢的结果,必然要消耗或产生一定量的物质,以表示微生物的生长量。生长旺盛时消耗的物质就多,或者积累的某种代谢产物也多。例如通过测定微生物对氧的吸

收、发酵糖产酸量或测定谷氨酸在氨基脱羧酶作用下产生 CO_2 的多少来推知细菌生长情况。这是一种间接方法。使用时必须注意:作为生长指标的那些生理活动项目,应不受外界其他因素的影响或干扰。

以上介绍的几种常用表示微生物生长量的方法各有优缺点,实际应用时要根据具体情况选择合适的方法。平板菌落计数法是微生物学中应用最多的常规方法,掌握这一方法的原理和实际操作,非常实用。但此法仅能反映活细胞数。另外,当用两种不同的方法测量细菌的生长量时,其结果不一致是完全可能的,例如,对静止期培养物进行显微镜计数量比平皿菌落计数法所得的数字高得多,因前者包括所有的活细胞与死细胞,而后者只能反映出活细胞数。

同一种微生物在不同培养条件下,表现出不同的生长情况。例如,在使用不同培养基培养同一种菌时,生长情况如图 7.4 所示,这种菌在两种培养基里都能生长。假如在 A 时测量生长,可以断定在培养基 II 里生长快;若在 B 时测量,则在这种培养基上都生长得很好;可是在 C 时测量,却在培养基 I 里生长较好。据此,可以根据需要选择合适的培养基。如果培养目的是要机体生长得早而快,就应选用培养基 II;如果是要得到大量的细胞,就应选用培养基 I。因此,只有具备了有关生长的定量方面的知识,才能在实际应用中做出正确的选择。

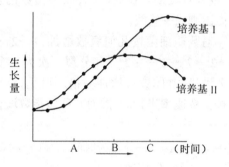

图 7.4 同种细菌在不同成分培养基中的生长情况
（引自 Pelczar: Microbiology, 1977）

7.2 微生物纯培养的生长规律

7.2.1 细菌纯培养的生长曲线

研究细菌纯培养的生长曲线是采用分批培养,或称为间歇培养(batch culture)。分批培养就是在一定体积的液体培养基中接种少量细菌并保持一定的条件(如温度、pH、溶解氧等)进行培养,结果出现了细菌数量由少到多,并达到高峰,又由多变少的变化规律。测定生长曲线时,将少量经纯培养的细菌接种到经灭菌的液体培养基中,在适宜条件下培养,定时取样测定细菌数量。以细菌数的对数为纵坐标,培养时间为横坐标,可得图 7.5 所示的曲线。

细菌的生长曲线可以分为四个时期。

7.2.1.1 迟缓期(lag phase)

迟缓期又称滞留适应期。当菌种接种到新鲜培养基后,细菌并不立即生长繁殖,而要经过一段时间的调整和适应,以合成多种酶,并完善体内的酶系统和细胞的其他成分。在这个时期,细胞的代谢活力很强,蛋白质和 RNA 含量增加,菌体体积显著增大。在迟缓期末,细菌的长度可达接种时的 6 倍。迟缓期末期和对数期前期的细胞,对热、化学物质等不良条件的抵抗力减弱。

迟缓期持续时间的长短随菌种特性、接种量、菌龄与移种至新鲜培养基前后所处的环境条件是否相同等因素有关,短的只几分钟,长的可达几小时。如果用对数期的细菌接种到相同的培养基上,并在同一温度下培养,细菌则仍以原来的生长速度继续对数生长,而不会出现迟缓期,因而可以缩短培养时间。

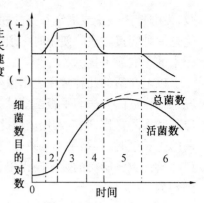

图7.5 细菌生长曲线
1、2—迟缓期;3—对数期;
4、5—稳定期;6—衰亡期

7.2.1.2 对数期(Logarithmic phase, log phase)

迟缓期末,细胞开始出现分裂,培养液中的菌数增加,进入对数期。在此时期,以细菌数的对数与培养时间做图则成一直线。

对数期细菌按几何级数增加,$1\to2\to4\to8\to\cdots$,即 $2^0\to2^1\to2^2\to2^3\to\cdots 2^n$。每分裂一次为一个世代,每经过一个世代,群体数目增加一倍。可见,细菌的群体生长是按指数速率进行的,因而亦称做指数增长。细菌群体的这种指数增长的方程式为

$$X_2 = X_1 \cdot 2^n \tag{7.1}$$

式中 X_1、X_2——分别为时间 t_1 和 t_2 时刻的细胞数;
　　　n——世代数。

因为

$$\lg X_2 = \lg X_1 + n\lg 2 \tag{7.2}$$

所以

$$n = \frac{\lg X_2 - \lg X_1}{\lg 2} \tag{7.3}$$

因为

$$\lg 2 = 0.301$$

所以

$$n = 3.3\lg \frac{X_2}{X_1} \tag{7.4}$$

设 R 为生长速度,即单位时间内的世代数,即

$$R = \frac{n}{t_2 - t_1} \tag{7.5}$$

将式(7.4)代入式(7.5),则

$$R = \frac{3.3\lg \frac{X_2}{X_1}}{t_2 - t_1} \tag{7.6}$$

又设 G 为世代时间(generation time,亦称代时),即细胞分裂一次所需时间,则 G 为 R 的倒数

$$G = \frac{1}{R} = \frac{t_2 - t_1}{3.3\lg \frac{X_2}{X_1}} \tag{7.7}$$

由此可见,在一定时间内菌体细胞分裂次数(n)越多,世代时间(G)越小,即生长速度(R)越快。

世代时间是由遗传性决定的,不同菌种对数期的世代时间不同,同一菌种的世代时间受培养基组成及物理环境的影响也不同。表7.2所列为有代表性的微生物的世代时间(G)。

表7.2 微生物的世代时间

菌　　名	培养基	温度/℃	世代时间/min
大肠杆菌(*E. Coli*)	肉汤	37	17
	牛乳	37	12.5
枯草芽孢杆菌(*Bacillus subitilis*)	葡萄糖肉汤	25	26~32
巨大芽孢杆菌(*B. Megaterium*)	肉汤	30	31
乳酸链球菌(*Streptococcus lactis*)	牛乳	37	23.5~36
大豆根瘤菌(*Rhizolium japonicum Kirch*)	葡萄糖	25	344~461

对数期细菌的生长速度达到高潮,世代时间最短,细胞的代谢活性比较稳定,酶的活力也高。这个时期的细胞是作为研究工作的理想材料。

7.2.1.3 稳定期(stationary phase)

由于在生长过程中,营养物质不断被消耗,同时,某些有毒性的代谢产物不断积累,致使细菌分裂的速率降低,世代时间延长,细菌细胞活力减退。这时,群体中细菌的繁殖速度与死亡速度近乎相等,活菌数目保持稳定。

处于稳定期的细胞开始积累体内贮藏物质,如肝糖粒、淀粉粒、异染颗粒等,研究认为,此时菌胶团细菌大量分泌体外贮藏物质荚膜,所以,更易形成菌胶团。大多数产芽孢细菌在此时期开始产生芽孢。

7.2.1.4 衰亡期(decline phase)

此期环境变得更不适于微生物生长,细胞的活力继续衰退,死亡率大于繁殖率,活菌数迅速减少。在衰亡期中细胞形状和大小很不一致,有些产生畸形细胞,细菌的生命活动主要依赖于内源呼吸,并呈现大量死亡。

微生物的生长曲线反映一种微生物在一定生活环境中的生长繁殖和死亡规律。它既可作为营养和环境影响的理论研究指标,亦可作为调控微生物生长发育的依据,指导微生物生产实践。

7.2.2 连续培养

上述的群体生长是在分批培养条件下进行的。由于微生物在一个固定容积的培养基中生长,培养基中营养物质逐渐消耗,特别是代谢产物逐渐积累而产生对酶的反馈抑制和阻遏作用,必然会使微生物的指数增长发生变化,生长速率降低。

为了克服这些缺点,可采用连续培养(contionuous culture)。连续培养就是在一个恒定容积的反应器中,一方面以一定的速度不断地加入新的培养基,另一方面又以相同的速度流出培养物(菌体和代谢产物),从而在流动系统中培养微生物。这种培养方法可使培养系统中的细胞数量和营养状态保持恒定。

常用的一种连续培养方法为恒化连续培养,它可用于研究自然条件下微生物体系的实验模型,也常应用于研究废水生物处理的实验模型。图7.6为恒化连续培养装置(或称恒化器)。在这种装置中,微生物的生长速度可以通过调节限制性底物浓度或培养基的流速加以控制。通常只需要限制某一种底物(如氮源或能源)的浓度,就可以调节生长速度。

为了描述恒化器的稳态行为,我们常用菌液的稀释率 D 来控制。稀释率为培养基的流速(F)与培养液体积(V)之比

$$D = \frac{F}{V} \tag{7.8}$$

也就是说,稀释率是新培养液在培养装置内平均停留时间的倒数。

图 7.6 中微生物物料平衡关系为

$$\begin{bmatrix}微生物向装置\\内的流入率\end{bmatrix} - \begin{bmatrix}微生物向装置\\外的流出率\end{bmatrix} + \begin{bmatrix}微生物在装置\\内的生长率\end{bmatrix} -$$
$$\begin{bmatrix}微生物在装置\\内的死亡率\end{bmatrix} = \begin{bmatrix}微生物在装置\\内的变化率\end{bmatrix}$$

不考虑微生物的死亡,而且假设流入的培养液中无微生物,所以

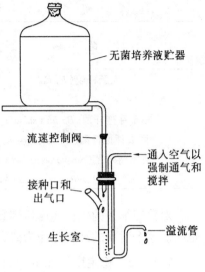

图 7.6 恒化连续培养装置

$$-\frac{F}{V}X + \left(\frac{dX}{dt}\right)_g = \frac{dX}{dt} \tag{7.9}$$

设 $\frac{1}{X}\left(\frac{dX}{dt}\right)_g = \mu$ 为比生长速率,它表示单位微生物的生长速率。同时,将式(7.8)代入式(7.9),则得

$$\frac{dX}{dt} = (\mu - D)X \tag{7.10}$$

1) 如果 $\mu > D$,则 $\frac{dX}{dt} > 0$ 细胞增长速率显然大于细胞流出速率,说明培养器内细胞浓度将不断增加,最终会形成分批培养的结果。

2) 如果 $\mu > D$,则 $\frac{dX}{dt} > 0$ 说明培养器内微生物浓度将不断减少,也就是说,微生物增长速率赶不上流出速率,结果必然是到了某一时刻,微生物浓度将降到维持生长所必需的最低浓度(称为临界浓度)之上,这时培养器内微生物浓度趋向于零,这种情况称为冲出或洗出。

3) 如果 $\mu = D$,则 $\frac{dX}{dt} = 0$ 说明培养器内微生物浓度保持恒定,即微生物处于增长速率等于流出速率的动态平衡的稳定状态。

显然,连续培养要求的是第三种情况。由此可以得出一个重要结论,连续培养只有在细胞浓度不变的稳定状态下才可能维持。也就是说,在连续培养中,微生物比生长速率必须始终与稀释度相等。如以 $\bar{\mu}$ 表示稳定状态下的比生长速率常数,则有

$$\bar{\mu} = D \tag{7.11}$$

连续培养具有以下主要优点:

①连续培养可以人为地控制微生物的生长速率,并使微生物长久地停留在对数生长阶段,其菌体生理生化特性比较一致,因而它是微生物生理学、微生物遗传学以及微生物生态学研究的理想工具。在生态学研究中,连续培养已成为微生物在自然界低养料浓度条件下

生长的模型,它在研究湖泊、河流、海洋及污水处理等微生物的生长方面极为有用。它也是进行常规选种,特别是筛选某些能在特殊条件下生长的那些微生物的有力手段,因为只有能完成特殊生理生化过程的菌株或最能适应某种特殊条件的菌株才能够在生长上超过其他菌株,在连续培养中占优势而不被"冲洗"掉。

②在连续培养中,pH、溶解氧等等一系列重要的生长参数可以从系统外部进行测定,从而使操作简化,并易于实现生产流程的自动化。

③在分批培养的每一周期中,发酵前的准备、发酵后的清洗等所用辅助时间都很长,即微生物非旺盛生长所占的时间比例很大。连续培养一旦达到稳定状态,微生物代谢和生长一直保持旺盛状态,连续不断地获得菌体或产物,大大提高设备周转率和单位时间的产量,生产稳定可靠。因此与分批培养相比,连续培养(发酵)能大大提高生产率,并节省大量水电气的消耗,提高生产效益。

连续培养无疑有许多优点,但它必须建立在对生产菌种的生理生化过程有充分的了解和科学管理的基础上,但是有很多因素直接间接地影响连接培养的连续性,迫使这种高效率的发酵技术未能广泛推广。这些原因可归纳为:

①对微生物的生理生化特性,特别在发酵罐内的动态特性、稳定性以及动力学等问题还未充分了解。

②要在长时间内保持无菌状态(包括噬菌体污染),在技术上和管理上还有困难。

③在连续培养过程中,所使用的菌株往往会发生退化,并且退化型还往往会优势生长。

④对一些有附壁生长特性的微生物,目前还没有适当的方法去克服。

⑤有关自动控制的仪器还未能配套。

连续培养是一种高效率的微生物发酵生产方法,但是由于存在这些问题,所以目前仅应用于食用酵母、酒精发酵、丙酮丁醇发酵、活性污泥法污水处理、亚硫酸纸浆废水发酵、石油脱腊等方面。其余的微生物连续发酵还停留在实验室阶段,有待进一步开发。

7.2.3 同步生长

在分批培养中,细菌群体能以一定速率生长,但所有细胞并非同时进行分裂,也就是说,培养中的细胞不处于同一生长阶段,它们的生理状态和代谢活动也不完全一样。

如果一个细胞群体中每个细胞都在同一时间进行分裂,就可以说细胞在进行同步分裂或同步生长,进行同步分裂的细胞称为同步细胞。同步细胞群体在任何一时刻都处在细胞周期的同一相,彼此间形态、生理化特征都很一致,因而是细胞学、生理学和生物学等研究的良好材料。

能使培养的微生物处于比较一致且生长发育在同一阶段上的培养方法叫同步培养法;用同步培养法所得到的培养物叫同步培养(synchronousculture)或同步培养物。

目前常用的同步培养法有两种,即筛选法和诱导法。微生物容易受环境条件变化的影响,所以在选择同步培养方法时应注意到所使用的方法不应引起微生物形态、结构、生理生化特性的人为改变。

7.2.3.1 筛选法(选择法)

1.过滤法

应用各种孔径大小不同的微孔滤膜,可将大小不同的细胞分开。例如,选用适宜孔径的

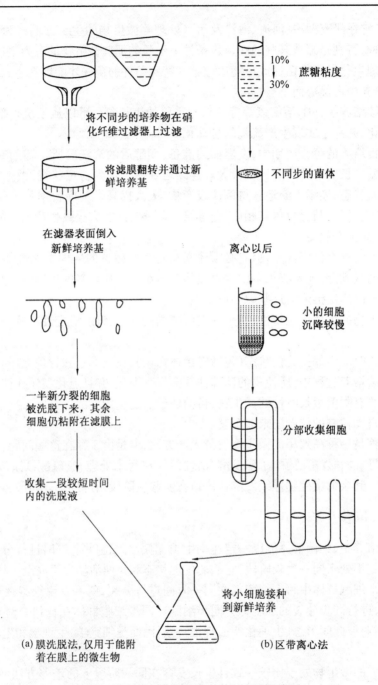

图 7.7 获得微生物同步培养物的方法示意图

微孔滤膜,将不同步的大肠杆菌群体过滤,由于刚分裂的幼龄菌体较小,能够通过滤孔,其余菌体都留在滤膜上面,将滤液中的幼龄细胞进行培养,就可获得同步培养物。

2. 区带密度梯度离心法

将随机生长的细胞悬液置于蔗糖梯度溶液表面,然后离心,不同生长周期细胞由于体积和质量大小不同,沉降系数 S 也不同,于是同一生长周期的细胞聚集在离心液的一个区带上,小细胞在上,大细胞在下。用这种方法可以很方便地将处于较早周期的小细胞收集起来,获得良好的同步群体。本法已成功地应用于芽殖和裂殖酵母、大肠杆菌等细胞的同步培养中。

3. 膜洗脱法

如果要获得比上述两种方法数量更大、同步性更高的细胞,可采用膜洗脱法。该方法所依据的原理是某些滤膜可以吸附与该滤膜相反电荷的细胞。图7.7(a)所示为目前采用较多的 Helmstetter Cummings 膜洗脱法,其步骤是将非同步细胞通过一个硝酸纤维素的微孔滤膜,这时细胞被平整地吸附在滤膜上。将滤膜翻转置于滤器中,连续不断地缓缓加入新鲜培养基,于是吸附在滤膜表面的细胞便生长分裂,分裂后的一个子细胞仍然被吸附在膜上,而另一个子细胞则随培养液洗脱下来。将收集液中刚刚分裂的子细胞进行培养,可获得同步性较高的群体。如果滤膜的表面积很大,那么只要被吸附的细胞分裂一次,就可以得到相当数量的同步细胞。

筛选法同步培养物是在不影响细菌代谢的情况下获得的,因而菌体的生命活动必然较为正常。但此法有其局限性,有些微生物即使在相同的发育阶段,个体大小也不一致,甚至差别很大,这样的微生物不宜采用这类方法。

7.2.3.2 诱导法

诱导法属于调整生理条件的同步法,主要通过控制环境条件,如温度、营养物等来诱导同步生长。

1. 温度调整法

由于细胞周期不同,对温度的敏感性也不同,如果分裂阶段中某些关键反应对温度(高于低于最适温度)的敏感性比合成期高,那么高温(或低温)就可以阻止细胞分裂但不妨碍细胞物质的合成(即分裂的准备),这样就可以使群体中那些在分裂准备工作进行较慢的细胞有时间赶上其他细胞,一旦恢复正常条件就能获得同步生长,例如,鼠伤寒沙门氏菌在 25 ℃下培养一段时间后,再置于 37 ℃下继续培养,便可获得同步群体。

2. 营养条件调整法

营养条件调整法即控制营养物的浓度或培养基的组成以达到同步生长。例如,限制碳源或其他营养物,使细胞只能进行一次分裂而不能继续生长,从而获得了刚分裂的细胞群体,然后再转入适宜的培养基中,它们便进入了同步生长。对营养缺陷型菌株,同样可以通过控制它所缺乏的某种营养物质而达到同步化。例如大肠杆菌胸腺嘧啶缺陷型菌株,当停止供给胸腺嘧啶时,DNA 合成立即终止,但 DNA 和蛋白质合成速率却不受影响。30 min 后加入胸腺嘧啶,DNA 合成立即恢复,结果几乎所有细胞在经过 35~40 min 的延滞后都进行分裂。

诱导同步生长的环境条件多种多样。不论哪种诱导因子都必须具有以下特性:不影响微生物的生长,但可特异性地抑制细胞的分裂,当移去(或消除)该抑制条件后,微生物又可立即同时出现分裂。

3. 用稳定期的培养物接种法

从细菌生长曲线可知,处于稳定期的细胞,由于环境条件的不利,细胞均处于衰老状态,如果将稳定期细胞群体接种到新鲜培养基上,由于各个细胞都是从"衰退"的生理状态下恢复过来,所以几乎也是同步地进入生长阶段。

除上述几种方法外,还可在培养基中加入某种抑制蛋白质合成的物质(如氯霉素),诱导一定时间后再转到另一种完全培养基中培养;或用紫外线处理;对光合性微生物的菌体可采用光照与黑暗交替处理法等,均可达到同步化的目的。在各种微生物细胞中,细菌芽孢和真菌孢子的萌发是高度同步的,这是因为芽孢和孢子都处于休眠状态,各种代谢活动都下降到最低水平,所以在供给充分养料后,它们就从共同的起点开始生长,也就是说,绝大多数芽孢和孢子几乎都在同一时刻萌发。

用常规方法培养的细胞,即使是上面所讲的同步细胞,在经过 2～3 个世代之后,绝大多数细胞已是不同步了。这就是说,明显的同步生长一般只能维持 2～3 代。这是因为在同一培养条件下,各个细胞发生分裂的时间各不相同,这种世代时间的差异不是遗传性决定的,而是随机的。

7.2.4 活性污泥增长曲线

在废水生物处理中,为了描述活性污泥中微生物的生长,常采用间歇培养法获得图 7.8 所示的曲线。活性污泥中的微生物种类繁多,不仅包括细菌,而且还含有原生动物和后生动物等微生物,因此,不是纯培养的生长曲线,但曲线形式与纯培养的类似。活性污泥增长曲线可以分为三个时期:对数生长期、减速生长期和内源呼吸期。

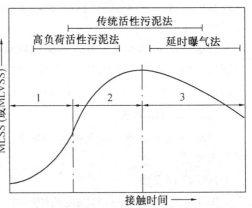

图 7.8 活性污泥增长曲线
1—对数生长期;2—减速生长期;3—内源呼吸期

7.2.4.1 对数生长期

此期,微生物处在营养物质过剩的环境中,微生物以最大的速率氧化分解废水中的有机物,并合成新的细胞物质,因此,微生物迅速增长。这一时期相当于纯培养生长曲线中的对数期。在此期间,活性污泥微生物具有很高的能量水平,因而不能形成良好的活性污泥絮凝体。

在对数生长期,活性污泥微生物的增长速率一般表示为

$$\frac{dX}{dt} = K_1 X \tag{7.12}$$

式中 X——t 时刻挥发性活性污泥浓度(MLVSS)(也可由活性污泥浓度 MLVSS 代替);

K_1——挥发性活性污泥的增长速度常数。

7.2.4.2 减速生长期

此期营养物质不再过剩,而且成为微生物进一步生长的限制因素。科学实验表明,此时有机底物的去除率与存在的有机底物浓度成正比。

$$-\frac{dS}{dt} = K_2 S \tag{7.13}$$

式中 S——某一时间 t 时的有机底物浓度;

K_2——有机底物降解常数。

考虑到活性污泥浓度的影响,则

$$-\frac{1}{X}\frac{dS}{dt} = K_2 S \tag{7.14}$$

由于有机底物的降解速率与活性污泥的增长速率有如下关系

$$-\frac{dS}{dt} = \frac{1}{a}\frac{dX}{dt} \tag{7.15}$$

式中　a——活性污泥产率系数,即降解单位重量有机底物所产生的挥发性活性污泥质量。

所以,减速生长期的活性污泥增长速率为

$$\frac{dX}{dt} = aK_2 S \tag{7.16}$$

由于减速生长期的营养物质减少,微生物的活动能力降低,菌胶团细菌之间易于相互粘附,特别是此时菌胶团细菌的分泌物增多,因此活性污泥絮体开始形成。减速生长末期活性污泥不但具有一定的氧化有机物的能力,而且还具有良好的沉降性能。

7.2.4.3　内源呼吸期

此时营养物质近乎耗尽,所以活性污泥微生物靠内源呼吸维持生命活动,并使活性污泥量减少。由于能量水平低,絮凝体形成速率增加,吸附有机物的能力显著,但污泥活性降低。

值得提出的是活性污泥内源呼吸过程不只出现在内源呼吸期,在前两期中都不同程度地存在,只是在内源呼吸期表现得更为明显。

内源呼吸期活性污泥的增长量可表示为

$$\frac{dX}{dt} = -K_3 X \tag{7.17}$$

式中　K_3——挥发性活性污泥内源呼吸速度常数。

图 7.8 为分批培养所得曲线,它对于连续流的废水处理构筑物的运行具有一定的指导意义。在废水生物处理过程中,如果维持微生物在对数期生长,则此时微生物繁殖速度很快,活力很强,处理废水的能力必然较高。但必须看到,此时的处理效果并不一定最好,因为微生物活力强就不易凝聚和沉降,并且要使微生物处于对数期,则需有充足的营养物质。这就是说,废水中的有机物必须有较高的浓度,在这种情形下,处理过的废水中所含有机物浓度比较高,所以出水水质难以达到排放要求。如果维持微生物处在内源呼吸期末期,此时处理过的废水中所含有机物浓度相对来说固然很低,但由于微生物氧化分解有机物的能力很差,所需反应时间较长,因此,在实际工作中是不可行的。所以,为了获得既具有较强的氧化和吸附有机物的能力,又具有良好的沉降性能的活性污泥,在实际中常将活性污泥控制在减速生长末期和内源呼吸初期。

而高负荷活性污泥处理法是利用微生物生长的对数期;延时曝气法是利用微生物生长的衰亡期,因有机物浓度低,故延长曝气时间,以增大进水流量达到提高有机负荷的目的。

思 考 题

1. 微生物直接计数法有哪些?间接计数法有哪些?
2. 怎样利用平板菌落计数法测水中的细菌总数?
3. 细菌纯培养的分离方法有哪些?
4. 怎样获得细菌纯培养的生长曲线?并分析生长曲线各时期的特点。
5. 活性污泥法处理有机废水应将污泥控制在哪个时期?为什么?

第8章 微生物的生态

微生物与环境之间的关系极为密切。环境中的各种因子影响着微生物的生存和生长繁殖,而微生物通过新陈代谢等活动也对环境产生着影响。微生物的生态就是研究微生物以及与微生物相联系的物理、化学和生物等环境之间的相互关系。

研究微生物的生态,掌握微生物与环境之间的相互关系,不但可以了解微生物在自然界和各种人工环境中的分布规律,还为人类利用微生物资源和控制微生物生存提供了理论依据,更重要的是可以根据微生物生态学原理,创造有利条件,开发新型的人工生态系统,以便提高水污染控制工程中人的主观能动性,达到预期目的,使水污染控制在更高层次上得以发展。

8.1 自然环境中微生物的生态分布

8.1.1 空气中的微生物

8.1.1.1 空气污染和微生物

空气中缺乏微生物可直接利用的营养物质,微生物不能独立地在空气中生长繁殖,它不是微生物生长繁殖的天然环境。因此,空气中没有固定的微生物种群,它主要是通过土壤尘埃、水滴、人和动物体表的干燥脱落物、呼吸道的排泄物等方式被带入空气中,这些微生物附着在灰尘颗粒上,短暂悬浮于空气中的液滴内,随气流在空气中传播。

空气中微生物的数量与人和动物密度及活动情况、植物数量、土壤与地表覆盖、气温、日照和气流等因素有关,空气中的微生物类群还随环境不同而异,空气中的微生物大部分为非致病性微生物,常见的有芽孢杆菌属、无色杆菌属以及一些放线菌、霉菌等。周大石等曾对沈阳市大气微生物区系分布进行了研究,根据沈阳市的自然条件和社会因素的特点,以及影响大气微生物分布的有关因素综合考虑,共选择了在生态环境和地理位置具有代表性的采样点10个,并从中分离出细菌112株、霉菌57株、放线菌44株。经鉴定,细菌为14个属、放线菌5个属,细菌有芽孢杆菌属(*Bacillus*)、微球菌属(*Micrococcus*)、无色杆菌属(*Achromobacter*)、产碱杆菌属(*Alculigens*)、克雷伯氏菌属(*Klebsiella*)、布鲁氏菌属(*Brucella*)、节细菌属(*Arthrobacter*)、奈瑟氏球菌属(*Neisseria*)、微杆菌属(*Microbacterium*)、拟杆菌属(*Bcateroides*)、短杆菌属(*Brtvibacterium*),霉菌有青霉属(*Penicillum*)、毛霉属(*Mucor*)、曲霉属(*Aspergillus*)、根霉属(*Rhizopus*)、木属属(*Trichooderma*)、交链胞霉属(*Alternaria*),放线菌有链霉菌属(*Streptomyces*)、胞囊链霉菌属(*Strcptosporangium*)、原放线菌属(*Nocardia*)、钦氏菌属(*Chainia*)、小瓶菌属(*Ampullariella*)。另外,空气中也有一些微生物是致病性的,见表8.1。

表 8.1　空气中的病原微生物

微生物名称	病名
绿脓杆菌	化脓性感染
破伤风杆菌	破伤风
百日咳杆菌	百日咳
白喉杆菌	白喉
结核分枝杆菌	结核病
溶血性链球菌	化脓性感染
金黄色葡萄球菌	化脓性感染
流行性感冒病毒	流行性感冒
其他呼吸道病毒	感冒

室内空气中的微生物可随气流带入,但主要来源还是人、动物和植物。一个建筑物中空气微生物的组成,决定于动植物携带微生物的种类和数量,以及人和动物的机械性移动(如扫地、铺床、更衣、猫和狗的活动)尤其是与人和动物从呼吸道排出微生物的数量有关。此外,室内空气的流动因建筑物的大小和形状、室内陈设、取暖和通风设施而大有变化。狭小的房间,器具堆积,门窗不常开启,室内空气经常是污浊的。气候的变化特别影响室内空气的流动,在寒冷的季节、通风不良的房屋及人群拥挤的场所,空气中微生物的数量与日俱增。

通常所说的空气传染实际上是唾液传染,它是一种直接传染,不能传播很远。但是在某些情况下,污染空气确能使易感者得病,例如,空气中的绿脓杆菌能感染人体烧伤创面,引起化脓病变,对严重烧伤病人有致命危险。

我国江苏植物所等单位曾对南京市不同类型场所、绿地和林地空气中的细菌含量进行了测定比较,见表 8.2。

由表 8.2 可知,各区域内公共场所中空气含菌量最高,街道次之,公园、机关又次之,城市郊区、植物园最低。彼此相差几倍至几十倍,原因可能是与绿化和人们的活动有关。

研究大气中微生物的生态分布规律,对大气微生物污染的生物监测有重要的实用价值。

表 8.2　南京市各类空气含菌量的比较

类型	地点	人流、车辆及绿化状况	空气含菌数/(cfu·m^{-3})
公共场所	某火车站	人多,车多	49 700
	某百货公司	人多	21 000
	某电影院	人多(不流动)	8 460
街道	南伞巷	人多,车多,基本无绿化	44 050
	新街口	人多,车多,绿化好	24 480
	太平路	人较少,车多,绿化好	7 850
	西康路	人少,车少,绿化好	5 530
公园	玄武湖	水面公园,游人多	6 980
	和平公园	街道公园,游人少	4 940
	灵谷寺	森林公园,游人少	1 372
机关	市防疫站	人少,绿化好	3 460
植物园	植物所	人少,树木茂密	1 408

8.1.1.2 微生物与空气污染监测

1. 对空气污染的指示作用

许多微生物对空气污染是敏感的,实践中可利用这类敏感的微生物作为指示生物,或用于研究细胞学损伤。例如,大肠杆菌($E.coli$)对 O_3 和碳氢化物的光反应产生的烟雾是高度敏感的,这种混合污染物每升空气中只要几个微克就可以使大肠杆菌致命。纯的 O_3 对于大肠杆菌也是有毒的,能使细胞表面发生氧化作用,造成内含物渗出细胞而被毁。

发光细菌对于测定由空气污染物引起的细胞学损伤也是良好的工具,发光细菌在暗处生长,它们具有生物发光的特性较易测定。已知由氧化氮和丁烯经光化学作用产生的烟雾能明显阻碍生物发光;发光细菌对 PAN 也特别敏感,浓度小于 $2~\mu g/L$ 时,就能抑制发光,而这样低的浓度还不会对人的眼睛产生刺激作用。尽管空气的污染水平很低,也有可能在高等生物中引起细微的生理学影响,但是人们却不易觉察它。在这方面,微生物可以成为我们很好的助手。

2. 利用微生物指示致癌物的污染

致癌物中的多环碳氢化合物,是空气中普遍存在的污染物,这类物质也能刺激细菌细胞产生畸变,例如,用致癌的污染物 3,4-苯并(a)芘处理蜡状芽孢杆菌,能增加细菌的代谢活性,并引起细胞的畸形生长。苯并(a)芘还能影响巨大芽孢杆菌生长,使之形成大颗粒的细胞(图 8.1)等等。因此,可以利用这种现象,来研究引起细胞损伤的污染物水平,以及细胞受损害的性质。

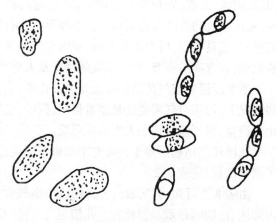

图 8.1 致癌物对巨大芽孢杆菌细胞形成的影响

据报道,紫外光可以加速苯并(a)芘对微生物的损害。有人利用原生动物草履虫作为材料,用 50 种致癌的碳氢化合物和 67 种不致癌的碳氢化合物,来研究光动力反应和致癌物活性的联系,结果显示出致癌物质比不致癌物更加具有光动力学性质。

当细胞培养在含有 3,4-苯并(a)芘的培养基中时,能形成不正常的巨大细胞,胞内充满着颗粒。

8.1.1.3 空气微生物污染的评价标准

评价空气微生物污染状况的指标是细菌总数和链球菌总数。目前,关于空气中微生物数量的标准问题,还没有正式规定,这里仅介绍一些资料,以供评价空气微生物污染时参考。

检验空气中的病原微生物比较复杂,而且阳性率不高,只有在病人或带菌者周围采集样品,才能检出,故对日常卫生监测意义不大。因而在一般评价空气微生物污染状况时,常用细菌总数与绿色链球作为评价指标。

空气中的细菌总数是指每立方米空气中各种细菌的总数,一般认为细菌总数达 $500\sim1~000~cfu/m^3$ 时,可作为空气污染的指标。

绿色链球一般作为空气污染的指标细菌。它经常存在于人类呼吸道中,是人类鼻腔中的正常菌丛。在空气中的抵抗力较大,生存时间长,有代表一般致病菌抵抗力的意义。

在拥挤的住房内,温度、相对湿度和 CO_2 含量超过卫生标准时,空气中的细菌数也大大增加,因此,细菌总数和链球菌数是测定空气卫生状况的敏感指标,它们可以评价空气的微生物污染程序与卫生状况。

有人建议用表8.3中的概数作为一般室内外空气卫生的参考标准,而表8.4系日本参考标准。

表8.3 室内外空气细菌和灰尘污染状况的卫生评价 cfu/m^3

地点	夏季		冬季		灰尘粒子数目	评价
	细菌总数	绿色与溶血性链球菌	细菌总数	绿色与溶血性链球菌		
室内	500以下	16以下	4 500以下	36以下	100以下	清洁
	2 500以下	36以上	7 000以上	124以上	500以下	污染
室外	750以下	—	50以下	—	50以下	清洁
	2 000以上	—	400以上	—	1 000以上	污染

表8.4 室内空气的卫生细菌学标准(沉降平板法)

菌落数	20以下	71~74	75~100	151~299	360以上
评价	清洁	一般	界限	轻度污染	严重污染

注:营养琼脂平板,开放5 min,27 ℃培养48 h。

8.1.1.4 空气微生物的检测

要检测空气中微生物的种类和数量,需要特殊装置的采样器采样,然后将采得的空气样品通过培养基的培养,进行计数。影响微生物计数的因素很多,包括捕获的方法和捕获过程中对微生物的杀灭作用、培养温度以及培养基的选择等。到目前为止,尚未找到一种能培养所有微生物的培养基,特别是立克次氏体和病毒不能在无生命的培养基中生长,因此,一般都是以细菌和真菌作为检测的目标。

空气微生物检验一般只计在37 ℃繁殖的微生物总数,而不计微生物种类。常用的检验方法有两种:一种是测菌落数,即一定时间内从空中落到单位地面上的微生物个数;另一种是测浮菌数,即每单位面积空气中浮游着的微生物个数。测落菌数时,把一定数量的琼脂平板,均匀地铺设在室内的地板上,打开平板,暴露琼脂若干小时。然后在37 ℃恒温箱内培养48 h,计数每个平板琼脂表面的菌落数。检测浮菌数,实际上是检测试样的总菌数。视集菌方法的不同,有撞击法、过滤法和静电沉降法之分。常用的方法如下。

1. 沉降平板法

是将盛有琼脂培养基的平板置于一定地点,打开平板盖子暴露一定时间,然后进行培养,计数菌落数。实验结果表明,培养基在空气中暴露1 min后,每平方米培养基表面积上生长的菌落数相当于0.3 m^3 空气所含有的细菌数。该方法比较原始,一些悬浮在空气中带菌的小颗粒在短时间也不易降落在培养皿内,因而无法确切进行定量测定,但检测方法手续较简便,可适用于在不同条件下相互对比之用。

2. 液体撞击法

液体撞击法亦称吸收管法,是利用特制的吸收管,将定量的空气快速吸收到管内的吸收液内(图 8.2),然后取此液体一定量(一般为 1 mL),稀释(视空气清洁程度而定),计数菌落数或分离病原微生物。

3. 撞击平板法

撞击平板法是抽吸定量的空气快速撞击一个或数个转动或不转动的平板的培养基表面,然后将平板进行培养,计数生长的菌落数。

4. 滤膜法

是将定量的空气通过支撑于滤器上的特殊滤膜(加硝酸纤维滤膜),使带有微生物的尘粒吸着附在滤膜表面,然后将此尘粒洗脱在合适的溶液中,再吸取一部分进行培养计算。

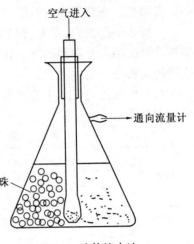

图 8.2 液体撞击法

一般检验空气中细菌的方法常用沉降法,虽然细菌数量欠准确,但方法简便。实际中用下式计算 1 m³ 空气中微生物数量,即

$$X = \frac{N \times 100 \times 100}{\pi r^2}$$

式中　X——每立方米空气中的细菌数;
　　　N——平板暴露 5 min,于 37 ℃培养 24 h 后生长的菌落数;
　　　r——平板底部半径(cm)。

如果面积为 100 cm³ 的平板培养基,暴露于空气中 5 min,37℃培养 24 h 后所生长的菌落数,就相当于 10 L 空气中的细菌数。

8.1.2 土壤中的微生物

8.1.2.1 土壤中微生物的种类及分布

土壤是微生物生长繁殖及进行各种生命活动的良好环境,溶解性的有机物和无机物给微生物提供所需的一切营养物质和能量来源;土壤中经常保持着适当的水分,酸碱度接近中性。土壤的孔隙和土壤水分的多少,直接影响土壤的通气条件。在水分饱和的土壤中,孔隙中充满水,排斥了空气,使土壤中的微生物基本上处于厌氧状态,有利于厌氧微生物的生长,而在排水良好的土壤中,土壤孔隙中有水,也有空气,有利于好氧微生物的活动。土壤水分不断变动,通气情况也随之变动,那么好氧微生物和厌氧微生物的相对数量也就随之变化。温度在一年四季中变化不大,适宜而稳定,并且在最表层土几毫米以下,又可防止太阳紫外线对微生物的杀害作用,所以,土壤有"微生物天然培养基"的称号。土壤中微生物的数量最大,类型最多,是人类利用微生物资源的主要来源,也是微生物在自然界中最大的贮藏库。但土壤也经常受到病原体等的污染,在传播疾病中起一定作用。

1. 土壤微生物的种类

土壤中的微生物包括细菌、放线菌、真菌、螺旋体、藻类和病毒,还有原生动物。以细菌为最多,占土壤微生物总数量的 70%～90%,放线菌、真菌次之,藻类和原生动物等的数量较小。绝大部分微生物对人类是有益的,它们有的能分解动植物尸体为简单的化合物,供植物吸收利用;有的能固定大气中的氮,使土壤肥沃,有利于植物生长;有的能产生各种抗菌素;也有一部分土壤微生物是动植物的病原体。

(1) 土壤中细菌

土壤中细菌按来源可分为三类:①天然生活在土壤中的自养菌,这类细菌只需要简单的无机化合物作为养料来维持生命,如以 CO_2 或碳酸盐作为碳源,以氨、铵盐、硝酸盐或亚硝酸盐作用形成氮源,土壤中的自养菌有硝化细菌、硫细菌和铁细菌等;②随着动物尸体进入土壤的腐物寄生菌,是一类异养菌,这类细菌的合成能力较差,不能利用 CO_2 或碳酸盐作用形成碳源,需要复杂的化合物,其中有些可利用无机氮,有些则利用有机氮,并从分解有机物中获得能量,土壤中的异养菌有氨化细菌、尿素细菌(*Urea bacteria*)、纤维素分解细菌(*Cellulose-decomposing bacteria*)和固氮菌属(*Azoto bacteria*)等;③随着动植物尸体或其排泄物进入土壤的致病菌,由于营养要求严格,一般在土壤中容易死亡,只有能形成芽孢的细菌才能长期存在,进入土壤的致病菌有伤寒杆菌、痢疾杆菌、霍乱弧菌、鼠疫杆菌、结核杆菌、布氏杆菌等,而致病性芽孢杆菌有炭疽杆菌、破伤风杆菌、肉毒杆菌及产气荚膜杆菌等。

(2) 土壤中放线菌

放线菌的数量也很大,仅次于细菌,占土壤中微生物总数量的5%~30%。主要是通过形成无性孢子的方式进行繁殖。典型的放线菌细胞呈丝状分枝,菌丝体长短不一,有些长达 600 μm 以上,放线菌的一个丝状营养体的体积比一个细菌大几十倍至几百倍,因此,数量虽较少,但在土壤中的生物量,相近于细菌。放线菌多生长于耕作层土壤中,数量随着土壤深度增加而减少。

土壤中的放线菌种类很多,常见的有链霉菌属(*Streptomyces*)、诺卡氏菌属、小单孢菌属(*Micromonospora*)和高温放线菌属(*Thermoacuonmyces*)。

(3) 土壤中真菌

真菌广泛生活在近地面的土层中,每克土壤有几万到几十万个,从数量上看,真菌是土壤微生物中第三大类。它们在土壤中以菌丝体和孢子形式存在,估计每克土壤中真菌菌丝的总长可达40 m,平均直径为5 μm,则土壤中含活真菌重量约 0.6 mg/g。

土壤中的真菌多属于藻菌纲,如毛霉属,根霉属;子囊菌纲,如酵母菌;半知菌纲,如青霉属、曲霉属、镰刀菌属、木霉属、轮枝霉属(*Verticillium*)、头孢霉属(*Cephalosorium*)、念珠霉属(*Monilia*)等。

(4) 土壤中其他微生物

土壤中有许多藻类,大多数是单细胞的硅藻和绿藻。数量远较上述各类菌少,不到土壤微生物总数量的1%,但因形体较大,生物量约为细菌的1/10。它们与某些真菌营共生生活。土壤中的原生动物,包括纤毛虫、鞭毛虫和肉足虫(Sarodina)等,它们都是单细胞的能运动的微生物,形体大小差异很大,通常以分裂方式进行无性繁殖。它们吞食有机物的残渣,也捕食细菌、真菌及其他微生物。因此,原生动物的数量与土壤细菌之间常表现相反的关系,即土壤中的原生动物越多,则细菌越少。原生动物对土壤有机物的分解,有着一定作用。

土壤中有噬菌体,能裂解相应的细菌。在某种情况下,由于噬菌体对根瘤菌的作用,致使豆科植物不能形成根瘤。土壤中也有肠道病毒,在传播肠道疾病有一定的流行病学意义。

2. 土壤微生物的分布

土壤微生物的分布与土壤的结构、有机物和无机物的成分、含水量及土壤理化特性(颜色、吸附情况、酸碱度、盐分及 CO_2 浓度等)不同而有差异。此外,与施肥、耕作方法、气象条件、植物覆盖等也有密切关系,如沙土比粘土通气好,有利于好氧菌的生长,潮湿土壤含水多,氧气少,则有利于厌氧菌的生长。又如耕地及施肥地,1 g 土壤中的细菌数目含有几亿到几十亿,而荒地及沙漠地带的细菌数目侧仅含 10 余万个。

根据我国土壤研究所的调查,国内不同地区土壤中微生物的数量有很大差别,例如,在我国西北黑炉土每克细菌总数为 2 050 万,放线菌 710 万,真菌 0.7 万;而粤南红壤,每克细菌总数为 62 万,放线菌 60.6 万,真菌 6.7 万。其差别主要与不同地区土质有关。

总之,不同的土壤类型,不同季节,以及土壤中水分、温度等的变化,对土壤中微生物的数量、种类及分布有很大的影响。因此,在以土壤微生物作卫生检测评价时,必须全面考虑。

不同深度土壤各类微生物的分布,见表 8.5。

表 8.5　土壤中的微生物

深度/cm	(微生物数/g 土壤)× 10³				
	需氧菌	厌氧菌	放线菌	真菌	藻类
3 ~ 8	7 800	1 950	2 080	119	25
20 ~ 25	1 800	397	245	50	5
35 ~ 40	472	98	49	14	5
65 ~ 75	10	1	5	6	0.1
135 ~ 145	1	0.5	—	3	—

8.1.2.2　土壤微生物的分离和计数

1. 培养基的制备

土壤中微生物的种类繁多,各类微生物所需的营养物质也不尽相同。培养基就是按照微生物生长繁殖所需要的各种营养成分,由人工配制而成的营养基质。分离和计数土壤中常见微生物的培养基参见有关手册。

2. 一般土壤微生物的分离与计数

(1) 稀释平板法

稀释平板法操作简便,而且,同时从土壤中分离出较多种类的微生物。稀释平板法是测定土壤中活的微生物数量最常用的一种方法,本方法的操作步骤如下。

用 1/100 天秤称取 10 g 土样,加入盛有 100 mL 无菌水的三角瓶中(500 mL)。同时,称取待测土样 10 ~ 11 g,在 105 ℃ 温度下,烘干 8 h,置于干燥器中,待冷却后称重,按下列公式计算土壤含水量的百分数。

$$土壤含水量/\% = \frac{湿土重 - 干土重}{湿土重} \times 100$$

将盛有 10 g 土样加入到 100 mL 无菌水的三角瓶放在振荡机上振荡 10 min,使土样均匀地分散无菌水中成为土壤悬液。

从土壤悬液中吸取 1 mL 放入到 9 mL 无菌水中,依次按倍比稀释法,一直稀释到 10^{-6}。所用吸取悬液的吸管均需在稀释中反复吹洗几次才可使用。

根据各类微生物在土壤中数量的多少选择适当稀释度,如细菌为 10^{-4} ~ 10^{-6},各重复 4 次。

土壤悬液的接种方法：①混菌法。吸取1 mL悬液于直径为9 cm的无菌培养皿中,然后倾注已熔化并冷却至45 ℃的选择性培养基约15 mL与培养皿中的土悬液充分混匀,待凝固后倒置保温培养。②涂布法。在事先倾注好的选择性固体培养基表面,用1 mL无菌吸管于琼脂表面加1滴(相当于0.05 mL)一定稀释度的土壤悬液,然后立即用玻璃刮刀将悬液均匀地涂抹于琼脂表面。

接种的培养皿,待培养基凝固后倒置于28～30 ℃恒温箱中培养,细菌培养3～5 d,真菌培养5～7 d,放线菌培养10～14 d。然后取出,对细菌和放线菌选取出现菌落数为在20～200个的培养皿,真菌选取菌落数为10～100个的培养皿。

结果计算分为以下两种情况：

用混菌法接种的计算公式为

$$每克干土中菌数 = \frac{菌落平均数 \times 稀释倍数}{干土百分率}$$

用刮刀法接种的计算公式为

$$每克干土中菌数 = \frac{菌落平均数 \times 稀释倍数 \times 20}{干土百分率}$$

(2) 稀释法

对具有特殊生理功能的细菌,如硝化、反硝化、固氮、硫化、反硫化和纤维素分解菌等,常采用稀释法计数,也称最大概率数法,即MPN法。它是根据统计学原理,用于估算悬液中活体微生物(一般为细菌)浓度的方法,其操作规程如下：①制备土壤悬液,见稀释平板法；②根据各类群微生物在土壤中的大概数量选择5个相连的稀释度,将不同稀释度悬液分别接种至不同培养基的试管中,每管接悬液1 mL,每一稀释度均有5管重复；③于28 ℃培养7～14 d,根据各生理群微生物在其培养基上的生长或反应,分别记录结果。

根据各稀释系列试管中有无待测微生物或其生理反应的正和负得出数量指标,并根据重复数量不同从相应的稀释法测数统计表中查出细菌近似值。应用稀释法计数时,在稀释系列中,最后一个稀释度的所有重复样品都必须保证没有微生物生长。确定数量指标系时,是取稀释系列中所有的重复样品都有微生物生长(或呈正反应)的最高稀释度为数量指标的第一位数字。例如：

稀释度	10^{-1}	10^{-2}	10^{-3}	10^{-4}	10^{-5}
生长情况	+ + + + +	+ + + + +	+ + + + -	+ + - - -	- - - - -
	5	5	4	2	0

数量指标为542,由表查得细菌近似值为25。如果在所有重复试管内都有微生物生长的稀释度之后仍有三个数字,则最后一个数字加在前一个数字上。例如：

	10^{-1}	10^{-2}	10^{-3}	10^{-4}	10^{-5}
	5	5	4	2	0

则数量指标为544。

计算结果时,可采用以下公式

$$每克干土菌数 = \frac{近似值 \times 数量指标第一位数的稀释倍数}{干土百分率}$$

设样品含水量为20%,则干土为80%

$$每克干土菌数 = \frac{25 \times 10^2 \times 100}{80}$$

(3) 厌氧微生物的分离与计数

厌氧微生物的培养方法很多,可参照有关的书籍,该部分内容在相关章节中详细介绍。

8.1.2.3 土壤的卫生微生物学检测

1. 主要检查项目

(1) 细菌总数的测定

土壤中微生物种类很多,它们的生物学特性各不相同,对于培养条件及营养要求也各不相同,因而细菌培养法显然不能完全代表土壤中的微生物状态,而只能大致说明细菌污染程度。

(2) 大肠菌群值的测定

大肠菌群在自然界中存活时间与肠道病菌近似,因此,大肠菌群值的测定,在确定土壤被粪便污染上有较现实的意义。大肠菌群值的概念,是指可检出大肠菌群的最小被检样品重,通常用克来表示。

(3) 产气荚膜杆菌的测定

测定产气荚膜杆菌数量,在判断粪便污染土壤的时间上有辅助的意义,因为产气荚膜杆菌存活时间较长,当发现产气荚膜杆菌大量存在而大肠埃希氏菌很少时,则表示土壤是已被粪便污染了很久,反之,则表示新近的污染。

(4) 嗜热菌的测定

嗜热菌主要存在于温血动物的肠道内,也大量存在于有机垃圾中,通过检查嗜热菌的存在与否来作为是否污染的标志。嗜热菌为需氧芽孢杆菌,当发现嗜热菌大量存在而大肠埃希氏菌很少时,说明土壤已被粪便污染很久,反之,为新近污染。

(5) 芽孢菌和非芽孢菌的比值测定

芽孢菌对于外界环境抵抗力强,生存时间较久,因而,当发现芽孢菌大量存在而非芽孢菌少时,说明污染的时间较久,反之,则为新近污染。

2. 检验方法

(1) 样品的采集与处理

先用灭菌的刀或铲除去土壤的表层,再用烧灼灭菌后的勺采取土壤 200 g ~ 300 g,置于无菌磨口玻璃瓶内,标明采取地点、深度、日期和时间。

将土壤置于乳钵中研磨均匀,称取 50 g,加入盛有 450 mL 灭菌自来水的广口瓶中,充分振摇混匀,制成 10^{-1} 的稀释液,然后以此为检验材料,进行细菌总数及大肠菌群等检测。

(2) 细菌总数测定

方法与水的细菌总数测定相同。

(3) 大肠菌群值的测定

测定方法如下:①由稀释倍数高的开始,依次吸取 10^{-3}、10^{-2} 及 10^{-1} 稀释液各 1 mL,分别加入 10 mL 单倍乳糖培养基内,另取 10^{-1} 稀释液 10 mL,加入到 10 mL 双倍乳糖培养液中;②置 37 ℃保温箱培养 24 h,以下操作按大肠菌群的常规测定方法进行。

(4) 产气荚膜杆菌值的测定

按下列步骤进行:①将土壤稀释液置于 80 ℃ 水浴加热 15 min,以杀灭其中的繁殖体;

②分别接种 $10^{-4} \sim 10^{-1}$ 各稀释液 1 mL 于已融化并冷却至 45 ℃ 左右的亚硫酸钠深层培养基内,混合均匀,迅速将试管置水中冷却,并置 44 ℃ 培养 18~24 h,观察结果;③若有产气荚膜杆菌生长,则于深层培养基中出现裂解、混浊和变黑现象;④挑选黑色菌落涂片染色,可见产气荚膜杆菌的典型形态(G'杆菌,芽孢多位于菌体的次极端,芽孢小于菌体);⑤根据结果,查表即得产气荚膜杆菌值。

(5) 嗜热菌数测定

测定方法与细菌总数测定方法不同的是需放在较高温度培养。具体过程为:①分别吸取已稀释成 $10^{-5} \sim 10^{-1}$ 的稀释液各 1 mL 注入平皿内;②将已融化并冷至 65 ℃ 的琼脂倾入平皿中,混合均匀;③待凝,置 60 ℃ 温箱培养 24 h,所获菌数即为嗜热菌数。

(6) 芽孢菌与非芽孢菌比值测定

按常规方法倾皿,在 37 ℃ 培养 48 h,记录土壤细菌总数,然后将土壤稀释液于 80 ℃ 水浴中加热 15 min 以杀灭繁殖体后再行倾皿培养,所得菌数即为芽孢菌数。细菌总数减去芽孢菌数即为非芽孢菌数。

关于土壤污染评价的卫生细菌学标准,援引下列资料作为参考,见表 8.6、表 8.7、表 8.8。

表 8.6 居民区土壤的卫生评价之一

污染程度	大肠菌群值/g	产气荚膜杆菌值/g
严重染染	(<0.001)	<0.0001
中度污染	0.01~0.001	0.001~0.0001
轻度污染	1~0.01	0.1~0.001
洁 净	>0.1	>0.1

表 8.7 居民区土壤的卫生评价之二

指 标	相对洁净	中度污染	严重污染
菌落总数/(cfu·g^{-1})	1万	数十万	数百万
大肠菌群值	1	0.05	0.001~0.002

表 8.8 居民区土壤的卫生评价之三

土 壤	嗜热菌数
粪便强度污染	$1 \times 10^5 \sim 4 \times 10^6$
粪便中度污染	$5 \times 10^4 \sim 1 \times 10^5$
粪便轻度污染	$1 \times 10^3 \sim 5 \times 10^4$
洁 净	$1 \times 10^2 \sim 1 \times 10^3$

8.1.3 水环境中的微生物

地球表面的水,97% 是咸水,江、河、湖泊中淡水仅占 3%。淡水与咸水的主要区别在于所含的无机盐浓度(称含盐量)不同。淡水的含盐量,硬水为 0.03%,软水为 0.0065%。海水含盐量在 3.3%~3.8% 之间,其中主要阳离子为 Na^+、Mg^{2+}、Ca^{2+}、K^+,主要阴离子为 Cl^-、SO_4^{2-}、Br^- 和 HCO_3^-。

各种工业废水及各地区生活废水中的含盐量各不相同,某些工业生产废水中,由于加工工艺的要求,含盐量很高,如制革废水中 NaCl 含量高达 2 000 mg/L,而味精废水中 Cl^- 或 SO_4^{2-} 含量可高达 10 000~20 000 mg/L。

习惯上,常将水环境中微生物分为淡水微生物和咸水微生物两大类。

8.1.3.1 淡水微生物

淡水区域的自然环境多靠近陆地,因此,淡水中的微生物主要来源于土壤、空气、废水、人和动物的排泄物以及死亡腐败的动植物尸体等。事实上,土壤中所有细菌、放线菌和大部分真菌,在水体中几乎都能找到,并且成为淡水中的固有种,如色杆菌属(*Chromobacterium*)、无色杆菌属(*Achromobacter*)和微球菌(*Micrococcus* sp.)能在含氮量极少的水域中生长;柄杆菌(*Caulobacter* sp.)能在低营养水域中生长;附生在石头、水生植物或其他固体表面的很多藻类和细菌,能从不断流过的水中摄取营养。但也有很多微生物由于不能适应水体某种特定环境而死亡,特别是某些肠道微生物(包括肠道病原微生物),在清洁的自然水体中一般不能长期生存,有的甚至只能存活几天。清洁淡水水体中细菌总数一般为每 1 mL 只有几十至几百个。

处于城镇等人口聚集地区的湖泊、河流等淡水,由于不断接纳各种废水,有机物含量较高,因而细菌含量远比清洁水域高,一般每 1 mL 水可多达几千万甚至几亿个。在细菌种类上主要有腐生型细菌、真菌和原生动物,如芽孢杆菌属(*Bacillus*)、梭菌属(*Clostridium*)、变形菌属(*Proteus*)、大肠杆菌(*E. coli*)、粪链球菌(*Streptococcus faecalis*)和弧菌(*Vibrio* sp.)、螺菌(*Spirillum* sp.),另外,还有大量酵母菌。底层淤泥中厌氧细菌较多,如脱硫弧菌属(*Desulfovibrio*)、甲烷杆菌属(*Methanobacterium*)和甲烷球菌(*Methanococcus*)以及原生动物和鞘细菌。这些细菌种群与废水中的生物种群较接近(参见第 11 章)。

在水流缓慢的浅水或湖泊、池塘中,常有丝状藻类、丝状细菌和真菌生长,而且由于藻类大量繁殖,形成有机质丰富的微环境,因而腐生型细菌和原生动物也随之大量繁殖。

地下水因为经过土层过滤,几乎大部分微生物被阻留在土壤中。同时,由于深层土壤中缺乏可以利用的有机物,因此,地下水中所含微生物的种类和数量很少,在浅层地下水中主要有无色杆菌属和黄杆菌属(*Flavobacterium*),而在深层地下水中几乎无微生物生存。

8.1.3.2 咸水微生物

咸水中微生物种类与海洋区域有关。远海区域含盐量较高,主要生存嗜盐并能耐受高渗透压的细菌,如盐生盐杆菌(*Halobacterium halobium*)在含盐量 12% 的饱和盐水中可生长,此外,亦可见到假单胞菌属(*P. xanthocrus*)。在海岸及入海口的淡咸水交汇处有机物含量较高,含盐量较低,细菌含量较高。一般每 1 mL 水约含 10 万个细菌,底泥中常含几亿个细菌。常见细菌主要有假单胞菌属(*Pseudomonas*)、杆动菌属(*Mycoplana*)、弧菌属(*Vibrio*)、梭菌属、变形菌属、硫细菌、硝化细菌和蓝细菌中的一些种,常见酵母菌有色串孢属(*Torual*)和酵母(*Saccharomyces* sp.),一般霉菌较少。海洋中的藻类较多,主要有硅藻。

8.1.4 极端自然环境中的微生物

极端自然环境是指存在特殊理化生态因子或生长某些特殊微生物的自然环境。

特殊理化因子 { 低温、高温、高压、强酸
强碱、干燥、辐射、高盐
低营养、重金属

特殊微生物 { 嗜冷菌、嗜高温菌、嗜盐菌
嗜压菌、抗辐射菌、抗干燥菌
抗低营养菌、抗重金属菌

自然界中存在着很多极端环境,为一般生物生长和存活的极限,但却能生长着相应的、能适应这些极端环境的微生物。如高盐、高碱、高温、低温、高酸、高热、高干旱、高压、高辐射以致高浓度重金属离子和低营养等极端环境下生长的微生物。这些微生物经过长期自然选择,分别具备强且稳定的特殊结构、机能和遗传基因,以应答相应的强烈限制因子。作为地球上的边缘生命现象,极端微生物颇为耐人寻味。它在生命起源、系统进化等方面给人们许多重要的启示。同时,极端微生物的存在,又具有极大的应用价值。目前,极端微生物已成为国内外较热门的研究对象,日本、美国、欧洲等国家都启动了极端微生物的研究计划。在揭示极端生命形式的奥秘,并利用其特殊机制与特殊产物方面主要研究工作包括:新物种的发现;新产物的研究与生产;极端酶的结构与功能用于基因的克隆表达;适应机理的分子基础及遗传原理;基因组分析等。

8.1.4.1 极端环境生物概述

1. 嗜热微生物

自然界有不少高温环境,如堆肥、煤堆、火山附近、热泉、太阳辐射的沙漠、土壤和岩石及枯枝败叶层等,这些地方均有高温微生物生活。按被普遍接受的 Williams(1975)的定义,最高生长温度高于 60 ℃最适生长温度高于 50 ℃的微生物称为嗜热菌;而最高生长温度超过 90 ℃,最适生长温度高于 65 ℃的微生物则称为极端嗜热菌。

2. 嗜冷菌和耐冷菌

在地球的两极、高山、冰川及冷库等特殊的环境中生活着一类微生物即冷适应微生物。根据其生长温度特性可分为两类:一类是必须生活在低温下且其最高生长温度不超过 20 ℃,最适温度在 15 ℃,在 0 ℃可生长繁殖的微生物称嗜冷菌;另一类是最高生长温度高于 20 ℃,最适温度高于 15 ℃,在 0~5 ℃可生长繁殖的微生物称为耐冷菌。

3. 嗜酸菌

一般认为,极端嗜酸菌指那些生长在 pH 值上限为 3.0,最适生长 pH 值在 1.0~2.5 之间的微生物。

4. 嗜碱菌

最适生长在 pH 值 8.0 以上,通常生长在 pH 值 9.0~10.0 之间的微生物,称为嗜碱菌。而能在高 pH 值条件下生长,但最适宜生长条件并不在碱性 pH 值范围的微生物称为耐碱菌。在嗜碱菌中,有些菌在 pH 值中性或中性以下不能生长,称为专性嗜碱菌,而有些菌在 pH 中性或中性以下可以生长的称为兼性嗜碱菌。

5. 嗜盐菌

高盐环境通常是指那些盐浓度高于海水的环境。在这些环境中能够生存的微生物可分为三类:一类是能耐受一定浓度的盐溶液,但在无盐存在条件下生长最好的菌称为耐盐菌;第二类是一定浓度的盐为菌体生长所必需的,在一定浓度的盐溶液中生长最好,称为嗜盐菌;在盐浓度从零至饱和的盐溶液中均能生长,在一定浓度的盐溶液中生长最好的特殊类群称为多能盐生菌。依据嗜盐浓度的不同,嗜盐菌又可分为轻度嗜盐菌(最适盐浓度 0.2~0.5 mol/L),中度嗜盐菌(最适盐浓度 0.5~2.0 mol/L)和极端嗜盐菌(最适盐浓度大于

3.0 mol/L),其中部分极端嗜盐菌为嗜盐古菌。

8.1.4.2 极端环境微生物的主要类群和适应环境的生理机制

1. 嗜热微生物主要类群

嗜热微生物主要类群有硫化叶菌属、栖热菌属、嗜热芽孢梭菌、嗜酸嗜热好氧芽孢杆菌、好氧芽孢杆菌等。近50年来,研究嗜热微生物几乎都集中在芽孢杆菌和芽孢梭菌。芽孢杆菌中,嗜热脂肪芽孢菌属是全球性广泛研究的,它们中大多数为蛋氨酸营养缺陷型,某些菌株要求维生素和其他生长因子。脱氮嗜热芽孢杆菌在厌氧条件下能够还原 NO_3^-、NO_2^-,还有极端嗜热芽孢杆菌。嗜热脂肪芽孢菌属在蔗糖、酵母浸提液中批量培养可得 3.0 mg 干重/ml,在甘油培养基中连续培养可得 9.0 mg 干重/ml。

2. 嗜冷微生物主要类群

嗜冷菌绝大多数为 G^- 菌。已鉴定的有假单胞菌、弧菌、无色杆菌、黄杆菌、噬纤维菌和螺菌(Mania, 1964; Herbert, 1981)。Tanner 和 Herbert(1981)用数值分类法对南极海洋沉积物中分离的 144 株嗜冷菌进行研究,得出 55% 为弧菌,22% 为产碱杆菌,4% 为假单胞菌和 3% 为黄杆菌,其他 16% 不能用伯杰手册第八版的方法鉴定。G^+ 菌比 G^- 菌出现的频率小得多,厌氧菌也少。少数嗜冷芽孢梭菌不仅存在于自然界,也存在于冷藏食品和酸牛奶中。

冷适应微生物在长期的生物进化过程中形成了一系列的适应低温的机制。这些机制包括营养物质的吸收和转运、DNA 的复制合成、蛋白质的合成、合成代谢和分解代谢正常进行、能量代谢的正常进行、细胞的分裂等。

3. 嗜酸微生物主要类群

在常温嗜酸原核微生物中研究得较多的一类是化能自养型 *T. ferooxidans* 和 *Thiobacilius thiookidans* 以及呈变曲螺旋状的 *Leptospirillum Ferrooxidans*。另外一类是自养和异养型嗜酸菌,它们除能以元素硫或硫化物为能源进行自养生长外,还能以酵母汁和蛋白胨为营养进行异养生长。在嗜酸微生物中许多氧化元素硫的球形古菌已被分离鉴定,这主要包括 *Accdianus*、*Metallosphacra* 和 *Sulfurobus* 属中的一些种,包括好氧、兼性厌氧和严格厌氧型菌。

有关嗜酸菌细胞内维持近中性 pH 适应外部酸性环境的机制,一般有"泵说"、"屏蔽说"和"道南平衡说"三种解释。另外,在常温型革兰氏负反应嗜酸菌如 *T. ferrooxidans* 等的同质空间定位的高含量酶蛋白对其适应酸性环境有重要贡献。

最近,对嗜热酸古细菌跨膜 H^+ 梯度和电位差研究表明,质子的通透性间接由定位于膜上的脂质四聚体决定。这种跨膜四聚体能形成一层坚固的单层膜,使其在生长的 pH 范围内,质子几乎不能透过。

4. 嗜碱微生物主要类群

自从 1928 年 A. W. Downie 发现第一个嗜碱菌 *Strcptococcus faecaus* 以来,大量不同类型的嗜碱菌已经从土壤、碱湖、碱性泉甚至海洋中分离得到,包括细菌、真菌和古菌等。通过表型分类、化学分类或系统发育分析,大部分菌属于 *Proteobacteria* 的 *gama suboivision*,有些新属与 *Halomonas* 相近,有些与 *Pesudomonas* 相近,还有些菌具有独特分类地位。G^+ 菌更复杂,大部分尚没有被充分的研究,通过 16S rRNA 基因进行的系统发育学分析,揭示了嗜碱菌具有丰富的生物多样化,其分类学工作尚待进一步完善。

为了保证生物大分子的活性和代谢活动的正常进行,细菌细胞质的 pH 不能很高,当细

胞呼吸时排出 H^+，细胞质变碱，为了维持 pH 平衡，需要 H^+ 重新跨膜进入细胞，这由反向运输系统排出阳离子将 H^+ 交换到细胞内来完成。嗜碱菌可以在 pH = 10.0～11.0 最适生长，但胞内要维持 pH = 7.0～9.0 之间，Na^+/H^+ 反向运输是嗜碱菌细胞质酸化基本的原因，为了使其发挥作用，需要胞内有足够 Na^+，Na^+ 的跨膜循环是必要的。相关嗜碱菌 Na^+/H^+ 反向运输的基因已经从嗜碱菌 *Bacillus* C-125 中得到了克隆。

5. 嗜盐微生物主要类群

为了能在高盐环境中生存，各种嗜盐菌具有不同的适应环境机理。嗜盐厌氧菌、嗜盐还原菌以及嗜盐古菌是采用在细胞内积累高浓度钾离子(4.0～5.0 mol/L)的策略来对抗胞外的高渗环境。然而，正是由于胞内高浓度钾离子的存在，使得这类微生物对环境中离子浓度的降低缺少有效的适应能力。嗜盐真核生物、嗜盐真细菌和嗜盐甲烷菌的嗜盐机理是在胞内积累大量的小分子极性物质，如甘油、单糖及它们的衍生物。这些小分子极性物质在嗜盐菌、耐盐菌的胞内构成渗透调节物质，帮助细胞从高盐环境中获取水分。而且这些物质在细胞内能够被迅速地合成和降解，因此，以这种机制克服高渗环境的微生物对环境渗透压的改变有较强的适应能力。

8.2 微生物个体的生态条件

所谓个体就是指具有完整生命活动的最小功能有机体。个体生态学就是研究生物个体与环境的相互关系，其中包括生物和非生物因子对生物个体生长、繁殖的影响。

8.2.1 生态因子概述

微生物所生存的场所中，对微生物生长发育具有直接或间接影响的环境要素，称为生态因子(ecological factors)。从生态学角度来看，所有生态因子构成了生物的生态环境(ecological environment)。具体的生物个体和群体的生态环境，称为生境(habitat)。

8.2.1.1 限制因子

生态因子与微生物间的相互作用是相当繁杂的，生境中各种生态因子并不是孤立地发挥作用，而是彼此相互联系、相互促进、相互制约的，从而构成一个综合体。但对于一个特定的生境，在诸因子中，必有一个或几个因子在特定条件下起主导作用，即该因子的改变将影响微生物个体的生长、繁殖，以及引起生物种群或群落*的改变，这种因子可称为限制因子(limiting factors)。

8.2.1.2 最低定律

德国有机化学家利比赫(Liebig, 1840)在研究土壤营养对谷物产量的影响中发现，一块田地上谷物产量的增减与有机肥料中矿质营养转运给植物的多寡成正比。每种植物都需要一定种类的和一定数量的营养物质，如果环境中缺乏其中一种，植物就会死亡；倘若某一种营养物质供给的数量减少到最低限度，植物的生长和发育将是最低限度的，此即利比赫最小因子定律。后来人们把这种思想称之为"最低定律(Law of Minimum)"，即在稳态条件下，生

---

* 群落是在一定时间内居住于特定生境中的各种群所构成的生物系统

物所能利用的物质(生态因子)量达到最低限度,会对生物生长发育起限制作用,这种物质则成为限制因子。

8.2.1.3 耐性定律

关于生态因子对生物影响的一些研究揭示,不仅仅某种生态因子太低能限制生物的生存和繁殖,太高也同样能起限制作用。因而谢尔福德(Shelford,1913)提出了耐性定律(Law of tolerance):任何一个生态因子对生物都存在最大和最小临界阈,在稳态条件下,当这种生态因子超过某种生物的耐性限度时,就会使该生物受到损伤或不能生存。各生物体及其某一生理过程对限制因子所具有的耐性极限范围,称为生态幅(ecological amplitude),见图8.3。

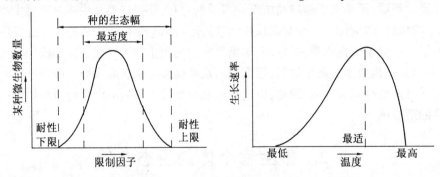

图8.3 耐性定律图示及温度对微生物生长速率的影响

耐性定律具有一定的普遍意义,各种生态因子对微生物的影响大多遵循这一规律。不同的生态因子对特定的微生物所具有的生态幅有宽有窄,因而常分为狭适性和广适性。如狭温性(stenothermal)微生物所具有的温度生态幅较窄,而广温性(eurythemal)微生物所能适应的温度范围较宽。此外还有狭盐性(stenohyaline)和广盐性(euryhaline)、狭食性(stenophagic)和广食性(euryphagic)等。

耐性定律较最低定律的适用范围更广,更具有普遍意义。但最低定律在某些条件下仍具有实际意义,如营养缺陷型微生物对某种生长因子的需求就遵循最低定律原则。

8.2.1.4 对以上定律的说明

在应用最低定律和耐性定律进行生态学研究中,应做以下补充说明。

①最低定律只适用于"单因子"作为限制因子的假设,因而只有在稳态条件下,即生境中能量和物质的流入和流出相平衡时才能严格应用。例如,在清洁的湖泊中,CO_2、N、P中至少有一个成为藻类生长的限制因子,即使当湖泊中进入大量非含氮有机化合物的废水时,有机物在细菌等的分解代谢下产生大量CO_2,而此时N或P将成为主要限制因子,生境仍处于稳定状态。若此时由于暴雨将大量农田中的氮、磷肥冲刷进湖泊中,则藻类的生长在一定阶段便不存在限制因子。在这种富营养化的水体中,往往产生高度的不稳定状态,常常会发生生境中藻类生长繁殖的严重"振荡",即藻类大量繁殖,覆盖整个水体表面(即水华现象)。当光照作为限制因子阻碍了下层藻类的光合作用而导致藻类相继死亡,则在好氧性腐生细菌的分解代谢下重新释放出CO_2、N、P等营养物质,藻类又出现一个新的大量繁殖。如此周而复始,耗尽了水体中的溶解氧,致使其他水生生物因窒息而死亡。此后在厌氧性腐生细菌的分解代谢下为藻类提供CO_2、N、P等营养物质,同时产生CH_4、H_2S等,使水体发黑、变臭。所以,对这种变化无常的情况,营养物质的流入、流出已不平衡,这主要是由于在非稳定条件

下，CO_2 或 N 或 P 已不成为惟一的限制因子，而与光照构成交替的限制因子，因而出现了藻类生长速率狂增及迅速死亡的不稳定状况。如果应用最低定律（包括耐性定律）来说明以上现象，并将藻类狂增及迅速死亡亦看做是一种稳定状态，则笔者提出以下补充原理：微生物在某一生境中生存时，任何一个稳态条件的建立，都是由于生境中至少存在一种生态因子限制的结果。在自然条件下，微生物生长发育到一定阶段，必然有某种生态因子成为限制因子。

以上规律在控制水污染、防止水体富营养化方面和找出藻类发生水华的关键控制因素（如限制因子 CO_2、N、P 之一），具有实际的应用价值。

②耐性极限范围仅当微生物从一个状态平稳地过渡到另一个稳定状态下才有意义。在某一生境中生存的微生物个体，其死亡原因由造成生理上的不适或生理代谢受阻比由耐性极限的限制为多。

耐性极限具有一定的遗传性，因而耐性极限（生态幅）对某种微生物是具有一定价值的。当微生物频繁处于接近耐性极限的环境中，它的生存将受到严重危害。例如，某些嗜冷性微生物细胞内由于含不饱和脂肪酸较多，因而即使生存于 -10 ℃的冰层内，亦不致死亡，但若在 0~5 ℃之间频繁采取迅速冰融-冰冻方法，则该嗜冷性微生物将很快死亡。

③当一个特定因子处于极小量时，其他大量或过量的因子将起替代作用，这就是所谓因子替代作用(factor substitution)。例如，软体动物的壳需要钙元素，钙可能是限制因子，若环境中有较多的锶元素，则能够部分地替代钙。但这种替代作用并不常发生，大多数生态因子具有不可替代性。

另一种现象是在一定条件下，某因子在量上的不足可由相关的生态因子的增加或加强而得到补偿，即生态因子的可调剂性或补偿作用。例如，藻类生长中若增加 CO_2 的浓度，则可补偿由于光照减弱所引起的光合强度降低的效应。

④同一个体的生态幅，可因其发育阶段不同而发生变化。一般来说，生态因子对处于迟缓期甚至对数期的微生物影响较大，因而，在这两期内生态幅较窄。例如，芽孢杆菌属(*Bacillus*)的营养细菌在 80 ℃条件下 10~30 min 即可全部杀死，而形成内生孢子（往往处于稳定期）后，即使在 100 ℃下仍能生存很长一段时间。

⑤当某种微生物对某一个生态因子不是处于最适度范围内，则对其他生态因子的耐性限度可能也随之下降。

8.2.1.5 生态因子的分类

按照传统的分类法，生态因子中各要素可分为非生物因子和生物因子两大类。前者包括温度、光、渗透压（水的活度）、pH、氧化还原电位和营养物质等物理、化学因子；后者包括竞争、捕食、共生、互生、拮抗、寄生等。这种分类往往不够严格，有很大的随意性，如温度可以看做是非生物因子，而在生物发酵中，发酵微生物由于大量释放热能而使生境中温度发生改变。目前国内外还有几种分类方法，如密度制约因子与非密度制约因子(Smity, 1935)，周期因子与非周期因子(Мончблский, 1985)等。由于非生物因子和生物因子的分类较为简单，易理解和掌握，因而本书中仍按这一分类加以叙述。

8.2.2 非生物因子

8.2.2.1 温度

温度是一个重要的生态因子。首先,温度对生物个体的生长、繁殖等生理生化活动产生深刻的影响;其次,温度对生物的分布及数量等也有一定的决定作用。

1. 温度及其变化规律

地球上热量的分布是极不均匀的,但遵循着一定的规律。在时间上表现为季节和昼夜变化;在空间上受纬度、海陆位置、海拔高度及地形等因素的制约。

(1) 温度在空间上的分布

纬度是影响温度的主要因素,随着纬度增加,温度递减,因此,从赤道至北极可划分为热带、亚热带、温带和寒带。我国疆域辽阔,但我国大部分地区处于亚热带和温带。

海陆位置是影响热量水平分布的另一重要因素,特别是对昼夜温度变化影响较大。海洋性气候昼夜温度差较小,而大陆性气候温差较大。

海拔高度与地形变化也是影响热量空间分布的重要因素之一。错综复杂的山系常常是南北暖冷气流运行的障碍,尤其是东西走向的山脉往往成为气候的分界线。例如,秦岭南坡温暖多雨,北坡寒冷少雨,山脉的迎风坡和背风坡温差较大,背风坡常形成高温中心。

(2) 季节变化

气温随季节呈现周期性变化,而水温随气温而变,但水温变幅相对较小,特别是污(废)水的温度变化幅度更小。如在哈尔滨附近地区,夏季气温可达 35 ℃左右,而城市废水排放口的温度约为 25 ℃左右;当冬季气温达 −35 ℃,废水排放口的温度仍可保持在 8 ℃以上。在温带较深的湖泊和池塘(包括氧化塘)中,随温度季节性变化出现水的循环成层现象如图 8.4 所示。

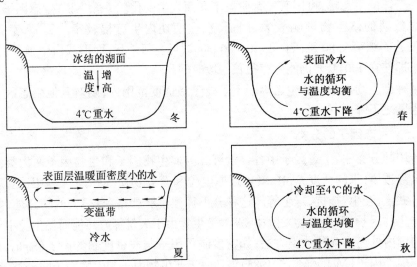

图 8.4 湖泊中水在四季中出现的循环与成层现象

① 冬季时,由于 4 ℃时水的密度最大,湖面完全冻结,冰水接壤处水温约 0 ℃,而水底温度约 4 ℃,这与其最大密度相当,因而冰冻层下温度随水深减小而递减。

②春季冰融后,湖面水的温度达到4℃时便向湖底下沉,随之,湖底的水上升,表现出自身的循环,以达到温度的平衡,此时底泥往往也随之上翻。

③在夏季,温度出现分层,水越深,则水温越低。夏季湖泊中可分为三带:即表面带或湖面动荡带,这个带受风的影响,氧气和藻类等浮游植物较多,光照较好,温度随着深度而缓慢下降;其次为过渡带或温变带,该带温度迅速改变,至少每深 1 m 降 1 ℃;深水带或湖底静水带,这一带一直到湖底,透光性很差或不透光,全年温度很少变化。对于较浅的池塘,静水带可能不出现。

④到秋季,当表面水温冷却至 4 ℃,则出现全年第二次水的循环与温度均衡,因而秋季亦常出现翻泥现象。

(3)昼夜变化

气温日变化有一个最高和一个最低值。日变化中最高与最低气温之差称为日变幅。日变幅受空间地域影响较大,它随纬度增加而递减。此外,还受季节影响,一般来说夏季日变幅大于冬季。水温的日变幅变化较小。

2.温度对微生物生长的影响

温度是影响微生物生长与存活的最重要因素之一。因为微生物的生长发育是一个极其复杂的生物化学反应,这种反应需要在一定的温度范围内进行。

微生物可生长的范围较广,已知微生物在 -10~95 ℃均可生长。但每一种微生物只在一定的温度范围内生长。根据生态幅,每种微生物都有三种基本温度:微生物生长的温度耐性下限,叫最低生长温度,低于这个温度,微生物就不能生长;微生物生长最旺盛时的温度叫最适生长温度;微生物生长的温度耐性上限,叫最高生长温度,超过这个温度,则会引起细胞成分发生不可逆的失活而导致死亡(图 8.3)。微生物的最适生长温度通常靠近最高生长温度,不同微生物的基本生长温度差异很大。根据微生物的最适生长温度,可将微生物分成三类(表 8.9)。表 8.10 所示为废水处理中常见微生物生长的温度范围。

表 8.9 各类微生物生长的温度范围

类 别	生长温度/℃			备 注
	最低	最适	最高	
嗜冷性微物	-5~0	15~20	25~30	水生微生物
适温性微物	10	25~37	45~50	大多数腐生性微生物及所有寄生性微生物
嗜热性微物	30	50~60	70~80	土壤、堆肥、温泉中的微生物

(1)嗜冷性微生物

嗜冷性微生物可在较低温度下生长,它们常见于寒带土壤、深湖、冷泉和冷藏库中。它们对这些区域中有机物质的分解起着重要作用。嗜冷性微生物又可分为专性和兼性两种。专性嗜冷性微生物的最适生长温度为 15 ℃左右,属狭温性。兼性嗜冷性微生物的最适温度为 25~30 ℃,但在 0 ℃条件下也能生长。如假单胞菌属和芽孢杆菌属中有些嗜冷的种在废水低温处理中起着重要的作用。

根据研究,嗜冷性微生物能在低温下生长,不仅是由于其酶在低温下具有更有效的催化活性,温度稍高时酶迅速失活;而且由于其细胞膜含不饱和脂肪酸较高,能在低温下保持膜的半流动性,从而保证了膜的通透性能,有利于微生物的生长。

表 8.10 废水处理中微生物生长的温度范围

	微生物名称	温度范围/℃		
		最低	最适	最高
活性污泥	假单胞菌(Pseudomonas spp.)	1	26	37
	芽孢杆菌(Bacillus spp.)	0	35	50
	黄杆菌属(Flavobacterium)	10	25	37
	球衣细菌(Sphaerotilus)	15	30	37
	大肠杆菌(E. coli)	10	37	45
厌氧消化 中温	产甲烷八叠球菌属		35~37	
	甲酸假单胞菌		33~42	
厌氧消化 高温	嗜热放线菌属(Thermoactinomyces)	28	50	65
	嗜热脂肪芽孢杆菌(B. slearothermophilus)	37	50~60	
	嗜热解纤维梭菌(C. thermocellum)		60	

(2) 适温性微生物

绝大多数微生物都属适温性微生物,如大部分土壤微生物和植物、温血动物、人等体内的寄生性微生物。适温性微生物的最低生长温度为 10 ℃ 左右,低于 10 ℃,便不能生长。如大肠杆菌在 10 ℃ 以下时,蛋白质的合成不能启动,致使蛋白质合成受阻。低温能抑制许多酶的催化功能,从而使生长受到抑制。当温度升高时,抑制可以解除。因而,实验室中常采用低温下保存菌种。

活性污泥中存在的主要是适温性微生物,此外还含有少量的兼性嗜冷性微生物。任南琪 1982 年冬季于哈尔滨进行了温度对活性污泥中 DNA 含量影响的试验研究,从而了解温度对活性污泥中活菌增长量的影响。一般来说,活性污泥中微生物增长速度越快,则 DNA 含量越高(即活性污泥中非生物物质含量越低)。试验结果如图 8.5 所示,可见 DNA 含量在 20 ℃ 时最高,这表明 20 ℃ 时活性污泥中活菌增长量最高。

(3) 嗜热性微生物

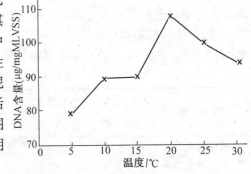

图 8.5 温度对 DNA 含量的影响

嗜热性微生物常见于温泉、堆肥、土壤及其他腐烂有机物中。嗜热性微生物有许多化学成分都能保证它们具有更强的抗热性,如酶蛋白、核酸的化学成分以及细胞膜中含有较多的饱和脂肪酸。

由于嗜热性微生物比适温性微生物的生长速率快,而且分解有机物的速度也快,所以,在一些发酵工业中具有特别重要的意义。在废水、污泥厌氧消化处理中利用嗜热性微生物(温度常控制在 55~60 ℃),其处理效果要比利用适温性微生物(温度为 30~35 ℃)好得多。

尽管各类微生物对热的敏感程度不同,但当温度超过其最高生长温度时,都会因酶变性而引起死亡。一般来说,温度越高,酶变性速度越快。

3. 高温灭菌

所谓灭菌就是杀死所有的微生物的方法,包括杀死有芽孢的细菌、放线菌和霉菌等的孢子;消毒就是杀灭病原微生物的方法;防腐就是防止或抑制微生物生长繁殖的方法。

高温灭菌是微生物实验、食品加工及发酵工业中重要的灭菌方法。高温灭菌分为干热灭菌和湿热灭菌两种。前者利用灼烧或烘烤等方法,后者利用热蒸汽灭菌。在相同的温度下,湿热灭菌的效力比干热灭菌高。这主要是因为:①菌体在有水的情况下,蛋白质容易凝固。含水率越高,蛋白质凝固所需温度越低。如蛋白质含水率为50%时,在30 min内凝固所需的温度为50 ℃;含水率为0时,所需温度为160~170 ℃。②热蒸汽的穿透力大,可使被灭菌的物品内部温度迅速上升;③湿热的蒸汽含有潜能,与被灭菌的物体接触时凝成水,放出潜能,能迅速提高被灭菌物体的温度。

高温灭菌常采用高压蒸汽灭菌法,通常在高压蒸汽灭菌锅内进行。另外,对于不耐热药品、特殊培养基等的灭菌也常用间歇灭菌法,即用流通蒸汽几次反复处理的灭菌方法,将待灭菌物品置于阿诺氏灭菌器中,常压下100 ℃处理15~30 min,以杀死其中的营养细胞,冷却后置于28~37 ℃保温过夜,使残存的芽孢萌发,然后再用同样方法加热处理,反复三次。

常用的消毒法有煮沸消毒和巴斯德消毒法。煮沸消毒是将待消毒物品置于水中煮沸15 min以上,可杀死细菌的所有营养细胞和部分芽孢。

巴斯德消毒法采用60~70 ℃的温度,将食品(牛奶、啤酒等)处理15~30 min,以除去食品中的微生物,同时保持食品的营养和风味。

4. 低温保存菌种

微生物对低温的抵抗力一般较强。虽然低温可以使一部分微生物死亡,但大部分微生物在低温条件下只是新陈代谢活力降低,菌体处于休眠状态,一旦遇到适宜环境,又可生长繁殖。所以,在冰冻状态下,只要冰冻初期细胞不被损坏,则微生物可以生存长达几年。目前实验室普遍采用的冰箱保藏菌种法和真空冷冻干燥法保存菌种,就是根据这个道理。

应用冷冻保存菌种时必须将菌体温度迅速降低到冰点以下。如果温度逐渐下降,就可造成菌体死亡。因为温度逐渐低于冰点时,细胞内的水分转变成冰的结晶,引起菌体脱水,并且冰的结晶可对细胞结构特别是细胞膜产生物理损伤。若采取快速冷冻,则细胞内形成的冰晶体积小,对细胞的损害也小。

冰冻和融化反复交替进行对菌体影响较大,容易引起菌体死亡。

5. 温度对生命活动的影响

(1)温度与寿命的关系

大多数生物(包括某些原生物和微型动物)在最适范围内,其寿命随着温度升高而递减,因而,同种生物在较低温度下,寿命可以不同程度地延长。这主要是由于温度升高促使体内新陈代谢速率加快,生长发育速度也加快,容易老化。如大型水蚤(*Daphnia magna*),随着温度升高心脏跳动次数增加,寿命也大大缩短(表8.11)。

表8.11 大型水蚤在不同温度下心脏跳动平均闪数与寿命的关系(自韩茂森等,1979)

温度/℃	平均心跳次数/(次·s^{-1})	平均寿命/d
8	1.69	108.18
18	4.26	41.62
28	6.48	25.59

(2) 繁殖总产量

对于同一个体生物来说,在最适温度下的繁殖速率最高,但繁殖总产量不一定最高,繁殖总产量与生物寿命有很大关系由于自然界中生物个体都存在着最大限度繁衍后代的需要,因而,对于某些动物(包括微型后生动物)来说,为了弥补由于温度降低而导致的敏殖速率下降,往往通过增加每胎产卵数量来加以调节。如表 8.12(宋大祥,1962)中大型水蚤在不同温度下,10 d 平均产卵数量基本恒定。蚤状水蚤($D.\ pulex$)也有类似现象,它在 7 ℃时的生殖量比 25 ℃时约高 6 倍(郑重,1953)。

表 8.12 温度对大型水蚤生殖的影响

温度/℃	生殖速率/ (繁殖胎数/10 d)	生 殖 量/ (最高卵数/平均胎)	平均寿命/d	产卵量/10 d
15	2.7	44.6	50	120.4
20	3.0	37.0	37	111.0
25	4.4	26.3	30	115.7

(3) 代谢速率和代谢目的产物

在发酵工业中人们往往关心的是发酵速率,特别是目的发酵产物积累速率,但往往这两种速率最大时所需的温度是不同的,而且并不是发酵微生物生长繁殖的最适温度(表 8.13)。一般情况下,微生物的最适温度是指某种微生物有机体繁殖速率最快时的温度,此时世代时间最短。但最适温度不一定是一切代谢活动的最佳温度。例如,乳酸链球菌($Streptococcus\ lactis$)的几项生理活动最佳温度如下:

25～30 ℃	细胞产量最高
30 ℃	乳酸产量最高
34 ℃	繁殖速率最高
40 ℃	发酵速率最快

表 8.13 微生物不同生理活动的最适温度 ℃

菌 名	最适生长温度	最适发酵温度	积累产物最适温度
灰色链霉菌($Streptomyces\ griseus$) (产链霉素菌种)	37	28	
产黄青霉菌($Penicillium\ chrysogenum$) (产青霉素菌种)	30	25	20
北京棒杆菌($Corynebacterium\ pekinense$) (谷氨酸产菌种)	32	33～35	

在发酵工业中人们最关心的是目的产物收率,即发酵每 1 mol 底物所产生的目的产物摩尔数,如乳酸链球菌在 30 ℃时乳酸收率最高,而在 40 ℃条件下尽管底物发酵速率最快,但目的产物收率较低,即副产品较多。

目的产物收率在废水生物处理中尚未受到高度的重视,这主要是因为在好氧处理中,底物彻底氧化的最终产物是 CO_2 和 H_2O 等无机物质。一般来说,代谢速率(即微生物生长繁殖速率)越快的微生物,处理有机物的能力越高。然而,在废水厌氧生物处理中有必要考虑目的产物收率。例如,在厌氧处理中,发酵细菌可将底物转化为乙酸、丙酸、丁酸、乙醇等,若发酵产物中丙酸大量积累将给厌氧生物处理带来不良后果。如能对发酵温度加以控制,降低丙酸积累速率,将具有较大的现实意义。

8.2.2.2 光照

1. 地球接受到的辐射能

太阳辐射波长的范围很宽,可从接近零至无穷大,但主要集中在 150～4000 nm 范围内。太阳辐射通过大气层后,一部分被反射到宇宙空间,一部分被大气层吸收,其余部分(约为47%)透过大气层至地球表面。投射到地面上的太阳辐射称为总辐射。总辐射由两部分组成:一部分是太阳直接投射到地面上的直射辐射(约占51%);另一部分是由大气散射而投射到地面上的散射辐射。总辐射波长中主要含有 380～760 nm 的可见光(约占50%)、少量紫外光(大于等于 295 nm)和红外光(小于等于 2400 nm)。在可见光范围内,因波长的不同,可呈现出不同色彩(表8.14)。波长大于 760 nm 和小于 380 nm 时,称为不可见光。

表 8.14 可见光与不可见光

名 称	紫外光	紫光	蓝光	青光	绿光	黄光	橙光	红光	红外光
波长/nm	<380	380～460	460～490	490～510	510～560	560～590	590～620	620～760	>760

地表的光照强度受大气透明度和云量等影响,还随着地理位置、海拔高度、地形变化、季节和昼夜变化等而改变。

水环境中的太阳辐射远比陆地上差。太阳辐射到水面后,并非全部射入水中,透入水中的光将被两种作用所限制,即水的吸收作用和散射作用。如果是不含有任何物质的纯净水,被吸收最强烈的是光谱中的长波大于 560 nm 部分和紫外线。大部分红色光线在水的上层就被吸收,而短波的蓝色光线被水吸收的程度最小,可以穿透到很深的部位。被散射最强烈的是蓝光,被散射最弱的是红光。由于纯净水中蓝光被吸收得少而散射得多,因而肉眼见到的纯净水呈现蓝色。

天然水中存在着各种各样的悬浮物质和溶解物质,这些物质对光谱中各种波长光线的吸收和散射程度不一,因此,到达我们肉眼后水也就会呈现出各种各样的颜色了。

光照的生态作用是由三方面决定的,即光照强度(光强)、光的性质(光质)和持续时间。这些因素不但影响生物的生理生化,而且还影响生物的昼夜和季节性活动方式。

2. 光照对微生物的致死作用

(1) 紫外辐射

细菌原生质中的核酸(嘌呤和嘧啶碱基)强烈地吸收紫外辐射,吸收峰为 260 nm,蛋白质的吸收峰为 280 nm。当紫外辐射作用于核酸和蛋白质时,重则破坏它们分子结构,妨碍DNA 的复制、转录和酶的活性,轻则引起细胞代谢机能的改变或发生变异。所以,紫外辐射作为杀菌剂波长在 260 nm 处最有效,实验室中采用紫外线灭菌就基于这一原理。太阳辐射到达地表的光波主要是 290～10 000 nm,但仍有少量小于 290 nm 的紫外光辐射到地表面。因而光强较大(含有较多短波光线)时,空气中对光照敏感的微生物将被杀死,而大量存在的将是一些可形成芽孢和孢子的菌属,如芽孢杆菌属(*Bacillus*)、曲霉属(*Aspergillus*)和青霉属

(*Penicillium*)。

尽管紫外线的杀菌能力很强,但由于它的穿透能力很弱,所以常作为空气灭菌及很薄水层的消毒的方法。

(2) 电离辐射

地球表面所能产生的电离辐射主要是 W 射线。波长很短(<400 nm)的光线有足够的能量从化合物分子中逐出电子而使之电离。因而,电离辐射的杀菌作用不是靠辐射直接对细胞的作用,而是间接地通过射线引起环境中水分子和细胞中水分子吸收能量后导致电离所产生的自由基作用。这些游离基团能与细胞中的敏感大分子(如酶蛋白)反应并使之失活。常见游离基团主要是由水产生的 H_2O^+、H_2O^- 和由氧产生的 O_2^-、O_2^{2-}、HO_2 和 H_2O_2 等。

(3) 光氧化作用

可见光辐射自然界中小于 290 nm 的紫外光很少,主要是可见光部分,但足够光强和持续时间的可见光也可引起细菌死亡,这是由于一种称为光氧化作用(Photooxidation)过程所致。某些含有色素的细菌,光线被细胞内的色素所吸收。在有氧时,由于产生强氧化物质 H_2O_2,将引起一些酶或其他敏感成分失活;而无氧时,光氧化作用不发生。有些微生物具有特殊的保护色素,通常是类胡萝卜素一类的色素,它们分布在细菌膜中,在膜中吸收光以阻止其达到细胞的敏感区域。如藤黄八叠球菌(*Sarcina lutea*)中的黄色种不会出现光氧化作用致死现象,而白色种则会因光氧化作用而致死。

3. 光照对水生动物的影响

各种水生动物对光强有不同的适应范围,因此,当生境中光照条件发生改变时,动物的运动方向也随之改变。向着光源方向的运行,称为趋光性;背着光源方向的运行,称为背光性。从生态学上来看,这种现象是一种光照性迁栖。这是因为某些动物对光照强度有一定的忍受上限和下限。例如,将淡水生活的一种大眼水蚤(*Polyphemus pediculus*)和长刺水蚤(*Daphnia longispina*)一同放入盛有清水的高筒玻璃器皿中,用 30 000 cd(坎德拉)自上而下照射,这时大眼水蚤都分布于水表面(表现为趋光性),而长刺水蚤则集中在容器的底部(表现为背光性)。若将光强减弱到 2 500 cd,大眼水蚤仍分布于水面,而长刺水蚤则分散于整个容器。若加入腐殖质使水带有颜色,在 30 000 cd 下分布情况与清水中 2 500 cd 的相同。这种现象表明,随着光线减弱,长刺水蚤则由背光逐渐转为趋光。

水生动物的光照性迁徙现象还与温度、溶解氧、食物等生态因子及其发育阶段有关。通常,降低温度可以促使水生动物趋光;摇蚊(*Tendipestans*)幼虫虽然在各种温度条件下均作背光运动,但当生境中缺氧,它则开始作趋光性运动;经过 24 h 饥饿的水蚤极为趋光,而一直处于食物丰富生境中的水蚤无这种反应;同一种动物,随着生长发育阶段增加逐渐表现为背光,大多数枝角类和桡足类均有这种现象;某些浮游动物在生殖期也表现为趋光性,例如,一种水母(*Linerges mercurius*)在非生殖期,始终生活在较深的水层,而在生殖期,则大量出现于水的表层。

由于水生动物对光照强度大小表现出不同的迁移方向,因而水生动物在昼夜将发生垂直移动现象。如长刺水蚤日落后向上移动,半夜时表层数量最多,黎明时又逐渐下沉。

此外,光照中的光谱成分也会引起动物运动的改变,如大型水蚤在红色光下活动正常,在蓝色光下则很不安,长时间以蓝光照射,可使大型水蚤因衰疲而死亡。

4. 光照对水生植物的作用

(1)光照与水生植物的光合作用 水生植物的光合作用与光质和光强有关

植物进行光合作用主要是靠体内含有的各种色素,其中能利用光能的主要是叶绿素和类胡萝卜素。

光合作用的光谱范围只限于可见光区(386~760 nm),其中红、橙光主要被叶绿素吸收,并对叶绿素的形成有促进作用,蓝紫光可被叶绿素和类胡萝卜素所吸收,这部分辐射称为生理有效辐射。而绿光则很少被利用,称为生理无效辐射。

不同的植物需要不同的光照强度。例如,移散盒形硅藻(*Biddulphia mobiliensis*)为1 600 cd,一种四鞭藻为3 200 cd,而生活在浅水水体中的底栖硅藻可达8 000 cd。在最适光强范围内,光强增加,光合作用速度加快,若超出这个范围,光合作用就要受到抑制。

在光照最适度范围内,光合作用所产生的有机物质远远超过呼吸作用所消耗的,但由于水中光照强度随深度的增加而递减,因此水面下的光合作用速率也随深度增加而减弱。当至某一深度处,光合作用产氧量与呼吸作用耗氧量相等(此时植物有机物质保持不变),这时的光照强度称为补偿点。补偿点所在的水深称为补偿深度,这一深度视具体水域而变。补偿点与其他生态因子也有一定的关系,表8.15中的补偿点随温度有较大改变。

表8.15 几种水生植物的补偿点(引自韩茂森等 1979)

植物种类	补偿点/cd	
	20 ℃	5 ℃
聚草	128	
水绵	174	27
刚毛藻	258	63

(2)光与浮游植物的垂直分布

浮游植物的垂直分布主要受光质和光强影响,前者决定了植物在水中的垂直分布区域,而后者主要决定了植物向深层分布的下限。不同的浮游植物中所含各种色素的比例不同,因而对光照的强度和性质要求也有差异。在水体中,由于水对各种光波的吸收能力不同,所以不同水深所具有的光波长范围不同。此外,因为补偿点的光照强度是水生植物在生境中只能生存而不能繁殖的临界点,所以也是浮游植物向深层分布的界限。因此,各种浮游植物的垂直分布有一定的规律性。一般来说,蓝藻(蓝细菌)常集中在表层,而绿藻大都分布在上层,硅藻一般在绿藻之下。

8.2.2.3 渗透压和水的活度

1. 水的物理化学特性

天然水体中或多或少地溶有各种盐类,不同的水域中含盐量差异很大。按照水体含盐量的不同,通常将天然水域分为四种类型。

①淡水水域,含盐量在0.001%~0.05%之间,对于特定水域,含盐量较恒定,一般的湖泊、水库、池塘、河流均属此类型;

②半咸水水域,含盐量在0.05%~1.6%之间,常位于江河入海口处,因而含盐量变化幅度很大;

③海水水域,含盐量在1.6%~4.7%,一般为3.5%左右,对于特定区域,含盐量变化幅

度不大；

④盐湖水域，含盐量在4.7%以上，大多为沙漠干旱地区的内陆无排水的咸水湖泊，是一种特殊的水域。

淡水与海水不仅在含盐量上有很大不同，而且在盐类的组成上也有显著差异。淡水中大部分为碳酸盐类（约占80%），主要构成为碳酸钙。海水以氯化物为主，主要是氯化钠，几乎占总固体的90%。由于各水域中盐类组成和数量不同，从而导致海洋生物和淡水生物的数量和种类有很大差异。

受污染水体由于接纳了各种各样有机的和无机的污染物质，从而改变了水体的原有特性，往往导致水生生物的种类组成更为繁杂。

无机盐类和有机物质的含量，从水的特性上来看，往往改变了水的活度，从而导致水的渗透压发生改变。如纯水的活度（用a_w表示）为1.0，即渗透压（用Δ表示）为0.00，而含有3.5%NaCl的水溶液的水活度为0.98，渗透压增加至1.95。*

2. 水的活度对微生物的影响

水的活度随无机盐类或有机物质含量的增加而降低（参见表8.16所示）。大多数淡水微生物所需水的活度（a_w）值在0.95~0.995。当a_w值为1.0时，由于外界的低渗溶液导致水大量流入细胞内而造成细胞破碎；而当细胞处于高渗溶液（a_w值较小）中，由于细胞内水向胞外流，则细胞可因失水而失去活性。因而，每种微生物都存在a_w值的耐性上限和下限，不过它们能够忍受的生态幅不同。表8.17为某些微生物对a_w值的耐性下限。对于正常的细菌有机体，耐性下限一般为0.93左右，而大多数霉菌和某些酵母菌的忍受下限均很低。如酵母菌大多可存在于高浓度的啤酒、果汁、乳酪等中，这些环境中的a_w值均较低；而霉菌即使在脱离水环境的潮湿环境中亦可良好地生长。嗜盐杆菌（*Bacterium halophilum*）要求很高的含盐量，它的生长必须有钠离子，最适合在盐湖中（a_w为0.85左右）生长。

表8.16 某些溶质（质量分数）的水的活度（25 ℃）

a_w	NaCl	蔗糖	甘油
0.995	0.87	0.92	0.26
0.980	3.5（海水）	3.42	1.0
0.960	7	6.5	2.0
0.900	16.5	14	5.1
0.850	23（大盐湖）	20.5（饱和）	7.8
0.800	30（饱和）		10.5
0.700			16.8

水的活度对微生物的影响主要存在三种类型：正常有机体，a_w值高生长良好，减低a_w值生长显著受到影响；耐渗有机体，a_w值高生长良好，但稍微降低a_w值，机体可适当生长；嗜渗有机体，a_w在较低时存在最适生长范围（图8.6）。

3. 体液渗透压的调节与生物分布

生物体内渗透压必须与水环境的渗透压相适应，每种生物对环境的渗透压要求都有一定的最适度。按生态幅宽来看，水生生物可分为狭渗性和广渗性（陆生动植物常称为狭湿性

---

* 水的活度可用相对湿度估计，而渗透压等于溶液的冰点。

和广湿性)两种,这主要是由于每种生物对渗透压的调节能力以及体内的酶对渗透压变化幅度的适应能力不同的缘故。一般来说,狭渗性水生生物仅生长在水的活度较恒定的水域,如淡水水体和海洋中生物,而广渗性生物即使在水的活度变化很大的水域中(如江河入海口的淡咸水混交处)仍能正常生存。

淡水原生动物所具有的伸缩泡对于渗透压调节起着重要的作用。例如,大草履虫(*Paramecium caudatum*)伸缩泡收缩的速度随环境盐度的不同而改变,如表8.18所示,随着含盐量的增加,伸缩泡收缩间隔时间越来越长,排出的水量越来越少。但必须指出,这类生物只能在盐类变化不大的水域中生存,移入海水中是不能生存的。

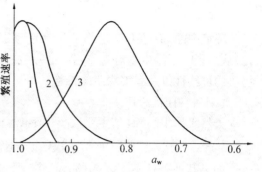

图 8.6 微生物对 a_w 要求的幅宽类型
1—正常有机体;2—耐渗有机体;3—嗜渗有机体

表 8.17 不同微生物的 a_w 耐性下限

类 群	a_w 下限值
细菌	
大肠埃希氏杆菌(*E. coli*)	0.935~0.960
沙门氏菌属某些种(*Salmonella* sp.)	0.945
枯草芽孢杆菌(*Bacillus subtilis*)	0.950
八叠球菌属某些种(*Sarcina* sp.)	0.915~0.930
玫瑰色微球菌(*Micrococcus roseus*)	0.905
金黄色葡萄球菌(*Staphylococcus aureus*)	0.900
嗜盐杆菌属某些种(*Halobacterium* sp.)	0.750
霉菌	
黑曲霉(*Asepergillus niger*)	0.88
灰绿曲霉(*A. glaucus*)	0.78
酵母	
产朊假丝酵母(*Candida utilis*)	0.94
裂殖酵母属某些种(*Schizosaccharomyces* sp.)	0.93
酵母属(*Saccharomyces*)	0.60

注:数据引自 T. D. Brock(1974)。

表 8.18 草履虫伸缩泡收缩与含盐量的关系(Herfs,1922)

水中的含盐量/%	0	0.25	0.5	0.75	1.00
伸缩泡的收缩间隔/s	6.2	9.3	18.4	24.8	16.3
每小时的排水量(与体积之比)	4.8	2.8	1.38	1.08	0.16

8.2.2.4 pH 值

环境中的 pH 值对微生物的生命活动影响很大,主要作用在于:引起细胞膜电荷的变化,从而影响了微生物对营养物质的吸收;影响代谢过程中酶的活性;改变生长环境中营养物质的可给性以及有害物质的毒性。

1. 水中 pH 值的性质

天然水体中的 pH 值主要取决于游离二氧化碳的含量及碳酸平衡。

$$CO_2(aq^*) + H_2O \rightleftharpoons HCO_3^- + H^+ \rightleftharpoons CO_3^{2-} + 2H^+$$

如果其他条件不变,$CO_2(aq)$ 越多,则 pH 值越低。碳酸平衡在自然水体中可起缓冲作用,当重碳酸盐含量较多时,缓冲能力较强,从而可增加水体中 pH 值的稳定性。淡水的 pH 值变化范围较大,在 3.2~10.5 之间,大多数的江、河、湖泊及池塘的 pH 值为 6.5~8.5。硬水偏碱,多为 7.5~9.0,含腐殖酸较多的淡水水体(如沼泽水域等)pH 值多低于 5.0。

水生生物对 pH 值亦有较大影响。水中微生物的呼吸作用可放出大量 CO_2,使 pH 值降低;而水生植物(包括藻类)的光合作用吸收 CO_2,则使 pH 值升高。在兼性塘和好氧塘中常因 CO_2 含量改变引起昼夜的 pH 值改变。水生植物的光合作用在白昼强烈,由于 CO_2 的消耗使 pH 值升高;而在夜间光合作用停止,微生物及藻类进行呼吸时产生大量 CO_2,使 pH 值降低。由于藻、菌的作用,水体中的 pH 值不但出现昼夜变化,而且还随季节和生物的垂直分布情况等而改变。

2. 微生物的 pH 值耐性限度

每种有机体都存在可以生长的 pH 值范围,通常有一个确定的最适 pH 值。多数自然环境的 pH 值在 5.0~9.0 之间,绝大多数生物的最适 pH 值都在这个范围之内,只有少数种类能在 pH 值小于 2.0 或大于 10.0 的环境中生长。

大多数酵母菌和真菌在弱酸性的培养基(pH 值为 5.0~6.0)中生长最好。许多藻类可以在微酸环境中生长,只有少数几种适合于在酸性条件下生长,而多数蓝藻最适于生长在弱碱性条件下。虽然多数细菌在中性或弱碱性条件下生长最好,但有少数细菌非常嗜酸性,它们能在 pH 值为 1.0 这样低的条件下生长。多数细菌的 pH 值生态幅宽较窄,仅有 3 或 4 个单位,只有少数 pH 值的细菌能在很宽的 pH 值范围中生长(表 8.19)。

表 8.19 不同微生物对 pH 值的适应范围

微 生 物	pH 值		
	最 低	最 适	最 高
氧化硫杆菌(*Thiobacillus thiooxidans*)	1.0	2.0~2.8	4.0~6.0
嗜酸乳杆菌(*Lactobacillus acidophilus*)	4.0~4.6	5.8~6.6	6.8
大豆根瘤菌(*Rhizobium sojae Dangeard*)	4.2	6.8~7.0	11.0
褐球固氮菌(*Azotobacter chroococcum*)	4.5	7.4~7.6	9.0
亚硝酸细菌(*Aitrosofying bateria*)	7.0	7.8~8.6	9.4
放线菌(*Actinomycetes*)	5.0	7.0~8.0	10.0
酵母菌(*yeast*)	3.0	5.0~6.0	8.0
黑曲霉(*Aspergillus niger*)	1.5	5.0~6.0	9.0

虽然微生物可以在 pH 值范围很广的栖息场所中发现,但它们细胞内的 pH 值都十分接

近中性。在酸性环境里,有机体可以通过阻止 H^+ 离子的进入,或者当 H^+ 离子进入后立即进行排除,来保持 pH 值接近中性。细胞壁可能也担负一些排除 H^+ 离子的任务。由于细胞内有许多对酸和碱不稳定的成分,所以必须呈中性。例如,叶绿素、DNA 和 ATP 都能被酸性环境破坏,而 RNA 和磷脂类则对碱性 pH 值敏感。胞内酶的最适 pH 值通常是围绕着中性,而胞外酶的最适 pH 值则接近环境的 pH 值。

pH 值除对细胞有直接影响之外,还由于培养基中有机化合物的离子化作用,而对细胞有间接的影响。由于细胞本身表面带有负电荷,所以,多数非离子状态化合物比起离子状态的化合物来,更容易渗入细菌。碱性物质的情况正好相反,在碱性 pH 值下它们不能离子化,于是能比较容易地进入细胞。

此外,还可利用微生物对 pH 值要求的不同,促进有益微生物的生长或控制杂菌的污染。例如,栖土曲霉(3-042)用固体培养法生产蛋白酶时,在基质中加入 Na_2CO_3 使之呈碱性反应,能有效地抑制杂菌的生长,有利于提高蛋白酶的产量。

强酸与强碱具有杀菌力。无机酸如硫酸、盐酸等杀菌力虽强,但腐蚀性大,实际上不宜作消毒剂。某些有机酸如苯甲酸可用作防腐剂。在面包及食品中加入丙酸可防霉。酸菜、饲料青贮则是利用乳酸菌发酵产生的乳酸抑制腐败性微生物的生长,使之得以长久贮存。

强碱可用作杀菌剂,但由于它们的毒性大,因此,只局限用于对排泄物及仓库、棚舍等环境的消毒。强碱对革兰氏阴性细菌和病毒,比对革兰氏阳性细菌作用强。

3. 微生物对环境 pH 值的影响

有机体通过它们的代谢活动,可改变自己环境的 pH 值。例如,细菌发酵葡萄糖产生乳酸,将降低它们环境的 pH 值,常常能降低 2 个 pH 值单位。

由于多数离子化的发酵产物是酸性的,因此,有机体常使环境的 pH 值降低。代谢使 pH 值升高,通常是由于氨基酸或其他的含氮有机化合物通过脱氨基作用而释放出氨。环境的 pH 值也可能通过有选择地从环境中除去某些物质而改变。例如,生长在铵态氮(如 NH_3Cl)上的有机体,当去除 NH_4^+ 时,就使培养基的 pH 值降低;而生长在硝酸盐上的有机体,当除去 NO_3^- 后,pH 值将升高。

随着环境 pH 值的不断变化,常使微生物继续生长受阻,当超过微生物能耐受的最低或最高 pH 值时,将引起微生物的死亡。为了维持微生物生长过程中 pH 值的稳定,不仅配制培养基时要注意调节 pH 值,而且往往还要加入缓冲剂。最常用的是弱酸或弱碱的盐类。不同的缓冲剂适用于不同的 pH 值范围,pH 值为 6~8 时,磷酸盐(如 K_2HPO_4 和 KH_2PO_4)是良好的缓冲剂,在培养基中广泛应用。在微酸性条件下,柠檬酸盐是一种良好的缓冲剂,而在碱性时则以硼酸盐和甘氨酸作缓冲剂为好。缓冲剂有近百种,选用的主要原则是要确定它们对培养物没有直接影响。在工业发酵过程中,如果大量产酸,常以 $CaCO_3$ 作缓冲剂,以不断中和细菌产生的酸。

4. pH 值对微生物生长和发酵产物的影响

正如温度对微生物的影响一样,微生物生长繁殖的最适 pH 值与其分泌某种代谢产物的 pH 值通常是不一致的。例如,丙酮丁醇梭菌(*C. acetobutylcum*)生长繁殖的最适 pH 值是 5.5~7,而大量合成丙酮丁醇的最适 pH 值却为 4.3~5.3。

同一种微生物由于培养液的 pH 值不同,可能积累不同的代谢产物。在不同的发酵阶段,微生物对 pH 值的要求也有差异。例如,黑曲霉在 pH 值为 2~3 的环境中发酵蔗糖,产物以柠檬酸为主,只产极少量的草酸;当改变 pH 值使之接近中性,则产生大量草酸,而柠檬酸产量很低。又如酵母菌生长的最适 pH 值为 4.5~5,并进行乙醇发酵,不产生甘油和乙酸;如果使 pH 值高于 5 时,发酵产物除乙醇外,还有甘油和乙酸。任南琪在研究厌氧活性污泥对糖蜜和淀粉废水发酵试验中发现,当 pH 值高于 5 时,液相发酵产物主要为乙酸、丁酸和丙酸,而 pH 值小于 5 时,发酵产物主要为乙醇和乙酸。

由此可见,控制一定的 pH 值不但在发酵工业中可获得较高的目的产物收率,而且在废水厌氧生物处理中亦具有一定的实际意义。众所周知,废水厌氧生物处理的失败往往是由于丙酸积累造成的,笔者研究认为,在厌氧生物处理反应器中,控制 pH 值大于 6.5 或小于 5 均可避免丙酸积累,因为丙酸发酵的最适 pH 值范围为 5.0~6.5。

在厌氧生物处理(单相)反应器中常常同时存在产酸菌和产甲烷菌。产甲烷菌能够生存的 pH 值范围为 6.6~7.8,当 pH 值低于 5 就不能生存。若产酸菌产生的有机酸来不及为产甲烷菌所分解,有机酸过剩,pH 值降低,就会影响产甲烷菌的存活。为了保证产甲烷菌的生存,使有机物得到充分分解,就要通过调节产酸菌的产有机酸量(往往通过控制有机负荷)来控制反应器中的 pH 值在 6.6~7.8 之间。因而,这种(单相)反应器往往是通过限制产酸菌的代谢能力,以保证产酸发酵过程与产甲烷厌氧呼吸过程达到动态平衡。从这种角度来看,采用二相厌氧生物处理方法,将产酸菌和产甲烷菌分别在两个反应器中培养,则可创造两者各自所需的最佳生境,充分发挥各自的分解代谢能力。

8.2.2.5 氧化还原电位与氧

氧化还原电位 E_h 的单位一般用 V 表示,它对微生物的生长繁殖及存活有很大影响。由于氧化还原电位受 pH 值影响,通常以 pH = 7 时的氧化还原电位为标准,记为 E_h。

在自然界中,氧化还原电位上限是 $E_{h'}$ = + 0.82 V,存在于高氧而没有氧利用系统的环境中。自然界中,氧化还原电位低限为 $E_{h'}$ = - 0.42 V,是在富含氢(H_2)的环境中显现出来。氧化还原电位通常是用一个铂金电极与一个标准参考电极同时插入体系中来测定的,电极显示的电位差可以从一个敏感的伏特计上读出来。

各种微生物生长所要求的 E_h 值不同。一般好氧性微生物在 E_h 值 + 0.1 V 以上均可生长,以 E_h 值为 + 0.3~ + 0.4 V 的最合适。厌氧性微生物只能在 E_h 值低于 + 0.1 V 以下生长,在 - 0.1 V 以下生长较好。兼性厌氧微生物在 + 0.1 V 以上时进行好氧呼吸,在 + 0.1 V 以下时进行发酵。

1. 不同氧化还原电位的获得

不同的氧化还原电位可以选用不同的化学试剂获得。生物学体系中的低电位一般可通过还原剂,如抗坏血酸、H_2S,或含 SH 基有机化合物如半胱氨酸、硫二乙醇钠、二硫苏糖醇和谷胱甘肽等而获到。金属铁也可把 E_h 定在低水平上,把铁屑或一个铁钉加到某一培养基中,可得到 E_h 低到 - 0.4。氢气(H_2)能把氧化还原电位降到较低限,但由于 H_2 在没有催化剂时不易发生反应,因此,当使用氢气时,通常要加入一种上述还原剂。要得到高氧化还原电位虽然也可以加氢氧化铁一类的氧化剂,但通常是将空气或氧以强力通入培养液中。

微生物生长过程中可能改变周围环境中的氧化还原电位。如微生物借代谢作用产生还原性抗坏血酸、H_2S 或有机硫氢化物(半胱氨酸、谷胱甘肽、二硫苏糖醇(dithiothreitol))等可降低氧化还原电位。在废水厌氧生物处理反应器中,氧化还原电位往往可保持在较低值,一般

为 $E_h = -0.2 \sim 0.4\text{V}$。这一方面是由于反应器本身与大气隔绝,且进入反应器的高浓度有机废水本身已无溶解氧,更重要的是,在发酵细菌代谢过程中往往产生大量 H_2 及抗坏血酸等还原性物质,因而不需添加任何试剂即可保证厌氧性细菌的生存环境。

2. 氧对微生物的影响

影响氧化还原电位的因素很多,分子态氧(或空气)的影响尤为重要。根据对氧或氧化还原电位需求情况,可将微生物分为两大类群(表 8.20)。

1) 厌氧微生物生长在氧化还原电位低的环境(即厌氧的环境) 包括一些沼泽地、湖泊、河流和海洋沉泥中,罐头食品中,动物肠道,废水厌氧处理系统。在多数的这些生境中氧化还原电位低,是由于微生物,主要是细菌,在呼吸时将氧消耗缘故。如果得不到 O_2 的补充,生态环境就变成厌氧性的。

表 8.20　微生物与氧化还原电位和氧的关系

组　群	高氧化还原电位	低氧化还原电位	气　态　氧
好氧微生物			
专性好氧	生长,有氧呼吸	死亡	需要
兼性厌氧	生长,有氧呼吸	生长,发酵	不需,但有 O_2 时生长更佳
厌氧微生物			
兼性好氧	生长,有氧呼吸	生长,无氧呼吸	不需,而且 O_2 存在时生长较差
专性厌氧	死亡	生长,无氧呼吸	有损害

就目前所知,专性厌氧微生物中最著名的专性厌氧菌属除产甲烷菌外,还有梭状芽孢杆菌属,它是一组 G^+ 反应的、形成芽孢的杆状菌。梭状芽孢杆菌属在土壤、湖底沉淀物和肠道中广泛分布,且常常导致罐头食品的腐败。其他专性厌氧细菌还有类菌体(*Bacteroides*)、镰状细菌属(*Fusobacterium*)、瘤胃球菌和链球菌(少数一些种)。即便是在专性厌氧菌中,对氧的敏感性也是不相同的,有些微生物能耐少量的氧,而另一些菌则不能。

为什么专性厌氧微生物可被 O_2 或氧化条件所杀死,曾有许多理论来解释。一般认为,O_2 能直接地或者通过它改变氧化还原电位而起作用。在 O_2 存在的条件下,大多数微生物产生过氧化氢(H_2O_2),这种毒物能被过氧化氢酶所破坏。过氧化氢酶在需氧微生物中是存在的,而在厌氧微生物中则很少见到。可以相信,厌氧微生物所以被 O_2 杀死,主要是因为它们产生过氧化氢而被杀死。微生物由 O_2 产生的另一种强氧化性物质是氧的游离基形式 O_2^-,O_2^- 可能是有毒的物质。有意义的是,耐氧厌氧微生物具有一种酶,即超氧化物歧化酶(superoxide dismutase),这种酶能破坏 O_2^-,专性厌氧微生物却缺乏这种酶。但耐氧厌氧微生物亦不具备过氧化氢酶,因此,它们对氧的抗性不能归因于它们能破坏 H_2O_2。在某些情况下,如果保持低的氧化还原电位,则专性厌氧菌并不被 O_2 杀死。由此可见,O_2 或 O_2 的一种有毒的代谢物可能不是致死的原因,而是高电位本身杀死了它们。可以相信,它们的酶为了保持活性,必须存在于低的氧化还原电位环境中。例如,固氮酶对高氧化还原电位很敏感,暴露到这样的条件下时,很快失活。

在培养基中要维持厌氧条件需要十分小心,因为即使微量氧也可阻碍细菌生长。把专性厌氧菌和兼性好氧菌一起混合培养,能比较容易地获得前者的生长,因为后者消耗掉微量的氧,以维护还原条件。

2) 好氧微生物很多细菌和大多数真菌、藻类,以及原生动物是专性需氧生物 在缺氧的环境中完全不能生长。氧的需要有两个目的:在呼吸作用中作为最终电子受体和供不饱和脂肪酸等的生物合成。因为氧不易溶于水,在液体培养中需用特殊方法以达到足够的通气。只要能保持培养物不污染、不妨碍空气流通的方法都可应用,如棉花塞或其他塞子等,而液体的快速搅拌或摇床是必须的。通气不足是限制好氧菌在实验室中生长经常遇到的生态因子,使用试管时更是如此。然而,当以纯氧替代空气时,若大气压(101.3 kPa)下的氧分压大于 20.3 kPa(空气中氧分压为 20.3 kPa),很多好氧微生物的生长亦受阻,甚至死亡。这种现象在自然界中一般不存在,但在实验室或纯氧曝气废水生物处理法中可能会出现,因而在实际操作中应避免,或为达到某种目的来创造这一环境。

兼性微生物包括很多细菌,从生理上来看,兼性微生物当以厌氧性的生长代替好氧性的生长时,常有很大的不同。细胞色素及其他呼吸系统组分在厌氧生长的兼性菌中可大为减少或被其他成分所取代,但当导入氧气时,这些成分的合成很快恢复或更替。这主要是因为在厌氧条件下微生物电子传递体系中所需传递体相应减少,并且某些传递体由其他成分所替代。

8.2.2.6 毒性物质

自然水体中的有机或无机毒性物质大多来自排入水体中的工业废水,或固体废物经降雨冲刷后进入水体。这些毒性物质在自然水体或废水处理构筑物中常发生生物和化学变化或转化。

生物性转化通过以下三种方式:①生物体的积累、富集。如日本有名的"水俣病"即是食用了富集大量有机汞的鱼类而引起,"骨痛病"也是与镉富集有关的一种疾病。②生物转化作用。有的物质可在微生物的作用下发生转化,如汞、砷经微生物甲基化作用生成甲基汞、甲基砷。不少化合物如酚类、氰化物等可被微生物降解为 H_2O、CO_2、NH_3 等。③生物吸收、吸附。很多水生动、植物可吸收或吸附某些毒性物质,如在氧化塘中种植某些水生植物,可通过吸收、吸附去除某些重金属及有机农药。

化学变化主要通过以下三种方式:①形成难溶盐;②氧化还原作用,在水环境中氧化物和还原物之间常发生氧化还原反应,从而改变化合物的价态,并改变了化合物的毒性;③光化学反应。许多化合物如农药、氮氧化物、碳氢化合物在太阳光作用下发生一系列化学反应,产生异构化、水解、置换、分解、氧化等作用。例如,一氧化氮和碳氢化合物在光作用下产生二氧化氮、臭氧及过氯乙酰基硝酸等有害的二次污染物。

毒性物质常作为防止和控制有害微生物生长的消毒剂或防腐剂,但在自然水体或废水生物处理系统中往往可抑制微生物的分解代谢活动,并对人或牲畜等带来较大的危害。

1. 重金属及其化合物

一些重金属离子是微生物细胞的组成成分,当培养基中这些重金属离子浓度较低时,对微生物生长有促进作用,反之则产生毒害作用;也有些重金属离子的存在,不管浓度大小,对微生物的生长均会产生有害作用。因此,大多数重金属及其化合物都是有效的杀菌剂或防腐剂,其中作用最强的是 Hg、Ag 和 Cu。它们的杀菌作用,有的是容易与细胞蛋白质结合而使之变性,有的是进入细胞后与酶上的—SH 基结合而使酶失去活性,从而抑制微生物的生长或导致死亡。

1)汞　汞化合物有二氯化汞($HgCl_2$)、氯化亚汞(Hg_2Cl)、氯化汞($HgCl$)和有机汞。二氯化汞又名升汞,是杀菌力极强的消毒剂之一,1:500～1:2000的升汞溶液对大多数细菌有致死作用。由于汞盐对人及动物有剧毒,所以应用受到限制。红汞(汞溴红)也是最常用的外用消毒剂之一。

2)银　长期以来作为一种温和防腐剂而被使用。0.1%～1%硝酸银($AgNO_3$)用于皮肤消毒。新生婴儿常用1%硝酸银滴入眼内以预防传染性眼炎。蛋白质与银或氧化银制成的胶体银化物,刺激性较小,也可作为消毒剂或防腐剂。

3)铜　硫酸铜是主要的铜化物杀菌剂,对真菌及藻类效果较好。在易生长藻类的给水水源地,常用硫酸铜抑制藻类生长。在农业上为了杀伤真菌、螨和防治某些植物病害,常用硫酸铜与石灰以适当比例配制成波尔多液使用。

4)铬　六价铬被认为是对生物有毒性作用的重金属,目前尚无资料报导其在低浓度时可成为微生物的激活剂。然而,任南琪(1984)在研究六价铬对活性污泥降解有机物能力的影响中发现,高浓度$Cr(VI)$对活性污泥有毒害作用,而当混合液中$Cr(VI)$的浓度低于0.1 mg/L,对活性污泥有激活作用。试验中还发现,当废水中蛋白质含量增加,$Cr(VI)$的毒性降低,这是由于$Cr(VI)$可与蛋白质发生螯合作用而使水中处于游离状态的$Cr(VI)$离子减少的结果。

2.有机化合物

对微生物具有毒害效应的有机化合物种类很多,其中酚、醇、醛等能使蛋白质变性,是常用的杀菌剂。

1)酚及其衍生物　苯酚又名石炭酸。它们对细菌的有害作用主要是使蛋白质变性,同时又有表面活性剂的作用,破坏细胞膜的透性,使细胞内含物外溢。当浓度高时是致死因子,反之则起抑菌作用。0.5%～1%的水溶液可用于皮肤消毒,但具有刺激性;2%～5%的溶液可用于消毒粪便与用具;3%～5%的溶液杀菌效果好;5%的则用做喷雾以消毒空气。芽孢与病毒比细菌营养细胞的抗性强,细菌的芽孢在5%的石炭酸溶液中仍可存活几小时。

甲酚是酚的衍生物,杀菌能力比酚强几倍。甲酚在水中的溶解度较低,但在皂液与碱性溶液中易形成乳浊液。市售的消毒剂煤酚皂液(来苏)就是甲酚与肥皂的混合液,常用3%～5%的溶液来消毒皮肤、桌面及用具等。

2)醇　它是脱水剂、蛋白质变性剂,也是脂溶剂,通过损害细胞膜而具有杀菌能力。50%～70%的乙醇便可杀死营养细胞,70%的乙醇杀菌效果最好,超过70%以至无水酒精效果较差。菌体与无水乙醇接触后迅速脱水,表面蛋白质凝固,形成了保护膜,阻止了乙醇分子进一步渗入。乙醇是普遍使用的消毒剂,常用于实验室内用具的消毒。

甲醇的杀菌力较乙醇差,而且对人,尤其是对眼睛有害,不适于作消毒剂。

3)醛　甲醛也是一种常用的杀细菌与杀真菌剂,效果良好。纯甲醛为气体状,可溶于水,市售的福尔马林溶液就是37%～40%的甲醛水溶液。

3.卤族元素及其化合物

碘是强杀菌剂。3%～7%碘溶于70%～83%的乙醇中配制成碘酊,是皮肤及小伤口有效的消毒剂。另外以2%碘与2.4%碘化钠溶于70%乙醇,刺激性较小,而仍有杀菌效能。现已发展到用有机碘化物杀菌。碘一般都作外用药。据试验,1%的碘酒或1%碘甘油溶液,10 min内可杀死一般的细菌和真菌,并使病毒灭活。碘的杀菌机制目前尚不十分清楚。

液氯和漂白粉(含次氯酸钙 $Ca(ClO)_2$)常用于自来水厂和游泳池的消毒。一般认为,液氯和漂白粉的杀菌机制,是氯与水结合产生了次氯酸(HClO),次氯酸易分解产生新生态氯。新生态氯是一种强氧化剂,对微生物起破坏作用。

$$Cl_2 + H_2O \longrightarrow HCl + HClO$$

$$HClO \longrightarrow HCl + [O]$$

但目前的许多试验表明,次氯酸的氧化能力并不很强,仅在细胞内发生取代反应,破坏了酶的活性。由于液氯或漂白粉常可与自然水体中的腐殖酸等形成致癌、致畸、致突变等有机卤代化合物(如 $CHCl_3$),因而,人们正在寻求自来水和游泳池水的新型消毒剂。

目前,有替代趋势的是采用 ClO_2。ClO_2 的氧化能力较强,低剂量(3 mg/L)便可杀死病毒,甚至可打开苯环。ClO_2 与有机物不发生取代反应,因而无卤代化合物产生。目前,ClO_2 的消毒机制尚不十分清楚,据推测可能是对细胞内的核糖核酸(RNA)有影响,从而阻碍了蛋白质(酶)的合成,而对蛋白质本身结构无影响。

4. 染料

染料,特别是碱性染料在低浓度下可抑制细菌生长,而不起杀菌作用。这是由于碱性染料的阳离子与菌体的羧基作用,形成弱电离的化合物,妨碍菌体正常代谢,扰乱菌体的氧化还原作用,并阻碍芽孢的形成。

$$\text{蛋白质}—COOH + \underset{\text{染料的阳离子}}{B^+} \longrightarrow \text{蛋白质} - COOB + H^+$$

常见的碱性染料有龙胆紫(医药上用作紫药水)、结晶紫、碱性复红、亚甲兰、孔雀绿等。通常,革兰氏阳性细菌比革兰氏阴性菌对染料更敏感。例如,结晶紫 1:200 000 ~ 1:300 000 稀释液将抑制革兰氏阳性细菌,而抑制革兰氏阴性菌需要浓 10 倍才行。

印染废水中常含有各种各样的染料,采用生物处理法处理印染废水时应考虑微生物的耐性限度,否则将影响生物处理能力,甚至使处理设备失效。

8.2.2.7 抗生素

大多数抗生素是由某些微生物合成或半合成的化合物,具有低浓度即可抑制或杀死其他微生物的作用。抗生素的产生往往是一种微生物对其他某些微生物生长繁殖的限制,实质为生物间的相互作用(即生物因子),这里只介绍抗生素的抗菌作用。

抗生素的作用对象有一定的范围,这种作用范围就称为该抗生素的抗菌谱。氯霉素、金霉素、土霉素、四环素等可抑制多种微生物,故称为广谱抗生素;而青霉素主要作用于革兰氏阳性细菌,多粘菌素只能杀死革兰氏阴性细菌,所以称为窄谱抗生素。

抗生素的作用方式随抗生素类型而异,总的来说,主要是阻止微生物新陈代谢的某些环节,钝化某些酶的活性。由于抗生素只作用于某一特定的酶,而这种酶对某些微生物是必需的,对另一些微生物则不然,从而导致抗生素对生物的作用对象也具有选择性。

1. 抑制细胞壁的形成

能抑制细胞壁合成的抗生素有青霉素、杆菌肽、环丝氨酸等。

青霉素等的作用机制,主要是抑制细胞壁的重要组分——肽聚糖的合成。G^+ 细菌的细胞壁主要是由肽聚糖组成,因而,能抑制细胞壁肽聚糖合成的抗生素主要作用于 G^+ 细菌,对 G^- 细菌效果较差;另外,这类抗生素对生长旺盛的细菌有明显效果,而对不生长繁殖(如迟缓期和衰亡期)的细胞则不明显,这是因为这些抗生素对完整的细胞壁无作用。

2. 影响细胞膜的功能

某些抗生素,如多粘菌素、短杆菌素等,主要引起细胞膜损伤,导致细胞物质的泄漏。如多粘菌素能与细胞膜结合,使脂多糖解体,脂蛋白部分改变,因而对革兰氏阴性细菌有较强的杀菌作用。这类抗菌素对人和动物毒性较大,因而常作外用药。

作用于真菌细胞膜的大多为多烯类抗生素,如制霉菌素、两性霉素等。它们主要与膜中的固醇类结合,从而破坏细胞膜的结构,引起细胞内物质泄漏。但该抗生素对细菌无效。

3. 干扰蛋白质合成

能干扰蛋白质合成的抗生素种类较多,它们都能通过抑制蛋白质生物合成来抑制微生物的生长,而并非杀死微生物。不同的抗生素抑制蛋白质合成的机制不同,大多作用于核糖体亚基,如卡那霉素、链霉素、四环素等主要作用于30S亚基,而氯霉素、红霉素等则作用于50S亚基,以抑制其活性。但不同的抗生素之间,常表现出拮抗作用,有的抗生素可以阻止另一种抗生素与核糖体结合而失去抗菌作用。由于细菌的核糖体与人及动物的核糖体有差别,故这类抗生素具有选择毒性,对人体无害。

4. 阻碍核酸的合成

这类抗生素主要是通过抑制 DNA 或 RNA 的合成来抑制微生物细胞的正常生长繁殖。核酸是合成菌体蛋白质的基础。不同抗生素的作用机制不同:有的通过与核酸上的碱基结合,阻碍双链 DNA 的解链,从而影响 DNA 的复制,如丝裂霉素(自力霉素);有的则可切断 DNA 的核苷酸链,使 DNA 分子量降低,以干扰 DNA 的复制,如博莱霉素(争光霉素);有的作用于核酸酶,导致酶活性降低或丧失,如利福霉素能与 RNA 合成酶结合;放线菌 D 也能与双链 DNA 结合而抑制酶促反应。

8.2.2.8 营养物质

营养物质(包括有机的和无机的)种类及数量是影响微生物种群生存和生长繁殖的重要生态因子。每种微生物都有它能够利用的底物种类,并且这些底物的浓度必须保证微生物能够生长繁殖的最低限度。在自然水体中或废水中的营养物质种类,必然影响生境中不同微生物种群的生存。在某一生境中各种营养物质及数量构成了食物谱或资源谱。

8.2.3 生物因子

在自然界中,各种微生物极少单独存在于某一生境中,而总是较多种群聚集在同一生境中。它们之间可能发生非常复杂而多样性的关系。它们之间相互联系、相互依赖、相互制约、相互影响的关系,促进了整个生物界的发展和进化。

从个体微生物角度来看,它在某一生境中的生存,将受到其他微生物的影响,并存在各种复杂关系。一般可将微生物间的相互关系归纳为三类:中性作用,指两种微生物彼此之间无任何影响;正相互作用,指一种生物的生长和代谢对另一种生物有利,或相互有利,如生物间的偏利共生、互惠共生、互生;负相互作用,指一种生物对另一种生物的生长产生有害的影响,或者相互有害,如生物间的竞争、拮抗、捕食和寄生。

8.2.3.1 竞争

竞争(competition)关系是一种生物在为食物、营养、生活空间以及其他共同需求的物质的争夺中对另一种生物产生不利或有害的影响。这种关系不但可发生在种间,亦可发生于种内。微生物的生存竞争在自然界及人工环境中是十分激烈的,并且对生态系统内微生物种群构成起重要作用。竞争关系将在种群生存竞争中详细介绍。

8.2.3.2 互生

互生(protocooperation)关系是微生物间比较松散的联合。两种独自生活的生物,当它们共同生活在一起时,比各自单独生活时更好,可以互助互利,亦可一方得利。在自然界中,微生物间的互生关系极为普遍,也很重要。例如,在氮素转化中,氨化细菌分解有机氮化物而产生氨,为亚硝酸细菌创造了必需的生活条件,但对它本身无害也无利;又如亚硝酸细菌氧化氨生成亚硝酸,为硝酸盐细菌创造了必需的生活条件;硝酸盐细菌氧化亚硝酸为硝酸,既消除了亚硝酸在环境中的累积给生物(包括亚硝酸细菌本身)带来的危害,同时,硝酸盐细菌亦从中获取能量,使双方在联合中均获利。通过微生物的互生,保证了自然界中氮素循环的平衡。

在废水氧化塘处理系统中,细菌和藻类间共处亦是一种双方获利的例子,因而常称细菌和藻类构成氧化塘中的藻-菌互生体系。

8.2.3.3 共生

共生关系是两种微生物紧密地结合在一起,当这种关系高度发展时,就形成特殊的共生体。即在生理上表现出一定的分工,在组织上和形态上产生新的结构。其中互惠共生(mutualism)是两者相互得利;偏利共生(commensalism)是一方得利,但对另一方无害。

地衣是微生物中典型的互惠共生关系,它是藻类和真菌的共生体,常形成有固定形态的叶状结构,称为叶状体。在叶状体内,真菌菌丝无规律地缠绕藻细菌,或两者组成一定的层次排列。当地衣繁殖时,在表面上生出球状粉芽,粉芽中含有少量藻细胞和真菌菌丝,粉芽脱离母体散布到适宜的环境中就生长出新的地衣。不仅如此,在生理上,真菌和藻细胞也是紧密地相互依存。共生菌从基质中吸收水分和无机养料的能力特别强,能够在十分贫瘠的环境条件中吸收水分和无机养料供共生藻利用;共生藻从共生菌得到水分和无机养料,进行光合作用,合成有机物质,结果在结合中双方都有利。

细菌栖息于许多原生动物细胞内,是一种偏利共生关系。在这种结合中,细菌从原生动物中获取营养和保护环境,因为这些细菌在原生动物细胞外都不能生长。但原生动物似乎没有从结合中明显得利,仅是在它的繁殖过程中,细菌是必需的伙伴。

8.2.3.4 拮抗

拮抗(antagonism)关系是两种微生物生活在一起时,一种微生物产生某种特殊的代谢产物或使环境条件发生变化,从而抑制甚至杀死另一种微生物的现象。

许多微生物在生命活动过程中能够产生抗菌物质(抗生素),这种物质能抑制对它敏感的微生物,这是一种特异性拮抗关系。如青霉菌产生的青霉素能抑制 G^+ 细菌。另外,在酸菜、泡菜和青贮饲料的制作过程中,由于乳酸细菌的旺盛繁殖,产生大量乳酸,使环境变酸而抑制腐败细菌的生长,也是一种非特异性拮抗关系。因为这种抑制作用没有一定的专一性,在一定条件下,不耐酸的细菌都可被产酸的细菌所抑制。

8.2.3.5 寄生

寄生(parasitism)关系是一种生物生活在另一种生物的表面或体内,并从后者的细胞、组织或体液中取得营养,使后者发生病害或死亡。前者称为寄生物,后者称为寄主。

在微生物中,噬菌体寄生于细菌是常见的寄生现象。蛭弧菌寄生于细菌,是细菌与细菌之间的寄生关系。如食菌蛭弧菌(*Bdellovibrio bacteriovorus*)能在假单胞菌、大肠杆菌等细胞内寄生。它们首先在特定部位侵袭寄主细胞,并穿入细胞壁,最后导致寄主细胞溶解。

微生物间的寄生关系,虽然有时会给工、农业生产带来某些损失,但又能被利用来防治植物病害。

8.2.3.6 捕食

捕食(predation)关系是一种微生物直接吞食另一种微生物。在自然界中,捕食关系是微生物中的一个引人注目的现象。主要的细菌捕食者是原生动物,它们吞食数以万计的细菌,明显影响细菌种群的数量。这一作用在废水处理中起着非常重要的作用。例如,在无纤毛类原生动物存在时,活性污泥法出水的上清液中每 1 mL 含有游离细菌达 100 百万~160 百万个,而存在纤毛类原生动物时,上清液中每毫升水仅含细菌 1 百万~8 百万个,出水亦较清澈。另外,粘细菌和粘菌也直接吞食细菌,而且粘细菌也常侵袭藻类、霉菌和酵母菌。

捕食关系在控制种群密度、组成生态系食物链中,具有重要的意义。

8.3 微生物种群的生存竞争

种群(population)可理解为在特定时空范围内同种生物个体的集合体。它既是物种存在的基本单位,又是群落的组成成分,同时还是生态系统研究的基础。种群是由个体组成的,但种群内的每个个体不是孤立的,而是通过种内关系组成一个有机的统一体;同时,种群决不等于个体的简单相加,在某一生境中,一个种群占有地位的确立,不但与非生物因子的质和量有关,而且还要受到生物因子的影响,才能实现从个体到群体的质的飞跃。

自然界中一切生物都具有高繁殖率的倾向,以保证种群的生存和延续,当然,也不可避免地会出现生存竞争。如果种群内、种群间不存在生存竞争,自然界则将出现"群(种群)满为患"之灾。

生存竞争是生物间相互关系的一个重要方面,概括地说就是"物竞天择,适者生存",这一现象在自然界中永恒存在,这是由于生物为了自身的生存,对共同需求的因子(包括非生物因子和生物因子)竞争的结果。生存竞争可在种群内发生,也可在种群间发生。

8.3.1 种内的生存竞争

种群内的竞争表现为个体间的竞争,这种竞争在种群繁殖初期并不激烈,各自可能具有较多的空间和食物来源。一旦在某个生境确立了种群的分布区,并在分布区中随着种群密度增加,竞争才逐渐产生,而且日趋激烈。由此可见,种群数量过剩将是导致种内竞争的根源,而种内竞争又是种群密度的制约因子。

Nicholson(1954)将种内竞争划分为两种形式。

8.3.1.1 分摊竞争(scramble competition)

种群内的每一位成员均有相等的机会去接近和获取有限的资源。这一竞争关系是 Nicholson 长期对羊绿蝇(*Lucilla caprina*)的研究中发现的。在实验室中,当几个幼虫取食 1 g 重的公牛脑匀浆时,得到的成虫数量很高;而将 50 只幼虫放在等量的公牛脑匀浆时,可以得到更高的成虫数量；高于这一密度时，成虫数量迅速下降；假如在1g公牛脑匀浆上放养200只或更多的幼虫，则成虫数量很低（图8.7）。

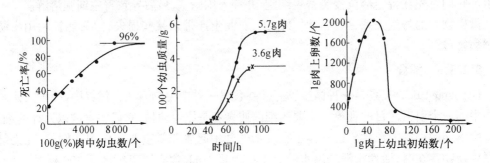

图8.7 羊绿蝇对食物的种内竞争
1—种群死亡率与幼虫密度关系；2—幼虫增长率与食物数量关系；
3—成年个体产卵数与幼虫对食物竞争的关系

8.3.1.2 争夺竞争（contest competition）

竞争中的优胜者为了生存和繁殖的需要，必须尽可能多地控制必需资源，而劣势者则将必需资源让给它的竞争优胜者。例如，在动物界，种群内的强者占有更多的战利品，而弱者只好放弃到手的食物。

在一个生境中，种内生存竞争的两种形式不可能独立存在，往往同时发生。细菌纯培养中，处于对数期末期至衰亡期的个体间存着复杂的种内竞争关系。在可资利用底物（用F表示）有限的条件下，细菌（用M表示）均摊营养物质（表示为F/M）。由于每个细菌均得不到充足的碳源和能源，因而繁殖速率显著降低。随着F/M进一步降低（达到稳定期），细菌均摊到的营养物质仅够维持其生命活动，在此期间，活性较强的细菌在竞争中获取了较多的营养物质而足以进行繁殖，而活性较弱的细菌则因得不到最低限度的营养物质而死亡。进入衰亡期，活性强弱细菌间的营养争夺竞争更为显著。大多数细菌由于营养严重缺乏而死亡，并将自身机体作为营养物质以及应分摊到的那份营养物质贡献给活性较强的细菌，以利活性较强的那部分细菌的生存。其中极少数活性特别强的细菌，在竞争中占据了较多的能源和碳源，得以生存和有限的繁殖。可见，细菌的争夺竞争、分摊竞争以及劣势细菌细胞自融过程，对于营养源缺乏的条件下，尽量减少营养物质分摊所带来的不良后果，从而保证种群的延续，具有重要的作用。

任何一个环境中所能容纳的生物密度存在着上限值，当超过环境可容纳量，即可资利用资源相对有限时，则必然出现种群内竞争现象。因而，种群内竞争的产生是一种密度制约效应，这一效应则避免了"繁殖过剩"，并保证了种群的生存和延续趋向。

8.3.1.3 种群增长模型

个体有生有死，个体的生死在种群中可用增长率和死亡率来表示，这是群体水平研究的方法。为了更好地掌握种内竞争理论，可引入单种群数学模型。但是，这种单种群模型只在实验室里才能模拟，在自然界中，真正单一的种群即使有，也是很少的。尽管如此，单种群模型在废水处理中还是有一定的指导意义的。

微生物的增长十分复杂，受很多因素制约，但单种群模型可归纳为以下几种。

1. 指数增长

这是一种理想条件下的增长方式。种群在无限环境中，营养充足，环境适宜，且可不考虑死亡率，则种群的增长速率可表示为

$$\frac{dN_t}{dt} = rN_t \tag{8.1}$$

式中　N_t——t 时刻种群的数量；
　　　r——种群的瞬时增长率，一般为常数；
　　　t——培养时间。

这种现象仅当微生物处于对数期才可能出现。若以 N_t 对时间作图（图 8.6），这种种群增长呈 J 字型，因而又常称为"J"型增长。

如果在时间 $t=0$ 时种群的数目为 N_o，则式(8.1)可解为

$$N_t = N_o \exp(rt) \tag{8.2}$$

2. 非密度制约（density independent）Logistic 增长

这种增长亦是种群处于无限环境中，然而考虑到微生物的死亡率，因而引入内禀自然增长率（*intrinsic rate of natural increase*）的概念。微生物的增长可表示为

$$\frac{dN_t}{dt} = r_m N_t \tag{8.3}$$

N_t、t 同前，这里 r_m 为种群的内禀自然增长率，导致内禀制约，其值等于繁殖率减去死亡率。r_m 与 r 不同，r_m 值并不是常数，一般与微生物的发育阶段有关。该式仅适用于营养较多的适宜环境，因而在实际应用中可将 r_m 分段近似看做常数。则式(8.3)的积分式可表示为

$$N_t = N_o \exp(r_m t) \tag{8.4}$$

3. 密度制约（*density dependent*）Logistic 增长

Verhulst(1938)以及 Pearl 和 Reed(1920)分别通过试验发现，种群的实际增长并不能无限度地增长，而是在一定的环境下，总存在一个上限 K 值。当种群的数量（或密度）N_t 逐渐接近上限 K 值时，实际增长率就要逐渐减少，即

$$\frac{dN_t}{dt} = r_m N_t \left(\frac{K-N_t}{K}\right) \tag{8.5}$$

或

$$\frac{dN_t}{dt} = r_m N_t \left(1 - \frac{N_t}{K}\right)$$

式中　K——环境容纳量（或环境负荷量）；
　　　r_m, N_t, t——同前。

上式可称为 Verhulst-Pearl 方程，现在人们常称为 Logistic 模型。因为在 Nt 对 t 坐标下 Logistic 曲线呈"S"型，因而又称为"S"型增长或 Logistic 增长（图8.8）。

在密度制约 Logistic 增长中，种群的实际增长率为 $r = r_m(K - N_t)/K$。当种群数量（或密度）达到 K 值时，$r \to 0$（出生率＝死亡率），这说明，增长率 r 与种群密度之间为反比的关系。当密度增加时，增长率则下降，生态学家称之为对增长率的密度制约效应。若设 $t = 0$ 时种群

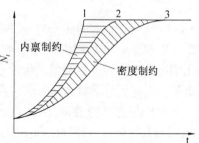

图 8.8　种群增长模型
1—指数增长；2—非密度制约 *Logistic* 增楚；
3—密度制约 *Logistic* 增长

密度为 N_0，且 r_m 看做常数，则

$$N_t = K \Big/ \left[1 + \left(\frac{K}{N_0} - 1\right) \exp(-r_m t)\right] \tag{8.6}$$

密度制约 Logistic 增长与指数增长和非密度制约 Logistic 增长相比，更接近于种群增长的实际状况，并且用以描述种群增长的范围较广，因而常被人们所应用。通常，式(8.5)只适用于低级的生物，特别是细菌、酵母菌、藻类等的增长与这个公式比较吻合。

Logistic 模型中$(1 - N_t/K)$可称为调节因子，它是与瞬时密度有关的调节机制，但人们发现，大多数实际情况中，这种调节效应会出现时滞，即滞后时间 T，因而 Logistic 模型变为

$$\frac{\mathrm{d}N_t}{\mathrm{d}t} = r_m N_t \left[1 - N_t \frac{(t-T)}{K}\right] \tag{8.7}$$

亦即时刻 t 种群的增长率不仅与时刻 t 时的种群密度有关，而且与在此之前的时间 $T(T \geqslant 0$，为一常数)的种群密度有关。式(8.7)称为具有时滞的 Logistic 模型。该模型中 T 值对于高等生物较大，而微生物种群增长的时滞较小。

8.3.2 种间的生存竞争

8.3.2.1 生态位的概念

早在 1859 年，达尔文(Charles Darwin)就在《物种起源(The Origin of Species)》中提到："两个变种能够在相邻的地区内的两处形成。"这便说明了有机体与环境间的协同进化。有机体应存在于相适应的分布区，当环境变量改变时，通过变型——变种——物种的形成过程，产生出能够适应新环境的物种。这就是达尔文首先将物种与一定的生态空间和环境变量联系起来的观点，当然，达尔文并未直接指出生态位(niche)及其概念，但是他确具有这种思想和契机。

生态位(niche)这一术语最早是由动物生态学家加利福尼亚大学的格林尼尔(Grinnell, 1917)提出的，他在研究加利福尼亚鸫(California thrasher)中发现，该生物依赖于环境中的某些非生物因子和生物因子，这些因子共同决定着该种的生态位。他将生态位定义为"恰好被一个种或一个亚种所占据的最后分布单位(ultimate distributional unit)"，因而强调了生态位的空间概念。埃尔顿(Elton, 1927)则从个体生态学方面将生态位定义为有机体在其群落*(community)中的功能作用和地位(functional role and position)，特别强调了其与其他种间的相互关系。

哈钦森(Hutchinson, 1957)是生态位研究中最有影响的学者之一。他认为，环境变量(包括非生物因子和生物因子)是影响一个物种种群的一组 n 个坐标的点集，而这些变量的变化幅度是某物种生存与繁殖所能适应的，生态位就是这样一种 n 维抽象体积和超体积。这是第一次应用数学概念给生态位所下定义，并指出如何确定一个种群的生态位。例如，研究一个种群与温度的关系，可以确定该种群在温度方面的忍受幅度，这便是它的一维生态位(图 8.9)；如果这一种群以细菌为食，并且只能取食栖息地中一定大小的细菌，则与温度共同构成一个二维生态位，即一个面；假若该种群在水面下一定深度内生存，第三维坐标可以是该种群所需水深，因而可描述为一个三维的生态位，即一个体积。如果这一种群的生存与

---

* 群落是在一定时间内居住于特定生境中的各种群所组成的生物系统

繁殖受到 n 个环境因子制约,则构成一个 n 维的、超体积的生态位。他还认为,在某一生境中,能够为某一种群所栖息的理论最大空间,称为基础生态位(fundamental niche)。但实际上,一个种群很少能全部占据基础生态位,当存在竞争者时,必然使该种群只占据基础生态位的一部分,这一部分实际占有的生态位,称为实际生态位(realized niche)或实现生态位。参与竞争的种群越多,各种群所占有的实际生态位越小。

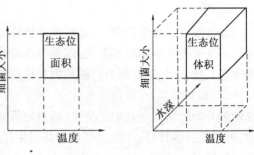

图 8.9　生态位图解

总括各生态位定义的内在涵义,不外乎包括两方面:种群与生态因子所构成的 n 维空间之间的关系;表明种群在群落中的功能和地位,这一功能亦即在群落中所起的作用。因此,我们给生态位一个定义:生态位是指每个种群受群落中生态因子限定的空间地位及其功能作用。可见,生态位是针对种群而言的,因而,有必要对种群给出确切的定义。

种群(population)这一术语像许多其他词一样,按照人们研究的范围具有多种含义。从生态学角度考虑,史密斯(Smith,1977)定义为:一群占据某一特殊地域的相同种类的杂种繁殖有机体(interbreeding organisms)。在这里,特别指出了有性繁殖的种群概念。迪维诺(Duvigneaud, 1974)对种群所下定义:由一群在一定时间内生活在一定地区的同种个体组成的生物系统。以上定义均具有一定的局限性,前者适用于有性繁殖有机体,而后者恰恰将雌雄种分隔开来。在某一生境中,每个种群都具有各自的基础生态位,亲缘关系较近的两种群(如同一种中两个亚种,甚至同一属中两个种),它们的基础生态位重叠多些,而亲缘关系远的可能稍有重叠甚至不重叠。事实上,基础生态位是由种群本身的遗传基因所决定,而其对基础生态位的要求只不过是基因表现形式而已。因而,笔者认为,所谓种群是指在某一生境中对各生态因子的需求均具有同一基因表现型的生物群体。这一定义不但适用于无性繁殖的细菌等,也适合于有性繁殖的动、植物。由此可见,该定义与生物学的分类原则似乎有所区别,因为这里所说的种群既不能看做生物分类中的种,更不能看做属,它可能是生物分类中的最小的基本单位,这一分类原则对于生态位理论的解释具有一定的实际意义。对于易于发生变异的微生物来说,若由于环境变量发生改变而形成了对某种群毫不适应的生境(即其生态位已脱离该生境),这种微生物就会发生变异并产生出适应该生境的一株变种,并通过竞争后能够生存,则这一株菌的群体便构成种群,而完全脱离了原种群的限定范围。但也必须看到,在自然界中,任何一物种在任何一个时期都不能无限制地发生变异,遗传基因具有相对的稳定性,否则,基因就没有存在的必要,自然界也就成为"杂乱无章"的实体,而且无规律可循了。因而,根据生物对生态因子需求的基因表现型来划分种群,具有一定的规律性。

8.3.2.2　生态位的属性

生态位的属性可以概括为时间、空间和物质(生态因子,包括非生物因子和生物因子),它们之间相互联系、相互制约和相互依存,共同构成一定的因果关系。

1. 时间

是指随时间而变的因子,这些因子往往与人们所研究的系统有关。如在自然界中(包括敞开系统的废水生物处理单元)随季节性变化和日变化的各种自然因素,如气候因子(水热条件等)、化学因子(如污染物质种类和排放量)等。而等温废水生物处理单元(如厌氧消化反应器)和发酵工业,在稳定条件下,则与时间无关。时间的概念往往应用于群落生态学中或着重分析随时间变化的生境中,通过定期地改变组分种(component species)的相对竞争能力,可以促进多样性,从而允许它们共同生存。

2. 空间

空间是许多生态学家最早研究的生态位属性,它包括动物种群捕食、栖息的垂直分布和平面分布。空间是生态位的重要属性,无论是自然界还是人工环境系统(如废水处理构筑物中),不同的空间往往存在不同的生物种群,这种现象几乎在任何地方均可观察到。

8.3.2.3 高斯(竞争排斥)原理和生态位分离

生存竞争学说与生态位理论有着密切的关系。当生存竞争出现时,多数是发生在有机体的各种需求(即生态位)极为相似的条件下。在一般情况下,亲缘关系越近,生存竞争程度也越激烈。所以,种间的竞争大于属间,而属间的又大于科间。所以,自然界中群落的形成(组成者之间),均由生态位相差较大的种群所构成。

1. 高斯原理

高斯(Gause,1934)是第一个采用试验来研究种群竞争与生态位关系的学者。他在试管中加入两种在生态上和分类上很接近的草履虫——双小核草履虫(*Paramecium auuelia*)和大草履虫(*P. caudatum*),并移入一定数量的细菌。单独培养时两种群繁殖速率相差无几,并均表现出典型的 S 型生长;但将两种群放在一起培养时,开始都有繁殖,且大草履虫繁殖速率稍快,但不久死亡速率迅速增加,20多天后几乎只剩下双小核草履虫(图 8.10)。由此提出了高斯原理(Gause Principle):由于竞争的结果,生态位接近的两个种群不可能永久的共存。根据高斯理论,人们又提出了竞争排斥原理(conpetition exclusion principle):在一个稳定环境中,同一个生态位不能长时间被一个以上的安定种群同时存在和完全占据。换言之,就是两个或两个以上的种群对于生态位需求性极为相似时,就不能在同一生境中长久共存。两个种群在同一生态位中生存和繁殖,迟早要对生态位所具有的一切进行竞争,两个种群绝对不能够达到适应均等的程度,经常是一个种群具有较优越的适应性和较大的侵入性,直到全部占据生态位的容纳量为止。

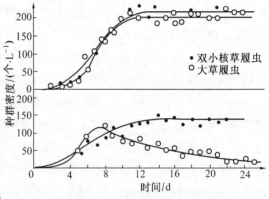

图 8.10 双小核草履虫和大草履虫的竞争实验
上图为单独培养,下图为混合培养

2. 生态位分离

达尔文在《物种起源》中曾论述过,在初期的不稳定环境中,当两个变种在连续地区的相邻处形成时,往往在重叠的过渡地带(ecotone)形成中间种或中间变种。但是根据生存竞争学说中的自然选择理论,中间变种的个体数目必然比相邻的两个变种的个体数目要少,而且遗传性也不够稳定,因此,中间变种仍处于进一步变异过程中。在生存竞争以及自然选择过程中,由于个体数目较多的变种比个体数目较少的中间变种占有较大的优势,从而,中间变种必然在生存竞争中被淘汰和消灭,从而达到稳定的环境条件。由此可见,生存竞争是物种起源的重要方面之一,环境由不稳定到稳定的过程是通过生存竞争和协同进化,而其结果必然是生态位分离。因而,奥德姆(Odum)把竞争排斥原理解释为:竞争使亲缘关系密切或其他方面相似的种群之间产生生态位分离。

赖克(Lack,1945)为了证实高斯原理,研究了在同一水流上摄食,同一峭壁上营巢的两种鸬鹚(*Phalacrocor*)。经过深入地观察发现,一种主要以水上层自由游泳的鱼类为食,而另一种主要以捕食底栖的无脊椎动物为生。这种事实说明了在同一生境中,亲缘关系较近的种群之间生态位区别的重要意义。高斯所做的另一试验也说明了这一问题。他将袋状草履虫(*P. bursaria*)和双小核草履虫放在同一培养基中,发现它们能够共存,这是由于在培养过程中培养基底部出现了沉淀层,袋状草履虫恰好适于在此层中生长(图8.11)。由以上两例可以说明,两个亲缘较近的种群能够在同一空间共存的原因,是由于生态位的分离。

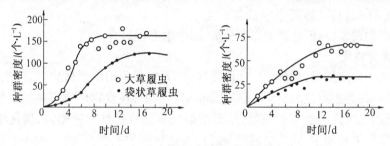

图8.11 双小核草履虫和袋状草履虫的竞争实验
左图单独培养,右图混合培养

生态位分离是指在稳定的环境中,不同种群在同一生境长期共存时,必须有各自不同的(实际)生态位,从而避免种群间长期而又激烈的竞争,并有利于每个种群在生境内进行有序的和有效的生存。生态位分离可能来源于种群自身,也可能来源于生境,或者来源于种群与生境之间的协调关系之中。赖克和高斯实验中所发现的两种亲缘较近的种群共存,则是由于在协同进化过程中,种群与生境之间通过协调作用出现了生态位分离。可见,生存竞争和自然选择能够影响种群的行为和群落格局,从而使某些有机体能够适应并生存于特殊环境中,而且能够和其他有机体在某些特殊关系中长久共存。

8.3.2.4 生态位的宽度和重叠

生态位理论的研究进展推动着现代生态学理论框架的构成,如竞争共存、物种的特化和泛化、种群对空间资源的划分,这些都与生态位的重要参数——生态位宽度和生态位重叠密切相关。

1. 生态位宽度

种群生活在一定的空间中,利用空间的资源。不同的种群占据空间的范围和利用资源的能力不同,生态位宽度就是这一定量指标。史密斯(Smity,1982)定义生态位宽度为:在生态位空间中沿某些直线生态位的"全部距离(distance through)"。帕特门(Putman,1984)等定义为:有机体利用已知资源的幅度。生态位宽度往往涉及资源利用的"多样性",即使在不存在种间竞争的理想条件下,在生境中,若有机体可利用的资源仅限制在有效资源系列的一小部分,则生态位宽度较窄;若能利用资源谱中的多个系列,则被认为有宽广的生态位。

影响生态位宽度的因素除了与生物种群自身基因有关外,主要与竞争排斥原理有关。

(1) 竞争压力

如果两个种群在同一生境中利用相似的生态因子,竞争的结果促使两个种群更趋于利用生态因子不同的那部分,从而减小生态位重叠以缓和竞争,这时生态位宽度变窄。图 8.12 描绘了河流中两种涡虫(Planaria)分别出现在两种区域和共存时的分布,当它们共存时,由于竞争压力迫使各自占据的温度范围缩小。一般来说,当竞争两方面竞争压力相等时,导致生态位不均衡的收缩,即发生生态位位移(图 8.13)。种间竞争通常产生生态位"收缩"的现象,从而达到生态位分离,减少生态位重叠。

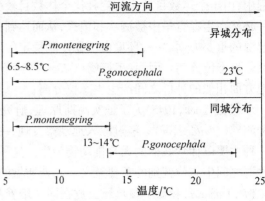

图 8.12 两种涡虫分开存在(上图)和同时出现(下图)时沿河流中温度梯度的分布

(2) 泛化与特化

资源可利用性降低时,种群向广食性发展,扩大资源利用率及适应性,生态位宽度一般应该增加,这可称为生态位的泛化(generalization)。例如,在食物供应不足的生境中,微生物为了生存,不能忽视许多次等的底物,从而增加摄食的有效性和速率,以满足生存的需求。在食物量较丰富的环境中,微生物能经常遇到大量理想的底物,不再光顾次等底物,导致选择性的摄食和狭窄的食物生态位宽度,这称为特化(specialization)。特化的结果是生物向寡食性发展,同时适应性减弱。生态位泛化能够使种群具有广泛的适应性,特化有利于种群在资源丰富的稳定生境下生存。

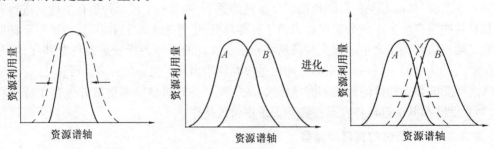

图 8.13 种间竞争压力
1—均等收缩;2—位移

2. 生态位重叠

所谓生态位重叠是指两种群对一定资源的共同利用的程度(Hurlbert,1987)或两种群在与生态位联系上的相似性(王刚等,1984)。尽管种群间生存竞争往往是由于生态位重叠造成的,但是重叠并不一定导致竞争。事实上,竞争与生态位重叠之间的关系十分复杂,有时,广泛的重叠实际上可能有助于减缓竞争,这就是梅(May,1976)所提出的"生态位重叠假说",其含意为:在激烈竞争的生境中,最大允许重叠减少;在竞争不太激烈的生境中,生态位广泛的重叠,实际上也减缓了竞争;而在极端情况下,生境中可资利用资源过剩,生态位即使完全重叠,种间仍能共存。

在废水生物处理构筑物中,常可发现生态位相似的亲缘很近的微生物可在同一生境中长久共存,即使废水中底物种类很少、很简单,仍可发现占据相同或相似生态位的多个种群共存。这种现象并不能说明高斯原理(或竞争排斥原理)不适用,而是在可资利用资源过剩的生境中,才出现这种现象。当有机物浓度很低时,可以发现微生物种群的数目和微生物的数量明显减少,生存的种群往往是亲缘关系较远的类群。

生态位理论已日益受到人们高度重视,利用这一理论开发新型反应器和废水处理工艺系统前景广阔。从目前来看,开发前景主要有:①利用微生物适宜生长的环境条件,人为创造有利生境,促使所需种群处于优势地位;②根据微生物的特点,开发新型反应器及生物载体;③根据废水水质,利用各种群微生物对不同有机物质的降解能力,选择厌氧、兼氧、好氧等工艺条件,并通过合理组合,以便高效地去除无机或有机污染物质。

8.4 微生物群落的生态演替

生物群落(biotic community)就是在一定时间内,特定生境中各种群相互松散组合构成的结构单元。这种单元虽然结合松散,但却由于其种群成员的种类及一些个体的特点而显现出一些特征。生物群落概念在生态理论中是十分重要的,这是因为在自然环境中共居一处的有机体,是有序地、相互协调一致地生活在一起,而不是偶然地、彼此无关地共处同一生境。也就是说在群落的分布区,一定时空内,常有一些固定种群构成指示性生物群。

8.4.1 微生物群落的基本特征

研究微生物群落的总体水平,必须首先了解群落的以下特征:

1) 群落中种群的多样性(species diversity) 亦即了解群落中种群种类;

2) 生长形式及其构成(growth form and structure) 如群落中各种群的营养类型及种群在生境中的分布状况和分层现象等;

3) 优势种群(dominance) 指在群落中对群落形成起控制作用、数量多、活动能力强或个体大的种群;

4) 相对丰盛度(relative abundance) 即群落中不同种群的相对比例;

5) 营养结构(trophic structure) 主要是指能量转化,即能量从一种生物转移至另一生物,如食物链。

8.4.2 生态演替

所谓群落的生态演替(ecological succession)是指群落经过一定的发展时期及生境内生态因子的改变,而从一个群落类型转变成另一类型的顺序过程(orderly process of community change),或者说在一定区域内群落的彼此替代。

群落的组合动态是必然的,静止不动则是相对的。研究演替不仅可判明群落动态的机理及推断群落的未来状况,而且可利用各种群落中常存在的某些特定生物(即指示性生物)来了解自然环境条件。这是因为生态演替是定向性的,随着生态环境中各生物因子的变化,群落也必然随之按着一定的序列演变,某些种群的出现而代替了原有种群构成。如自然水体(包括生物处理构筑物)中原生动物及后生动物随废水有机物浓度改变的演替规律(图 8.14)。当 BOD_5 浓度为 60 mg/L 左右时,常出现大量游泳型纤毛虫;当 BOD_5 浓度为 30 mg/L 左右时,常见固着型纤毛虫;而 BOD_5 为 15 mg/L 时,常出现轮虫。值得注意的是,每个种群微生物尽管有特定的生态位,但是由于它们的耐性限度有一定幅宽,因而往往在某一特定群落中常会发现不同类群的原生动物共存。

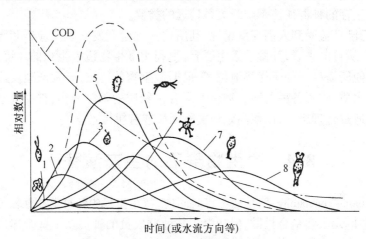

图 8.14 原生动物随有机物浓度改变的演替
1—肉足虫;2—植物性鞭毛虫;3—动物性鞭毛虫;4—吸管虫;
5—游泳型纤毛虫;6—细菌;7—固着型纤毛虫;8—轮虫

8.4.2.1 活性污泥中原生动物的演替规律

原生废水进入曝气池后,由于营养充足,细菌和部分鞭毛虫,尤其是植鞭毛类能通过细胞表膜的渗透作用,将溶于水中的有机质吸收到体内作为营养物质,异养菌分泌胞外酶使大分子有机物降解为小分子,再加以利用,肉足虫靠吞食有机颗粒、细菌为生,因此三者占优势。

由于溶解型有机质的消耗,菌胶团的形成,游离菌的减少,加之微型动物群的增殖扩大,使曝气池内营养体系发生了巨变。在这种情况下,各类微生物(细菌、植鞭毛虫、动物鞭毛虫和肉足虫)为了生存,就以食物为中心进行竞争。细菌和植鞭毛虫争夺溶解性有机营养,植鞭毛虫竞争不过细菌而被淘汰,而肉足虫与动鞭毛虫在竞争过程中因肉足虫竞争力差很快被淘汰。

由于异养菌的大量繁殖,又为纤毛虫提供了食料来源,纤毛虫掠食细菌的能力大于动鞭毛虫,因此,取代动鞭虫成为优势类群。随之,以诱捕纤毛虫为生的吸管虫也大量出现。

由于有机质被氧化,营养缺乏,游离菌减少,游泳型纤毛虫和吸管虫数量相应减少,优势地位为固着型纤毛虫取代,因为它可以生长在细菌少,有机物很低的环境。

水中的细菌和有机质越来越少,固着型纤毛虫得不到能量,便出现了以有机残渣、死细菌及老化污泥为食料的轮虫。它的适量出现指示着一个比较稳定的生态系统。

各类微生物出现的程序,主要受食物因子约束,反映了一个由有机物→细菌→原生动物→后生动物的演替规律。

8.4.2.2 生物膜中原生动物的演替规律

采用生物膜法处理有机废水,各类微生物的演替规律主要受溶解氧和有机营养因子的制约。

若以溶解氧控制生态演替规律的话,主要体现在从生物外表面到滤料(或盘片)表面优势微生物种群变化顺序上,即按好氧→兼性→厌氧的顺序变化。

若以有机营养因子控制生态演替规律,主要体现在沿废水流向出现的优势微生物种群。在生物滤池的上层(或转盘前边盘片),有机物浓度高,生物膜厚,主要由菌胶团菌组成;在中层(或盘片),有机物浓度开始降低,开始大量出现丝状菌,并伴有少量的原生动物,如鞭毛虫、游泳型纤毛虫等。在下层(或盘片)有机物浓度减少,生物膜变薄,种类多,数量少,有柄纤毛虫和轮虫占优势。

总之,沿水流方向,生物膜上的微生物呈现种类依次增多,数量依次减少的变化。微型动物基本上按照鞭毛虫→游泳型纤毛虫→固着型纤毛虫→轮虫、线虫的顺序大量出现。

当有毒物或有机物发生变化时,会引起生物膜上种群特征的上下(或前后)移动,由此可判断废水浓度或污泥负荷的变化。

演替的原因虽然是由生态因子的变动而造成的,但生态因子常常是多个,并经常以不同量组合,所以,同一群落很难具有重现性。尽管如此,由于生态环境中制约生物种群生长的因子往往是限制性因子,因而类似群落(主要种群相同)呈现的条件是有规律可循的。

8.4.3 顶极群落

演替在很大程度上是群落本身所具有的一种特性。某一群落在其栖息地最初是适宜的,但随着生态环境改变,群落中某些种群或大多数种群已不适应,取而代之的是对现有生境较为适应的其他种群,这就导致演替的开始。随着演替逐渐趋于稳定,达到新的稳定群落形成,即达到顶极群落(climax community)。顶极群落与其所处环境的物化条件维持平衡,并具有相对稳定性和持久性。

8.5 生态系统

生态系统(ecosystem)是自然界一定空间的生物与环境之间的相互作用,相互影响,不断演变,不断地进行着物质和能量的交换,并在一定时间内达到动态平衡,相对稳定的统一整体,是具有一定结构和功能的单位,即由生物群落及其生存环境共同组成的动态平衡系统。

8.5.1 生态系统的组成和结构

8.5.1.1 生态系统的组成

1. 非生物环境

非生物环境(abiotic environment)包括参加物质循环及影响生物生存的非生物因子。

2. 生产者

生产者(producers)能利用简单的无机物合成细胞物质的自养生物(autotrophs)。如植物(包括水生有根或漂浮植物)、藻类、光合细菌及自养菌等。生产者是有机物质的制造者,水中几乎一切生命都依赖它们。

3. 消费者

消费者(consumers)是相对生产者而言,它们不能利用无机物制造有机物,而是直接或间

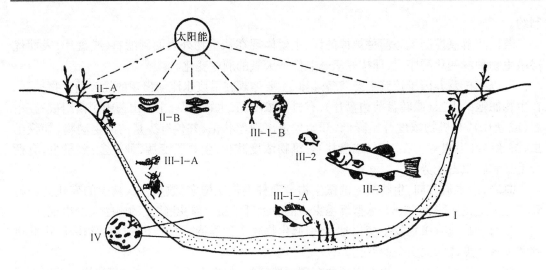

图 8.15　池塘生态系统示意图

基本要素：Ⅰ—非生命物质；Ⅱ-A—生产者（有根植物）；Ⅱ-B—生产者（浮游植物）；Ⅲ-1-A—初级消费者（食草动物，底栖型）；Ⅲ-1-B—初级消费者（食草动物，浮游型）；Ⅲ-2—次级消费者（食肉动物）；Ⅲ-3—三级消费者（次级食肉动物）；Ⅳ—分解者（腐生菌）

接依赖生产者所制造的有机物，因此，属于动物性营养的异养生物（heterotrophs）。消费者一般可划分为数个营养级（trophic level），较小的消费者被较大的消费者所食。

4. 分解者

分解者（decomposers）指分解已死的有机体或有机化合物的微生物，如细菌和真菌等腐生性生物（saprotrophs）。微生物体积虽小，但在自然界物质循环中起着巨大的作用。

8.5.1.2　生态系统的结构

（1）生物结构

个体、种群、群落、生态系统。

（2）形态结构

生物成分在空间、时间上的配置与变化。包括垂直、水平和时间格局。

（3）营养结构（或功能结构）

生态系统中各成分之间相互联系的途径，最重要的是通过营养实现的。

8.5.2　生态系统的功能

生态系统的功能包括生物生产、能量流动、物质循环、信息传递及调节能力等功能。

1) 生物生产　即生产者利用太阳能或化学能，将 CO_2 合成碳水化合物。

2) 能量流动　生物有机体进行的代谢、生长、繁殖均需能量，一切生物所需的能源归根到底都来自太阳能。太阳能通过光合作用进入生态系统，将简单的无机物（CO_2、H_2O）转变成复杂的有机物，即转化为贮存于有机物分子中的化学能。这种化学能以食物的形式沿着食物链的各个环节，也就是在各个营养级中依次流动。在流动过程中，有一部分能量要被生物体贮存，另一部分被生物的呼吸作用消耗掉（以热的形式散失），还有一部分能量则作为不能被利用的废物浪费掉。所以，处于较高的各个营养级中的生物所能利用的能量是逐渐减少的（图 8.16）。

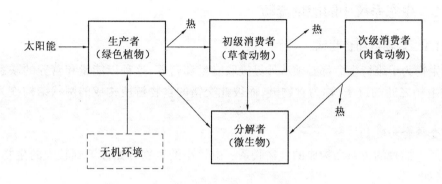

图 8.16　能量流动示意图

可见,生态系统中的能量流动是单方向的,是不能一成不变的反复循环利用的,一般来说,食物的化学能在各个营养级流动时,其有效率仅为 10 % 左右,故需要太阳能不断地补充和更新。

3) 物质循环　生物有机体约有 40 余种化学元素组成,其中最主要的是 C、H、O、N、P、S,它们来自环境。构成生态系统中的生物个体和生物群落的各种化学元素,经由生产者(主要是植物)、消费者(动物)、分解者(微生物)所组成的营养级依次转化,从无机物→有机物→无机物,最后归还给环境,构成物质循环。物质循环不同于能量循环,它在生态系统中周而复始地运行,能被反复利用。

4) 信息传递　包括物理信息(声、光、颜色等)、化学信息(生长素、抗菌素、酶等)、行为信息和营养信息,这些信息最终都是经由基因和酶的作用形成,并以激素和神经系统为中介体现出来,它们对生态系统的调节有重要作用。

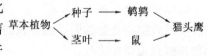

图 8.17　信息传递示意图

营养信息是通过营养交换的形式把信息从一个种群传递给另一个种群,或从一个个体传递给另一个个体。食物链(网)即为一个营养系统。当鹌鹑多时,猫头鹰大量捕食鹌鹑的同时也捕食鼠类,这样,通过猫头鹰对鼠类捕食的轻重,向鼠类传递了鹌鹑的多少的信息(图 8.17)。

5) 调节能力　是指生态系统具有的自动调节恢复稳定状态的能力。系统的组成成分越多样,能量流动和物质循环的途径越复杂,这种能力越强。反之,成分越单调,结构越简单,则调节能力就越小,然而这种调节能力有一定的限度,超过此限度就不在起调节作用,从而使生态系统破坏。

使生态系失去调节能力的主要因素有：一是种群成分的改变,如单一种植物的农田生态系统,因缺乏多样性而易被昆虫破坏;二是环境因素的变化,如湖泊富营养化使水质破坏,使水中溶解氧大大减少,造成鱼及其他水生生死亡;三是信息系统的破坏,如石油污染导致回游性鱼类信息系统破坏,无法逆流产卵以致影响回游性鱼类的繁殖,破坏鱼类资源。

8.5.3 生态系统中的能量流动

8.5.3.1 食物链和食物网

一切生物为了维持生命都必须从外界摄取能量和营养,这种以能量和营养的联系而形成的各种生物之间的链系,称为食物链,而彼此交错的食物链所构成的网状结构称为食物网。

1. 捕食性食物链

生物间以捕食的关系而构成的食物联系。由较小的生物开始逐渐到较大的生物,后者捕食前者,如

$$麦 \rightarrow 麦蚜 \rightarrow 肉食性瓢虫 \rightarrow 食虫小鸟 \rightarrow 猛禽$$
$$树叶 \rightarrow 昆虫 \rightarrow 鸟类 \rightarrow 蛇 \rightarrow 野猪 \rightarrow 虎$$

2. 寄生性食物链

以寄生物与寄主关系构成,由较大的生物开始至较小的生物。后者寄生在前者的机体上。如

$$哺乳类或鸟类 \rightarrow 跳蚤 \rightarrow 原生动物 \rightarrow 细菌 \rightarrow 滤过性病毒$$

3. 腐生性食物链

腐烂的动物或植物体被微生物利用。如森林中的动物尸体和枯枝落叶为微生物所利用而构成的食物链。

4. 碎食性食物链

经过微生物分解的野草或树森的碎片,以及微小的藻类组成碎屑性食物,被小动物、大动物相继利用而构成的。

营养级是生物群落中的各种生物之间进行物质和能量传递的级次。生产者为第一营养级,草食动物属第二营养级……如青草→兔→狐狸→狼构成的捕食性食物链,青草为第一营养级,兔是第二级,狐狸为第三级,狼捕食狐狸为第四营养级。

食物链的一个属性是能浓缩不能被代谢的毒物。随着营养级的提高,某种元素、毒物或难降解化合物在机体内逐步增大的现象,称为生物放大(biomagnification)。如水俣病和骨痛病就是由于食物链的生物放大作用在最高级消费者(如人、猫等)体内的致病反映。

生物浓缩是指生物体从周围环境中蓄积某种元素或难分解的化合物,使其体内该物质的浓度超过环境中的浓度的现象。

8.5.3.2 生态金字塔

生态金字塔是指通过对食物链各营养级中生物数量和能量分析,由低营养级至高营养级描绘出呈金字塔(或倒金字塔)形的现象。生态学家奥德姆(odum)将生态金字塔分成三种类型。

1. 数量金字塔(pyramid of numbers)

以每一营养级中的个体数目表示(图 8.18)。通常情况下,较高营养级个体较大,但数量较少,且依赖捕食较低营养级的生物为生,所以常呈金字塔形。

2. 生物量金字塔(pyramid of biomass)

以每一营养级的生物干重来表示。采用生物量计算能流较为方便,但有时会呈现倒金

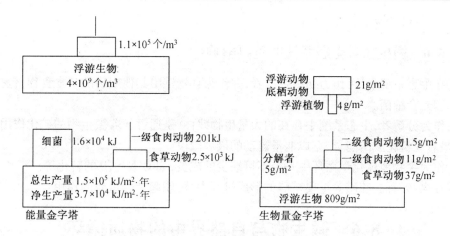

图 8.18　生态金字塔

字塔,如河流中的动物性浮游生物的生物量常比植物性浮游生物的生物量高,这往往是由于河流接纳了大量有机污染物,而动物性浮游生物可直接利用大的有机颗粒为食物。

3. 能量金字塔(pyramid of energy)

通过对每一营养级总能量计算,表示能量利用状况。因为由低营养级向高营养级的能量流动中常伴随能量损耗(如以热能、运动能等丧失),所以能量金字塔均为正向。

8.5.4　生态平衡

生态系统发展到成熟的阶段,它的结构和功能,包括生物种类的组成,各个种群的数量比例以及能量和物质的输入、输出都处于相对稳定的状态,这种状态称为生态平衡,又称自然平衡。

生态系统是开放的动态系统,不断有能量和物质的输入和输出,如果输入等于输出则生态系统处于平衡状态。如前所述,生态系统有调节能力,对外界的干扰因素通过自身调节能恢复正常。然而,当外界的干扰超过最大限度的调节能力时,就会导致生态平衡遭到破坏。

影响生态平衡的因素有自然因素和人为因素。自然因素包括发火山喷发、地震、海啸、泥石流、雷击火灾等,它们可能在短时间内就使生态系统遭破坏,甚至毁灭。但其发生频率不高,且在地域分布上有局限性。人为因素包括毁坏植被,引进或消灭某一生物种群,建造大型工程(如大型水坝),以及现代化工业和农业生产过程中产生的某些有毒有害物质向农田排放等。这些因素可破坏生态系统的结构和功能,使人类生态环境的质量下降,甚至造成生态危机。例如,20 世纪 30 年代美国西部由于滥垦滥牧,植被遭到破坏,导致三次"黑色风暴"的发生,1934 年 5 月 9～14 日的"黑色风暴"以每小时 100 多 km 的速度从西海岸一直刮到东海岸,带走 3 亿多 t 表土,毁坏数千万亩农田。

8.5.5　生态系统的分类

自然界的生态系统大小不一,多种多样。小如一滴湖水、培养着细菌的平皿、花丛、草地,大到湖泊、海洋、森林以至包罗地球上一切生态系统的生物圈。按类型则有淡水生态系统、河水生态系统、海洋生态系统,陆地上的沙漠生态系统、草原生态系统、森林生态系统等等。此外,又可分为自然生态系统(如极地、原始森林);半人工生态系统(如农田、养殖湖)及人工生态系统(如城市、工厂、矿区)。

8.5.6 微生物对生态系统的重要影响

①在生态系统中,可作为初级生产者,并作为食物链中其他生物的基本食物,包括藻类、蓝细菌和光合细菌。

②作为分解者,生态系统中存在的大量生物残体,是通过异养微生物的矿化作用加以分解的,最后无机化放出能量,完成能量流动的最后阶段。

③作为生物地球化学循环中一个不可缺少的成员,如C、N、S、P的转化等。

④在煤和石油、硫磺等重要矿藏的形成过程中,可能起十分重要的作用。

8.6 微生物与自然界中的物质循环

在自然界中,生物所需的各种化学元素,通过生物的活动,一方面被合成为有机物,组成生物体;另一方面这些有机质又被分解成无机物而返回自然界。由此,元素不断地从非生命物质状态转变成有生命物质状态,然后再从有生命物质状态转变成非生命物质状态,如此循环不尽,组成地球上的物质循环,即生物地球化学循环。

8.6.1 碳素循环

碳素循环包括CO_2的固定和再生。绿色植物和微生物通过光合作用,固定自然界中的CO_2,合成有机碳化物,进而转化成各种有机质;植物和微生物通过呼吸作用获得能量,同时释放出CO_2。动物以植物和微生物为食,并在呼吸作用中释放出CO_2。当动物、植物和微生物等有机碳化物被微生物分解时,产生大量的CO_2,完成整个碳素循环(图8.19)。

微生物在碳素循环中既参与固定CO_2的光合作用,又参与再生CO_2的分解作用。

1)光合作用 参与光合作用的微生物主要是藻类和光合细菌,它们通过光合作用将大气和水体中的CO_2转化为有机碳化物。特别是在大多数水环境中,主要的光合生物是微生物,在有氧区域以蓝细菌和藻类占优势,而在无氧区域则以光合细菌占优势。

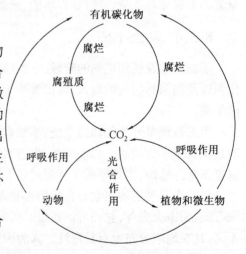

图8.19 碳素循环

2)分解作用 自然界有机碳化物的分解主要是微生物的作用。在陆地和水域的有氧条件中,通过好氧微生物分解,被彻底氧化为CO_2;在无氧条件中,通过厌氧微生物发酵,被不完全氧化成有机酸、甲烷、氢和CO_2。

8.6.2 氮素循环

首先,分子氮被自由生活的微生物固定成NH_3并转化为有机氮化物或被微生物与植物联合作用转化为供植物直接利用的形式。植物及微生物体内氮化物为动物食用,转化为动物蛋白质。

其次,当动植物和微生物尸体及排泄物等有机氮化物(以蛋白质为主)被生生物分解后,以氨的形式释放出来,供植物利用或被氧化成硝酸盐被植物吸收或被进一步还原为气态氮返回自然界完成整个循环(图8.20)。

整个过程包括固氮作用、氨化作用、硝化作用、反硝化作用。

8.6.3 硫素循环

自然界中的硫和硫化氢,经微生物氧化形成 SO_4^{2-};SO_4^{2-} 被植物和微生物同化还原成有机硫化物,组成细胞物质;动物食用植物和微生物,将其转变成动物体的有机硫化物;当动、植物和微生物尸体中的有机硫化物被微生物分解时,以 H_2S 和 S 的形态返回自然界,完成硫循环过程(图 8.21)。

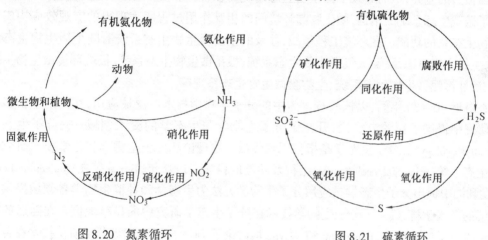

图 8.20 氮素循环　　　　图 8.21 硫素循环

微生物参与硫素循环的各个过程,并在其中起如下作用。

1)分解作用　动植物、微生物尸体中的有机硫化物被微生物降解成无机物的过程。

2)同化作用　微生物利用 SO_4^{2-} 和 H_2S,组成自身细胞物质的过程。

3)无机硫的氧化作用　微生物氧化 H_2S、S 或 FeS 等生成 SO_4^{2-} 的过程。

4)无机硫化物的还原作用　在厌氧条件下微生物将 SO_4^{2-} 还原成 H_2S 的过程。

8.6.4 磷素循环

磷也是生物体的重要组成,遗传物质的组成和能量贮存都需要磷。磷的循环包括三种基本过程:①有机磷转化成溶解性无机磷(有机磷矿化);②不溶性无机磷变成溶解性无机磷(磷的有效化);③溶解性无机磷变成有机磷(磷的同化)。微生物参与磷循环的所有过程,但在这些过程中,微生物不改变磷的价态,因此,微生物所推动的磷循环可看成是一种转化(图8.22)。

在自然界其他元素的微生物转化中,各种元素的化合物或离子可能进行一种或多种下述类型反应,即

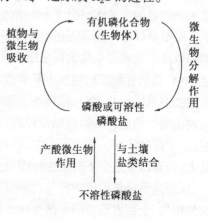

图 8.22 磷素循环

①有机质分解作用;②无机离子的固定作用或同化作用;③无机离子和化合物的氧化作用;④氧化态元素的还原作用。

8.7 环境微生物分子生态学

8.7.1 微生物分子生态学

自然界中任何环境条件下的微生物,都不是单一种群,微生物之间及其与环境之间有着特定的关系,它们彼此影响,相互依存,构成微生物生态系统(microbial ecosystem),微生物生态系统是具有一定结构和功能的开放系统。由于环境限制因子的多样性,使各微生物系统表现出很大的差异,从而导致了微生物生态系统的多样性和复杂性。微生物的种群和数量组成了微观生态系统的结构,微生物与环境间的相互作用过程所表现出的宏观效应构成了微生物生态系的功能。在环境工程领域,涉及的主要微生物生态系统有陆生微生物生态系统、水生微生物生态系统、大气微生物生态系统、根系微生物生态系统、极端环境微生物生态系统、活性污泥微生物生态系统、生物膜微生物生态系统等。

在最近 20~30 年间,以核酸技术为主的分子生物学技术广泛被应用,在揭示生物多样性的研究中提供了新的方法论,开拓了分子生物学与生态学的交叉领域——分子生态学(molecular ecology)。分子生态学是指利用现代微生物理论和分子生物学和化学技术研究微生物生态系统(microbial ecosystem)结构及功能的科学。1992 年,Burke 等在《Molecular Ecology》发刊词中提出分子生态学是应用分子生物学方法为生态学和种群生物学各领域提供革新见解的新兴学科,确立了分子生物学技术在分子生态学研究中的显赫地位。在随后的有关分子生态学的综述中,Bachmann 和 Wayne 均讨论了 DNA 分子标记等分子遗传技术在各个水平生物多样性研究中的优点,再次证明了核酸技术在生物多样性及生态功能的研究中占据着极为重要的地位。因此,可以通过检测生物自然种群 DNA 序列多态性,鉴定个体的基因型,在基因水平来评价种群遗传分化,并在分子水平阐述分子适应等生态问题的机制,更好地揭示生物与环境之间的生态学意义,为被污染的环境生物修复提供理论依据。

分子生物学、基因组学和生物信息学等新兴学科的发展及其向微生物学领域的渗透,形成了一个新的交叉学科分支——微生物分子生态学(molecular microbial ecology)。微生物分子生态学是以微生物基因组 DNA 的序列信息为依据,通过分析环境样品中 DNA 分子的种类和数量来反映微生物的区系组成和群落结构。由于每种微生物的细胞都具有自己的基因组 DNA,其核苷酸序列组成也具有各自独特的特征,因此,通过直接从环境样品中提取所有微生物的基因组总 DNA,依据核苷酸序列的不同,分析这些 DNA 的种类和相对数量,就可以反映出微生物的种类组成以及种群数量比例情况,从而对微生物的群落结构得到一个比较客观、全面的认识。这种研究方法不仅免除了纯培养的局限,而且分析速度快、提供的信息量大,因而特别适合于对活性污泥微生物群落这样的复杂系统的种群结构进行连续动态分析,从而达到解析群落结构与功能关系、实现对群落功能定向调控的目的。它为克服纯培养的局限性、全面客观地研究微生物生态系统提供了全新的技术手段。

可见,微生物分子生态学实际上是借助分子生物学技术实现的微生物生态学研究。由于微生物基因组 DNA 分子十分庞大,诊断其混合物的组成需要依赖能够体现每个基因组基本特征的序列片段,一般称为标记序列(marker sequence)。目前,用于微生物群落结构分析的基因组 DNA 的序列信息(标记序列)包括三种:

①进化指针序列,例如核糖体小亚基基因序列(16S/18S rRNA 基因序列);
②各种功能基因的序列,例如氨氧化菌群的氨单加氧酶基因 amoA;
③随机扩增的基因组序列。

用于群落结构分析的分子生物学技术主要有三类:

①克隆文库分析法(clone library profiling),通过构建群落样品总基因组 DNA 的文库,分析文库中标记序列的类型和出现频率,可以得到微生物群落种群组成的分析数据。如果是用 16S rRNA 基因作标记,可以通过与 GenBank 和 RDP 数据库中已有序列数据的比对,鉴定出各种序列类型的分类地位,许多序列可以鉴定到种的水平。这种方法工作量大、成本高,但是,如果分析的克隆数目足够多,可以比较完整地了解微生物群落的基本构成特征。因此,这类方法适合于对微生物群落多样性特征进行"人口普查式"的研究,不适合对微生物群落结构变化进行动态跟踪研究。

②分子杂交技术(Molecular hybridization),用已知的标记序列作为探针,可以检测微生物群落样品中是否有特定的微生物种类存在及其种群水平的高低。例如,通过荧光原位杂交(FISH)可以把一个样品中的特定微生物种类的细胞染色成一定的荧光,观察其在自然状况下的数量与分布特点。但是,使用分子杂交技术的前提是要有已知种类的标记序列作探针,对于大量存在的未知种类不能用分子杂交来研究,另外,由于设计探针时主要依据是数据库中已经获得的序列数据,而微生物群落样品中可能有大量未知但与探针序列接近的序列,这样探针的专一性往往也比较难以保证。

③遗传指纹图技术(genetic fingerprinting),利用 PCR 技术扩增标记序列,然后通过一定的电泳、色谱等技术把扩增产物解析成具有特定条带特征的图谱。一般每个条带(或峰)可以看做是一个微生物类群,条带的染色强度(或峰下面积)可以反应这个类群的数量水平的高低,这样,一个样品的微生物种群组成就可以通过一组条带组成的图谱(指纹图)反映出来。这类技术也叫"微生物群落指纹图分析技术"(PCR-based community fingerprinting)。

8.7.2 常用的环境微生物分子生态学研究方法

目前,常用的微生物分子生态学研究方法可以归纳为以下三类:

8.7.2.1 核酸分子杂交技术

核酸分子杂交技术是 20 世纪 70 年代发展起来的一种崭新的分子生物学技术,它是基于 DNA 分子碱基互补配对的原理,用特异性的探针与待测样品的进行杂交来钓取或检测目的基因的技术。根据所用的探针和靶核酸的不同,杂交可分为 DNA-DNA 杂交,DNA-RNA 杂交和 RNA-RNA 杂交 3 类。由于它的高度特异性和灵敏性,近年来被广泛应用于微生物生态学的研究中。

核酸杂交技术可以快速检测出环境微生物中独特的核酸序列,可以对有关微生物在特定环境中的存在与否、分布模式和丰度等情况进行研究。如果用光密度测定法可直接杂得到的阳性结果并定量。例如,对活性污泥中的特定微生物的生长速率进行测定,将放射性标记的胸腺嘧啶投加到活性污泥的系统中,细菌在 DNA 复制过程掺入新产生的细菌中;之后将人工合成的特异细菌的核苷酸探针固定在杂交膜上,用活性污泥总 DNA 与之杂交,根据放射性强度可以定量分析该特定细菌的 DNA 的量。在对被石油污染的土壤分析中,用核酸杂交法得到某种烃降解基因的检出率显著高于不污染样品,定量分析结果表明,污染越严重,这种降解基因的含量也越高,可用该方法作为土壤中石油污染程度的评价。

1. 斑点印迹(Dot blotting)

斑点印迹是一项评价特异核酸序列存在与否的技术,这项技术不必进行凝胶电泳。更确切地说,是将等量的核酸点在硝酸纤维素滤膜上,然后用探针与之杂交,可用来指示一个序列的存在与否,或用来对序列作定量分析。就定量而言,杂交的相应量或强度与同时点上去的已知标准品相比较会估计出样品中序列的量,信号的强度可由光密度仪测定。

2. Southern 杂交和 Northern 杂交

核酸探针技术的另一应用是通过 Southern 杂交或 Northern 杂交来鉴别靶序列。Southern 杂交(DNA 印迹法)是用于鉴别 DNA 序列的技术。例如,若要知道一个基因是在质粒上,还是在染色体上,可以将这个菌株内所有的质粒抽提出来,并用凝胶电泳分离开。质粒 DNA 用印迹法转移到硝酸纤维膜上,然后采用标记的探针杂交,因为只有含靶 DNA 序列的质粒或基因组才与探针杂交,所以可以鉴别出基因所在的位置。

Northern 印迹法(RNA 印迹法)的原理与 DNA 印迹法类似,只是它的靶序列不是 DNA,而是 RNA。从环境样品中抽提出的总 RNA,然后在凝胶上电泳并转移到膜上,而特异 RNA 分子可由适当的探针检出。尽管 RNA 的抽提及稳定性存在问题,这项技术还是能够用于基因表达研究,指示一个特异基因的诱发。这样,DNA 序列的检出能提供一个种群中存在一种基因的信息,而 RNA 的检出却提供一定种群中特异基因的表达信息。

3. 原位杂交技术(In situ hybridization, ISH)

原位杂交是目前环境微生物研究中应用较多的技术。将环境样品直接作原位杂交,可以获得未知微生物多样性的大量信息,如微生物的形态特征、种群丰度、群落的空间分布和群落动态等,原位杂交技术还能有效对环境微生物样品进行定量。例如,Jain 等人采用特异性的探针对地下水中的细菌进行原位杂交,研究细菌有关质粒基因的存在和分布情况。

在核酸原位杂交技术中,荧光原位杂交技术(Fluorescent In situ Hybridization,FISH)由于其同时具有安全和灵敏的特点,所以近年来也被广泛用于环境微生物生态学中。该技术利是用带有荧光标记的探针与固定在玻片或纤维膜上的组织或细胞中特定的核苷酸序列进行杂交,无需单独分离出 DNA 或 RNA,探测其中所具有的同源核酸序列,结果可以直接在荧光显微镜下观察。探测的灵敏度可达到 10~20 个 mRNA 拷贝/cell。对于自然界、反应器系统或实验室富集培养物中的样品,与带有荧光标记的寡聚核苷酸探针杂交,根据探针序列的不同,特异性探针与相应的靶核糖体结合,能鉴定到科、属、种。特别是对硝化细菌的研究中,FISH 技术已经被广泛地应用。Gulnur Coskuner 利用 FISH 技术对活性污泥中的硝化细菌进行鉴定和计数,避免了传统培养方法计数带来的偏差。他们认为,FISH 技术能揭示更多硝化细菌的微生物学方面的信息及它们种群的数量,更有利于提高和改进生物脱氮工艺的运行。他们利用 FISH 技术,开发出只需要 3 天就可以快速定量化检测硝化细菌的方法,实验结果与理论值完全吻合。利用激光共焦显微镜可以对活性污泥中的氨氧化菌在絮体中的空间分布进行分析。Voytek 等人研究了 3 种检测 Bonney 湖中硝化细菌丰度的方法:聚合酶链式反应(PCR)、荧光免疫抗体法(IFA)和荧光原位杂交法（FISH）。PCR 用于鉴定 Proteobacteria β 和 γ 亚族的氨氧化菌；IFA 和 FISH 用于检测氨氧化菌的相对丰度。他们利用 FISH 技术得到的数据与通过化学方法检测的含氮化合物在 Bonney 湖中的分布状态是一致的。

总之,在微生物分子生态学领域,FISH 是一项极有应用前景的技术。它能将单个细菌从复杂的菌群背景中检测出来,并加以定量化,而且所需时间很短,有望成为一种常规的简便分析方法。

8.7.2.2 基于 PCR 技术的分子标记方法

聚合酶链式反应(PCR)是一种体外扩增核酸序列从而得到多个核酸拷贝的技术。在环境检测中,被扩增的核酸序列往往存在于一个复杂的混合物如全细胞混合液中,且含量很少,难以用直接杂交技术检测。PCR 扩增产物可用琼脂糖凝胶电泳进行纯化和检验,对被扩增的序列作定性或定量研究；也可以对 PCR 产物进行克隆,用于转化或测序。

PCR 技术的改进形式多种多样,根据扩增的模板、引物序列来源及反应条件的不同,目前应用在环境分子生物学诊断中的 PCR 技术分为以下几种:

(1) 反转录 PCR

反转录 PCR 是由逆转录酶介导的,检测和定量结构基因表达的一种 PCR 技术。它不仅能检测出微生物降解污染物的能力,还能测量出微生物功能基因的转录水平,从而确定微生物分解污染物的活性。

(2) 竞争性 PCR

竞争性 PCR 是一种定量 PCR,通过向 PCR 反应体系中加入人工构建的带有突变的竞争模板,控制竞争模板的浓度来确定目的模板的浓度,对目的模板作定量研究。具体方法是对 PCR 扩增的降解污染物的目的基因片段进行人工改造,使其带有一个小片段的缺失,作为 PCR 扩增的竞争模板。这样,竞争模板的 PCR 产物就比目的模板的 PCR 产物短。用竞争性 PCR 对二者进行共扩增,通过与竞争模板的浓度进行比较,来定量降解污染物的目的基因的浓度。

(3) 半嵌套式 RCR

半嵌套式 PCR 和多重 PCR 的前提是所克隆的目的基因必须有 2 个以上的引物,半嵌套式 PCR 就使用了 3 个引物。先用两个引物检出一个特定基因,然后在第 2 轮 PCR 中使用补加试剂、一个原来的下游引物和一个新的与原来 PCR 产物的内部序列互补的内部引物。第二轮 PCR 不仅提高了反应的灵敏度,而且能通过产生比原来产物小和依据内部序列的第二产物来确证第一轮扩增产物。这一技术可使 PCR 的灵敏度提高 1 000 倍,特别适合 DNA 提取量少,电泳结果不太明显的情况。

(4) 多重 PCR

多重 PCR 是在一个反应中使用几套引物以产生几条鉴别性的电泳带。使用多套引物的一个目的就是能检出基因组的多重区段。例如,为了确证用 lamB 引物检出的大肠杆菌也携带毒素基因,可以用 lamB 基因和这个毒素基因二者的引物来建立一个 PCR 反应。多重 PCR 还可用于检出一个样品中多种机体的多重基因组,如可以检出自来水含有多种病原体。但是,特别要注意建立起来的多重反应必须有平衡的引物套数比率,这样才能得到正确有效而明确具体的结果。实质上,这些 PCR 方法使研究者能以单个实验回答多个问题。半嵌套式 PCR 能以一次试验鉴别和确证 PCR 产物,而多重 PCR 能以单个反应鉴别多个靶序列。

(5) 综合细胞培养 PCR(ICC-PCR)

综合细胞培养 PCR 方法是采用病毒的纯培养物或环境样种接种于细胞培养瓶中,保温培养 2~3 天。保温培养后冷冻培养瓶,使细胞溶解,释放出病毒粒子。然后对细胞培养物裂解液进行反转录 PCR(RT-PCR)扩增,实质上,这是在生物扩增后紧跟着酶促扩增。这种方法只要 3 天就可鉴别病毒,而单独的细胞培养需要 10~15 天。因此,这项新技术大大地提高了检出病毒的速度。ICC-PCR 还具备以下一些优越性:因为病毒的生长先于 PCR 扩增,所以只有感染的病毒才能被检出;ICC-PCR 的灵敏性比直接的 RT-PCR 扩增要好,这是因为加到细胞培养物中的样品量可以大一些;细胞培养物中样品的稀释同样也稀释了任何可能存在于环境样品中的 PCR 抑制物质;再者,ICC-PCR 阳性样品是通过 PCR 确证的,所以没有必要像细胞培养阳性那样去进行单独的细胞培养试验来确证阳性反应。这样,总的花费减少约 50%。

(6) 免疫 PCR

免疫 PCR 技术将血清中的抗体反应与聚合酶链反应特异扩增一段 DNA 分子技术结合起来,用一段具体的 DNA 分子标记抗体,应用此抗体去检测环境中的抗原,PCR 扩增此段 DNA 分子,电泳定性根据此段 DNA 分子是否存在,来显示环境中的抗原是否存在。其一般程序:在酶联板内包被捕获抗原的抗体→加入待检抗原→温育后洗涤→加入 DNAmarker 标记的检测抗体→温育后充分洗涤→PCR 扩增粘附在抗体/抗原复合物上的 DNA 分子→电泳显示结果。

(7) 原位 PCR

原位 PCR 综合了 PCR 和原位杂交(In situ hybridization, ISH)的优点,是一种在组织切片或细胞涂片上对特定的 DNA 或 RNA 进行原位扩增,再用特异性的探针原位杂交检测的技术。原位杂交技术避免了必须从样品中提取出 DNA 而造成的测定结果可能与特征脱节的现象,也克服了不能进行细胞定性及细胞内定位的缺点。但是,该法灵敏度有限,常需至少 20 个拷贝量的核酸序列。原位 PCR 标本一般需先经化学固定,以保持组织细胞的良好形态结构。细胞膜和核膜有一定的通透性,PCR 扩增所需的各种成分可进入细胞内或核内,在原位对特定的 DNA 或 RNA 进行扩增。扩增产物由于分子量较大或互相交织,不易透过细胞膜向外弥散,故保留在原位。这样就很容易应用 ISH 将其检出,同时还可对目的 DNA 序列的组织细胞进行形态学分析。

(8) 基于 PCR 的多态性分析技术

1) PCR-RADP(Randomly Amplified Polymorphic DNA) 是针对某一特定基因的非特异性引物来扩增某些片断,操作简便,引物实用性广,对于结果准确性要求不高以及亲缘关系近的种属有较高的可信度。PCR-RADP 广泛应用于分子多态的检测中,适用于分析各种生物反应器中混合微生物多样性,通过比较得到的基因组指纹图谱,可以比较不同时间段或不同工艺条件下微生物种群的变化,但此方法还不能分析群落的生物多样性。

2) PCR-RFLP(Restrict Fragment Length Polymorphism) 是较早的基于 DNA 的分子标记技术,能检测酶切位点因 DNA 插入、重排或缺失造成的长度差异,具有很高的分辨率,结果的重复性和准确率高,在群体遗传和系统演化领域具有重要的应用价值。不足之处是操作步骤繁琐,有较高的技术要求。例如,可以将 PCR 技术和限制性酶切技术结合用来检测 PCB

降解基因在环境中的存在情况,通过对酶切产物的分析,探测该基因的多态性,从而得到不同的污染地区降解某物质的微生物的群落的生物多样性。

3) PCR-AFLP(Amplfied fragments length polymorphism) 是通过 DNA 多聚酶链式反应扩增基因组 DNA 模板产生多态性的 DNA 片断。不同的物种基因组 DNA 差异很大,复制特定 DNA 序列所需的引物的核苷酸序列也不同。同一引物可能使某一品种的 DNA 片断得到扩增,而对另一品种无法扩增。将此引物所诱导的特定 DNA 片断采用 PCR 技术进行扩增,然后电泳分离,就可使某物种特定的 DNA 出现,而其他物种无此谱带产生。AFLP 集 RFLP 和 RAPD 的优势为一体,既具有高的分辨力,准确性和重复性,又克服了 RFLP 的繁琐操作,成为遗传多样性检测和系统分类,基因定位的主要分子标记技术。不足之处是得到的主要是显性,而非共显性标记。

4) PCR-SSCP(Single stranded conformation polymorphism) 单链构象多态性对于检测碱基置换突变(点突变)具有极高的灵敏度。此法是凭借单一碱基置换引发的突变型单链 DNA 三维构象的改变,通过观察单链 DNA 电泳迁移率的漂移来判断突变。其策略是,将 PCR 扩增的待测片段变性解链后,通过非变性聚丙酰胺凝胶电泳分离,比较待测单链 DNA 与无突变参照片段的电泳迁移率,完成对突变的检测。但是,PCR-SSCP 技术的突变检测率只有 50%～80%,而且为了确保突变检测效率,SSCP 的最适检测长度约为 100～300 bp。与 PCR-RFLP 相比,PCR-SSCP 可以检测所有的点突变,该方法由 Orita 等建立,在检测已知突变或未知变异的分析中十分常用和实用,由于设备配置简单,具有一定的推广价值。

PCR 比传统的培养技术有许多优点,例如,灵敏度高,并能检出所有的机体而不管其生理状态如何;PCR 试验一经在实验室优化,就能在 24 h 内相当快速简易地得到结果。相比之下,传统培养方法可能需要几天或几个星期。但是,PCR 也有一些不足之处。例如,PCR 检测的对象是 DNA,而不是有机体本身,所以在某些情况下,检测到的有可能是死的机体,也有可能是动物体内正常的菌群,这样势必给出一种错误的信息。另外,由于 PCR 灵敏度极高、技术性较强,所以实验污染也是 PCR 过程中不容忽视的问题,因为这样极易造成假阳性的结果。

8.7.2.3 以 rRNA 基因为基础的细菌同源性分析

rRNA 基因同源性分析方法,是综合应用多项分子生物学技术对细菌中 rRNA 基因进行分析,从而诊断微生物多样性的技术。这是微生物分子生态学中最重要的方法,取得的成果也最多。

rRNA 基因同源性分析方法中,所使用的技术主要包括环境样品总 DNA 的提取、引物及探针的设计、PCR 扩增、变性梯度凝胶电泳(Denaturing Gradient Gel Electrophoresis,DGGE)、温度梯度凝胶电泳(Temperature Gradient Gel Electrophoresis,TGGE)、限制性内切酶长度多态(Restrict Fragment Length Polyphorism,RFLP)、基因文库的筛选、序列测定、序列分析及系统树构建、斑点杂交和全细胞原位杂交及巢式探针杂交(nested probes)等。这些技术可根据研究目的及对象的不同单独使用或选择组合使用。

rRNA 基因同源性分析方法的首次应用是分析海洋浮游微生物的群体,这是一群丰富的难以培养的细菌 SAR11,rRNA 序列有 12.5% 与已知 rRNA 基因数据库序列不同(<96%),RFLP 方法分析 51 个克隆,47% 不同于已知菌群。

有人对固定床生物膜细菌群落进行分子鉴定,用一对引物特异扩增硫酸盐还原菌的

16S rDNA,以 PCR 产物作探针,进行原位杂交。得到两个形态明显不同的群体,且可检测到这些细菌迅速地在新插入的界面上繁殖。确定了三个不同的序列,一个序列与 *Desulfovibrio vulgaris* 相关(相似性 98%)。另一个序列则与 *Desulfuromonas acefoxidans* 相关(相似性 96%)。第三个序列则很特殊,只与螺旋体 16r RNA 序列远相关。

再如,氨氧化细菌对于氮在自然界中的循环转化具有重要的生物学意义,由于其独特的生理特性,普通的微生物培养和分析方法对其研究很困难。只能根据形态将各个属区分开,利用 rRNA 基因同源分析方法研究它,16S rRNA 基因序列分析结果表明,自养氨氧化细菌有两个系统发育群,一个含有 *Nitrosocossusoceanus*,属于 γ-亚纲,另一群含有 *Nitrosococcusmobilis*,属于 β 亚纲,即亚硝化细菌,它在系统发育上独立成支,与其他的细菌差距较大。

PCR 引物和寡核苷酸探针的设计是分子生态研究的基础和关键技术,可以在界、门、纲、目、科、属甚至在种的水平上设计特异性引物,该引物核苷酸序列应与待扩增的微生物类群的 16S rDNA 全部匹配,但与其他类群的 16S rDNA 有错配或尽可能少的全配。建立的专门的核糖体小亚基 16S 和 18S rDNA 序列数据库(Ribosomal Database Project,RDP),其中有用于构建系统树的原核生物 16S 序列 6205 个,真核生物 18S 序列 2055 个。16S rDNA 序列同源分析还可以用于微生物的多样性分析和系统发育的关系,如对降解 PCB 的细菌进行多样性和分子进化上分析,发现具有进化上的关系,可分为 6 个类群,据此可绘制降解 PCB 的系统发育树。

8.7.3 常用的环境微生物多样性分析的分子标记技术

8.7.3.1 RFLP

碱基的改变和染色体结构的变化导致生物个体或种群之间 DNA 片段酶切位点的变化,用限制性内切酶切割改变的 DNA 则产生长短、种类、数目不同的限制性片段。限制性酶切片断多态性(Restriction Fragment Length Polymorphy,RFLP)分析就是利用限制性内切酶特性及其电泳技术,对特定的 DNA 片断的限制性内切酶产物进行分析,从而分析微生物的遗传多样性或用于微生物的种下分类。

由于 RFLP 分析依据的是一个生物体基因组的独有特征和能被某些限制性酶识别的特殊碱基序列的特有分布方式,对生物种类的鉴别具有高度的专一性,因此可以作为研究生物进化和分化的有力工具。RFLP 分析的方法有以下两种:

1)限制性片段的长度分布图像 分离提取 DNA,通过 PCR 扩增目的 DNA 片段,再用适当的限制性内切酶将其酶解,将限制酶切产物与分子量标准物一起在含溴化乙锭的琼脂糖凝胶上电泳,结果在紫外灯下进行观察拍照,对应点表示限制性片段的大小及位置。

2)限制性酶切产物与探针杂交的放射自显影 通过 DNA 探针与特异碱基序列相结合进行检测,再用放射自显影或免疫荧光进行观察。基于 Southern 印迹杂交的 RFLP 标记,即 DNA 限制片段长度多态性,是在生物多样性研究中广泛应用的 DNA 分子标记。它是指应用特定的核酸内切限制酶切割有关的 DNA 分子,经过电泳、原位转膜印迹、探针杂交、放射性自显影后,分析与探针互补的 DNA 片段在长度上的简单变化。

RFLP 分析的主要步骤如图 8.23 所示,包括限制性内切酶切割、聚丙烯酰胺凝胶电泳、Southern 转移和杂交、放射自显影。它可以在群落水平上提供几乎无穷尽的、反映基因型多样性的可靠证据,可作为一种能高度灵敏检测污染环境下微生物种群变化的方法。

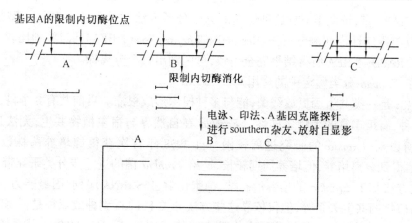

图 8.23 RFLP 技术的一般程序

属内种间的变异和科内属间的变异的研究成果表明,RFLP 采用多个基因片段进行 RFLP 分析对于高层次(例如科间)分类群的系统学研究是可行的。

8.7.3.2 随机扩增多态性 DNA

随机扩增多态性 DNA(Random Amplifying Polymophism DNA,RAPD)技术是以随机寡核苷酸序列做引物,通常 10 个随机排列的寡核苷酸构成 1 条随机引物链。由于目的基因组序列 DNA 通常都是很长的大分子 DNA,寡核苷酸引物有足够的机会随机与模板 DNA 同源碱基配对结合,延伸扩增 2 个紧邻结合点间的 DNA 片段,扩增的片段与目的基因组有同源序列,如图 8.24 所示。

扩增后会有以下 4 种结果:

①没有扩增带出现,即引物链与目的基因 DNA 没有同源区,实际上这种情况很少出现。因为无论动、植物,还是微生物都有复杂庞大的基因组 DNA 序列,较小的引物很容易找到其同源序列;

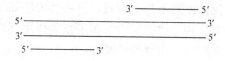

图 8.24 寡核苷酸与基因组序列 DNA 的结合

②不同测试标本中,都产生相同大小的 DNA 扩增谱带。说明这些测试标本为同一物种;

③测试标本不同,产生相同或不相同的谱带。说明测试标本间具有同源性,可依据公式计算其相关性,进一步研究其系统发育;

④不同测试标本,产生的带形完全不同。可用于鉴别不同的物种。这些扩增后的 DNA 谱带称为随机扩增多态性 DNA(RAPD)。扩增得到的 DNA 多态性可作为一种分子标记。

RAPD 技术在环境微生物分离鉴定中的应用主要体现在以下两方面:

(1)在原核生物分类中的应用

原核生物如细菌、病毒等基因组结构较高等动植物简单,常采用培养特性、表型特征、生理生化特点等传统的分类鉴别方法,但这些方法不能完全准确、可靠地鉴别不同的型或亚型。传统的方法正日益被迅速发展的 DNA 标记技术所取代,RAPD 分型、分类鉴别方法越来越受到广泛的关注。有实验以随机引物"1254"(含 10 个碱基的寡核苷酸)扩增鉴别了 20 种不同血清型沙门氏菌,并进一步把 RAPD 扩增片段克隆到载体上,以地高辛杂交标记探针验证相关的 RAPD 带,证明 RAPD 这种快速的分子分型方法对沙门氏菌基因分型是完全适用的。RAPD 与限制性内切酶分析法(Restriction Enzyme Assay, REA)同时鉴别比较 2 株金黄色葡萄球菌,RAPD 与 REA 所得结果完全一致,可区别出每个分离株。

(2)在 Frankia 分类鉴定中的应用

Frankia 是一类共生固氮放线菌,能与多种树木形成根瘤。目前共有 8 个科,25 个属,超过 300 个种,有极丰富的生物多样性。Frankia 在自然界与宿主植物共生,无法进行实验室纯培养,所以对 Frankia 的研究进展较慢。自 1978 年首次获得纯培养菌株以来,很多株 Frankia 菌得到分离培养,但培养周期较长,这给 Frankia 菌的进一步分类研究带来困难。传统的分类方法基于 Frankia 的培养形态学、细胞化学、16S rRNA 序列、固氮能力、对植物的感染性及与植物的共生关系等,但仅依靠这些方法分类 Frankia 到种或亚种是很困难的。

20 世纪 90 年代以来,各种分子生物学方法陆续用于 Frankia 的分类及系统发育研究。但是,由于采用的方法不同,样品采集地点范围不同,所涉及物种相对较少等,使众多的研究成果缺少可比性,至今仍没有形成一个综合全面的 Frankia 分类到种的方法。RFLP 较早用于 Frankia 的分类,并用于研究固氮基因与可感染植物的关系,发现培养菌株经传代培养后易发生变异而不同于起始菌,这往往给实际分类带来误差。如一固氮基因编码固氮基因酶复合体,负责根瘤的形成和发展,发生变异后用探针查不到固氮基因,但用酶实验仍能测到具侵染性的酶,说明其仍是固氮菌。所以,如果直接检测植物中的根瘤菌,其分类鉴定会获得更准确的结果。

此后,又出现了 LFR-FA(Low-frepuency restriction fragment analysis)分析方法,以有较少酶切位点的酶切割菌体 DNA,比较其同源性,但由于片段较大,所以含同源基因较多,区别种内细微差别不是很有效。另一些方法如 16S rRNA 扩增,ARDRA、REP-PCR 等都在 Frankia 系统发育和分类研究中发挥了很大作用,但这些方法均以属间甚至原核生物普遍存在的高度保守序列为引物设计基础,通过比较其变异程度和同源相关性评价其系统发育和鉴别物种。由于产物同源保守性强,也给种内或亚种的区分鉴别带来问题。RAPD 由于不需设计特异的引物,一次可获得大量 DNA 多态性片段,这为在同一属或群下分类鉴别不同 Frankia 种或亚种提供了潜在可行的方法。

8.7.3.3 DNA 单链构象多态(SSCP)技术

单链构象多态(Single Strand Conformation Polymophism, SSCP)就是指构成基因组 DNA 双链之一单个碱基发生变化影响到其空间构象,进而影响到电泳图谱的现象。单链构象多态的发现,最早可追溯到 1984 年,日本金泽等对获得的大肠杆菌正常和突变 F_1-ATPase 基因克隆进行了电泳分析,用限制酶 TaqⅠ或 HpaⅡ消化克隆 DNA 片段产生小片段,标记小片段的 5′末端变性使双链 DNA 变成单链,再经中性聚丙烯酰胺凝胶电泳分离,放射自显影检测 DNA 单链的迁移情况,他们发现,含点突变的 DNA 小片段在中性聚丙烯酰胺凝胶中的单链电泳迁移率与相应正常的 DNA 小片段的单链电泳迁移率明显不同。金泽等的分析结果表明,相同长度的 DNA 片段之间,即使相差一个碱基,经中性聚丙烯酰胺凝胶电泳时,单链迁移率也会不同。这一发现为基因变异的检测开辟了一条全新途径。之后,1989 年日本学者 Orita 等将此法通知于检测复杂基因组中单拷贝 DNA 中的多态现象。最初他们的做法是,首先限制酶消化基因组 DNA,碱变性后经中性聚丙烯酰胺凝胶电泳,再转印到尼龙膜上,最后用标记探针进行杂交和放射自显影分析来检测特定单链 DNA 片段的迁移情况,使该法显得异常复杂。1992年,日本学者Hoshino等对SSCP分析法作了大胆改进,改用敏感的银染法直接对电泳后的凝胶进行染色,从而使SSCP法变得简便、快速,并且无需酶和探针,该法很快备受关注,并被广泛采用。下面以PCR-SSCP技术为例介绍SSCP的基本原理。

1. PCR-SSCP技术的基本原理

在不含变性剂的中性聚丙烯酰胺凝胶中,单链DNA迁移率除了与DNA长度有关外,主要取决于DNA单链所形成的空间构象,相同长度的单链DNA因其顺序不同或单个碱基有差异,所形成的构象就会不同,PCR产物经变性后进行单链DNA凝胶电泳时,每条单链处于一定的位置,靶DNA中若发生碱基缺失、插入或单个碱基置换时,就会出现泳动变位,从而提示该片段有基因变异存在,如图8.25所示。

2. PCR-SSCP的优缺点分析

单链凝胶电泳时,互补单链迁移率不同,一般形成两条单链带,但是一种DNA单链有时可形成两种或多种构象,检出三条或四条单链带不足为奇,也有学者认为,如果只有一条带或两条以上的带,说明电泳的温度需要调速,为了区分单链和双链,可通过设置分子量标准和不变性模板对照来实现。在某些情况下,某一条单链可能与双链带具有相同的迁移率,进而,为了辨别单链的正、负性,可用不对称PCR产物进行实验。在结果观察上,有学者用光密度计扫描图谱,以克服人眼观察时存在的误差。

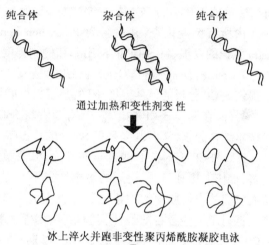

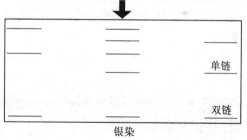

图8.25 SSCP分析的原理

PCR-SSCP优点如下:

①原理和操作简单,不需要特殊仪器,技术容易掌握,PCR产物变性后无需处理就可直接电泳;

②实验步骤少、周期短,最快可在1.5 h内得到结果;

③成本低,所用试剂均价廉;

④可用非同位素法检测;

⑤适于大样本筛查。尤其是其适于大样本筛选出需测序的DNA样本,可大大避免盲目测序带来的人力、物力和时间上的浪费,加快测序工作的进度。

但是,PCR-SSCP也存在以下缺点:不能确定变异的位置,检测存在假阴性,对于大于300bp的DNA片段随着长度的增加,检测的敏感性逐渐降低。降低假阴性的办法可能通过设置阴阳性对照,并且选用两种以上电泳条件来实现。

另外,Orita认为PCR-SSCP能检出250~300bp碱基中的一个碱基变异;Hayashi认为PCR-SSCP分析对于小于400bp的PCR产物最有效。Kauppinen等认为检出率与胶中的甘油浓度和电泳时的温度有关,并且认为检出率似乎不依赖于分析片段的大小及变异类型。

Fukuoko 等也认为甘油浓度和电泳温度是影响 SSCP 的主要因素,但又认为检测的最佳条件受所分析片段序列的影响,对于大于 300bp 的片段,依其序列不同,表现出复杂的图谱,不适于作 SSCP 分析。

3. SSCP 技术在检测突变方面的应用

1990 年 Berta 等人首先用限制酶消化 PCR 产物,产生小于 400bp 的 DNA 片段进行分析。1991 年 Kovar 等人用双向电泳进行 PCR-SSCP 分析,检出长达 2 700bp PCR 产物中的基因变异。1994 年 Lee 等人用 BbsI、BamHI、DraI 三种内切酶处理长达 1 350bp 的基因片段,产生小的内切片段供 SSCP 分析,并命名为 Multiple Restriction Fragment-SSCP(MRF-SSCP)。1995 年 Liu 等人又用 5 组酶处理 1kb 的 DNA 片段,每组酶的组合要满足产生 150bp 长的 DNA 片段,每组酶单独消化后,产物混合,5'端标记,而后进行 SSCP 分析,这样就基本上检出了 1kb DNA 内所有突变位点,并命名为 Restriction Endonucleases Fingerprinting(REF)。这些方法是 Betra 意识的发展,将 SSCP 的检出率和检测长度大大提高。

TG-SSCP(Temperature Gradient-SSCP)是 SSCP 技术的又一改进,人们认为 TG-SSCP 分析能够提供 SSCP 分析的最佳温度条件,甚至也可能用于一次电泳时筛查各种突变或多态性。

另外,在提高 SSCP 检出率上,有学者将 SSCP 与 HA(Heteroduplex Analysis)、RFLP、DGGE 等技术结合起来,从而既提高了 SSCP 的检出率,也促进了其他分析法的工作速度。

PCR-SSCP 技术自 1989 年问世至今,方法学上发生了重大改进,从而使其在技术上更加完善,操作上更加简便,检测的敏感性也不断提高。但是,由于 DNA 单链变异的性质不同,从而它们的中性胶中的构象也具有很大的可变性,这样,虽然不同学者各自用自己的 PCR 产物探讨了一些各自的最佳实验条件,但至今尚无一条通用的条件可供使用。因此,PCR-SSCP 在方法学上仍应继续深入研究,以期尽可能研究出一套可普遍使用的方法。同时,PCR-SSCP 需要与其他变异性分析法结合起来,取长补短,不断提高检测的敏感性和扩展其应用领域。

有关采用 SSCP 技术对环境微生物的群落动态进行分析的论述,请参见本书第 9 章相关内容。

8.7.3.4 扩增的限制性片段长度多态性(AFLP)技术

1. AFLP 的基本原理

AFLP(Amplified Fragment Length Polymorphism)是指扩增的限制性片断多态性。AFLP 是揭示 DNA 指纹的一种新技术,其原理非常简单,引物设计得十分巧妙。基因组 DNA 经限制性内切酶完全消化后,在限制性片段两端连接上人工接头作为扩增的模板。设计的引物与接头和酶切位点互补,并在 3'端加上 2~3 个碱基,因此在基因组被酶切后的无数片段中,只有一小部分限制性片段被扩增,即只有那些与引物 3'端互补的片段才能进行扩增,称为选择性扩增。为了对扩增片段的大小进行灵活的调节,一般采用两个限制性内切酶。一个是切点多的酶,例如,具有 4 碱基识别位点的 MspI,它产生较小的 DNA 片段,另一个是切点少的酶,例如具有 6 碱基识别位点的 EcoRI,它产生较大的 DNA 片段。上述两种酶产生三种酶切片段,理论上 90% 以上为 MspI-MspI 片段,只有一小部分为 EcoRI-EcoRI 片段,EcoRI-MspI 片段为 EcoRI 酶切位点数的 2 倍左右,扩增的片段主要是两个酶的组合产生的酶切片段。

Vos 等人为了验证 AFLP 的反应原理,首先对 4 种简单基因组噬菌体、多角体病毒(AcN-

PV)、不动杆菌属(*Acinetobactor*)和酵母等进行了 AFRP 分析。它们的基因组大小在 48.5kb～16 000 kb 之间,采用 EcoRI/MspI 双酶组合进行酶切。

噬菌体(48.5 kb)和 AcNPV(12.98 kb)的全序列是已知的,因此可准确地查到 EcoRI/MspI 的所有酶切片段,实验证明所有这些片段都被检测到了。基因组稍大的细菌(3 000 kb)和酵母(16 000 kb)而言,随着引物 3'-端每加入一个选择性碱基,扩增的带数减少 4 倍,即额外加入的选择性碱基所产生的指纹只是原来指纹的一小部分。由此可见,为了选择到一套专一的限制性片段来扩增,加入选择性碱基是一种准确而有效的方法。在较小的基因组中,能扩增的限制性片段的数目与基因组的大小几乎呈线性关系,而这种关系在复杂基因组 DNA 中不存在。在人类、动物和植物基因组中拥有大量的重复序列而存在多拷贝的酶切片段。在这些复杂的 DNA 中,除了自己独特的 AFLP 指纹占优势以外,还存在一小部分较强的重复片段。AFLP 指纹表明,大量的限制性片段是同时扩增的,原则上所检测到的带的数目受检测系统的限制(例如聚丙烯酰胺的分辨率,检测手段的能力)。一般而言,用专一的引物组合同时扩增多个 PCR 产物是相当困难的,而实际上每次 AFLP 的指纹又确实是用同一组合引物扩增的,这就说明在 PCR 中酶切 DNA 片段扩增效率的差异主要与引物相关,与酶切片段无关。

扩增产物在变性聚丙烯酰胺电泳胶上分离后,通过一定的检测手段(放射性同位素,银染,荧光)可显示出多态性丰富的 DNA 指纹式样。由此可见 RFLP 既是进行酶切位点分析又要对酶切片段进行选择性的 PCR 扩增,因此它既具备 RFLP 的准确性又具 PCR 的高效性,综合了两者的优点。

由于接头和引物设计不需要预先知道被研究基因组的序列信息,以及它们之间搭配上的巧妙与灵活,使得采用少数几对引物的多种组合即可获得大量遗传信息。一般每进行一次选择性扩增可得到 50～100 个 DNA 片段,其中多态性片段可达 50%左右(依类群而别)。一次反应可检测到如此多的遗传变异,其效率之高是迄今为止任何一种分子标记技术无可比拟的。这些多态性源于 DNA 序列的改变,包括突变的消失或产生新的酶切位点,插入、缺失或两个酶切位点之间的倒位。用 AFLP 鉴定的多态性是典型的按孟德尔方式遗传和选择中性的。因此,目前人们认为 AFLP 是构建遗传图谱较好的分子标记,在鉴定遗传多样性和物种亲缘关系的研究中也显示出较大的优越性。

2. AFLP 技术的应用

(1)构建遗传图谱和定位克隆基因

用 AFLP 标记作基因组分析获得的多态性高,具备 PCR 的高效性和酶切位点分析的可靠性双重优点,目前普遍认为它是构建高密度遗传图谱、定位克隆目的基因的较理想的分子标记技术。

(2)检测遗传多样性

在重要微生物种质资源的评估,遗传多样性的检测以及种间关系的研究中,AFLP 是较理想的分子标记。某一特定环境微生物,例如生物制氢反应器的遗传多样性可通过谱系记录与 DNA 指纹分析两条途径相辅相成。其目的是对种质资源进行分类、描述杂合的类群与杂合式样、追索育种的历史。AFLP 分析是一种迅速而有效的产生 DNA 指纹的方法,在鉴定与评估微生物种质资源方面有一定的应用前景。

(3)研究天然居群的遗传结构

AFLP检测十分相近的基因型之间的细微差异足够灵敏,非常适合于评估菌群内与菌群间的多样性水平和描述种下水平的遗传关系。

8.7.3.5 扩增性限制性酶切片段分析及其应用

1. ARDRA的基本原理

扩增性rDNA限制性酶切片段分析方法(Amplified Ribosomal DNA Restriction Analysis,ARDA)是1995年发展起来的一项技术,此方法由于不受菌株是否纯培养的限制,不受宿主的干扰,具备特异性强,效率高的特点,因此广泛适用于研究共生菌和寄生菌的生物多样性和系统发育。

ARDRA技术原理是基于PCR选择性扩增rDNA片段(例如16S rDNA、23S rDNA、16S-23S rDNA片段),再对rDNA片段进行限制性酶切片段长度多态性分析(RFLP)。ARDRA技术的主要操作步骤如下:

①提取总DNA;
②以总DNA为模板,引物为rDNA基因的保守序列,将特定的片段扩增出来;
③选择多种有四对碱基识别位点的限制性内切酶,对扩增产物进行限制性酶切;
④用低熔点琼脂糖凝胶电泳分离酶切的片段;
⑤对ARDRA诊断谱带进行认定,特性的系统分析以及计算机聚类。

由于rDNA具有高度的保守性,因此16S rDNA或被作为系统发育的标记,具有在所有生物中都包含的高度保守序列,利用普遍性引物在不需要知道DNA序列的情况下,可以通过PCR反应获得大量的特异性片段。另外,不同的微生物基因序列在某些位点会以不同的几率发生突变。所以,16S rDNA也含有可变序列,这一序列的差异导致特异性的RFLP多态性谱带,可用于分析及揭示微生物的多样性和系统发育关系。

2. ARDRA技术的应用

目前,ARDRA技术已经广泛地应用于微生物分类及鉴定、流行病学分析及诊断、细菌系统发育关系、共生菌、寄生菌、病原菌微生物遗传多样性检测等研究领域。

(1) 从环境中发现新种属微生物

1997年有人应用ARDRA技术并结合化学、生理学方法、获得了25株能降解nalkanols的微生物,将它们分为7个类群,相应于7个种,其中发现是 *Acinetobactervenetianus* 的一个新种,并且含有质粒,质粒具有与假单细胞菌(*Pseudomonas oleovorans*)alkBFCH基因同源的序列。

近来这种方法还被成功地应用于根瘤菌(Rhizobia)的研究中,发现了某些新的根瘤菌种类。

(2) 微生物的分类及鉴定

从20世纪60年代起,微生物分类学开始进入分子生物学时期,发展了一系列建立在核酸同源性基础上的分析方法,其中16S rRNA序列同源性比是人们认可的分子特征。

最近,随着聚合酶链式反应(PCR)的成熟,出现了利用PCR技术扩增16S rRNA基因(rDNA),然后进行多种方法的分析,如测序分析、电泳分离、分析。由于测序的方法耗时多,而且电泳分离的精确度不高,不适用于常规鉴定。采取对特定片段(如16S rDNA)进行分析,可以在一个实验中同时检测到更多的多态性片段,因此比测序、电泳分离的分析方法快,而且可靠,有助于快速有效地对细菌进行鉴定和分类的学科,如医学、生态学、农业科学的微生物的遗传多样性的检测。

1994年,Gisele Laguerre 等应用 ARDRA 技术对 48 株根瘤菌株进行分析,其中包括已知的 8 个属的代表菌,2 个新的 Phaseolus 大豆根瘤菌和在多种寄主内结瘤的未知根瘤菌,并将结果与其他分类学方法进行了比较。他们发现,ARDRA 法所得到的 PCR-RFLP 16S rDNA 的基因型与 16S rDNA 测序所得结果一致。所得数据反映的基因型关系与 DNA-rRNA 杂交,16S rRNA 测序结果相符合,并对未知根瘤菌进行了有效的区分和归类。

Stefan Weidner 等人应用 ARDRA 技术对自然状况下的 Halophila stipulacea 海草寄生菌进行了分群,并描述了各类群的相互关系,从而对这类细菌的遗传多样性有了客观明确的认识。

任南琪等人对生物制氢反应器中的产氢细菌进行 ARDRA 分析,四种限制性内切酶酶切 16S rDNA 的电泳图谱显示出种间差异。利用这些差异,我们分析了菌种间的差异大小,用来判断那些菌种可以进一步分析和确立其分类地位。

(3)ARDRA 技术在真菌 rDNA 基因间隔区的应用

真菌核酸分子水平的研究,集中在对基因组 DNA 和 RNA 上。基因组 DNA 是指有机体在单倍体状态下的 DNA 全部含量。广义的基因组也指某一体系(如核或细胞器)中的 DNA,它包括编码或细胞中固有的核糖体 DNA(rDNA)、线粒体 DNA(mtDNA)、tRNA 基因及其他 RNA 编码。同时也包含了一些非编码基因,如信号序列、间隔序列(内含子基因)、无功能序列(假基因)。真菌的这些基因在结构、功能和变异程度上差别很大,是真菌在分子各级水平上研究的良好区段。如 mtDNA,具有以下优点:①分子量小,仅 17~176kb,且能提供足够的研究特性,分析方便;②酶切时不受酶甲基化作用的影响,提高了分析的准确性;③存在大量的 A/T 配对区比较容易得到纯化;④基因拷贝多,各拷贝间无间隔区,用 mtDNA 探针与总 DNA 杂交时易被检测;⑤在种内水平上 RELP 多态性丰富,且主要是长度多态性,任一内切酶均可检测到其长度变异。因而,广泛地用于真菌系统学和群居生物学研究。

rDNA 是基因组 DNA 中的中等重复,并有转录活性的基因家族(gene family),重复次数在 $10^3 \sim 10^5$。在不同种类真菌中,由于 rDNA 不转录内含子的存在,rDNA 在染色体上的拷贝数不同,但相差不大。rDNA 一般由转录区和非转录区构成,转录区包括 5S,5.8S,17-18S,25-28S rDNA 基因,这些基因由两个内转录间隔区 ISR 和 ETS 包含有 rDNA 前体加工的信息。非转录区又称基因间隔区(intergenic space,IGS),它将相邻的两个重复单位隔开,在转录时有启动和识别作用。它实质上包含 ETS 区。广义上把 ISR 区和非转录区统称为基因间隔区(IGR:internal gene region,有的又简称 IGS)比较特殊的是 ETS 常出在 RNA 前体上,他在重复块中的位置受 5S 位置的影响。在不同真菌咱中,5S 的转录方向不同,也会导致辞 IGS 的区域的不同。

在进化速率上,编码区比较保守,可在属、科、目水平上用于不同生物种的比较,在其中的高度保守区,所有的异源基因几乎都能与之杂交。18S 和 28S rDNA 基因的 3'端是高度保守的,即使在原核与真核生物之间也能建立位点同源性。其中,18S-28S rDNA 基因是在系统发育中,种级以上阶元的良好标记。张星耀等对引起树木溃疡病的 4 个属病原真菌进行 RFLPA 研究发现,在 28S 上,能够明确区分属间关系,但在属内研究中无任何差异。

基因间隔区 IGR 是 rDNA 中基因进化速度最快的区域,其中 IGS 区是一个高变区,ISR2 区较 ISR1 区保守些。它们常用于属内种间比较或种内群体比较。Cussidy 和 Pukkila 在分析 Coprinus 属真菌中,发现 5S 位置变化对 IGS 的影响及在属内的变化;Garbe 研究了 Cochliobolus *heterostrophus* 中 rDNA 基因的组成和结构。郭成亮对来自不同地区、不同寄主的腥粉菌（*Tilletia*）14 株的 rDNA 基因 ISR 进行了 RFLP 分析,结果将 16 个菌株分为三个类型,并认为其中亲缘关系有一定差异。在 *Tilletia* 内 *T. contraversa*、*T. laevis*、*T. tritici* 关系密切。并证明 *T. barclayana* 转属到 *Neovossia* 是合理的。Lkuko Okabe 等人对日本南部枯萎病的 *Sclerotium rolfsii* 菌株进行了 rDNA ISR-RFLP 解析,将 67 个菌株分为 4 个组,并结合菌核的形态,菌核产生的温度及菌丝的融合习性对这 4 个种群进行研究,证明了 ISR-RFLPA 的可行性。Susum U T 对白粉菌（*Erysiphaceae*）不同属 19 个种真菌 rDNA 的 ISR-RFLPA 及 ISR、5.8S、5-28S rDNA 基因测序和构建系统树(the phylogenetic tree),将其归为 4 个群(group)。结合各自的形态变异和寄主范围,表明这种分析法的正确性。同时,发现尽管在 ISR1 区存在很大变异,但 ISR2 区均有 4 个发夹区。间隔区成功地应用在属下阶元的标记的文献还很多。

有的真菌由于进化测序、变异甚至分析方法等原因,在间隔区上表现的差异性较小,不适合于属内种及种群的标记。周永力对球壳孢目（*Sphaeropsidales*）4 属 5 种 22 个菌株 rDNA 的 ISR 进行了 PCR-RFLP 解析,发现,尽管在区分不同属上,ISR 长度表现明显的差异,但属内种间酶切图谱无明显差异,作者认为传统的分析可能过细,某些种的成立值得商榷。陈伟群对来自全国不同地方的 28 株 6 种 *Alternaria* 的 ISR 进行 PCR-RFLP 分析发现各菌株无明显内切酶图谱多态性。

(4) 分析细菌的系统发育关系

目前,研究微生物系统发育关系最直接的方法是用数学方法对 16S rRNA 或 rDNA 的序列进行比较。尽管在基因库中保存有 2 000 多种原核生物的 SSU-rRNA(smallsubunit rRNA)序列,但是每一类菌只有一个菌类(模式菌)的 SSU 序列,而只有大量的 SSU 序列才能建立系统进化树,确立各类群间的系统进化关系,所以这种限制影响了系统发育树的可靠性,无法建立全面的细菌系统分类。

1996 年,M. Heyndrickx 等描述了 ARDRA 技术的方法,选用了多种原核生物进行了系统发育关系研究。结果证实了选择 5 种限制性内切酶进行的 ARDRA 技术具有快捷性、可靠性,可同时对每一类菌株进行分析,获得显著的系统发育关系和分类学的信息,适用于大多数菌种的系统发育研究和分类学研究。

ARDRA 技术通过对 rRNA 基因(rDNA)序列的比较分析(RFLP)所获得的资料为目前细菌之间的系统发育关系提供了最好的依据。

近年来,人们对微生物多样性问题的重视日益增强,如何对微生物多样性加以认识、保护和可持续利用,已成为一项各国基础性研究工作的重要内容。地球上蕴藏着大量未被发现的微生物资源,ARDRA 技术使研究微生物更直接有效,不受培养条件的限制,为实现对自然环境中微生物及多样性的检测和认识,真实地了解微生物的特性,提供了可能性。

ARDRA 技术在分类学领域的应用,可以为研究微生物系统发育关系及其分类、鉴定提供客观真实的信息,这个信息可以用于选择菌株进行更深入的分类学研究。长期以来,许多种类的细菌由于生长缓慢,分纯困难而阻碍了其系统发育和分类学研究,在过去几年里,利用 ARDRA 技术以实现了对多种共生、寄生菌的特性鉴定和多样性分析,所以 ARDRA 技术非常适用于复杂的微生物系统中种类结构的研究和自然状况下共生态菌的分类学研究。

目前广泛使用的研究细菌系统发育关系的方法是 ARDRA-16S rDNA,其限制性图谱多具有种的特异性,可应用于种间水平分类和遗传多样性分析。由于 23S rDNA 分子是 16S rRNA

分子大小的 2 倍,其带有比小 rRNA 亚(SSU-rRNA)基更多的遗传信息,因此也具有细菌系统发育研究的应用潜力。由于 16S rRNA 与 23S rRNA 功能上并不互相独立,ARDRA-16S rDNA 与 ARDRA-23S rDNA 分析所显示的系统进化关系具有较好的一致性。为了获得更可靠的系统发育结论,将两种分子的信息综合起来分析,将会更直观地反映其系统发育关系。

8.7.4 常用的分析环境微生物群落结构和群落动态的分子生态学方法

在环境工程领域,寻求快速、准确的技术方法,从而有效地分析和监测自然生境或人工生境中复杂的微生物群落结构和群落动态(如群落生态演替规律、种群数量波动等),一直是备受关注的课题。近几年来,随着 PCR、核酸测序等相关分子生物学技术的发展,微生物生态学研究领域发生了深刻的变革,使灵敏地检测和精确地鉴定细菌成为可能。在环境微生物学中,已经应用这些技术对各种自然生境及人工创制生境中生长缓慢和未被培养的微生物群落结构及群落动态进行检测,以提供微生物的空间分布、群落演替、原位生理学等信息。目前,应用最为有效和广泛的技术当属荧光原位杂交(Fluorescence in situ hybridization,FISH)技术、PCR-变性梯度胶电泳技术(PCR-denaturing gradient gel electrophoresis, PCR-DGGE)技术和 PCR-单链构象多态性(PCR-Single-Strand Conformation Polymorphism,PCR-SSCP)分析。在实际工作中,往往很难只通过一种方法就能达到对微生物的群落进行结构分析和动态监测的目的,所以多数研究者是将这 3 种分子生物技术结合常规的 MPN 计数、化学测定等最终达到监测之目的。这里介绍前两种技术及其应用。

8.7.4.1 FISH 技术

FISH 技术是一种非放射性原位杂交方法,它采用特殊荧光素标记核酸(DNA)探针,可在染色体、细胞和组织切片标本上进行 DNA 杂交,对检测细胞内 DNA 或 RNA 的特定序列存在与否最为有效。目前,FISH 技术在国外已广泛地应用于微生物分子生态学研究中,并且成为诊断和评价废水(物)处理系统微生物群落结构。

1. FISH 技术发展和关键操作环节

1969 年,Pardue 等和 John 两个研究小组发明了原位杂交(in situ hybridization,ISH)技术,它是将放射性标记的 DNA 或 28s RNA 杂交到细胞制备物上,然后通过放射自显影技术(microautoradiography,MAR)检测杂交位点,这一技术可以在保持细胞形态完整性的条件下,检测到细胞内的核酸序列。此后,ISH 技术被改进并用于研究染色体进化和肿瘤等。1988 年,Giovannoni 等首次将 ISH 引入细菌学研究,使用放射性标记 rRNA 寡核苷酸探针检测微生物。

随着荧光标记技术的发展,非同位素染料逐渐取代了放射性标记,从而发展为荧光原位杂交技术(Fluorescence in situ hybridization,FISH)技术。1989 年,DeLong 首次使用荧光标记寡核苷酸探针检测单个微生物细胞。与放射性探针相比,荧光探针具有更好的安全性和分辨力,而且不需要额外的检测步骤。此外,还可用不同激发和散射波长的荧光染料标记探针,在一步杂交中检测几个靶序列。由于 FISH 技术的灵敏性和快捷性使其成为微生物系统发育学、生态学、诊断学和环境科学研究的有力工具。

FISH 技术的基本过程是利用荧光标记的探针在细胞内与特异的互补核酸序列杂交,通过激发杂交探针的荧光来检测信号,从而检测相应的核苷酸序列。该技术的主要操作步骤见图 8.26,包括:① 样品的固定;② 样品的制备和预处理;③ 预杂交;④ 探针和样品变性;⑤ 用不同的探针杂交以检测不同的靶序列;⑥ 漂洗去除未结合的探针;⑦ 检测杂交信号,进行结果分析。

2. 采用 FISH 技术鉴定和定量分析特异微生物

在微生物学研究中 FISH 检测最常使用的靶序列是 16S rRNA, 这是由于 16S rRNA 具有遗传稳定性, 它的结构域具有保守区和可变区。对于每个分类水平, 根据 rRNA 目标区域可设计寡核苷酸探针, 进行种属特异性鉴定。16S rRNA 基因比较测序在进行微生物鉴定时是最简便和准确的。当处理混合菌群和未被培养的微生物时更为重要。在每个处于复制和代谢活跃期的细胞中高拷贝的 16S rRNA 通常为监测单个细菌细胞提供了足够的靶序列, 甚至可以在 FISH 中用单个标记的寡核苷酸。其他的目标物如 23S rRNA、18S rRNA 和 mRNA 也被成功的用于 FISH 检测。近年来, 广泛应用寡核苷酸探针或核酸肽 (PNA) 探针的 FISH 技术对特异微生物进行了鉴定和定量分析。

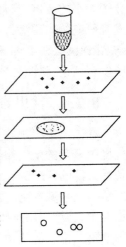

图 8.26 FISH 流程图

(1) 寡核苷酸探针 FISH 技术

FISH 技术的探针必须要求具有较好的特异性、灵敏性和良好的组织渗透性。根据需要合成的寡核苷酸探针可识别靶序列内一个碱基的变化, 能够用酶学或化学方法进行非放射性标记。表 8.21 中列举了 rRNA 为靶序列 FISH 检测的一些微生物的寡核苷酸探针。最常用的寡核苷酸探针一般是 15~30bp, 短的探针易于结合到靶序列, 但一般很难被标记。探针的荧光标记分为间接标记和直接标记。直接荧光标记是最常用的方法, 通过荧光素与探针核苷或磷酸戊糖骨架共价结合, 或是掺入荧光素 - 核苷三磷酸, 一个或更多荧光素分子直接结合到寡核苷酸上, 在杂交后可直接检测荧光信号。在寡核苷酸的 5′末端或 3′末端加入一个带长碳链的氨基臂或巯基臂, 活性的氨基和巯基进一步与荧光素反应, 通常氨基臂或巯基臂加在寡核苷酸的 5′末端杂交时不会影响氢键的形成。间接荧光标记是指将标记物 (如地高辛、生物素) 连接到探针上, 然后利用偶联有荧光染料的亲和素、链亲和素或抗体进行检测的方法。化学方法在合成过程中通过氨基臂连接在探针 5′末端, 酶法用末端转移酶将标记物连接到寡核苷酸探针 3′末端。FITC (荧光素 - 异硫氰酸) 通过 18-C 间隔物偶联到寡核苷酸与直接连接到探针相比可增加信号强度。通过两端标记探针增加荧光信号经常被报道。一个荧光分子在 3′末端四个分子在 5′末端, 用相应的间隔物防止荧光熄灭。

表 8.21 FISH 杂交中应用的寡核苷酸探针

探针	序列	特异性	靶位点
ARCH915	GTGCTCCCCCGCCAATTCCT	Archaea	16S rRNA, 915 – 934
EUB338	GCTGCCTCCCGTAGGAGT	Eubacteria	16S rRNA, 338 – 355
EUB338 – Ⅱ	GCAGCCACCCGTAGGTGT	*Planctomycetales*, *Verrucomicrobia*	16S rRNA, 338 – 355
EUB338 – Ⅲ	GCTGCCACCCGTAGGTGT	Non-sulfur bacteria	16S rRNA, 338 – 355
NHGC	TATAGTTACGGCCGCCGT	Low % G + C Bacteria	23S rRNA, 1901 – 1918
HGC69a	TATAGTTACCACCGCCGT	High % G + C gram-positive bacteria	23S rRNA, 1901 – 1918

续表 8.21

探针	序列	特异性	靶位点
ALF1b	CGTTCG(CT)TCTGAGCCAG	α-Proteobacteria	16S rRNA, 19-35
ALF968	GGTAAGGTTCTGCGCGTT	α-Proteobacteria, some δ-Proteobacteria	16S rRNA, 968-985
BET42a	GCCTTCCCACTTCGTTT	β-Proteobacteria	23S rRNA, 1027-1043
GAM42a	GCCTTCCCACATCGTTT	γ-Proteobacteria	23S rRNA, 1027-1043
SRB385	CGGCGTCGCTGCGTCAGG	δ-Proteobacteria, some gram-positives	16S rRNA, 385-402
SPN3	CCGGTCCTTCTTCTGTAGGTAACGTCACAG	*Shewanella putrefaciens*	16S rRNA, 477-506
CF319	TGGTCCGTGTCTCAGTAC	*Cytophaga-Flavobacterium cluster*	16S rRNA, 319-336
BACT	CCAATGTGGGGACCTT	*Bacteroides cluster*	16S rRNA, 303-319
PLA46	GACTTGCATGCCTAATCC	*Planctomycetales*	16S rRNA, 46-63
Aero	CTACTTTCCCGCTGCCGC	*Aeromonas*	16S rRNA, 66-83
ANME-1	GGCGGGCTTAACGGCTTC	ANME-1	16S rRNA, 862-879
Preudo	GCTGGCCTAGCCTTC	*Preudomans*	23S rRNA, 1432-1446
BAC303	CCAATGTGGGGACCTT	*Bacteroides-Prevotella*	16S rRNA, 303-319
CF319a	TGGTCCGTGTCTCAGTAC	*Cytophagai-Flavobacterium*	16S rRNA, 319-336
HGC69a	TATAGTTACCACCGCCGT	*Actinobacteria*	23S rRNA, 1901-1918
LGC354a	TGGAAGATTCCCTACTGC	Low % G+C *Firmicutes*	16S rRNA, 354-371
LGC354b	CGGAAGATTCCCTACTGC	Low % G+C *Firmicutes*	16S rRNA, 354-371
LGC354c	CCGAAGATTCCCTACTGC	Low % G+C *Firmicutes*	16S rRNA, 354-371
DSV698	GTTCCTCCAGATATCTACGG	*Desulfovibrionaceae*	16S rRNA, 698-717
DSB985	CACAGGATGTCAAACCCAG	*Desulfovibrionaceae*	16S rRNA, 985-1004
MX825	TCGCACCGTGGCCCGACACCTAGC	*Methanosaeta*	16S rRNA, 825-847
MS821	CGCCATGCCTGACACCTAGCGAGC	*Methanosarcina*	16S rRNA, 821-844

(2) 核酸肽(PNA)探针 FISH 技术

PNA(Peptide Nucleic Acid)即核酸肽，是一种不带电荷的 DNA 类似物，其主链骨架是由重复的 N-(2-氨基乙基)甘氨酸以酰胺键聚合而成，碱基通过亚甲基连接到 PNA 分子的主链上。PNA 分子骨架上所携带的碱基能与互补的核酸分子杂交，而且这种杂交与相应的 DNA 分子杂交相比结合力及专一性都较高。由于 PNA/DNA 分子之间没有电荷排斥力，使其杂交形成双螺旋结构的热稳定性高，这种杂交的结合强度和稳定性与盐浓度无关。PNA

是由碱基侧链和聚酰胺主链骨架构成,所以它不易被核酸酶和蛋白酶识别从而降解。

PNA 探针是 rRNA 靶序列的最理想的探针,在低盐浓度条件下二级结构的 rRNA 不稳定,使探针更易于接近靶序列。PNA 探针的最大优势是能够接近位于 rRNA 高级结构区域中的特异靶序列,极大提高了 PNA-FISH 检测的灵敏性,而 DNA 探针不具备这一特性。由于 PNA 与核酸之间具有高亲和力,因此,以 rRNA 为靶序列的 PNA 探针通常比 DNA 探针短,一般长度为 15 个碱基的 PNA 探针比较适宜。这样短的探针具有较高的特异性,即使是一个碱基的错配也会不稳定,表 8.22 中列举了微生物 FISH 检测中的一些 PNA 探针。

表 8.22 FISH 杂交中应用的 PNA 探针

探针	序列(5'→'3)	T_m/℃	特异性
EuUni-1	CTG CCT CCC GTA GGA	70.3	*Eucarya*
BacUni-1	ACC AGA CTT GCC CTC	66.2	*Eubacteria*
Eco16S06	TCA ATG AGC AAA GGT	68.9	*Escherichia. coli*
Pse16S32	CTG AAT CCA GGA GCA	70.2	*Pseudomonas. aeruginosa*
Sta16S03	GCT TCT CGT CCG TTC	61.8	*Staphyloccous. aureus*
Sal23S10	TAA GCC GGG ATG GC	73.9	*Salmonella*

研究表明,PNA 探针与 DNA 探针相比能有效的辨别一个碱基的差别。Worden 等用 FISH 分析海洋浮游细菌时应用 PNA 探针使信号强度与 DNA 探针相比提高 5 倍。Prescott 等应用 PNA-FISH 直接检测和鉴定生活用水过滤膜上的大肠杆菌。

(3) 多彩(Multicolor)FISH 技术

近几年来,很多学者致力于以不同染色的标记探针和荧光染料同时检测出多个靶序列的研究,最新的多彩 FISH 技术可以同时用七种染色进行检测,如 Reid 等人已经成功地应用七种不同标记的探针进行了七色彩的荧光原位杂交,探针的设计见表 8.23。1992 年,科学界已经能够在中期染色体和间期细胞同时检测 7 个探针。科学家们的目标是实现 24 种不同颜色来观察 22 条常染色体和 X、Y 染色体。荧光原位杂交法提高了杂交分辨率,可达 100~200 kb。此法除了应用于基因定位外,还有多种用途,它已日益发展成为代替常规细胞遗传学的检测和诊断方法,在此不多论述。

表 8.23 七色彩重复序列探针的标记

探针	DNTP				荧光	颜色
	Fluorescein-11-dUTP	Rhodamine 4-dUTP	Coumarin 4-dUTP	dATP, dCTP, dGTP		
1	1			1	绿色	绿色
2		1		1	红色	红色
3			1	1	蓝色	蓝色
4	1/2	1/2		1	绿+红	黄色或橙色
5	1/2		1/2	1	绿+蓝	蓝绿色
6		1/2	1/2	1	红+蓝	紫色
7	1/3	1/3	1/3	1	绿+红+蓝	白色

Leitch 等人曾首次利用多彩 FISH 技术对黑麦的重复 DNA 序列进行了检测和定位。据报道，Nederlof 等人用三种荧光染料标记探针，每个探针具有多个半抗原可以检测多种荧光染料，成功的检测了三个以上的靶序列。Perry-O'keefe 等应用四种 PNA 探针的多彩 FISH 技术对铜绿假单胞菌、金黄色葡萄球菌、沙门氏菌和大肠杆菌进行了检测。

为同时观察 Multicolor FISH，应注意以下问题：

①采用多波峰的滤镜；

②混合的荧光染料应该具有狭窄的散射峰，以防止探针间光谱重叠，从而去除背景和避免褪色（bleed-through）等问题；

③在检测低丰度靶序列时，应采用光稳定的高亮度染料。

多彩 FISH 中常使用具有狭窄波段滤镜的表面荧光显微镜检测。近年来，广视野消旋表面荧光显微镜（widefield deconvolution epifluorescence microscopy）大大改进了细菌群落空间分布的数字分析效果。

3. 应用 FISH 技术监测微生物群落结构、功能和动态

(1) 诊断微生物群落结构与群落动态

1) 诊断自然环境中微生物群落结构与群落动态　目前，荧光原位杂交（FISH）技术多用于分析单个细胞水平上的微生物群落结构。在活性细胞中有 10 000 个核糖体，从而含有高浓度的 16S 和 23S rDNA 分子，因此用荧光标记的以 rDNA 为靶点的寡核苷酸探针，可用于原位鉴定单个细胞。根据相关资料和网站公布的序列，可以直接设计以 rDNA 为靶点的寡核苷酸探针，它们通常是化学合成的、单链、较短的 DNA 分子，通常为 15~25 个核苷酸。这些探针可以定位到不同的生物分类等级 rDNA 分子的特征位置，如种、属、科、目、纲甚至是门。

近几年来，应用 FISH 技术研究自然环境微生物群落的报道较多，如海水沉积物的微生物群落，海水、河水和高山湖雪水的浮游菌体、土壤和根系表面的寄居微生物群落。FISH 技术不仅能够提供某一时刻微生物的景象信息，还能监测生境中的微生物群落和种群动态，如海水沉积物连续流培养的微生物群落、原生动物摄食的增加对浮游生物组成的影响、季节变化对高山湖水微生物群落的影响等。

Enric 等应用 rRNA 为靶序列的 FISH 技术对德国北部的瓦登海岸微生物组成进行了研究，探针用 Cy3 荧光染料标记，用于微生物总量计数和背景荧光是 DAPI。图 8.27a 用真细菌探针 EUB338 杂交的荧光显微镜照片，图 8.27b 是 DAPI 染色后紫外光激发的微生物，图 8.27c 是 SRB385 探针鉴定硫酸盐还原菌的荧光图，图 8.27d 是 DAPI 染色图。图 9.3e 是脱硫线菌属特异探针 DNMA657 的杂交结果，图 8.27f 显示了弓形菌属特异探针 ARC94 杂交结果。发现有 45% 左右的微生物属于已知的分类单元，噬纤维黄杆菌属（*Cytophage-Flavobacterium*）在数量上占多数，其次噬硫酸盐还原菌。

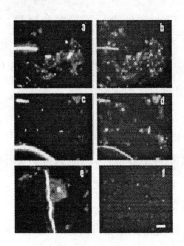 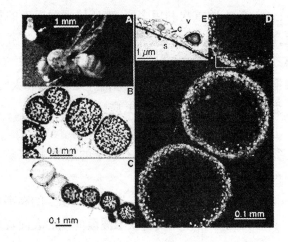

图 8.27 瓦登海岸微生物的荧光原位杂交图　　图 8.28 巨大硫酸盐细菌(Thiomargarita namibiensis)

此外,应用 FISH 技术检测和鉴定未被培养的种属或新种属,如 Science 杂志 1999 年曾报道了利用 FISH 技术检测巨大的纳米比亚硫酸盐细菌(Thiomargarita namibiensis)的例子,Schulz 等在纳米比亚海岸发现了这株硫氧化细菌,但是没有获得纯培养,经过 16S rDNA 测序分析和 FISH 技术分析硫氧化细菌是变型菌纲 γ 亚纲。纳米比亚硫酸盐细菌直径 0.5 mm,果蝇的大小 3 mm 左右,是原核生物的 100 倍,由于含有硫粒常呈现白色(图 8.28A)。光镜下此菌常呈现链状排列,在细菌分裂时在链的尾部有两个空壳(图 8.28B,图 8.28C)。用 FITC 进行荧光染色在共聚焦激光扫描电镜下原生质呈现绿色(菌体周围着色),弥散分布的白色颗粒是硫粒(图 8.28D)。

此外,利用 FISH 技术检测全噬菌属(Holophaga)和酸杆菌属(Acidobacterium)、未被培的芽孢杆菌属细菌(Bacillus)和水杆菌属细菌(Aquabacterim)等的研究也早已有报道。FISH 技术对于探明自然菌群的组成和生态学规律,分析群落对自然和人为因素应答的动态变化均是最有发展的技术手段。

2) 监测废水处理系统中微生物的群落结构与群落动态　众所周知,废水生物处理工艺的主体是微生物,不管微生物以活性污泥、生物膜还是颗粒污泥的状态存在,它们都是以群落的形式在发挥其生态学功能。但是,对于环境工程界而言,废水生物处理构筑物仍然是一个"灰箱",加之常规的微生物分离培养技术难以快速、准确、便捷地反映出其系统中的微生物种群波动和数量变化,更限制了人们对工艺系统中微生物生态学研究的步伐,也制约了人们对工艺过程的人为控制能力。而 FISH 技术摆脱了传统纯培养方法的束缚,能够提供处理过程中微生物的数量、空间分布和原位生理学等信息,放射自显影和 FISH(MAR-FISH)结合用于研究活性污泥中丝状细菌对有机底物的吸收,这种方法也被用于研究水体微生物,检测细菌生活力、数目和对特异有机底物的消耗。因此,FISH 技术提供了一种监测和定量化复杂的环境样品中微生物群落动态的有效途径,也为人工创建生物处理系统的最佳工况条件提供了理论依据,进而为提高废水处理能力与处理水平提供新的思路。

① 以 16S rRNA 为靶序列的 FISH 技术。这是一种快速可靠的分子生物学工具,可以不依赖培养方法监测环境样品中的种群并对其进行系统分类。这种方法可用于检测活性污泥微生物群落的种群组成和数量水平,同时可以对特异菌群进行空间定位和原位生理学的研

究,如动胶菌属(*Zoogloea*),不动杆菌属(*Acinetobacter*),氨氧化细菌和丝状细菌。在含高浓度氨工业废水处理中氨氧化细菌和亚硝酸盐氧化菌存在于硝化活性污泥中。通过16S rRNA为靶序列的原位杂交结果显示活动硝化球菌(*Nitrosococcus mobilis*)在氨氧化细菌菌群中是优势种群。用这一探针进行FISH杂交证实硝化杆菌属类细菌存在于活性污泥中(占细菌总量的9%),并且经常与活动硝化球菌类细菌共同分布,形成微菌落。用Cy3标记的探针NmV和Fluos标记的探针NEU同时进行原位杂交,活动硝化球菌呈现黄色荧光(图8.29A),用633 nm激光激发蓝色自发荧光显示污泥絮体。Fluos标记的探针NmV和Cy3标记的探针S-*-Ntspa-1026-a-A-18同时进行原位杂交,活动硝化球菌呈现绿色荧光和硝化杆菌属呈现红色荧光,通过相差成像显示污泥絮体结构(图8.29B)。

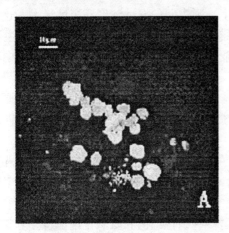 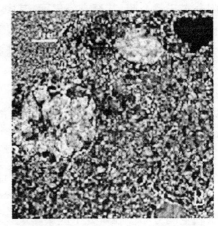

图8.29 活性污泥硝化细菌原位杂交

在以特异探针进行荧光原位杂交时,辅以微电极技术对各个微区中的溶解氧,H_2S及氧化还原电位(ORP)等参数进行在线测量,结果如图图8.30所示。分析认为,SRB一般分布于生物膜的各个部位,但具有硫酸盐还原活性的SRB位于距膜表面150~300 um的深度。其原因是,当SRB处于150 um以上时,由于氧浓度的增加,促使其体内的酶失活,最终导致死亡或休眠;但当其在生物膜内逐渐下移时,硫化氢的大量产生反而抑制了自身的生长,而且外界的营养物质也较难进入到这一深度。

通过采用能与所有SRB和所有细菌杂交的荧光探针分析,即可观察计算反应器在运行的不同时期时,某个位置(如生物膜相,混合液相等)中,SRB占总细菌的相对量,进而结合微电极测量可以得知SRB的活性。

大多数专性共生微生物都无法利用传统的方法培养,应用16S rRNA能够进

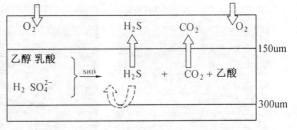

图8.30 SRB在生物膜中的垂直分布示意图

行鉴定和分类,然而不能从共生体区分出微生物,应用FISH技术能够在共生体中对微生物进行鉴定和定位分析。1998年,Schuppler等人应用FISH技术时,发现生活污水处理厂的丝状泡沫物中存在放线菌菌群;1999年Bond等人应用FISH技术对生物除磷活性污泥的菌群

进行了鉴定;Sorensen 等和 Rocheleau 等在厌氧消化和厌氧污泥颗粒中应用 FISH 技术对古细菌如产甲烷菌等进行了分子诊断。Silyn-Roberts 等(2001)应用 FISH 技术对废水处理湿地生物膜进行了研究,结果表明亚硝化单胞菌属是主要的氨氧化细菌。

目前,在欧美等国,rRNA 测序的群落分析已经广泛应用于监测生物反应器或废水处理厂的生物相。如根据 PCR 扩增的 rRNA 序列设计寡核苷酸探针,用 FISH 技术诊断活性污泥中的微生物群落结构。

Okabe S.等通过传统的依赖于培养的 MPN 法和荧光标记的 16S rRNA 靶探针杂交技术,对生长于浸没式转盘反应器微需氧废水生物膜中 SRB 的垂直分布进行了研究。生物膜中的 O_2、S^{2-}、NO_3^- 等浓度及 pH 值也通过微电极进行了测量。原位杂交表明,有 SRB 探针标记的细胞分布于整个膜,甚至有氧界面,其中生物膜中间的探针浓度和丰度最大。这一结果与 O_2、H_2S 的浓度很符合,这表明硫酸盐还原被限制在一个很窄的区域内,即在生物膜下 500 um 左右。大多数 SRB 均与 SRB660 探针杂交,这也说明在废水的生物膜处理中存在一个非常重要的 SRB 成员,即脱硫叶状菌属。

附加硝酸盐后,使硫酸盐还原区在生物膜中会更深一些,也降低了硫酸盐还原率。因此,硫酸盐还原区与 O_2、NO_3^- 呼吸区是分开的,带有 NO_3^- 的 H_2S 的氧化也可通过向培养基中加入硝酸盐而诱导。

② 应用共聚焦激光扫描显微镜(CLSM)的 FISH 技术。应用共聚焦激光扫描显微镜(CLSM)的 FISH 技术,可以对生物膜和活性污泥絮体的特异种群进行空间分布研究。Schramm 和 Juretschko 等在硝化流化床反应器和活性污泥中研究了亚硝酸氧化细菌和氨氧化细菌数量和空间分布。在研究中应用和设计了一些硝化细菌和氨氧化细菌特异寡核苷酸探针见表 8.24。采用相差显微镜和共聚焦显微镜图像叠加的方式,对硝化细菌的空间分布进行了原位分析。原位杂交的实验结果见图 8.31,图 8.31A 用 Cy5 标记的 NSV443 和 NSR1156 同时进行荧光原位杂交,亚硝化螺菌属(*Nitrosospira* spp)是蓝色荧光信号,硝化螺菌属(*Nitrospira* spp)是红色荧光信号。图 8.31B 用 Cy5 标记的 NSV443 探针和 Cy3 标记 NSR1156 探针同时进行原位杂交,亚硝化螺菌属(*Nitrosospira* spp)呈现蓝色,硝化螺菌属(*Nitrospira* spp)呈现红色。图 8.31C 用 Cy5 标记的 NSV443 探针和 Cy3 标记 NSR1156 探针同时进行原位杂交,显示的氨氧化和亚硝酸盐氧化细菌紧密结合在一起的形态特征。

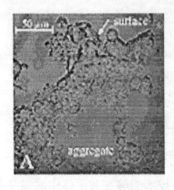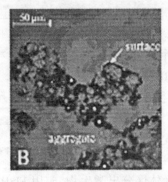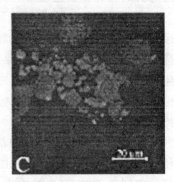

图 8.31 硝化流化床反应器中原位杂交图

表 8.24 硝化细菌和氨氧化细菌 16S rRNA 寡核苷酸探针

探针	序列	特异性	靶位点
EUB338	GCTGCCTCCCGTAGGAGT	真细菌	16S rRNA, 338-355
ALF1b	CGTTCGYTCTGAGCCAG	变形菌纲-α和δ亚纲,硝化螺菌属 螺菌属	16S rRNA, 19-35
BET42a	GCCTTCCCACTTCGTTT	变形菌纲-β亚纲	23S rRNA, 1027-1043
GAM42a	GCCTTCCCACATCGTTT	变形菌纲-γ亚纲	23S rRNA, 1027-1043
NSO190	CGATCCCCTGCTTTTCTCC	氨氧化细菌,变形菌纲-β亚纲	16S rRNA, 190-208
NSV443	CCGTGACCGTTTCGTTCCG	亚硝化螺菌属	16S rRNA, 444-462
NSM156	TATTAGCACATCTTTCGAT	亚硝化单胞菌属	16S rRNA, 653-670
NIT3	CCTGTGCTCCATGCTCCG	硝化杆菌属	16S rRNA, 1035-1048
NSR826	GTAACCCGCCGACACTTA	淡水硝化螺菌属	16S rRNA, 826-843
NSR1156	CCCGTTCTCCTGGGCAGT	淡水硝化螺菌属	16S rRNA, 1156-1173

这种技术适合于厚度较大和背景较高的样品,如生物膜和污泥絮体,但是由于应用 CLSM 容易导致荧光熄灭,因此要求样品具有较强的荧光信号。

(2)监测微生物的原位生理学

微生物的结构和功能是密不可分的两个方面。在废水(物)处理过程中,活性污泥或生物膜内群落结构和群落动态与特定功能菌群的原位生理学信息是紧密相关的。FISH 技术与其它研究手段结合,可以很好地反映出微生物的原位生理学信息。

1)以 16S rRNA 与 DNA 的比率探测特定微生物的代谢活动 在微生物区系分析中,16S rRNA 与 DNA 的比率是检测复杂的微生物种群特定成员代谢活动的有效参数。核酸可以通过以专一性和通用型探针分别与直接从微生物样品中分离的总核苷酸进行杂交,可获得相对于总 16S rDNA 的特定 16S rRNA 数量,其相对丰度可以用与专一性探针和通用型探针杂交的残余放射性强度之比来表示。在稳定的条件下,某种微生物的 RNA 与 DNA 的比率是与它生长率呈正相关。Muttray 用狭缝印迹杂交测得活性污泥中降解树脂酸(resinacid)细菌的 16S rRNA 与 DNA 的比率,量化原位微生物种群中特定菌的代谢活性,分析了不同环境条件对特定细菌代谢的影响。利用定量点渍杂交求 16S rRNA 与 DNA 的比率时,具有很低丰度的 rRNA 序列(0.1%~1%)也可以被定量,但由于不同种生物细胞内有不同数量的核糖体(介于 10^3~10^5 之间),甚至同一种细胞内在不同时期核糖体数目也不同,所以 rRNA 的丰度不能直接用于表示某类微生物细胞数的多少,但可以代表特定种群的相对生理活性,这对研究生态系统功能多样性有重要的意义。

2)探测细胞的基因表达和代谢水平 地高辛内标记的反义多聚核苷酸探针,在反转录过程中杂交到细菌细胞中,这一技术将是研究复杂环境中原位基因表达最有前景的技术。近几年来,绿色荧光蛋白(green fluorescent protein, GFP)分子被应用到微生物生态学的研究中,将不同的基因插入微生物的质粒或染色体 DNA,表达的绿色荧光蛋白分子能在单细胞水平可视化和监测启动子活性或基因的表达。Nielsen 等对工业废水处理厂活性污泥的细菌表面疏水性进行了原位检测,应用 FISH 技术结合细胞表面微球体(microsphere adhesion to cells, MAC)分析,研究了丝状细菌的胞外聚合物(extracellular polymeric substances, EPS)。Eberl 等应用结合报告基因分析的 FISH 技术,研究了活性污泥的微生物生态学。Moller 等研究了生物膜的微生物空间分布、启动子诱导及其表达的时序进程,同时对菌群间的相互影响进行了分析。Christensen 等用 FISH 技术鉴定了生物膜中的恶臭假单胞菌,并将 gfp 基因标签的质粒导入该菌获得了景象信息。这种技术对于复杂微生物群落的结构-功能分析是十分有利的。

3) FISH 技术与微传感器相结合,在线监测微生物的生态位 通常,我们检测特异底物转化率来研究活性污泥中重要功能菌群的活性、功能和低温。Schramm 等将 FISH 和微传感器结合,可以在线监测活性污泥絮体或生物膜中特异的生态因子,如 pH 值、硝化率、反硝化率、磷吸收率和释放率、耗氧速率等,同时分析微生物群落的代谢活性,揭示了厌氧微生物在有氧环境中的缺氧微生态位。

4) FISH 技术与常规的在线分析相结合研究群落的原位生理学 FISH 技术与常规的在线分析相结合,能够研究和监测生物膜内群落结构组成、群落动态、微生物的生长和及其代谢活性,同时获得生态因子与生物相动态变化的映射规律。例如,微放射自显影和 FISH 技术结合常用于研究混合菌群代谢活性,将混合菌群或活性污泥接种到放射性标记的底物,通过放射性标记底物吸收情况获得景象信息,从而限制和监测活性污泥中某些细菌种群。

此外,FISH 技术还可以与其他技术的结合可为环境微生物学研究提供更多的信息。如 Orphan 等人将 FISH 和次级离子质谱结合,Böckelmann 等人应用 FISH 和凝集素分析技术对激流群落微生物的胞外物和糖结合物进行了分析。Strathmann 等应用荧光标记凝集素对生物膜中的铜绿假单胞菌胞外聚合物进行了监测。

(3) FISH 技术结合流式细胞计(FCM)定量化监测微生物

流式细胞术(FCM)是 20 世纪 70 年代初发展起来的一项高新技术,80 年代开始从基础研究发展到的微生物分子诊断和监测。FCM 采用流式细胞仪对细胞悬液进行快速分析,通过对流动液体中排列成单列的细胞进行逐个检测,得到该细胞的光散射和荧光指标,分析出其体积、内部结构、DNA、RNA、蛋白质、抗原等物理及化学特征。FCM 综合了光学、电子学、流体力学、细胞化学、生物学、免疫学以及激光和计算机等多门学科和技术,具有检测速度快、测量指标多、采集数据量大、分析全面、方法灵活等特点,还有对所需细胞进行分选等特殊功能。随着该仪器性能的不断完善,操作简单的各新型流式细胞仪相继问世。新试剂的不断发现使试验费用日益降低,FCM 也从研究室逐步进入临床实验室,成为常规实验诊断的重要手段,不仅为临床提供了重要的诊断依据,也使检验科室的诊断水平、实验技术提高到一个新的高度。

生产流式细胞仪的主要厂家是美国的 BD 公司和贝克曼库尔特(Beckman Coulter)两家公司,它们生产出一系列的流式细胞仪,并研制生产了 FCM 所用的各种单克隆抗体和荧光试剂。流式细胞仪的工作原理是将待测细胞经特异性荧光染料染色后放入样品管中,在气体的压力下进入充满鞘液的流动室。在鞘液的约束下细胞排成单列由流动室的喷嘴喷出,形成细胞柱,后者与入射的激光束垂直相交,液柱中的细胞被激光激发产生荧光。仪器中一系列光学系统(透镜、光阑、滤片和检测器等)收集荧光、光散射、光吸收或细胞电阻抗等信号,计算机系统进行收集、储存、显示并分析被测定的各种信号,对各种指标做出统计分析。

科研型流式细胞仪还可以根据所规定的参量把指定的细胞亚群从整个群体中分选出

来,以便对它们进行进一步的研究分析。其分选原理见图 8.32,液滴形成的信号加在压电晶体上使之产生机械振动,流动室即随之振动,使液柱断列成一连串均匀的液滴,一部分液滴中包有细胞,而细胞性质是在进入液滴以前已经被测定了的,如果其特征与被选定要进行分选的细胞特征相符,则仪器在这个被选定的细胞刚形成液滴时给整个液柱充以指定的电荷,使被选定的细胞形成液滴时就带有特定的电荷,而未被选定细胞形成的细胞液滴和不包含细胞的空白液滴不被充电。带有电荷的液滴向下落入偏转板的高压静电场时,按照所带电荷符号向左或向右偏转,落入指定的收集器内,完成分类收集的目的。对分选出的细胞可以进行培养或其他处理,做更深的研究。

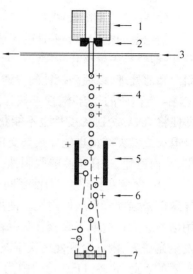

图 8.32 流式细胞器细胞分拣原理图
1—管口;2—蓝宝石;3—激光速;4—液滴;5—偏转板;6—带电荷液滴;7—收集器

目前,流式细胞计常用于记录和检出液相中 FISH 的荧光信号,尽管不能获得微生物的形态学和空间分布信息,但是对于悬浮细菌或浮游的混合群落可自动化和定量分析,并且能够对微生物进行高频率的分选。Chisholm 等发现了海洋 Prochorococcus 属,Capmpbell 应用光合成色素和 DNA 分析证实了传统方法在分析光合成海洋细菌生物量时的局限性。流式细胞仪最理想的研究样品是细胞处于悬浮状态的水分析,是近几年来分析土壤活性污泥等环境样品中微生物分拣和数量的有效手段。

可以说,结合流式细胞计的 FISH 技术更适用于对有关微生物群落进行快速和频繁的监测,而且自动化操作水平高,是诊断和评价复杂微生物群落结构及其动态的最有前景的技术手段。

4. FISH 技术应用时的主要问题

(1) FISH 检测的假阳性

FISH 检测的精确性和可靠性依赖于寡核苷酸探针的特异性,因此探针的设计和评价十分重要。在每次 FISH 检测中都要设置阳性对照和与靶序列相似具有几个错配碱基的探针作为阴性对照。对于一些培养条件要求苛刻的和暂时未被培养的微生物,首先应该用杂交(如点杂交)分析探针的特异性,以确定探针设计的合理性。否则就要从新分离菌株,然后重新设计探针。此外,微生物本身的荧光会干扰 FISH 检测,目前在一些霉菌和酵母中发现这种自身荧光现象,此外一些细菌如假单孢菌属、军团菌属、世纪红蓝菌、蓝细菌属和古细菌如产甲烷菌也存在这样的荧光特性。这种自身荧光的特性使应用 FISH 分析环境微生物变得复杂。环境样品(如活性污泥和饮用水)中天然的可发荧光的生物或化学残留物总是存在于微生物周围的胞外物质中。尽管自身的背景荧光利于复染,但经常是降低信噪比,同时掩饰了特异的荧光信号。通过分析样品的自身背景荧光和避免其对 FISH 检测的影响是很困难的,微生物的培养基、固定方法和封固剂对荧光的信号强度均有很大的影响。使用狭窄波段的滤镜和信号放大系统可能降低自身背景荧光,不同的激发波长对自身背景荧光强度也有影响。因此,在检测未知混合菌群时要进行防止自身背景荧光的处理,以防止假阳性的发生。

(2) FISH 检测的假阴性

细胞壁的结构影响探针的渗透力,可能导致杂交信号强度降低。革兰氏阴性菌通透性较好,即使是多聚核苷酸探针也能很好的渗透到细胞内。革兰氏阳性菌则必须进行特殊的固定和前处理,以提高探针的渗透力。有时由于 RNA 形成三级结构,存在发夹、颈环结构和 RNA-蛋白质的复合体,使寡核苷酸探针无法接近靶序列,阻碍了杂交,这也就是在杂交中即使将 RNA 或 DNA 变性也不能获得理想结果的原因。此外由于探针设计不合理形成的自身退火或发夹结构也能导致杂交信号降低。采用 PNA 探针可能解决上述问题,提高杂交效果,从而避免 FISH 检测的假阴性。细菌细胞中 rRNA 含量对其杂交有较大的影响,不同种属 rRNA 含量变化较大,即使是同一菌株的不同生理状态其含量也不同,低的生理活性可能导致信号强度降低或假阴性。使用高亮度的荧光染料 Cy3 或 Cy5 和多重探针标记,以及应用信号放大系统或多聚核苷酸探针均可增强杂交信号。由于许多荧光染料在激发后很快就发生光熄灭,因此最好使用狭窄波段的滤镜和光稳定的荧光染料,防褪色的封固剂也是十分重要的。此外,在 FISH 检测中为了分析假阴性问题,可使用阳性对照探针 EUB338 和不产生信号的非特异性阴性探针 NON338。

8.7.4.2 应用 DGGE 技术监测微生物群落结构和群落动态

PCR-DGGE 最早应用于生物基因点突变检测,它的发明使传统琼脂糖电泳和聚丙烯酰胺凝胶电泳检测分辨精度提高到一个核苷酸残基差异水平,Myuzer 第一个将 DGGE 电泳检测技术应用于分子微生物学研究领域,并证明该技术在揭示自然微生物系的微生物遗传多样性和微生物种群异化方面具有独特的优越性,因此被广泛引用到分子微生物生态学研究领域,尤其在微生物多样性检测,微生物鉴定,微生物分子变异以及种群异化等方面的广泛应用。

1. DGGE 技术的原理

如果对 DNA 分子不断加热或采用化学变性剂处理,两条链就会开始分开(解链)。首先解链的区域由解链温度(Melting Temperature,Tm)较低的碱基组成。GC 碱基对比 AT 碱基对结合得要牢固,因此 GC 含量高的区域具有较高的解链温度。同时影响解链温度的因素还有相邻碱基间的吸引力(称做"堆积")。解链温度低的区域,通常位于端部称做低温解链区(lower melting domain)。如果端部分开,那么双螺旋就由未解链部分束在一起,这一区域便称做高温解链(high melting domain)(图 8.33)。

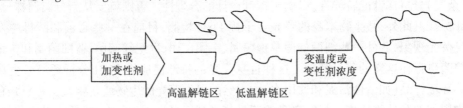

图 8.33 DNA 双链的变性过程

如果温度或变性剂浓度继续升高,两条链就会完全分开。变性梯度凝胶电泳法依据首要的一点是:DNA 双链末端一旦解链,其在凝胶中的电泳速度将会急剧下降(图 8.34)。第二个根据是,如果某一区域首先解链,而与其仅有一个碱基之差的另一条链就会有不同的解链温度,因此,将样品加入含有变性剂梯度的凝胶进行电泳就可将二者分开(图 8.34 中的 1

和2道)。最终,如果一双链在其低温解链区碱基错配(异源双链),而与另一等同的双链相比差别仅在于此,那么,含有错配碱基的双链将在低得多的变性剂浓度下解链。事实上,样品通常含有突变、正常的同源双链以及配对的异源双链,后者是在PCR扩增加时产生的。而含有错配的双链(图8.34中的3和4道)通常可以远远地与两个同源双链(图8.34中1和2道)分开,这种分离效果使该方法灵敏度很高。

为使仅有一个碱基之差的不同分子取得最好的分离效果,必须先选择所要研究的DNA范围以及电泳样品时变性剂浓度梯度。可以做正交变性梯度实验进行经验性的解决。变性剂梯度应选在曲线斜率大的部分,因为这时多数分子处于部分变性状态这使得落入低温解链区的不同分子达到最佳分离。

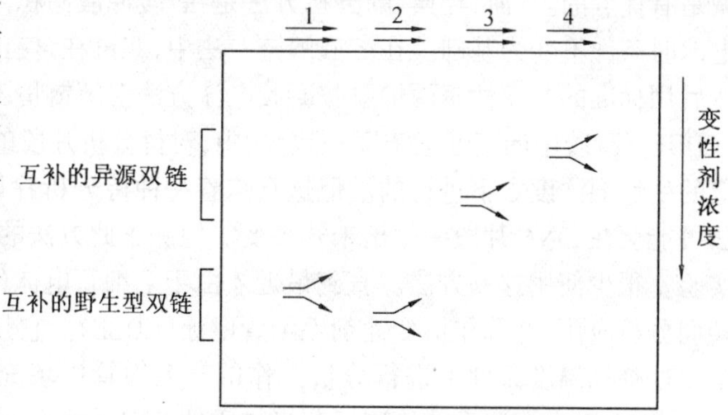

为防止对患者样品分析之前对目标DNA片段的经验性分析占

图8.34 DGGE技术原理示意图

去大量时间,已在本技术的改进人Leonard Lerman的实验室设计了一项计算机程序,程度名叫MELT87和SQHTX,它可以模拟和任何已知序列DNA解链温度有关的解链行为。以碱基序列为基础,程序可以给出解链图像。程序还可给出最佳凝胶电泳时间以及任何碱基改变对解链图象产生的预期影响。MELT87程序还可以决定是否将多聚GC加到3'或5'端的引物上。

现在多数分析是用的"GC夹板"(GC clamp)技术进行的。它是将一段长度为30-50碱基,富含GC的DNA附加到双链的一端以形成一个人工高温解链区,如在一条引物的5'端加附加这样的夹板,5' CGCCCGCCGC GCCCCGCGCC CGTCCCGCCG CCCCCGCCCG - 引物 - 3',这样经过PCR的产物均在其5'端有一40bp的夹子,在DGGE分析过程中形成高温解链区。这样,片段的其他部分就处在低温解链区从而可以对其进分析。这一技术使该方法可检测的突变比例大大增加。

2. DGGE技术的发展

DGGE的主要发展阶段见表8.25,其中许多操作今天已普遍使用。本表仅列出该方法的主要的发展经过,包括使用异源双链"GC夹板"技术,PCR及专门的计算机程序等。PCR反应技术的问世使非标记技术简便了许多。

表8.25 变性梯度凝胶电泳的发展经过

1979	电泳系统发明	Fisher 和 Lerman1979年
1983	分离仅有一个碱基之差的DNA双链	Fisher 和 Lerman1983年
1985	于基因组DNA中检测出一地中海贫血突变	Myers 等 1985年
	使用异源双链技术	Myers 等 1985年
	首次使用"GC夹板"技术	Myers 等 1985年
1987	预测解链行为及分析用计算机程序出现	Lerman 和 Silverstein1987年
1989	"GC夹板"技术与PCR技术相连接	Sheffield 等 1989年
	非标记检测法问世	Sheffield 等 1989年

(1) 变性剂由甲酰胺/尿素梯度变为温度梯度

一种方法为温度梯度凝胶电泳(TGGE)，即在电泳板上保持一温度梯度，除此而外原理相同。另一方法称为"温度横扫型凝胶电泳(temperature sweep gel electrophoresis)"。这回，在电泳过程中逐渐统一提高胶板温度。在这两个方法中，化学变性剂的浓度在凝胶上保持恒定(这和通常不断增高的梯度不同)。而且由于可以避免"缓冲液储积"现象，所以显然这样做是有优点的。(而"经典"的分析方法是在"缓冲液储积"情况下进行的)。其他形式都是以电泳时条件不变为基础。在溶液解链一法中，双链在含有阶梯式升高的变性剂溶液中解链，然后用标准的非变性聚丙烯酰胺凝胶电泳方法对解链情况进行分析。在恒变性剂凝胶电泳(CDGE)(凝胶中的变性剂浓度一致)法中，对待分析片段的分离是在和该片段低温解链区相应的变性剂浓度之下进行的。但这意味着每种待分析片段需要不同的电泳条件，而且该方法可能会在 DNA 片段中检出未知突变。但除了此方法的发明者及其合作者的实验外，其他实验室很少使用这一方法。直到最近才由于毛细管电泳(Khrapko 等 1994 年)的引入而使其转向分析应用，并称作恒变性剂毛细管电泳(CDCE)。它是在使双链刚开始解链时的恒定化学变性剂和温度条件下进行分析工作的。毛细管中填充以线性梯度丙烯酰胺(linear acrylamide)，由激光探测系统检测标荧光物质的 DNA 分子。该检测系统快速灵敏可以在 30 000 个碱基序列中检出一个突变，但如果要对另一不同片段进行分析，前面的条件就必须改变。

(2) 每次分析的序列数量增加

为了用最小量的电泳分析对更长 DNA 片段作突变和多态性筛查，在过去的一段时间里人们已经作了大量努力，其中一则很好的例子是可以将其用于未扩增的人类基因组 DNA (Gray1992 年)。一个实验用 4 种碱基切割酶之一对 DNA 进行消化，然后用变性梯度凝胶电泳技术电泳、印迹转移。用放射性物质标记的 DNA 探针对 DNA 进行检测。因为使用了"GC 夹板"技术或异源双链技术，所以该方法可用多种探针对薄膜进行多次检测。虽然此实验只检测出了 60% 的突变，但可用另外其他酶对此作部分补偿。用第一种酶检测不出位于高温解链区的突变，但或许用另一种酶作用时可使其落入低温解链区从而得以检测。更深入的一次筛查更多 DNA 的方法有如对 CFTR 基因(Costes 等 1993 年)的特定外显子进行多种途经分析，将多个样品加到一个电泳道上电泳。另一方法对此作了更大的改进，将苯丙氨酸羟化酶基因的外显子放在同一凝胶条件的不同电泳道上电泳，而不是将 13 个外显子放到不同凝胶条件下泳(Guldberg 和 Guttler1994 年)。这一方法称作宽幅度变性梯度凝胶电泳(broad-range DGGE)。将基因组或基因片段分离后进行变性梯凝胶电泳再在另一方向上进行普通电泳同样可以在一次分析中检查更多的 DNA (Uitterlinden 和 Vijg 1994 年)。

(3) 其他改进

在 PCR 反应过程中加入"GC 夹板"(Top1992 年)而不是应用含有"GC 夹板"的特定引物，这一方法也有可能减少耗费。由一端进行 PCR 反应的引物有：带有 15 bp 碱基接头的引物和由 15 bp 接头和 35 bp"GC 夹板"构成的接头/夹式引物。当然这就要求一个用特定引物扩增，另一个用带有"夹板"的引物扩增，而且要用校读多聚酶(Proof reading polymerase)以防止引入人为突变。

去除"GC 夹板"或用化学"夹板"代替可能都会使操作简便(Costes 等 1993 年 a; Fernandez 等 1993 年)。此外，"GC 夹板"由连接补骨脂的多个碱基 A 替代，经过扩增，它就会与新加上去的配对碱基 T 结合在一起，经光照射后与末端共价连接在一起。现已对此方法进行了深入的研究(Costes 等 1993 年 b)。DNA 片段中特定突变通常会产生特定的异源双链和同源双链图,所以检测人员要能够区分所检测到的突变是否为以前所描述的突变。但是,两个或更多突变产生的双链图可能比较相像,所以要确定检测出的突变是否为新发现的突变,就可以通过再次分析前加入已知突变样品(Guldberg 和 Guttler1993 年)而予以解决。如果已知突变与所检测到的突变相同,那么就会产生复合双链图,这种方法可以不用进行序列分析而对突变做出鉴定。Russ 和 Medjugorac(1995 年)报道用恒温平板代替了培养槽。最后,从安全角度出发,Guldberg 等人(1994 年)介绍了一种方法,将甲酰胺从恒变性剂凝胶电泳中去掉,他们还推测可以将变性剂从变性梯度凝胶电泳中去掉从此方法发展早期开始,RNA:RNA 和 DNA:RNA 双链就被不时地用来进行分析研究。

3. DGGE 的操作方法

下面是用最常用的方法(即筛查外显子)分析 DNA 片段的操作梗概,其同时使用了"GC 夹板"和异源双链技术。

1)仪器设备　简要地讲,就是把凝胶灌到盒子里然后放入大的加热培养槽中,加入经充分搅拌的缓冲液。然后,将一个电极(阳极)与这个缓冲液相连,另一个电极(阴极)与上端的缓冲液相接,它可以将凝胶顶部与培养槽或低处缓冲液隔开。现在需要用一个小泵将缓冲液由外面(低处)泵到高处以抵消上端缓冲液向下面的流失。

2)对样品序列进行分析为筛查做准备　由于使用"GC 夹板"技术可使多数突变落入低温解链区,所以用计算机程序选择最佳引物位置就非常重要了,但仍需决定对哪一端连接"GC 夹板"较好。大多检测对外显子和一些内含子的序列都进行了分析,因为多数突变位于外显子中,而外显子的大小多在 100~400 bp 范围内,所以可以有效地检测出突变分子。一旦基因组 DNA 引物位置确定,电泳条件就可由以下两步确定:① 使用 SQHTX 程序(另一个程序 MELT87 用于预测解链区,可作为校对,但如果使用了"GC 夹板"就无须使用此程序。);② 对样品进行正交凝胶电泳,选择曲线陡峭部分两端作为梯度凝胶的化学变性剂浓度范围。

3)样品制备　用两个引物对基因组 DNA 进行扩增,一个引物的 5'端连以 40~45 bp 富含 GC 的一段序列。因为必须有异源双链形成才能保证检出率接近 100%,但由于可能形成突变纯合子,所以必须加入等摩尔正常 DNA 分子,以在分析前形成异源双链。

4)制胶　制胶时要选择梯度范围,这可用梯度混合器完成,两个容器分别放有变性剂的极端浓度和合适浓度的丙烯酰胺。

5)电泳　经过电泳和溴化乙锭染色可以很好地分辨 1~2 μg 样品。当温度平衡到 60℃后,移去梳子,加入混合有缓冲液的样品,电压控制在 60~160 V 之间,电泳完后,以标准方法用溴化乙锭染色。

6)分析所花时间　PCR 扩增需要几小时,凝胶准备 1 h,电泳 3~6 h,染色几分钟。因此,一项检测分析仅需 7 h,接到样品 24 h 后分析就可完成分析工作。

4. 应用 DGGE 技术监测微生物的群落动态

(1)监测人工生境中的微生物群落

对监测人工创制生境(如生物反应器等)中的微生物群落的动态演替规律时,人们进行了大量的研究,通过 DGGE 技术,可以非常灵敏地检测到只占 1%的菌群。通过不同时期带型的变化可以监测在这一生境中优势种群的更替,通过条带亮度的变化反映种群在样品中的相对含量。

Nakagawa T. 等在乙苯降解过程中,采用 16S rDNA – PCR – DGGE 分析技术,对以乙苯为惟一碳源和能源的硫酸盐还原菌的菌群的动态变化做了一系列长期的研究(长达 3 年),讨论了每个菌群(亚克隆群)在乙苯降解过程中的作用,描述了其群落的结构和演替规律。在静态培养阶段,通过 DGGE 分析,至少检测到 10 条不同的带型(图 8.35),通过对每条带进行亚克隆的系统学分析,表明该微生物群落包含真细菌门的不同细菌。其中 C 带的含量最大,并同降解二甲苯硫酸盐还原菌菌株 mXyS1 具有很高的同源性,实验结果表明,与含量最丰富的 C 带相应 SRB 负责乙苯的降解和硫酸盐的还原。图 8.36 同样表明了乙苯对 C 带的菌群的定向富集作用。

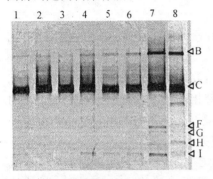 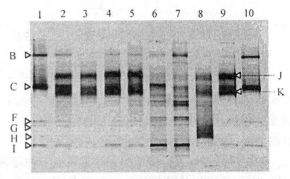

图 8.35 DGGE 对反应器中降解乙苯的 SRB 动态监测
1—6d;2—15d;3—20d;4—28d;
5—37d;6—49d;7—82d;8—127d

图 8.36 将在 2% 的乙苯中的污泥转入其他生长基质中时 DGGE 带型变化
1—10,乙苯;2—5mM 甲酸;3—5mM 醋酸;4—5mM 丙酸;5—5mM 丁酸;6—5mM 乳酸;7—5mM 乙醇;8—5mM 柠檬酸;9—2.5mM 安息香酸

(2)分析自然生境中的微生物群落动态

随着对现有的有限微生物的认识,人们深深地感觉到对自然界中为数众多、难以培养但意义重大的微生物研究的重要性,越来越多的人开始把现代的分子生物学工具的触角慢慢伸向了地球的各个角落,如海洋、湖泊、高山、沸泉、寒地、沼泽以及田地等,对每种生境中的微生物群落的结构,时空变化进行详致的探索,以指导人们更好地认识自然,掌握他们自身运行的规律,最终利用自然为人类服务。

Stefan M. S 等人采用 DGGE 和序列分析技术研究了希腊和爱琴海交界处的火山口中的细菌的群落结构的时空变化情况,通过将条带的亚克隆后测序研究,分析和鉴定了山口中的优势种群及分布。共分离出 36 条带并测了序,经比较发现主要包含 8 个主要的细菌分支。只有不到 30% 的序列表现出同已培养细菌具有 90% 以上的同源性。

EMILIO O. C 等通过显微镜技术和 16S rDNA-PCR-DGGE 分析,研究了两个湖泊 Ciso' 和 Vilar 中微生物的时空变化情况。所用样品来自一年不同的时间和不同的湖水深度。虽然这两个湖泊的气候条件和水源相同,然而许多湖泊学的参数则不尽相同,从而出现了在显微镜下形态区别明显的光合细菌。两湖中优势 DGGE 带的系统发育关系是通过比较 16S rDNA 顺序得到的,它们分别属于不同的菌群。两湖中的菌群组成在不同时间(分别为冬天和夏天)时也区别较大,实验结果表明从 DGGE 的指纹带上得到序列实际上对应着自然系统存在着的大量菌群。

应该说,相比其它分子生物学方法,DGGE 技术对于菌群的动态监测有着很大的优势,但也有其自身缺点,它无法提供出在某一生境中微生物群落的真实图景,也无法同微生物的生理代谢相结合。所在进行群落生态学研究时,往往还需结合其它的技术才能更好地表现出来,主要有 FISH 技术和微电极测量技术。FISH 技术可以提供非常逼真的自然图像,可以说是对 DGGE 是一个很好的补充。这方面的应用实例较多,如 Jutta K 等研究被石油污染的蓄水层中的硫酸盐还原菌的活性及多样性时,便应用了 FISH 技术和 DGGE 技术。FISH 研究表明在投加碳源和硫酸盐后,SRB 的活性提高,而 DGGE 却仍显示优势菌群的菌群结构并未改变。

8.8 水的卫生细菌学

8.8.1 水中的病原微生物

我们在供给人民生活饮用水时,必须保证水中没有病原微生物。为此,我们需要知道水中有哪些常见的病原微生物,并学习检验它们的方法。

8.8.1.1 水中细菌及病原微生物群落的分布

水中所含微生物来源于空气、土壤、废水、垃圾、死的动植物等,所以,水中微生物种类是多种多样的。

进入水体中的病原微生物大多来自人或动物的排泄物,或死于传染病的人或动物,如伤寒杆菌、霍乱弧菌、痢疾杆菌、钩端螺旋体、甲型肝炎病毒、脊髓灰质炎病毒等。病原微生物进入水环境的途径主要有医院废水、家庭废水及城市街道排水等。当它们进入水体后,则以水作为它们生存和传播的媒介。

水体中生存的细菌大多为腐生性细菌(包括大肠菌群),当水被废水、垃圾、粪便污染时,水中细菌的种类和数量将大大增加。一般来说,在远离工厂和居民区的清洁河、湖中,细菌的种类主要包括通常生活在清洁水中和土壤中的细菌。在工业区或城市附近,河水受到污染,不但含有大量腐生细菌,还可能含有病原细菌。河水下游离城镇愈远,受清洁支流冲淡和生化自净作用的影响越大,细菌数目也就逐渐下降。

地下水经过土壤过滤,逐渐渗入地下。由于渗滤作用和缺少有机物质,地下水中所含细菌量远远少于地面水,深层的地下水甚至会没有细菌。

8.8.1.2 水中的病原细菌

水中细菌虽然很多,但大部分都不是病原微生物。经水传播的疾病主要是肠道传染病,如伤寒、痢疾、霍乱以及马鼻疽、钩端螺旋体病、肠炎等。

1. 伤寒杆菌

伤寒杆菌主要有三种:伤寒沙门氏菌(*Salmonella typhi*)、甲型副伤寒沙门氏菌(*S. paratyphi A*)和乙型副伤寒沙门氏菌(*S. paratyphi B*)。它们的大小约(0.6~0.7)μm×(2~4)μm,不生芽孢和荚膜,借周生鞭毛运动,革兰氏阴性反应。加热到 60 ℃,30 min 可以杀死,在 5% 的石炭酸中可存活 5 min。

伤寒和副伤寒是一种急性传染病,特征是持续发烧,牵涉到淋巴样组织,脾脏肿大,躯干上出现红斑,使胃肠壁形成溃疡以及产生腹泻。

感染来源为被感染者或带菌者的尿及粪便,一般是由于与病人直接接触或与病人排泄物所污染的物品、食物、水等接触而被传染。

2. 痢疾杆菌

痢疾杆菌主要是指志贺氏菌属($shigella$)中的两种菌,它们可引起细菌性痢疾。

(1)痢疾志贺氏菌($S.\ dysenteriae$)

大小为$(0.4\sim0.6)\ \mu m\times(1\sim3)\ \mu m$。所引起的痢疾在夏季最为流行,特征是急性发作,伴以腹泻。有时在某些病例中有发烧,通常大便中有血及粘液。

(2)副痢疾志贺氏菌($S.\ parodysenteriae$)

这种杆菌的大小约为$0.5\ \mu m\times(1\sim1.5)\ \mu m$,所引起疾病的症状与痢疾杆菌引起的急性发作类似,但症状一般较轻。

痢疾杆菌不生芽孢和荚膜,一般无鞭毛,革兰氏阴性反应。加热到60 ℃能存活10 min,在1%的石炭酸中可存活0.5 h。其传播方式主要通过污染的食物和水,以及蝇类传播。

3. 霍乱弧菌

霍乱弧菌($Vibrio\ cholerae$)大小约$(0.3\sim0.6)\ \mu m\times(1\sim5)\ \mu m$。细胞可以变得细长而纤弱,或短而粗,具有一根较粗的鞭毛,能运动,革兰氏阴性反应,不生荚膜与芽孢。在60 ℃下能存活10 min,在1%的石炭酸中能存活5 min,能耐受较高的碱度。

在霍乱的轻型病例中,只出现腹泻。在较严重或较典型的病例中,除腹泻外,症状还包括呕吐、"米汤样"大便、腹疼和昏迷等。此病病程短,重者常在症状出现后12 h内死亡。霍乱弧菌可借水及食物传播,与病人或带菌者接触也可能被传染,也可由蝇类传播。以上三种肠道传染病菌对氯的抵抗力都不大,用一般的加氯消毒法都可除去。但有些病原菌,采用通常的消毒剂量难以杀死,如赤痢阿米巴对氯的抵抗力较强,需游离性余氯3~10 mg/L左右,接触30 min才能杀死。但赤痢阿米巴虫体较大,可在过滤时除去。杀死炭疽菌则需更多的氯量。目前,一般水厂的加氯量只能杀死肠道传染病菌。

除传染病菌外,还有一些借水传播的寄生虫病,如蛔虫、血吸虫等。防止寄生虫病传播的重要措施是改善粪便管理工作,在用人粪施肥前,应经过曝晒和堆肥。在用城市生活废水灌溉前,应经过沉淀等处理,将多数虫卵除去。在水厂中经过砂滤和消毒,可将水中的寄生虫卵完全消除。

8.8.1.3 大肠菌群和生活饮用水的细菌标准

1. 大肠菌群作为卫生指标的原因和意义

从卫生上来看,天然水中的病原菌很可能是肠道传染病菌。所以对生活饮用水进行卫生细菌学检验的目的,是为了保证水中不存在肠道病原菌。水中存在病原菌的可能性很小,而水中各种细菌的种类却很多,要排除一切细菌而单独检出某种病原菌来,在培养分离及检测技术上较为复杂,需较多的人力和较长的时间,因此,除特殊情况外,一般不直接检验水中的病原菌,而是测定水中是否有肠道正常细菌的存在。

肠道正常细菌有三类:大肠菌群、肠球菌群和产气荚膜杆菌群。选作卫生指标的菌群必须符合下列要求:

①该细菌生理习性与肠道病原菌类似,而且它们在外界的生存时间基本一致;

②该种细菌在粪便中的数量较多;

③检验技术较简单。

根据上述要求,通常选定大肠菌群作为检验水的卫生指标,因为大肠菌群(如大肠杆菌,见表8.21)的生理习性与伤寒杆菌、副伤寒杆菌和痢疾杆菌等病原菌的生理特性较为相似,在外界生存时间也与上述病原菌基本一致。若由水中检出此菌群,则证明水最近曾受粪便污染,就有可能存在病原微生物。

表 8.21 大肠杆菌及某些病原菌在各种水体中生存时间   d

菌 种	灭过菌的水	被污染的水	自来水	河 水	井 水
大肠杆菌	8~365		2~262	21~183	
伤寒杆菌	6~365	2~42	2~93	4~183	1.5~107
甲型副伤寒杆菌	22~5				
乙型副伤寒杆菌	39~167	2~42	27~37		
痢疾杆菌	2~72	2~4	15~27	12~92	
乱弧菌	3~392	0.2~213	4~28	0.5~92	1~92

肠球菌的抵抗力弱,生存时间比病原菌短。水中若未检出肠球菌,也不能说明未受粪便污染。产气荚膜杆菌因为有芽孢,能在自然环境中长期生存,它的存在不足以说明水是最近被粪便污染的。大肠菌群在人的粪便中数量很大,健康人的每克粪便中平均含 5 000 万个以上;每毫升生活废水中含有大肠菌群 3 万个以上。检验大肠菌群的技术并不复杂。根据上述原因将大肠菌群作为水的卫生细菌学检验指标的确是比较合理的。

2. 大肠菌群的形态和生理特性

大肠菌群一般包括大肠埃希氏杆菌(*E. coli*)、产气杆菌(*Aerobacter aerogenes*)、枸橼酸盐杆菌(*Coli citrovorum*)和副大肠杆菌(*Paracoli bacillus*)。

大肠埃希氏杆菌也称为普通大肠杆菌或大肠杆菌,它是人和温血动物肠道中正常的寄生细菌。一般情况下大肠杆菌不会使人致病,在个别情况下,发现此菌能战胜人体的防卫机制而产生毒血症、腹膜炎、膀胱炎及其他感染。从土壤或冷血动物肠道中分离出来的大肠菌群大多是枸橼酸盐杆菌和产气杆菌,也往往发现副大肠杆菌。副大肠杆菌也常在痢疾或伤寒病人粪便中出现。因此,如水中含有副大肠杆菌,可认为受到病人粪便的污染。

大肠埃希氏杆菌是好氧及兼性的,革兰氏染色阴性,无芽孢,大小约为$(2.0 \sim 3.0)$ μm×$(0.5 \sim 0.8)$ μm,两端钝圆的杆菌;生长温度为 10~46 ℃,适宜温度为 37 ℃,生长 pH 值范围为 4.5~9.0,适宜的 pH 值为中性;能分解葡萄糖、甘露醇、乳糖等多种碳水化合物,并产酸产气,所产生的 $CO_2/H_2 = 1$,而产气杆菌的 $CO_2/H_2 = 2$。大肠菌群中各类细菌的生理习性较相似,只是副大肠杆菌分解乳糖缓慢,甚至不能分解乳糖,而且它们在品红亚硫酸钠固体培养基(远藤氏培养基)上所形成的菌落不同:大肠埃希氏杆菌菌落呈紫红色,带金属光泽*,直径约为 2~3 mm;枸橼酸盐杆菌菌落呈紫红或深红色;产气杆菌菌落呈淡红色,中心较深,直径较大,一般约为 4~6 mm;副大肠杆菌的菌落则为无色透明。

---

* 远藤氏培养基中的碱性品红已事先用亚硫酸钠退色。由于大肠埃希氏杆菌能发酵乳糖,产生出中间化合物——乙醛能与亚硫酸钠产生加合产物,将染料由加合作用中释放出来,结果恢复了它的灼红。菌落中金黄色光泽是由于释放出的染料被有机酸(例如乳酸)沉淀所致。

目前,国际上检验水中大肠菌群的方法不完全相同。有的国家用葡萄糖或甘露醇作发酵试验,在43~45℃的温度下培养。在此温度下,枸橼酸盐杆菌和产气杆菌大多不能生长,培养分离出来的是寄生在人和温血动物体内的大肠菌群。如果43~45℃下培养出副大肠杆菌,常可代表有肠道传染病菌的污染。还有的国家检验水中大肠菌群时,不考虑副大肠杆菌,因为,人类粪便中存在着大量大肠杆菌,在水中检出大肠杆菌,就足以说明此水已受到粪便污染,因此,可采用乳糖作培养基。

选择培养温度为37℃,这样可顺利地检验出寄生于人体内的大肠杆菌和产气杆菌。实践证明,这种检验方法一般可保证饮用水水质的安全可靠。

我国颁布的《生活饮用水标准检验法》(GB 5750 - 85)中规定,总大肠菌群的检验,采用含乳糖的培养基,也就是在大肠菌群中不包括副大肠杆菌。

3. 生活饮用水细菌卫生标准

长期实践表明,只要每升水中大肠菌群数不超过3个,细菌总数(腐生性细菌总数)每毫升不超过100个,用水者感染肠道传染病的可能性就极小。所以,有些国家就用这个数值作为生活饮用水的细菌标准。我国关于生活饮用水的细菌学标准规定如下:

①细菌总数1 mL水中不超过100个;

②总大肠菌群数每100 mL水样中不得检出粪大肠菌群数每100 mL水样中不得检出;

③若只经过加氯消毒便供作生活饮用水的水源水,每100 mL水样中总大肠菌群MPN值不应超过200;经过净化处理及加氯消毒后供作生活饮用的水源水,每100 mL水样中总大肠菌群MPN值不应超过2 000。

8.8.1.4 水的卫生细菌学检验

1. 细菌总数的测定

将定量水样接种于营养琼脂培养基中,在37℃温度下培养24 h后,数出生长的细菌菌落数,然后根据接种的水样数量即可算出每毫升水中所含的菌数。

在37℃营养琼脂培养基中能生长的细菌可以代表在人体温度下能繁殖的腐生细菌,细菌总数越大,说明水被污染得越严重。这项测定有一定的卫生意义,但其重要性不如大肠菌群测定的大,但可用于反映有机污染程度。

2. 大肠菌群的测定

常用的检验大肠菌群的方法有两种:发酵法和滤膜法。

(1) 发酵法

发酵法是测定大肠菌群的基本方法,主要是确定是否有大肠菌群。此法可分三个步骤。

1) 初步发酵试验 本试验是将水样置于糖类液体培养基中,在一定温度下,经一定时间培养后,观察有无酸和气体产生,即有无发酵而初步确定有无大肠菌群存在。如采用含有葡萄糖或甘露醇的培养基,则包括副大肠杆菌;如不考虑副大肠杆菌,则用乳糖培养基。由于水中除大肠菌群外,还可能存在其他发酵糖类物质的细菌,所以培养后如发现气体和产酸并不一定能肯定水中含有大肠菌群,还需根据这类细菌的其他特性进行下两个阶段的检验。水中能使糖类发酵的细菌除大肠菌群外,最常见的有各种厌氧和兼性的芽孢杆菌。在被粪便严重污染的水中,这类细菌的数量比大肠菌群的数量要少得多。在此情形下,本阶段的发酵一般即可被认为确有大肠菌群存在。在比较清洁的或加氯的水中,由于芽孢的抵抗力较大,其数量可能相对较多,所以本试验即使产酸产气,也不能肯定是由于大肠菌群引起的,必须继续进行试验。

2)平板分离 这一阶段的检验主要是根据大肠菌群在特殊固体培养基上形成典型菌落,革兰氏染色阴性和不生芽孢的特性来进行的。在此阶段,可先将上一试验产酸产气的菌种移植于品红亚硫酸钠培养基(远藤氏培养基)或伊红美蓝培养基表面。这一步骤可以阻止厌氧芽孢杆菌的生长,培养基所含染料物质也有抑制许多其他细菌生长繁殖的作用。经过培养,如果出现典型的大肠菌群菌落,则可认为有此类细菌存在。为进一步确定,应进行革兰氏染色检验,可将大肠菌群与呈革兰氏阳性的好氧芽孢杆菌区别开来。若革兰氏染色阴性无芽孢杆菌存在,为了更进一步验证,可做复发酵试验。

3)复发酵试验 本试验是将可疑的菌落再移植于糖类培养基中,观察它是否产酸产气,最后肯定有无大肠菌群存在。

采用发酵法进行大肠菌群定量计数,常采取多管发酵法,如用10个小发酵管(10 mL)和2个大发酵管(或发酵瓶,100 mL)。根据肯定有大肠菌群存在的发酵试验中发酵管或瓶的数目及试验所用的水样量,即可利用数理统计原理,算出每升水样中大肠菌群的最可能数目(MPN值),其计算公式为

$$\mathrm{MPN}/(个 \cdot L^{-1}) = \frac{1\,000 \times 得阳性结果的发酵管(瓶)的数目}{\sqrt{得阴性结果的水样体积数(mL) \times 全部水样体积数(mL)}}$$

【例题】 今用300 mL水样进行初步发酵试验,100 mL的水样2份,10 mL的水样10份。试验结果得在这一阶段试验中,100 mL的2份水样中都没有大肠菌群存在,在10 mL的水样中有3份存在大肠菌群。计算大肠菌群的最可能数。

【解】
$$\mathrm{MPN}/(个 \cdot L^{-1}) = \frac{1\,000 \times 3}{\sqrt{270 \times 300}} = 10.5 \approx 11$$

试验结果一般情况下可利用专用图表查出。

(2)滤膜法

为了缩短检验时间,简化检验方法,可以采用滤膜法。用这种方法检验大肠菌群,有可能在24 h左右完成。

滤膜法中用的滤膜常是一种多孔性硝化纤维薄膜。滤膜直径为35 mm,厚0.1 mm。滤膜孔径平均为0.7 μm。

滤膜法的主要步骤如下:

①将滤膜装在滤器上。用抽滤法过滤定量水样,将细菌截留在滤膜表面。

②将此滤膜没有细菌的一面贴在品红亚硫酸钠培养基或伊红美蓝固体培养基上,以培育和获得单个菌落。根据典型菌落特征即可测得大肠菌群数。

③为进一步确证,可将滤膜上符合大肠菌群特征的菌落进行革兰氏染色,然后镜检。

④将革兰氏染色阴性无芽孢杆菌的菌落接种到含糖培养基中,根据产气与否来判断有无大肠菌群存在。

常用的肠道病原菌污染的指标有两种:大肠菌群指数和大肠菌群值。大肠菌群指数是指100 L水中所含的大肠菌群数;大肠菌群值是指发现一个大肠菌群的最小容积(mL),两者的关系为

$$大肠菌群值 = \frac{1\,000}{大肠菌群指数}$$

滤膜法比发酵法的检验时间短,但仍不能及时指导生产。当发现水质有问题时,这种不符合标准的水已进入管网。此外,当水样中悬浮物较多时,影响细菌的发育,使测定结果不准确。

为了保证给水水质符合卫生标准,有必要研究快速而准确的检验大肠菌群的方法。国外曾研究用示踪原子法,如用同位素^{14}C的乳糖做培养基,可在 1 h 内初步确定水中有无大肠杆菌。国外大型水厂还有使用电子显微镜直接观察大肠杆菌的。

目前,以大肠菌群作为检验指标,只能间接地反映出生活饮用水被肠道病原菌污染的情况,而不能反映出水中是否有传染性病毒以及除肠道病原菌外的其他病原菌(如炭疽杆菌)。因此,为了保证人民的健康,必须加强检验水中病原微生物的研究工作。

8.8.1.5 水中的病毒及其检验

1. 水中的病毒

目前,已知的可由饮用水传染的病毒性疾病主要是脊髓灰质炎(小儿麻痹症)和病毒性肝炎。此外,柯萨奇病毒(*Coxsackie virus*)和埃可病毒(ECHO)也是肠道病毒。

(1) 脊髓灰质炎病毒(*Poliomyelitis virus*)

这种病毒是一种圆形的微小病毒,直径为 8~30 nm,属肠道病毒。脊髓灰质炎是一种急性传染病。染病后常发热和肢体疼痛,主要病变是在神经系统,尤以脊髓灰质损害显著,部分病人可发生麻痹,严重者可留有瘫痪后遗症。此病多见于小儿,故又名小儿麻痹症。

此病毒在人体外生活力很强,可在水中及粪便中存活数月,低温下可长期保存,但对高温及干燥较敏感。加热至 60 ℃ 及紫外线照射均可在 0.5~1 h 灭活。各种氧化剂、2% 碘酒、甲醛、升汞等都有一定的消毒作用。

(2) 肝炎病毒(*Hepatitis virus*)

病毒性肝炎一般可分为甲型肝炎和乙型肝炎两种,两者病理变化和临床表现基本相同。主要临床症状有食欲减退、恶心、上腹部(肝区)不适、乏力等,部分病人有黄疸和发热,多数肝肿大,伴有肝功能损害。

肝炎病毒对一般化学消毒剂的抵抗力强,在干燥或冰冻环境下能生存数月至数年。用紫外线照射 1 h 或煮沸 30 min 以上可灭活。加氯消毒有一定的灭活作用。

(3) 其他肠道病毒

肠道病毒还有柯萨奇病毒和埃可病毒。这两种病毒在世界上传布也极广,主要侵犯小儿,一般夏秋季易流行。它们都具有暂时寄居人类肠道的特点。病毒都较小,一般直径小于 30 nm,抵抗力较弱,能抗乙醚、70% 乙醇和 5% 煤酚皂液,但对氧化剂很敏感。

这两种病毒引起的临床表现复杂多变,同型病毒可引起不同的症候,而不同型的病毒又可引起相似的临床表现。一般症候有以下几种:无菌性脑膜炎、脑炎,急性心肌炎和心包炎,流行性胸痛,疱疹性咽喉炎,出疹性疾病,呼吸道感染,小儿腹泻等。

2. 水中病毒的检验

使人致病的病毒都是动物性病毒,专性寄生性很强。检验这类病毒可采用组织培养法,所选择的组织细胞必须适宜于这类病毒的分离、生长和检验。目前,在水质检验中使用的方法是"蚀斑检验法"。

蚀斑法大致的步骤如下:将猴子肾脏表皮剁碎,用 pH 值为 7.4~8.0 的胰蛋白酶溶液处理。胰蛋白酶的作用能使肾表皮组织的胞间质发生解聚作用,因而使细胞彼此分离。用营养培养基洗这些分散悬浮的细胞,将细胞沉积在 40 mm × 110 mm 的平边瓶(鲁氏瓶)的平面上,并形成一层连续的膜。将水样接种到这层膜上,再用营养琼脂覆盖。

水样中若有病毒,则会破坏组织细胞,增殖的病毒紧接着破坏邻接的细胞。在 24~48 h 内,这种效果就可以用肉眼看清。病毒群体增殖处形成的斑点称为蚀斑。实验表明,蚀斑数和水样中病毒浓度间具有线性关系。根据接种的水样数,可求出病毒的浓度。

每升水中病毒蚀斑形成单位(Plaque-forming unit 简称 PFU)不超过一个,饮用才安全。

3. 病毒的灭活

病毒对各种消毒剂的抵抗力均较强,但对强氧化剂敏感。自来水厂采用液氯消毒,即使投氯量达 20 mg/L,也难以将病毒杀死。黄君礼等(1992)研究发现,采用二氧化氯作为消毒剂,当投加的 ClO_2 量为 3.0 mg/L,接触 30 min,可有效地灭活脊髓灰质炎病毒、柯萨奇病毒、埃可病毒、腮腺炎病毒和单纯疱疹病毒等;而液氯投加量达 10 mg/L 仍无灭活作用。可见,ClO_2 的消毒能力远超常规的液氯消毒,这一消毒方法对于医院废水的消毒尤为适宜。

8.8.2 饮用水的消毒技术

原水经过预处理和深度处理,还会含有一些微生物甚至病原微生物。为了使饮用水完全达到卫生安全,须对处理水进行消毒,以杀死病原(致病)微生物。水的消毒有物理方法和化学方法。化学消毒是指使用气态氯和含氯物质(漂白粉、氯胺、二氧化氯、次氯酸盐)、臭氧、重金属离子等化学药剂对水进行消毒,而物理方法则采用紫外线、超声波以及加热等物理手段。

8.8.2.1 用氯和含氯物质消毒

氯消毒作用的实质是氯和氯的化合物与微生物细胞有机物的相互作用所进行的氧化-还原过程。许多人认为,次氯酸和微生物酶起反应,从而破坏微生物细胞中的物质交换。在所有的含氯化合物中较为有效的药剂是次氯酸。

氯对微生物的作用效能,在很大程度上与氯的初始剂量、氯在水中的持续时间及水的 pH 值有关。氯被消耗用于氧化有机杂质和无机杂质。未澄清水氯化时,可观察到氯的过量消耗。悬浮物把氯吸附在自己身上,而位于絮凝体中或悬浮物小块中的微生物不受氯的作用。

在用氯消毒时,水中有机杂质被破坏,例如,腐殖质矿化、二价铁氧化为三价铁、二价锰氧化为四价锰、稳定的悬浮物由于保护胶体的破坏而转化为不稳定的悬浮物等。有时氯化作用产生动植物有机体分解时所形成的强烈臭味的卤素衍生物。在氯化被含酚和其他芳香族化合物废水所污染的水时,产生的味特别稳定和令人不愉快。在含有酚的水中经过 1:10 000 000 的稀释,仍然有气味存在。在加热时随着时间的延长气味增浓而不消失。有时为破坏芳香族化合物,增加氯的投放量。

氯化作用在水净化去除细小悬浮物中也起着重大的作用,从而有助于降低水的色度并为澄清和过滤创造了有利的条件。

氯在水中溶解时产生两种酸——盐酸和次氯酸

$$Cl_2 + H_2O \rightleftharpoons HCl + HClO$$

次氯酸是很弱的酸。它的离解作用与介质的活性反应有关。

在水中的 HClO,在不同的 pH 值下的离解作用(在 $t=20$ ℃情况下)如表 8.22 所示。

表 8.22 pH 值对离解 HClO 的影响

pH	4	5	6	7	8	9	10	11
OCl/%	0.05	0.5	2.5	21.0	75.0	97.0	99.5	99.9
HClO/%	99.95	99.5	97.5	79.0	25.0	3.0	0.5	0.1

可见,物系中的 pH 值越低,在物系中次氯酸含量越高。所以,用氯和含氯物质消毒水时,应在加入碱性药剂之前进行。

在向水中加入含氯物质时,含氯物质水解并形成次氯酸,例如

$$2CaCl_2O + 2H_2O \rightleftharpoons CaCl_2 + Ca(OH)_2 + 2HClO$$

$$NaOCl + H_2CO_3 \rightleftharpoons NaHCO_3 + HClO$$

或

$$NaOCl + H_2O \rightleftharpoons NaOH + HClO$$

$$Ca(OCl)_2 + 2H_2O \rightleftharpoons Ca(OH)_2 + 2HClO$$

的确,盐的水解比游离氯进行得慢些,所以形成 HClO 的过程进行得也比较慢。但是,次氯酸的进一步作用就与气态氯在水中的作用相同了。

在水消毒的实践中,人们对二氧化氯有一定的兴趣。二氧化氯比氯具有优越性,如在用二氧化氯处理含酚的水时,不形成氯酚味,因为 ClO_2 可直接氧化酚至醌和顺丁烯二酸。

二氧化氯可以用不同的方法得到,例如,盐酸和亚氯酸钠按以下流程作用,即

$$5NaClO_2 + 4HCl = 5NaCl + 4ClO_2 + 2H_2O$$

在选择消毒物质时须考虑其中"活性"氯的含量。在酸性介质中,符合该种化合物相对碘化钾的氧化能力的分子氯数量,称为活性氯量。

"活性"氯的概念所确定的不是化合物中氯的含量,而是在酸性介质中按碘化钾计的化合的氧化能力,例如,1 mol NaCl 中含氯 35.5 g,但"活性"氯含量为零,1 mol NaClO 中含有 35.5 g 的氯,而"活性"氯含量则为 71 g。

在含氯物质中活性氯的含量可按下式计算,用百分数表示为

$$Cl_2/\% = (nM/M_0) \times 100$$

式中 n——在含氯物质的分子中次氯酸离子数;

M_0——含氯物质的相对分子质量;

M——氯相对分子质量。

在 $3CaOCl_2 \cdot Ca(OH)_2 \cdot 5H_2O$ 的漂白粉组成中,活性氯含量为

$$[Cl_2]/\% = (3 \times 71 \times 100)/545 = 39.08$$

在决定氯剂量时,必须考虑水对氯吸收容量和余氯的杀菌效率。

水吸收氯和氯浓度的函数关系由试验确定。为此,往水中加入不同剂量的氯,并在进行一定时间后(一般 30 min)测定氯的浓度。在试验数据的基础上绘制氯容量曲线。

在很低剂量下,氯剩余浓度为零。随着氯浓度的增加开始出现剩余氯,并从某一值开始,剩余氯与加入氯减去常数 α 的浓度成正比。从曲线转变为直线表明,可能被作用的所有氧化过程已经完结。这个直线伸长到与横坐标轴相交,在横坐标上给出线段 OA,OA 相应为整个氯容量或水对氯吸收容量。

在氯化含酚杂质的河水时,为避免形成氯酚味和土腥味,采用带有氨化的氯化作用。往净化的水中加入氨或氨盐以实现氨化作用。投入水中的氯按以下方程式形成氯胺

$$NH_3 + Cl_2 \rightleftharpoons NH_2Cl + HCl$$

氯胺在水中逐渐水解并按下式形成 NH_4OH 和 $HClO$

$$NH_2Cl + 2H_2O \rightleftharpoons NH_4OH + HClO$$

氯胺的慢性水解导致 $HClO$ 逐渐进入水中,以保证比较有效的杀菌作用。

在带有氨化的氯化作用下,先加入氨然后加入氯。氯的剂量按 30 min 后在水中的剩余氯不低于 0.3 mg/L 和不高于 0.5 mg/L 计算。它由氯化作用的试验决定。

理论上为了得到单氯胺,1 mg 的氨氮需要 5.07 mg 的氯。实际上采用 5~6 mg 氯。

氯胺消毒过程的速度比游离氯低,所以水和氯胺接触的持续时间不应该小于 2 h。在具有氨化氯化作用下,氯的耗量与单一的氯化作用一样。但是,在消毒含有大量有机物的水时用氯胺是合适的,因为在这种条件下氯耗量大大地降低。

如果在水处理的所有其他过程完成之后进行氯化(是水净化的完成阶段),则称它为后氯化。

过剂量的氯化作用称为过氯化作用。当正常氯化作用导致水的感官性能恶化时,采用过氯化。在过氯化时,剩余氯的剂量应控制在 1~10 mg/L 范围内。

对于净化热电站的冷却水广泛采用定期的过氯化作用,一个氯化作用周期的持续时间为 3~30 min。投加氯的间隔由 10 min(氯化作用的持续时间为 3 min)波动到几小时(氯化作用为 30 min)。由于氯化作用的结果,使某些利用微生物能堵塞管式冷凝器的处理方法发展受到阻碍。

但是在水的氯化作用时,不发生完全的杀菌作用,在水中还剩有个别保持生命力的菌体,为了消灭孢子形成菌和病毒,要求加大氯的投放量和延长接触时间。

8.8.2.2 用碘消毒

在游泳池中常用碘的饱和溶液对水池中的水进行消毒(碘的饱和浓度随温度的升高而增加)。例如,在 1 ℃时溶解 100 mg/L,在 20 ℃溶解 300 mg/L,而在 50 ℃溶解 750 mg/L。

对于天然水源水的消毒,在 pH<7 时碘的剂量波动于 0.3~1 mg/L 范围内。在这种情况下不会有碘味,因为在浓度为 1.5 mg/L 时才能感觉到碘味。如果在水中有氯胺,则碘酸由于自己较小的氧化效能而被保存,直至强氧化剂消失时为止。这种情况延长碘酸的杀菌作用。

对于水的消毒同样也可采用碘的有机化合物——碘仿。

8.8.2.3 水的臭氧氧化

臭氧的杀菌性质在 19 世纪末已被确定,但用它消毒水却是在 20 世纪初期的事。当时在世界上最大的臭氧处理装置是 1911 年彼得格勒臭氧过滤站的投产,该装置每天可处理 50 000 m³ 的饮用水。

臭氧氧化过程的高工艺指标,使臭氧用于给水厂具有广泛的前景。目前在法国、美国、瑞士、意大利、加拿大以及其他许多国家,为了净化饮用水而建立了多处臭氧处理装置。

近些年来,前苏联对采用臭氧氧化的技术处理过涅瓦河、伏尔加河、第聂泊尔河以及对其他大河的河水进行了一系列的试运行。

臭氧是氧的同素异形变体,在通常条件下是浅蓝色气态物质,在液态下是暗蓝色,在固态下几乎是黑色。在臭氧的所有集聚状态下,在受冲击时能够发生爆炸。臭氧在水中的溶解度比氧高。

在空气中低浓度的臭氧有利于人的器官,特别是有利于呼吸道疾病患者。相对的高浓度臭氧对人的机体是有害的。人在含臭氧 1:1 000 000 级的大气中长期停留时,易怒,感觉疲劳和头痛。在较高浓度下,往往还恶心、鼻子出血和眼粘液膜发炎。经常受臭氧的毒害会导致严重的疾病。生产厂房工作区空气中臭氧的极限允许浓度为 0.1 mg/m^3。

臭氧的定性观察可以借助于红石蕊试纸或 KI 溶液浸泡过的淀粉试纸。臭氧对试纸作用进行以下反应

$$2KI + O_3 + H_2O \longrightarrow 2KOH + I_2 + O_2$$

在臭氧存在时,两种纸发蓝,即石蕊试纸由于存在 KOH 而发蓝,淀粉试纸由于存在碘分子而发蓝。

臭氧的定量测定是把一定量的含臭氧气体通入含硼砂(为了形成弱碱性反应)的 KI 溶液,臭氧就会与 KI 反应,反应式为 $KI + O_3 \rightarrow KIO_3$,完全结合。按形成的碘酸钾测定在气体中臭氧的含量。

在自然界中闪电和氧化某些有机物时会生成臭氧。在针叶林中,木焦油的氧化;在海边水藻的氧化,空气中含有可以感觉到的臭氧含量。

臭氧是由氧按以下方程式形成

$$3O_2 \rightleftharpoons 2O_3 - 290 \text{ kJ}$$

由热化学方程式可见臭氧的形成是吸热过程。因此,臭氧的分子是不稳定的,可自发地分解。这些恰恰说明臭氧比分子氧具有较高的活性。

含有高于 10% 臭氧的臭氧 - 空气混合物或臭氧 - 氧混合物有爆炸的危险。但是低浓度的臭氧在高温高压下是稳定的。纯臭氧是极不稳定的,即使受到最小的冲量,爆炸力也是很大的。

随着温度的升高,臭氧分解加速。在干燥的空气中臭氧分解较慢,但在水中较快,在强碱液中最快,而在酸性介质中它是足够稳定的。试验研究表明,在 1 L 蒸馏水中溶解 2.5 mg 臭氧,经过 45 min 能分解 1.5 mg。

臭氧在水中的溶解度,与所有气体一样与其在水上面的分压、水的温度有关。在实践中,在给定温度下,为了测定臭氧的溶解度常常采用在同一温度下臭氧在空气相和液相间的分配系数(R_t)来计算,计算如下

$R_t =$ (在 t ℃时溶解在 1 L 水中 O_3 量)/(在 t ℃时在 1 L 空气相中所含的 O_3 量)

知道分配系数值,在平衡开始时,根据上述公式可以计算在水中臭氧可能的浓度。

分配系数值随温度的变化而变化,如果在 0 ℃分配系数等于 5,则在 25 ℃时,其值等于 2.4。

在天然水中臭氧的溶解度和介质的反应速度与溶于水中物质的数量有关。例如,在水中存在硫酸钙或少量的酸,会增加臭氧的溶解度,而水中含碱时,会大大降低臭氧的溶解度。因此,在臭氧氧化水时,应该考虑介质的酸碱性,反应应该接近于中性。

臭氧的杀菌作用与它的高氧化电势及容易通过微生物细胞膜扩散有关。臭氧氧化微生物细胞的有机物而使细胞致死。

由于高的氧化电势(2.076 V),臭氧比氯(1.36 V)具有更强的杀菌作用。臭氧对细菌的

作用比氯快，它的消耗量也明显少。例如，在 0.45 mg/L 臭氧作用下经过 2 min 脊髓灰质炎病毒死亡，如用氯剂量为 2 mg/L 时，须经过 3 h 死亡。

经研究确定，在 1 mL 原水中含有 274～325 个大肠杆菌，臭氧剂量为 1 mg/L 时则可使大肠菌数减少 86%，而剂量为 2 mg/L 时，则可完全消灭大肠杆菌。孢子形成菌比不形成孢子的细菌对臭氧更为稳定。但是这些微生物同样对氯也是稳定的。

臭氧对于水生生物生命活动有致死作用。对于水藻 0.5～1.0 mg/L 是足够的致死臭氧剂量。在剂量为 0.9～1.0 mg/L 时，软体动物门饰贝科幼虫死亡 90%，在 3.0 mg/L 时完全消灭。水蛭对臭氧是很敏感的，约 1 mg/L 剂量下死亡。为了完全杀死剑水蚤、寡毛虫、水蚤、轮虫需要约 2 mg/L 的臭氧。

对臭氧作用特别稳定的是摇蚊虫、水虱，它们在 4 mg/L 的臭氧剂量下还不死，但这些有机体同样对于氯也是稳定的。

水的消毒，臭氧的剂量与水的污染程度有关，通常处于 0.5～4.0 mg/L 之间。水的浊度越大，水的去色和消毒效果越差，臭氧的消耗量越高。

用臭氧消毒的效率与季节温度波动关系甚小。

由于污染杂质的氧化和矿化，用臭氧消毒的同时使水的气味消失、色度降低和味道改善。例如，臭氧破坏腐殖质，变为二氧化碳和水。

水的臭氧氧化与氯化相比有一系列优点：①臭氧改善水的感官性能，不使水受附加的化学物质的污染；②臭氧氧化不需要从已净化的水中去除过剩杀菌剂的附加工序，如在用氯时的脱氯作用，这就允许采用偏大剂量的臭氧；③臭氧可就地制造，为了获得它只需要电能，且仅采用硅胶作为吸潮剂（为了干燥空气）。

工业上，可在臭氧发生器中获得臭氧。经过净化和干燥的空气，并通入到臭氧发生器中，在稳定压力下，受静放电作用（无火花放电），形成的臭氧-空气混合物与水在专门的混合器中混合。在现代的装置中采用鼓泡或在喷射泵中混合。

但是，与大量消耗高频和高压电能相连的制取臭氧的复杂性，妨碍了臭氧氧化法的广泛使用，而且，由于臭氧的高锈蚀活性也产生了许多问题。臭氧和其水溶液破坏钢、铁、铜、橡胶和硬质橡胶。所以臭氧装置的所有零件和输送臭氧水溶液的水管，应由不锈钢和铝制造。在这些条件下，装置和输水管的服务年限，由钢制的 15～20 a，变成铝制的 5～7 a。

8.8.2.4 用银离子消毒（抑活）

银的杀菌作用在遥远的古代已有记载。保存在银容器中的水和酒能够长时间不腐败。为了解释银的杀菌原理，人们曾提出一系列的假说。其中之一认为是银离子和细菌酶相互作用，破坏细菌细胞和周围介质的交换作用，由于这个原因导致细菌的死亡。按另一个假说，银离子渗入微生物细胞中和细胞的原生质相结合并破坏它。也有人认为，银离子吸附在微生物细胞表面，在利用空气中的氧氧化原生质的过程中起着催化剂的作用。

在所有情况下，化学过程在银消毒水时确实起着重大作用。这个可以得到证明，即消毒水温越高，银离子浓度越高，净化水的过程进行越好。众所周知，随着温度的升高和反应物质浓度的增加，化学反应速度加快。温度升高增加银盐的离解作用和降低系统的活化作用能，这个结论可以通过银盐杀死被大肠杆菌感染水的实验来证明，即水由 0 ℃ 加温至 10 ℃ 时，水和银离子接触时间都为 30 min，消毒效率增加 3 倍，而温度提高到 42 ℃，相同的银剂量使水在较短的时间内即可完全除去水中的大肠杆菌。

金属银可以用于消毒水。与金属接触越多时，银离子在水中积累得越多。所以，为了最大地增加表面积以达到金属消耗最少，使银以薄层的形式沉淀在过滤消毒水的表面积发达的材料上，即砂、圆环、瓷珠等等。

理论分析表明，用难溶盐 AgCl 的饱和溶液（约含 1×10^{-5} mol/L Ag^+）消毒较好，而银杀菌作用的下限大约是 2×10^{-11} mol/L。但实际上以 AgCl 沉淀物消毒是很困难的，因为它仅在 AgCl 周围形成饱和溶液，而在混合溶液搅拌时为了截留这种 AgCl 固体更需要辅助的手段。

在水净化技术中，通常采用电化学溶解银的方法（银的阳极溶解）。这个方法可借助于电测仪器来精确地投加药剂并对消毒过程进行调整。

根据 Л.А.库尔斯克的资料，电化学制备的银水，其杀菌性能比氯消毒具有更好的效果。对多种污染水的研究证明，1 mg/L 的 Ag^+，经过 2 h 可达到完全消毒。根据对银水作用的稳定性及被研究的细菌可以排列成衰退的顺序：葡萄球菌＞链球菌＞腹型菌＞痢疾菌＞大肠杆菌。作为水消毒的清洁性指标的大肠杆菌对银的作用最稳定。如果在净化后不含大肠杆菌，则所有上述的细菌在水中更不存在。

存在于天然水中的各种不同杂质，对银的杀菌作用可能有重大影响。杂质和银离子可能结合成络合物，络合物吸附在悬浮物上，从而使接触条件恶化。例如，偏高的氯离子含量可能降低难溶解盐 AgCl 的溶解度，这就妨碍采用银消毒含有大量 Cl^- 的水。例如，对大部分含氯化物 5~25 mg/L 的透明水系要求 Ag^+ 的剂量为 0.05~0.2 mg/L。对于含大量氯化物的水，银离子的剂量还应增高。

向水中投加银是在专门的装置——离子化器中实现的。

在用银处理水时，对于每种水源，Ag^+ 的剂量应该用消毒试验确定，因为 Ag^+ 剂量与水中的盐分有关。由于水中所含的杂质常常能使电极表面发生物理——化学变化（电极的极化作用），而使电极电势改变。例如，在水中氯离子的浓度达到 250 mg/L 时，在电极上形成 AgCl 的沉淀，沉淀阻碍银离子转入溶液中。含氧的阴离子盐——SO_4^{2-}，同样可妨碍银的电解溶解过程，在该盐存在时，氢氧根在阳极按下列方程式放电形成水和氧

$$4OH^- - 4e \longrightarrow 2H_2O + O_2$$

其他含氧的阴离子：PO_4^{3-}、CO_3^{2-}、CrO_4^{2-} 和 Ag^+ 形成难溶解盐，对电极产生与氯离子一样的影响。

"银水"可单独制备，然后按一定的剂量加入所净化的水中。在疗养院、医院、军舰等场所，均采用这种方法消毒水。银水还可以用于食品的保存、管道水井与非自流水井的消毒处理，以及医疗消毒等。

如果水中不含有大量的盐和悬浮物，可用银消毒。混浊水消毒很慢，净化效率很低。

除银以外，铜具有与银同样的功效。在某些情况下，在有水藻繁殖的水源需中加入 $CuSO_4$（溶解盐的铜离子），以杀灭藻类。此外，为了处理工业用水，也可以采用电解溶解铜的方法。

8.8.2.5 用紫外线消毒

紫外线的杀菌作用被解释为紫外线对微生物细胞酶和原生质的影响，导致细胞的死亡。波长 $(2\,000 \sim 2\,950) \times 10^{-10}$ m 的射线（紫外线的这个区域称为杀菌区），对细菌具有最强的

作用。

紫外线对细菌的繁殖体、孢子、原生动物以及病毒有致死作用。这种方法的效率与所给的杀菌能量、悬浮物的存在、微生物的数量和它们的形态学和生理学特性、水的光学窄度或水的吸收特性有关。

在杀菌能的作用下(细菌的衰亡过程中),细菌对紫外线作用的抗性具有重要的意义,不同种类的细菌抗性是不一样的。为了停止细菌的生命活动,达到指定的消毒程度所必需的杀菌能量,称为抗性的准数。杀菌程度是以单位体积最终的细菌数 P 与初始的细菌数 P_0 的比值 P/P_0 计算。

从生理学的观点看,紫外线区分为三种剂量:①不导致细菌死亡的剂量;②该种类细菌大部分致死的最小杀菌剂量;③该种类细菌全部致死的全剂量。

紫外线的最小杀菌(低杀菌)剂量,刺激一些在无类似照射下处于静止状态的细菌个体的生长和繁殖,更长时间的照射使细菌死亡。例如,在研究热-伤寒类的菌种中发现,紫外线照射 $0.017\sim0.17$ s,引起菌落数增加($P/P_0>1$),在个别情况下达到 1.6 倍。当照射持续 $0.25\sim0.83$ s 时,相对的菌落数减少($P/P_0<1$),在某些情况下可减少至原有的 20%～30%。对消毒对象进行 5 s 照射,某些种类的细菌完全死亡。

在所有被照射的肠-伤寒类的细菌中,大肠杆菌具有最大的抗性。甚至在 5 s 照射下,大肠杆菌并未全部死亡。因此,大肠杆菌可作为不形成孢子病菌污染水的处理效果指标。当对含有稳定的孢子形成菌(例如炭疽杆菌)的水进行消毒时,对紫外线照射最不敏感的孢子形成菌的抗性应该是确定照射剂量的标准。

照射后残存的细菌数量(个/mL),计算如下

$$P = P_0 e^{-\beta t}$$

式中　P_0——细菌的初始数(个/mL);
　　　β——试验方法求得的死亡过程常数;
　　　e——自然对数底;
　　　t——照射时间(s)。

被试验水对杀菌照射线的吸收,可用吸收系数 α 来描述,吸收系数 α 包括在布格尔-兰别尔特-比尔定律的方程式中,即

$$E = E_0 e^{-\alpha x}$$

式中　E——吸收物质层通过后的照射度(mW/cm^2);
　　　E_0——在物质表面的照射度(mW/cm^2),波长 2 536,λ 以 mW 计的射线流,照射到距离灯泡 1 m 与灯泡轴平行的面积等于 1 cm^2 的平面上,称为杀菌照射度。
　　　x——吸收物质层厚度(cm^2);
　　　α——水对杀菌射线的吸收系数(cm^{-1})。

吸收系数 α 的值取决于吸收物质的波长和性质,而不取决于吸收物质层的厚度和照射强度。

对于同一初始照射度 E_0 的照射流,通过同一吸收物层厚度 x_1 和 x_2,残存的照射度将相应为 E_1 和 E_2。其比值为:$E_1/E_2 = e^{\alpha(x_2-x_1)}$。从此式可以确定吸收系数

$$\alpha = \frac{\lg \dfrac{E_1}{E_2}}{(x_2-x_1)\lg e}$$

研究的结果表明,随着水的色度、二价铁含量和悬浮物含量(甚至在小于 9 mg/L 的低含量下)的增加,杀菌吸收系数增大很快。在水中钙、镁浓度小于 21 mg/L 时,杀菌吸收系数增长缓慢。

已知天然水的吸收系数,可精确确定采用照射消毒时,水层的最大允许厚度计算如下。

在粗略地计算用紫外线消毒水的装置时,B·Φ·索柯洛夫建议采用以下的吸收系数 α 值:

①对于从深层获得的无色地下水——0.10 cm^{-1};
②对于泉水、土壤水、潜流水和渗滤水——0.15 cm^{-1};
③对于地面给水水源已净化的水,取决于净化程度——0.20~0.30 cm^{-1}。

为了较准确地计算,必须根据物理化学分析的资料决定 α 值。

以淹没水中或不淹没水中的照射源消毒水所必需的杀菌照射流 F_σ,可以用下列方程式计算

$$F_\sigma = \frac{-Q\alpha k \lg \frac{P}{P_0}}{1\,563.4\,\eta_n\eta_0}$$

式中　Q——被照射水量(m^3/h);
　　　α——吸收系数(cm^{-1});
　　　k——被照射对象的抗性系数($mW·S/cm^2$);
　　　P_0——照射前水中细菌含量;
　　　P——照射后水中的细菌含量;
　　　η_0——照射源功率系数;
　　　η_n——杀菌照射度利用系数,在设计时,应采用等于 0.9(因为由石英制成的套管是空心圆柱状,壁厚 2 mm,吸收由照射源放出的 1%~11% 的杀菌照射流)。

由石英和透紫外线玻璃制成的水银灯作为紫外线的照射源。在电流作用下,水银发出含紫外线丰富的明亮的淡绿-白光。

同样,也可采用高压(532~1 064 kPa)水银石英灯和低压氩-水银灯(4~5.3 kPa)。高压灯可得到较小的杀菌效果,且不足被它的大功率(1 000 W)所补偿。低压灯具有比高压灯约大 1 倍的杀菌效果,但其功率不超过 30 W,只能用于小型装置。

地表水源水采用紫外线消毒时,应该在所有处理工序之后,使水中尽可能少含能提高吸收系数的各种杂质。

用这种方法对水进行消毒水,既不改变水的物理性质,也不改变水的化学性质,且水味质量不变。这个方法的不足之处是价格高和水可能在随后受到污染。

8.8.2.6　超声波消毒

不被人们的听觉器官所接受的、频率超过 20 000 Hz 的弹性振动称为超声。在技术上用压电的和磁致伸缩的方法获得超声振动。

第一种方法是基于压电效应。压电效应是将某些物质的晶体放进电场中时,产生机械变形,成为超声源。为了获得超声振动,采用结晶石英(压电石英)。由结晶体按一定的方式切割成同样厚度的石英片,在镶嵌的形式中互相研磨,并在两块厚钢片之间粘合,往两块厚钢板通入电流。这种系统作为强大的超声源。

第二种方法是基于磁致伸缩现象。这是利用磁铁体的磁化作用,并且伴随着改变磁铁体线性尺寸和体积的一种过程。效应的值和符号取决于磁场强度和由磁场方向与结晶轴形成的角度(在单晶体情况下)。实践表明,第一种方法比第二种方法有效。

在超声波作用下,能够引起原生动物和微生物死亡。破坏的效果取决于超声波强度和处理对象的生理特性。

超声杀菌作用与超声穴蚀作用的能力相关。这种作用是由于超声波在水中的处理对象周围形成由极小的气泡组成的腔,这种腔使处理对象与周围介质隔离,产生相当于几千个大气压的压力,液体的物理状态和超声波频率一起发生激烈变化,从而对超声场内的物质起破坏作用。

人们推测,细菌的死亡是在超声造成环境改变后,细胞在机械破坏下死亡的,主要是由于引起原生质蛋白物质的分解而使细胞生命功能的破坏。

水蛭、纤毛虫、剑水蚤、吸虫和其他有机体对超声波特别敏感。事实证明,超声波很容易杀死那些能够给饮用水和工业用水带来极大危害的大型有机体,如,用肉眼可见到的昆虫(毛翅类、摇蚊、蜉蝣)的幼虫、寡毛虫、某些线虫、海绵、苔藓动物,软体动物的饰贝、水蛭等。这些有机体中的许多种类栖息在给水站的净化构筑物中,在有利条件下繁殖和占据很大的空间。同时,在超声波作用下,也能使海洋水生物区系的动、植物死亡。

试验结果表明,在薄水层中用超声波灭菌,1~2 min 内就可使95%的大肠杆菌死亡。同时,超声波对痢疾杆菌、斑疹伤寒、病毒及其他微生物也有良好杀灭作用,并且,已应用至牛奶灭菌中。

8.8.2.7 饮用水的加热消毒

把水煮开是最古老的消毒法。这种方法仅限于净化小量的水,如用于食堂、医疗、行政机关等饮用水的消毒。加热法通过一次煮沸消毒,并不能从水中去除微生物的孢子,因此,从可疑水源来的水一般不能用煮沸的方法进行消毒。

思 考 题

1. 土壤中微生物的作用?
2. 什么是限制因子、耐性定律和生态幅?
3. 非生物因子对微生物生长的影响?
4. 实验室常用的灭菌和消毒的方法。
5. 紫外线对微生物生长的影响。
6. 光照对水生动物、藻类和水生植物生长的影响?
7. pH 值对微生物生长和发酵产物有什么影响?
8. 毒性物质、抗生素对微生物生长有什么影响?
9. 举例说明微生物之间的相互作用关系。
10. 个体、种群和群落的关系。
11. 怎样理解生态位的含义?什么是生态位分离?
12. 怎样把生态位理论应用在废水处理工艺中?
13. 什么是生态演替?原生动物怎样随有机物浓度的改变而演替?

14. 顶极群落是在什么情况下怎样形成的?
15. 生态系统的基本组成和结构。
16. 什么是生态平衡?
17. 自然界中碳、氮、硫等物质是怎样循环的?微生物在物质循环中起什么作用?
18. 水中的病原菌主要有哪些?有哪些生理特性?
19. 为什么选用大肠菌群作为生活饮用水的卫生指标?
20. 大肠菌群包括哪些细菌?有哪些生理特性?
21. 怎样用发酵法测水中的大肠菌群数?
22. 用什么方法检测水中的病毒?
23. 简述空气微生物的检测方法。
24. 怎样从土壤中分离微生物?

第 9 章 微生物的遗传和变异

遗传性和变异性是生物界最本质的属性之一。遗传性是指亲代生物传递给子代的与自身相同性状的遗传信息,这种遗传性是相对稳定的。在外因和内因的相互作用下,任何生物群体中总会有少数个体的遗传性发生变化。凡在遗传物质水平上发生了改变从而引起某些相应性状发生改变的特性,称为变异性,这种变异性是可以遗传的。

近年来,国内外许多学者在环境工程实践中对污染控制微生物的遗传与变异问题进行了大量的研究工作,不但丰富和发展了微生物遗传学的基本理论,而且也在消除污染、净化环境方面取得了一定成就,这说明微生物遗传变异理论在控制方面具有十分重要的指导意义。

9.1 微生物的遗传

9.1.1 遗传的物质基础

科学工作者虽然很早就对微生物的遗传作了大量研究,但是对于决定微生物遗传的物质是什么这个生物学上的重要问题,直到 20 世纪 40 年代,通过三个经典实验,才从根本上得到解决。

9.1.1.1 证明核酸是遗传变异物质基础的经典实验

证明核酸是遗传变异的物质基础的经典实验有:①肺炎双球菌的转化实验;②噬菌体感染实验;③病毒的拆开和重建实验。为了简要地说明核酸,特别是 DNA 是一切生物遗传变异的物质基础这一科学结论,这里仅以噬菌体感染实验为根据。

以大肠杆菌 T_2 噬菌体为例,它在感染寄主的过程中,蛋白质外壳吸附在寄主细胞外表面,只有 DNA 核心才能侵入到寄主细胞内。可是,经增殖后的大量子代噬菌体却都有着与亲代同样的蛋白质外壳,这说明,噬菌体的 DNA 可以决定蛋白质的生物合成。

Hershey 和 Chase(1952)用示踪同位素的方法精确地证实了上述论点。

由于在蛋白质分子中只含硫而不含磷,而 DNA 分子中则只含磷而不含硫,故可用 ^{35}S 和 ^{32}P 去分别标记 T_2 噬菌体,然后用它去感染其寄主大肠杆菌。经短时间(如 10 min)保温接触后,T_2 完成了吸附和侵入过程。然后把它们放在组织捣碎器中强烈搅拌,以使吸附在菌体外的 T_2 蛋白质外壳均匀散布在培养液中,然后离心沉淀,使大肠杆菌沉淀,再分别测定沉淀物和上清液中的同位素标记。结果发现,几乎全部的 ^{32}P 都和大肠杆菌一起出现在沉淀物中,而几乎全部 ^{35}S 都留在上清液中(图 9.1)。这就有力地说明亲代的蛋白质外壳的确没有进入菌体并参与子代噬菌体的增殖。可是,最终从大肠杆菌中释放出来的却是一群完整的成熟的噬菌体颗粒。电镜的观察也证实了这一点。由此可见,决定噬菌体遗传性的物质不是蛋白质,而是核酸——DNA 或 RNA。

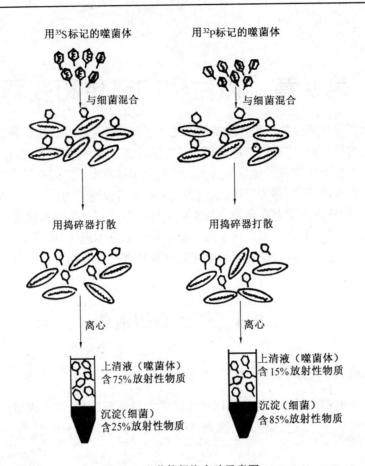

图 9.1 噬菌体侵染实验示意图

9.1.1.2 DNA 的结构与复制

1. DNA 的化学组成

DNA 是一种高分子化合物,它由四种核苷酸组成,每一种核苷酸均含环状碱基、脱氧核糖和磷酸根三种组分。四种核苷酸的差异仅仅在于碱基的不同。四种碱基为:腺嘌呤(Adenine,简称 A)、鸟嘌呤(Guanine,简称 G)、胸腺嘧啶(Thymine,简称 T)、胞嘧啶(Cytosine,简称 C),含这四种碱基的核苷酸分别称为腺嘌呤核苷酸、鸟嘌呤核苷酸、胸腺嘧啶核苷酸和胞嘧啶核苷酸(图 9.2)。

DNA 分子就是许多核苷酸按照一定的顺序连接在一起形成的多核苷酸长链(图 9.3)。

2. DNA 的双螺旋结构模型

目前认为,华生(Watson)和克里克(Crick)1953 年所得出的 DNA 双螺旋结构模型能够很好地解释 DNA 分子的空间结构、DNA 的自我复制、DNA 的相对稳定性与变异性,以及 DNA 对遗传信息的储存和传递等,因而,这一模型奠定了分子遗传学的一个重要基础。

按照这一模型,DNA 是由两条多核苷酸分子的长链所组成。这两条链之间靠碱基上的氢键作用相互联结,并且遵循碱基配对原则,即 A 必定与 T 互补,G 必定与 C 互补。A 与 T 之间形成两个氢键,G 与 C 之间形成三个氢键。如下所示

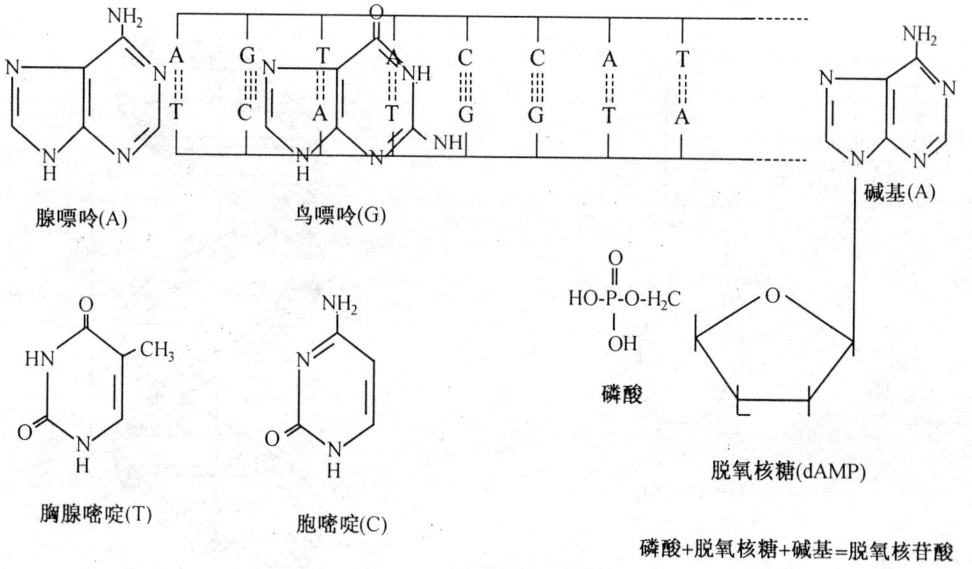

图9.2 DNA 四种碱基和核苷酸的构成成分
(以腺嘌呤脱氧核苷酸为例)

然后,两条链在空间形成一个同轴环绕的 DNA 双螺旋结构(图9.4)。

3.DNA 的复制

DNA 是生物遗传变异的物质基础,遗传信息就储存在 DNA 分子上,生物遗传性状就是由 DNA 分子中碱基对的数目和排列顺序所决定的。为了在细胞分裂中确保子代的遗传性状不变,必须将 DNA 分子上的遗传信息原封不动地传给子代,即母代细胞中的 DNA 中碱基对的数目和排列顺序十分精确地被复制。如何来保证将 DNA 传给子代的过程中不出现差错,这就必须借助于 DNA 双螺旋结构。

DNA 的复制过程首先是 DNA 的双链从一端打开,分离成两条单链,然后以每条单链为模板,通过碱基配对逐渐建立起完全互补的一套核苷酸单位,新连接上的多核苷酸链与原有的多核苷酸链重新形成新的双螺旋 DNA。这样,在 DNA 聚合酶的催化下,一个 DNA 分子最终复制成两个结构完全相同的 DNA,从而准确地将遗传特性传递给子代。复制后的 DNA 分子,各由一条新链和一条旧链构成双螺旋结构,这种复制方法称为半保留复制(图9.5)。

在 DNA 复制中,引起碱基缺失、置换或插入,改变了碱基排列顺序,就会发生子代的变异。

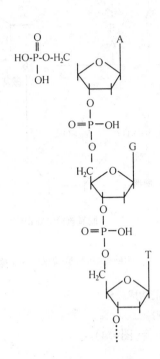
图9.3 核苷酸连接形成的链

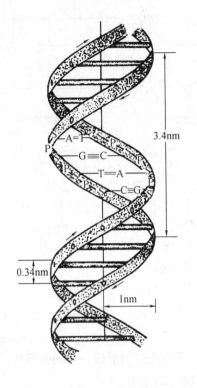
图9.4 DNA的双螺旋结构模型

9.1.2 遗传信息的传递——基因的表达

染色体是由许多不同的基因所构成的,基因是某一特定遗传信息的贮藏场所,从分子水平上来看就是具有某一特定碱基排列顺序和数目的 DNA 分子片段。基因上贮存的遗传信息需要通过一系列物质和能量代谢过程才能在生理上或形态上表达出相应的遗传性状。所以,遗传信息的传递,即基因的表达过程就可以决定微生物表现出某种性状(如是否产生荚膜、鞭毛等)。

在遗传信息传递过程中,必须存在一种称为核糖核酸(RNA)的物质,它也是由四种核苷酸所组成的高分子物质,与 DNA 的化学成分相似。不同的是核苷酸中不是脱氧核糖而是核糖,并且以尿嘧啶(U)代替了 DNA 中的胸腺嘧啶 T,见图9.6所示。

已知细胞中参与信息传递的 RNA 至少有三种类型:①信使核糖核酸(简称 mRNA),指导蛋白质的合成;②核蛋白体核糖核酸(简称 rRNA),rRNA 与蛋白质组成核糖体(又称核蛋白体),是蛋白质(或多肽)合成的场所;③转运核糖核酸(简称 tRNA),可识别 mRNA 上的信息,并将特定的氨基酸送到 rRNA 上供蛋白质合成。

分子遗传学研究指出,贮存 DNA 上的遗传信息是通过 DNA 的复制传给子代的,而通过 RNA 的中间作用来指导蛋白质(酶)的合成。这种关于 DNA 的复制和遗传信息传递的基本规律被称为分子遗传学的"中心法则"(图9.7)。

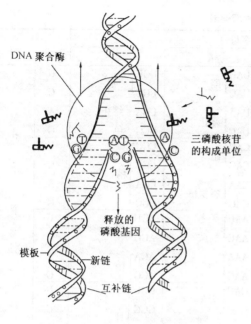

图 9.5 DNA 半保留复制示意图

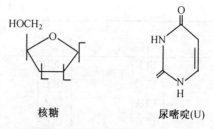

图 9.6 核糖和尿嘧啶简化分子式

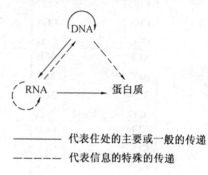

—— 代表住处的主要或一般的传递
------ 代表信息的特殊的传递

图 9.7 中心法则示意图

9.1.2.1 转录——mRNA 的合成

以 DNA 的双链中的一条链为模板,按互补方式合成 RNA,这种遗传信息由 DNA 到 RNA 的传递过程称为转录。DNA 与 RNA 间的互补关系如下。

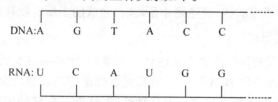

在转录过程中,将基因 DNA 上遗传信息转录下的 RNA 为 mRNA,由 mRNA 来指导蛋白质的合成。

反转录通常发生在 RNA 病毒的增殖过程中,某些 RNA 病毒在寄主细胞中首先由 RNA 转录为 DNA。

9.1.2.2 翻译

转录后的 mRNA 作为合成蛋白质的模板,并且由 mRNA 的碱基排列顺序决定多肽链中氨基酸的排列顺序,这种遗传信息从 mRNA 到蛋白质的传递过程称为翻译。

蛋白质是由大量氨基酸按一定排列顺序构成的多肽,组成蛋白质的氨基酸有 20 种。mRNA 上每三个碱基决定一个氨基酸,这种对应于氨基酸的碱基三联体称为密码子。1966 年,人们已将三个碱基组幌后的密码子全部破译出来(表 9.1)。其中有三个密码子不代表任何氨基酸,在合成肽链过程中,遇到这三个密码子时,肽链合成就停止,因此称为终止密码,而 AUG 为起始密码同时又代表甲硫氨酸或甲酰甲硫氨酸。

表 9.1 遗传密码表

第一个字母	第二个字母 U	第二个字母 C	第二个字母 A	第二个字母 G	第三个字母
U	UUU UUC]苯丙 UUA UUG]亮	UCU UCC UCA UCG]丝	UAU UAC]酪 UAA UAG]终止	UGU UGC]半胱 UGA 终止 UCG 色	U C A G
C	CUU CUC CUA CUG]亮	CCU CCC CCA CCG]脯	CAU CAC]组 CAA CAG]谷氨酰	CGU CGC CGA CGG]精	U C A G
A	AUU AUC]异亮 AUA AUG 甲硫(起始)	ACU ACC ACA ACG]苏	AAU AAC]天冬酰胺 AAA AAG]赖	AGU AGC]丝 AGA AGG]精	U C A G
G	GUU GUC GUA GUG]缬	GCU GCC GCA GCG]丙	GAU GAC]天冬 GAA GAG]谷	GGU GGC GGA GGG]甘	U C A G

注:表中苯丙即苯丙氨酸,而亮即亮氨酸,以此类推,其余均为氨基酸种类。

在翻译过程中,mRNA 与核糖体首先结合在一起,然后靠 tRNA 对 mRNA 上密码子的识别作用将 mRNA 上的密码子翻译出来并选择特定的氨基酸送到核糖体上,随着核糖体在 mRNA 上不断移动,合成多肽链,到达终止密码时,合成的多肽链就释放出来(参见图 9.8)。

9.1.2.3 性状的表达

微生物所具有的某种性状取决于染色体上的基因,而具体性状的表达则由翻译过程中所合成的酶来实施。由基因 DNA 所决定的酶通过代谢作用建造出某种细胞结构(如荚膜、鞭毛、细胞成分等),从而使微生物表现出某种性状,这就是性状的表达,亦称发育。由上分析可见,酶的合成乃至微生物性状的表达并不是随意进行的,归根结底,是由 DNA 上的遗传信息所控制的。

此外,代谢调节中酶的合成也可用操纵子学说来解释。

总之,微生物的遗传过程中,基因决定了酶,酶决定了代谢,代谢决定了一切性状的表达和发育,而基因"自决"。

9.2 微生物的突变

微生物的变异包括突变和基因重组(见 9.3)。突变(mutation)是由于生物体 DNA 改变而引起的遗传性状的改变,包括基因突变和染色体畸变。对微生物来说,基因突变较为重要。

作为遗传物质的 DNA,一般来说是十分稳定的,但在一定情况下也会发生改变,从而使微生物从野生型产生一些不同种类的突变体。

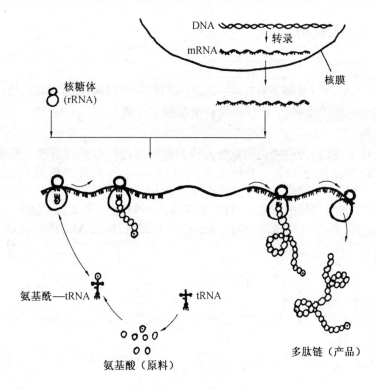

图 9.8　翻译过程示意图

9.2.1　突变的原因

随着科学的发展,人们越来越清楚地认识到,突变是 DNA 分子中碱基对发生变化的结果。即由于某些原因,引起 DNA 分子碱基的缺失、置换或插入,改变了基因内部原有的排列顺序和数目,从而引起微生物性状的改变,并能够遗传给子代。所以,突变往往发生在 DNA 的复制过程中。

DNA 分子中碱基对的变化可以在自然条件下自发进行,也可以人为地诱发引起。因此,从发生突变的原因来看,可分为自发突变和诱发突变。

自发突变可以由自然界中的某些物理、化学因子的干扰引起(如辐射、臭氧等),可以由微生物体内的代谢产物亚硝酸、过氧化氢等引起;亦可由碱基本身的互变异构引起。自发突变的几率很低,一般自发突变率为 $10^{-5} \sim 10^{-9}$。例如,大肠杆菌在自然界中紫外线的照射下的突变率为 1×10^{-5},这意味着当 10^5 个大肠杆菌分裂为 2×10^5 个细胞时,平均会形成一个突变体。

诱发突变(又称诱变)是人为地应用物理化学因素引起的突变,这些引起诱发突变的物理化学因素称为诱变剂。常用的诱变剂有紫外线、亚硝酸等。诱发突变可以大大提高突变率。

过去人们一直认为,突变是定向突变,直到 1943 年后,人们才通过大量科学实验得出突变的发生是非定向的结论,即认为突变的结果与突变的原因间是不相对应的。基因 DNA 上碱基对的改变是随机的,但突变体发生后能否生长、繁殖则取决于环境条件能否满足突变体的要求,即适者生存,不适者淘汰。

9.2.2 突变的机制

9.2.2.1 点突变

点突变是由 DNA 分子中碱基对置换引起的。这种突变对 DNA 分子来说仅造成微小损伤。导致点突变的原因很多,下面仅以两种情况加以说明。

1. 互变异构

下面以胸腺嘧啶(T)为例来说明互变异构及其所引起的碱基对置换。胸腺嘧啶在一定情况下以酮式结构存在,但在极少数情况下,分子中 N_3 上的 H 能够移到 C_4 上,从而由酮式转变为烯醇式,这种分子结构上的互变称为互变异构。由于互变异构,T 本应与腺嘌呤(A)配对,但在酮式 T 转变为烯醇式的一瞬间,如果刚好 DNA 进行复制,则烯醇式 T 就会与鸟嘌呤(G)配对。这样,当 DNA 再次复制时,通过 G 与 C 配对,就使 A:T 转变成 G:C(图 9.9)。

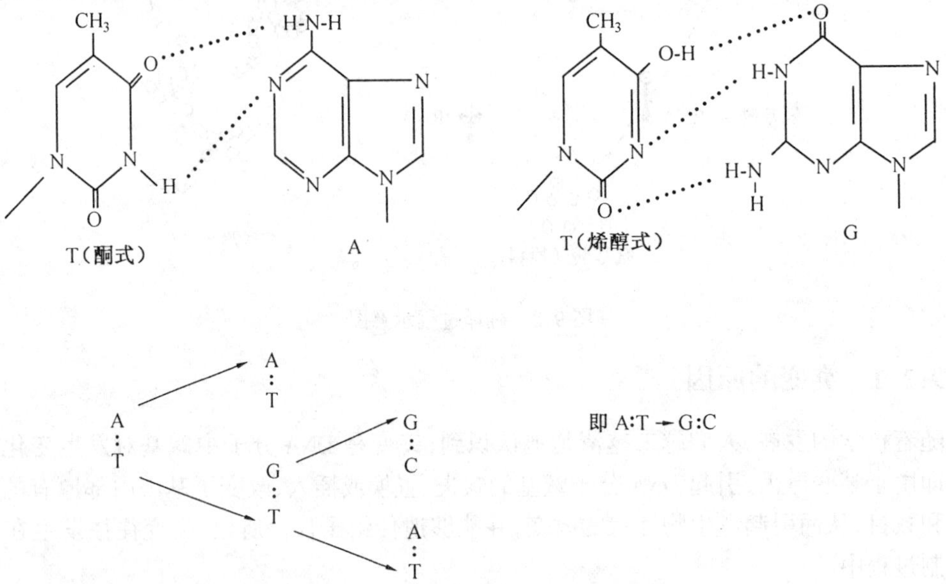

图 9.9 由互变异构引起碱基对置换举例

2. 常用的化学诱变剂及其引起的碱基对置换

常用的化学诱变剂有亚硝酸、5-溴尿嘧啶(5-BU)、羟胺等。下面仅以亚硝酸的诱变作用加以说明。

亚硝酸的作用是使 DNA 碱基中的氨基氧化脱氨,这样就使胞嘧啶(C)变成尿嘧啶(U),腺嘌呤(A)变成次黄嘌呤(H)。而当 C 变 U 和 A 变 H 后,由于 U 与 A 配对,H 与 C 配对,因此当 DNA 再次复制时,G:C→A:T,而 A:T→G:C(图 9.10)。

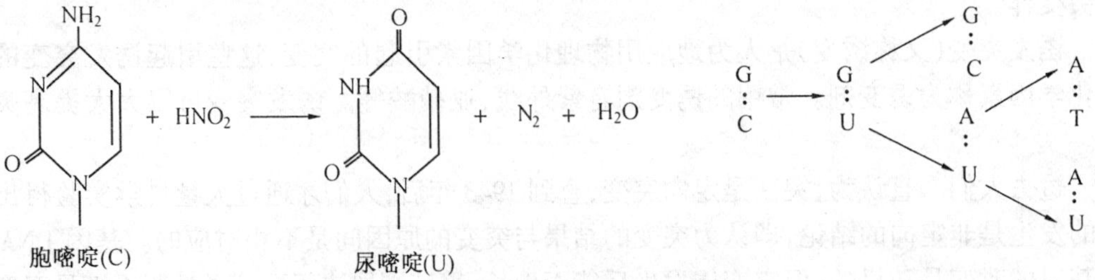

图 9.10 亚硝酸对胞嘧啶(C)的诱变机制

同样，亚硝酸对腺嘌呤的诱变如下所示

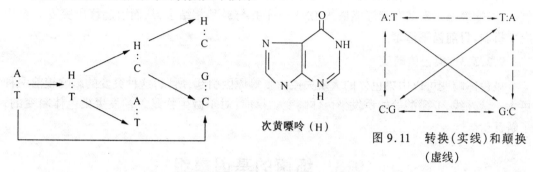

次黄嘌呤（H）

图 9.11 转换（实线）和颠换（虚线）

总之，在点突变中，可能发生碱基对置换的最终结果如图 9.11 所示。在遗传学上，所谓转换是指一个嘌呤被另一个嘌呤所替代，或一个嘧啶被另一个嘧啶所替代；颠换是指嘌呤被嘧啶所替代，或嘧啶被嘌呤所替代。前面所示的三种例子均为转换。

3．点突变造成的后果

前面已指出，储存在 DNA 分子中的遗传信息必须经过转录和翻译才能表达出来，而在转录过程中又有密码子参与。从遗传密码表中可以看出，决定某一氨基酸的密码子往往不止一个，例如，决定精氨酸的密码子共有 6 个，这些密码子互称同义密码子。如 CGA 如果变成 CGG，因两者是同义密码子，故不影响蛋白质中的氨基酸组成，这类突变称为同义突变。

但如果 CGA 变成 GGA，情况则不同了。因为 GGA 是决定甘氨酸的密码子，这样在基因表达时蛋白质中的精氨酸就被甘氨酸代替，从而引起蛋白质的氨基酸组成发生改变，使产生的蛋白质无活性，这类突变称为错义突变。此外，如果 CGA 变成终止密码子 UGA 时，则在翻译过程中，多肽链的合成就会到此中断，这样合成的蛋白质由于结构不完整，所以，也无活性。由此而引起的突变称为无义突变。

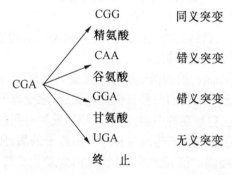

9.2.2.2 移码突变

移码突变是由 DNA 分子中多了或少了少数几个碱基对而引起的，如下例。

正　确：GGG　　AAA　　UUU　　AAA　　CCC
　　　　 甘　　　 赖　　　苯丙　　 赖　　　 脯

突变后：AGG　　GAA　　AUU　　UAA　　ACC
　　　　 精　　　 谷　　　异亮　　 终止

从上例中可以看出，由于下行多了一个碱基 A，使蛋白质的合成发生了很大错误，这样势必导致微生物突变体的出现。由此可见，由于移码突变涉及碱基对的排列，从而引起密码子发生一系列改变，所以，这种突变的影响较点突变的为大。

移码突变可由自发或诱发产生。目前已知吖啶类染料能诱发移码突变。吖啶类染料，例如，吖啶橙、5-氨基吖啶等能嵌入DNA分子并与碱基相结合，从而引起移码突变。至于突变机制，目前尚不清楚。

9.2.2.3 染色体畸变

染色体畸变可以由染色体的大缺失或重复等原因引起，所以，这种突变的影响较前两种更大。紫外线、亚硝酸等能诱发染色体畸变。目前，对于微生物是怎样发生染色体畸变的，了解甚少。

9.3 细菌的基因重组

基因重组(Gene recombination)是微生物变异的又一途径。所谓基因重组，就是指两个不同性状的生物细胞，其中一个生物细胞中的基因转移到另一个生物细胞中，并与这个细胞中的基因进行重新排列。在基因重组时，不发生任何碱基对结构上的变化。通过基因重组可使微生物在不发生突变的情况下，也可以出现新的遗传性状。

真核微生物与原核微生物在基因重组的形式上有所不同。真核微生物的基因重组在有性繁殖过程中发生；而原核微生物的基因重组通常只是部分遗传物质的转移和重组，并且主要通过转化、接合和转导形式进行。本节专门讲述原核微生物(细菌)的基因重组。

9.3.1 转化

受体细胞直接吸收了来自供体细胞的(处于游离状态的)DNA片段，并把它整合到自己的基因组中，从而获得了供体细胞部分遗传性状的现象，称为转化(Transformation)。这些游离的DNA片段称为转化因子。在自然条件下，转化因子可以由于细菌细胞的解体而产生，而在实验室中，转化因子可通过提取而获得。

两个菌种(株)间能否进行转化，与它们之间的亲缘关系有着密切的关系。只有在亲缘关系较近的菌种(株)间才可能发生转化。

只有处于感受态(competance)的细菌细胞才能接受转化因子，这种能接受转化因子的细胞称为感受态细胞。感受态是细菌的一种特殊生理状态，感受态的出现只能维持几十分钟。如肺炎球菌的感受态出现在对数期的中期，从出现到消失的时间约为40 min。一般认为，感受态的出现是由于细菌在细胞表面产生出某种分解细胞壁的酶，使局部细胞壁失去，这样就有利于转化因子进入受体细胞。研究发现，用氯化钙处理大肠杆菌，可使它易于达到感受态。

转化现象最早是格里菲斯(Griffith)于1928年在肺炎双球菌中发现的。他采用肺炎双球菌的两个不同菌株进行实验，一个菌株有毒性，可以产生荚膜，能形成表面光滑的S型菌落；另一菌株无毒，不产荚膜，形成表面粗糙的R型菌落。如果将S-型菌株研碎制成不含活细胞的碎片悬液，与R-型菌株细胞混合培养，结果发现少数R-型菌株细胞转化为S-型，形成S型菌落。

转化过程大体如图9.12所示。DNA片段(转化因子)一般以双链的形式吸附在感受态的受体细胞表面，几分钟后，其中一条单链以线状形式顺序进入受体细胞，并整合到受体细胞的DNA链上。

除肺炎球菌外,目前还发现下列一些属中的一些细菌具有转化现象:埃希氏菌属(*Egchrichia*)、芽孢杆菌属(*Bacillus*)、葡萄球菌属(*Staphylococcus*)、黄单胞菌属(*Xanthomonas*)和根瘤菌属(*Rhizobium*)。

9.3.2 接合

9.3.2.1 接合及其发现

所谓接合(conjugation),就是指供体菌和受体菌的完整细胞经直接接触而传递大段DNA(包括质粒)遗传信息的现象。在细菌和放线菌中都存在着接合现象。首先发现接合现象的是美国的莱德伯格(Lederberg)和塔图姆(Tatum),他们于1946年采用大肠杆菌的两类营养缺陷型菌株作为实验材料:大肠杆菌苏氨酸和赖氨酸的营养缺陷型($Bio^+Met^+THr^-Leu^-$)和大肠杆菌生物素和甲硫氨酸的营养

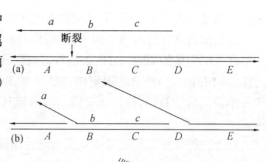

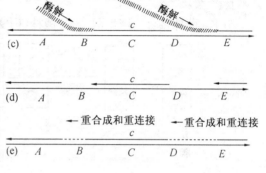

图9.12 转化过程示意图

缺陷型($Bio^-Met^-Thr^+Leu^+$)。为了简化起见,这里分别以BMTL来表示这两种营养缺陷型所需的四种不同的生长因素。这两种营养缺陷型只能分别在含苏氨酸-赖氨酸的补充培养基和含生物素-甲硫氨酸的补充培养基中生长,而不能在基本培养基中生长。但是,当把这两种营养缺陷型菌株在一起培养后,发现其后代中出现了能在基本培养基中生长的菌落。这是由于这两种菌株通过接合,相互进行遗传物质的转移和重组,从而使各方的遗传特性都发生变化的结果。

$$B^+M^+T^-L^- \times B^-M^-T^+L^+ \rightarrow B^+M^+T^+L^+$$

为了排除这是由于转化引起的,有人设计了U形管试验。试验是在U形管的两端各放一种营养缺陷型菌株,管中间装有只让游离DNA片断通过而不让细菌通过的滤板。经过一段时间的培养,从U形管两端取出的细菌都不能在基本培养基中生长。U形管试验的结果充分说明,不让细菌间直接接触,遗传物质就无法转移,因而否定了这是转化的结果。

后来随电子显微镜的广泛应用,人们通过大肠杆菌接合的图像,进一步证实了细菌接合的客观存在,并且通过电子显微摄影的图像可以发现,大肠杆菌的接合与性伞毛有关。性伞毛为中空结构,遗传物质可以通过性伞毛进行转移。不久又发现能进行接合的大肠杆菌有雄性和雌性之分,而这与F因子的存在有关。

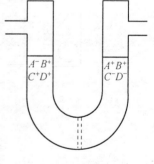

图9.13 U形管试验

9.3.2.2 F因子与接合

F因子又称致育因子(fertility factor),它可以决定细菌的性别。F因子是一种质粒,为环状DNA分子,能编码40~60种蛋白质。雌性细菌不含F因子,并且不具性伞毛,称为F^-菌

株。雄性细菌含有F因子,并且根据F因子在细菌细胞中的存在状态不同而有不同的名称。

有些细菌含有游离的F因子,这些细菌称为F^+菌株;另一些细菌所含F因子可以开环,并整合在细胞核的DNA上,由于这种雄性菌株与F^-菌株的重组率极高,所以称为高频重组菌株,即Hfr菌株。整合在细胞核DNA上的F因子还可以脱落下来,有时在脱落时还在上面带一小段细胞核DNA,这种含有游离的但带有一小段细胞核DAN的F因子的细菌称为F′菌株。

以上三种雄性菌株通过性伞毛与雌性菌株接合,将会产生以下不同的结果。

1. F^+菌株

与F^-菌株接合后产生两个F^+菌株(图9.14)。

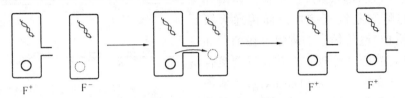

图9.14　F^+菌株与F^-菌株接合

$$F^+ \times F^- \rightarrow F^+ + F^+$$

F^+菌株在接合时复制出一个新的F因子,并通过性伞毛进入F^-菌株,使F^-菌株变成F^+菌株。

2. Hfr(高频重组)菌株

F^-菌株与Hfr菌株接合的情况较为复杂,接合的结果也不完全一样。Hfr比F^+的重组频率高几百倍。接合时DNA在F因子的中间部位断裂,随着DNA复制,一部分新复制的DNA进入F^-菌株中(图9.15)。往往当新复制的DNA还未全部进入F^-菌株时,接合就终断了,由于此时还有一部分F因子未进入F^-菌株,所以F^-菌株成为F′菌株。只有当新复制的DNA全部进入F^-菌株中,F^-菌株才成为Hfr菌株。

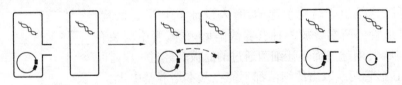

图9.15　Hfr菌株与F^-菌株接合示意图

$$Hfr \times F^- \rightarrow Hfr + F^- (多数情况下)$$
$$Hfr \times F^- \rightarrow Hfr + Hfr (少数情况下)$$

3. F′菌株

与F^-菌株接合后产生两个F′菌株。

$$F' \times F^- \rightarrow F' + F'$$

9.3.2.3　其他种类的质粒

细菌质粒的种类很多,除F因子外,目前研究得较多的还有R因子和降解质粒等。

1. R因子

即抗药性因子,含有这种质粒的细菌具有对某种化学药剂的抗性,如氯霉素、链霉素、四环素和磺胺类药物等。R因子使细菌具有抗药性的原因,在于R因子所编码的酶能使抗生素等化学药物的化学结构发生改变,从而使药物失效。

某些R因子可以通过接合作用进行转移。如志贺氏菌属(*Shigella*)的某种菌株中含有R因子,具有多种抗药性,而且可以通过接合使无R因子的志贺氏菌具有抗药性。

2. 降解质粒

假单胞菌属细菌能对种类较多的复杂有机物进行降解,这是由于这类细菌含有降解质粒,因而能产生降解这些有机物的相应酶类。例如恶臭假单胞菌含有"樟脑质粒"、"辛烷质粒"、"水杨酸质粒",能分别对有关有机物进行降解。这些质粒能通过接合在假单胞菌属细胞间转移。

利用降解质粒的作用及接合技术,可以并已经应用于废水生物处理中。

9.3.2.4 细菌接合的普遍性

到目前为止,已经发现下列一些属的某些种的细菌具有接合现象:埃希氏菌属(*Eschrichia*)、沙门氏菌属(*Salmonella*)、志贺氏菌属(*Shigella*)、弧菌属(*Vibrio*)、假单胞杆菌属(*Pseudomonas*)、根瘤菌属(*Rhizobium*)等。细菌的接合不仅在种内进行,而且也可在种间进行,例如大肠杆菌Hfr菌株可以和沙门氏菌或志贺氏菌接合,只是基因重组的几率很低。

9.3.3 转导

9.3.3.1 转导及其发现

通过噬菌体的媒介,把供体细胞中的DNA片段携带到受体细胞中,从而使后者获得了前者部分遗传性状的现象,称为转导(Transduction)。转导是1952年美国的辛德和莱德伯格在试验鼠伤寒沙门氏菌(*S. typhimurium*)能否进行接合时发现的。他们试验所用的是两种营养缺陷型菌株:色氨酸营养缺陷型LA-22(以A^+B^-表示)和组氨酸营养缺陷型LA-2(以A^-B^+表示)。他们把这两种营养缺陷型菌株放在U型管中,发现它们之间虽有滤板隔开,相互之间不可能进行细菌的直接接触,但是仍发生了遗传物质的转移和重组现象,当时认为是通过一个"滤过因子"(FA)的媒介而实现的,后经深入研究,证明FA就是一种噬菌体。

9.3.3.2 转导的种类

转导分为普遍性转导和局限性转导。

1. 普遍性转导

前面已经指出,噬菌体在侵染寄主细胞后能在寄主细胞里复制。在复制的装配阶段,正常情况下是将本身的DNA包裹在衣壳里;但也会出现异常情况,这就是将寄主细胞的DNA的任何一个片段包裹进去,而噬菌体的DNA却没有被裹进去或被包裹得很少一段。这种包裹寄主DNA片段的噬菌体侵染新的寄主时,由于噬菌体没有自己的DNA,或者自己的DNA不完整,不能在新的寄主细胞里进行复制,因此不能使新的寄主裂解。但却能将包裹的DNA片段带入新的寄主并与寄主细胞的DNA进行整合,从而使新的寄主细胞具有

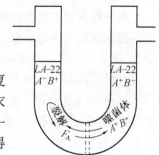

图9.16 转导实验中的U形管试验

新的遗传性状。普遍性转导一词的来源是由于通过这种转导，可以把供体细菌中的任何一个 DNA 片段带给受体细菌(图 9.16)。

2. 局限性转导

局限性转导是 1954 年首次在大肠杆菌 k_{12} 的温和性噬菌体(λ)中发现的。大肠杆菌 λ 噬菌体侵染大肠杆菌 k_{12} 后，整合在细菌细胞核 DNA 的特定位置上，也就是合成生物素和发酵半乳糖两个基因之间。这两个基因可分别用 bio 和 GAL 表示。当温和性噬菌体被诱导为烈性噬菌体时，从大肠杆菌 k_{12} 中释放出来。释放出来的噬菌体一般来说是正常的。但在极少数情况下也可能释放出异常的噬菌体，这些噬菌体带有 bio 和 GAL 基因中的一个，并把一段噬菌体的 DNA 留在寄主细胞的细胞核 DNA 上。这样，当带有 bio 或 GAL 基因的噬菌体侵染另一个细菌时，就能把上述两个基因中的一个带给受体细菌，并进行基因重组，使受体细菌具有合成生物素或发酵半乳糖的遗传特性(图 9.17)。

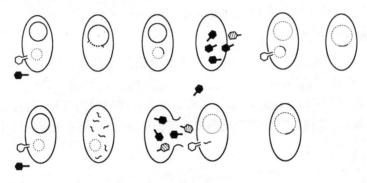

图 9.17　普遍性转导(A)和局限性转导

9.3.3.3　转导的普遍性

与转化和接合一样，细菌的转导现象也普遍存在。到目前为止，已经发现下列一些属的细菌有转导作用：沙门氏菌属、埃希氏菌属、假单胞杆菌属、葡萄球菌属等。

9.3.4　原生质体融合

通过人为方法，使遗传性状不同的两个细胞的原生质体发生融合，并产生重组子的过程，称为原生质体融合或细胞融合。

其一般原理和主要过程是：先准备两个有选择性遗传标记的突变株，在高渗溶液中，用适当的脱壁酶去除细胞壁，再将形成的原生质体离心聚集，并加入融合剂 PEG(聚乙醇)促进融合，然后在高渗溶液中稀释，涂在能使其再生细胞壁或进行分裂的培养基上，待形成菌落后，通过影印接种法，将其接种到各种选择性培养基上，最后鉴定它们是否为重组子。

体内基因重组是指重组过程发生在细胞内。这是相对于体外 DNA 重组技术(或基因工程技术)而言。体内基因重组育种是指采用接合、转化、转导和原生质体融合等遗传学方法和技术，使微生物细胞内发生基因重组，以增加优良性状的组合，或者导致多倍体的出现，从而获得优良菌株的一种育种方法。该方法在微生物育种中占有重要地位。尤其是 20 世纪 70 年代后发展起来的原生质体融合技术为微生物育种开辟了一条新的途径，成为重要的育种手段之一。原生质体融合技术是将遗传性状不同的两种菌(包括种间、种内及属间)融合为一个新细胞的技术，主要包括原生质体的制备、原生质体的融合、原生质体再生和融合子选择等步骤。

9.3.4.1 原生质体融合的优点

(1)克服种属间杂交的"不育性",可以进行远缘杂交。由于用酶解除去细胞壁,因此,即使相同接合型的真菌或不同种属间的微生物,皆可发生原生质体融合,产生重组子。

(2)基因重组频率高,重组类型多。原生质体融合时,由于聚乙二醇(PEG)起促融合的作用,使细胞相互聚集,可以提高基因重组率。原生质体融合后,两个亲株的整套基因组(包括细胞核、细胞质)相互接触,发生多位点的交换,从而产生各种各样的基因组合,获得多种类型的重组子。

(3)可将由其他育种方法获得的优良性状,经原生质体融合而组合到一个菌株中。

(4)存在着两个以上亲株同时参与融合,可形成多种性状的融合子。

9.3.4.2 原生质体融合的步骤

(1)选择亲本 选择两个具有育种价值并带有选择性遗传标记的菌株作为亲本。

(2)制备原生质体 经溶菌酶除去细胞壁,释放出原生质体,并置高渗液中维持其稳定。

(3)促融合 聚乙二醇加入到原生质体以促进融合。聚乙二醇为一种表面活性剂,能强制性的促进原生质体融合。在有 Ca^{2+}、Mg^{2+} 离子存在时,更能促融合。

(4)原生质体再生 原生质体已失去细胞壁,虽有生物活性,但在普通培养基上不生长,必须涂布于再生培养基上,使之再生。

(5)检出融合子 利用选择培养基上的遗传标记,确定是否为融合子。

(6)融合子筛选 产生的融合子中可能有杂合双倍体和单倍重组体不同的类型,前者性能不稳定,要选出性能稳定的单倍体重组体,反复筛选出生产性能良好的融合子。

9.3.4.3 原生质体再生率和融合率计算

原生质休再生率/%=(再生平板上的总菌数—酶解后的剩余菌数)/原生质体数 * 100

原生质体数=酶解前总菌数—剩余菌数

融合率/%=融合子数/双亲本再生的原生质体平均数 * 100

9.4 基因工程在环境科学与工程中的应用

自 1973 年 DNA 重组技术或称基因工程诞生以来,基因工程作为一个新兴的研究领域,得到迅速发展,其中在环境科学与工程中的应用也取得了巨大的成就。虽然基因工程与遗传工程针对的概念均是 DNA,但严格上来讲,二者还是有一些差别。传统的遗传工程往往是指发生在遗传过程中的自然界原本存在的导致生物变异的一种现象,而广义的遗传工程涉及的相当广泛,即包括了传统的育种技术,也包括了利用细胞工程进行的一些类似于质粒育种、DNA 重组等过程的一些现代生物技术体系的一些内容。DNA 重组是人为的根据遗传学原理在体外对 DNA 进行的人工操作,即将来源不同的 DNA 分子进行体外连接、构成杂种 DNA 分子,这种过程在自然状态下不会发生。以上两种过程均发生了遗传物质的重组过程,因而从本质上来讲,基因工程是遗传工程的一部分,但基因工程是更加本质和根本的。

9.4.1 遗传工程在环境工程中的应用

9.4.1.1 诱变育种

在实际生产上所使用的优良菌种可以从自发突变产生的突变体中获得，但这种突变的几率很少，因此，一般需要诱变才能获得。

诱变育种就是利用物理、化学等因素，诱发基因突变，并从中筛选出具有某一优良性状的突变体。

诱变育种一般包括以下主要步骤。

(1) 出发菌株的选择

根据经验，选择已经经过多次诱变并且每次诱变都有较好效果的菌株作为出发菌株，可以获得较好的效果。

(2) 诱变剂的选择

目前在育种实践中应用得较多的诱变剂是紫外线、X射线、亚硝酸盐、乙基磺酸乙酯等。

(3) 诱变剂量的选择

一般说来，随着剂量的增加，诱变率也增加，但超过一定限度，随着剂量的增加，诱变率反而下降。过去常采用杀菌率为99%或90%的紫外线进行育种，而现在倾向于采用杀菌率为70%~75%，甚至更低的紫外线进行育种。

(4) 突变体的筛选

因为存活下来的突变体的性状并不相同，基因的改变是随机的，非定向的，因而必须进行多次筛选，才能选出具有优良性状的突变体。

诱变育种在环境工程中具有十分重要的意义，例如，在工业废水中存在大量有毒物质或难降解物质，为了增强微生物的耐毒能力或提高对难降解物质的降解能力，可以通过诱变育种方法培养出专供分解某种物质的优良菌株，从而建立菌种库。美国及日本在此方面已经作了大量工作，他们从各种土壤及活性污泥中通过诱变育种筛选出大量分解能力及絮凝能力很强的异氧型菌株，其中有极毛杆菌属、诺卡氏菌属、链霉菌属、黄杆菌属、微杆菌属、气杆菌属、弧菌属、小球菌属、分支杆菌属及甲单胞菌属等。这些突变菌株应用于工业废水生物处理中已经获得较为理想的效果。

目前，国内外采用的"微生物驯化"或"活性污泥驯化"方法是废水处理领域沿用的比较原始的诱变育种方法。这种方法不但应用于科学研究中，而且广泛应用于实际废水处理工程中。例如，用活性污泥法处理含酚废水，若直接将从生活废水曝气池中取出的污泥应用于含酚废水的处理，则这些污泥很快就会被杀死。为了避免这些菌种的死亡，首先以生活废水作为这些微生物的主要营养源，加入少量的含酚废水，以后逐渐增加含酚废水的比例，经过一个月左右、甚至更长时间的培养，最后使活性污泥微生物即使在含酚所占比例达100%的条件下也能生存下来，并且酚类物质的去除率较高。

在微生物的驯化过程中，微生物所处的环境条件逐渐恶化，这就为微生物发生突变创造了良好的时机，而不至因微生物突然大量死亡而使接种的菌种丧失。在上述的例子中，某些抗药性弱的野生微生物首先发生突变，由于突变是随机的，突变后能够在该环境中生存的突变体继续生存下来，而不能生存的突变体与不能生存的野生型微生物一同被杀死，此时，活性污泥中仍存有大量的抗药性较强的野生型微生物和突变菌株。随着诱变剂量的不断增加,发生突变的菌种不断增多,适者生存下来,不适者被淘汰。最终存活下来的突变体和少量野生型微生物不但对酚类物质具有较强的抗性,而且能够以酚类物质作为碳源和能源进行生长繁殖,并将优良性能传给子代。

9.4.1.2 质粒育种

现代工业的不断发展,使得大量人工合成的非天然物质进入环境,例如,有机氯农药、有机磷农药、合成洗涤剂等,这些化学物质对现有的微生物而言具有很强的抗性,不易被生物降解,易于在环境中积存,严重污染环境。因此,从污染物清除的角度讲,急需要快速降解这些污染物的高效菌种,应用遗传工程技术可以获得一些高效降解这些污染物的菌体。

质粒是原核微生物中除染色体外一类携带遗传物质的环状 DNA 片断,也叫染色体外 DNA。有的质粒独立存在于细胞质中,也有的和染色体结合在一起,叫附加体。质粒在细胞分裂过程中能够复制,且能够经遗传信息传给后代。但质粒在原核微生物的生长中不像染色体那样举足轻重,质粒常会因外界因素的影响发生质粒丢失或转移,某种微生物一旦丧失某种质粒,就会丧失由该质粒决定的某些性状,但菌体并不会死亡。

质粒可以诱导产生,也可以转移。所谓质粒的转移,即是通过细胞与细胞的接触而发生质粒的转移,质粒从供体细胞转移到不含该质粒的受体细胞内,使受体细胞具有了由该质粒决定的遗传性状。

质粒的这些特征可以用来培育优良菌种,构建一些多功能的有机物降解高效菌种。例如,将两种或多种微生物通过细胞接合或细胞融合技术,使供体菌的质粒转移到受体菌体内,使受体菌不但保持自身的功能质粒,同时,又获得了供体菌的功能质粒,从而获得了同时具有几种功能质粒的新品种,这方面的研究已在环境工程中取得了一些研究结果。下面举几个例子。

1.石油降解功能菌的构建

海洋浮油污染是海洋中的主要污染物之一,已引起全世界的广泛关注,应用微生物进行海洋石油污染的去除是一相当活跃的研究领域。至今,已发现近百种微生物可以消除石油污染。但这些土著微生物浓度较低、分解石油的速度非常缓慢。20 世纪 70 年代,美国生物学家 Chakrabarty 等对假单胞杆菌属的不同菌种分解烃类化合物的遗传学进行了大量研究,发现假单胞杆菌属的许多菌种细胞内含有某种降解质粒,它们控制着石油中烃类降解菌酶的合成。在此研究基础上,Chakrabarty 等应用接合手段,把标记有能降解芳烃、萜烃、多环芳烃的质粒转移到能降解脂烃的假单胞菌体内,可以获得同时降解四种烃类的功能菌,即超级细菌(图 9.18),这些烃类基本包含了石油的 2/3 的烃类成分,与自然菌体相比,能够快速将石油分解。

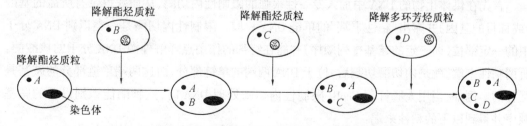

图 9.18　用质粒育种构建石油降解功能菌示意图

2.烃类和抗汞质粒菌的构建

Chakrabarty 等人同时将嗜油的假单胞菌体内降解辛烷、乙烷、葵烷功能的 OCT 质粒和抗汞质粒 MER 同时转移到对 20 mg/L 汞敏感的恶臭假单胞菌体内,结果使对汞敏感的恶臭假单胞菌转变成了能抗 50～70 mg/L 汞,且能同时分解烷烃的抗汞质粒菌。

9.4.2 基因工程在工程菌构建中的应用

所谓基因工程(Genetic engineering),是指用人为的方法将所需要的某一供体生物的遗传物质——DNA 大分子提取出来,在离体条件下用适当的工具酶进行切割后,把它与作为载体(Vector)的 DNA 分子连接起来,然后与载体一起导入某一更易生长、繁殖的受体细胞中,以让外源物质在其中"安家落户",进行正常的复制和表达,从而获得新物种的一种崭新技术。

基因工程的基本操作包括以下部分。

(1) 目的基因的获取

从复杂的生物有机体基因组中,经过酶切消化或 PCR 扩增等步骤,分离出带目的基因的 DNA 片断。一般有三条途径:

①从适当的供体细胞的 DNA 中分离;

②通过反转录酶的作用由 mRNA 合成 cDNA(Complementary DNA);

③由化学方法合成特定结构的基因。

(2) 载体的选择

载体用于运送目的基因,以便将它运载到受体细胞中进行增值和表达。

载体一般要具备以下条件:

①载体是一个有自我复制能力的复制子(replicon);

②载体能在受体细胞内大量增殖,即有较高的复制率;

③载体上最好只有一个限制性内切酶的切口,使目的基因能固定地整合到载体 DNA 的一定位置上;

④载体上必须有一种选择性遗传标志,以便及时把少量"工程菌"或"工程细胞"选择出来。

目前常用的载体有:细菌质粒、λ噬菌体(原核细胞)、SV_{40}病毒(真核细胞)等。

(3) 目的基因与载体 DNA 的体外重组

在体外,将带有目的基因的外源 DNA 片断连接到能够自我复制并且具有选择性记号的载体分子上,形成重组 DNA 分子。

首先在供体生物的 DNA 中加入专一性很强的限制性内切酶,从而获得带有所需的基因(或称目的基因)并露出"粘性末端"的单链 DNA 片段。限制性内切酶是一类识别 DNA 分子中的一定部位(即一定的碱基排列顺序)并能在特殊的作用点降解外源 DNA 分子的核酸酶。所谓粘性末端,就是内切酶切割后,位于 DNA 两端的单链部分,而这两端单链部分的碱基是互补的。例如,当用大肠杆菌 EcoRI 限制性内切酶处理 DNA 时,这种酶能识别以下的碱基顺序并得到以下的粘性末端:

第9章 微生物的遗传和变异

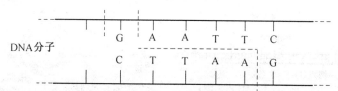

作为载体的纯细菌质粒,也用同样的限制性内切酶处理,将质粒 DNA 环切断,同样也露出粘性末端。

(4) 重组 DNA 分子进入受体细胞

将重组 DNA 分子转移到适当的受体细胞(亦称寄主细胞),并与之一起增殖。这一过程也叫转移。受体细胞可以是微生物,也可以是动、植物细胞,目前应用最多的是大肠杆菌($E. Coli$)。在理想情况下,上述重组载体进入受体细胞后,能通过自主复制提供的部分遗传性状,于是这一受体细胞就成了"工程菌"。

(5) 筛选优秀菌种

从大量细胞繁殖群体中,筛选获得重组 DNA 分子的受体细胞克隆,且从这些筛选出来的受体细胞克隆中,提取出已经得到扩增的目的基因,供进一步分析研究使用。这一过程也被称作筛选。

(6) 将目的基因克隆到表达载体上

导入寄主细胞,使之在新的遗传背景下实现功能表达,产生出人类需要的蛋白质。

应用基因工程技术进行工程菌的构建是除质粒育种外另一构建工程菌的主要方法,也是微生物与动、植物之间超远源杂交的新途径。

截至目前,在原核微生物之间的基因工程已有不少成功的例子。在环境保护方面,利用基因工程也获得了分解多种有毒物质的新型菌种。例如,A. Khan 等人从 $P. Putda$ OV83 分离出 3 - 苯儿茶酚双加氧酶基因,将它与 pCP13 质粒连接后转入 $E. Coli$ 中表达。还有,将降解氯化芳香化合物的基因和降解甲基芳香化合物的基因分别切割下来组合在一起构建成工程菌,使之同时具有了降解上述两种物质的功能。除草剂 2,4 - 二氯苯氧乙酸是强致癌物质,美国已将能降解 2,4 - 二氯苯氧乙酸的基因片断组建到质粒上,将质粒转移到快速生长的受体菌体内构建了高效降解 2,4 - 二氯苯氧乙酸的功能菌。

质粒重组也是构建基因工程菌的另一途径。尼龙是极难生物降解的人工合成物质,现已发现自然界中的黄杆菌属($Flavobacterium$)、棒状杆菌属($Coynebacteriun$)和产碱杆菌属($Alcaligenes$)均含有分解尼龙寡聚物 6 - 氨基己酸环状二聚体的 pOAD2 质粒,S. Negoro 等人将上述三种菌的 pOAD2 质粒和大肠杆菌的 pBR322 质粒分别提取出来,用限制性内切酶 HindIII 分别切割 pOAD2 质粒和 PBR322 质粒,得到整齐的平末端切口,再以 pBR322 质粒为受体,用 T_4 连接酶连接,获得重组质粒。将重组质粒转移入大肠杆菌后表达,即可获得生长繁殖快、含有高效降解尼龙寡聚物 6 - 氨基己酸环状二聚体质粒的大肠杆菌。此外,在生产缓慢的菌株内提取出抗汞、镉、铅等的质粒,在体外进行基因重组后转移入大肠杆菌内表达。以同样的方法还获得了能快速降解几丁质、果胶、纤维二糖、淀粉和羧甲基纤维素等的基因工程菌。图 9.19 表示了基因工程菌构建的示意图。

尽管人们已在实验室研制出了许多基因工程菌,但还仅仅停留在处理模拟阶段,尚没有应用。这主要源于两个方面:一是人们对基因工程菌的应用安全性存在很大争议,例如,实验室微生物的扩散是否会造成新的疾病传播是人们非常关心的一个问题,其实实验用微生

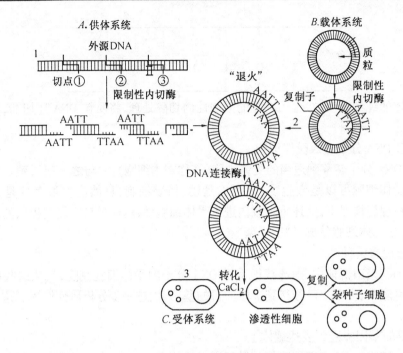

图9.19 基因工程菌构建的操作步骤

物在释放到环境中以前必须经过严格处理,对于释放后所有可能造成的影响均会被详细研究,直至找到消除所有影响的途径。因而工程菌微生物一旦应用,即使发生泄漏,引发灾难的可能性微乎其微。二是质粒本身的问题,质粒育种或重组质粒是目前基因工程菌的主要研究方向,而质粒本身很容易丢失或转移,重组的质粒或转移的质粒同样面临这样的问题,此外,质粒具有不相容性,两种不同的质粒不能稳定地共存于同一宿主内。只有在一定条件下,属于不同的不相容群的质粒才能稳定地共存于同一宿主中。

在微生物与动、植之间的超远源杂交方面,原核微生物与动物、动物与植物之间的基因工程均已获得成功。例如,苏云金杆菌体内的伴孢晶体含有杀死鳞翅目昆虫的毒素,过去生产苏云金杆菌作棉花和蔬菜的杀虫剂。现在,科学家将苏云金杆菌细胞中的毒性蛋白质抗虫基因提取出来,用基因工程技术转接到小麦、水稻、棉花植株内,进行基因重组,使小麦、水稻、棉花具有抗虫、杀虫能力。栽培这些作物不需要施杀虫剂,避免了农药污染,有利环境保护。

9.4.3 核酸探针杂交和PCR技术在环境保护中的应用

核酸探针杂交和PCR技术是基于人们对遗传物质DNA分子的深入了解和认识的基础上建立起来的现代分子生物学技术,在环境保护领域也引起了极大的重视。

9.4.3.1 核酸杂交

分子生物学认为,核酸分子携带了生命活动的全套信息,核酸由核苷酸的线性排列构成它的一级结构。所谓核酸杂交是指DNA或RNA单链片断,当与互补的DNA或RNA片断混合在一起时,在适合的条件下二者能够结合。如果利用放射性同位素^{32}P对最初的DNA片断进行标记,即做成探针,可监测外界环境中有无对应互补的片段存在。为了操作方便,在大多数核酸杂交反应中,核酸分子都要转移或固定到某种固体支持物上。常用的固体支持物有:醋酸纤维素滤膜、重氮苄氧甲基(DBM)-纤维素、氨基苯硫醚(APT)-纤维素、尼龙膜及滤膜等。

核酸分析杂交的方法有很多种,如原位杂交、点杂交、Southern 杂交等。

原位杂交可分为原位菌落杂交和原位噬菌斑杂交,二者的基本原理是相同的。

将转化后得到的菌落或重组噬菌体感染菌体所得到的噬菌斑原位转移到硝酸纤维素滤膜上,得到一个与平板菌落或噬菌斑分布完全一致的复制品。通过菌体或噬菌体裂解、碱变性后,通过烘烤(约80℃)将变性 DNA 不可逆地结合于滤膜上,这样固定在滤膜上的单链DNA 就可用各种方法标记的探针进行杂交。通过洗涤除去多余的探针,将滤膜干燥后进行放射自显影。最后将胶片与原平板上菌落或噬菌斑的位置对比,就可以得到杂交阳性的菌落或噬菌斑(图9.20)。

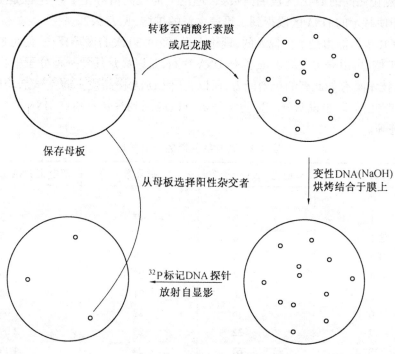

图 9.20　核酸杂交和标记探针的原理

利用核酸探针杂交技术可以检测水环境中的致病菌,如大肠杆菌、沙门氏菌、耶尔森氏菌等;也可用于检测微生物病毒,如乙肝病毒、艾滋病病毒等。目前利用 DNA 探针检测微生物成本较高,因此,无法用此技术对饮用水进行常规性的细菌学检验;此外,检测的微生物数量少时,用此技术分析有困难,必须先对微生物进行分离培养扩增后方能进行检测。

9.4.3.2　PCR 技术

PCR(Polymerase Chain Reaction)技术又称 DNA 多聚酶链式反应,于1985年美国 Millus 创立,是一种 DNA 片断体外快速扩增的一种方法。广泛应用于法医鉴定、医学、卫生检疫、环境检测等方面。对于环境中微量甚至常规方法无法检测出来的 DNA 分子通过 PCR 扩增后,由于其含量成百万倍的增加,从而可以采取适当的方法予以检测,可以弥补 DNA 分子直接杂交技术的不足。

PCR 技术的原理并不复杂,与细胞内发生的 DNA 复制过程十分类似。首先是双链 DNA 分子在临近沸点的温度下加热,便会分离成两条单链的 DNA 分子,然后 DNA 聚合酶以单链 DNA 为模板并利用反应混合物中的四种脱氧核苷酸三磷酸(dNTPs)合成新的 DNA 互补链。同样,DNA 聚合酶也需要一小段双链 DNA 来启动(或称引导)新链的合成。因此,新合成的 DNA 链的起点,事实上是由加入在反应混合物种的一对寡核苷酸引物在模板 DNA 链两端的退火位点决定的。这也是 PCR 的一个重要特征,即应用 PCR 技术能够指导特定 DNA 序列的合成。由于在所合成的新的 DNA 链上都具有新的引物的结合点位,所以反应混合物经再次加热后,新旧两条链便会分开,并进行新的下一轮的循环,即引物杂交、DNA 合成、链的分离。PCR 反应的最终结果是,经几次循环之后,反应混合物中的所有双链 DNA 分子数,即两条引物结合点位之间的 DNA 区段的拷贝数,理论上的最高值应是 2^n。这也是 PCR 技术的另一特点,即使特定的 DNA 区段得到了迅速大量的扩增,见表 9.2。

可见,PCR 扩增能力是十分惊人的,理论上讲,经过 30 次的循环反应,便可使靶 DNA 得到 10^9 倍的扩增,可以获得大约 1 μg 的靶 DNA 片断,足以满足任何一种分子生物学的研究。正因为 PCR 技术具有如此高的扩增能力,所以,任何 DNA 样品或实验室试剂均应避免发生被污染的可能性,同时也说明分子生物学分析可以应用到只含有痕量 DNA 的样品,包括一根头发、血迹等。

表 9.2 靶 DNA 片断的 PCR 扩增

循环数	双链靶 DNA 分子数	循环数	双链靶 DNA 分子数
1	0	17	32 768
2	0	18	65 536
3	2	19	131 072
4	4	20	262 114
5	8	21	524 282
6	16	22	1 048 576
7	32	23	2 097 152
8	64	24	4 194 304
9	128	25	8 388 608
10	256	26	16 777 216
11	512	27	33 544 432
12	1 024	28	67 108 864
13	2 048	29	134 217 728
14	4 096	30	268 435 456
15	8 192	31	536 870 912
16	16 384	32	1 073 741 824

PCR 反应涉及多次重复进行的温度循环周期,而每一个温度循环周期均是由高温变性、低温退火和适温延伸三个步骤组成,见图 9.21 所示。

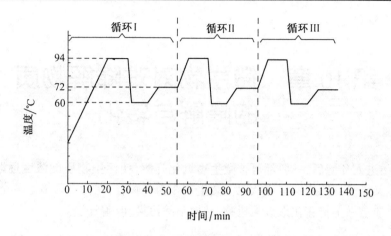

图 9.21　PCR 反应的温度循环周期

(图中设定的反应参数是 94 ℃变性 1 min,60 ℃退火 1 min,72 ℃延伸 1.5 min;
如此周而复始,重复进行,直至扩增产物的数量满足实验需求为止)

采用 PCR 技术可直接用于土壤、废物和废水等环境标本中的细胞进行检测,包括那些不能进行人工培养的微生物的检测。例如,利用 PCR 技术可以检测废水中大肠杆菌类细菌,其基本过程为:首先,抽提水样中的 DNA;然后,用 PCR 扩增大肠杆菌的 LacZ 和 LamB 基因片断;最后,分别用已知标记过的 LacZ 和 LamB 基因探针进行检测。该法灵敏度极高,100 mL水样中只要有一个指示菌时即能测出,且检测时间短,几小时内即可完成。

PCR 技术还可用于环境中工程菌株的检测。这对了解工程菌操作的安全性及有效性提供了依据。有人曾将一工程菌株接种到经过过滤灭菌的湖水及废水中,定期取样并对提取的样品 DNA 进行特异性 PCR 扩散,然后用 DNA 探针进行检测,结果表明接种 10～14 d 后仍能用 PCR 方法检测出该工程菌菌株。

思 考 题

1. 简述证明核酸是遗传物质基础的经典实验。
2. 什么是 DNA 的半保留复制?
3. 生物细胞内 RNA 有几种类型?各起什么作用?
4. 中心法则的内容是什么?蛋白质是怎样合成的?
5. 什么是突变?突变的原因是什么?
6. 什么是基因重组?基因重组可通过什么方式实现?
7. 简述诱变育种的过程。
8. 什么是基因工程?基因工程的主要操作步骤是什么?
9. 以你掌握的知识,简述基因工程技术在污染物治理中的应用。

第10章 微生物对难降解物质的降解与转化

污染物质进入环境后,一般都可被微生物氧化降解,使污染物质的浓度逐渐下降,直至消除,使环境又恢复到原来的本底状况。微生物作为分解者,在污染环境里可充当清洁工的作用,污染物质被微生物转化形成无机物,从而消除污染,改善环境。

10.1 有机污染物的生物降解性

地球上所有天然合成的有机物质,都可不同程度地被微生物降解,但有的容易被降解,有的难被降解。糖类最容易被降解,而木质素最难被降解。在漫长的生物进化过程中,微生物经常与天然合成的有机物接触,这些物质已能诱导微生物产生出分解它们的酶,可将这些物质降解。

但是,近50多年世纪以来,由人工合成的一些复杂的大分子聚合物,如有机氯农药、洗涤剂、多氯联苯(PCB)、塑料、尼龙等,是地球上从未有过的物质,微生物也只是最近几十年才和这些物质接触。这些物质尚未诱导微生物产生出分解它们的完整的酶系统,所以,这些物质几乎不能被微生物降解,这已成为人们十分关注的问题。

10.1.1 研究生物降解性的意义

迄今,已经知道污染环境的物质已达到数10万种,其中绝大多数都是有机物质。这些物质的生物降解性如何,能否被微生物降解或可降解的难易程度如何等项研究,是控制这些物质生产、排放和生物处理工艺设计的重要依据。所以,对有机污染物生物降解性的研究具有十分重要的意义。

研究有机污染物的生物降解性,有助于深入认识污染物在环境中的迁移转化规律和了解这些污染物对自然界物质转化循环的影响程度,从而为控制污染,保护环境提供理论上的依据。此外,这项研究与保护人类健康和自然界生态平衡有密切关系。在工业生产中排放的有机污染物,很多都有不同程度的毒性。这些物质排入到水体中会严重污染环境,并威胁人类的身体健康。例如,有机氯和有机磷是生物较难降解的有机污染物,在环境中,残留时间往往很长。尤其是它们能通过食物链被逐级富集、浓缩和放大,危害会更加严重。所以,搞清楚污染物质的生物降解性,就可有的放矢地采取控制污染措施,进行有效的治理。对那些不能被生物降解的或很难降解的污染物质,必须严格控制排放,或者改变产生这些物质的工艺流程,或改变产品的化学结构。对毒性很强且难以生物降解的物质,应采取停止生产的措施。对可以生物降解的污染物质,则应尽可能利用生物处理,消除污染,保护环境。

10.1.2 生物降解性的特点

有机污染物的生物降解性差别很大。有的很容易被微生物降解,而且降解速度甚快。如活性污泥与葡萄糖、木糖、麦芽糖混合经曝气处理后,这些糖类能立即从废水中去除。也有的污染物质(DDT)相当稳定,在土壤中减少到 75%～100% 需要 4 年,艾氏剂(Alarin)需要 3 年,氯丹(chlordaml)需要 5 年,有的氯化杀虫剂甚至可稳定 10 年不变。由于这类物质的稳定性,长期使用这类农药就会在土壤中造成大量积累,引起土壤和水体的严重污染。

10.1.2.1 有机污染物的化学结构对生物降解性的影响

有机物的化学结构对生物降解性影响很大。有些物质在化学结构上十分相似,仅有微小的差别,但在可生物降解性上差别甚大。如 2,4-D(2,4-二氯苯氧基乙酸)属于苯氧酸除莠剂,广泛用于对田间杂草的控制,药效良好。它可以被微生物降解,在土壤中可保持 4 周(图 10.1);而 2,4,5-T(2,4,5-三氯苯氧基乙酸)在结构上与 2,4-D 十分相似(图 10.2),但生物降解性差别很大。它不易被微生物降解,可在土壤中保持 20 周不变。

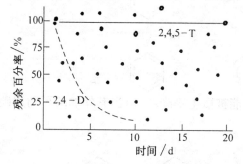

图 10.1 两种除莠剂在土壤悬浮液中的微生物分解速度

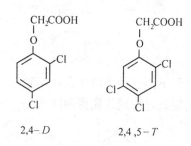

图 10.2 两种除莠剂的化学结构

又如 ABS 型洗涤剂是带碳侧链的烷基苯磺酸盐,不能被微生物降解。在生活废水和工业废水中这类物质很难用生物方法处理,排放到自然水体后,对致癌的多环芳烃化合物,如苯并芘有增倍致癌作用。而 LAS 型洗涤剂是直链烷基苯磺酸盐,可生物降解性大大提高。这两种化合物在化学结构上差异不大,仅带甲基的碳侧链有所不同(图 10.3)。

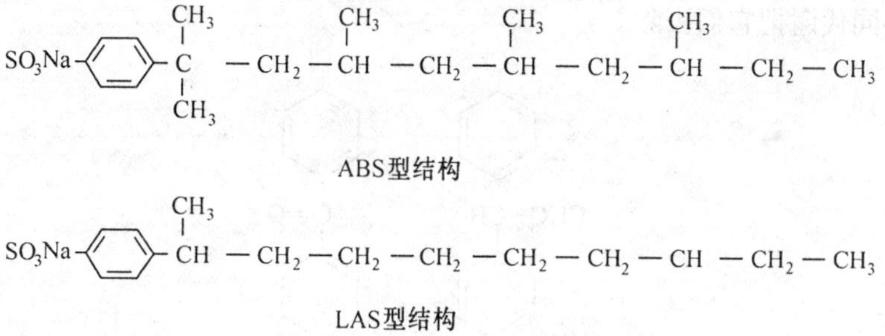

ABS 型结构

LAS 型结构

图 10.3 ABS 和 LAS 结构

类似情况很多,关于哪些结构利于生物降解,哪些结构不利于生物降解,还没有找到可靠的规律性。但实验证明,难以被微生物降解的化学基团有:磺酸基、硝基、碳侧链、酯键、取代氨基、氯取代作用等。

某些有机化合物通过微生物降解，结构上仅发生了微小的变化，这些在结构上发生微小变化的化合物，比起原来的化合物更难降解，毒性更强。如 DDT(二氯二苯三氯乙烷)在厌氧条件下，经微生物转化生成 DDD(二氯二苯二氯乙烷，参见 DDT 分解途径)。

10.1.2.2 污染物协同氧化作用

协同氧化作用或称共代谢(cometabolism)作用，是指微生物在有它可利用的惟一碳源存在时，对它原来不能利用的物质也能分解代谢的现象。这种协同代谢现象是美国得克萨斯大学 Leadbetter 和 Foster 二人发现的。例如，甲烷假单胞菌(*Pseudomonas methamica*)惟一能利用的碳源是甲烷，但如果有甲烷存在同时加入乙烷、丙烷和丁烷，则该菌也能把这些烃类相应部分氧化为乙酸、丙酸和丁酸。

以下三种化合物可以作为惟一碳源，被氢单胞杆菌(*Hydrogenomonas* sp.)降解。

然而，下面五种类似化合物单独存在时，不能被微生物降解，但当有外加的可利用碳源存在时，能通过协同代谢得到降解。

值得注意的是，以下两种化合物尽管结构与上面较相似，但完全不能被微生物代谢，也不能通过协同代谢把它们去除。

10.1.3 微生物降解有机物的潜在能力

在自然界中有巨大数量的微生物种群，这些微生物种群对有机物的降解能力也存在着极大差别。如假单胞菌属的某些菌种能降解近百种有机物质,它们可以以任何一种有机物为碳源和能源进行代谢;而甲烷氧化细菌则只能利用甲烷和甲醇为碳源;某些纤维素分解细菌,甚至只能利用纤维素为惟一的碳源和能源。

微生物降解有机物质能力的多样性,给利用微生物处理不同的工业废水提供了可能性。通过多样性研究,能够针对不同污染物质的结构特点建立适宜的生物处理系统,开发出高新技术,从而提高污染物质降解能力。

假单胞菌属的各种细菌降解有机物的能力很大,在各种不同污染物质的废水处理中几乎都有假单胞菌存在。在废水处理中也可以筛选或驯化降解特定污染物质的菌种,这样可以提高处理能力和处理效果。例如,氰化物对很多微生物有强烈的毒性,在低浓度下就能杀死和抑制很多种微生物,但在自然界中也存在一些能利用氰为碳源和氮源的微生物,可把氰分解。通过筛选这些微生物,并把它们用于处理含氰废水,可取得较好的效果。上海金山石油化工总厂筛选出珊瑚诺卡氏菌(*Nocardia Carllina*),用于处理含氰和丙烯腈废水,取得了比较好的处理效果。又如,增塑剂是难以被微生物降解的物质,排放后可污染环境,对人体害处很大。Mathar 和 Roilatt 二人分离到粘质赛氏杆菌(*Serratia marcans*),当预先用邻苯二酸驯化后,便能分解增塑剂二乙邻苯二酸酯。另外,也有人通过活性污泥驯化,用以降解几种增塑剂,取得了 24 h 降解 67%~99% 的结果。

以上情况清楚地说明,微生物分解有机污染物的能力很大,如果能把这种潜力发掘出来,对环境保护工作会有巨大贡献。

10.2 微生物对自然界中难降解物质的分解与转化

在自然界中存在有各种各样的有机物,如纤维素、半纤维素、木质素等,它们都可不同程度的被微生物降解。

10.2.1 纤维素的降解

纤维素是植物细胞壁的主要成分,在植物残体中含量约占干重的 35%~60%。土壤中含有大量的纤维素,印染工业、造纸工业、纺织工业、木材加工工业等,排放的废水中也含有很多纤维素。

纤维素是葡萄糖的高分子缩合物,分子量介于 50 000~400 000 之间,含有 300~2 500 个葡萄糖分子,以 β-1,4 糖苷链联结成直的长链,不溶于水,在环境中比较稳定。能分解纤维素的微生物都可分泌纤维素酶,它是复合酶,是由 C_1 酶、β-1,4 葡聚糖酶和 β-葡萄糖苷酶组成。

1) C_1 酶 可水解天然纤维素,使纤维素分解为含很多葡萄糖分子的多糖,对多糖或寡糖很少有降解作用。一种微生物能分泌一种以上的 C_1 酶。

2) β-1,4 葡聚糖酶 又叫 C_x 酶,它不能水解天然纤维素,只能切割部分降解的多糖。它广泛分布在细菌、放线菌和真菌中,可作用于包括很多葡萄糖单位的多糖分子,也可作用于寡糖分子,如纤维四糖、纤维三糖。但它对寡糖比对多聚糖的水解作用慢。一种微生物可以分泌几种不同结构的 C_x 酶,这些酶的功能相同。C_x 酶又可分两种:一种叫内切酶,它在长链之内任意切割葡萄糖单位间的键,一般产生纤维二糖及不同大小的寡糖,有时产生葡萄糖;另一种叫外切酶,它从大分子的一端开始切割,每次切下两个葡萄糖单位,一般产生纤维二糖。寡糖或纤维二糖被微生物利用之前,还必须进一步降解才能作为碳源及能源。

3) β-葡萄糖苷酶　可水解纤维二糖、纤维三糖及低分子量的寡糖成葡萄糖。这种酶过去被称为纤维二糖酶,这显然不合适,因为它的作用底物不只是纤维二糖。

纤维素经水解分解为葡萄糖和纤维二糖后方可被微生物吸收。在好氧性分解纤维素微生物作用下,纤维素可彻底氧化成 CO_2 与 H_2O。在厌氧条件下,纤维素由厌氧纤维素微生物作用可进行丁酸型发酵,产生丁酸、丁醇、CO_2 和 H_2 等(图 10.4)。

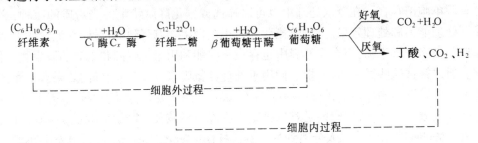

图 10.4　纤维素分解过程

好氧性纤维素分解菌有:噬纤维菌属(*Cytophage*),生孢噬纤维菌属(*Sporocytophaga*),纤维弧菌属(*Cellvibrio*),纤维单胞菌属(*Cellulomonas*)。

厌氧性纤维素分解菌有:高温纤维梭菌(*Clostridium thermocellum*)、溶解梭菌(*C. dissolvens*)和高温溶纤维梭菌(*C. thormocellulolyticus*)等。

许多真菌也有很强的降解纤维素的能力,主要有木霉(*Trichoderma*)、镰刀霉(*Fusarium*)、曲霉、青霉和毛霉等。

能分解纤维素的放线菌有:诺卡氏菌属、小单孢菌属及链霉菌属等。

10.2.2　半纤维素的降解

半纤维素在植物组织中含量很高,仅次于纤维素。半纤维素由各种聚戊糖和聚己糖构成,在一年生作物中常占植物残体重量的 25% ~ 80%。植物细胞壁中的多糖除纤维素、果胶外,就是半纤维素。真菌和细菌的细胞壁中也含有半纤维素。每年有很多半纤维素进入土壤,是土壤微生物重要的碳源和能源。

半纤维素在土壤中是比较容易被微生物分解的,比纤维素分解速度快。能分解半纤维素的微生物很多,有细菌、放线菌、真菌。微生物先分泌胞外酶,将半纤维素水解为单糖。根据酶的作用方式及底物可把参与水解半纤维素的酶归纳为三种类型。

1) 内切酶　对多糖大分子基本结构单位的连接链进行任意切割,将大分子切碎,成为不同大小的片断。

2) 外切酶　从糖键的一端切下一个单糖或二糖单位。当内切酶将大分子切断后,出现很多末端,外切酶便有很多作用点,可以迅速对多糖进行水解。对带支链的大分子的分支点,很多半纤维素酶不能切割,还需另一种酶将分支部位切开,然后半纤维素酶才能作用。

3) 糖苷酶　水解寡糖或二糖,产生单糖或糖醛酸。糖苷酶对底物也有专一性,并以作用的底物命名,如木糖苷酶,作用于木糖寡糖或木二糖,产生木糖。

半纤维素 $\xrightarrow[H_2O]{半纤维素酶}$ 单糖和糖醛酸 $\begin{array}{l}\xrightarrow{好氧} CO_2+H_2O \\ \xrightarrow{厌氧} 多种产物\end{array}$

10.2.3 木质素的降解

木质素是植物组织的主要成分之一,存在于次生细胞壁和细胞间质中,在植物体中的含量仅次于纤维素和半纤维素。一般占植物干重的 15%~20%,木材中含量更高,占 30% 左右。木质素的化学结构比纤维素、半纤维素复杂得多。植物种类不同,其木质素的化学性状也不同。据紫外吸收光谱分析,证明木质素是苯的衍生物,是芳香族物质的多聚体,其基本结构可能是苯丙烷(C_6—C_3)型的结构。

木质素抗酸水解,酸、热水、中性溶剂对它都不起作用,只溶于碱。它是植物残体中最难分解的组分。

木质素的微生物分解极为缓慢,实验表明,当玉米秸进入土壤后,可溶有机质及纤维素、半纤维素逐渐被分解,六个月后总干重损失 2/3,木质素只损失 1/3。因为木质素分解缓慢,所以,在分解残体中留下的木质素相对增加。木质素分解过程发生如图 10.5 的变化。

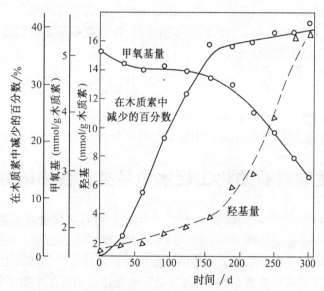

图 10.5 木质素分解过程中甲氧基和羟基的变化

在 150 d 内木质素不断减少,150~300 d 木质素含量减少有限,而在这期间甲氧基(—OCH_3)含量明显降低,羟基含量直线上升。这说明在分解后期,木质素含量虽然变化不大,但分子内部仍在发生明显的改变。在厌氧条件下,木质素分解得更慢,而甲氧基却消失更快。

担子菌纲的一些种类,如干朽菌(*Merulius*)、多孔菌(*Polyporus*)、伞菌(*Agaricus*)等属,对木质素分解能力最强。另外,木霉、交链孢霉、曲霉、青霉等也有分解木质素的能力。

10.2.4 核酸的降解

各种生物细胞中都含有大量核酸,它是许多单核苷酸的多聚物。核苷酸由嘌呤碱或嘧啶碱与核糖和磷酸分子组合而成,在微生物产生的核酸酶作用下,将核酸水解成核苷酸,核苷酸在核苷酸酶作用下分解成核苷和磷酸,核苷再经核苷酶水解成嘧啶或嘌呤和核糖。

$$核酸 \xrightarrow[+H_2O]{核酸酶} 核苷酸 \xrightarrow{核苷酸酶} \begin{matrix}核苷\\磷酸\end{matrix} \xrightarrow{核苷酶} \begin{matrix}嘌呤或嘧啶\\核糖\end{matrix}$$

生成的嘌呤或嘧啶在继续分解中经脱氨基作用产生氨。

$$腺嘌呤(A) \xrightarrow[H_2O\ \ NH_3]{腺嘌呤脱氨酶} 次黄嘌呤(I) \xrightarrow{X氧化酶} 黄嘌呤(X) \xrightarrow[H_2O]{G脱氨酶}\ ^{NH_3\ H_2O} 鸟嘌呤(G)$$

许多微生物都能分解核酸。细菌中有芽孢杆菌属、梭菌属、分枝杆菌属、假单胞菌属、节杆菌属等。真菌中有曲霉、青霉、镰孢霉,放线菌中的链霉菌属都能分解核酸。

10.2.5 几丁质的降解

几丁质是氨基葡萄糖的缩聚物,许多真菌的细胞壁中含有这种成分,昆虫的甲壳则全是几丁质。有些微生物能产生几丁质酶使几丁质水解,生成氨基葡萄糖和乙酸,氨基葡萄糖再经脱氨基酶作用,生成葡萄糖和氨。

$$C_{15}H_{26}N_2O_{10}\ (几丁质) + 4H_2O \xrightarrow{几丁质酶} 2C_6H_{11}O_5NH_2\ (氨基葡萄糖) + 3CH_3COOH$$

$$C_6H_{11}O_5NH_2 + H_2O \xrightarrow{脱氨基酶} C_6H_{12}O_6 + NH_3$$

在细菌中贝内克氏菌属(*Beneckea*)中的某些种可分解几丁质。

10.3 微生物对石油化工废水中烃类化合物的分解与转化

烃是由碳氢两种元素组成的碳氢化合物,是构成一切有机化合物的基础。石油即由多种烃组成,石油平均成分是烷烃30%,脂环烃占46%,芳香烃占24%。烷烃、烯烃和芳香烃均是石油化工、炼焦煤气生产工业废水中的主要成分。多环芳烃已知有七、八种具有致癌作用,其中3,4-苯并[a]芘致癌性最强。所以,研究碳氢化合物的微生物降解早已受到重视。

10.3.1 烷烃类化合物的降解

烷烃类化合物较难被微生物降解。微生物对烷烃的降解特点是:链烃比环烃易降解;正构烷烃比异构烷烃易降解;直链烃比支链烃易降解。直链烃中碳链长短可降性也不同,一般来说碳链长的比碳链短的易降解,$C_9 \sim C_{12}$ 随着 C 原子增加,氧化速度亦增加;$C_{15} \sim C_{17}$ 氧化速度几乎不变。当多于 C_{18},分解逐渐困难,即使曝气 24 h 以上也不大容易分解。烷烃的降解主要有三种方法。

①烷烃的氧化首先是末端的甲基被氧化,经过醇、醛再氧化生成脂肪酸,经 β-氧化,生成乙酰辅酶 A,在有氧条件下进入 TCA 循环,并完全氧化成 CO_2 和 H_2O。

气态烃甲烷的氧化途径 1970 年由 Ribbons 提出,在甲烷氧化菌作用下生成 CO_2 和 H_2O。

$$CH_4 \xrightarrow{(O)} CH_3OH \xrightarrow[H_2O]{(O)} HCHO \xrightarrow[-2H]{+H_2O} HCOOH \xrightarrow{(O)} C_2O + H_2O$$

②若正烷烃分子末端第二个碳上经亚甲基氧化,生成仲醇,再氧化生成甲基酮,这种氧化方式叫次末端亚甲基氧化。此反应是发生于短链烷烃类。

③正烷烃分子两端甲基氧化,可形成二羧酸。皱褶假丝酵母氧化正癸烷,可生成癸二酸。

10.3.2 烯烃类化合物的降解

研究证明,大多数烯烃比芳香烃、烷烃都更容易被微生物降解。微生物对烯烃的代谢主要是产生具有双链的加氧化合物,最终形成饱和或不饱和的脂肪酸。

然后再经 β - 氧化进入 TCA 循环而完全被分解。完全分解的最终产物是 CO_2 和 H_2O。烯烃的降解亦有三种途径(图 10.6)。

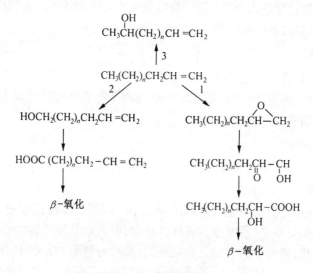

图 10.6 烯烃的降解途径

①双键氧化是在双键处形成加氧化合物,即二元醇,再氧化生成醇酸。
②末端甲基氧化生成烯醇、烯醛和烯酸。
③次末端氧化生成烯醇。

10.3.3 脂环烃类化合物的降解

脂环烃主要存在于化学工业的副产品、农药、石油和煤焦油中。能降解脂环烃的微生物很少,Imelik 发现铜绿色极毛杆菌能在环己烷中生长,使环己烷先生成过氧化合物,再转化为内酯,然后再氧化生成戊酸、甲酸、甲醛等。

10.3.4 芳香烃类化合物的降解

芳香烃化合物都是苯及苯的衍生物。如苯、酚、甲苯、萘、菲、蒽等常存在于石油化工厂废水中,其中酚大量存在于炼焦、煤气厂废水中。

芳香烃类化合物一般都比较难被微生物降解,大部分芳香烃类对微生物都有抑制作用,能使菌体蛋白质凝集,使生长受阻或死亡。但在一定浓度下,芳香烃也能被一些细菌、放线菌降解。

10.3.4.1 苯酚

酚类化合物是煤气厂、化工厂、铜铁厂等排放废水中的主要成分,用生化法处理含酚废水可取得比较好的效果。一元酚和二元酚比较容易降解,三元酚较难降解;邻位和间位的硝基酚易降解;甲基酚比硝基酚容易降解。具有降解酚能力的微生物种类很多,除细菌外,还有酵母菌和放线菌。酚的降解主要经 β-酮基己二酸途径和 α-酮酸途径。

10.3.4.2 苯

苯可被很多微生物降解,Uarr 等人报导指出,铜绿色假单胞杆菌(*Pseudomonas aeruginosa*)、红色分支杆菌(*Mycobacterium rubrum*)可降解苯。苯经微生物降解后生成儿茶酚、粘康酸,经 β-酮基己二酸途径进入 TCA 循环,最后氧化成 CO_2 和 H_2O。在以苯为底物培养小球菌和诺卡氏菌时,培养物中有粘康酸生成。

10.3.4.3 甲苯

甲苯、二甲苯比苯容易氧化降解。有人用铜绿色假单胞菌逐步驯化适应的办法,研究了甲苯的降解途径,结果表明,甲苯主要经苯甲醇、苯甲醛、苯甲酸转变成为儿茶酚,并进一步转化为琥珀酸或丙酮酸,进入 TCA 循环。

10.3.4.4 苯甲酸

苯甲酸也较容易被微生物降解,通过原儿茶酚、粘康酸和 β-酮基己二酸途径进入 TCA 循环,最终被氧化成 CO_2 和 H_2O。

综上所述,芳香烃化合物的生物降解是通过 β-酮基己二酸途径进行的。如果有侧链的话则先从侧链开始分解,然后发生芳香环的氧化,引入羟基环开裂。

接着进行的氧化,便与脂肪族的化合物相同,最后分解为 CO_2 和 H_2O。大多数好氧性细菌利用芳香族化合物作为呼吸底物,是通过 β-酮基己二酸途径的两个会集支路中的一个进行的。

通过这些反应可使原始底物的芳香核的六个碳原子转变为脂肪族酸和 β-酮基己二酸的六个碳原子,再按次序裂解为乙酰辅酶 A 和琥珀酸,然后进入三羟酸循环。其他有关结构的化合物也都通过中间产物会聚到 β-酮基己二酸,再进一步代谢而被分解为 CO_2 和 H_2O。

能降解烃类化合物的微生物都是好氧性的,厌氧性微生物不能降解烃类,因为,烃类化合物分子中没有氧的成分,所以降解烃时一定要有氧,而且需氧量较大。

如微生物氧化 1 g 葡萄糖需氧量是 1.07 g,氧化 1 g 蛋白质需氧量是 1.8 g,氧化 1 g 烃类需氧量是 3.4 g。

10.4 微生物对合成有机化合物的分解与转化

10.4.1 氰(腈)类化合物的降解

氰(腈)类化合物主要存在于石油化工、人造纤维、电镀、煤气、制革和农药厂排放的废水中,因毒性很大会严重污染环境。氰(腈)化合物在生物体内可抑制细胞色素氧化酶,阻碍血液对氧的运输,使生物体缺氧窒息死亡。急性中毒可感到恶心、呕吐、头昏、耳鸣、全身乏力、呼吸困难、出现痉挛、麻痹等。

能分解氰(腈)化合物的微生物有假单胞杆菌属、诺卡氏菌属($Nocardia$)、茄病镰刀霉($Fusarium\ solani$)、绿色木霉($Trichoderma\ viride$)等。

有机腈化物较无机氰化物易于生物降解。能降解氰(腈)类的微生物都是好氧性的,目前还没有发现能降解氰(腈)化合物的厌氧性微生物,因为氰(腈)化合物分子中没有氧的成分。

无机氰降解途径

$$HCN \longrightarrow HCNO \begin{array}{c} \nearrow NH_3 \longrightarrow NO_2 \longrightarrow NO_3 \\ \searrow HCOOH \longrightarrow CO_2 + H_2O \end{array}$$

有机腈降解途径

$$\underset{\text{丙烯腈}}{CH_2=CH-CN} \longrightarrow \underset{\text{丙烯酰胺}}{CH_2=CH-CO-NH_2} \longrightarrow \underset{\text{丙烯酸}}{CH_2=CH-CO-OH} + HN_3$$

氰(腈)化合物虽然是剧毒物质,但经过驯化的活性污泥,处理含氰(腈)废水可获得显著效果。

10.4.2 合成洗涤剂的降解

洗涤剂是人工合成的高分子聚合物,目前,在世界范围内已广泛使用,产量逐年增多。由于洗涤剂难于被微生物降解,导致洗涤剂在自然界中蓄积数量急剧上升,不仅污染了环境,而且也破坏了自然界的生态平衡。因此,洗涤剂是目前最引人注目的环境污染的公害之一。

合成洗涤剂的主要成分是表面活性剂。根据表面活性剂在水中的电离性状分为:阴离子型、阳离子型、非离子型和两性电解质型四大类。其中,以阴离子型合成洗涤剂应用得最为普遍。阴离子型的表面活性剂包括合成脂肪酸衍生物、烷基磺酸盐、烷基硫酸酯、烷基苯磺酸盐、烷基磷酸酯、烷基苯磷酸盐等;阳离子型主要是带有氨基或季铵盐的脂肪链缩合物,也有烷基苯与碱性氮原子的结合物;非离子型是一类多羟化合物与烃链的结合产物,或是脂肪烃和聚氧乙烯酚的缩合物;两性电解质型则为带氮原子的脂肪链与羟酰、硫或磺酸的缩合物。

合成洗涤剂基本成分除表面活性剂外尚含有多种辅助剂,一般为三聚磷酸盐、硫酸钠、碳酸钠、羟基甲基纤维素钠、荧光增白剂、香料等,有时还有蛋白质分解酶。

家庭用的洗涤剂通称洗衣粉,有粉剂、液剂、膏剂等形式。我国现在主要产品属阴离子型烷基苯磺酸钠型洗涤剂,一般称中性洗涤剂,对环境的污染最为严重。

洗涤剂的种类很多,一般都很难被微生物降解,最难被微生物降解的是带有碳氢侧链的分子结构——ABS型(图10.3)。这种洗涤剂不能被微生物降解的原因是侧链中有4个甲基支链,这种链十分稳定,对化学反应和生物反应都有很强的稳定性。

为使合成洗涤剂易为生物降解,人们改变了合成洗涤剂的结构,制成了较易被微生物降解的洗涤剂,即直链型烷基苯磺酸盐(LAS)。这种洗涤剂由于减少了支链,使其直链部分易于分解,而且在一定范围内碳原子数越多,其分解速度也越快。LAS型洗涤剂的微生物降解途径是通过侧链 β-氧化和脱磺基作用,经苯乙酸生成原儿茶酸。

10.4.3 塑料的降解

塑料(plastic)也是人工合成的高分子聚合物,很难被微生物降解。塑料已成为生产及生活中的必需品,其数量成倍增加。因此,塑料已成为环境中的重要污染物质。

目前,发现有些微生物可分解塑料,但分解速度十分缓慢。微生物主要作用于塑料制品中所含有的增塑剂。由于增塑剂的代谢变化而使塑料的物理性质发生改变,组成塑料聚合物的组分本身的化学性质都无变化。聚氯乙烯塑料可含高达50%的增塑剂,当增塑剂为癸二酸酯时,在土壤中放置14 d后,约有40%的增塑剂被微生物降解。

据资料介绍,塑料聚合物质先经受不同程度的光降解作用后,生物降解就容易得多。经光解后的塑料成为粉末状,如果分子量降到5 000以下,便易于为微生物利用。经光解的聚乙烯、聚丙烯、聚苯乙烯的分解产物中有苯甲酸、CO_2和H_2O。光解后的聚丙烯塑料及聚乙烯塑料,在土壤微生物类群的作用下,约一年后即可完全矿化。

10.4.4 化学农药的降解

随着农业生产的发展,农药已成为农业生产必不可少的杀虫剂。从使用天然的尼古丁防治蚜虫起,人们使用农药已有200多年的历史。但是,多种人工合成有机农药的大量使用,是最近几十年的事。随着生产的不断发展,农药的产量和品种不断增加。目前世界上农药总产量每年已达到200万t以上,农药的品种约有520余种,最常使用的只有几十种。

过去农药的使用在提高农产品产量、保护秧苗、保护森林资源,农产品贮存等方面也起过积极作用。但是,就在农药为人类造福的同时,也污染了人类生存的环境,又给人类带来严重的危害。因为农药的毒性很强,又很稳定,很难被微生物降解。年复一年,大量的农药倾入环境,所以,在环境中有大量的农药积累。

农药还可以从土壤中进入大气和水体,通过食物链进入人体。尤其是那些化学性质稳定,在环境中不易分解的有机氯农药,已引起了人们的极大关注。这些有机氯农药的行踪几乎遍布了世界的各个角落。从人迹罕至的世界屋脊珠穆朗玛峰到终年冰封的南北极,冰雪中都有微量的有机氯农药残留。南极的企鹅,北极格陵兰地区从未见过DDT的因纽特人体内都有微量的DDT。可见,目前人类完全生存在农药无所不在的环境中。空气、饮水、食物中都有农药残留,而又接连不断地进入人体。

有很多农药在土壤中是十分稳定的,像有机氯农药DDT、氯丹、七氯艾氏剂、狄氏剂等都很难被微生物降解。有的农药可在土壤中保持数年,甚至几十年不被分解(表10.1),由于这些具有毒性的农药在土壤里大量的积累,使环境受到严重的污染,给人畜带来了极大的危害。故近年来各国均有开展微生物降解农药的研究。据报导,杀虫剂六六六在土壤中能被一类假单胞菌降解,DDT能被欧氏杆菌属的某些种脱氯,某些真菌和放线菌也具有类似的脱氯作用。美国在实验室条件下,研究毛霉对DDT的降解,结果发现毛霉对DDT有降解能力,使 DDT 降解到至少产生两种不含氯的水溶性产物。

土壤中参与农药降解的微生物种类很多,作用能力较强的细菌有假单胞杆菌属(*Cseudomonas*)、黄极毛杆菌属(*Xanthomonas*)、黄杆菌属(*Flavobacterium*)、节杆菌属(*Arthrobacter*)、农杆菌属(*Agrobacterium*)、棒状杆菌属(*Corynebacterium*)、芽孢杆菌属(*Bacillus*)、梭状芽孢杆菌属(*Clostridium*);真菌有交链孢霉属(*Alternavia*)、曲霉属(*Aspergillus*)、芽枝霉属(*Cladosporium*)、镰刀霉属(*Fusarium*)、小丛壳属(*Glomerella*)、毛霉属(*Mucor*)、青霉属(*Penicillum*)、木霉属(*Frichoderma*);放线菌有小单孢菌属(*Micromonospora*)、诺卡氏菌属(*Nocardia*)及链霉菌属(*Streptomyces*)。它们的每个种能作用于一个或多个农药分子。

表 10.1 几种农药的半衰期

农 药 名 称	半 衰 期
氯丹(chlordanl)	2~4 年
DDT	3~10 年
艾氏剂(Dieldrin)	1~7 年
七氯(Heptachlor)	7~12 年
敌敌畏(DDV_P)	17 天

微生物对农药的作用方式是多种多样的(图 10.7),可以归纳为六种作用类型。

1) 去毒作用 农药分子被微生物作用后变有毒为无毒。

2) 降解作用 将复杂的农药化合物转变为简单化合物,或者彻底分解为 CO_2 和 H_2O 及 NH_3、Cl^-。如果完全被分解成无机化合物,即称为农药的矿化。

3) 活化作用 将无毒的物质转化为有毒的农药。如除草剂 2,4-D 丁酸、杀虫剂甲拌磷,是经土壤中微生物作用后的代谢产物,对杂草及昆虫有毒害作用。

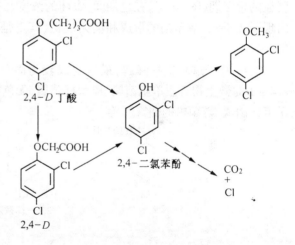

图 10.7 除草剂代谢过程

4) 失去活化性 本来是一个无毒的有机分子,在微生物作用下可以成为农药,但有的微生物能将这样的分子转化为另一无毒分子,使其再不能被活化为农药。

5) 结合、复合或加成作用 微生物的细胞代谢产物与农药结合,形成更为复杂的物质。如将氨基酸、有机酸、甲基或者其他基团加在作用的底物上。这些作用过程也常常是解毒作用。

6) 改变毒性谱 某些农药对一类有机体有毒,但是它们被微生物代谢后,得到的产物能抑制完全不同的另一类有机体,毒性谱发生了改变。如 5-氯苯甲醇转化为 4-氯苯甲酸。

实验证明,微生物确有降解农药的作用。采用一种除莠剂的敌草隆(Diuron)进行实验发现,在未经消毒灭菌的土壤里,敌草隆的降解速度要比经消毒灭菌的土壤里的降解速度快得多。在未经消毒灭菌的土壤6个月降解量接近一半；而土壤经消毒灭菌后，在土壤里6个月敌草隆降解量不到1/10。很显然，这一差别是由微生物降解作用所造成的。下面介绍几种农药的降解规律。

10.4.4.1 2,4-D 的分解

2,4-D(2,4-二氯苯氧基乙酸)是具有高度选择性的内吸式除草剂，一般阔叶双子叶植物对2,4-D最为敏感，容易被杀死。而单子叶的禾本科作物及杂草抗药力较大。在高浓度下2,4-D是一种良好的除草剂，在低浓度下($1\ \mu g/g$)有刺激植物生长的作用，可以用来防治落花、落果、倒伏和促进早熟、生根等，因而在农业上使用广泛。人们对2,4-D的微生物降解性的研究很多，也较为深入。降解开始时，降解曲线出现一个很

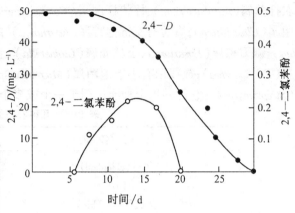

图10.8 2,4-D在土壤中的代谢及2,4-二氯苯酚的形成与消失

明显的延缓期(图10.8)，在这期间，农药的浓度几乎看不到变化。此后农药迅速消失，此间出现了2,4-二氯苯酚的形成和消失过程(其量是非常微小的)，30天左右2,4-D完全消失。

2,4-D经过微生物降解，最后变成较为简单的有机酸(图10.9)。目前发现，能降解2,4-D的微生物有假单胞菌属、棒状杆菌属、无色杆菌属、黄杆菌属、节杆菌属，放线菌中的诺卡氏菌属，霉菌中的曲霉属等。

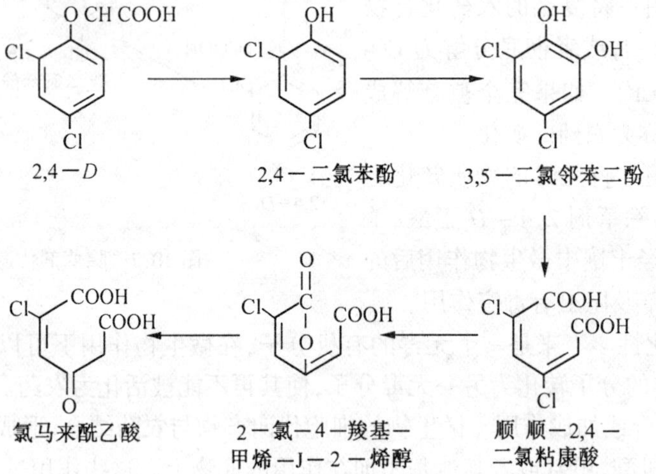

2,4-D → 2,4-二氯苯酚 → 3,5-二氯邻苯二酚

氯马来酰乙酸 ← 2-氯-4-羧基-甲烯-J-2-烯醇 ← 顺顺-2,4-二氯粘康酸

图10.9 2,4-D降解途径

10.4.4.2 六六六的降解

六六六(BHC，六氯环己烷)是有机氯杀虫剂，对人、畜急性毒性较低，但如果经常接触或食用有六六六残留的食物，可以在人体中蓄积，给人体健康带来危害。

六六六是较为稳定的农药，难以被微生物降解。但近年来研究表明，土壤中存在分解六

六六的微生物,在厌氧条件下分解速度较快。如在高温积水条件下,六六六在1个月内可完全消失;在干旱土壤中,它可以保留3~11年之久;在温润土壤中蜡状芽孢杆菌(*Bacillus cereus*)可将六六六脱氯。

直肠梭菌(*C. rectum*)通过共代谢也能降解六六六,不过需要提供蛋白胨类物质它才能使六六六降解。日本松村等用354个菌株做分解六六六的试验,发现有71个菌株有分解六六六的能力,其中活性最强的是恶臭假单胞细菌(*Pseudomonas putida*)。

10.4.4.3 DDT 的降解

DDT(二氯二苯三氯乙烷)是20世纪30年代瑞士人 Muiller 发明合成的。使用初期,杀虫作用特别明显,使作物产量大幅度提高。当时,意大利正蔓延斑疹伤寒,已达到无法制止的地步,很多人因此死亡。后来用 DDT 杀灭传染斑疹伤寒的媒介——人虱,3天内就将斑疹伤寒控制住。因此,1948年 Muiller 因发明 DDT 获得了诺贝尔奖金。

就在 DDT 为人类造福的同时也污染了人类生存环境。DDT 是重要的有害物质,其化学性质稳定,结构复杂,非常难以被微生物降解。这类农药除直接对作物造成污染外,还大量存在于土壤中,并被作物吸收,最后可通过食物链进入人体。DDT 的毒性可在土壤中维持10~15年。DDT 还可通过风力和水流传播很远,大大地扩大了污染范围。日本发现,大米里有 DDT;美国发现,在159种农牧产品里含有 DDT。DDT 对野生动物也极为有害,使世界上很多珍贵兽禽濒临绝种。农药的施用还使害虫的抗药性不断增加,蚜虫现在对 DDT 的抗药性要比30年代初期提高了3万倍。此外,DDT 还能杀死土壤微生物,如日本长野县,由于施用农药,使土壤微生物减少,造成向水稻田中投加有机肥料很难腐烂分解的后果。由于 DDT 对环境造成的严重污染,促使人们对 DDT 的生物降解性进行了大量的研究工作,目前知道有很多种细菌及放线菌能转化 DDT。在好氧条件下,产气杆菌(*Aerobacter aerogenes*)能缓慢地将 DDT 脱氯,生成 DDE。在厌氧条件下,微生物能很快使 DDT 脱氯,最后生成 DDM(图10.10)。有人用盆栽试验证明,土壤中 DDT 含量为 $6.52\ \mu g/g$,种一季水稻后 DDT 残留量为 $2.72\ \mu g/g$,去除率为58%。但种一季旱田作物,DDT 残留量为 $5.49\ \mu g/g$,去除率为15%。

美国人在实验室用氢单胞杆菌和镰刀霉菌同时培养,可将 DDT 全部降解,产生 HCl 和 H_2O;而单独培养时,不能全部降解。这也说明了降解 DDT 还需要种群间的联合作用。

10.5 微生物对无机污染物的转化

无机污染物对环境的影响和微生物的转化降解过程,在有关章节已做了介绍,这里着重介绍某些重金属污染物对环境的影响和微生物的转化降解。

10.5.1 汞污染与转化

汞是自然环境里的一种天然成分,广泛分布于自然界中,一般含量极低。地表水含汞量不到 $0.1\ \mu g/L$,海水中汞含量在 $0.1\sim1.2\ \mu g/L$ 之间,大气中含量为 $0.001\sim50\ \mu g/m^3$,土壤中含量平均为 $0.1\ \mu g/g$。汞在自然界主要以元素汞(Hg)和硫化汞(HgS)的形式存在,汞在自然界的本底值并不高。

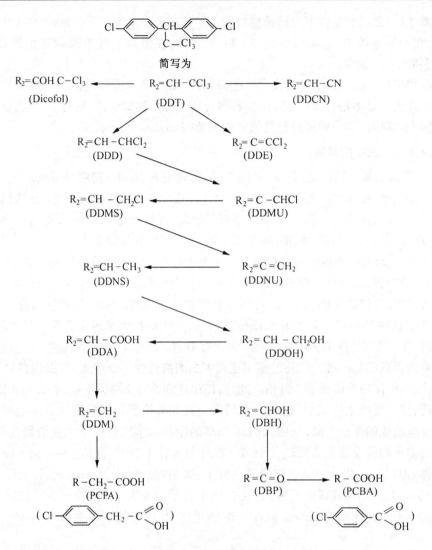

图 10.10　DDT 分解途径

10.5.1.1　汞污染概况

由于汞在工业上的广泛应用,自然界汞的开采量逐年增多。如生产电池、路灯、继电器等工业都需要汞;生产氯乙烯塑料和乙醛也都要用氯化汞作催化剂;很多化学农药中亦含有无机汞或有机汞。因此,含汞的污染物质不断地排入环境,从而造成了汞的污染。

环境中最主要的汞污染源是氯碱工业,一座日产百吨氯的氯碱厂,每年可排出大约 4~8 t 汞到环境中,使环境遭受到严重的汞污染。由于汞污染而造成的大规模中毒事件发生在 20 世纪 50 年代初期的日本和瑞典。日本水俣湾渔民,食用了含有高度富集甲基汞的鱼和贝类而造成汞中毒症,表现出不可治愈的致命性神经性紊乱,人们称这种病为水俣病。水俣病病因是甲基汞中毒引起的。甲基汞来源于一家氮肥公司,这家公司把含有大量无机汞的废水排入水俣湾,无机汞在海底沉积,经细菌作用,转化为甲基汞。甲基汞比无机汞的毒性更强,又易溶解于脂肪,能比无机汞更为迅速地渗入生物体的细胞内,与蛋白质中的硫基结合抑制了生物体内的酶活性。甲基汞经水生生物的食物链作用及富集作用,使汞在鱼体内富集放大,浓度要比在海水中汞的浓度高出上万倍。在鱼体内高度富集的汞,最终经食物链带入人体。汞又在人体内富集,达到一定浓度使人患水俣病。水俣病已成为震撼世界的一种由环境受汞污染而造成的不治之症,引起了全世界人民的极大关注。

汞的无机形式对动植物有很强的毒性,如氯化汞、硫化汞和一些含汞的农药。络合的有机汞对动植物毒性更强。汞一般具有很强的抗微生物降解作用,因此,汞可在环境中长期存留,其生物学转化速度是十分缓慢的。

10.5.1.2 汞的化学转化

汞能在中性水溶液内,用甲基钴氨素(Methylcobacmin)作为甲基供体,完全以非生物反应进行甲基化。这一反应可快速且定量进行,而且在好氧和厌氧条件下都能进行。有人曾用一种产甲烷细菌的无细胞抽提液进行试验,由于有这类菌合成的甲基钴氨素作为甲基供体,并在 ATP 和一种酶还原剂存在的条件下,甲基钴氨素中的甲基向二价汞转移,形成甲基汞和二甲基汞,同时甲基钴氨素转化成羟基钴氨素。以后又进一步发现,在无还原剂和细胞抽提液的情况下,只要给以甲基供体——甲基钴氨素,也能发生完全是非生物学汞的甲基化过程。此外,在有氯化汞和乙酸存在时,在甲基锡化合物作用下,也能发生汞的非酶甲基化作用。

10.5.1.3 汞的生物学转化

在自然界中,有些微生物可转化汞,可把元素汞和离子汞转化为甲基汞和二甲基汞。

$$Hg^0 \rightarrow Hg^{2+} \rightarrow CH_3Hg^+ \text{ 或 } Hg^0 \rightarrow Hg^{2+} \rightarrow CH_3HgCH_3$$

二甲基汞在酸性条件下能转化为甲基汞。汞的转化一般是通过细菌的作用。微生物利用底物中的维生素、甲基维生素 B_{12},在细胞内的甲基转移酶作用下,促使甲基转移而形成甲基汞。

产甲烷细菌具有将元素汞和离子汞转化为甲基汞的能力。由于甲基汞对生物毒性很强,而产甲烷细菌又常存在于含无机汞较多的水体底部淤泥中,因此,产甲烷细菌的活动使受汞污染的水域汞害大大加剧。此外,匙形梭状芽孢杆菌(*Clostridium cochlearium*)、荧光假单胞杆菌(*Pseudomonas fluorecens*)、草分支杆菌(*Mycobacterium phiei*)、大肠杆菌(*E. coli*)、产气肠杆菌(*E. aerogenes*)和巨大芽孢杆菌(*Bacillus megatherium*)等都能把 Hg 转化成甲基汞。若在培养基里存在半胱氨酸和维生素 B_{12},就可使无机汞转化为甲基汞的能力提高。此外,在某些真菌菌丝体中如黑曲霉(*Aspergillus niger*)、啤酒酵母(*Saccharomgces cerevisiae*)、粗糙链孢霉(*Neurospora crassa*)也发现有甲基汞。

在被污染的河泥中还存在一些抗汞细菌,能把甲基汞和离子汞还原成元素汞,亦可把苯基汞、乙基汞转化为元素汞和甲烷。

$$CH_3Hg \xrightarrow[E.\,coli]{\text{厌气}} Hg + CH_4 (\text{抗汞作用})$$

日本已分离出一种抗汞细菌,属于假单胞菌属(*Pseudomonas* K62),这种细菌能把甲基汞吸收到细胞内,在体内转化为元素汞。大肠杆菌亦可将离子汞转化为元素汞。有人研究了大肠杆菌和假单胞菌转化离子汞为元素汞的机理,提出在这类具有解汞作用的菌体内存在有 MMR 酶系。通过 NADPH 把电子传递到细胞色素 C,再通过 MMR 酶系使汞还原成元素汞。

日本正在研究利用该假单胞菌和大肠杆菌将离子汞转化为元素汞的能力,用来处理含汞废水。菌体可吸收含汞废水中的甲基汞、乙基汞、硫酸汞、硝酸汞等水溶性的汞化合物,并将它们还原为元素汞。然后将菌体收集起来,细菌体内的元素汞一部分蒸发,可用活性炭吸收;另一部分汞可与细菌体共同沉积在反应器底部再加以回收。此方法汞的回收率可达80%以上。

1976年美国人Chakrabarty采用质粒(plasmid)转移培养出抗汞能力很强的超级菌(super-bug),他利用假单胞菌做实验材料。某些假单胞菌具有解汞能力,但降解能力很弱。如腐臭假单胞菌($Ps.\ putida$)只能忍耐小于2 mg/L的汞,超过这个浓度就要死亡。Chakraberty把嗜油假单胞菌降解辛烷质粒OCTP转移到腐臭假单胞菌的质粒上,得到了新的抗汞质粒,称为MER质粒。带有MER质粒的细菌具有高度的抗汞能力,能在含汞浓度为50~70 mg/L的$HgCl_2$溶液中生长,这种超级菌可以用来处理含汞废水。

汞的甲基化作用和抗汞作用及汞在环境中的转化循环如图10.11和图10.12所示。

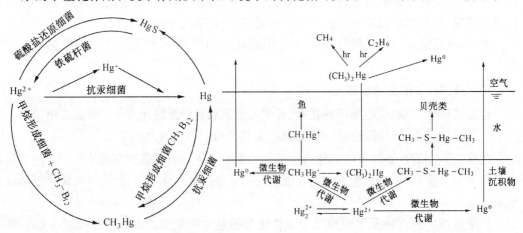

图10.11 汞在环境中的转化循环　　图10.12 汞循环的可能途径

10.5.2 铁的转化

铁是生物体中重要的痕量元素,自然界中有许多微生物对铁的转化起着重要的作用。如氧化亚铁硫杆菌在酸性环境中能将低铁氧化为高铁。

$$2H_2SO_4 + O_2 + FeSO_4 \longrightarrow 2Fe_2(SO_4)_3 + 2H_2O$$

球衣细菌和纤发细菌亦可将低铁氧化为高铁,高铁常以$Fe(OH)_3$沉积在衣鞘上。在含有亚铁盐的工业废水中,亚铁被氧化形成不溶性的高铁,废水虽得到净化,但水中铁的沉积物大量积累与不断增生的丝状菌体粘合在一起,会造成管道堵塞。

三价铁盐常引起微生物迅速地分解有机物,而造成环境中氧化还原电位降低,因而三价铁盐还原为可溶性的二价铁,或是由于微生物的生命活动产生的碳酸、硝酸、硫酸及有机酸,使三价铁溶解而形成二价铁。

10.5.2.1 酸矿水的污染

自然界中一些含硫、含铁、含铜的矿石,如黄铁矿(FeS_2)、黄铜矿($CuFeS_2$)等开采后,矿石暴露在空气中,经化学氧化使采矿用水变酸,一般pH值为2.5~4.5。

第10章 微生物对难降解物质的降解与转化

$$2FeS_2 + 7O_2 + 2H_2O \longrightarrow 2FeSO_4 + 2H_2SO_4$$

在这样的酸性条件下,促进了耐酸细菌的繁殖。如氧化硫硫杆菌(*Thiobacillus thiooxidans*)将硫氧化为硫酸。

$$2S + 3O_2 + 2H_2O \longrightarrow 2H_2SO_4$$

由氧化硫亚铁杆菌(*Ferrobacillus sulfooxideus*)和氧化亚铁亚铁杆菌(*Ferrobacillus ferrooxidans*)把硫酸亚铁氧化为硫酸铁。

$$4FeSO_4 + 2H_2SO_4 + O_2 \longrightarrow 2Fe_2(SO_4)_3 + 2H_2O$$

硫酸铁是很强的氧化剂,可与黄铁矿继续作用,产生更多的 H_2SO_4。

$$FeS_2 + 7Fe_2(SO_4)_3 + 8H_2O \longrightarrow 15FeSO_4 + 8H_2SO_4 + 2S$$

通过这些耐酸细菌的作用,加剧了矿水的酸化,有时能使 pH 值下降到 0.5。这种酸性矿水排放到水体,对鱼类和其他水生生物都有毒害作用,也能污染地下水源,对环境危害极大。

10.5.2.2 管道锈蚀和堵塞

地下管道排放含酸废水,铁管在地下处于缺氧的环境中,因此,在管内经常形成细菌锈蚀细胞(bacterial corrosion cells),使铁管被锈蚀。锈蚀过程必须有硫酸盐存在,由硫酸盐还原细菌还原硫酸盐形成 H_2S。

$$4H_2 + SO_4^{2-} \longrightarrow H_2S + 2H_2O + 2OH^-$$

H_2S 和铁反应生成 $FeS\downarrow$,当反应沉淀物被水冲走后,在管壁上就留下一个个凹陷。细菌锈蚀只发生在 10~30 ℃,pH 值为 5.5 以上的条件。由于这种作用必须在厌氧中进行,所以又称厌氧锈蚀作用(anaerobic coerosion of iron),见图 10.13 所示。

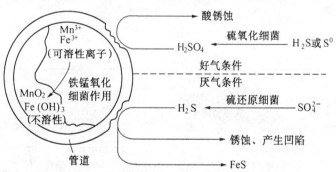

图 10.13 由微生物引起的管道锈蚀和堵塞示意图

$$4Fe^{2+} + H_2S + 8OH^- \longrightarrow FeS + 3Fe(OH)_2 + 2H_2O$$

给排水管道内常有氧化锰和氧化铁的细菌,尤其是具柄和具鞘铁细菌的大量繁殖。铁和锰的氧化产物与大量增生的菌体粘合在一起,就造成了管道堵塞,使管内过水能力明显下降。当水的 pH 值为中性时,在具柄铁细菌的作用下,管道表面的可溶性 Mn^{2+} 氧化为不溶性的 Mn^{4+}。具鞘铁细菌中的纤发细菌属,衣鞘增生能力极强,在短期内就能形成大量的空鞘。由于鞘上有粘性分泌物,不仅能沉积锰,而且也能沉积铁。这类细菌是造成管道堵塞的主要原因。

在缺氧水体中,锰呈可溶性还原态。含有铁和锰的饮水外观呈褐色,而且当铁含量超过

0.3 mg/L，锰含量超过 0.5 mg/L 时，就对人体有害，不能饮用。在给水处理厂，可以用加石灰形成 Mn(OH)$_2$ 沉淀的方法除去锰。图 10.13 为由微生物引起的管道锈蚀和堵塞示意图。

10.5.3 砷的转化

砷是一种毒性很强的金属元素，能使人与动物的中枢神经系统中毒，使细胞代谢酶系失去作用，还发现有致癌作用。砷广泛用于合金、农药、木材保存及医药制品中。无机三价的亚砷酸离子比五价砷酸盐含量更大。微生物可通过两个作用转化砷。

10.5.3.1 砷的甲基化作用

砷也和汞一样，能发生甲基化作用。有人已分离到三种真菌，即土生假丝酵母(*Candida humicola*)、粉红粘帚霉(*Gliocladium roseum*)和青霉(*Penicillium*)，能使单甲基砷酸盐和二甲基亚砷酸盐形成三甲基砷。经研究证明，产甲烷杆菌属(*Methanobacterium*)也能把砷酸盐变成甲基砷。

目前发现有很多生物和微生物能将工农业排放的含砷废水和污泥中的砷转化为三甲基砷，并在许多生物体内发现了甲基砷化合物，而且生物合成率很高。

10.5.3.2 As^{3+} 及 As^{5+} 之间的转化

微生物可将 As^{3+} 氧化成 As^{5+}。当往土壤中施入含 As^{3+} 约剂后，As^{3+} 将逐渐消失而有 As^{5+} 产生，同时消耗一定的氧。

$$2NaAsO_2 + O_2 + H_2O \longrightarrow 2NaHAsO_4$$
亚砷酸钠　　　　　　　　砷酸钠

能引起转化的微生物为一些异养型微生物，其中有假单胞菌属、黄杆菌属、节杆菌属、无色杆菌属及产碱杆菌属等。还有一些微生物可使砷酸盐还原为亚砷酸盐(图 10.14)。

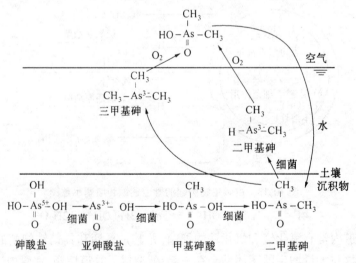

图 10.14 砷的微生物转化

10.5.4 镉的转化

镉也是毒性很强的金属，慢性中毒表现为头痛、乏力、鼻粘膜萎缩、肺呼吸机能下降、肾功能衰退、胃痛等。急性中毒则有恶心、呕吐、头痛腹痛等症状。镉能在体内妨碍钙进入骨骼,可造成骨质疏松,脆而易断,引起所谓骨痛病。

在矿石的熔炼过程中,常有大量的镉排出。镉也是汽油添加剂的重要成分,随着汽油消耗而被排入大气。

进入水体中的镉,能通过食物链而被富集放大,也能以元素形式直接被浮游生物和高等生物吸收。饮用水镉的容许浓度为 10 μg/L,空气中的容许限量为 0.1 μg/L。

蜡状芽孢杆菌、大肠埃希氏菌和黑曲霉等,在含 Cd^{2+} 化合物中生长时,体内能浓缩大量的镉。一株能使镉甲基化的假单胞杆菌,在有维生素 B_{12} 存在条件下,能将无机二价镉化物转化生成少量的挥发性镉化物。

10.5.5 铅的转化

铅在地球上分布很广,用途也非常广泛。主要用做电缆、蓄电池、铸字合金和防放射线材料,也是油漆、农药、医药的原料,铅化物可造成环境污染。

微生物可使铅甲基化,产生甲基铅$(CH_3)_4Pb$(四甲基铅具有挥发性)。纯培养的假单胞菌属、产碱杆菌属、黄杆菌属及气单胞菌属中的某些种,能将乙酸三甲基铅转化生成四甲基铅,但不能转化无机铅。

思 考 题

1. 研究生物降解性有何意义?
2. 有机污染物的化学结构对生物降解性有什么影响?
3. 什么是协同氧化(共代谢)? 举例说明污染物在生物转化过程中的共代谢现象。
4. 简述纤维素,木质素的生物降解途径。
5. 简述烃类的生物降解途径。
6. 简述氰(腈)类化合物,合成洗涤剂,化学农药的降解途径。
7. 简述微生物对无机污染物的转化过程。

第 11 章　废水生物处理基本原理和主要微生物类群

废水生化处理亦称生物处理,是指利用微生物的代谢作用去除废水中有机污染物的一种方法。

在废水构筑物中,微生物与污染物接触,通过微生物分泌的胞外酶或胞内酶的作用,将复杂的有机物质分解为简单的无机物,将有毒的物质转化为无毒的物质。微生物在转化有机物质的过程中,将一部分分解产物用于合成微生物细胞原生质和细胞内的贮藏物,另一部分变为代谢产物排出体外并释放出能量,即分解与合成的相互统一,以此供微生物的原生质合成和生命活动的需要。于是,微生物不断地生长繁殖,不断地转化废水中的污染物,使废水得以净化。

在废水生物处理装置中微生物主要以活性污泥(activated sludge)和生物膜(biomembrane)的形式存在,在废水厌氧生物处理的 UASB 反应器中,微生物还能以颗粒污泥(granular sludge)的形式存在。它们具有很强的吸附和氧化分解有机物的能力,又具有良好的沉降性能,经处理后的废水能很好地进行泥水分离,澄清水排走,使废水得到净化。

11.1　废水生物处理基本原理

废水生物处理的作用原理概括起来说,是通过微生物酶的作用,将废水中的污染物氧化分解。在好氧条件下污染物最终被分解成 CO_2 和 H_2O;在厌氧条件下污染物最终形成 CH_4、CO_2、H_2S、N_2、H_2 和 H_2O 以及有机酸和醇等。废水生物处理过程可归纳为四个连续进行的阶段,即絮凝作用(在生物膜法中称做挂膜)、吸附作用、氧化作用和沉淀作用。下面以活性污泥法为例说明这四个作用。

11.1.1　絮凝作用

在废水生物处理中,细菌常以絮凝体(floc)形式存在。废水进入生物反应池后,废水中的产荚膜细菌可分泌出粘液性物质,并相互粘连形成菌胶团。菌胶团又粘连在一起,絮凝成活性污泥或粘附在载体上形成生物膜。据资料介绍,纤毛类原生动物亦可分泌出多糖及粘蛋白(mucoprotein),可促进絮凝体的形成。所以,活性污泥或生物膜是微生物群体(包括细菌、真菌、放线菌、原生动物等)存在的形式,并在废水生物处理中具有重大的生态学意义。

11.1.2　吸附作用

吸附作用是发生在微小粒子表面的一种物理化学的作用过程。微生物个体很小,并且细菌也具有胶体粒子所具有的许多特性,如细菌表面一般带有负电荷,而废水中有机物颗粒常带正电荷,所以它们之间有很大的吸引作用。活性污泥的表面积介于 2 000 ~

$10\ 000\ m^2/m^3$，其表面附有的粘性物质对废水中的有机物颗粒、胶体物质有较强吸附能力，而对溶解性有机物的吸附能力很小。对于悬浮固体和胶体含量较高的废水，吸附作用可使废水中的有机物含量减少 70%～80% 左右。

废水中的重金属离子，铁、铜、铬、镉、铅等也可被活性污泥和生物膜吸附，废水中大约有 30%～90% 的重金属离子可通过吸附作用去除。

吸附作用是一种物理化学作用，所以它的总吸附量有一个极限，达到此极限后，吸附作用就基本结束。吸附的速度在初期最大，随着时间的推移，吸附速度越来越小。根据活性污泥法的运行经验，在充分混合曝气的条件下，大约经过 20～40 min，即可完成这个吸附过程。从废水处理的角度看，颗粒的和胶体的有机污染物一旦粘附于活性污泥，即可通过固液分离的方法，将这些污染物从废水中清除出去。

11.1.3 氧化作用

氧化作用是发生在微生物体内的一种生物化学的代谢过程。被活性污泥和生物膜吸附的大分子有机物质，在微生物胞外酶的作用下，水解为可溶性的有机小分子物质，然后透过细胞膜进入微生物细胞内。这些被吸收到细胞内的物质，作为微生物的营养物质，经过一系列生化反应途径，被氧化为无机物 CO_2 和 H_2O 等，并释放出能量；与此同时，微生物利用氧化过程中产生的一些中间产物和呼吸作用释放的能量，合成细胞物质。在此过程中微生物不断繁殖，有机物也就不断地被氧化分解。

微生物对吸附的有机物氧化分解需要较长的时间，有的需要几小时甚至十几个小时才能完成。在微生物吸附有机物的同时，尽管氧化分解作用以相当高的速率进行着，但由于吸附时期较短，氧化分解掉的有机物仅占总吸附量的一小部分，大部分被吸附的有机物需要更长的时间才能全部氧化分解。

11.1.4 沉淀作用

废水中有机物质在活性污泥或生物膜的氧化分解作用下无机化后，处理后水往往排至自然水体中，这就要求排放前必须经过泥水分离。

活性污泥，特别是生物膜具有良好的沉降性能，使泥水分离，澄清水排走，污泥沉降至池底，这是废水生化处理必须经过的步骤，也是非常重要的步骤。若活性污泥或脱落的生物膜不能与水分离，则这两种生物处理技术就不可能实现。若泥水不经分离或分离效果不好，由于活性污泥本身是有机体，进入自然水体后将造成二次污染。

根据废水生物处理中微生物对氧的要求，可把废水生物处理分为好氧处理和厌氧处理两大类型。根据微生物存在的状态分为活性污泥法、生物膜法及自然处理技术。但不论是何种处理工艺，污染物均有三个去向：①微生物的增长和细胞物质积累；②产生代谢产物和能量；③残存物质。

废水生化处理对微生物的要求主要有：①能够代谢废水中的有机物；②能与处理后的水彻底分离（这对于厌氧生物处理更为重要，因为它既是保证出水水质，又是使处理能持续下去的必要条件）。

同一种有机污染物在好氧和厌氧条件下转化的特点不同。①共同点：微生物以有机污染物作为营养物质通过合成代谢组成细胞物质，通过分解代谢产生能量和代谢产物。②不同点:转化条件不同,好氧转化在有氧条件下进行,厌氧转化在无氧或缺氧条件下进行;有机污染物的降解途径不同;代谢过程中的最终电子受体(受氢体)不同,好氧转化的受氢体是分子氧,厌氧转化的受氢体是代谢过程中产生的有机物(如小分子有机酸、醇)或含氧的无机物(如 NO_3^-、SO_4^{2-}、CO_3^{2-} 等);代谢的终产物不同,好氧转化的产物为最终的氧化产物(如 CO_2、H_2O、NO_3^-、SO_4^{2-} 等),厌氧转化的产物为小分子有机物或相应的还原产物(如有机酸、醇、N_2、NH_3、H_2S、CH_4 等);物质代谢的速率不同,好氧代谢速率高于厌氧代谢;细胞生长速率不同,好氧转化过程积累的细胞物质量高于厌氧转化过程。

11.2 好氧生物处理

废水好氧生物处理(earobic bio - treatment)是在不断地供给微生物足够氧的条件下,利用好氧微生物分解废水中的污染物质。氧一般是通过机械设备往曝气池中连续不断地充入(压缩)空气,亦可采用氧气发生设备提供纯氧,并使氧溶解在废水中,这种过程称为曝气(aeration),处理废水的构筑物称为曝气池(aerater)。曝气的过程除供氧外,还起搅拌混合作用,使活性污泥在混合液中保持悬浮状态,并与废水充分接触混合。

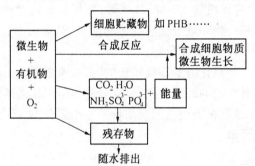

其代谢途径,包括 EMP 途径、β - 氧化、TCA 循环等,糖、脂类、蛋白质等三大有机物以及其他有机化合物的好氧分解的彻底氧化物离不开这些途径,只是中间转化途径不同(中心是 TCA 循环),微生物的类群不同。另外,废水水质不同,微生物的种类和数量也有很大差别。如在生活废水处理过程中,微生物种类复杂多样,几乎多种微生物类群都存在,如病毒、立克次氏体、细菌、放线菌、霉菌、酵母菌、单细胞藻类和原生动物、后生动物。而在工业废水处理过程中,微生物种类比较单纯,自然界中的微生物大部分都无法在其中生存,只有少数种类可生长。当然,就废水处理过程中起主要作用的类群而言,细菌仍占主要地位。

11.2.1 曝气方式

通常采用的曝气方式有鼓风曝气法、表面加速曝气法和射流曝气法。

11.2.1.1 鼓风曝气法

鼓风曝气法是利用空气压缩机(或鼓风机)将空气压入池内,通过池底扩散装置,如扩散板、穿孔管,使空气形成小气泡与废水混合,并将氧溶解于水中。扩散板是由多孔性材料制成的薄板,安装于池底预留沟槽上,空气由竖管通入槽内,然后通过扩散板的微孔进入废水中。扩散板曝气产生的气泡细小,因而增加了空气与废水的接触面积,氧转移效率比较高,布气也比较均匀。但是由于板的孔隙小,空气通过时压力损失大,比较容易堵塞。穿孔管曝气装置由干管、竖管和穿孔管组装而成。由空气压缩机来的空气从穿孔管孔眼扩散至曝气池废水中进行曝气。根据曝气强度要求,可安装数组穿孔管。穿孔管多用钢管或塑料管。穿孔管曝气产生的气泡较大,因此,氧转移效率较低。

11.2.1.2 表面加速曝气法

表面加速曝气法是利用装在曝气池表面的机械叶轮转动时激烈搅动水面,通过水面不断更新,增加液体与氧的接触面积,从而使氧溶于水中,这种充氧方式称做表面曝气。表面加速曝气叶轮旋转时可有以下作用:产生提水及输水作用,使曝气池内液体不断循环流动,使气液接触面不断更新;在叶轮边缘造成水跃,液体迅速裹进大量空气;在叶片后侧形成负压吸入空气。表面曝气叶轮的充氧是以上三个过程的总和,其中液面更新及水跃起主要作用。叶轮的充氧能力与叶轮构造、叶轮旋转速度和叶轮浸没深度有关。当叶轮构造一定时,叶轮旋转的线速度大,充氧能力强,但动力消耗亦大,同时污泥也易被打碎。一般认为,叶轮线速度以 2.5～5 m/s 为宜。叶轮浸没深度适当时,充氧效率高。浸没深度大,没有水跃产生,叶轮只起搅拌作用,充氧量极小;当浸没深度过小,则提水和输水作用减少,池内水流循环缓慢,甚至存在死水区,造成表面水充氧好,而底层水充氧不足。

11.2.1.3 射流曝气

射流曝气是一种负压吸气装置,是通过废水泵将有压力的水,即高速流体在射流器的喉管处与吸入的空气混合,发生激烈地充氧和传质。由于气、泥、水混合液在喉管中强烈混合搅动,使气泡粉碎成雾状,氧迅速转移到混合液中,从而强化了氧的转移过程,使氧的转移效率可提高到 20%～25% 以上。

好氧生物处理工艺按微生物在处理构筑物内的存在状态,主要分为两类:即活性污泥法和生物膜法。此外还有氧化塘、氧化沟和废水土地处理法等各种不同形式。

11.2.2 活性污泥法

活性污泥法(activated sludge process)处理废水效率高、效果好,处理后水的水质良好,因此使用广泛,并成为处理废水的主要方法或惟一方法。活性污泥法处理废水的实质,是在充分曝气供氧条件下,以废水中有机污染物质作为底物,对活性污泥进行连续或间歇培养,并将有机污染物质无机化的过程。活性污泥在曝气池中以絮体形式存在,它有较强的吸附、氧化废水中有机物和毒物的能力,又有良好的沉降性能,使废水处理能连续进行。

活性污泥法是由 Arden 和 Rockett 于 1914 年在英国的曼彻斯特市首创,至今,很多科技人员对活性污泥法进行了广泛深入的研究,如对活性污泥法净化废水机理,活性污泥法新型工艺,活性污泥中的微生物及微型动物,活性污泥膨胀现象等的研究都取得了不少成果。但迄今活性污泥法尚有很多方面需要进一步研究和完善。

11.2.2.1 活性污泥法的基本工艺流程

工艺流程如图 11.1 所示。

1. 初次沉淀池(简称初沉池)

废水先进入初次沉淀池,去除原废水中有机的和无机的悬浮固体、浮油,悬浮固体沉入池底,浮油上浮后经隔油回收。经初次沉淀后的废水水质可达到一级处理排放标准,因而,

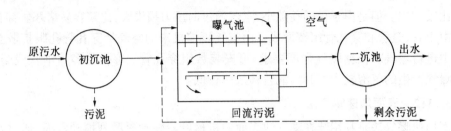

图 11.1　传统活性污泥法基本工艺流程

这一过程又称为一级处理。

2. 曝气池

曝气池是废水处理的核心部分。活性污泥来源于二次沉淀池,通过曝气使曝气池处于好氧状态,并使有机污染物与活性污泥充分接触,完成吸附和氧化分解过程。此时,由于微生物的大量繁殖,产生出过量的活性污泥,叫做剩余污泥。通常,将生物处理过程称为二级处理。

3. 二次沉淀池(简称二沉池)

废水在曝气池中经过活性污泥吸附、氧化降解处理后,与活性污泥一起进入二次沉淀池。在二次沉淀池中活性污泥与水分离,沉至池底,澄清水排放。

4. 回流污泥

二次沉淀池分离出的活性污泥,经污泥泵回流至曝气池,从而循环利用,这部分活性污泥称做回流污泥。回流污泥的目的主要作为接种菌,使曝气池中始终保持一定浓度的活性污泥。活性污泥浓度一般保持在 3~4 g/L。在废水生物处理中常用回流比这一概念,即回流到曝气池的活性污泥体积和进入曝气池的废水体积之比。通常,回流比采用 30%~100%。

5. 剩余污泥

曝气池中微生物利用有机污染物进行生长繁殖,使活性污泥量增加。为保持曝气池内污泥浓度恒定,沉入二次沉淀池底部的多余污泥要经常排出,这部分污泥称做剩余污泥。对剩余污泥进行排放不但可保持曝气池内污泥浓度恒定,而且可将老化污泥及内源呼吸残余物质不断排除,从而提高活性污泥的活性。剩余污泥应妥善处理,否则将造成二次污染。剩余污泥的处理常采用厌氧消化法(anaerobic digestion)。

以上流程在废水处理运行过程中是一个相互联系、相互影响的整体,而曝气池就是这个整体的核心,决定废水处理的程度和效果。

活性污泥法处理有机废水的效果取决于活性污泥的活性,如果出现污泥膨胀,将会影响出水水质,下列条件可能造成污泥膨胀:①BOD:N 和 BOD:P 的比值高;②pH 值低;③BOD 负荷高;④进水中的低分子碳水化合物多;⑤水温低;⑥有重金属等毒物流入;⑦流入废水的悬浮固体低。

通过下列方法可控制污泥膨胀:①沉淀污泥与消化污泥混合;②投加 $FeCl_3$ 的浓度为 5~50 mg/L,铝盐为 10~100 mg/L,Cl^- 为 10~20 mg/L,H_2O_2 为 40~200 mg/L;③降低溶解氧;④降低 BOD 负荷;⑤改为推流式;⑥对回流污泥再曝气。

11.2.2.2　常见活性污泥法的运行方式

采用活性污泥法处理废水,可根据运行方式的不同分为以下几种形式(图 11.1)。

1. 传统活性污泥法

传统活性污泥法是活性污泥法中最典型的方法,也是最早使用的一种形式。

这种曝气池为长条形,池的长宽比值大(一般为 5~10),水从一端进入,从另一端推流出去。曝气方法是沿池长方向均衡等量地曝气,有机污染物在曝气池中通过活性污泥连续地吸附、氧化作用得以降解。这种流程形式的特点:曝气池前端有机物浓度高,沿池长有机物浓度逐渐降低;处理效果较好,BOD_5 去除率达95%。这种系统的缺点是对水质水量冲击负荷抵抗力差;供氧不能合理使用,往往前端供氧不足,后端供氧有余,造成供氧不合理和浪费(图11.2);体积庞大,占地面积大,基建费用高。本工艺流程适用于处理水质变化不太大的城市废水。

2. 渐减曝气法

渐减曝气法是针对传统活性污泥法对氧的供求不合理而改进的方法。渐减曝气法又称变量曝气法,它的主要特点是曝气量沿进水池池长方向递减,使供氧量和活性污泥的需氧量相适应。采取的主要措施是从首端到末端采取不同的供气量,使供氧较合理(图11.3)。

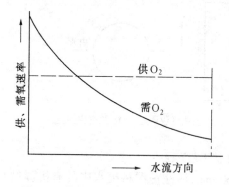

图 11.2 传统活性污泥法需氧率和供氧率

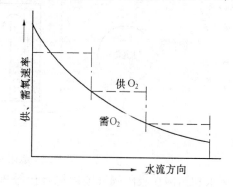

图 11.3 渐减曝气法需氧率和供氧率

3. 阶段曝气法

阶段曝气法又称分段曝气法,1939年开始在美国纽约市使用。废水沿曝气池池长方向分段多点进入曝气池(图11.4),沿池长方向均衡等量曝气,使有机物在曝气池内分布得比较均衡,从而也均化了需氧量,避免前端供氧不足,后端供氧过剩的缺点。同时,使活性污泥始终处于营养比较均一的条件下,微生物能充分分解有机物。

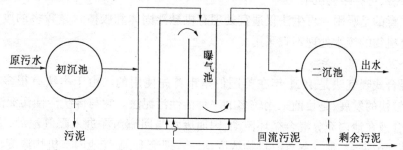

图 11.4 阶段曝气法工艺流程

本流程的特点是:对水质水量冲击负荷抵抗力较强。

4. 延时曝气法

延时曝气法又称完全氧化法,实质上是传统活性污泥法在低负荷下运行(负荷为

$0.05\sim0.15$ kgBOD$_5$/kgMLSS·d,为传统法的 $1/6\sim1/2$),因而所需曝气池容积大,水力停留时间长。其特点是活性污泥长期处于内源呼吸(endogenous respiration)阶段,不但去除了废水中的有机物,而且也氧化了合成的细胞物质。实际上它是废水处理和污泥好氧处理的综合构筑物。此法剩余污泥量很少,消除或减少了剩余污泥处理带来的一系列问题。但由于曝气池占地面积大,基建费和动力费都较高,所以只适用于出水水质要求较高,而又不便于处理污泥的小型城镇废水或工业废水的处理。

5. 吸附–再生法

吸附–再生法又称接触稳定法,是对传统活性污泥法的一项重要改革,是由 Westen1930 年提出,1952 年在美国开始使用。它有两个特点,一是废水污染物的吸附和活性污泥的再生(吸附的有机污染物质的氧化)分别在两个池子里或在一个池子的两个部分进行(图 11.5),二是回流污泥量大,回流比常在 50%~100% 之间。因此,再生池的污泥浓度高,曝气池污泥的平均浓度也高。

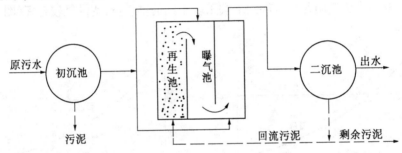

图 11.5 吸附–再生法工艺流程

废水和污泥在吸附曝气池内混合接触 $30\sim60$ min,活性污泥将废水中的有机颗粒和胶体物质吸附,然后流入二次沉淀池。从二次沉淀池中分离出来的污泥,回流到再生池里进行曝气,将吸附的有机物质彻底氧化分解。当活性污泥中微生物处于饥饿状态时,再回流到吸附池。

由于进入再生池的活性污泥流量少,因而在保证足够的水力停留时间的条件下,所需构筑物的容积较小。所以,吸附–再生池的总容积仅为传统活性污泥曝气池的 $1/3\sim2/3$。此外,处理系统常可省略初沉池。

值得注意的是吸附–再生法仅适宜处理有机悬浮固体和胶体含量较多的废水,而对于含溶解性有机物的废水处理不宜采用。

6. 完全混合式曝气法

完全混合式曝气法是 1921 年在英国伯里市首先使用的。由于本法有很多优越性,因而,得到了较快的发展,是目前采用较多的一种活性污泥法。它与传统活性污泥法的主要区别在于:混合液在池内充分混合循环流动,因而废水与回流污泥进入曝气池后,立即与池内原有混合液充分混合,池内各点有机物浓度均一。理论上,曝气池内有机物浓度与二沉池出水相同。本系统适用于处理较高浓度的有机废水,耐水质、水量的冲击负荷。中小型废水处理厂采用得比较多。

完全混合曝气池多为圆形,也可采用正方形,多数采用表面加速曝气。曝气池与二次沉淀池可采用分建或合建形式,图 11.6 为合建式的完全混合曝气沉淀池,它是由曝气区、导流区、沉淀区和回流区组成。曝气区位于池中心,靠曝气器的充氧、混合搅拌和提升力使污泥和废水充分混合,处理后的废水经回流窗进入导流区。导流区是曝气区与沉淀区之间的过渡区。混合液进入沉淀区后,泥水分离,清水排放,而污泥下沉至回流区,并经回流缝循环至曝气区。

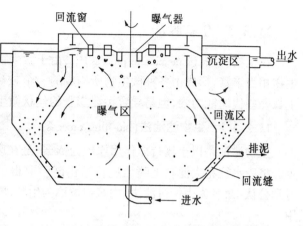

图 11.6 完全混合曝气沉淀池示意图

完全混合式系统的特点是:废水进入曝气池在最短的时间内与全池废水充分混合、稀释、扩散,使废水浓度降低;同时,废水中的 pH 值、毒性物质等的变化对活性污泥的影响降到最低限度,给活性污泥生长繁殖创造了一个稳定的良好环境,因而有耐水质、水量冲击负荷能力,适宜处理 BOD_5 浓度高和水质变化较大的废水,BOD_5 去除率可达 85% 以上。此外,合建式还具有占地面积小,耗电量低,省去了一套污泥回流设备,减少了基建投资和运行费用。

7. 深井曝气法

深井曝气法是一种新型的活性污泥法。它以直埋于地下的井体装置作为曝气池来进行废水处理。井深可达 50~150 m,直径 1~2 m。深井曝气法适用于化工、造纸、啤酒、制药等工业废水的处理,效果明显。废水经过预处理后进入井体,井体结构可分为 U 型管与同心圆式两大类。U 型管式是一端进水另一端出去;同心圆式以内圆作为下降水管,外环管为上升水管,废水可绕井循环(图 11.7)。井内充满废水和活性污泥,循环动力可分为气提循环和泵提循环。经过处理后的溢出水至二次沉淀池固液分离,清水排走。活性污泥经集泥池作为剩余污泥排出,也有一部分回流到深井。

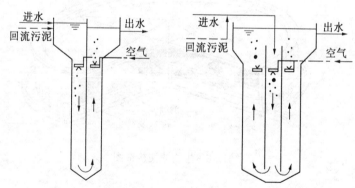

图 11.7 深井曝气法井体结构

深井曝气法具有占地面积小的特点,此外,受外界气候影响小,有利于稳定运行。深井中溶解氧浓度高,氧的转移效率高。根据亨利定律,空气中的氧在水中的溶解度与压力成正比,与温度成反比。压力增加 9.8×10^4 N/m²,溶解度可增加 50%~100%。井越深气泡所受的静水压力越大,氧的溶解度越高。

11.2.3 生物膜法

在生物膜法(biomembrane process)中,由于微生物固着生长于固体表面上,故生物膜中的生物相当丰富,形成由各种微生物所构成的一个较稳定的生态系统。特别是生物膜上可以生长一些代谢能力强,但易导致污泥膨胀的丝状微生物(如放线菌、霉菌等)。

11.2.3.1 生物滤池法(bio-filter process)

生物滤池是以土壤自净作用原理为依据,是在废水灌溉的基础上发展起来的。1893年英国将废水往粗大滤料上喷洒进行净化试验取得了成功。1900年后这种净化废水的方法得到公认,命名为生物过滤法,构筑物被称为生物滤池,并迅速地在欧洲和北美得到广泛应用。

早期出现的生物滤池负荷低,水量负荷只有 $1\sim 4\ m^3/(m^2\ 滤料\cdot d)$,$BOD_5$ 容积负荷也仅有 $0.1\sim 0.4\ kg/(m^3\ 滤料\cdot d)$。其优点是净化效果好,$BOD_5$ 去除率可达 90%~95%。缺点是占地面积大,滤料易堵塞,因此,在使用上受到了限制。但在长期运行过程中,人们采取了一些改进措施,将水量负荷提高到 $5\sim 40\ m^3/(m^2\ 滤料\cdot d)$,$BOD_5$ 容积负荷提高到 $0.5\sim 2.5\ kg/(m^3\ 滤料\cdot d)$。

提高负荷后的生物滤池称为高负荷生物滤池,前者称为低负荷生物滤池或称普通生物滤池。

20世纪50年代德国化学工程师苏尔兹应用化工行业气体洗涤塔的原理,创造了塔式生物滤池。由于它有一系列的优点,目前已得到广泛应用。在工艺上,塔式生物滤池与高负荷生物滤池没有根本的区别,但在构造、净化功能等方面具有一定的特点。

1. 普通生物滤池

普通生物滤池是由池体、滤料、布水系统、排水系统等组成(图11.8)。

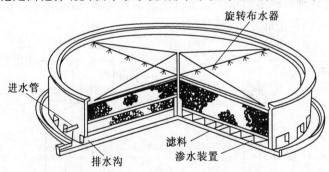

图11.8 生物滤池构造图

(1) 池体

普通生物滤池在平面上多呈圆形、方形或矩形。池壁可筑成带孔洞和不带孔洞的两种形式,孔洞有利于滤料内部的通风,但在低温季节易受低温影响,使净化功能降低。为了防止风力影响池表面的均匀布水,池壁一般应高出滤料表面 0.5~0.9 m。

(2) 滤料

滤料是生物滤池的主体部分,它对生物滤池的净化功能起关键作用,选用滤料应考虑下列条件。

①应选择质地坚硬,抗压力能力强,耐微生物腐蚀性能好,而又不溶出对微生物有害物质的材质;

②有较大的比表面积,大的表面积是保持高额生物量的必要条件,而生物量又是控制生物处理设备净化功能的关键;

③滤料表面应当是比较粗糙的,微生物易于附着在滤料上(常称做挂膜);

④滤料应有适宜的空隙率,滤料之间的孔隙是生物膜生长繁殖场所,是废水、生物膜和空气三相接触的部位,也是供氧和氧传递的重要部位;

⑤滤料还应具有就地取材、便于加工、便于运输、成本低等特点,如碎石、卵石、炉渣、焦炭、陶粒等。

滤料层高度一般为 1.5~2 m,常采用双层,上层为工作层,一般为 1.3~1.8 m,滤料直径为 30~50 mm;下层为承托层,高度为 0.2 m,滤料直径为 60~100 mm。滤料在充填前应经过仔细过筛、洗净,在各层中的滤料和粒径要求均匀一致,以保证有较高的空隙率。

(3) 布水系统

布水系统的主要作用是向滤料表面均匀地撒布废水。因此,布水装置应具有不受风雪的影响,还能适应水量的变化,不易堵塞和易于清通等特点。目前国内外普遍利用固定喷咀式布水器和旋转布水器。

(4) 排水系统

滤池的排水系统设于池体的底部,它的作用是排除处理后的废水,并保证滤池通风良好。它包括有渗水装置、集水渠和总排水沟等。渗水装置可采用多孔混凝土板,它有支撑滤料、排除废水及布气等作用。

为了保证滤池通风良好,渗水装置上的排水孔口总面积不得小于滤池表面积的 20%,与池底的距离不得小于 0.4 m。

2. 塔式生物滤池

塔式生物滤池亦称生物滤塔,是一种新型的高负荷生物滤池。现在运行的塔式生物滤池一般高达 8~24 m,直径 1~3.5 m,直径与高度之比介于 1∶(6~18)左右。这种塔式结构形式使滤池内部形成较强的拔风状态,因此,自然通风良好。废水自上而下滴落,水量负荷高,滤池内水流紊动强烈,从而使废水、空气、生物膜三者的接触非常充分,大大地加快了污染物质的传质速度。

塔式生物滤池的水力负荷可达 80~200 $m^3/(m^3$ 滤料·d),BOD_5 容积负荷可达 1~2 kg $BOD_5/(m^3$ 滤料·d)。较高的有机物负荷使生物膜生长迅速,而较高的水力负荷又使生物膜受到强烈的水力冲刷,从而使生物膜不断地脱落更新,所以,塔式生物滤池上的生物膜能经常保持较高的活性。但是,由于生物膜生长迅速,易于产生堵塞现象,所以,一般进水 BOD_5 浓度控制在 500 mg/L 以下,否则必须采用处理水回流稀释措施。

塔式生物滤池内部存在明显的分层现象,各层生长繁育着不同的微生物种群,有助于微生物增殖、代谢,也有助于有机污染物的降解。正是由于这种生物分层的特点,塔式生物滤池才能够承受较大的有机物和有毒物质的冲击负荷能力。因此,塔式生物滤池常用于高浓度工业生产废水的处理,可大幅度地去除有机污染物,经常保持良好的净化效果。

塔式生物滤池的构造如图 11.9。在平面上,塔式生物滤池呈圆形、方形或矩形,由塔身、滤料、布水系统、通风系统和排水装置所组成。

塔身一般沿高度分层建造,在分层处设格栅。格栅主要起承托滤料的作用。

塔式生物滤池适宜用轻质滤料。

塔式生物滤池一般都采用自然通风,塔底有 0.4~0.6 m 高度的空间,周围留有通风孔,其有效面积不得小于滤池截面的 7.5%~10%。

3. 生物滤池工作原理

废水通过布水器均匀地分布在滤池表面,沿滤料空隙自上而下流动。

在供氧充足的条件下,好氧微生物在滤料表面迅速繁殖,这些微生物又进一步吸附废水中呈悬浮、胶体和溶解状态的有机物质,并随着有机物被分解的同时,微生物也不断增长和繁殖,使生物膜厚度不断增加。当生物膜上的微生物老化或死亡,滤池中由于某些蝇类的幼虫活动以及在水流的冲刷下,生物膜将从滤料表面上脱落下来,然后随废水流出池外。

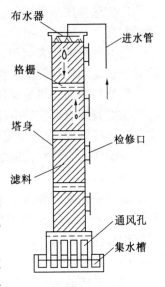

图 11.9 塔式生物滤池构造

图 11.10 可以帮助我们分析研究生物膜对废水的净化作用。从图中可以看出,由于生物膜的吸附作用,在它的表面上往往吸附着一层薄薄的水层,附着水中的有机物大多已被生物膜所氧化,使有机物的浓度比滤池进水中的有机物浓度低很多。当废水在滤料表面流动时,有机物就会从运动的废水中转移到附着水中去,并进一步被生物膜吸附。同时空气中的氧也将经过废水进入生物膜,被微生物利用。有机物氧化分解产生的 CO_2 等气体沿着相反方向,从生物膜经过附着水,进入流动的废水及空气中去。总之,生物滤池中废水的净化过程是非常复杂的,它包括废水的紊流运动,氧的扩散和吸收,有机物的分解和微生物的新陈代谢等。在这些过程的综合作用下,废水中的有机物含量大大减少,废水得到净化。

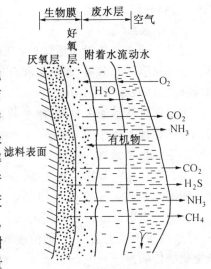

图 11.10 生物膜对废水的净化作用

从图上还可以看出,当生物膜较厚,氧将很快地被表层生物膜所消耗,靠近滤料的生物膜将因得不到充足的氧,而使兼性厌氧微生物大量繁殖,并且产生有机酸、氮气、二氧化碳和硫化氢等代谢产物,这将影响出水水质。此外,生物膜越厚,滤料间的空隙就越小,滤池中的通气情况就会越差,氧则更不容易进入生物膜。有时生物膜的增长甚至会造成滤料堵塞,使净化工作完全停顿下来。虽然生物滤池净化废水的作用主要是依靠生物膜,但并不能简单地认为生物膜越多越好。生物滤池要得到净化废水的良好效果,没有生物膜不行,生物膜太厚也不行,只有在生物膜适中,滤料间通风情况良好时,才有可能不产生厌氧层而获得理想的净化效果。创造这一良好的运行条件,主要通过控制适宜的水力冲刷能力及进水有机负荷来实现。

滤池的通风对生物滤池的工作影响很大。影响通风的因素很多,主要有滤池内外的温度差、风力、滤料类型及废水的布水量等。

为了防止废水中有过多的悬浮物堵塞滤料,废水在进入生物滤池之前,都应经过初次沉淀池,去除悬浮固体和浮油等。生物滤池后还应设二次沉淀池,以除去废水带出的生物膜,保证出水水质。

11.2.3.2 生物转盘(rotating biological contactor)法

生物转盘是利用在圆盘表面上生长的生物膜处理废水的装置。生物转盘是在生物滤池的基础上发展起来的,它是一种新型的废水生物处理技术,具有活性污泥法和生物滤池法的共同特点,因此利用生物转盘处理废水有一定的优越性。

早在1928年,德国Doman就设计了生物转盘,圆盘采用铁皮。铁皮不但笨重而且也容易被微生物腐蚀,需经常更换,因此这种转盘暴露了不少缺点,没用多久就被迫停下。1954年德国的Stuttgart大学又开始研究生物转盘,这次改用轻质和耐腐蚀的硬质塑料做圆盘,比以前有了很大进步,1960年Hortman发表了实验成果。近30多年来,利用生物转盘处理废水在世界各地发展很快,欧洲国家有生物转盘2 000多座。

美国1975年建成二座大型的生物转盘废水处理厂,一座处理量114 000 m^3/d,处理造纸废水。另一座处理量205 000 m^3/d,处理城市生活废水,转盘直径3.6 m。

日本1979年在德岛市和冈崎市分别建成63 300 m^3/d和28 000 m^3/d的生物转盘废水处理厂,最大直径达到5 m,被誉为日本废水处理领域里的两颗明珠。

生物转盘处理系统的工艺流程包括初次沉淀池、生物转盘和二次沉淀池。

1. 生物转盘的结构形式和运行方式

生物转盘的结构形式可分为单轴单级、单轴多级和多轴多级三种结构形式,在实际应用中可采取多种组合形式。级数多少和采取什么样的结构形式,主要根据废水水质、水量、净化要求达到的程度以及设置转盘场地的现场条件等因素决定。实践证明,对同一废水,若盘片面积不变,将转盘分为多级串联运行,能够提高出水水质和水中溶解氧含量。一般,最佳级数为3级,最多不超过4级。

(1) 单轴单级转盘

在氧化槽内由一个传动轴带动很多间距相等的圆盘,氧化槽内不分格,废水从氧化槽的一端进入,由氧化槽的另一端排出(图11.11)。

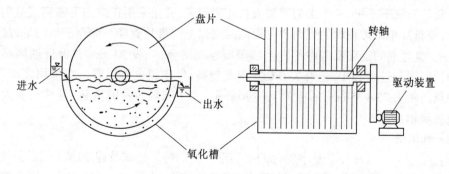

图11.11 单轴单级转盘

(2) 单轴多级转盘

单轴多级生物转盘的氧化槽内分成多格,每一个格里有一组转盘,并由同一个传动轴带动。各级之间采取串联运行。

(3) 多轴多级生物转盘

传动轴的承载能力有限,当处理流量较大的废水时,需采用每级的一组转盘采用一根轴,并将每级串联运行。

(4) 生物转盘组合

生物转盘处理废水时还可根据实际需要,进行串、并联组合(图 11.12)。采取并联形式的目的是减小负荷,避免充氧不足而发生厌氧状态,产生臭气。

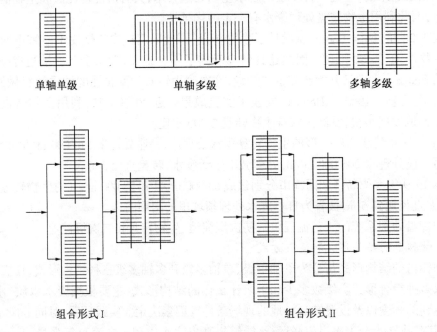

图 11.12 生物转盘运行方式示意图

2. 生物转盘的组成

生物转盘是由盘片、转轴和驱动装置、氧化槽三部分组成的。

(1) 盘片

盘片是生物转盘的主要部件,应具有轻质高强、耐腐蚀、不变形、易于取材、便于加工等特点。盘片为圆形平板,近年来为了加大盘片表面积,开始采用正多角形蜂窝或放射状波纹的盘片,使盘片单位体积内的表面积可提高一倍以上。盘片直径一般介于 1~3 m,最大的直径达 5 m。盘片间的距离要考虑不因生物膜增厚而堵塞,一般 30 mm,并保证通风良好。因为生物膜厚度与进水 BOD_5 值有关,BOD_5 浓度越高,生物膜也将越厚。如采用多级转盘,则前级的盘间距为 25~35 mm,后级为 10~20 mm。为了减轻盘片的重量,盘片材质大多采用塑料或玻璃钢。

(2) 氧化槽

氧化槽应呈与盘片外形基本吻合的半圆形。槽的构造形式及建造方法随设备规模大小和修建场地条件不同而异。对于小型设备,若场地较小,为了减少占地面积,氧化槽可以架空或修建在楼层上,这种情况多用钢板焊制。如若修建大型地下或半地下式,则可用毛石浆砌,水泥砂浆抹面,再涂以防水耐磨层。

氧化槽各部位尺寸和长度,应根据转盘直径和轴长决定,盘片外缘与槽内面应留有不小于 150 mm 的距离。

(3) 转轴及驱动装置

转轴是支承盘片并带动其旋转的重要部件。转轴的两端安装在氧化槽两端的支座上,一般采用实心钢轴或无缝钢管。转轴长度不能太长,否则转轴易于挠曲变形,发生磨断或扭断。转轴的强度和刚度必须经过力学计算,直径一般介于 50 ~ 80 mm。驱动装置包括动力设备、减速装置以及传动链条等。

转盘的转动速度是重要的运行参数,必须选定适宜。转速过高既有损于设备的机械强度,消耗电能,又由于在盘面上产生较大的剪切力,易使生物膜过早剥离。综合考虑各项因素,转盘的转数为 0.8 ~ 3 rpm,线速度以 10 ~ 20 m/min。

转盘转动的主要目的是靠转盘停留在空气期间自动充氧,但往往由于负荷较大造成供氧不足而呈现厌氧状态,释放出大量 H_2S 等臭气。目前,亦有采用鼓风曝气充氧方式的生物转盘,称做空气驱动转盘。这种转盘处理效率高,但比常规电机驱动转盘的运行费高。这种转盘适宜处理高浓度废水。

3. 生物转盘的净化工作原理

生物转盘开始运转时,应首先培养生物膜(或称挂膜)。一般采用微生物接种方法或利用粪便废水中的微生物来培养。由于培养液中含有足够营养成分和微生物,在适宜的条件下,微生物大量生长繁殖。当运转一周左右,便会在整个盘面上形成一层薄膜。在培养过程中要经常更换培养液和及时排除微生物的代谢产物,大约经过 30 d 左右就可把生物膜培养出来。生物膜成熟的标志是膜厚应为 2 ~ 3 mm。

由于转盘的旋转,盘面时而在水中,时而暴露在空气中。当盘面浸没在废水中时,废水中有机物被生物膜吸附、氧化;当转盘夹带废水薄膜离开液面后,除继续对有机物进行氧化分解外,还可使溶解氧从废水膜表面通过混合、渗透和扩散等作用输入液膜内部的生物膜。由于转盘交替与废水和空气接触,因而通过生物膜对废水中有机物的氧化分解和从空气中获取氧,达到废水好氧处理的目的。

根据生物转盘的工作原理,生物转盘在构造和运行中应符合下列要求才能达到良好的处理效果。盘面上的微生物大量生长繁殖;废水与生物膜接触良好;氧化槽里废水充分曝气;能连续不断地剥落、更新生物膜;混合液充分搅拌,以使脱落的生物膜在氧化槽中呈悬浮状态,仍有吸附、氧化降解有机物的作用。

盘面上的生物膜,由于转盘旋转运动,膜与废水不断摩擦,同时产生剪切力,使衰老的生物膜能及时剥落更新。

生物转盘与生物滤池和活性污泥法相比,具有很多特有的优越性。转盘中生物膜生长的表面积很大,又不会发生像生物滤池中滤料堵塞的现象,或活性污泥法中污泥膨胀的现象,因此容许的进水有机物浓度很高,适宜处理高浓度有机废水;生物转盘常处于厌(水中)–好(空气中)氧交替出现的状态下,因而往往出现反硝化作用,可达到生物脱氮的目的;废水与生物膜接触时间比生物滤池长,生物转盘忍受突变负荷的能力比活性污泥法和生物滤池法高,即使长时间的超负荷或停止运转一段时间后,恢复转盘的正常工作较快;生物转盘的运转费用低于活性污泥法。但是转盘的直径还受一定限制,当处理水量很大,由于氧化槽有效水深较浅,占地面积较大,因此仅适用于中小型水量的废水处理工程,一般水量少于 1 000 ~ 2 000 m^3/d。在寒冷地区,生物转盘一般应建于室内。

11.2.3.3 生物接触氧化法(biological contactors oxidation)

生物接触氧化法是将滤料(常称做填料)完全淹没在废水中,并需曝气的生物膜处理废水的方法。因此,也称淹没式生物膜法,或称生物接触曝气法。它是明显的介于活性污泥法和生物滤池法之间的废水生物处理法,兼有这两种方法的特点,具有显著的优越性。生物接触氧化法是1971年起始于日本,由小岛贞男研究成功。小岛贞男从河流自净现象中得到启发,他观察到河床砾石表面上长满了生物膜,这些生物膜对河水有明显的净化作用,经多次实验研究,创建了生物接触氧化法。这是一种比较先进的、处理效果比较好、效率也比较高的废水生化处理技术,设计比较合理,可充分地发挥微生物的作用。

1. 生物接触氧化法工艺流程

生物接触氧化法基本工艺流程包括格栅、初次沉淀法、生物接触氧化池、二次沉淀池。通常生物接触氧化池不需回流污泥。

为了提高处理效果和缩短生物接触氧化的时间,可采用两段(即两级)生物接触氧化法,主要流程为初沉池→第一生物接触氧化池→中间沉淀池→第二生物接触氧化池→二沉池。在两段法中应控制接触氧化池中F/M,即微生物营养物量(F)和微生物数量(M)之比。在第一接触氧化池内F/M>2,即微生物营养量远远超过了微生物所需,因此,在第一接触氧化池内微生物繁殖速度很快,代谢活力很强,对有机物去除效率高。在第二接触氧化池内F/M=0.5左右,因为大部分有机物在第一氧化池内已被微生物氧化降解,又经过中间沉淀池,进入第二接触氧化池内有机物很少,因此,微生物在第二氧化池内生长速率下降,生物膜量少,并且出水水质较好。

2. 生物接触氧化池的构造

生物接触氧化池是生物接触氧化法的中心构筑物。接触氧化池是由池体、填料、布水装置、曝气系统和排泥系统等组成的(图11.13)。

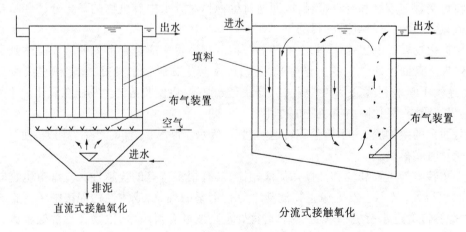

图11.13 接触氧化池的构造

(1) 池壁

常用钢筋混凝土结构,设有承托填料的格栅。整个池体一般高度为3~5 m,填料高1.5~3 m,顶部水层高为0.5~0.6 m。

(2) 填料

填料是生物膜的载体,是接触池的核心部位,直接影响生物接触氧化处理的效能。对填料的要求是:比表面积大,空隙率高,水流阻力小,强度高,化学和生物稳定性能强,不溶出对微生物有害物等。目前在我国使用的填料有硬、软和半软性三种类型。

硬性填料主要制成蜂窝状,所用的材料有:聚氯乙烯塑料、聚丙烯塑料、环氧玻璃钢、环氧纸蜂窝等。硬性填料具有质轻高强、生物膜易脱落、比表面积大($130 \sim 360 \text{ m}^2/\text{m}^3$ 填料)等优点。缺点是填料易于堵塞,因此应采取分层充填,上下两层间留有 $20 \sim 30$ cm 间隙,使水流在层间再次分配,形成横流和紊流;或在填料中制成横孔,有助于避免填料堵塞。

软性填料是近几年出现的新型填料,一般用尼龙、维纶、涤纶、腈纶等化学纤维材料编结成束,呈绳状连接,因此又称为软性纤维填料。纤维填料的特点是质轻,高强,物理化学性能稳定;纤维束在紊动的水中激烈漂动,呈立体结构;比表面积大,生物膜附着能力强,废水与生物膜接触效率高,没有填料堵塞之虑。纤维填料已广泛地用于化纤、印染、绢纺等工业废水处理中。实践证明,它特别适宜有机物浓度较高的废水处理,是一种有前途的填料。

半软性填料常采用软性塑料制成塑料纤维,具有硬性和软性填料的特点。

(3) 布水和曝气

布水是通过池底部的布水器散布的,水的流动很快,对生物膜有冲刷作用。布气也是从池底部通入的,气流很强大,有搅拌废水形成紊流和冲刷生物膜的作用。紊流越强,处理水与生物膜的接触机会越多,传质效应越好,可以提高处理效果。生物接触氧化池中的溶解氧含量一般维持在 $2.5 \sim 3.5$ mg/L 之间,气水比约为$(15 \sim 20):1$。因为废水中有机物浓度很大,生物膜量又多,所以需氧量也大。

生物接触氧化法在运行上具有许多优点,其中主要是:对冲击负荷有很强的适应能力;污泥生成量少;不会有活性污泥膨胀的危害,能保证出水水质;不需要污泥回流;易于维护管理;不产生滤池蝇,也不会散布臭气;除能有效地去除有机污染物外,还能够用以脱氮和除磷。表 11.1 为生物接触氧化法与传统活性污泥法处理同类型废水的比较表。

表 11.1 生物接触氧化法同活性污泥法比较表

项 目	原 水	接触氧化法	传统活性污泥法
处理水量/($\text{m}^3 \cdot \text{d}^{-1}$)		650	220
SRT/d		2.2	19.5
BOD_5 负荷/($\text{kgBOD}_5 \cdot \text{m}^{-3} \cdot \text{d}^{-1}$)		0.3	0.37
BOD_5/($\text{mg} \cdot \text{L}^{-1}$)	300	32	43
BOD_5 去除率/%		89.4	85.7

11.2.3.4 生物流化床(biological fluideaed bed)

生物流化床是用很小的砂粒、陶粒、焦炭、硬质塑料作为生物载体(或称填料、滤料),并把载体完全投放在废水中,用强大的水流或气流使载体不断滚动,使床体内呈流化态。

生物流化床是废水生物处理的新工艺,是 20 世纪 70 年代中期由美国研制成功的一种高效能废水生物处理方法。它具有 BOD_5 容积负荷高,处理效果好,处理效率高,占地面积小及投资省等优点,引起了人们很大兴趣。

我国一些科研单位从 1977 年开始研究生物流化床,采用纯氧或空气为氧源。除研究好氧生物流化床外,还研究了厌氧 - 兼性生物流化床,均获得了较好的效果。

1. 生物流化床类型

生物流化床是一种高效能生物处理废水工艺。由于小颗粒载体提供巨大的表面积（2 000~3 000 m^2/m^3 载体），生物膜含水率也较低（94%~95%），所以，单位体积混合液内含有很高的生物污泥量（10~14 g/L）。由于有机物的氧化分解速度高，生物量大，因而氧的供应成了决定性因素。纯氧应用于生物流化床具有更大的优越性。

为了更新生物膜，在处理流程中往往采用相应的机械，用以脱除载体上的生物膜。被脱除的生物膜作为剩余污泥排出。由于供氧、脱膜、流化床结构等方面的不同，可将生物流化床工艺流程归纳为以下三种。

（1）以纯氧为氧源的生物流化床

该工艺废水与回流水在充氧设备中与纯氧混合，使水中溶解氧可高达 30~40 mg/L。充满溶解氧的废水进入生物流化床（图 11.14），在流化床内与生物膜进行生化反应，使废水得到净化。老化的生物膜经脱膜后引至二次沉淀池，进行膜水分离，澄清水排走。

脱膜机间歇工作，脱膜后的砂粒又回流到流化床，重新长出生物膜。

纯氧生物流化床的处理效率很高，但氧气发生器的运转费较高。

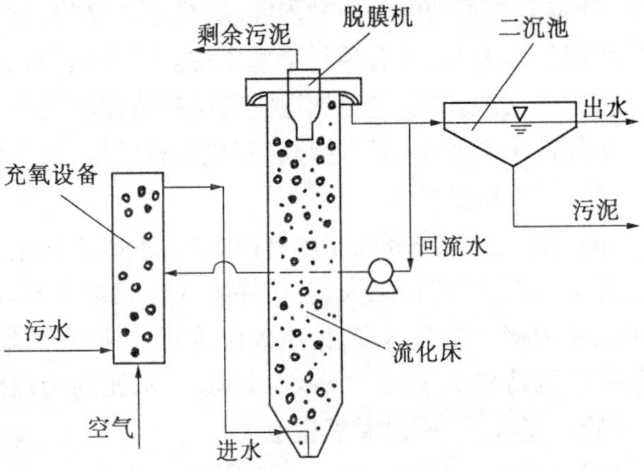

图 11.14 以纯氧为氧源的生物流化床工艺

（2）压缩空气为氧源的生物流化床

该工艺该工艺与纯氧流化床的工艺相同，差别仅在于采用空气供氧，常需将出水回流至充氧设备。由于氧在空气中的分压低，充气后水中的溶解氧含量一般情况下低于 9 mg/L。因而，所需循环系数大，动力消耗亦大。

为了充分利用充氧设备的体积，提高空气中氧的转移效率，研究者曾用生物接触氧化池作为充氧设备（充氧设备体积为 3 min 废水流量），可使每 L 水、每个循环的 BOD_5 去除量由 13 mg/L 提高到 38 mg/L，动力消耗亦有所下降。

（3）三相流生物流化床

指空气（或氧）直接通入流化床，构成气（空气或氧）-固（填料）-液（废水）三相混合体系，不需要另外的充氧设备。这种流化床目前普遍被采用。由于空气搅动，载体之间的摩擦较强烈，使一些多余的生物膜在流化过程中脱落，故不需要特别的脱膜装置。在三相流化床中，由于空气的搅动，有少部分填料可能从流化床中带出，故需要将填料回流。当废水浓度较高时，可以用回流水释稀进水。三相生流化床的技术关键之一是防止气泡在床内互相并合，形成许多巨大的气泡，而影响氧转移效率。为了控制三相生物流化床中气泡的大小，可采用废水经空气加压罐后迅速减压释放空气的方式充氧，有些研究者也考虑采用射流曝气作为充氧的手段。

2. 生物流化床处理废水的特点

生物流化床属于高效废水生物处理装置，特别适于处理高浓度有机废水。流化床内生物污泥量最大可达到 30~40 g/L,因此,吸附、氧化降解有机物能力特别强,亦要求有很高的溶解氧浓度;流化床进水 BOD_5 浓度可达 8 000 g/L,高出活性污泥法的 10 倍左右;BOD_5 负荷可达到 7.3 $kgBOD_5/(m^3 \cdot d)$,比活性污泥法高出 20~30 倍;处理的效率高,一般在 15 min 内就可以完成活性污泥法 4 h 才能完成的工作,效率高出活性污泥法的 15~20 倍;投资少于活性污泥法,占地面积小;不散发臭味,不会发生活性污泥膨胀和滤料堵塞。

主要缺点是动力消耗较大,处理的水量少,大型废水处理厂较难适用。

11.3 氧 化 塘

氧化塘(oxidation pond process)处理废水是一种和自然水体自净过程极其相似的废水生物处理法。氧化塘早期称废水贮留池(lagoon),现在称稳定塘(stabilization pond),是一种既简易又经济的废水生物处理法,不需要机械设备,运行管理方便,处理费用低廉。但净化时间较长,处理效率低,占地面积大,因此,不适宜在城市建设,适用于山区和小城镇。

氧化塘净化废水是利用藻菌互生作用体系完成的。进入氧化塘的有机污染物,是依赖细菌进行氧化分解的,氧化分解有机物的产物又可作为藻类生长繁殖的营养。藻类进行光合作用放出氧,又供好氧微生物氧化有机物,所以两者互为利用,形成了藻菌互生体系。

11.3.1 水体自净

水体自净(self-purification of water body)是指水体在接纳了一定量的污染物后,通过物理、化学和水生生物(微生物、动植物)等因素的综合作用后得到净化,水质恢复到受污染前的水平和状态的现象。但水体自净能力是有限度的,可以用自净容量来衡量。自净容量即同化容量,是指在水体正常生物循环中能够同化有机污染物的最大数量。影响水体自净过程的因素很多,包括受纳水体的地形和水文条件、水中微生物的种类和数量、水温和复氧状况、污染物的性质和浓度等。

水体的自净原理是沉淀、稀释、混合、挥发等物理过程,氧化还原、分解化合、吸附凝聚、离子交换等化学、物理化学过程,以及厌氧和好氧的生物代谢过程。

11.3.1.1 物理净化过程

废水或污染物排入水体后,可沉降性固体(包括病原菌、寄生虫卵)逐渐沉至水底形成底泥。悬浮体、胶体和溶解性污染物则因混合稀释而逐渐降低浓度。废水稀释程度可用稀释比表示。所谓的稀释比或稀释度就是参加与废水混合的河水流量废水流量之比。废水排入河流后需流经一定的距离或时间,才能达到与全部河水的完全混合,因此,这一比值在不同的位置是不相同的。对河流来说,影响完全混合有许多因素:稀释比、河流水文条件、废水排放口的位置(岸边或河中)、排放形式(单点或多点排放)、风向、风力、水温和潮汐等。

11.3.1.2 化学净化过程

化学自净过程取决于废水和水体的具体状况,如在一定条件下,水体中难溶性硫化物可氧化为易溶性的硫酸盐;可溶的二价铁、锰化合物可转化为几乎不溶解的三价铁、四价锰的氢氧化物而沉淀下来。又如,水体中硅及其氧化物胶体或高岭土一类胶体物质,能吸附各种阳离子或阴离子发生共沉淀。酸、碱污染物可起中和作用。因此,水体中通过多种化学或物理化学过程可去除水中的污染物。

11.3.1.3 生物净化过程

悬浮和溶解于水体中的有机污染物,在 DO 参与下,经需氧微生物作用氧化分解成简单的无机物,如 CO_2、H_2O、硝酸盐和磷酸盐等,使水体得到净化。好氧生物净化过程中所消耗的 DO,由水面复氧和水体中水生植物的光合作用产生的氧来补充,即复氧和耗氧同时进行。DO 的动态变化反映着水体中有机污染物净化的强度,因而把 DO 作为水体自净的标志。DO 的变化过程可用氧垂曲线来描述(图 11.15)。

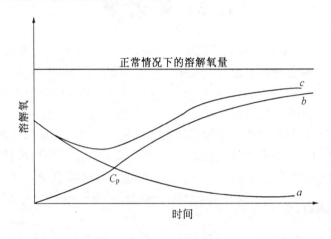

图 11.15　氧垂曲线图

11.3.2　污水生物系统

污水生物系统(saprobic system)最初是由德国学者科尔克维茨(Kolrwitz)和马松(Marsson)于 1909 年提出的,用于监测和评价河流受有机污染程度的一种方法。经过许多学者的深入研究,特别是 20 世纪 50 年代以后,补充了污染带的指示生物种类名录,增加了指示种的生理学和生态学描述,从而使该系统日趋完善。1951 年,李普曼(Liebmann)修正和增补了污染带的指示生物名录,并划分水质等级。他将水质共分为四级(从 Ⅰ 至 Ⅳ 级,Ⅳ 级为最污,Ⅰ 级为最清),并规定各级的代表颜色:Ⅰ 级为蓝色,Ⅱ 级为绿色,Ⅲ 级为黄色,Ⅳ 级为红色。同时,还绘制了各污染带的指示生物图谱。其理论基础是,当河流受到有机物污染后,在污染源下游的一段流程里会发生水体自净过程。在此过程中,一方面会使污染程度逐渐减轻,另一方面生物相也会发生变化,在不同的区段出现不同的生物种类,形成四个连续的污染带:多污带、α-中污带、β-中污带和寡污带。每个带均有各自的物理、化学及生物学特征。

11.3.2.1　多污带

多污带亦称多污水域,此带多处在废水排放口,水质浑浊,多呈暗灰色,COD、BOD_5 浓度很高,DO 趋于零,具有强烈的 H_2S 气味,其细菌数量大,种类多,每毫升水中细菌数目可达百万个以上,甚至达数亿个。多污带的指标生物有浮游球衣细菌、贝氏硫细菌、颤蚯蚓、蜂蝇蛆和水蚂蟥等。颤蚓是环节动物门寡毛纲颤蚓科动物的统称,其身体状。颤蚓是河流、小溪、湖泊、池塘的河口底栖动物的重要组成部分。颤蚓能忍耐有机物污染引起的缺氧,并且随着底泥中有机物的增加,某些耐污种个体数量急剧增加,甚至多得像一块不整齐的地毯。由于颤蚓个体较粗大,生活又固定,故很早就有人用来作为污染的指示生物。水蚂蟥对某些重金属,如 Cu、Pb 和一些有机氯农药有很强的耐受力,因此,常常出现在有机污染严重的河段。

11.3.2.2 中污带

中污带是介于多污带与寡污带之间的中等污染水质,由于在中污带污染程度变化较大,因此,又把它分成污染严重的 α-中污带与污染较轻的 β-中污带。

1. α-中污带

污染程度也很严重,BOD_5 值仍相当高,水质状况与多污带近似,水质为灰色而浑浊。α-中污带中已开始出现氧化作用,但 DO 水平仍然极低,为半厌氧条件,污带废水生物,生物的种类虽比多污带生物多些,但为数仍然较少,主要是细菌,每毫升废水中有几十万个。这一带中还出现了吞食细菌的轮虫类和纤毛虫类,另外,还有蓝藻和绿色鞭毛藻类,颤蚓仍大量滋生。

α-中污带的废水生物有大颤藻(*Oscillatoria prineeps*)、小颤藻(*Oscillatoria tenuis*)、椎尾水轮虫(*Epiphanes senta*)、天蓝喇叭虫(*Stentor coeruleus*)、栉虾(*Asellus aquaticas*)、菱形藻(*Nitzschiapalea*)、小球藻(*Chlorella vulgaris*)、臂尾水轮虫(*Epiphanesbrachionus*)、钢色颤藻(*Oscillatoria chalybea*)、钩头藻(*Phormidium uncinatum*)、绿裸藻(*Euglena viridis*)、韩氏硅藻(*Hantzschia amphioxys*)、绿球藻(*Chlorococcum infusionum*),等等。

2. β-中污带

与多污带和 α-中污带相比,β-中污带的特点是氧化作用比还原作用占优势,水的透明度大大增加,DO 水平显著提高,有时甚至还可达到饱和程度。有机物基本上完成无机化过程,含氮化合物已转化为铵盐、亚硝酸盐和硝酸盐,水中 H_2S 含量也极低。

图 11.15 中的 a 为有机物分解的耗氧曲线,b 为水体复氧曲线,c 为氧垂曲线,最低点 C_p 为最大缺氧点。若 C_p 点的 DO 量大于有关规定的量,说明废水的排放未超过河段的自净能力。如果排入有机污染物过多,超过河流的自净能力,则 C_p 点低于规定的最低 DO 含量,甚至在排放点下游的某一段会出现无氧状态,此时氧垂曲线中断水体进行厌氧分解,水质变黑发臭。

参与水体净化的微生物,由于受到阳光中的紫外线照射,生物间的拮抗,噬菌体的侵袭,以及不适宜的环境条件等的作用逐渐死亡,致病微生物死亡更快。废水中不同种群微生物的生长繁殖规律不同,寄生虫卵进入水体后,除血吸虫卵、肺吸虫卵、姜片虫卵等能在水中孵化外,其他虫卵则沉到水底逐渐死亡。

在整个自净过程中,从排污口以下至恢复到污染前的状态,会出现一系列连续的带,而且每个带段都会出现其特征性的生物种类,即指示生物(indicator organism)。图 11.16 表示相当严重的有机污染对河流影响的概况。

在排污口,由于 BOD、盐类和悬浮物的大量增加而降低水中 DO 值(溶解氧)(图 11.16(a));由于水体自净作用,随着时间的推移又使 BOD、盐类和悬浮物的浓度渐渐降低。由于硝化作用,氨的高峰(图 11.16(b))为硝酸盐所取代,而且氨和硝酸盐流到下游也逐渐被稀释。在排污口下游的水中出现大量细菌(图 11.16(c)),随着基质不断消耗而逐渐减少。大量的细菌在河水中 DO 得到恢复时消失。原生动物掠食细菌,随着细菌数量的增加而增加,也随着细菌数量的减少而减少。藻类,尤其是刚毛藻类在水质开始恢复时,由于光照条件的改善和有机物在被氧化时释放出营养盐而大量增加,又随着营养盐的不断消耗而减少。在

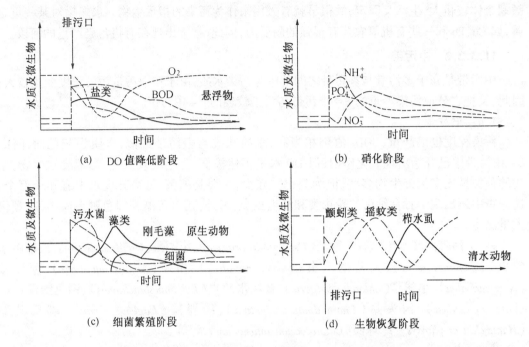

图 11.16 废水排入河流流经各带的水质和生物种群的典型变化

排污口下游的清水动物(图 11.16(d)),由于不能忍受低 DO 值而死亡。大型无脊椎动物中只有颤蚓类能在下游水体中生存。当污染极严重时甚至颤蚓类也不能生存。随着自净作用,水质得到逐渐改善,摇蚊幼虫开始出现并渐渐地多起来。当河水中 DO 逐渐得到恢复时,清水动物的数量和品种也增长起来。总之,在整个自净过程中,呈现出生物的数量由多到少,种类由少到多的变化规律。

β-中污带的生物学特征是种类上的极多样化,这一带的主要生物种类是蓝藻、绿藻、硅藻等各种藻类,还有轮虫、切甲类甲壳动物和昆虫。β-中污带细菌数量显著减少,每毫升水中几万个。本带还出现肺螺类及一些较高等的,但耐污能力较强的水生生物,如泥鳅、鲫鱼、黄鳝、鲤鱼等野生杂鱼类。

β-中污带中的废水生物有:水花束丝藻(*Aphanizomenon flosaquae*)、梭裸藻(*Euglena acus*)、变异直链硅藻(*Melosira variaus*)、短棘盘星藻(*Pediastrum boryarum*)、前节晶囊轮虫(*Asplanchna rio*)、腔轮虫(*Lecane lune*)、月形单趾轮虫(*Monostyla lunaris*)、蚤状水蚤(*Daphnia pulex*)、大型水蚤(*Dophnia magna*)、绿草履虫(*Paramecium busaria*)、帆口虫(*Pleuronema* sp.)、鼻栉毛虫(*Didinium nasutuml*)、弹跳虫(*Halteria grandinella*)、聚缩虫(*Zoothamnium arbuscular*)、茧形虫(*Urocentrum turbo*)、横隔硅藻(*Diatona vulgare*)、静水椎实螺(*limnaea stagnalis*)、卵形椎实螺(*limnea ovata*)、肿胀珠蚌(*Unio tumidus*)、蚤状钩虾(*Gammarus pulex*)。

11.3.2.3 寡污带

寡污带实际上是清洁水体,水中 DO 含量很高,经常达到饱和状态,水中有机物浓度(BOD 值)很低,基本上不存在有毒物质,水质清澈,pH 值为 6~9,适合于生物的生存。

寡污带细菌数量大大减少,而生物种类极为丰富,且都是需氧性生物。一些水生昆虫幼虫,如蜉蝣幼虫、石蚕幼虫和蜻蜓幼虫等均出现在寡污带中,由于它们喜欢在清水草丛中生活,在污染的环境中没有它们的影踪,故可作为寡污带的指示生物。此外,水中还有大量的浮游植物,如硅藻、甲藻、金藻等等,动物中还有苔藓虫、水螅、海绵类等,鱼的种类也很多。

寡污带废水生物有:水花顶圈藻(*Anabaena flos-aquae*)、玫瑰旋轮虫(*Philodina roseola*)、长刺水蚤(*Daplmia longispina*)、窗格纵隔硅藻(*Tabellaria fenestrata*)、美丽星杆藻(*Asterionella lormlsa*)、长圆砂壳虫(*Diffluqia pyriformis*)、大变形虫(*Amoeba proteus*),等等。

综上所述,从多污带到寡污带,呈现污染物浓度逐渐降低,直到完全矿化,细菌数量由多变少,生物种类由少到多的变化规律。1964年日本学者津田松苗编制了一个废水生物系统各带的化学和生物学特征,见表11.2。

表11.2 废水生物系统各带的化学和生物学特征

	多污带	α-中污带	β-中污带	寡污带
化学过程	由于还原及分解作用而明显地发生腐败现象	水及底泥中出现氧化作用	氧化作用更为强烈	因氧化使矿化作用达到完成阶段
DO	很低或者为零	有一些	较多	很多
BDO	很高	高	较低	很低
H_2S	多,有强烈 H_2S 臭味	H_2S 臭味不强烈	少量	没有
有机物	有大量的有机物,主要是未分解的蛋白质和碳水化合物	由于蛋白质等有机物的分解,故氨基酸大量存在	蛋白质进一步矿质化,生成氨盐、硝酸盐和亚硝酸盐,有机物含量很少	有机物几乎全被分解
底泥	由于有黑色的 FeS 存在,故常为黑色	FeS 被氧化成 $Fe(OH)_3$ 了,因而底泥不呈黑色	有 Fe_2O_3 存在	底泥几乎全被氧化
细菌	大量存在,有时每毫升达数十万到数百万个	通常每毫升水中达10万个以上	细菌数量减少,每毫升在10万个以下	细菌数量,每毫升只有数十个到数百个
栖息生物的生态学特征	所有动物皆为细菌摄食者;均能耐 pH 的强烈变化;耐低 DO 的厌气性生物;对 H_2S 和氨有强烈的抗性	以摄食细菌的动物占优势,出现肉食性动,对 DO 及 pH 变化有高度适应性;对氨大体也有抗性,但对 H_2S 的抗性则相当弱	对 pH 及 DO 变动的耐受性很差,而且也不能长时间耐受腐败性毒物	对 DO 及 pH 的变化耐性均很差,对腐败性产物,如 H_2S 等无耐受性
植物	无硅藻、绿藻接合藻以及高等水生植物出现	藻类大量生长有蓝藻、绿藻及硅藻出现	出现许多种类的硅藻、绿苔、接合藻,此带为鼓藻类主要分布区	水中藻类较少,但着生藻类较多
动物	以微型动物为主,其中原生动物占优势	仍以微型动物占大多数	多种多样	多种多样
原生动物	有变形虫、纤毛虫,但仍无太阳虫、双鞭毛虫和吸管虫	逐渐出现太阳虫、吸管虫,但仍为双鞭毛虫	出现耐污性差的太阳虫和吸管虫种类,开始出现双鞭毛虫	仅有少量鞭毛虫和纤毛虫
后生动物	仅有少数轮虫、环节动物和昆虫幼虫出现。水螅、淡水海绵、苔藓动物、小型甲壳类、贝类、鱼类不能在此带生存	贝类、甲壳类、昆虫有出现,但仍无淡水海绵及苔藓动物,鱼类中的鲤、鲫、鲶等可在此带栖息	淡水海绵、苔藓动物、水螅、贝类、小型甲壳类、两栖类、水生昆虫及鱼类等均有出现	除有各种动物外,昆虫幼虫种类也很多

由于生物种类和数量的分布并不单纯受环境污染的影响,地理和气候条件,以及河流的底质、流速、水深等对生物的生存和分布也有重要影响,所以,在利用指示生物对水体污染程度进行监测和评价时,对这些因素也都应给予足够的重视。同时,由于该系统只能定性地反应水体受污染的状况,对污染物的种类和数量不能精确地定量,因此,在实际工作中,应结合化学分析的结果才能准确全面地反映水体自净的过程。

11.3.3 氧化塘净化废水的机理

氧化塘是由一种复杂的生态系统构成,其中包括好氧微生物、兼性微生物、厌氧微生物、藻类及其他水生生物的参与。同时,受许多环境因子的影响,最终将废水中的污染物质无机化(见图 11.17)。

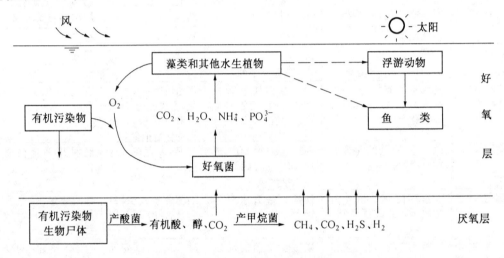

图 11.17 氧化塘的生态模式

11.3.3.1 好氧层的生物处理机理

Oswald1958 年提出了氧化塘中有机物的氧化反应式为

$$C_{11}H_{29}O_7N + 14O_2 + H^+ \longrightarrow 11CO_2 + 13H_2O + NH_4^+ \cdots$$

式中 $14O_2 : C_{11}H_{29}O_7N = 448 : 287 = 1.56 : 1$

即氧化塘中细菌氧化 1 g 有机物需要的氧是 1.56 g。

根据 Stumm 和 Morgan 提出藻类的分子式为 $C_{106}H_{263}O_{110}N_{16}P$,得出藻类的光合作用反应式为

$$106CO_2 + 16NO_3^- + HPO_4^- + 122H_2O + 18H^+ \xrightarrow{光} C_{106}H_{263}O_{110}N_{16}P + 138O_2$$

由上述反应式,可以计算每生产 1 g 的藻类细胞物质能释放出 1.244 g 氧,以供好氧细菌进行氧化作用。

11.3.3.2 厌氧层的生物处理机理

塘底处于厌气区,有机物质在厌氧微生物作用下,首先由产酸菌分解有机物质产生有机酸、醇、CO_2、N_2、H_2、H_2S 等,然后再由产甲烷菌还原为和 CO_2。产生的气体从水中逸出,所以常常看到水面上有气泡产生。

废水在氧化塘中流动缓慢,停留时间较长,废水中悬浮物沉至塘底,大量死亡的有机体亦沉至塘底,形成底泥。底泥在厌氧微生物的厌氧消化下得到分解,从而减少底泥的蓄积速率。

11.3.3.3 兼性层的生物处理机理

该层中主要存在大量兼性好氧菌和兼性厌氧菌,在氧充足时进行有机物的彻底氧化,缺氧时进行厌氧呼吸或发酵。

11.3.3.4 其他污染物去除机理

利用氧化塘也可以去除某些含毒物的废水,亦可以去除某些重金属离子的废水,如 Cd、Cr、Cu、Ni 等重金属主要是通过在较高的 pH 值下形成难溶盐或被水生生物通过食物链富集而去除。

氧化塘中的病原菌和寄生虫等或者被紫外光照射杀死,或者沉入塘底。由于细菌之间存在的拮抗作用,使沉入塘底的病原菌不易增殖而逐渐死亡。

11.3.4 氧化塘分类

根据氧化塘内溶解氧和在净化中起主要作用的微生物种类,可把氧化塘主要分为好氧塘、厌氧塘、兼性塘和曝气塘四种,此外还有水生植物塘、养鱼塘等生态塘。

11.3.4.1 好氧塘

塘深一般在 0.5 m 左右,阳光可穿过水层达到塘底。藻类活动旺盛,靠藻类光合作用供氧,塘内完全呈好氧状态。塘表面也可由于风力的搅动进行自然复氧。好氧微生物在净化废水中起主要作用。

好氧塘承受的有机负荷低,废水停留时间比厌氧塘和兼性塘短,一般在 0.5~3 d。BOD_5 去除率可达 85%~90%,出水水质好,但占地面积很大。处理后的水中含有大量的藻细胞,排放前应去除,通常采用化学凝聚、砂滤、上浮等方法去除。

11.3.4.2 厌氧塘

塘深在 2 m 以上,最深可达 6 m。进水 BOD_5 负荷高,塘中仅有很薄的一层表面水层呈好氧状态,好氧菌可在这层内活动,分解有机物,并消耗掉水中溶解的氧。塘的其余部分均呈厌氧状态,塘内几乎无藻类生长,主要靠厌氧微生物对有机物进行的厌氧呼吸和发酵作用去除污染物。

厌氧塘内的水颜色呈黑色,并散发出臭气,因而在修建厌氧塘时应考虑到周围住宅区对卫生条件的要求。

实践证明,某些在好氧条件下不易分解的有机物质,在厌氧塘内有可能获得较好的降解效果,如六六六在厌氧塘内可以被降解。

厌氧塘可承受较高的有机负荷,常作为高浓度有机废水的处理。但由于处理后水不能达到排放要求,因而,厌氧塘多作为废水的预处理,处理后水再由好氧塘处理方能排放。

11.3.4.3 兼性塘

兼性氧化塘具有好氧塘和厌氧塘二者的特点。塘深一般在 1~2.5 m。在光线能通过的上部水层中,生长的藻类能进行光合作用,呈好氧状态。废水中的有机物在好氧水层中通过好氧微生物氧化分解。塘底层水及底泥处于无氧状态,主要通过厌氧微生物的氧化分解作用降解有机物质。在好氧层与厌氧层之间存在兼氧层,这层水一般在白昼有溶解氧存在,而在夜间又处于厌氧状态,因而主要存在一些兼性微生物。

经兼性塘处理的废水,出水中也含有藻类,但浓度较低,也应设法去除。目前,国内外氧化塘大部分属于兼性塘。兼性塘处理效率比好氧塘低,废水停留时间也较长,分解速度慢,BOD_5 去除率不如好氧塘高,但承受的负荷大,散发的臭味较少,可以处理高浓度工业废水,并可作为惟一的处理单元。

11.3.4.4 曝气塘

曝气塘是经过人工强化的氧化塘,在塘面上安装表面曝气设备,作为主要的供氧源。塘内全部水层都保持好氧状态,并充分混合,与曝气的活性污泥法相似。能承受较高的废水负荷,废水在塘内停留时间短,占地面积小,但机械费用高。由于塘内废水的混合和机械扰动,阻止了藻类的生长,故塘内藻类极少,光合作用不强。由于供氧充足,微生物大量生长繁殖,可形成活性污泥絮体。

曝气塘塘深 3~5 m,水力停留时间 3~8 d,不少于 12 h。BOD_5 去除率 70% 左右。出水 BOD_5 较高,主要是活性污泥絮体残留所致,提高出水水质的关键在于去除这些物质。

总之,氧化塘处理废水的效率较低,占地面积较大,但具有运转费用少、操作简单、投资省的优点,因而,在城市偏远地区,可作为优先选择的废水处理工艺。在氧化塘实际设计中,可根据进水水质及出水水质要求,将各种塘进行不同的串、并联组合。各塘之间串联的先后次序一般为厌 – 兼 – 好(或曝气)。

表 11.3 为各类氧化塘的主要设计参数

指　　标	好氧塘	兼性塘	厌氧塘	曝气塘
水深/m	0.5	1~2.5	2.5~6	3~5
HRT/d	2~6	7~180	5~50	2~10
BOD_5 负荷/(kg/10^4 m^2·d)	10~40	10~100	100~1000	20~200*
BOD_5 去除率/%	60~95	70~90	50~70	80~95
BOD_5 降解形式	好氧	好氧、厌氧	厌氧	好氧
光合反应	有(强烈)	有(弱)	无	无
藻类浓度/(mg·K^{-1})	200~400	10~50	0	0

注:负荷采用 kg/(10^3 m^3·d)。

11.4　厌氧生物处理简介

厌氧生物处理(anaerobic biological treatment)法具有节能、运转费低、能产生沼气等特点,因而在处理高浓度有机废水中被普遍采用。厌氧处理废水是在无氧条件下进行的,是由厌氧微生物作用的结果。厌氧微生物在生命活动过程中不需要氧,有氧还会抑制或杀死这些微生物。这类微生物分两大类群,即发酵细菌(产酸菌)和产甲烷菌。废水中的有机物在这些微生物联合作用下,通过酸性发酵阶段和产甲烷阶段,最终被转化生成 CH_4、CO_2 等气体,同时,并使废水得到净化。

酸性发酵阶段是指微生物在分解有机物过程中产生大量的有机酸,主要是挥发性脂肪酸(VFA)和醇,使发酵环境中 pH 值下降,呈现酸性。产甲烷阶段是指微生物在这一阶段中,分解第一阶段产生的有机酸和醇,通过无氧呼吸产生 CH_4、CO_2、H_2S 等,使发酵环境中 pH 值上升,此时,水中的 pH 值可提高至 7~8。参与第二阶段的细菌为严格厌氧菌,主要是产甲烷细菌。因产甲烷细菌代谢速度很慢,故第二阶段需要较长的时间。

厌氧生物处理可直接接纳 COD > 2 000 mg/L 以上的高浓度有机废水,而这种高浓度废水若采用好氧生物处理法,必须稀释几倍甚至几百倍,致使废水处理的运行费很高。对于酒精工业、食品工业、啤酒厂、屠宰场等废水都适宜用厌氧处理法。但厌氧法处理后的出水 COD 和 BOD_5 仍很高,达不到排放标准的要求,因而,欲达到国家排放标准,后续常接好氧生物处理工艺,即常称的 A/O 法,详见第 12 章。

近年来的研究和实践表明,处理高浓度有机废水,先采用厌氧法处理,使废水中的 COD 和 BOD_5 大幅度降低,然后再用好氧法进行处理,可取得比较好的效果,特别是用来处理某些含难降解物质浓度高的有机废水,如制药、酒精、屠宰、化工、轻纺等高浓度废水,因为厌氧微生物对某些有机物有特异分解能力。

废水厌氧处理工艺详见第 12 章。

11.5 废水生化处理中主要微生物类群

废水的生物学处理系统是通过人工控制的微小的生态系统,在这个生态系统中,微生物对有机物质转换的效率之高是任何天然水体生态系统所不可比拟的。了解水处理过程中微生物群落的种群组成及其作用,掌握它们在水处理系统中的活动规律,对于提高废水处理效果,开发新型废水处理工艺是十分必要的。活性污泥和生物膜中存在的微生物,几乎包括了微生物的各个类群,其中属于原核生物的有细菌、放线菌、蓝细菌,属于真核生物的有原生动物、多细胞的微型动物、酵母菌、丝状真菌以及单细菌藻类等,此外,还有病毒和立克次氏体。在多数情况下,主要微生物类群是细菌,特别是异养型细菌占优势。

11.5.1 好氧处理主要微生物类群

关于活性污泥中细菌的种类和各类细菌的数目,曾有过很多报道,但研究的结果往往差异很大。其中一个很重要的原因就是因为活性污泥中的细菌都包埋在絮凝体内,所以,存在着如何把活性污泥中的凝絮体解离,全部以游离细菌存在的问题。采用不同方法,絮凝体解离出的细菌率及种类也有很大的差别;另一方面,各类细菌的培养方法要求也不一样,因此,絮凝体解离后,所采用的培养方法是否适宜,也是影响分离结果的重要因素。

把絮凝体解离,使细菌从包埋的胶质中游离出来,目前常采用加表面活性剂结合用玻璃珠打散,可以取得较好的结果。荷兰微生物学家 E.G.Mulder 及其同事根据凝絮体是由大量纤维细丝所形成的特性,采用纤维素酶来解离,获得很好的效果。这种方法既不损伤菌体的细胞,又使解离比较彻底。除此之外,还要选择合适的培养基和培养条件。

由于采用的分离方法和培养基的不同,在早期研究中得到的结果是大肠杆菌和芽孢杆菌在活性污泥中占优势。如 Russel 和 Bartow(1919 年)所分离的 13 个不同菌株中,有 4 株是好氧性芽孢杆菌。后来,Harris 等人(1927 年)发现在活性污泥中有 61% 的菌为产气气杆菌

(Aerobacter aerogenes),38%为变形菌属(Proteus)。到1940年时又有了进展,Allen发现活性污泥中大多数细菌为革兰氏阴性杆菌,属于假单胞菌属、黄杆菌属和无色杆菌属,并指出只有少量大肠菌类和好气性芽孢杆菌出现。以后Mckinney和Horwood(1952)在自己设计的曝气池中,用1/10浓度的营养肉汤作为人工废水来驯化活性污泥,从中分离到能形成菌胶团絮凝体的细菌有:生枝动胶菌(Zoogloea ramigera)、蜡状芽孢杆菌(Bacillus cereus)、中间埃希氏菌(Escherichia intermedium)、粪产气副大肠杆菌(Paracolobactrum aerogenoides)、放线形诺卡氏菌(Nocardia actinomorphya)和黄杆菌属(Flavobacterium)。Jasewica和Dorges(1956年)在研究牛奶废水活性污泥时,分离得到下列菌株:产碱杆菌属(Alcaligenes)占26%、黄杆菌属占34%、微球菌属占14%、假单胞菌属占16%。Mckinney(1962年)认为,废水中所含有机物的成分,将决定哪个菌属占优势,如含蛋白质的废水中往往以产碱杆菌、黄杆菌和好气性芽孢杆菌占优势,在以碳水化合物或碳氢化合物为主要污染物的废水中,则以假单胞菌占优势。他认为活性污泥只是由生枝动胶菌形成的说法是错误的。此外,绝大多数文献中都提到丝状细菌的存在,尤其是在沉降性能差的活性污泥中可见到球衣菌属(Sphaerotilus)的存在。

从目前所报导的资料来看,活性污泥中的主要菌群有:假单胞杆菌属(Pseudomonas)、产碱杆菌属(Alcaligenes)、无色杆菌属(Achromobacter)、微杆菌属(Microbacterium)、黄杆菌属(Flavobacterium)、动胶菌属(Zoogloea)、芽孢杆菌属(Bacillus)、节杆菌属(Arthroacter)、不动细菌属(Acinetobacter)、微球菌属(Micrococcus)、气杆菌属(Aerobacter)、棒状杆菌属(Corynebacterium)、丛毛单胞菌属(Comamonas)、杆菌属(Bacterium)、诺卡氏菌属(Nocardia)、球衣细菌属(Sphaerotilus)、短杆菌属(Brevibacterium)、亚硝化单胞菌属(Nitromobacter)、蛭弧菌属(Bdellovibrio)、粪大肠菌属(Coliform)、贝氏硫菌属(Beggiatoa)、柄细菌属(Caulobacter)、噬纤维菌属(Cytophaga)等。

不少学者对活性污泥中细菌数量进行了统计,曝气池中活性污泥不但细菌种类多,数量也非常巨大,细菌总数大约有$10^8 \sim 10^{10}$个/ml。干污泥中细菌数量可达到10^{10}个/g。活性污泥中的杆菌多于球菌,革兰氏阴性杆菌多于革兰氏阳性杆菌。不同种类的细菌形成的菌胶团形状不一样,外界环境条件也影响形成菌胶团的形状。

废水好氧性处理中还有真菌,关于活性污泥中真菌的报导不多,1960年Cooke等从活性污泥中分离出曲霉属(Aspergillus)、毛霉属(Mucor)、青霉属(Penicillium)、根霉属(Rhizopus)、镰刀霉属(Fusarium)、头孢霉属(Cephalosporium)、木霉属(Trichoderma)、等枝霉属(Cladosporium)、地霉属(Geodosporium)、漆斑霉属(Myrothecium)、珠霉属(Margorinomyces)、水霉属(Trichoderma)、短梗霉属(Aureobasidium)等丝状菌。他还从活性污泥中分离出30种酵母菌和类似酵母菌的136个菌株,其中占优势的是皮状丝孢酵母(Trichosporon cutaneum)、粘红酵母(Rhodotorula glutinis)、胶红酵母(Rh. macilaqinosa)、热带假丝酵母(Candida tropicalis)和近平滑假丝酵母(C. parapsilosis)等。活性污泥中真菌的出现一般与水质有关系,一些霉菌常出现于pH值较低的废水中。一般来讲,真菌在活性污泥中并不占有重要地位。

丝状真菌在废水处理中可能与絮体形成和活性污泥膨胀有联系。有人报导霉菌可引起活性污泥膨胀。在膨胀的活性污泥中以地霉属占优势。

生物膜中的细菌种群与活性污泥的较相似,但真菌种群数量大增,这是由于当采用活性污泥法处理某些工业废水时,易出现大量丝状微生物(如真菌、放线菌),因而常采用生物膜法。此外,由于生物膜法(如生物滤池、生物转盘)运行中环境条件较差,常出现缺氧条件,因而也促使了真菌的大量繁殖。尽管如此,由于真菌对某些有机物的代谢能力高于细菌,因而利用存在大量真菌的生物膜法是有一定优越性的。值得提出的是,霉菌的生物膜厚,且不易脱落,因而在设计和运行管理中应考虑采取必要的措施。

11.5.2 厌氧处理主要微生物类群

废水厌氧处理的微生物类群,无论从种类和数量上都不如好氧处理的微生物类群多。在厌氧处理中微生物类群主要是细菌,分为两大类,即兼性厌氧菌和专性厌氧菌。在厌气处理中发酵一开始可能有好氧细菌存在,这些细菌主要是从废水中带进处理装置的,在处理装置中能生活一段时间,当氧气用完后很快会死亡。

随后兼性好氧菌又活跃起来,主要有:产黄纤维单胞菌(Cellulomonas flavigena)、淀粉芽孢梭菌(Clostridium amylolyticum)、丙酮丁醇芽孢梭菌(Clostridium acetobutylicam)、蜡状芽孢杆菌(Bacillus funduliformis)、琥珀酸拟杆菌(Bacteroides succinogenas)等。由于这些兼性好氧菌的活动,造成挥发酸的积累,同时处理装置中氧化还原电位降低,专性厌氧菌开始活跃,它们利用兼性好氧菌的分解产物乙酸、乙醇、甲醇、CO_2,合成甲烷。主要专性厌氧菌有:脱硫弧菌属(Desulfovibrio)、硝酸盐还原细菌(Denitrifying bacteria)、脱氮硫杆菌(Thiobacillus denitrificans)、脱氮极毛杆菌(Pseudomnas denitrificans)、脱硫肠状菌属(Desulfotomaculum)、产甲烷杆菌属(Methanobacterium)、产甲烷球菌属(Methancoccus)、产甲烷八叠球菌属(Methanosarcina)、产甲烷螺菌属(Methanospirillum)等。

11.5.3 废水处理中的原生动物

在活性污泥和生物膜中存在大量的原生动物和少数多细胞后生动物,它们是活性污泥和生物膜的重要组成部分。这些原生动物虽然不是废水生物净化中的主要力量,但也不可缺少。据报导,活性污泥和生物膜中大约有228种原生动物,以纤毛纲占绝对优势。由于原生动物的形态和生理上的特点,因此在废水处理中起着非常重要的作用。

11.5.3.1 原生动物在废水处理中的作用

1. 促进菌胶团絮凝作用

菌胶团絮凝作用是废水生化处理中的重要过程,它决定了废水生化处理工艺过程的连续性,并直接影响废水处理效果和出水水质。

实验证明,纤毛虫有助于活性污泥絮体的形成,可使废水中COD、BOD_5值降低,减少出水的混浊度。纤毛虫能分泌粘性物质,促使菌胶团粘连起来,形成较大的絮凝体。1963年Curds用小口钟虫、累枝虫、草履虫为实验教材,证明这些纤毛虫能分泌两种粘性物质,一种被称为P物质,是一种多糖类碳水化合物;另一种物质是属于单糖结构的葡萄糖及阿拉伯糖。他用^{14}C作示踪原子来标记葡萄糖培养草履虫,最后^{14}C传递到絮凝物上。另外,有的纤毛虫还能分泌粘蛋白,能把絮凝物再连接起来。通过实验他还认为纤毛虫在水处理过程中比细菌更能起到担负絮凝的作用。

2. 吞噬游离细菌和微小颗粒

在废水生化处理中,原生动物能大量吞噬游离细菌或微小的有机颗粒和碎片。纤毛虫对游离细菌的吞噬能力是十分惊人的,一个奇观独缩虫(Carchesium spectabile)在1 h内能吞噬3万个游离细菌。一个草履虫每天可以吞噬4 300个细菌,轮虫吞噬细菌能力更强。1968

年 Curds 等人采用活性污泥法试验,在没有纤毛虫的条件下运转 70 d,出水十分混浊,出水中 COD、BOD_5 值很高,游离细菌数量平均为 100~160 万个/mL;70 d 后接种了纤毛虫,出水中 BOD_5、COD 值马上降低,游离细菌减少到 1~8 万个/mL,出水也清澈透明。纤毛虫很明显地起到了澄清水质的作用,接种纤毛虫后,出水水质有明显的改善(表 11.4)。

原生动物对处理生活废水去除病原菌的作用也很大,当曝气池中缺乏原生生物时,大肠杆菌($E.coli$)去除率只有 55%,有原生动物时,去除率高达 85%。

表 11.4 纤毛虫在废水净化中的作用

项目	未加纤毛虫	加入纤毛虫
出水平均 $BOD_5/(mg·L^{-1})$	54~70	7~24
平均有机氮/$(mg·L^{-1})$	31~50	14~25
SS/$(mg·L^{-1})$	50~70	17~58
沉降 30 min 后 SS/$(mg·L^{-1})$	37~50	10~36
100 nm 处光密度值	0.340~0.517	0.051~0.219

3. 分解代谢废水中的有机物

原生动物不仅能吞噬游离细菌和废水中的有机颗粒,而且也能直接分解代谢一些可溶性的有机化合物。印度学者 Svidher 等做了一个很有趣的试验,他采用三个烧瓶,1 号烧瓶加灭菌的生活废水 350 ml 做对照;2 号烧瓶加生活废水 350 ml,加 0.5 ml 活性污泥,并杀死原生动物;3 号烧瓶加生活废水 350 ml,加 0.5 ml 活性污泥,不杀死原生动物。把三个烧瓶放在摇床上适温振荡培养 5 d,取出后沉淀 30 min,再取上清液分析,结果如表 11.5。通过以上试验结果可以看出,3 号瓶中的污染指标明显下降,亚硝酸盐和硝酸盐的增多是由细菌硝化作用造成的。Curds 等人的试验也有类似结果(见表 11.4)。

表 11.5 上清液分析结果

澄清水水质	1 号	2 号	3 号
$COD_{Mn}/(mg·L^{-1})$	12	6	3
氨基酸以酪氨酸计/$(mg·L^{-1})$	125.5	76	55.7
$NH_3-N/(mg·L^{-1})$	22	26	4
$NO_2^- -N/(mg·L^{-1})$	0	0	4.9
$NO_3^- -N/(mg·L^{-1})$	0	0	
可溶性 P/$(mg·L^{-1})$	6.2	54	5.1
上清液浊度(JTU)	98	61	25

4. 作为指示生物

因为原生动物个体比细菌大,生态特点也容易在显微镜下观察,而且不同种类的原生动物都有各自所需的生境条件,所以哪一类原生动物占优势,也就反映出相应的水质状况。

国内外都把原生动物当做废水处理的指示性生物,并利用原生动物的变化情况来了解废水处理效果及废水处理中运转是否正常。这是由于原生动物对环境条件要求比细菌的苛刻,当水质或工艺参数发生变化时,原生动物的种群和数量也要发生变化;原生动物对环境条件变化的反映较敏感,因此,可借助原生动物变化情况来衡量废水处理情况。一般规律是:在废水生化处理中,当固着型的纤毛虫-钟虫、盖纤虫、等枝虫等出现时,而且数量较多而又活跃,说明废水处理效果良好,出水 COD、BOD_5 较低(一般 COD < 80 mg/L,BOD_5 <

30 mg/L),水质清澈,可达到国家排放标准。轮虫出现也反映出水质较好,水中有机物含量更低(一般 COD < 50 mg/L,BOD_5 < 15 mg/L)。但当轮虫恶性繁殖,大量出现时,表明活性污泥老化,结构松散,吸附氧化有机物能力很差,废水处理效果不好。当废水处理中大量出现鞭毛虫和变形虫时,可指示废水处理效果不好,出水 COD、BOD_5 较高,水质混浊。当曝气池中溶解氧降低到 1 mg/L 以下时,钟虫生活不正常,体内伸缩泡会胀得很大,顶端突进一个气泡,虫体很快会死亡。当 pH 值突然发生变化超过正常范围,钟虫表现为不活跃,纤毛环停止摆动,虫体收缩成团,轮虫虫体也缩入被甲内,此时活性污泥结构松散,出水水质差。

任何一种废水处理装置都有相应的运行参数,当运行参数发生变化,如前处理构筑物、机械装置等发生故障,运行管理失误以及气候的骤变等都可以引起某些参数发生变化。原生动物由于对环境条件改变较敏感,也会很快在种群、个体形态、代谢活力上发生相应变化。通过生物相观察,可尽快找出参数改变原因,制定适宜的对策,以保护细菌的正常生长繁殖,保持废水的正常净化水平。为了正确判断水质及运行参数改变的原因,生物相观察中必须根据原生动物的种群变化、数量多少及生长活性三方面状况综合考察,否则,将产生片面的结论。

原生动物在废水处理中的作用已引起国内外废水处理厂的重视,在废水处理厂几乎每天都要观察原生动物的活动状态和变化情况,从而监测废水处理运转是否正常,出水水质是否良好。

11.5.3.2 废水处理中主要原生动物类群

在废水生化处理中存在着种类繁多、数量很大的原生动物类群。但原生动物随着不同的水质、不同季节和气候而变化。在活性污泥和生物膜中常见到的原生动物如表 11.6。

表 11.7 为 Curds 和 Cockburn(1970)观察到活性污泥和生物膜中原生动物种群数,可见,生物膜中原生动物种群比活性污泥中多。

表 11.6 活性污泥和生物膜中常见原生动物

分　　类	活性污泥	生物膜
植鞭毛纲(Phytomastigophorea)		
滴虫属(*Monas*)	+ +	+ + +
屋滴虫属(*Oikomonas*)	+ +	+ +
眼虫属(*Euglena*)	+ +	+
沟滴虫属(*Petalomonas*)	−	+
动鞭毛纲(Zoomastigophorea)		
波豆虫属(*Bodo*)	+ +	+ + +
尾波虫属(*Cercobodo*)	+ +	+ +
四鞭虫属(*Tetramitus*)	+	−
锥滴虫属(*Trepomonas*)	+	+
根足纲(Rhizopodea)		
变形虫属(*Amoeba*)		
简便虫属(*Vahlkampfia*)	+ + +	+ + +
表壳虫属(*Arcella*)	+	+ +
鳞壳虫属(*Euglypha*)	−	+
纤毛纲(Ciliated)		
全毛亚纲(Holotrichia)		
漫游虫属(*Litonotus*)	+ +	+ +
前管虫属(*Prorodon*)	−	+ +
斜管虫属(*Chilodonella*)	+ +	+
肾形虫属(*Colpoda*)	+ +	+ +

续表 11.6

分　　类	活性污泥	生物膜
豆形虫属(Colpidium)	+	+ +
四膜虫属(Tetrahymena)	+ +	-
草履虫属(Paramecium)	+ + +	+ + +
膜袋虫属(Cyclidium)	-	+
缘目亚纲(Peritrichia)		
累枝虫属(Epistylis)	+ + +	+
盖虫属(Opercularia)	+ + +	+ + +
匣形虫属(Pyxidiella)	+ +	-
钟虫属(Vorticella)	+ + +	+ + +
聚缩虫属(Zoothamnium)	+ +	-
旋口虫属(Spirostomum)	-	+ +
喇叭虫属(Stentor)	+ +	+
盾纤虫属(Aspidisca)	+ +	+
游仆虫属(Euplotes)	+ + +	+ + +
棘属虫属(Stylonychia)	+	+
瘦尾虫属(Uroleptus)	+	+
吸管虫亚纲(Suctoria)		
壳吸管虫属(Acineta)	+ +	-
足吸管虫属(Podophrya)	+ +	+

说明:"+ + +"表示至少存在 6 个种群;"+ +"表示 3~5 个种群;"+"表示 1~2 个种群;"-"表示一般很少见到该属种群。

表 11.7　活性污泥和生物膜中常见的原生动物实例

分　　类	活性污泥	生物膜
植鞭毛纲		
粗袋鞭虫(Peranema trichophorum)	+	+
动鞭毛纲		
尾波豆虫(Bodo cavdelus)	-	+
活泼锥滴虫(Trepomonas agilis)	-	+
根足虫纲		
小变形虫目(Small amoebae)	+	+
普通表壳虫(Arcella vulgaris)	+	+
鳞壳虫属(Euglypha sp.)	+	-
纤毛虫纲		
有肋盾纤虫(Aspidisca costata)	+	+
沟钟虫(Vorticella convallari)	+	+
小口钟虫(V. microstoma)	+	-
卑怯管叶虫(Trachelophyllum pusillum)	+	+
集盖虫(Opercularia coarctata)	+	+
白钟虫(V. alba)	+	-
法帽钟虫(V. fromeneli)	+	-
螅状独缩虫(Carchesium polypinum)	+	-
莫氏游仆虫(Euplotes moebiust)	+	-
沟刺斜管虫(Chilodonella uncinata)	-	+
珍珠映长虫(Cinetochilum margaritaceum)	-	+
微盘盖虫(O. coarctata)	-	+
八条纹钟虫(V. striata)	-	+

说明:"+"表示有;"-"表示无。

思 考 题

1. 以活性污泥法为例,叙述废水生物处理的基本原理。
2. 生物膜法的微生物原理。
3. 分析氧化塘的生态模式,并叙述净化废水的机理。
4. 原生动物在废水处理中的作用。
5. 什么是水体自净？简述水体自净的过程。
6. 污染水体被划分为哪几类？描述各类水体的特征。

第 12 章 厌氧生物学原理及厌氧生物处理技术

厌氧生物处理是利用厌氧微生物达到废水、污泥处理及获取沼气过程的统称。长期以来,由于厌氧生物处理效率低,需时长,受各种因素影响大,所以主要被用于城市废水处理厂污泥的处理,即污泥消化;或在农村用于沼气生产,即沼气发酵。直至 20 世纪 60 年代后期,由于环境污染的加剧及能源危机的出现,人们才对厌氧生物处理展开了比较深入的研究,并于 20 世纪 70 年代取得了突破性进展,处理效率显著提高,使厌氧生物处理成为具有十分广阔应用前景的废水技术。

传统的厌氧生物处理亦称厌氧消化,但后者往往指密闭的厌氧处理系统,而目前厌氧生物处理技术是指更为广泛意义上的厌氧处理工艺。例如,厌氧塘一般不可称做厌氧消化技术,但它却属于厌氧生物处理技术。

厌氧生物处理过程是一个连续的微生物学过程,根据所含微生物的种属及其反应特征,可分为四个主要阶段(四段说或四菌群说)(图 12.1)。而参与厌氧消化的微生物类群总体上可分为两大类,即包括发酵细菌、产氢产乙酸菌和同型产乙酸菌在内的非产甲烷菌和产甲烷菌。有时也把同型产乙酸菌的作用步骤并入产氢产乙酸过程,此时厌氧消化则常被分为三个阶段(三段说或三菌群说)。

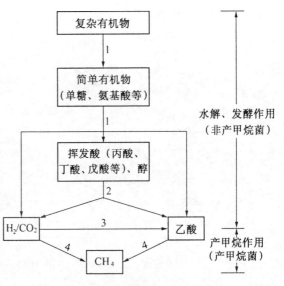

图 12.1 有机物厌氧降解步骤
1—发酵细菌;2—产氢产乙酸菌;
3—同型产乙酸菌;4—产甲烷菌

厌氧生物处理的基础理论研究主要涉及微生物学、生理生态学和生物化学等(参见第 6 章和第 7 章),这些基础理论的研究对于改善厌氧处理系统的稳定性和可靠性,提高废水处理能力,有着十分重要的意义。

12.1 非产甲烷细菌

非产甲烷细菌(non-methanogens)常称做产酸菌(acidogens),它们能将有机底物通过发酵作用产生挥发性有机酸(简写为 VFA)和醇,往往使处理构筑物中混合液的 pH 值保持在较低的水平。

12.1.1 非产甲烷细菌的分类

12.1.1.1 发酵细菌群

发酵细菌(fermentative bacteria)主要参与复杂有机物的水解,并通过丁酸发酵、丙酸发酵、混合酸发酵、乳酸发酵和乙醇发酵等将水解产物转化为乙酸、丙酸、丁酸、戊酸、乳酸等挥发性有机酸及乙醇、CO_2、H_2 等。

$C_6H_{12}O_6 + 2H_2O + 2NAD^+ \rightarrow 2CH_3COO^- + 2H_2 + 2CO_2(aq) + 2NADH + 3H^+$

$\triangle G'_0 = -232.2$ kJ/mol 葡萄糖

$C_6H_{12}O_6 + 2NADH + 2H^+ \rightarrow 2CH_3COO^- + 2H_2O + 2NAD^+ + 2H^+$

$\triangle G'_0 = -278.7$ kJ/mol 葡萄糖

$C_6H_{12}O_6 \rightarrow CH_3CH_2COO^- + 2H_2 + 2CO_2(aq) + H^+$

$\triangle G'_0 = -249.8$ kJ/mol 葡萄糖

$C_6H_{12}O_6 + 2NADH + 2H^+ \rightarrow 2CH_3CH_2OH + 2H_2 + 2CO_2(aq) + 2NAD^+$

$\triangle G'_0 = -175.4$ kJ/mol 葡萄糖

以上反应除丁酸发酵产物不受氢分压(pH_2)影响外,其他反应均受 pH_2 控制,但即使氢分压很高,反应仍能自发进行。

12.1.1.2 产氢产乙酸细菌群

产氢产乙酸细菌(H_2-producing acetogens,简记 HPA)可将第一步骤产生的挥发性有机酸和醇转化为乙酸、H_2/CO_2。这类细菌大多为发酵细菌,亦有专性产氢产乙酸菌(obligate H_2-producing acetogens,简记 OHPA)。

$CH_3CH_2COO^- + 2H_2O \rightleftharpoons CH_3COO^- + 3H_2 + CO_2(aq)$

$\triangle G'_0 = 81.8$ kJ/mol 丙酸

$CH_3CH_2CH_2COO^- + 2H_2O \rightleftharpoons 2CH_3COO^- + 2H_2 + H^+$

$\triangle G'_0 = 41.7$ kJ/mol 丁酸

$CH_3CH_2OH + H_2O \rightleftharpoons CH_3COO^- + 2H_2 + H^+$

$\triangle G'_0 = 5.8$ kJ/mol 乙醇

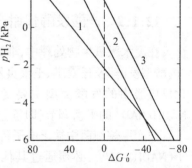

图 12.2 pH_2 对产氢产乙酸过程中自由能变化的影响
1—丙酸;2—丁酸;3—乙醇

以上过程均受氢分压调控,分别在氢分压为 0.01 kPa、0.5 kPa 和 30 kPa 以下时产氢产乙酸过程才能自发进行(图 12.2),否则为耗能过程,代谢过程受阻,导致发酵代谢产物(如丙酸)的积累。

12.1.1.3 同型产乙酸细菌群

同型产乙酸菌(home-acetogens,简记 HOMA)可将 CO_2 或 CO_3^{2-} 通过还原过程转化为乙酸。同型产乙酸菌可利用 H_2/CO_2,因而可保持系统中较低的氢分压,有利于厌氧发酵过程的正常进行。

$CO_2(aq) + 4H_2 \rightleftharpoons CH_3COO^- + H_2O + H^+$ $\triangle G'_0 = -15.9$ kJ/molCO$_2$

表 12.1 中列出了厌氧生物处理中常见的一些典型非产甲烷细菌。

表 12.1 典型非产甲烷细菌

类　　型	细　菌　种　属
发酵细菌群	梭菌属(*Clostridium*)
	枝杆菌属(*Ramibacterium*)
	乳杆菌属(*Loctobacillus*)
	拟杆菌属(*Bacteroides*)
	消化球菌属(*peatococcus*)
产氢产乙酸细菌群	脱硫弧菌(*Desulfovibio desulfuricans*)
	普通脱硫弧菌(*D.vulgaris*)
	沃尔夫互营单胞菌(*Syntro phomonas wolfei*)
	梭菌属(*Clostridium* sp.)
	沃林互营杆菌(*Syntro phobacter wolinii*)
	产生消化链球菌(*Peptostre ptococcus productus*)
同型产乙酸细菌群	伍迪乙酸杆菌(*Acetobacterium woodii*)
	威林格乙酸杆菌(*A. wieringae*)
	乙酸梭菌(*C. aceticum*)
	甲酸乙酸化梭菌(*C. formicocaceticum*)
	乌氏梭菌(*C. magnum*)

12.1.2　产酸发酵代谢产物的 NADH/NAD$^+$ 调节

在废水厌氧生物处理中,非产甲烷菌对有机底物的代谢类型主要存在"丁酸型发酵"、"丙酸型发酵"及任南琪、王宝贞发现的"乙醇型发酵"(参见第 6 章)。除人为投菌外,厌氧消化反应器中的发酵类型主要受底物种类及某些生态因子(如 pH 值等)的影响。此外,NADH/NAD$^+$ 的平衡调节(即氢分压的调节)亦是一个重要因素。

非产甲烷细菌中缺乏电子传递体系,因而,发酵过程中通过脱氢作用所产生的"多余"电子(NADH + H$^+$),必须通过其他途径得以"释放",才能保证代谢过程的正常进行。若将 NADH + H$^+$ 看做终产物,则发酵过程是受 NADH + H$^+$ 负反馈作用控制,即 NADH + H$^+$ 可影响某些酶的活力或酶的合成,从而作为发酵途径的"调控者",直接影响末端产物转化率,甚至改变发酵类型。

碳水化合物经 EMP 途径产生的 NADH + H$^+$,一般均可通过与一定比例的丙酸、丁酸、乙醇及乳酸等发酵相耦联而得以氧化为 NAD$^+$,从而保证 NADH/NAD$^+$ 平衡,这也是之所以产生各种发酵类型或形成各种代谢产物比例的重要因素之一。当 NADH + H$^+$ 的氧化相对于其形成较缓慢时,必然要发生 NADH + H$^+$ 积累。对此,生物有机体必须采取其他调控机制,保证代谢正常进行。例如,NADH + H$^+$ 的反馈抑制或阻遏作用能减缓糖酵解速率,提高丙酸、丁酸、乙醇或乳酸的转化率以增加 NAD$^+$ 的再生量;在氢化酶的作用下,通过释放分子氢以使 NAD$^+$ 再生。

从发酵的生物化学途径来看,乙酸的产生并不能使发酵过程中产生的"多余"NADH + H$^+$ 氧化。因而,当发酵产物中乙酸产率增加,则过剩的 NADH + H$^+$ 必须与其他产物发酵过程相耦联,以使 NAD$^+$ 再生。从再生能力来看,丙酸发酵对 NAD$^+$ 的再生最为有利,每产生

1 mol丙酸可利用 2 molNADH + H$^+$。这亦是在厌氧消化处理系统中,导致丙酸大量产生的分子生物学原因。同时,乙酸大量产生时将导致氢分压较高,由图12.2可知,当 pH_2 大于 0.01 kPa 时,丙酸的产氢产乙酸过程受阻,因而,氢分压较高将导致丙酸积累就不难理解了。目前人们认识到,厌氧消化反应器运行失败(常称做"酸化")的原因主要是由于丙酸的大量积累,使混合液的 pH 值降低,从而抑制了产甲烷菌的活性,甚至导致产甲烷菌死亡。

细菌的乙醇发酵对 NADH + H$^+$ 的氧化能力与丙酸相同,并且乙醇的产氢产乙酸速率较快,对后续产甲烷作用无任何不利影响。所以,产乙酸过程与乙醇发酵相耦联的细菌性"乙醇型发酵",是较为理想的发酵类型。但乙醇型发酵要求条件较为苛刻,一般在 pH 值小于 5 时才能发生,所以只有在两相厌氧反应系统的产酸相中才能发生。

目前,pH_2 调节是人们研究较多的内容,但 pH_2 调节的实质是 NADH/NAD$^+$ 的调节,即

$$NADH + H^+ \rightleftharpoons NAD^+ + H_2 \qquad \triangle G'_0 = 18.12 \text{ kJ/mol}$$

当 pH_2 较高时,NADH + H$^+$ 难以被氧化。尽管 NADH + H$^+$ 的氧化不只是依赖产生分子氢的途径,还可借助于与其他发酵过程相耦联来完成,但以上原理为我们提供了加速 NAD$^+$ 再生的途径和措施,即可借助产甲烷菌对 H$_2$ 利用的种间氢转移或同型产乙酸菌对 H$_2$ 利用的种间氢转移;亦可采取具体措施使发酵作用产生的分子氢迅速释放。

12.1.3 最佳发酵产物的选择和控制

发酵过程已日益受到人们的高度重视,人们已逐渐认识到,厌氧消化处理能力能否提高,并不仅仅受产甲烷过程所控制,所以,人们对发酵产物的研究也已给予了高度的重视,以便提供有利于产甲烷过程的适宜底物。Pipyn 等(1981)从回收能量(CH$_4$)的角度认为,最适发酵产物宜选择乳酸、乙醇。但笔者认为,乳酸在进行产氢产乙酸过程中易形成丙酸副产物,常可导致丙酸积累。所以,选择以丁酸、乙醇和乙酸为最适发酵产物更为适宜,即应尽可能使厌氧反应器(包括两相厌氧反应器产酸相)中的产酸发酵阶段发生"丁酸型发酵"或"乙醇型发酵"。

厌氧反应器中发酵细菌类群难以人为选择,因而很难预料会发生何种发酵类型。尽管如此,通过人为控制运行参数,以创造适宜的生态环境,可达到预期的目的。如使厌氧反应器内部 pH 值小于 5 或 pH 值大于 6,可避免发酵过程中丙酸发酵及丙酸积累;通过搅拌迅速释放 H$_2$,既可加速发酵速率,亦可减少丙酸转化率。

12.2 产甲烷细菌

产甲烷细菌(methanogen)这一名词是 1974 年由 Bryant 提出的,目的是为了避免这类细菌与另一类好氧性甲烷氧化细菌(aerobic methano - oxidizing bacteria)相混淆。产甲烷细菌利用有机或无机物作为底物,在厌氧条件下转化形成甲烷。而甲烷氧化细菌则以甲烷为碳源和能源,将甲烷氧化分解成 CO$_2$ 和 H$_2$O。

产甲烷细菌是一个很特殊的生物类群,属古细菌。这类细菌具有特殊的产能代谢功能,可利用 H$_2$ 还原 CO$_2$ 合成 CH$_4$,亦可利用一碳有机化合物和乙酸为底物。在沼气发酵中,产甲烷细菌是沼气发酵微生物的核心,其他发酵细菌为产甲烷细菌提供底物。产甲烷细菌也是自然界碳素物质循环中,厌氧生物链的最后一组成员,在自然界碳素循环的动态平衡中具

有重要作用。

12.2.1 产甲烷细菌的生理特征

12.2.1.1 产甲烷细菌是严格专性厌氧菌

产甲烷细菌均生活在没有氧气的厌氧环境中,对氧非常敏感,遇氧后会立即受到抑制,不能生长繁殖,最终导致死亡。

12.2.1.2 产甲烷细菌生长特别缓慢

产甲烷细菌在自然界中生长特别缓慢,即使在人工培养条件下,也要经过 18 天乃至几十天才能长出菌落。据 McCarty 介绍,有的产甲烷细菌需要培养 70~80 天才能长出菌落,在自然条件下甚至需要更长的时间。产甲烷细菌一般都很小,形成的菌落也相当小,有的还不到 1 mm。

产甲烷细菌生长缓慢的主要原因是:能够利用的底物很少,仅有 CO_2、H_2、乙酸、甲酸、甲醇和甲胺这些简单物质。这些物质转化为 CH_4 所释放的能量很少,因而为生物合成所提供的能量亦少,使微生物的生长繁殖速率很低,世代时间很长,有的种群十几天才能繁殖一代。

12.2.1.3 产甲烷细菌对环境影响非常敏感

产甲烷细菌对生态因子的要求非常苛刻,各种生态因子的生态幅均较窄。例如,对温度、pH 值、氧化还原电位及有毒物质等均很敏感,适应范围十分有限。

12.2.1.4 产甲烷细菌属古细菌

能产生甲烷的微生物为一类群古细菌,细胞壁不含肽聚糖。产甲烷细菌个体有球形、杆形和螺旋形。由遗传因素决定,产甲烷细菌在正常生活中可呈现八叠球形,有的能联成长链。

12.2.1.5 产甲烷细菌分离培养比较困难

由于产甲烷细菌是严格的厌氧菌,受技术手段限制,培养分离产甲烷细菌很困难。所以,在 20 世纪 70 年代中期以前,产甲烷细菌新种发现得不多,据《伯杰氏细菌鉴定手册》记载,产甲烷细菌只有一个科,即甲烷细菌科,有 9 个种。随人们对厌氧生物处理法认识的不断深入,最近十几年世界上研究产甲烷细菌的人越来越多,培养分离产甲烷细菌的方法也有新的突破,陆续又发现了一些产甲烷细菌的新种。目前,全世界报导的产甲烷细菌约有 40 多种。

较早研究并分离出产甲烷细菌的是巴斯德研究所的 Maze(1901~1903),他所分离出的是一种产甲烷微球菌,后命名为马氏产甲烷球菌(*Methanococcus mazei*)。

1916 年俄国杰出的微生物学家 Omeliansky 通过分纯得到了一种产甲烷细菌,当时命名为奥氏甲烷杆菌(*Methanobacterium omelianski*),并认为这种菌可以利用乙醇。在 1936~1940 年,美国人 Barker 用乙醇和矿物盐做培养基,成功地分离出产甲烷细菌,他发现奥氏甲烷杆菌有芽孢,所以,将奥氏甲烷杆菌定名为奥氏甲烷芽孢杆菌(*Methanobacillus omelianski*)。

1967 年,美国人 Bryant 再次分离出这种产甲烷细菌,他改用相差显微镜和电子显微镜观察了奥氏甲烷芽孢杆菌,发现奥氏甲烷芽孢杆菌不是纯种,是由两种细菌伴生在一起,这两种细菌形成了共生关系。这使研究长达 51 年之久的人们一直认为纯种的经典产甲烷细菌的说法得到重新认识。Omelianski 时代不具备电子显微镜,在普通光学显微镜下无法区别产甲烷细菌和产甲烷细菌的伴生菌。因为,产甲烷细菌和其伴生菌在形态大小上十分相似,在普通光学显微镜下是区分不开的。随着分纯手段不断完善,人们发现产甲烷细菌并不能直接利用乙醇,而是由伴生菌将乙醇分解为产甲烷菌能够利用的底物后,才被产甲烷菌利用。

12.2.2 产甲烷细菌的分离

12.2.2.1 分离产甲烷细菌应具备的条件

严格的厌氧条件是分离产甲烷细菌的决定性因素。产甲烷细菌遇氧后会受到抑制,失去活性,因而要求的氧化还原电位很低,只有在 -330 mV 以下才能生长。

为了消除培养基里的 DO,需要往培养基里添加还原剂,如 Na_2S、半胱氨酸(cysteine)来消除培养基中的氧。此外,密封的培养容器气相中亦要求无氧,因而,常需用纯氮、纯氢、纯 CO_2 等气体去除培养容器气相中的空气,代之以无氧气体充满培养容器。H_2 和 CO_2 是甲烷细菌可利用的合成甲烷的底物,可促进产甲烷细菌生长,所以,向容器里充这两种气体最合适。向容器里充 H_2 和 CO_2 的比例应为 $H_2:CO_2 = 70:30$ 为宜。

12.2.2.2 分离产甲烷细菌的基本要点

1. 在完全无氧的条件下制备培养基

在无氧条件下制备培养基的目的,就是要消除培养基中的溶解氧,这是分离产甲烷细菌的必要条件,否则会导致分离的失败。分离产甲烷细菌的基础培养基成分(质量分数)一般为:

NH_4Cl	0.1	酵母汁	0.2	$MgCl_2$	0.01
K_2HPO_4	0.04	KH_2PO_4	0.02	半胱氨酸	0.05
胰酶解酪蛋白	0.2	牛瘤胃液	30 ml	pH	7 左右

115 ℃高压蒸汽灭菌 30 min。

使用前,每 5 ml 培养基加入 1% Na_2S 和 5% $NaHCO_3$ 各 0.1 ml。

2. 往培养基里加还原剂——树脂天青

树脂天青(resazurin)也称刃天青,既是还原剂又是指示剂,它可以把培养基里残留的 DO 去除。树脂天青在有氧存在时呈现紫色或粉红色,无氧时呈无色(培养基的颜色),它是一种较为理想的氧化还原电位指示剂,是培养专性厌氧细菌不可缺少的。

3. 在无氧条件下分装试管

培养基分装试管也要在无氧条件下进行,可用 CO_2、N_2、H_2 来驱逐空气的办法达到无氧要求。

4. 滚管(roll tube)

采用无菌注射器接种后,让试管滚动,目的是让培养基凝固在试管壁上,增加产甲烷菌的生长表面积,使产甲烷细菌能充分与 H_2 和 CO_2 接触。

以上条件都具备了,才有可能把产甲烷细菌分离成功。

美国著名微生物学家 Hungate 专门研究瘤胃微生物,是世界上第一个分纯产甲烷细菌的人,在 1950 年首次把产甲烷细菌分纯成功。

12.2.3 产甲烷细菌的形态特征

尽管产甲烷细菌种类较少,但它们在形态上仍有明显的差异,可分为杆状、球状、螺旋状和八叠球状四类(图12.3)。

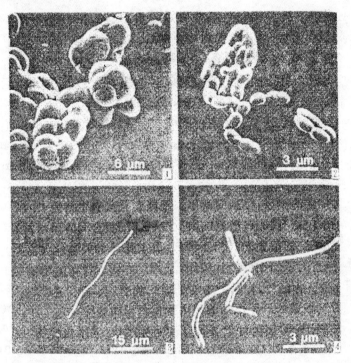

图12.3 产甲烷细菌的形态
1—巴氏产甲烷八叠球菌;2—反刍产甲烷短杆菌;
3—亨氏产甲烷螺螺菌;4—嗜树木产甲烷短杆菌 Az 菌株

产甲烷细菌均不形成芽孢,革兰氏染色不定,有的具有鞭毛。球形菌呈正圆形或椭圆形,直径一般为 0.3~5 μm,有的成对或成链状排列。杆菌有的为短杆状,两端钝圆。八叠球菌革兰氏染色呈阳性,这种细菌在反应器中大量存在。

12.2.4 产甲烷细菌的营养特征

不同的产甲烷细菌生长过程中所需碳源是不一样的。Smith 指出,在纯培养条件下,几乎所有的产甲烷细菌都能利用 H_2 和 CO_2 生成甲烷。在厌氧生物处理中,绝大多数产甲烷细菌都能利用甲醇、甲胺、乙酸,所以在厌氧生物处理反应设备中最为常见。产甲烷细菌不能直接利用除乙酸外的二碳以上的有机物质。

一般常将产甲烷细菌分为三个种群:氧化氢产甲烷菌(HOM),氧化氢利用乙酸产甲烷菌(HOAM)和非氧化氢利用乙酸产甲烷菌(NHOAM)。尽管这一分类并不严格,但在厌氧反应器中,以上种群常分别能出现在不同的生境中,构成优势种,对实际工程的运行具有重要意义。

所有的产甲烷细菌都能利用 NH_4^+，有的产甲烷细菌需酪蛋白的胰消化物(trypticdigests)，它可刺激产甲烷细菌生长，所以，分离产甲烷细菌时，培养基中要加入胰酶解酪蛋白(tryptilase)。

产甲烷细菌在生活中需要某些维生素，尤其是 B 族维生素。酵母汁含 B 族维生素，也能刺激产甲烷细菌生长。另外，瘤胃液也能刺激产甲烷细菌的生长，它可提供辅酶M(SH－CoM)等多种生长因子。

产甲烷细菌在生活中还需要某些微量元素，如镍、钴、钼等，所需量一般为 $Ni < 0.1\ \mu mol/L$，$Co < 0.01\ \mu mol/L$，$Mo < 0.01\ \mu mol/L$。

12.3 厌氧生物处理微生物生态学

12.3.1 非产甲烷细菌和产甲烷细菌之间的相互关系

在厌氧消化中，存在着种类繁多，关系非常复杂的微生物区系。甲烷的产生是这个微生物区系中各种微生物相互平衡、协同作用的结果。厌氧消化过程实际上是由这些微生物所进行的一系列生物化学的耦联反应，而产甲烷细菌则是厌氧生物链上的最后一个成员。厌氧微生物的相互关系包括：非产甲烷细菌与产甲烷细菌之间的相互关系；非产甲烷细菌之间的相互关系；产甲烷细菌之间的相互关系。以上第一种关系最为重要，在厌氧消化系统中，非产甲烷细菌和产甲烷细菌相互依赖，互为对方创造良好的环境和条件，构成互生关系。同时，双方又互为制约，在厌氧生物处理系统中处于平衡状态。

图 12.4 是对不同厌氧生物处理反应器中各种厌氧微生物区系的电镜照片，其中(a)、(b)分别是产酸相和产甲烷相反应器中微生物区系的扫描电镜照片，(c)、(d)分别是产酸相和产甲烷相反应器中微生物区系的透射电镜照片。

12.3.1.1 非产甲烷细菌为产甲烷细菌提供生长繁殖的底物

非产甲烷细菌中的发酵细菌可把各种复杂的有机物，如高分子的碳水化合物、脂肪、蛋白质等进行发酵，生成 H_2、CO_2、NH_3、VFA(挥发性有机酸)、丙酸、丁酸、乙醇等又可被产氢产乙酸细菌转化生成 H_2、CO_2 和乙酸。这样，非产甲烷细菌通过生命活动，为产甲烷细菌提供了生长和代谢所需要的碳源和氮源。

$$CH_3COO^- + H^+ \longrightarrow CH_4 + CO_2(aq) \qquad \triangle G'_0 = -50.8\ kJ/mol\ 乙酸$$

$$CO_2(aq) + 4H_2 \longrightarrow CH_4 + 2H_2O \qquad \triangle G'_0 = -139.1\ kJ/mol\ CO_2$$

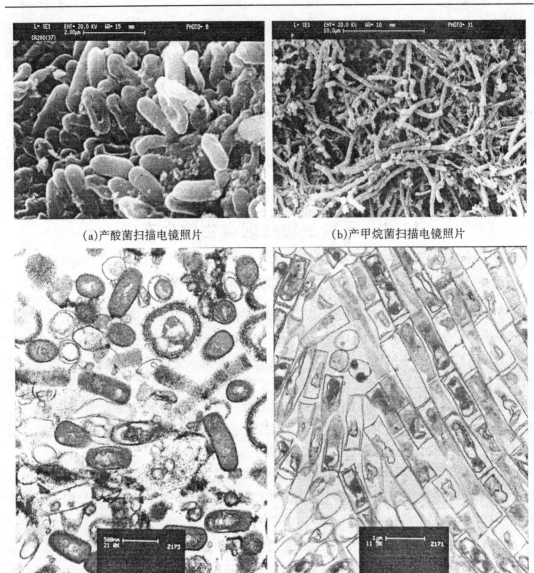

图 12.4 厌氧反应器中微生物电镜照片

12.3.1.2 非产甲烷细菌为产甲烷细菌创造了适宜的氧化还原电位

在厌氧消化反应器运转过程中，由于加料过程难免使空气进入装置，有时液体原料里也含有微量溶解氧，这显然对产甲烷细菌是有害的。氧的去除可依赖非产甲烷细菌类群中那些兼性厌氧或兼性好氧微生物的活动，将氧消耗掉，从而降低反应器中氧化还原电位。

在厌氧消化装置中的各种微生物，如纤维素分解菌、硫酸盐还原菌、硝酸盐还原菌等，对氧化还原电位适应性各不相同。通过这些微生物有序地生长和代谢活动，使消化液的氧化还原电位逐渐下降，最终为产甲烷细菌的生长创造适宜的氧化还原电位条件。

12.3.1.3 非产甲烷细菌为产甲烷细菌清除了有毒物质

以工业废水或废弃物为发酵原料时,可能含有酚、氰、苯甲酸、长链脂肪酸和重金属离子等,这些物质对产甲烷细菌有毒害作用。但非产甲烷细菌中有许多种类能裂解苯环,有些菌还能以氰化物作为碳源和能源,这些作用不仅解除了它们对产甲烷细菌的毒害,而且同时给产甲烷细菌提供了底物。此外,非产甲烷细菌的代谢产物硫化氢,可以和一些重金属离子作用,生成不溶性的金属硫化物沉淀,从而解除了一些重金属的毒害作用。但反应系统内的 H_2S 浓度不能过高,否则亦会毒害产甲烷细菌。

12.3.1.4 产甲烷细菌为非产甲烷细菌的生化反应解除了反馈抑制

非产甲烷细菌的发酵产物,可以抑制本身的生命活动。在运行正常的消化反应器中,产甲烷细菌能连续利用由非产甲烷细菌产生的氢、乙酸、二氧化碳等生成 CH_4,不会由于氢和酸的积累而产生反馈抑制作用,使非产甲烷细菌的代谢能够正常进行。

12.3.1.5 非产甲烷细菌和产甲烷细菌共同维持环境中的适宜 pH 值

在沼气发酵初期,非产甲烷细菌首先降解废水中的有机物质,产生大量的有机酸和碳酸盐,使发酵液中 pH 值明显下降。同时非产甲烷细菌类群中还有一类氨化细菌,能迅速分解蛋白质产生氨。氨可中和部分酸,起到一定的缓冲作用。

另一方面,产甲烷细菌可利用乙酸、氢和 CO_2 形成 CH_4,从而避免了酸的积累,使 pH 值稳定在一个适宜的范围,不会使发酵液中 pH 值达到对产甲烷过程不利的程度。但如果发酵条件控制不当,如进水负荷过高、C:N 失调,则可造成 pH 值过低或过高,前者较为多见,称为酸化。这将严重影响产甲烷细菌的代谢活动,甚至使产甲烷作用终断。

12.3.2 产甲烷细菌的生态

12.3.2.1 产甲烷细菌的分布

产甲烷细菌在自然界中的分布极为广泛,在与氧气隔绝,而且无硫酸盐的环境中都可能有产甲烷细菌的存在。如海底沉积物、河(湖)底层淤泥、沼泽地、水稻田,以及反刍动物的瘤胃,甚至在植物体内部都有产甲烷细菌分布。

Wolin 估计,一头 500 kg 的大乳牛,每天可以产生 200 L 的甲烷,这些甲烷随牛嗝气放出。在非反刍动物的盲肠里也存在着沼气发酵过程。Buohong 曾报道他从一株木棉树中获得可燃气体的研究,在其他榆、杨、槭树等坚硬树木中也发现了甲烷,而且从木棉树的湿木中心部分,分离到一株嗜木产甲烷短杆菌(*Methanobreribacter arboriphilus*)。

12.3.2.2 产甲烷细菌在厌氧反应器中的数量

厌氧反应器中,产甲烷细菌的数量可用 MPN 法测定,通过测定试管中有无甲烷存在,作为计数的数量指标。一般认为,产甲烷细菌的数量与甲烷产量成正比关系。根据不同研究者的报导,在不同的反应器中产甲烷细菌的数量不一样。20 世纪 50 年代,Hungate 计数为 $10^5 \sim 10^8$ 个/mL。我国河北师大边之华 1983 年计数发现,厌氧反应器运行开始 15~20 d 产甲烷细菌数量为 9.5×10^2 个/mL。浙江农业大学钱泽澍对连续运行一年之久的发酵液里的产甲烷细菌进行了计数,数量为 1.15×10^6 个/mL。周大石 1991 年对东北制药总厂常温消化 UASB 反应器中的细菌进行计数,产甲烷细菌为 4.2×10^5 个/mL。

12.3.2.3 厌氧生物处理过程中微生物优势种群的演替

在厌氧消化反应器中,由于内部各区域生态位的差异,造成非产甲烷细菌、产甲烷菌中各类群细菌有规律地出现演替。在非完全混合反应器中,优势种群沿水流方向的演替规律如下:

| 进水 → | 发酵细菌、HPA、HOMA、HOM、HOAM | OHPA、HOM、HOAM | NHOAM、HOM | → 出水 |

通过各种群间相互利用、相互制约,构成一个稳定的生态系统,保证生物代谢过程正常进行。当这一演替规律被破坏,往往会影响代谢平衡,甚至导致整个处理系统的运行失败。

12.4 厌氧生物处理工艺学

在社会经济的迅猛发展和人们生活水平的不断提高的同时,人类也面临着严重的能源危机。为了解决能源危机,开发可持续发展的后续新能源已成为全世界必须面对的新课题。厌氧生物处理产生的沼气是由多种气体构成的混合气体,其中包括60%~70%的CH_4,25%~35%的CO_2,H_2S、H_2等约占5%。沼气中CH_4的含量在50%以上便可以燃烧,利用沼气发酵解决能源问题是有效途径之一。

为获得可燃气体所进行的沼气发酵,可在人工控制的条件下进行,并将沼气收集起来供作能源。沼气发酵原料可利用植物残体(秸秆、青草、树叶)、动物排泄物(粪便)、活性污泥(微生物菌体、有机物)及有机污(废)水等。

厌氧生物处理工艺学的研究已有近百年的历史。巴斯德很早就提出沼气发酵只能在厌氧条件下进行,35℃收集的沼气量最大。19世纪末巴斯德的学生 Louist 和 Mouras 在法国建立了世界上第一座沼气池。以后美国、英国、印度等国家也相继建立了沼气池。近年来,世界各国对沼气发酵都很重视,研究沼气发酵的科技人员很多,取得了不少成果。目前,沼气发酵已从农村沼气池发展到用沼气发酵法处理城市垃圾、剩余活性污泥和工业废水。高浓度有机废水的厌氧生物处理已得到了广泛应用,并成为很有应用前途的处理方法,这种方法既处理了废水又回收了生物能。

12.4.1 厌氧生物处理工艺条件及其控制

厌氧生物处理工艺条件与一般工业发酵工艺相比要复杂得多。一般工业发酵是用单一菌种,而沼气发酵采用的是混合菌种。混合菌种主要分为发酵(产酸)菌和产甲烷细菌,由于它们各自要求的生活条件不同,因此,在发酵条件控制上常有顾此失彼的情况。实践证明,往往因某一工艺条件失控,就有可能造成整个发酵系统运行的失败。如,温度波动幅度太大,就会影响产气;发酵原料浓度过高,将产生大量的挥发酸,使反应系统的 pH 值下降,就会抑制产甲烷细菌生长而影响产气。因此,控制好沼气发酵的工艺条件,是维持正常发酵产气的关键。

12.4.1.1 严格厌氧条件

厌氧是最关键的条件,所以,必须修建严格密闭的构筑物,才能保证沼气发酵正常进行。

农村沼气池进出料或厌氧消化池进水中都会带进空气,此时,兼性微生物大量活动,消耗了带入沼气池中的氧,使发酵池中的氧化还原电位降低,为专性厌氧菌和产甲烷细菌创造了厌氧条件,从而使沼气发酵得以正常进行。

12.4.1.2 发酵原料条件

发酵原料是产沼气的物质基础。在自然界有机物质中,除矿物油和木质素外,一般均可作为沼气发酵的原料。但不同的有机物产气量是不同的(参见表12.2),有的物质比较容易发酵产气,有的物质比较难发酵产气,所产发酵气中的甲烷含量也有较大差别。

表12.2　一些发酵原料的产气量

原料种类	产沼气量/($m^3 \cdot t^{-1}$干物质)	甲烷含量/%
牲畜厩肥	260～280	50～60
猪　粪	561	
马　粪	200～300	
青　草	630	70
亚麻梗	359	
麦　秸	432	59
树　叶	210～294	58
废物污泥	640	50
酒厂废水	300～600	58
碳水化合物	750	49
粪脂化合物	1 440	72
蛋白质	980	50

高浓度有机工业废水也可用于沼气发酵,如酒精蒸馏废液、豆腐黄浆水、纸浆废水、中药制药厂废水等,都是制取沼气比较好的原料。

农村沼气发酵用的秸秆、稻草等需要粉碎,一般粉碎成20～30 mm的碎料,这样可增加与微生物的接触面积,使有机物消化彻底。为使发酵原料更好地发酵产气,还要注意下列问题。

1. 原料的C:N值

原料的C:N值对产气量有明显的影响,经研究证明C:N=(20～30):1较为适宜,最好是C:N=25:1。C:N>35:1或C:N<16:1,产气量明显下降。表12.3是农村常用沼气发酵原料的碳氮含量。

表12.3　常用沼气发酵原料碳氮含量

原　料	碳素占原料质量/%	氮素占原料质量/%	C:N
干麦草	46	0.53	87:1
干稻草	42	0.63	67:1
玉米秆	40	0.75	53:1
树　叶	41	1.00	41:1
大豆茎	41	1.30	32:1
野　草	14	0.54	27:1
鲜牛粪	7.3	0.29	25:1
鲜猪粪	7.8	0.60	13:1
鲜人粪	2.5	0.85	2.9:1

各种有机物所含的碳氮比差异很大,有的原料含 C 多,含 N 少,称为贫氮有机物,如农作物的秸秆等;有的原料含 N 多含 C 少,称富氮有机物,如动物粪尿等。因此,贫氮有机物和富氮有机物要合理搭配,保证 C:N = 25:1,这样才能得到较高的产气量。

2. 原料预先堆沤

把原料先堆沤后再加入沼气池,引入活性微生物,能提前产气或提高产气量(表 12.4)。

表 12.4 原料沤制与不沤制、加活性污泥与不加活性污泥产甲烷含量　　　　　%

发酵时间/d	沤制猪粪 + 沤制青草 + 活生污泥	沤制猎粪 + 沤制青草 + 灭菌活性污泥	新鲜猪粪 + 新鲜青草 + 活性污泥	新鲜猪粪 + 新鲜青草 + 灭菌活性污泥
3	36.9	5.8	0	0
6	50.5	20.5	0	0
9	47.2	25.11	0	0
12	51.9	28.2	0	0
18	66.4	35.2	0	0
21	69.15	37.78	0.84	0
24	71.42	48.98	1.26	0
27	66.28	48.13	2.76	0
33	71.99	64.72	4.99	0

原料经预先沤制后,可富集厌氧消化微生物菌种;原料的大分子可被分解成小分子,便于产甲烷细菌利用;纤维素松散,可加快分解速度;秸秆上的蜡质层被破坏,放出纤维素便于细菌降解;含水量增加,密度增大,不易漂浮结壳;体积缩小,便于装池。但预先堆沤可损失热量,总甲烷产量减少,特别是在好气堆沤的情况下,旺盛的好氧氧化会消耗较多的热量和有机物。所以,在以产甲烷为主要目时,堆沤时间应适当。

3. 原料的干物浓度

沼气发酵原料的干物质浓度以 7% ~ 10% 为宜,一般夏季为 7%,冬季为 10%。干物质浓度提高可增加发酵温度;如果干物质过多,由于发酵前期产酸量大,将导致消化系统的 pH 值下降,可抑制产甲烷细菌生长,同时不利于搅拌,发酵不均匀,也不利于进料或出料。干物质过少时,由于产酸量不足,沼气池将呈碱性,pH 值的上升,也会影响产甲烷细菌的生长,影响产气量,持续产气时间也短。

12.4.1.3 发酵温度

沼气发酵产气量的高低与温度有密切关系。根据产甲烷细菌的特性,沼气发酵温度可分为高温、中温和常温三种。高温发酵为 50 ~ 60 ℃,中温发酵为 30 ~ 40 ℃,常温发酵往往采取自然温度。我国农村沼气池发酵温度随气温和季节的变化而变化,称为自然发酵。废水或污泥厌氧消化工艺常采用人工控制的中温发酵或高温发酵。

在一定的温度范围内,温度越高,消化速度越快,产气量也越大。但由于产甲烷细菌对温度有一定的最适范围,如,适中温甲烷细菌适宜生长温度为 30 ~ 40 ℃,高于 40 ℃,甲烷产量相对降低;当温度高于 50 ℃,促使高温产甲烷菌群大量生长繁殖,甲烷产量又能迅速增加(图 12.5)。

沼气发酵一定要保持恒定的温度,温度突然上升或下降对产气量都有明显的影响,因此,厌氧消化构筑物必须采取适当的保温措施。

12.4.1.4 pH值

产甲烷作用最适 pH 值是 6.5~7.5,pH 值大于 8.2 或 pH 值小于 6,都将影响产气能力。在沼气池发酵过程中,pH 值的变化是有规律的(图 12.1)。在厌氧发酵前期,由于大量有机酸的产生,导致系统 pH 值下降;之后,由于产甲烷细菌消耗了有机酸,再加上氨化作用生成氨的中和作用,又使系统 pH 值上升。厌氧消化池内的 pH 值是自然平衡的,勿需调节。但当进水速率增大或管理不当时,将出现挥发酸积累,pH 值下降。这时,可加草木灰或适量的氨水来调节,也可投加适量的石灰来调节。

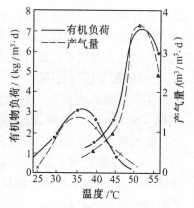

图 12.5 温度与有机物负荷、产气量关系图

12.4.1.5 搅拌

搅拌对沼气发酵也是很重要的。如果不搅拌,池内会明显地呈现三层,即浮渣层、液体层、污泥层。这种分层现象将导致原料发酵不均匀,出现死角,产生的甲烷气难以释放。搅拌可增加微生物与原料的接触机会,加快发酵速度,可提高沼气产量,同时也可防止大量原料漂浮结壳。中国科学院广州能源研究所,在消化池中采用连续搅拌方法,发酵温度为 25~30 ℃,产气率为 0.55 m³/(m³ 容积·d)。搅拌比不搅拌产气率提高 45% 以上。

搅拌主要有三种方式:

机械搅拌——在发酵池里安装搅拌器,用电机带动搅拌。

沼气搅拌——将收集后的沼气通过沼气风机压入池底部,靠强大气流达到搅拌的目的。

水射器搅拌——通过泥浆泵或废水泵将池内发酵液抽出,并回流至池内,产生较强的液流,达到搅拌的目的。

12.4.1.6 接种细菌

厌氧发酵微生物都是从自然界引进消化池的,虽然发酵原料或进水中含有大量的微生物,但产甲烷细菌并不多。因此,在厌氧消化池启动后,需要有一段时间来富集产甲烷细菌。只有当产甲烷细菌达到一定的数量后,消化过程才能正常进行,最终产生甲烷。由于产甲烷细菌繁殖速度很慢,靠自然条件下产生足够量的产甲烷细菌需时较长。为了缩短启动时间,可以人为地接种微生物,主要是接种产甲烷细菌。一般可直接取城市废水处理厂污泥消化池中的污泥,亦可取池塘淤泥接种到消化池中。

12.4.2 废水厌氧生物处理工艺

废水厌氧生物处理是在严格厌氧条件下进行的,与好氧生物处理法相比具有如下几方面优点。

①厌氧法处理废水可直接处理高浓度有机废水,耗能少,运行费低。

②污泥产率低。采用好氧法处理废水,微生物繁殖速度快,剩余污泥生成率很高。而厌氧法处理废水,厌氧菌世代时间很长,剩余污泥产率很低。因此,厌氧法处理废水可减轻后

续污泥处理的负担并降低运行费用。

③需要附加营养物少。厌氧法处理废水一般不需投加营养,废水中有机物就可满足厌氧微生物的营养要求。而好氧法处理单一有机物的废水,往往还需投加其他营养物,如N、P等,这就增加了运行费用。

④厌氧法处理废水可回收沼气。沼气的回收可用于加热处理设备,当处理水 COD 在 4 000～50 000 mg/L 之间,回收沼气经济效益较好。

有机废水厌氧生物处理工艺,可以分为厌氧活性污泥法和厌氧生物膜法两大类。长期以来,厌氧生物处理工艺一直以厌氧活性污泥法为主,特别是在处理污泥和含有大量悬浮物的废水时,这种方法经历了较长时间的发展历程,从普通消化池处理污泥,发展到用多种工艺处理有机废水。

厌氧活性污泥法包括普通消化池、厌氧接触消化池、升流式厌氧污泥床(upflow anaerobic sludge blanket,简称 UASB)反应器。厌氧生物膜法包括厌氧生物滤池、厌氧流化床、厌氧生物转盘等。

12.4.2.1 普通消化池

普通消化池常用于处理废水处理厂的初沉污泥和剩余活性污泥,目前,也常用于处理高浓度有机废水。迄今为止,普通消化池仍作为处理污泥的常规方法(图 12.6)。

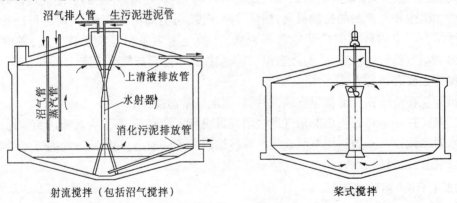

图 12.6 普通消化池

在污泥厌氧消化处理中,常将消化处理后的污泥称做熟污泥,而新投加的污泥称做生污泥。生污泥定期或连续加入消化池,经厌氧微生物的厌氧消化作用,将污泥中的有机物消化分解。经消化的污泥和消化液分别由消化池底部和上部排出,产生的沼气从顶部排出。为了使熟污泥和生污泥接触均匀,并使产生的气泡及时从水中逸出,必须定期(一般间隔 2～4 h)搅拌。此外,进行中温和高温发酵时,需对生污泥进行预加热,一般采用池外设置热交换器的办法实行间断加热和连续加热。

普通消化池的特点是在消化池内实现厌氧发酵反应及固、液、气的三相分离。在排放消化液前,停止搅拌。消化池搅拌常采用水泵循环,水射器搅拌,也可采用机械搅拌或沼气搅拌。大型消化池往往混合不均,池内常有死角,严重时可占有效容积的 60%～70%。为了消除死角,各国对消化池型及搅拌方法都进行了大量研究工作,从而不同程度地控制了死角的发生,提高了处理能力。

普通消化池的主要缺点：允许的负荷较低，中温消化的处理能力为 0.5 ~ 2 kg COD/(m^3·d)，污泥处理的投配率(即每日新鲜污泥投加容积与消化池有效容积之比)为 5% ~ 8%；高温消化负荷率为 3 ~ 5 kg COD/(m^3·d)，污泥投配率为 8% ~ 12%；废料在消化池内停留时间较长，污泥一般为 10 ~ 30 d，若中温消化处理 COD 浓度为 15 000 mg/L 的有机废水，滞留时间需 10 d 以上。

我国南阳酒精厂采用普通消化池处理酒精糟液，砖砌结构消化池 2 座，每座容积 2 000 m^3，消化温度为 50 ~ 55 ℃，每天投配酒精糟液 500 ~ 600 m^3，每天产沼气 9 000 ~ 11 000 m^3，产气率为 2.25 ~ 2.75 m^3/(m^3 容积·d)，滞留期 7 ~ 8 d，pH 值为 7.2 左右，SS 去除率为 88.8%，COD 去除率为 84.6%，BOD_5 去除率为 91.8%，产生的沼气经过水洗塔降温并脱去硫化氢后，进入贮气罐贮存，然后用于发电和供锅炉燃烧用。

12.4.2.2 厌氧接触消化池

Schropter 1955 年开创了厌氧接触消化工艺。当时他认识到消化池内保持大量厌氧活性污泥的重要性，于是仿照好氧活性污泥法，在厌氧消化池基础上加一个沉淀池来收集污泥，并将污泥回流到消化池里。结果减少了废水在消化池内的停留时间，提高了消化速率。

废水进入消化池后，能迅速地与池内混合液混合，泥水接触十分充分。由消化池排出的混合液首先在沉淀池内进行固、液分离，废水由沉淀池上部排出(图 12.7)。下沉的厌氧污泥回流至消化池，这样污泥不至于流失，也稳定了工艺状态，保持了消化池内的厌氧微生物的数量，因此，可提高消化池的有机负荷，处理效率也有所提高(表 12.5)。

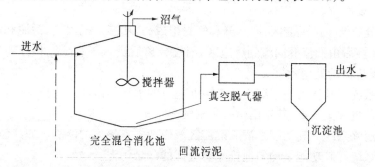

图 12.7 厌氧接触消化工艺

表 12.5 普通消化池和接触消化池处理工业废水运行资料

工艺参数	普通消化池				接触消化池		
	甘蔗糖	酵母	乳品加工	糖果	甜菜制糖	制浆和造纸	麦芽威士忌
发酵温度/℃	37	35	中温	中温		中温	中温
进水 COD/(mg·L^{-1})			4 900	10 130	8 000	15 000	47 520
负荷/(kg·m^{-3}·d^{-1})	0.62(BOD)	1.70(BOD)	2.52	2.2	3.0	5.0	1.76
水力停留时间/h	96	93	46	111		72	565
去除率/%	60	70	83	95	53	49	87
产气量/(m^3·kg^{-1}COD)			0.45	0.50	0.24	0.26	0.47

由于厌氧接触消化工艺具有这些优点，故在生产上被普遍采用。瑞典糖业公司为瑞典和其他国家设计和建造了 20 多座大型废水处理厂，均采用这种工艺。美国明尼苏达州有一

座废水处理厂,消化池容积为 3 000 m³,每天能产生的沼气相当 13 t 原油。

厌氧接触消化工艺允许废水中含有较多的悬浮固体,属于低负荷或中负荷工艺,中温消化的有机负荷达 2~6 kg COD/(m³·d),运行过程比较稳定,耐冲击负荷。

该工艺的缺点在于:气泡粘附在污泥上,影响污泥在沉淀池沉降。但如果在消化池与沉淀池之间加设除气泡减压装置,可以改善污泥在沉淀池中的沉降性能。

12.4.2.3 升流式厌氧污泥床(UASB)反应器

升流式厌氧污泥床(UASB)工艺是由 Lettinga 等在 20 世纪 70 年代开发的。他们在研究用升流式厌氧滤池处理土豆加工和甲醇废水时取消了池内的全部填料,并在池子的上部设置了气、液、固三相分离器,于是一种结构简单、处理效能很高的新型厌氧反应器便诞生了。UASB 反应器一出现,很快便获得广泛的关注与认可,并在世界范围内得到广泛的应用。到 1999 年统计的 1 522 个厌氧工艺中,有超过 920 座采用了 UASB 反应器,占全部项目的 60%左右。可见,到目前为止,UASB 反应器是最为成功的厌氧生物处理工艺。

1. UASB 的工作原理和特点

(1) 升流式厌氧污泥床反应器的主体结构

UASB 反应器主要由下列几部分构成:

1) 进水配水系统　进水配水系统主要是将废水尽可能均匀地分配到整个反应器中,并具有一定的水力搅拌功能。它是反应器高效运行的关键之一。

2) 反应区　其中包括污泥床区和污泥悬浮层区,有机物主要在这里被厌氧菌所分解,是反应器的主要部位。

3) 三相分离器　由沉淀区、回流缝和气封组成,其功能是把沼气、污泥和液体分开。污泥经沉淀区沉淀后由回流缝回流到反应区,沼气分离后进入气室。三相分离器的分离效果将直接影响反应器的处理效果。

4) 出水系统　其作用是把沉淀区表层处理过的水均匀地加以收集,排出反应器。

5) 气室　也称集气罩,其作用是收集沼气。

6) 浮渣清除系统　其功能是清除沉淀区液面和气室表面的浮渣。如浮渣不多可省略。

7) 排泥系统　其功能是均匀地排除反应区的剩余污泥。

UASB 反应器的断面形状一般为圆形或矩形。反应器常为钢结构或钢筋混凝土结构。当采用钢结构时,常采用圆形断面;当采用钢筋混凝土结构时,则常用矩形断面。由于三相分离器的构造要求,采用矩形断面便于设计和施工。

(2) 升流式厌氧污泥床反应器的原理与特点

图 12.8 为 UASB 反应器工作原理示意图。污水从反应器的底部向上通过包含颗粒污泥或絮状污泥的污泥床。厌氧反应发生在废水与污泥颗粒的接触过程。在厌氧状态下产生的沼气(主要是甲烷和二氧化碳)引起内部的循环,这对于颗粒污泥的形成和维持有利。在污泥层形成的一些气体附着在污泥颗粒上,附着和没有附着的气体向反应器顶部上升。上升到表面的污泥碰击三相分离器,引起附着气泡的污泥絮体脱气。气泡释放后,污泥颗粒将沉淀到污泥床的表面,气体被收集到反应器顶部的三相分离器的集气室。包含一些剩余固体和污泥颗粒的液体经过分离器缝隙进入沉淀区。由于分离器的斜壁沉淀区的过流面积在接近水面时增加,因此上升流速在接近排放点降低,由于流速降低污泥絮体在沉淀区可以絮凝和沉淀。累积在三相分离器上的污泥絮体在一定程度将超过其保持在斜壁上的摩擦力,

其将滑回到反应区,这部分污泥又可与进水有机物发生反应。

UASB 反应器由反应区和沉降区两部分组成。反应区又可根据污泥的情况分为污泥悬浮层区和污泥床区。污泥床主要由沉降性能良好的厌氧污泥组成,SS 浓度可达 50~100 g/L 或更高。污泥悬浮层主要靠反应过程中产生的气体的上升搅拌作用形成,污泥浓度较低,SS 一般在 5~40 g/L 范围内。在反应器上部设有气(沼气)、固(污泥)、液(废水)三相分离器,分离器首先使生成的沼气气泡上升过程受偏折,然后穿过水层进入气室,由导管排出反应器。脱气后的混合液在沉降区进一步进行固、液分离,沉降下的污泥返回反应区,使反应区内积累大量的微生物。待处理的废水由底部布水系统进入,厌氧反应发生在废水与污泥颗粒的接触过程中,澄清后的处理水从沉淀区溢流排出。在 UASB 反应器中能够培养得到一种具有良好沉降性能和高比甲烷活性的颗粒厌氧污泥(granular anaerobic sludge),因而相对于其他同类装置,颗粒污泥 UASB 反应器具有一定的优势:

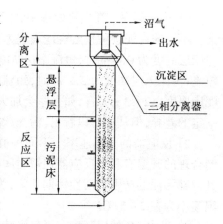

图 12.8 UASB 反应器工作原理示意

① 有机负荷居第二代反应器之首,水力负荷能满足要求;
② 污泥颗粒化后使反应器对不利条件的抗性增强;
③ 用于将污泥或流出液人工回流的机械搅拌一般维持在最低限度,甚至可完全取消,尤其是颗粒污泥 UASB 反应器,由于颗粒污泥的相对密度比人工载体小,在一定的水力负荷下,可以靠反应器内产生的气体来实现污泥与基质的充分接触。因此,UASB 可省去搅拌和回流污泥所需的设备和能耗;
④ 在反应器上部设置的气-固-液三相分离器,对沉降良好的污泥或颗粒污泥避免了附设沉淀分离装置、辅助脱气装置和回流污泥设备,简化了工艺,节约了投资和运行费用;
⑤ 在反应器内不需投加填料和载体,提高了容积利用率,避免了堵塞问题。

正因如此,UASB 反应器已成为第二代厌氧处理反应器中发展最为迅速、应用最为广泛的装置。据 1993 年的报道,国外至少已有 300 多个生产性的 UASB 在运行,而且其应用仍呈迅速增长之势。目前 UASB 反应器不仅用于处理高、中等浓度的有机废水,也开始用于处理如城市废水这样的低浓度有机废水。

UASB 反应器处理废水一般不加热,利用废水本身的水温。如需加热提高反应的温度,则采用与消化池加热相同的方法。反应器一般都采用保温措施,同时必须采取防腐蚀措施。

2. UASB 启动和运行中的关键技术

(1) 启动

废水厌氧生物处理反应器成功启动的标志,是在反应器中短期内培养出活性高、沉降性能优良并适于待处理废水水质的厌氧污泥。在实际工程中,生产性厌氧反应器建造完成后,快速顺利地启动反应器成为整个废水处理工程中的关键性因素。

UASB 反应器的启动可分为两个阶段,第一阶段是接种污泥在适宜的驯化过程中获得一个合理分布的微生物群体,第二个阶段是这种合理分布群体的大量生长、繁殖。可见启动过程对发挥反应器的效能具有重要的意义。

1) 接种污泥　在生物处理中,接种污泥的数量和活性是影响反应器成功启动的重要因素。不同的污泥接种量宏观地表现为反应器中污泥床高度不同。Heertges 的试验表明:在污泥床层高度为 0.4 m 时,短流率达 70% ~ 80%;污泥床层高度为 1.2 m 时,仅有 1/3 的进水短流;污泥床层高度为 2.2 m 时,短流率又再度增加。VanderMeer 等人的试验结果提出,污泥床厚度以 2 ~ 3 m 为宜,如太厚会加大沟流和短流。因试验条件不同,所报道的结果存在着一定的差异,但从中可以看出,污泥床高度对反应区的水流的影响较大。

2) 反应器的升温速率　不同种群产甲烷细菌适宜的生长温度范围均有严格要求。控制合理的升温有利于反应器在短时间内成功启动。研究发现,反应器升温速率过快,会导致其内部污泥的产甲烷活性短期下降,为了确保反应器在短时间内快速启动,建议较合理的升温速率为在 2 ~ 3 ℃。

3) 进水 pH 的控制　在厌氧发酵过程中,环境的 pH 对产甲烷细菌的活性影响很大,通常认为最适宜的 pH 为 6.5 ~ 7.5。因此,启动初期进水 pH 应控制在 7.5 ~ 8.0 范围内,由于在有些情况下,待处理废水的 pH 较低,因此,开始启动时进水需经中和后再进入反应器中,当反应器出水 pH 稳定在 6.8 ~ 7.5 时,可逐步由回流水和原水混合进水过渡到直接采用原水进水。

4) 进水方式　在反应器的启动初期,由于反应器所能承受的有机负荷较低,进水方式可在一定程度上影响反应器的启动时间。研究中发现,采用出水回流与原水混合,然后间歇脉冲的进料方式,反应器可在预定的时间内完成正常的启动,通过对反应器的产气速率进行分析发现,每天进料 5 ~ 6 次,每次进料时间以 4 h 左右为宜。

5) 反应器进水温度控制　影响反应器消化温度的主要因素包括,进水中的热量值、反应器中有机物的降解产能反应和反应器的散热速率。在生产性反应器的启动后期,应采取一定的有效措施,平衡诸影响因素对反应器消化温度的影响,控制和维持反应器的正常消化温度。研究中发现,通过对回流水加热,将进水温度维持在高于反应器工作温度 8 ~ 15 ℃ 范围,可保证反应器中微生物在规定的工作条件下进行正常的厌氧发酵。

6) 反应器容积负荷增加方式　反应器的容积负荷直接反映了基质与微生物之间的平衡关系。在确定的反应器中,不同运行时期微生物对有机物降解能力存在着差异。反应器启动初期,容积负荷应控制在合理的限度内,否则将会引起反应器性能的恶化,影响反应器的正常启动过程。

7) 冲击负荷试验　反应器的有机负荷、污泥活性和沉降性能、污泥中微生物群体、气体中甲烷含量等参数在启动过程中均发生不同程度的变化。如何评定反应器的启动是否结束,各学者说法不同。有研究采用冲击负荷试验方法,通过分析反应器耐冲击负荷的稳定性,从而评价反应器启动终止与否。有机负荷的突然增大,使得反应器出水 COD、产气量和 pH 都迅速发生变化,但由于反应器中已培养出了活性较高、沉降性能优良的厌氧污泥,当冲击负荷结束后系统很快能恢复原来状态,说明系统已具有一定的稳定性,此时认为反应器已经完成了启动过程,可以进入负荷提高或运行阶段。

8) 出水循环　出水循环在启动阶段应特别注意出水中未被降解的 COD 总量和浓度的变化。当采用出水循环时,可以参照表 12.6 给出的应用要点。这些原则一般也适用于启动后的正常操作,但进水浓度可以有很大提高。

表12.6 UASB反应器出水循环的应用要点

废水 COD 浓度	应用要点
①COD 浓度低于 5 000 mg/L	①不需要出水循环,但要控制亚硫酸盐浓度低于 100 mg/L
②COD 浓度介于 5 000~20 000 mg/L	②采用出水循环启动,使进水浓度保持在 5000 mg/L 左右
③COD 浓度超过 5 000~20 000 mg/L	③在启动阶段采用其他水稀释,使进水浓度保持在 5 000 mg/L 左右,以确保产甲烷菌的增殖与活性;如不能则至少稀释到 20 000 mg/L 以下,并同时采用出水循环

注:当增加负荷时,出水 COD 浓度会有短暂的增加阶段,此时采用出水循环时可以通过计算得出反应器真正的负荷或进水浓度。

(2)颗粒污泥的培养及其结构

1)颗粒污泥的培养 UASB 反应器中污泥的存在形式分为絮状污泥和颗粒污泥。在设计与运行负荷都不太高的情况下,絮状污泥完全可以满足要求。但是,随着社会的发展,从技术经济角度考虑,颗粒污泥的出现标志着高负荷厌氧反应器的成功设计与运行。

在 UASB 反应器启动过程中,如果有足够的颗粒污泥作为种泥,将为反应器的启动运行提供很多方便,但实际情况是大多 UASB 反应器在启动初期都采用城市污水污泥作为种泥,在此以此作为颗粒污泥培养的前提条件。

当结束反应器的初始启动以后,污泥已适应废水水质并具有一定去除有机物的能力,此时应及时提高负荷率,把污泥负荷提高至 0.25 kgCOD/(kgVSS·d) 以上或进水容积负荷率 2.0 kgCOD/(m^3·d) 以上,使微生物获得足够的养料。此时在反应器底部可发现细小的颗粒污泥。开始粒径为 0.1~0.2 mm 左右。由于本阶段污泥以絮状污泥为主,随着有机负荷率的提高,沼气产量增大,会出现絮状污泥流失现象。然而,新生成的颗粒污泥由于其相对密度较大(1.05 左右)可保留在池底。反应器的污泥浓度会有所减少,但由于颗粒污泥中微生物活性较高,反应器的处理效能不仅不会降低,反而会有所提高。絮状污泥的流失和淘汰,使反应器底部的颗粒污泥能够获得足够的养料,有利于颗粒污泥的增长。此时反应器的污泥负荷率应已达到 0.3 kgCOD/(kgVSS·d) 以上,而容积负荷率也达到 3~5 kgCOD/(m^3·d) 左右。为了加速污泥的增殖,随后应尽快把 COD 负荷率提高至 0.4~0.5 kgCOD/(kgVSS·d) 左右,促使微生物快速生长。反应器内的污泥总量将重新回升。反应器的容积负荷率以每次 1~2 kgCOD/(m^3·d) 逐步提高,每次提高负荷的条件是反应器的出水 COD 去除率大于 80%,或出水挥发酸浓度在 200~300 mg/L,经过 2~3 个月,反应器内的平均污泥浓度将从 5~10 gVSS/L 达到 30~40 gVSS/L。颗粒污泥培养成功,反应器从此可以投入经常性的运行管理。

2)产甲烷相颗粒污泥的结构 颗粒污泥的结构是指各种细菌在颗粒污泥中的分布状况。关于颗粒污泥中细菌的分布,研究者从不同角度、用不同手段进行了深入而细致的探讨,一些学者认为不同的互营细菌是随机地在颗粒污泥中生长,并不存在明显的结构层次性。Grotenhutis 等人的研究发现,生长在甲醇和糖类废水中的颗粒污泥中并未有细菌的有序分布,丁酸基质下生长的颗粒污泥中存在两类细菌族,一类是孙氏甲烷毛毛菌(*Methanosaeta Soehngenii*),另一类由嗜树木甲烷短杆菌和一种丙酸氧化菌组成。赵一章等人对人工配水、屠宰废水和丙酮丁醇废水形成的颗粒污泥进行了观察,虽然各种形态的细菌处于有序的网状排列,但各种微生物区系多呈现随机性分布,未观察到颗粒层次之分。另一些学者则证实细菌在颗粒污泥中的分布有较清晰的层次性,并提出了一些结构模型。Harade 等人在糖类废水中培养出的颗粒污泥有比较明显的层次分布,外层主要是水解菌和产酸菌,内核的优势菌为甲烷毛菌。Macleod 等给出了一个较为典型的颗粒污泥结构模型:甲烷毛菌构成颗粒污泥的内核,在颗粒化过程中提供了很好的网络结构。甲烷毛菌所需的乙酸是由产氢产乙酸菌等产乙酸菌提供,丙酸丁酸分解物中的高浓度 H_2 促进了氢营养型细菌的生长,产氢产乙酸菌和氢营养型细菌构成颗粒污泥的第二层。颗粒污泥的最外层由产酸菌和氢营养型细菌构成。Macleod 的模型为许多人证实,如 Chui 等人的试验。Quarmby 和 Forster 处理速溶咖啡废水时也得到了多层结构的颗粒污泥,他们观察到的最多层达到了 4 层。竺建荣等根据对颗粒污泥的观察,也提出了一个类似的结构模型,不同的是他们发现了颗粒污泥表面细菌分布的"区位化",即不同细菌以成族的方式集中存在于一定的区域内,相互之间可能发生种间氢转移。

刘艳玲等的试验中产甲烷相形成的颗粒污泥外形不规则,比表面积大,表面可见较多孔穴。颗粒内菌群分布不均一,存在以产甲烷丝状菌和产甲烷球菌分别占优势的区域,但多数区域为各种菌群混栖分布,还可发现产甲烷八叠球菌相互叠加,形成拟八叠体。从颗粒污泥形成过程中各种细菌的形态观察,结合底物的转化规律,建立了如图 12.9 所示的颗粒污泥结构模型。

颗粒的外层主要是发酵细菌和氢营养型产甲烷细菌,内层主要是乙酸营养型产甲烷细菌和产氢产乙酸细菌。而且在荧光显微镜下直接观察颗粒污泥表面,可发现细菌的分布呈现"区位化",即某一区域以发酵细菌为主,某一区域以产甲烷细菌为主,且不同细菌以成族的方式集中存在于一定的区域内,相互之间可能发生种间氢转移。

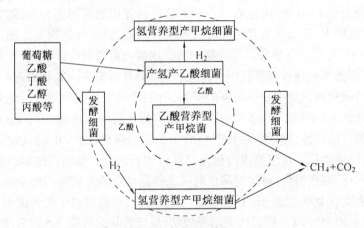

图 12.9 产甲烷相颗粒污泥的结构模型

3)颗粒污泥培养过程的注意事项 在培养颗粒污泥阶段,应注意以下条件:①适宜的营养:保持 COD:N:P = 200:5:1,如废水中缺乏氮磷,则应加以补充;②严格控制有毒物质浓度,使其在允许浓度以下;③保持 pH 值在 6.5~7.5 之间,对含碳水化合物为主的有机废水,必须在反应器内保持碱度在 1 000 mg($CaCO_3$)/L 左右,维持足够的缓冲能力;④为了给微生物提供足够的养料,应在不发生酸化的前提下,尽快把 COD 污泥负荷率提高到 0.5~0.6 kgCOD/(kgVSS·d),并保持表面负荷率在 0.3 m^3/(m^2·d)以上,以加速颗粒化进程;⑤根据废水的化学性质,考虑是否补充微量元素,如 Ca^{2+}、Fe^{3+} 等。

12.4.2.4 厌氧滤池(AF)

1. 厌氧滤池的原理和特点

厌氧滤池是一种内部填充有微生物载体的厌氧生物反应器。厌氧微生物部分附着生长在填料上,形成厌氧生物膜,另一部分微生物在填料空隙间处于悬浮状态。一般认为,厌氧滤池是在 McMcarty 和 Couler 等人的工作基础上,由 Young 和 McCarty 于 1969 年开发的厌氧工艺。厌氧滤池是在反应器内充填各种类型的固体填料,如炉渣、瓷环、塑料等来处理有机废水。污水在流动过程中保持与生长有厌氧细菌的填料相接触,细菌生长在填料上,不随出水流失。可以在较短的水力停留时间内取得长的污泥龄,平均细胞停留时间可以长达 100 d 以上。厌氧滤池的优点如下:

1) 生物固体浓度高,因此可以获得较高的有机负荷;
2) 微生物固体停留时间长,因此可以缩短水力停留时间,耐冲击负荷能力也较强;
3) 启动时间短,停止运行后再启动比较容易;
4) 不需污泥回流,运行管理方便。

厌氧滤池在处理溶解性废水时 COD 负荷可高达 $5 \sim 15 \ kg/(m^3 \cdot d)$,是公认的早期高效厌氧生物反应器。作为高速厌氧反应器地位的确立,在于它采用了生物固定化技术,使污泥在反应器内的停留时间(SRT)极大地延长。厌氧滤池在美、加等国已被广泛应用于各种不同类型的工业废水。最大的厌氧生物滤池容积达 $12\,500 \ m^3$。

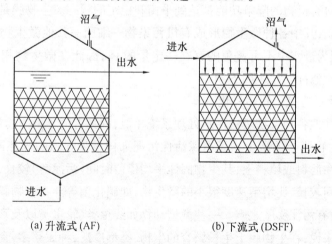

(a) 升流式(AF)　　　　(b) 下流式(DSFF)

图 12.10 厌氧生物滤池的两种形式

厌氧滤池的缺点是载体相当昂贵,据估计载体的价格与构筑物建筑价格相当。另一个缺点是如采用的填料不当,在污水的悬浮物较多的情况下,容易发生短路和堵塞,这是厌氧滤池工艺不能迅速推广的主要原因。

按水流的方向厌氧生物滤池可分为两种主要型式(图 12.10),废水向上流动通过反应器的厌氧滤池称为升流式厌氧滤池(AF),当有机物浓度和性质适宜时采用的有机负荷可高达 $10 \sim 20 \ kg/(m^3 \cdot d)$。另外还有下流式厌氧滤池,也叫下流式厌氧固定膜反应器(DSFF)。不管是什么型式,系统中的填料都是固定的,废水进入反应器内,逐渐被细菌水解酸化,转变为乙酸,最终被产甲烷菌矿化为 CH_4,废水组成随反应器不同高度而变化,因此微生物种群分布也相应的发生规律性变化。在废水入口处,产酸菌和发酵细菌占较大比例;随着水流方向,产乙酸菌和产甲烷菌逐渐增多并占据主导地位。

污泥的这种分布特性赋予厌氧滤池一些工艺上的特点。首先,以 AF 为例,废水中有机物的去除主要在反应器的底部进行,据 Young 和 Dahab 报道,AF 反应器在 1.0 m 以上 COD 的去除率几乎不再增加,而大部分 COD 是在 0.3 m 以内去除的。其次,由于反应器底物污泥浓度特别大,因此容易引起反应器的堵塞。堵塞问题是影响 AF 应用的最主要问题之一。据报道,上流式 AF 底部污泥浓度可达 60 g/L。

两种厌氧生物滤池的主要不同点是其内部液体的流动方向不同。在 AF 中,水从反应器底部进入;而在 DSFF 中,进水从反应器顶部进入,两种反应器均可用于处理低浓度或高浓度废水。DSFF 由于使用了竖直排放的填料,其间距宽,因此能处理浓度相当高的悬浮性固体,而 AF 则不能。另外,在 DSFF 反应器中,菌胶团以生物膜的形式附着在填料上,而在 AF 中,菌胶团截留在填料上,特别是复合厌氧床反应器。在厌氧滤池内有两种方式的生物量,其一是固定填料表明的生物膜;其二是在反应器空间内形成的悬浮细菌聚集体。

2. 厌氧滤池中的微生物相

在厌氧生物滤池中,污水与滤料或载体流动接触,在经过一段时间后,后者的表面将会生成一种膜状污泥,即生物膜。生物膜逐渐成熟的标志是:生物膜上的细菌及各种微生物组成的生态系以及对有机物的降解功能都达到平衡和稳定的状态。生物膜是微生物高度密集的高度亲水性物质,其中各种微生物形成有机污染物—细菌—其他微生物的食物链。在厌氧生物滤池中,因为进水中不可避免的存在一定量的 O_2,因此在微生物相方面与好氧生物滤池存在较大的相似性。简述如下:

(1) 参与净化反应微生物多样化

厌氧滤池与其他各种生物膜法污水处理系统相似,都具有适于微生物生长栖息、繁衍的安静稳定环境,生物膜上的微生物无需像活性污泥那样承受强烈的搅拌冲击,宜于生长增殖。生物膜固着在滤料或填料上,其生物固体平均停留时间(污泥龄)较长,因此在生物膜上能够生长世代时间较长、比增殖速度很小的微生物,如硝化菌等。在生物膜上还可能大量出现丝状菌,而且没有污泥膨胀之虞。一些微型动物如线虫类、轮虫类以及寡毛虫类的出现频率也较高。总的来说,在生物膜上生长繁育的生物、类型广泛,种属繁多,食物链长且较为复杂。

(2) 生物的食物链长

在生物膜上生长繁育的生物中,动物性营养一类者所占比例较大,微型动物的存活率亦高。这就是说,在生物膜上能够栖息高次营养水平的生物,在捕食性纤毛虫、轮虫类、线虫类之上还栖息着寡毛类和昆虫,因此,在生物膜上形成的食物链要长于活性污泥上的食物链。正是这个原因,在生物膜处理系统内产生的污泥量也少于活性污泥处理系统。污泥产量低,是生物膜处理法各种工艺的共同特征,并已为大量的实际数据所证实。一般说来,生物膜处理法产生的污泥量较活性污泥处理系统少 1/4 左右。

(3) 能够存活世代时间较长的微生物

硝化菌和亚硝化菌的世代时间都比较长,比增殖速度较小,如亚硝化单胞菌属(Nitrosomonas)、硝化杆菌属(Nitrobacter)的比增殖速度分别为 $0.21\ d^{-1}$ 和 $1.12\ d^{-1}$。在一般生物固体平均停留时间较短的活性污泥法处理系统中,这类细菌是难以存活的。在生物膜处理法中,生物污泥的生物固体平均停留时间与污水的停留时间无关。因此,硝化菌和亚硝化菌也得以繁衍、增殖。因此,生物膜处理法的各项处理工艺都具有一定的硝化功能,采取适当的运行方式,还可能具有反硝化脱氮的功能。

(4) 分段运行与优占种属

生物膜处理法多分段进行,在正常运行的条件下,每段都繁衍与进入本段污水水质相适应的微生物,并形成优占种属,这种现象非常有利于微生物新陈代谢功能的充分发挥和有机污染物的降解。在厌氧生物滤池中,进水端一定高度内微生物组成与分布与好氧滤池的微生物分布相似,随后厌氧微生物占据了主要地位,大量有机污染物在厌氧段内得以去除,转化为沼气。

12.4.2.5 厌氧膨胀床(AAFEB)工艺

1. 工作原理

在厌氧附着膜膨胀床(AAFEB)反应器内填充粒径很小的固体颗粒介质(一般颗粒粒径小于 $0.5\sim1.0\ mm$),在介质表面附着厌氧生物膜,形成了生物颗粒。废水以升流方式通过床层时,在浮力和摩擦力作用下使生物颗粒处于悬浮状态,废水与生物颗粒不断接触而完成厌氧生物降解过程。净化后的水从上部溢出,同时产生的生物气体由上部排出。

2. 厌氧膨胀床载体颗粒的特性和作用

AAFEB 反应器上部和中部的厌氧微生物基本上以附着于固体颗粒表面的生物膜形态存在,仅在其上部出现悬浮性的厌氧微生物絮体。据施拉和朱厄尔的报道,AAFEB 反应器内最大生物体浓度为 60 gVSS/L 时,总生物体中的 $90\%(\pm5\%)$ 是附着的。生物颗粒表面光滑,其外层是由细胞分泌的多糖物质所组成的粘性包裹。经乙酰脱水处理后,可发现生物膜表面凹凸不平,有明显沟槽,其结构主要是由丝状菌组成的网状结构,其他形状的细菌镶嵌于此结构中。

厌氧附着膜膨胀床一般可产生紧密的生物膜结构,在生物膜内充满着由细胞分泌物多糖组成的间质,其内生长着各种形态的微生物,主要有球菌、螺菌、杆菌和丝状菌。生物颗粒中存在着各种形状的产甲烷菌。各种细菌之间的共生关系有助于提高和稳定反应器的运行效率。

据测定,AAFEB 中的生物膜厚度一般不超过 2 mm,且生物膜的厚度随负荷率而增加,通过电子显微镜对生物膜可变厚度的观察表明,生物膜厚度的增加是由于产生了过量细胞外聚合物(即生物膜的基质),而不是实际微生物数量增加的结果。在稳定运行的 AAFED 反应器中,生物相存在着相的差异,一般底部生物颗粒的微生物群体以产酸菌为主,同时也有一定数量的产甲烷菌,而在中部和上部以产甲烷菌为优势菌。这种相分离现象有助于稳定、高效率地去除有机物质。

3. 厌氧膨胀床工艺的生物学特性

厌氧附着膜膨胀床(AAFEB)工艺是朱厄尔(Jewell)等人在1974年为了克服传统厌氧消化器系统的弊端,基于寻求反应器内最大的单位体积生物量和保持高的生物活性及使反应器拥有良好的传质、混合特性这一目的研制而成的,是第一个能在环境温度下处理低浓度废水的厌氧生物处理系统。朱厄尔认为厌氧附着膜膨胀床这种厌氧转化系统能力主要是基于两个方面:

①反应器活性生物体浓度约为30 kg/m³,在理论上此值可达到100 kg/m²;

②对细小惰性颗粒的捕集和过滤使最终出水的悬浮固体浓度低于5 mg/L。

这些综合的因素能提供有效的和高速率的生物转化过程,与好氧系统相比它不需要高的液体流速,需要处置的污泥产量低。

典型的厌氧附着膜膨胀床为圆柱形结构,填装的惰性支持颗粒占其体积的10%。介质可以是砂砾石、无烟煤或塑料。厌氧细菌组成的生物膜附着在介质上。膨胀床中介质颗粒比流化床反应器中使用的粒径稍大(0.3~3.0 mm),介质被生物膜基质所覆盖,大量循环所产生的液体垂直流速使介质膨胀。反应器的膨胀维持在一个水平上,使床内每个载体颗粒保持在与床内放其他颗粒相近的位置上,当液体向上流经床体时,沉淀于床下部的颗粒在无外力情况下,会产生5%的初始膨胀率,造成了松散的颗粒分布情况。渠状水流现象会造成有限的局部位移,但从整体上看,介质颗粒保持着固定的接触。生物体的生长和产生的生物气在床内空隙中的积累会使床体进一步膨胀。如果膨胀床上升水流的速度增加至某值,使通过床内介质层的压力降正好等于床内介质的质量(经液体浮力的校正),则载体颗粒将在升流的液体中自由悬浮,即达到最小流化点,此时液体流速稍有增加即会使膨胀床向流化床转化。

AAFEB所采用的以小粒径的固体颗粒作为介质,使流态化后的介质与废水之间有了最大的接触,为微生物的附着生长提供了巨大的表面积,远远超过了厌氧生物滤池和厌氧生物转盘。这样不但可以使附着生物量维持很高(平均高达60 kgVSS/m³),而且相对疏散。生物膜的厚度和结构也因流化时不停的运动和相互摩擦而处于最佳状态,能够有效地避免因有机物向生物膜内扩散困难而引起的微生物活性下降。

AAFEB的膨胀率为10%~20%,这样能够有效地防止污泥堵塞,消除反应器中的短流和气体滞留现象。附着生物膜的固体颗粒由于流态化,可促进生物膜与废水界面的不断更新,提高了传质推动力,强化了传质过程,同时也增强了对有机物负荷和毒物负荷冲击的承受能力。

AAFEB反应器在生产运行中膨胀床生物体浓度一般大于20 kgVSS/m³,生产规模的厌氧附着膨胀床反应器要有很高的循环率,渠状水流是该系统中存在的一个问题。反应器顶部的泡沫会引起颗粒的流失,必须采用机械或水力控制方法缓解这种现象。考虑到工艺发生故障时活性生物体的损失问题,对于一些反应器还要考虑设置超滤等分离装置。

4. 厌氧膨胀床工艺研究现状与工程应用

近年来国内开展了一些应用AAFEB处理高浓度有机废水和低浓度有机废水的试验研究。例如,浙江农业大学郑平等人采用AAFEB反应器处理啤酒糖化废水的研究。表12.7为他们以烟囱灰做载体连续运行100天的试验结果。试验结果表明:在处理啤酒糖化废水方面,AAFEB具有相当高的处理效率。

表 12.7 AAFEB 反应器运行情况

项目	运行参数		
HRT/h	24	12	8
进水 COD 浓度/(mg·L^{-1})	9 879.64+78.75	11 710.40+1 352.99	11 393.89+680.05
出水 COD 浓度/(mg·L^{-1})	239.35+4.51	791.7+455.98	1 972.11+584.86
COD 去除率/%	97.58	93.24	82.69
容积负荷率/[kgCOD·(m^3·d)$^{-1}$]	9.88+0.08	23.56+7.72	34.05+2.03
容积产气率/[m^3·(m^3·d)$^{-1}$]	5.66+0.44	11.34+1.16	15.32+1.37
沼气成分 CH$_4$/%	72.04	62.28	58.46
CO$_2$/%	27.96	37.72	41.54

据报道浙江农业大学刘双江等人以粒径小于 0.42 mm 的粉砂为载体,用膨胀率为 20% 的 AAFEB 处理低浓度有机废水(进水 COD 浓度为 300~900 mg/L),在温度为 16~18 ℃, HRT 为 2.28 h,有机物负荷率为 5.29 kgCOD/(m^{3}d),进水 COD 为 621 mg/L 时,取得了 87.7% 的 COD 去除率。

Frostell 等人应用厌氧膨胀床处理甜糖蜜废水进行了试验研究,废水水质的总 COD 浓度为 9 100 mg/L,溶解性 COD 为 8 800 mg/L,BOD$_5$ 为 7 200 mg/L,凯氏氮为 620 mg/L, SO$_4^{-2}$ 为 1 250 mg/L,反应器总容积为 7.2 L,床层底部充填有卵石层,填料为粒径 0.10~0.25 mm 砂粒,填料填充容积 2.6 L,空隙率为 0.43。因为污水中含有高浓度 SO$_4^{2-}$,因此投加 FeCl$_2$·4H$_2$O,以便从污水中分离亚硫酸盐,FeCl$_2$·4H$_2$O 投加量为 1.0 g/L。当有机负荷率为 22.2 kgCOD/(m^3·d),水力停留时间 3 h 时,产气率为 5.9 m^3/(m·d),沼气中甲烷含量为 56%,COD 平均去除负荷为 9.5 kgCOD/(m^3·d),COD 去除率达到 43%,污泥停留时间(SRT)为 11-23 d。表 12.8 列出了国外部分 AAFEB 研究情况。

表 12.8 国外部分 AAFEB 研究情况

废水类型	处理温度/℃	容积负荷率	HRT/d	进水 COD 浓度/(mg·L^{-1})	COD 去除/%
人工合成	55	—	4	3 000	80
	55	—	4.5	8 800	73
	中温	—	3	16 000	43
有机废水	中温	—	0.75	480	79
	中温	—	24	1 718	98
	中温	—	24	6 570	97
蔗糖	55	0.033	4	—	80
	55	0.016	4.5	—	48
葡萄糖和酵母	22	2.4	5	—	90
萃取夜	10	24	0.5	—	45
乳清废水	25~31	8.9~6.0	4~27	—	80(最大)
纤维素废水	35	6	—	—	85
城市污水	20	—	8	307	93
	20	—	9.5	307	86

12.4.2.6 厌氧流化床反应器(AFB)

1. 工作原理

厌氧流化床内填充细小的固体颗粒作为载体，常用的载体有石英砂、无烟煤、活性炭、陶粒和沸石等，粒径为 0.2~1.0 mm。废水从床底部流入，向上流动。为使填料层膨胀或流化，常用循环泵将部分出水回流，以提供床内水流的上升速度。

在流化床系统中，依靠在惰性的填料微粒表面形成的生物膜来截留厌氧污泥。废液与污泥的混合、物质传递是依靠使这些带有生物膜的颗粒形成流态化来实现。实现流态化要依靠一部分出水回流使载体颗粒在反应器内处于流化状态。

流化床反应器的主要特性如下：

①流态化能保证厌氧微生物与被处理的废水充分接触；

②由于颗粒与流体相对运动速度高，液膜扩散阻力小，形成生物量大，生物膜较薄，传质作用强，因此，生物化学反应过程快，反应器的水力停留时间短；

③细颗粒的载体为微生物附着生长提供较大表面积，使反应器内具有很高的微生物浓度(一般为 30 gVSS/L 左右)，因此有机物容积负荷较大，一般为 10~40 kg/($m^3 \cdot d$)，具有较好的耐冲击负荷能力；

④既可用于高浓度有机废水厌氧处理，又可用于低浓度城市污水处理；

⑤由于反应器负荷大，高径比大，因此占地面积可减少；

⑥克服厌氧生物滤池的堵塞与沟流问题。

但是，厌氧流化床反应器存在着几个尚未解决的问题。主要是为了实现良好的流态化并使污泥和填料不致从反应器流失，必须使生物颗粒保持形状、大小和密度的均匀，但这一点难以做到，因此稳定的流态化也难以保证。为取得高的升流速度以保证流态化，流化床反应器需要大量的回流水，这样导致能耗加大，成本上升。由于以上原因，流化床反应器至今没有大规模的生产设施运行。

流化床反应器以粒径较小的填料粒子为生物膜载体，例如砂粒、塑料、活性炭、沸石、玻璃等。其粒径多在 0.2~0.7 mm。使用较小的填料可在启动后较短时间获得同样的反应器填装大粒径填料的处理效果。Switzenbaum 等指出，用 0.2 mm 填料代替 0.5 mm 填料时，反应器效率有所改进。这是因为小粒径填料有较大比表面积和较大流态化程度，使生物膜更易生长。一般每立方米反应器可有约 300 m^2 表面积，生物物质浓度可达 8~40 gVSS/L，因此反应器的容积和处理时间减少。

2. 厌氧流化床载体颗粒的特性与作用

流化床所用的载体物质较多，有砂、煤、颗粒活性炭(GAC)、网状聚丙烯泡沫、陶粒、多孔玻璃、离子交换树脂和硅藻土等。一般载体颗粒为球形或半球形，因为该形状易于形成流态化。

流化床载体通常需要满足如下要求：①可以承受物理摩擦；②可提供较大的微孔表面积，以利于细菌群体附着与生长；③需要最小的流化速度；④增加扩散与物质转移；⑤有不规则的表面积，载体粒径多在 0.2~0.7 mm。采用颗粒活性炭(GAC)时，GAC 本身也能吸附有机物，吸附可在膜形成前或膜老化剥落时进行。生物膜可以从液体中和膜内部同时得到营养。活性炭的吸附特性增加了溶解性有机物在载体中的浓度，因此加速了微生物的生长与合成，如采用两个平行的反应器处理 5 000 mg/L 的乙酸废水进行对比试验，采用同等尺寸的不同载体,两个反应器在稳定状态的运行数据表明,GAC 载体反应器的出水挥发性固体和乙酸浓度为 7~40 mg/L,而载体反应器为 350~700 mg/L。

AAFEB 常用的固体颗粒如砂粒、陶粒、活性炭、氧化铝、合成树脂、无烟煤等,其尺寸大小和密度影响着操作水流速度和从液体中分离的效果。另外还对起动时的挂膜、运行过程中生物膜性能、传质过程等都有很大的影响。在 AAFEB 中通常采用的颗粒粒径不大于 0.5~1.0 mm。表 12.9 列出了固体颗粒物理性质对 AFB 运行性能的影响。

表 12.9 固体颗粒物理性质对运行的影响

物理性质	对运行性能的影响
粒径	过大,需要较大的水流速度以维持足够的床层膨胀率,表面积小,为保证必要的接触,须加大反应器体积;容积负荷率低,水流剪切力大,生物膜易脱落
	过小,操作困难,再颗粒周围绕流的雷诺数小于 1 的情况下液膜传质阻力大;相互摩擦激烈,使生物膜易脱落
密度	过大,需较高水流线速度以维持必需的膨胀率;水流剪切力大,生物膜易脱落,使附着生物膜较厚的莲子位于上部
	过小,同粒径过小的影响
粒径分布	过大,上部的空隙率较大,且在介质床层内易发生短流
	过小,加剧了粒子的混合效应,在介质床层内易形成厚度相近的生物膜

3.厌氧流化床工艺的微生物学特性

典型的厌氧流化床是从反应器底部进水。水流沿反应器横截面分布,特别是靠近进水口的区域,是流化床系统存在的一个设计问题(填充床亦相似)。为了均匀布水,故此采用锥形布水器,进水向下通入锥角底部,使池底产生向上的动力,锥体上方穿孔的布水板可消除厌氧流化床的环状水流。反应器主体部分一般设计为直径相同的柱体,但有些设计采用倒置的锥形体的设计,废水由进水处较小的横截面向上方流动,反应器内很少出现大的涡流和反流现象,反应器内水的上流速度随反应器的高度上升而降低。进水流量一旦增加,较低部位的填料与其上的生物膜即膨胀到上方截面更大的区域。进水上冲的高度被孔径为 6 mm 的不锈钢布水板所控制,当出现环状水流时,床的锥体部分就能起到流化床布水器的作用。很少有生物体存留在锥体部分的载体颗粒上,在布水器的上方形成了明显的界面,在其上出现了典型的生物体生长。厌氧流化床反应器使用的高流速能促进生物体和废水良好接触,这对于有效地去除 COD 是必要的,特别是处理低浓度废水时,因为低浓度基质倾向于 COD 去除率的降低。

流化床系统中的细菌附着在细小颗径的介质上,介质可为砂、活性炭、椰子石、玻璃球。欲处理废水的较大的垂直流速使床膨胀到向下的总重力与摩擦力相等的点上。要有极高的循环速率,每个单独的载体颗粒在流化床内无固定的位置(与膨胀床相比较),然而每个颗粒会限制在一定范围内。其他厌氧消化池如填充床(厌氧滤池)设备需有大的支持颗粒,否则微生物的生长会很快将其堵塞,因此这些反应器单位体积的细菌膜表面积和由此决定的体积生产率是比较低的。

为了使装置发挥其最大运行功能,必须控制流化床系统内可能很高的生物体体积。有人认为,微生物在金属丝球体中的生长使流化床颗粒的尺寸和密度得到良好的控制,附着在活性炭颗粒的生物膜则能利用先期吸附在炭上的基质。它表明起动时在表面及底部都有可能向生物膜提供营养,因此减小了初扩散的限制,尽管成熟生物膜很薄的特点可能会排除这一困难。生物膜的结构是不相同的,其形式受到载体介质成分的很大影响,与其他固定膜反应器如厌氧滤池不同,流化床中央区域的细菌不论是乙酸菌还是甲烷菌,其活性都是最高的。流化所要求的支持介质的移动和很高的循环率都会影响这一现象。例如在填充床反应器中,微生物活性和基质的剖面表明,大部分废物的转化是在滤池较低的部位发生的。

利用锥形反应池的流化床设计可适应广泛的运行条件,并有较好的稳定性。该装置类似于倒置的截短了的锥体,从进水口的较小横截面向几倍大的面积逐渐膨胀。反应器内产生的水流特征是有极小的返混,特别是在进水口,并且很少出现大的涡流,反应器内水流速度随反应器的高度而降低。流速增加时,较低部位的生物体和支持介质膨胀到池内具有较大横截面的区域内。在高速水流条件下,因为液体流速大大超过在同一点上生物膜包裹的颗粒沉淀速度,这种系统下部区域与流化床本身是相对独立的。

由于厌氧流化床内的流态化程度由升流速度、颗粒形状、大小和密度以及所要求的流态化或膨胀程度所决定。因此在一定的反应器有机容积负荷率下,要获得高的上升流速取决于进液流量与反应器截面积,流化床反应器多采用大的回流比和相对高的反应器高度以提高升流速度。进而,在床内不同区域及不同条件下必然会出现细菌种群的相分离的现象。布尔(Bull)等人记录下了COD负荷为12 kg/(m^3·d)的厌氧流化床内部相分离情况。在床内较高点上的甲烷菌活性远高于乙酸细菌的活性。这已被系统的挥发性脂肪酸剖面图所证实,但在较低的有机负荷下未观察到相分离。这种影响可能是纯粹的物理现象,生物膜内甲烷菌产生的气体通过气泡的逸出使包裹的颗粒有选择地上浮。

厌氧流化床的启动可以采用逐渐增加上升流速的方法。有人在接种时加入的填料与污泥总量为反应器总体积的40%,以2 kgCOD/(m^3·d)的进水负荷开始启动。Stronach等则采用同时增大进水有机负荷率和进水流量的办法,他们在4 L的反应器中加入1.96 L直径为0.22 mm的砂粒,以30 mL消化污泥接种,加入一定量废水并在不进水的情况下用反应器本身出水连续循环48 h,该反应器在50 d完成启动,认为填料床25%的膨胀率是最佳的。表12.10是一些中试或小试流化床工艺的运行结果。

表12.10 中试或小试的流化床工艺的运行结果

废水来源	进水浓度/(gCOD·L^{-1})	HRT/d	进水有机容积负荷率/(kgCOD·$(m^3·d)^{-1}$)	温度/℃	COD去除率/%	规模
乳清废水						
乳清废水	-	1.4~4.9	13.4~37.6	35	83.6~72	中试
有机酸生产	-	1.4~4.9	15.0~36.8	24	71.0~65.2	中试
大豆蛋白生产	8.8	5	42	30	99	中试
化工废水(含乙醇)	3.7~4.7	10~12	7.6~11	30~35	91	中试
软饮料生产	12	-	8~20	30	>80	中试
含酚废水	0.98	-	-	35	90	中试
食品加工	2.8~3.7	15	4.5~5.9	30	99	中试
污泥热处理分离	7.0~10.0	-	8~24	35	>80	小试
液	10~30	-	8~20	35	>80	小试
软饮料生产	6.0	-	8~14	35	>80	小试

流化床中生物量浓度的高低,与所采用填料粒径的大小、床层膨胀率的高低、废水的性质、流化操作方法、进水有机负荷率的大小等诸因素有关。在同等的食料微生物量比(F/M)之下,流化床的单位容积负荷率几乎比传统法高出一个数量级。荷兰 Eggers 等人在研究流化床脱氮时,实测床中生物量浓度高达 50 g/L,而其脱氮率几乎为 5 g/L MLVSS 的传统活性污泥法的 10 倍左右。不仅厌氧脱氮如此,厌氧流化床处理有机污水也一样。荷兰 Heijnen 的试验证实,利用流化床处理已酸化的酵母污水,COD 容积去除负荷率可高达 50 kgCOD/($m^3 \cdot d$)以上,水力停留时间为 1 h。流化床的高效性是传统工艺不可比拟的。

4. 厌氧流化床研究进展和工程应用

目前,AFB 在国内处于试验研究阶段,尚未见到有关生产性运行的报道。上海市政工程设计院曾用厌氧流化床工艺进行处理汽水厂葡萄糖车间工业废水的研究。流化床采用黄砂为填料,试验从进水有机负荷率 2.0 kgCOD/($m^3 \cdot d$)起,逐步提高至 7.58 kgCOD/($m^3 \cdot d$),每增加一次负荷,稳态运转 7 d 左右。在这种负荷下,水力停留时间由 27.3 h 降至 7.0 h。研究结果表明在反应温度为 27.0~34.9 ℃,进水 COD 值为 2 211 mg/L 的条件下,最高进水有机负荷率可达到 7.5 kgCOD/($m^3 \cdot d$),水力停留时间为 7.0 h,出水 COD 为 772 mg/L,其中溶解性 COD 为 435 mg/L,溶解性 COD 去除率达 80%。

表 12.11 列出了国外对 AFB 的研究与应用情况,可以看出 AFB 适用于处理不同类型的工业废水。国内近年来也开展了 AFB 处理的各种工业废水的实验室研究(表 12.12)从表中可以看出,AFB 具有很高的有机负荷率和 COD 去除率。

表 12.11 国外部分 AFB 的研究及应用情况

废水类型	进水温度/℃	COD/(mg·L^{-1})	COD 去除率/%	容积负荷率/(kg·m^{-3}·d^{-1})	床内 VSS/(mg·L^{-1})	规模
糖厂废水	35	6 556	83	3	10~30	小试
配置废水	20~30	200~600	80	8	10~20	小试
城市污水	30	186	81	4	20~30	小试
制糖废水	33~35	3 000~6 000	90	150	—	小试
制糖废水	33~35	3 000~6 000	85	36	37.5	小试
工业废水	35~37	7 000~9 500	86~95	3.3~24	—	中试
化工废水	35~37	12 000	68~93	3.5~24	—	中试
酵母废水	37	36 000	75	27	20	生产性
酵母废水	37	3 200	70	31	20	生产性
豆制品废水	35	1 200	75	15	12	生产性

表 12.12　国内部分 AFB 小试情况

废水名称	温度/℃	进水 COD /(mg·L^{-1})	COD 容积负荷 /(kg·m^{-3}·d^{-1})	COD 去除率%	mLSS /(mg·L^{-1})	应用单位
巢丝厂废水	21	2 000	5.37	65	12	程都生物所
葡萄糖废水	27~35	2 200	7.58	80	19	上海市政工程设计院
土霉素废水	35	8 000~13 000	8.48	73~80	27	同济大学
豆制品废水	35	6 000~12 000	10	90	27.1	同济大学
啤酒糖化废水	35	2 000~3 000	33~36	93	60	清华大学
啤酒废水	25	2 000~3 000	27~30	95	60	清华大学

另外 AFB 用于城市污水处理的应用研究也十分活跃。在这方面日本、美国研究较早，并取得了很大进展。据 Jeris 等人报道，在美国纽约州 Nassau 市有一座直径为 1 000 mm、高 3 m 的处理城市污水的中试 AFB，并分别以砂和活性炭为载体，一年多的运行结果表明，以活性炭作载体的 AFB 起动快，COD 去除率高。日本也开展了实验室规模的 AFB 在常温下处理城市污水的试验研究，HRT 为 3~4 h 时，COD 去除率为 70%~80%，另外出水的 VFA 很低，SS 浓度小于 13 mg/L。

从国内外对 AAFEB 和 AFB 的试验研究结果看，该工艺是一种新型高效厌氧生物处理方法，潜力很大。但目前大多仍处于试验研究阶段，要把它应用于工业生产尚需要进一步研究。

12.4.2.7　厌氧生物转盘

厌氧生物转盘和好氧生物转盘类似，只是在厌氧条件下运行，并把圆盘完全浸没在废水中。圆盘用一根水平轴串联起来，若干圆盘为一组，称为一级，一般分为 4~5 级，由转轴带动圆盘连续旋转。为了创造厌氧条件，整个生物转盘应安装在一个封闭的容器内。厌氧微生物附着在转盘表面，不断生长繁殖，形成生物膜。转盘不停地旋转，生物膜不断和废水中的有机物接触，在产酸菌、伴生菌和产甲烷菌共同作用下，把有机物分解成沼气。

用厌氧生物转盘处理人工合成废水试验结果如表 12.13。

表 12.13　厌氧生物转盘处理人工合成废水试验结果

试验序号	废水质量 (L/h)	HRT h	进水 TOC (mg/L)	有机负荷 (kgTOC/m^3·d)	出水 TOC (mg/L)	TOC 去除率 %
1	0.30	17.56	1 075	1.43	44	96
2	0.60	8.75	2 300	6.34	485	78
3	2.40	2.19	1 075	12.02	597	46

12.4.2.8　两相厌氧生物处理工艺

厌氧生物处理技术以高负荷率、低能耗、低运行成本、低污泥产率等突出优越性日渐成为公认的治理高浓度难降解废水的有效途径之一。该技术的革命性变革当属 1971 年 Ghosh 和 Poland 提出的两相厌氧生物处理工艺(Two-phase anaerobic process)。两相厌氧生物处理工艺的本质特征是实现了生物相的分离，即通过一定的调控手段，使产酸相(acidogenic phase)

和产甲烷相(methanogenic phase)成为两个独立的处理单元,各自形成产酸发酵微生物和产甲烷发酵微生物的最佳生态条件,实现完整的厌氧发酵过程,从而大幅度提高废水处理能力和反应器的运行稳定性。

1. 相分离的方法

实现相分离是研究和应用两相厌氧生物处理工艺的第一步。一般来说,所有相分离的方法都是根据两大类菌群的生理生化特性的差异来实现的。目前,主要的相分离技术可以分为物理化学法和动力学控制法两种。

(1) 物理化学法

在产酸相反应器中投加产甲烷细菌的选择性抑制剂(如氯仿和四氯化碳等)来抑制产甲烷细菌的生长;或者向产酸相反应器中供给一定量的氧气,调整反应器内的氧化还原电位,利用产甲烷细菌对溶解氧和氧化还原电位比较敏感的特点来抑制其在产酸相反应器中的生长;或者调整产酸相反应器的 pH 值在较低水平(如 5.5～6.5 之间),利用产甲烷细菌要求中性偏碱的 pH 值的特点,来保证在产酸相反应器中产酸细菌占优势,而产甲烷细菌受到抑制;采用可通透有机酸的选择性半透膜,使得产酸相的末端产物中只有有机酸才能进入后续的产甲烷相反应器,从而实现产酸相和产甲烷相分离。这些方法均是选择性地促进产酸细菌在产酸相反应器中的生长,而在一定程度上抑制产甲烷细菌的生长,或者是选择性地促进产甲烷细菌在产甲烷相反应器中生长,以实现产酸细菌和产甲烷细菌的分离,从而达到相分离的目的。

(2) 动力学控制法

由于产酸细菌和产甲烷细菌在生长速率上存在着很大的差异,一般来说,产酸细菌的生长速率很快,其世代时间较短,一般在 10～30 min 的范围内;而产甲烷细菌的生长很缓慢,其世代时间相当长,一般在 4～6 d。因此,将产酸相反应器的水力停留时间控制在一个较短的范围内,可以使世代时间较长的产甲烷细菌被"冲出"(wash-out),从而保证产酸相反应器中选择性地培养出以产酸和发酵细菌为主的菌群,而在后续的产甲烷相反应器中则控制相对较长的水力停留时间,使得产甲烷细菌在其中也能存留下来,同时由于产甲烷相反应器的进水是来自于产酸相反应器的含有很高比例有机酸的废水,这保证了在产甲烷相反应器中产甲烷细菌的生长,最终实现相的分离。

目前,在实验室研究和实际工程中应用最为广泛的实现相分离的方法,是将第二种动力学控制法与第一种物理化学法中调控产酸相反应器 pH 值相结合的方法,即通过将产酸相反应器的 pH 值调控在偏酸性的范围内(4.0～6.5),同时又将其 HRT 调控在相对较短的范围内(对于可溶性易降解的有机废水,其 HRT 一般可低达 0.5～1.0 h),这样一方面通过较低的 pH 值对产甲烷细菌产生一定的抑制性,同时在该反应器内 HRT 很短,相应的 SRT 也较短,使得世代时间较长的产甲烷细菌难以在其中生长起来。

自 20 世纪 70 年代初,Ghosh 和 Pohland 提出两相厌氧消化工艺以来,已有众多研究者对其进行了大量的试验研究。早期的研究工作主要集中在研究应用动力学控制法实现相分离的可行性方面。在这些研究中,产酸相和产甲烷相所采用的试验装置多为完全混合式反应器。许多研究结果表明,在产酸相反应器中简单地通过控制水力停留时间就能够成功地实现相的分离,而相分离地成功,能提高整个系统的运行稳定性。

尽管我们在这里介绍了几种实现相分离的方法,但是实际上,不管采用哪种方法,都只能在一定程度上实现相的分离,而不可能实现绝对的相分离。

(3) 相分离对整个工艺系统的影响

一般来说,相分离的实现,对于整个处理工艺来说主要可以带来以下两个方面的好处:①可以提高产甲烷相反应器中污泥的产甲烷活性;②可以提高整个处理系统的稳定性和处理效果。

由于实现了相的分离,进入产甲烷相反应器的废水是经过产酸相反应器预处理过的出水,其中的有机物主要是有机酸,而且主要以乙酸和丁酸等为主,这样的一些有机物为产甲烷相反应器中的产氢产乙酸细菌和产甲烷细菌提供了良好的基质;同时由于相的分离,可以将产甲烷相反应器的运行条件控制在更适宜于产甲烷细菌生长的环境条件下,因此可以使得产甲烷相反应器中的污泥产甲烷活性得到明显提高,处理效果也有一定程度的提高,许多试验结果证实了这一点。

厌氧发酵过程中产生的氢不仅能调节中间代谢产物的形成,也能调节中间产物的进一步降解。由于乙醇、丙酸、丁酸的降解反应在标态下的反应自由能 $\triangle G^0$(分别为 +19.2、+76.1、+48.1 kJ/反应)均大于 0,所以这些反应都不易进行。但是研究表明,氢分压的不同会影响上述几个反应的反应自由能,即氢分压越低,上述几个反应的反应自由能也就越低,因此如果能设法降低反应环境中的氢分压,达到一定程度后,就可以使上述几个反应的反应自由能 $\triangle G < 0$。研究结果表明,当氢分压下降到小于 15 kPa 时,乙醇的降解就可以顺利进行,则说明乙醇较易被进一步转化;但丁酸、丙酸的降解则一直要到氢分压下降到小于 200 Pa 和 9 Pa 时才能顺利进行。由此可以看出,氢分压对于丙酸进一步降解的影响最大,如果反应环境中的氢分压稍微有所增大,就会首先使丙酸的分解代谢受阻,从而造成丙酸的积累。在传统单相厌氧反应器中往往由于冲击负荷或环境条件的突然变化,会造成氢分压的增加从而引起丙酸积累,导致 pH 值下降,进而影响丁酸和乙醇的降解,结果使反应器运行失败。而实现相的分离后,在产酸相反应器中由于发酵和产酸过程产生的氢不会进入到后续的产甲烷相反应器中,同时产酸相反应器还能给产甲烷相反应器中的产甲烷菌提供更适宜的基质,有利于产甲烷相的运行,整个系统的稳定性也会增加。

产酸相还能有效地去除某些毒性物质、抑制性物质或改变某些难降解有机物的部分结构,减少这些物质对产甲烷相反应器中产甲烷细菌的不利影响或提高其可生物降解性,有利于产甲烷相的功能的发挥,增加了整个系统的运行稳定性,也提高了整个系统的处理能力。例如,含硫酸盐有机废水的处理工艺中,就有可以利用两相厌氧工艺的产酸相反应器中微生物种类多样性这一特性,在其中同时培养出较多的发酵产酸细菌和硫酸盐还原菌,使得该产酸相反应器除了具有产酸的功能外,还能将进水中的大量硫酸盐还原为硫化物,设法除去硫化物(可以是化学法或生物氧化法)后的产酸相出水中有机物的组成与普通产酸相反应器的相似,再进入产甲烷相反应器进行处理,这样就可以避免对产甲烷细菌极其有毒的硫化物与产甲烷细菌的直接接触,保证了整个工艺的顺利进行。

2. 相分离的微生物学基础

两相厌氧系统中降解有机物的主要四类细菌在反应器运行过程中,表现出转化底物的不同规律性。

(1) 发酵细菌的产酸发酵作用

水解发酵细菌是一个相当复杂而又庞大的细菌群,它们可将各类复杂有机物在分解、发酵前首先进行水解。其分类中主要包括纤维素分解菌、半纤维素分解菌、淀粉分解菌、脂肪分解菌和蛋白质分解菌。1976 年曾报道过 18 个属的 51 个种，其功能和代谢过程主要为以下方面：①水解发酵细菌将有机聚合物(如多糖类、脂肪、蛋白质等)水解成有机单体(单糖、有机酸、氨基酸等)；②发酵细菌将有机单体转化为 H_2、CO_2、乙醇、乙酸、丙酸、丁酸等，发酵菌属主要属于专性厌氧菌属，如梭菌属(*Clostridiun*)、拟杆菌属(*Bacteriodes*)等。

(2) 产氢产乙酸菌的产氢产乙酸过程

产氢产乙酸细菌(H_2-*producing acetogens*)能将产酸发酵第一阶段产生的丙酸、丁酸、戊酸、乳酸和醇类等，进一步转化为乙酸，同时释放分子氢，产氢产乙酸反应主要在产甲烷相中进行。产乙酸过程的一些反应可见表 12.14。

表 12.14 产氢产乙酸菌的生化反应

底物	反应式	$\Delta G'_0{}^*$ /(kJ·mol^{-1})
乙醇	$CH_3CH_2OH + H_2O \longrightarrow CH_3COOH + 2H_2$	+19.2
丙酸	$CH_3CH_2COOH + 2H_2O \longrightarrow 2CH_3COOH + 3H_2 + CO_2$	+76.1
丁酸	$CH_3CH_2CH_2COOH + 2H_2O \longrightarrow 2CH_3COOH + 2H_2$	+48.1
戊酸	$CH_3CH_2CH_2CH_2COOH + 2H_2O \longrightarrow CH_3CH_2COOH + CH_3COOH + 2H_2$	+69.81
乳酸	$CH_3CHOHCOOH + 2H_2O \longrightarrow CH_3COOH + CH_3CH_2COOH + CO_2 + 2H_2$	-4.2

注：反应的标准吉布斯自由能：pH = 7, 25 ℃, 1.013×10^5 Pa。

由表 12.14 可看出，在标准条件下除乳酸外，乙醇、丙酸、丁酸和戊酸的 $\Delta G'_0$ 均为正值，所以都不会被产氢产乙酸菌降解。但氢气浓度的降低可将上述反应导向产物方向。在运转良好的产甲烷相反应器中，氢的分压一般不高于 10 Pa，平均值约为 0.1 Pa。当作为反应产物的氢的分压(pH_2)如此之低时，则上表中反应的实际自由能 $\Delta G'$ 成为负值，各种酸和乙醇被产氢产乙酸菌群利用得以降解。但由于各反应所需自由能不同，进行反应的难易程度也就不一样。

图 12.11 为产酸相三大发酵类型的主要产物乙醇、丁酸和丙酸转化为乙酸时氢分压 pH_2 与 $\Delta G'$ 的关系(氢分压的单位为大气压)。可见当氢分压小于 15 kPa 时，乙醇即能自动进行产氢产乙酸反应，丁酸必须在氢分压小于 0.2 kPa 下才能进行，而丙酸则要求更低的氢分压 (9 Pa)。在厌氧消化系统中，降低氢分压的工作必须依靠甲烷细菌来完成，通过甲烷细菌利用分子态氢以降低氢分压，对产氢产乙酸细菌的生化反应起着重要的调控作用。产氢产乙酸菌群可能是严格厌氧菌或是兼性厌氧菌，目前被分离并鉴定的氧化乙醇、丁酸、丙酸的主要有以下几个种：

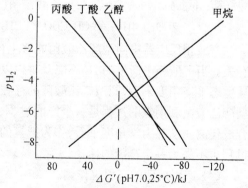

图 12.11 氢分压对乙酸形成及甲烷形成时自由能的影响

注：乙醇、丁酸和丙酸反应物的浓度各为 1 mmol/L，HCO_3^- 的浓度为 50 mmol/L，甲烷的分压(pCH_4)为 50 kPa

①S'菌株 S'菌株可将乙醇转化为乙酸和分子氢，其反应式为

$$CH_3CH_2OH + H_2O \rightleftharpoons CH_3COOH + 2H_2$$

$$\Delta G^0 = +19.2 \text{ kJ} \tag{12.1}$$

②沃尔夫互营单胞菌(*Syntrophomonas wolfei*)。该菌能氧化4~8个碳的直链脂肪酸和异庚酸。该菌通过β氧化分解丁酸为乙酸和氢,再由与其共生的甲烷细菌将其转化为甲烷,反应式为

$$CH_3CH_2CH_2COOH + 2H_2O \longrightarrow 2CH_3COOH + 2H_2$$

$$\Delta G^{0'} = +48.1 \text{ kJ} \tag{12.2}$$

③沃林互营杆菌(*Syntrophobacter wolinii*)。该菌是一种不能运动、不形成芽孢的中温专性厌氧细菌。在氧化分解丙酸盐时能形成乙酸盐、H_2 和 CO_2,反应式为

$$CH_3CH_2COOH + 2H_2O \longrightarrow 2CH_3COOH + 3H_2 + CO_2 \quad \Delta G^{0'} = +76.1 \text{ kJ} \tag{12.3}$$

以上三种细菌的代谢产物(乙酸和氢)进一步被甲烷细菌转化为甲烷,反应式为

$$CH_3COOH \longrightarrow CH_4 + CO_2 \quad \Delta G^{0'} = -31 \text{ kJ/mol} \tag{12.4}$$

$$4H_2 + CO_2 \longrightarrow CH_4 + 2H_2O \quad \Delta G^{0'} = -135.6 \text{ kJ/mol} \tag{12.5}$$

在以上互营系统中,一旦甲烷细菌因受环境条件的影响而放慢对分子态氢的利用速率,其结果必然是放慢产氢产乙酸细菌对丙酸的利用,其次是丁酸和乙醇。这也说明了厌氧消化系统一旦发生故障时,为什么经常出现丙酸积累的原因所在。

(3) 同型产乙酸菌的产乙酸作用

在厌氧条件下,能产生乙酸的细菌有两类:一类是异养型厌氧细菌,能利用糖类等有机基质产生乙酸;另一类是混合营养型厌氧细菌,既能利用有机基质产生乙酸,也能利用分子氢和 CO_2 产生乙酸。前者通常归类于发酵细菌,后者特称之为同型产乙酸细菌(*homo-acetogens*)。

同型产乙酸菌能将糖类转化为乙酸,就此而言,它实际上是发酵细菌;但与此同时,它又能将 H_2 和 CO_2 转化为乙酸(式12.3),这是它区别于其他发酵细菌的重要标志,也是成为独立的一种细菌类群的基本原因。据测定,这类细菌在下水道污泥中的数量为 $10^5 \sim 10^6$ 个/mL。常见的同型产乙酸菌多为中温性的,如伍德乙酸杆菌(*Acetobacteriam woodill*)、威林格乙酸杆菌(*Acetobacterium wieringae*)、乙酸梭菌(*Clostridium aceticum*)。

$$2CO_2 + 4H_2 \rightleftharpoons CH_3COO^- + 2H_2O + H^+ \quad \Delta G^0 = -15.9 \text{ kJ/molCO}_2 \tag{12.6}$$

产酸相反应器中同型产乙酸菌能够生存的条件,毫无疑问与生境中存在可资利用的 H_2 有关。当产酸相中产生的 H_2 不能及时得以释放,往往给同型产乙酸菌创造了生存的条件,从生态平衡角度来看,同型产乙酸菌的存在也为产氢细菌的生存创造了有利条件。此外,同型产乙酸菌利用氢的过程是一个产能过程,这也刺激了如图 12.12 所示的同型产乙酸菌的合成代谢。从热力学角度来看,作为把氢的利用和产乙酸过程集为一身的细菌,同型产乙酸过程也不失为一个产能的佳径。

(4) 产甲烷菌的产甲烷作用

产甲烷菌是两相厌氧生物处理系统中参与有机物厌氧消化过程的最后一类也是最重要的一类菌群。产甲烷细菌最突出的生理学特征,也许是它们处于末端的分解代谢特性。尽管不同类型产甲烷菌在系统发育上有很大的差异性,然而作为一个类群,它们只能够利用如表12.15所示的几种简单的能源和碳源化合物,即 H_2/CO_2、甲酸、甲醇、甲胺和乙酸等。

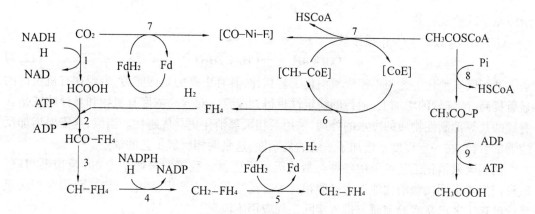

图 12.12　同型产乙酸过程(细胞内)利用 H_2/CO_2 合成乙酸途径

1—甲酸脱氢酶；2—甲酰四氢叶酸合成酶；3—甲川甲氢叶酸环水解酶；4—甲叉四氢叶酸脱氢酶
5—甲叉甲氢叶酸还氧酶；6—甲基转移酶；7——氧化碳脱氢酶；8—磷酸转乙酰基酶
9—乙酸激酶；FH_4—四氢叶酸；Fd—铁氧还蛋白；Co—辅酶甲基类咕啉；Ni–E—含镍未知辅酶

表 12.15　不同产甲烷菌的基质、代谢产物及自由能

反　应	产　物	$\Delta G'_0$ /(kJ·mol^{-1}CH$_4$)	细菌
$4H_2 + HCO_3^- + H^+$	$CH_4 + 3H_2O$	-135	大多数产甲烷细菌
$4HCO_2^- + H^+ + H_2O$	$CH_4 + 3HCO_3^-$	-145	许多氢营养型产甲烷细菌
$4CO + 5H_2O$	$CH_4 + 3HCO_3^- + 3H^+$	-196	甲烷杆菌　甲烷八叠球菌
$2CH_3CH_2OH + HCO_3^-$	$2CH_3COO^- + H^+ + CH_4 + H_2O$	-116	一些氢营养型产甲烷细菌
$CH_3COO^- + H_2O$	$CH_4 + HCO_3^-$	-31	甲烷八叠球菌和甲烷丝菌
$4CH_3OH$	$3CH_4 + HCO_3^- + H_2O + H^+$	-105	甲烷八叠球菌　其他甲基营养型产甲烷细菌
$4(CH_3)_3-NH^+ + 9H_2O^b$	$9CH_4 + 3HCO_3^- + 4NH_4^+ + 3H^+$	-76	甲烷八叠球菌　其他甲基营养型产甲烷细菌
$2(CH_3)_2-S + 3H_2O^c$	$3CH_4 + HCO_3^- + 2H_2S + H^+$	-49	一些甲基营养型产甲烷细菌
$CH_3OH + H_2$	$CH_4 + H_2O$	-113	斯氏甲烷球形菌　甲基营养型产甲烷细菌

注：①利用包括异丙醇的其他短链醇；②利用包括二甲胺和甲胺的甲基化胺；③也利用甲硫醇；④$\Delta G'_0$ 值引自 Thauer 等人(1977)资料。

产甲烷相中产生甲烷的过程如下：

①由酸和醇的甲基形成甲烷

$$CH_3COOH \longrightarrow CH_4 + CO_2 \tag{12.7}$$

$$4CH_3OH \longrightarrow 3CH_4 + CO_2 + 2H_2O \tag{12.8}$$

这一反应过程是由 Stadtman 和 Barker 及 Pine 和 Vishnise 分别于 1951 年和 1957 年 C^{14} 用

示踪原子试验证明的。

②利用 H_2 还原 CO_2 生成甲烷

$$CO_2 + 4H_2 \longrightarrow CH_4 + 2H_2O \tag{12.9}$$

两相厌氧消化工艺与单相厌氧消化工艺相比,具有更高的处理能力,表现在有机负荷的显著提高,产气量的增加上,运行的稳定性也得到改善。对含高浓度有机物和悬浮物或是含有硫酸盐等抑制性物质的废水的处理,采用两相厌氧消化更具优越性。当然,这需要增加反应器的台数,在一定程度上增加了系统的复杂性,这是两相厌氧工艺的缺点。

两相厌氧消化工艺可采用各种类型的厌氧反应器。我国常采两个 UASB 反应器串联,欧洲国家常采用接触消化池作为产酸相,UASB 反应器作为产甲烷相。目前,我国两相厌氧消化处理工艺已从实验室研究进入实际工程应用阶段。

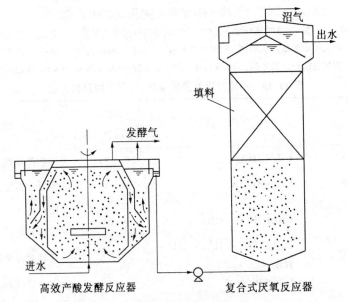

图 12.13 两相厌氧生物处理工艺

任南琪(1990)在研究两相厌氧消化工艺中,研制出一种高效产酸发酵反应器(专利产品,参见图 12.13)。该反应器采用完全混合式,利用厌氧活性污泥,内设气、液、固三相分离装置。特点为处理负荷高,COD 最适负荷为 60~80 kg/($m^3 \cdot d$),最高可达 110 kg/($m^3 \cdot d$)代谢产物主要为乙醇、乙酸、H_2 和 CO_2,即使 pH_2 达 48 kPa(负荷达 100 kgCOD/($m^3 \cdot d$)),发酵液中丙酸的摩尔分数仍未超过 0.5%。该设备不但发酵速率高,发酵产物更有利于产甲烷相微生物的转化,并且可作为生物制氢设备,具有显著的经济效益。图 12.13 为推荐的两相厌氧生物处理工艺,其中产甲烷相采用王宝贞(1990)研制的复合式厌氧反应器。

12.4.2.9 第三代废水厌氧处理生物技术

高效厌氧处理工艺不仅应该实现污泥停留时间和平均水力停留时间的分离,而且应该保证废水和活性污泥之间的充分接触。厌氧反应器中污泥与废水的混合,首先取决于布水系统的设计,合理的布水系统是保证固液充分接触的基础。同时,反应器中液体表面上升流速、产生沼气的搅动等因素也对污泥与废水的混合起着极其重要的作用。例如,当反应器布水系统等已经确定后,如果在低温条件下运行,或在启动初期(只能在低负荷下运行),或处理较低浓度有机废水时,由于不可能产生大量沼气的较强扰动,因此反应器中混合效果较差,从而出现短流。如果提高反应器的水力负荷来改善混合状况,则会出现污泥流失。这些正是第二代厌氧生处的理反应器,特别是 UASB 反应器的不足。

为解决这一问题,20 世纪 90 年代初在国际上以厌氧膨胀颗粒污泥床(Expanded Granular Sludge Blanket,EGSB)反应器、内循环(Internal circulation reactor,IC)反应器、升流式厌氧污泥床过滤器(Upflow anaerobic sludge bed – filter,UBF)和厌氧折流板反应器(Anaerobic Baffle Reactor,ABR)为典型代表的第三代厌氧反应器相继出现,图 12.14 为前 2 种厌氧生物处理反应器的结构示意。

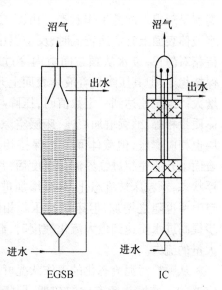

图 12.14 EGSB 厌氧反应器和 IC 厌氧反应器的结构示意

第三代厌氧反应器的共同特点是:

①微生物以颗粒污泥固定化方工存在于反应器之中,反应器单位容积的生物量更高;

②能承受更高的水力负荷,并具有较高的有机污染物净化效能;

③具有较大的高径比,一般在 5~10 以上;

④占地面积小;

⑤动力消耗小。

第三代厌氧反应器的主要技术性能如表 12.16 所示。本章中我们介绍 EGSB 反应器、IC 反应器和 ABR 反应器及其厌氧生物技术。

表 12.16 第三代厌氧反应器的主要技术性能

反应器技术指标	EGSB	IC	UFB
反应器高度/m	12~16	18~24	12~14
流速(包括回流)/(m·h^{-1})	2.5~12	6~16	2~8
回流比	20~300	20~300	5~100
微生物 SS 浓度/(g·L^{-1})	50~100	45~92	40~85
出水悬浮物 SS 浓度/(mg·L^{-1})	10~60	20~100	10~45

1. 厌氧膨胀颗粒污泥床(EGSB)反应器

(1) 反应器及其工作原理

EGSB 反应器是 20 世纪 90 年代初,由荷兰 Wageingen 农业大学率先开发的。图 12.15 为 EGSB 反应器结构示意。该工艺实质上是固体流态化技术在有机废水生物处理领域的具体应用。固体流态化技术是一种改善固体颗粒与流体间接触,并使其呈现阶段流体性状的技术,这种技术已经广泛应用于石油、化工、冶金和环境等部门。

根据载体流态化原理,EGSB 反应器中装有一定量的颗粒污泥,当有机废水及其所产生的沼气自下而上地流过颗粒污泥床层时,污泥床层与液体间会出现相对运动,导致床层不同高度呈现出不同的工作状态。由图 12.16 可见,在废水液体表面上升流速较低时,反应器中的颗粒污泥保持相对静止,废水从颗粒间隙内穿过,床层的空隙率保持稳定,但其压降随着液体表面上升流速的提高而增大。当流速达到一定数值时,压降与单位床层的载体质量相等,继续增加流速,床层空隙便开始增加,床层也相应膨胀,但载体间依然保持相互接触;当液体表面上升流速超过临界流化速度后,污泥颗粒即呈悬浮状态,颗粒床被流态化,继续增加进水流速,床层的空隙率也随之增加,但床层的压降相对稳定;再进一步提高进水流速到最大流化速度时,载体颗粒将产生大量的流失。

从颗粒污泥流态化的工作状况可以看出 EGSB 反应器的工作区为流态化的初期,即膨胀阶段(容积膨胀率约为 10%~30%),在此条件下,进水流速较低,一方面可保证进水基质与污泥颗粒的充分接触和混合,加速生化反应进程,另一方面有利于减轻或消除静态床(如 UASB)中常见的底部负荷过重的状况,增加反应器对有机负荷,特别是对毒性物质的承受能力。

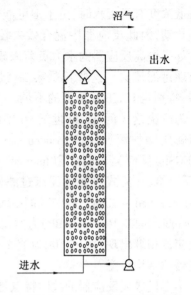

图 12.15　EGSB 反应器示意图

(2) EGSB 中颗粒污泥的特性

EGSB 工艺中颗粒污的沉降性能好,有效地减少了悬浮于消化液中的微生物个体数量,避免了微生物随消化液大量流失的可能性,保证了厌氧反应器中高浓度活性污泥的滞留量,进而为反应器的高效、稳定运行奠定了基础。

EGSB 工艺中的颗粒污泥形成过程可分为 4 个阶段:

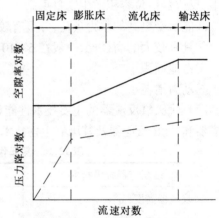

图 12.16　废水流速与床层空隙及压降的关系

①将细胞运到惰性物质或其他细胞(以下称作基底的表面);

②通过物理化学作用力可逆吸附于基底上;

③通过微生物表面的鞭毛、纤毛或胞外多聚物将细胞吸附于基底上;

④细胞的倍增和颗粒污泥的形成。

(3) EGSB 工艺的主要特点

EGSB 反应器作为一种改进型的 UASB 反应器,虽然在结构形式、污泥形态等方面与 UASB 非常相似,但其工作运行方式与 UASB 显然不同,液体表面上升流速高使颗粒污泥床层处于膨胀状态,不仅使进水能与颗粒污泥充分接触,提高了传质效率,而且有利于在质和代谢产物在颗粒污泥充分接解,提高了传质效率,而且有利于基质和代谢产物在颗粒污泥内外的扩散、传送,保证了反应器在较高的容积负荷条件下正常运行。EGSB 反应器的主要特点如表 12.17 所示:

表 12.17　EGSB 工艺的特点

结构方面	①高径比大,占地面积大大缩小 ②均匀布水,污泥床处于膨胀状态,不易产生沟流和死角 ③三相分离器工作状态和条件稳定
操作方面	①反应器启动时间短,COD 有机负荷率可以高达 40 kg/($m^3 \cdot d$)],污泥不易流失 ②液体表面上升流通常为 2.5~6.0 m/h,最高可达 10 m/h,液固混合状态好 ③反应器设有出水回流系统,更适合于处理含有悬浮性固体和有毒物质的废水 ④v_{up}大,有利于污泥与废水间充分混合、接触,因而在低温、处理低浓度有机废水有明显的优势 ⑤以颗粒污泥接种,颗粒污泥活性高,沉降性能好,粒径较大,强度较好
适宜范围	①适合处理中低浓度有机废水 ②对难降解有机物、大分子脂肪酸类化合物、低温、低基质浓度、高含盐量、高悬浮性固体的废水有相当好的适应性

(4) EGSB 反应器的工程应用

20 世纪 90 年代以来荷兰 Biothane System 公司推出了一系列工业规模的厌氧膨胀颗粒污泥床(商品名:Biobed EGSB)反应器,应用领域已涉及啤酒、食品、化工等行业。著名的荷兰喜力(Heineken)啤酒公司、丹麦嘉士伯(Carsberg)啤酒公司和中国深圳金威(Kingway)啤酒公司等都已是 EGSB 反应器的用户,截止到 2000 年 6 月世界范围内已经正常投入运行的 EGSB 反应器共计 76 座。实际运行结果表明,EGSB 反应器的处理能力可达到 UASB 反应器的 2~5 倍。从目前的世界厌氧反应器的工程实际来看,EGSB 厌氧反应器可以称得上是世界上处理效能最高的厌氧反应器。表 12.18 是几个典型的 EGSB 处理不同类型废水运行情况的例子。

表 12.18　EGSB 处理不同类型废水的运行情况

序号	反应器容积/m^3	处理对象	温度	COD 负荷 /(kg·m^{-3}·d^{-1})	水力负荷 /(m^3·m^{-2}·h^{-1})	应用国家
1	4×290	制药废水	中温	30	7.5	荷兰
2	2×95	发酵废水	中温	44	10.5	法国
3	95	发酵废水	中温	40	8.0	德国
4	275	化工废水	中温	10.2	6.3	荷兰
5	780	啤酒废水	中温	19.2	5.5	荷兰
6	1 750	淀粉废水	中温	15.5	2.8	美国

随着对 EGSB 的反应器研究的不断深入,它将越来越多地替代 UASB 反应器。但是,由于 EGSB 反应器技术的研究主要集中在荷兰等国家,我国无自主开发报道,目前我国厌氧反应器的研究与应用现状是,第二代厌氧反应器(主要是 UASB)仍处于理论实践探索阶段。在

第三代厌氧反应器仍处于理论实践探索阶段。在第三代厌氧反应器迅速发展的今天,如何缩短与世界先进水平的差距是摆在我们面前的一个挑战性课题。

2. 内循环(IC)厌氧反应器

IC厌氧反应器是20世纪80年代中期由荷兰的PAQUES公司推出的。目前,该技术工艺已经成功地应用于啤酒生产、造纸及食品加工等行业的生产污水处理中,由于其处理容量高,投资少,占地省,运行稳定等优点引起了各国水处理人员的瞩目,被称为第三代厌氧生化反应器的代表工艺之一。

(1) IC厌氧反应器的工艺思想

1) 利用已有的工艺成果 ①利用微生物细胞固定化技术——污泥颗粒化。一方面,污泥颗粒化可以使微生物细胞更适应水中温度和PH值的变化,减轻不利因素如重金属离子对活性污泥的影响;另一方面,颗粒污泥为提高污泥浓度和污泥回流创造了条件。②采用污泥回流,进一步加大生物量,延长污泥龄,事实上,水处理工程中利用污泥回流提高污泥浓度已是成熟的方法。IC厌氧工艺是在高的COD容积负荷的条件下,依据气体提升原理,利用沼气膨胀作用在无需外加能源的条件下实现了内循环污泥回流。③引入分级处理,并赋予其新的功能,分级处理仍然是水处理工程中常用的方法。IC厌氧工艺实际由下面的EGSB反应器和上部的UASB反应器重叠串联而成。反应器中的两级三相分离器使生物量得到有效滞留。一级(底部)分离器分离沼气和水,二级分离器,(顶部)分离颗粒污泥和水。由于大部分沼气已在一级分离器中得到分离,第二厌氧反应室中几乎不存在紊动,因此二级分离器可以不受高的气体流速影响,能有效分离出水中颗粒污泥。进水和循环回的泥水在第一厌氧反应室充分混合,使进水得到稀释和调节,并在此形成致密的厌氧污泥膨胀床。IC厌氧工艺通过膨胀床去除大部分进水中的COD,通过UASB降解剩余COD及一些难降解物质,提高出水水质。更重要的是,由于污泥内循环,UASB的水流上升速度(2~10 m/h)远低于膨胀床区的上升流速(10~20 m/h),而且该区只产生少量的沼气,创造了颗粒污泥沉降的良好环境,解决了在高COD容积负荷下污泥被冲出系统的问题。此外,UASB为膨胀污泥区由于高的进水负荷导致的污泥过度膨胀提供了缓冲空间,保证运行稳定。

2) 采用内循环技术 IC厌氧工艺通过采用内循环技术大大提高了COD容积负荷,实现了泥水之间的良好接触。由于采用了高的COD负荷,所以沼气产量高,加之内循环液的作用,使污泥处于膨胀流化状态,强化了传质效果,达到了泥水充分接触的目的,IC厌氧工艺内循环的结果使第一厌氧反应室不仅有很高的生物量,很长的污泥龄,并具有很大的升流速度,使该室内的颗粒污泥完全达到流化状态,有很高的传质速率,使生化反应速率提高,从而大大提高反应器去除有机物能力。据有关研究报道,处理高浓度有机废水(5 000~9 000 mg/L),相应COD容积负荷达到35~50 kg/(m^3·d),膨胀区水流上升速度可达10~20 m/h。可见内循环技术不但增加了生物量,也改善了传质,尽力挖掘了生化处理能力,抓住了厌氧处理技术的关键,体现了从根本上提高生化反应速率这一原则,实现了大幅度提高处理容量的目的。

(2) IC厌氧工艺的特点和优点

1) IC厌氧工艺的主要特点 ①决了污泥负荷高易导致污泥流失的问题;②有一个无外加动力的内循环系统;③内循环系统增加了水力负荷,强化了传质过程;④尤其适合于处理浓度较低和温度较低的有机废水。

2) IC厌氧反应器与UASB反应器相比还具有的优点　①有机负荷高。内循环提高了第一反应区的液相上升流速,强化了废水中有机物和颗粒污泥间的传质,使IC厌氧反应器的有机负荷远远高于普通UASB反应器。②抗冲击负荷能力强,运行稳定性好。内循环的形成使得IC厌氧反应器第一反应区的实际水量远大于进水水量,例如在处理与啤酒废水浓度相当的废水时,循环流量可达进水流量的2~3倍;处理土豆加工废水时,循环流量可达10~20倍。循环水稀释了进水,提高了反应器的抗冲击负荷能力和酸碱调节能力,加之有第二反应区继续处理,通常运行很稳定。③基建投资省,占地面积少。在处理相同废水时,IC厌氧反应器的容积负荷是普通UASB的4倍左右,故其所需的容积仅为UASB的1/4~1/3,节省了基建投资。加上IC厌氧反应器多采用高径比为4~8的瘦高型塔式外形,所以占地面积少,尤其适合用地紧张的企业。④节能。IC厌氧反应器的内循环是在沼气的提升作用下实现的,不需外加动力,节省了回流所需的能源。

IC厌氧反应器具有高效、占地少等优点,并在土豆加工、啤酒等废水的处理中都有出色表现,无锡罗氏中亚柠檬酸厂的IC厌氧反应器处理效果也很显著,这些资料说明该项技术已经成熟。

(3) IC厌氧工艺的工作原理

IC厌氧工艺的基本构造如图12.17所示。进水由反应器底部进入第一厌氧反应室,与厌氧颗粒污泥均匀混合,产生的沼气被第一厌氧反应室的集气罩收集,大量沼气携带第一厌氧反应室的泥水混合液沿着提升管上升,至反应器顶的气液分离器,被分离出的沼气从气液分离器顶部的导管排走,分离出的泥水混合液沿着回流管返回到第一厌氧反应室的底部,实现混合液的内部循环,IC厌氧工艺的称号由此得来。废水经过处理后,自动进入第二厌氧反应室。第二厌氧反应室产生的沼气由集气罩收集,通过集气管进入气液分离器。第二厌氧反应室的泥水在混合液沉淀区进行固液分离,处理过的上清液由出水管排走,沉淀的污泥可自动返回第二厌氧反应室。

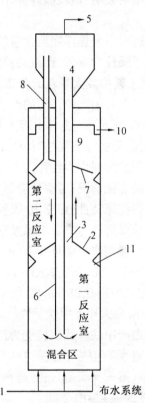

图12.17　IC反应器的基本构造示意图
1—进水;2—一级三相分离器;3—沼气提升管;
4—气液分离器;5—沼气排出管;6—回流管;
7—二级三相分离器;8—集气管;9—沉淀区;
10—出水管;11—气封

(4) IC厌氧工艺的特性分析

1) 水力学特性　Pereboom比较研究了处理相同废水的生产型UASB反应器和IC厌氧工艺中的水力学特性。发现IC厌氧工艺具有UASB反应器容积负荷的3~6倍,液体上升流速增大8~20倍。由于IC厌氧工艺的容积负荷大,使产气量增加,导致反应器中平均剪切速率增高,IC厌氧工艺中液体平均剪切速率(the average shear rate)约是UASB反应器的2倍。

2) 生物量滞留　由于颗粒污泥的沉降速度远远大于液体上升流速,因此颗粒污泥的流失在正常范围之内。梯度测定(gradient measurements)表明污泥床混合得相当好,液体紊动不会导致反应器中的大颗粒污泥流失。尽管 IC 厌氧工艺中颗粒污泥的洗出有所增加,但第二厌氧反应室可以将足够的生物量滞留在反应器中。

3) 颗粒污泥性质 通过比较处理相同废水的大规模 UASB 和 IC 厌氧工艺内污泥的性质,Pereboom 研究了影响颗粒污泥生长和生物量滞留的因素。颗粒污泥的性质包括:粒径分布、强度、沉降速度、密度、灰分含量和产甲烷活性,其中物理特性主要取决于生物学因素。实验数据表明,IC 厌氧工艺中的颗粒污泥比 UASB 反应器中的颗粒污泥粒径大,强度则相对低,这可能是由于 IC 厌氧工艺的有机负荷高的原因。

同时,Pereboom 还对大型 UASB 反应器和 IC 厌氧工艺中产甲烷颗粒污泥的粒径分布分阶段进行了比较研究,根据这些数据并结合实验室规模反应器的研究,建立了粒径分布模型。研究结果表明,颗粒破碎并不严重影响粒径分布;剪切力对于颗粒粒径的分布影响不大。

如果进水中的悬浮颗粒含量较高,则污泥颗粒的粒径分布范围变化较小;相反,如果进水中的悬浮颗粒含量低,颗粒的粒径分布范围变化大。建立的颗粒粒径分布模型能很好描述 IC 厌氧工艺中较大颗粒的分布。产甲烷颗粒污泥的密度与灰分含量密切相关。反应器接种后的几个月中颗粒污泥的性质即得到优化。

4) 启动与运行 王林山等人对生产性 IC 厌氧工艺的启动和运行进行了研究,启动周期约 65 天。无锡轻工大学对 IC 厌氧工艺特性进行了较为全面的研究,包括:探索以 UASB 反应器中颗粒污泥作为接种污泥时 IC 厌氧工艺的快速启动方法,同时考察启动过程中颗粒污泥性质的变化情况;考察反应器在中温条件下的运行特性和影响因素,并研究了 IC 厌氧工艺颗粒污泥床特性;建立 IC 厌氧工艺中液体内循环模型,初步探讨 IC 厌氧工艺对低浓度废水的基质降解动力学。结果发现:

①反应器初次启动可在 20 d 内完成,二次启动 15 d 内完成,反应器 COD 负荷可达 12~15 kg/($m^3 \cdot d$),COD 去除率85%以上。IC 厌氧工艺启动结束后,其颗粒污泥的性质发生显著变化,平均粒径由 0.88 mm 增大到 1.25 mm,平均沉降速度由接种污泥的 35.4 m/h 增加到 105.17 m/h,最大比产甲烷活性[CH_4 产量/VSS = 382.98 ml/(g·d)]几乎为初期的 4 倍,产甲烷优势菌由产甲烷丝状菌转变为产甲烷球菌和短杆菌。

②在进水 COD 容积负荷为 24.9~37.52 kg/($m^3 \cdot d$)时,COD 去除率达 83.2%~92.8%,其中,Ⅰ室(第一反应室)去除进水总 COD 的 60%~70%,而Ⅱ室(第二反应室)仅去除进水总 COD 的 20%~30%。

③反应器可承受高的有机负荷和高的水力负荷,对于低浓度废水(1 865~2 587 mg/L)、中等浓度废水(3 885~4 877 mg/L)和高浓度废水(8 023~11 092 mg/L)都具有很好的处理效果。

④对于 IC 厌氧工艺,高的液体上升流速(2.65~4.35 m/h)有利于反应器的稳定运行;在高的 COD 容积负荷[35.0 kg/($m^3 \cdot d$)]条件下,较高的进水 pH(8.5 时),反应器具有最大的 COD 去除率;在设计 IC 厌氧工艺时,要充分考虑反应器的进水浓度,控制适宜的表面上升流速和反应器适宜的高度间的关系。

⑤IC 厌氧工艺中颗粒污泥平均粒径由下往上呈下降趋势,Ⅰ室中平均粒径 1.77~1.79 mm。Ⅱ室中平均粒径分布由下向上分别为:1.67 mm、1.61 mm、0.58 mm。污泥粒径的体

积百分比域数量百分比差异较大。颗粒污泥最大沉降速度达到 109.7 m/h。I 室中颗粒污泥的比产甲烷活性明显高于 II 室,最大比产甲烷活性达 626 ml/(g·d)。I 室中颗粒污泥表面以产甲烷球菌和短杆菌为优势菌的占多数,长的丝状菌较少;II 室中颗粒污泥表面以长的丝状菌为主。

⑥IC 反应器内的液体内循环流量 Q_W 随着气体流量 Q 增加呈对数关系增大,即

$$Q_W = 20.557 \ln Q_g + 9.3735 \tag{12.10}$$

IC 厌氧工艺处理 COD 浓度为 750~2 500 mg/L 废水的基质降解动力学可以用两个模型来描述,I 室为一级反应全混流模型为

$$t_1 = 0.4546 \times \frac{C_{s,o} - C_{s,m}}{C_{s,m}} - 0.097 \tag{12.11}$$

式中　t_1——I 室水力停留时间,h;
　　　$C_{s,o}$——反应器进水 COD 浓度,mg/L;
　　　$C_{s,m}$——反应器中部取样口的 COD 浓度,mg/L;
　　　反应速率常数 $K_1 = 2.200\ h^{-1}$。

II 室为一级反应平推流模型:

$$t_1 = 0.8297 \times \ln \frac{C_{s,m}}{C_{s,e}} - 0.2503 \tag{12.12}$$

式中　t_2——II 室水力停留时间,h;
　　　$C_{s,e}$——反应器出水 COD 浓度,mg/L;
　　　反应速率常数 $K_2 = 1.205\ h^{-1}$。

I 室的反应速率常数($K_1 = 2.200\ h^{-1}$)大于 II 室的反应速率常数($K_2 = 1.205\ h^{-1}$),这说明 IC 厌氧工艺的 I 室比 II 室具有更强的基质降解能力。

(5) IC 厌氧工艺的应用情况

IC 工艺在国外的应用以欧洲较为普遍,运行经验也较国内成熟许多,不但已在啤酒生产、造纸、土豆加工等生产领域的废水上有成功应用,而且正在扩展其应用范围,规模也日益加大。1985 年,荷兰 PAQUES 公司建立了第一个 IC 中试反应器;1989 年,第一座处理啤酒废水的生产性规模的 IC 厌氧工艺投入运行,其反应器高 22 m,容积 970 m³,进水容积符合率达到 20.4 kg/(m³·d)。荷兰 SENSUS 公司也建造了 1 100 m³ 的 IC 厌氧工艺处理菊粉生产废水,而据估算,若采用 UASB 处理同样废水,反应器容积将达 2 200 m³,投资及占地将大大增加。

国内沈阳、上海率先采用了 IC 厌氧工艺处理啤酒废水,近期哈尔滨啤酒厂也引进了 IC 厌氧工艺处理生产废水。以沈阳华润雪花啤酒有限公司采用的为例 IC 厌氧工艺,反应器高 16 m,有效容积 70 m³,每天处理 COD 平均浓度 4 300 mg/L 废水 400 m³,在 COD 去除率稳定在 80% 以上时,容积负荷高达 25~30 kg/(m³·d),公司在解决处理生产废水问题的同时,经济上也获得了较大的收益:每年节省排污费 75 万元,沼气回收利用价值 45 万元,相比之下,IC 厌氧工艺每年的运行费用仅为 62 万元,可见,IC 工艺达到了技术经济的优化,具有很大的推广应用价值。

综上所述,由于 IC 厌氧工艺在处理效率上的高效性和大的高径比,可大大节省占地面积和节省投资,特别适用于地皮面积不足的工矿企业采用。可以预见,IC 厌氧工艺有着很大的推广应用价值和潜力。

3. 厌氧折流板反应器(ABR)工艺
(1) 厌氧折流板反应器(ABR)的工艺思想
实践表明,一个成功的厌氧反应器必须具备以下特点:

①良好的污泥截留性能,以保证拥有足够的生物量。由于厌氧微生物的较长世代期,因此高污泥保有量是保证微生物转化总量,即厌氧生物处理效率的基础和前提。

②良好的水力流态。局部的完全混合使生物污泥能够与进水基质充分混合接触,以保证微生物能够充分利用其活性降解水中的基质,而整体的推流保证一定的底物浓度梯度,提高出水水质。

③良好的微生物功能分区,即相分离特性。具有提供不同类型微生物所适宜的不同的生长环境条件的功能,以使不同种群的厌氧微生物在最优环境条件下发挥功能、稳定运行。

对于厌氧处理系统而言,底物、中间产物、最终产物以及各微生物种群之间相互作用,形成复杂的微生态系统,而且微生物种群间通过营养供给形成共生关系(symbiotic)或互营关系(symtrophic)。因此,保持各类微生物有序生长、物质和能量高效顺畅流动,是反应器这一微生物生态系统稳定运行的必要条件,也是目前新型反应器设计的主导思路。同时,从反应器的混合流态及有机物厌氧降解途径等角度,分析提高处理效果和保持反应器运行稳定性的措施,并与反应器的工艺设计相结合,全面提高反应器的效能,是厌氧生物处理工艺的关键。

基于此,Lettinga提出了极富挑战性的分阶段多相厌氧反应器技术(Staged Multi – Phase Anaerobic Reactor,SMPA)的概念,SMPA并非特指某个反应器,而是一种新工艺思想。Lettinga提出的SMPA类型反应器的理论思路如下:

①在各级分隔的单体中培养出合适的厌氧细菌群落,以适应相应的底物组分及环境因子,如pH值、H_2分压等;

②防止在各个单体中独立发展而形成污泥互相混合现象;

③将各个单体或隔室内的产气互相隔开;

④工艺流程更接近于推流式,追求系统更高的去除率,更好的出水水质。

Lettinga认为SMPA工艺的适用范围更为广泛,适用于各类温度条件,从低温(小于10℃)到高温(大于55℃)均可运行,而且对各种含抑制性化合物的化工废水也具有较高的降解效能。应该说SMPA将是今后厌氧工艺技术研究和应用发展的主导方向。目前,根据厌氧处理过程中参与有机物降解的不同微生物种群的生理生态特点及其组成的微生态系统对环境条件要求,进行两相及多相工艺研究,以及根据反应器的混合要求进行复合流态工艺的研究,已成为开发和研制第三代新型厌氧处理工艺技术的主导。因此,从上述思路可以看出,SMPA的理论依据来源于对厌氧微生物降解机理与反应器水力学特性的最新诠释。

厌氧折流板反应器(ABR)就是一类源于SMPA理论的第三代新型厌氧反应器,是20世纪80年代中期由Bachman和McCarty等从厌氧生物转盘工艺发展而来的。多年来,随着研究的深入,ABR经过了一系列的改进,具体情况见图12.18。

ABR的改进研究主要集中于以下方面:

①减小下流室的宽度,增加上流室的宽度,使污泥集中在上流室,以此增加泥水的接触,并利于污泥的截留(图12.18中(a)、(b)、(e)、(g)~(j));

②折流板边缘设置倾角(常为40°~45°),使废水通过下流室,从上流室的底部中心进入,提高隔室进水的均匀性(图12.18中(a)、(b)、(e)、(g)~(j));

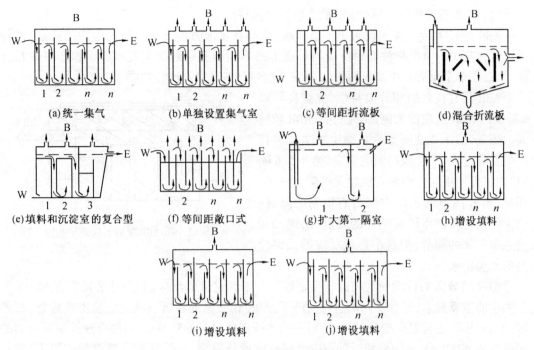

图 12.18　厌氧折流板反应器的不同构造形式的改进

W—废水；B—沼气；E—出水；S—污泥

③在各隔室的上、中部或整体增设填料,或同时在 ABR 的末端增设沉淀室,以拦截并贮存在高负荷条件下因大量产气导致的剧烈混合带出的污泥,强化污泥截留能力,称为复合型 ABR(HABR),见图 12.18 中(e)、(f)、(h)~(j);

④采用两隔室结构,增大第一隔室的容积,以减小其上升流速,使进水中的 SS 和反应器内的污泥截留在第一隔室,利于处理高 SS 浓度的废水(图 12.18 中(g));

⑤将集气室分隔独立设置,利于产气成分的分析及运行稳定性的控制,主要是由于 ABR 前端隔室以产酸为主,其产气中含有较多的 H_2 和 CO_2,独立收集可以减少各隔室的 H_2 分压和 CO_2 分压,利于 pH 的控制,防止酸化以及减小氢分压对物质转化过程的影响,见图 12.18 中(b)、(c)、(e)、(g)。

改造后,ABR 的工艺构造、微生物特性和操作条件具有许多以往厌氧反应器无法比拟的优点,见表 12.19。

表 12.19　厌氧折流板反应器的优点

工艺构造	微生物特性	操作条件
设备简单	污泥无需特殊沉降性能	HRT 短
无运动部件	污泥产率低	可间歇运行
无需机械混合	泥龄长、污泥产率低	耐冲击负荷能力强
造价及运行费低	无须用填料或沉淀池	抗有毒有害物能力强
不易堵塞	不需专门的三相分离器	可长时间不排泥

(2) 厌氧折流板反应器(ABR)的生物相分离特性

ABR 的最大特点在于设置上下折流板,从而在水流方向上形成彼此串联的隔室,这样的设置使其中的微生物种群沿反应器长度上的不同隔室中顺次实现产酸相和产甲烷相分离,从而在单个反应器中实现两相(2隔室)或多相(多隔室)分离,如图 12.19 所示。

ABR 具有良好的相分离特性,沈耀良等以 6 隔室的 ABR 反应器为例,研究表明,ABR 较前面的隔室(第 1、2、3 隔室)内,微生物主要进行产酸发酵过程,而在较后面的隔室(第 4、5、6 隔室)内进行产甲烷发酵和有机物无机矿化过程。同时,第 6 隔室的去除率因为有机物的降解、VFA 的消耗和产甲烷菌活性的降低,出现 COD 去除率下降的趋势,但是不影响反应器最终较高的水质出水。

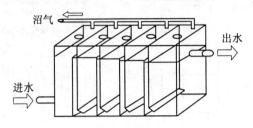

图 12.19　ABR 反应器构造示意图

ABR 相分离的特性使其在运行稳定性上优于其它厌氧反应器,并且是其符合 SMPA 工艺要求的重要标志,但在不同的运行条件下,ABR 相分离的转折点将发生前推或后移,其界限的清晰程度也将发生变化,因而针对不同的处理情况及处理要求,需要合理控制反应器的有机负荷率(OLR)、水力停留时间(HRT)或反应器分隔数,在保证处理要求的前提下,节省投资及运行费用。

相分离同样表现在各隔室 pH 值、挥发性脂肪酸(VFA)的产生与积累方面。通常在相同 OLR 下,HRT 越长,VFA 含量越高,而对于相同 HRT,则 OLR 越高,VFA 含量越高。以 6 隔室的 ABR 处理葡萄糖为基质的废水为例,第一隔室经过一段时间的驯化,将形成以酸化菌为主的高效酸化反应区,葡萄糖在此转化为低级挥发性脂肪酸(VFA),而其后续隔室将先后完成各类 VFA 到甲烷的转化。

根据热力学分析可知,细菌对丙酸和丁酸的乙酸化反应过程只有在环境 H_2 分压较低的情况下才能进行,而有机物酸化阶段是 H_2 的主要来源。与单个 UASB 中酸化和产甲烷过程融合进行,VFA 转化必定受 H_2 分压影响相比,ABR 反应器有独立分隔的酸化反应室,酸化过程产生的 H_2 以产气形式先行排除,因此有利于后续产甲烷阶段中丙酸和丁酸的代谢过程在较低的 H_2 分压环境下顺利进行,避免了丙酸、丁酸过度积累所产生的抑制作用。由此可见,在 ABR 各个隔室中的微生物相是随流程逐级递变的,递变的规律与底物降解过程协调一致,从而确保相应的微生物相拥有最佳的代谢环境和代谢活性。ABR 的推流式特性可确保系统拥有更优的出水水质,同时反应器的运行也更加稳定,对冲击负荷以及进水中的有毒物质具有更好的缓冲适应能力。

从生态学角度看,由于 ABR 整体上的推流流态,随着有机物浓度及 pH 值、氧化还原电位(ORP)等环境条件沿隔室的变化,不同隔室中微生物优势种群发生了生态位的分离,体现出微生物相分离的特性。但是,由于局部存在的完全混合流态,因此在生态位分离的基础上,还存在着一定程度的生态位重叠。因此,这种生态位的重叠与分离相互有机结合的状态是 ABR 微生物生态学的主要特征,也是 ABR 可以在保持整体上的不同类型微生物的活性,实现较高的有机物降解效能是必然结果。

(3) 厌氧折流板反应器(ABR)的颗粒污泥特性

颗粒污泥(granular sludge)是厌氧微生物自固定化形成的一种结构紧密的污泥聚集体,具有良好沉降性能和产甲烷活性的颗粒污泥是上流式污泥床工艺运行的保证。Stuckey 认为尽管 ABR 即使不形成颗粒污泥也能保证良好的处理效率,但是通常情况下 ABR 也能培养出颗粒污泥。Boopathy

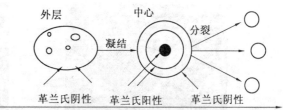

图 12.20 ABR 中颗粒污泥的结构变化

等在负荷率为 0.97 kgCOD/(m³·d)情况下启动三隔室的 ABR 处理高浓度糖浆废水,仅 30 天就观察到了平均粒径为 0.55 mm 的灰色球形颗粒污泥,同时发现在 ABR 的前两隔室中,主要是由丝状菌组成的白色和深绿色的颗粒污泥,第三隔室中颗粒污泥的粒径可以达到 0.5~1.0 mm,且表面分布很多气孔。电镜观察显示,较前隔室中颗粒污泥中产甲烷菌主要是甲烷八叠球菌,较后隔室以甲烷丝状菌为主,中间隔室由甲烷球菌属、甲烷短杆菌属等多种菌属组成。Boopathy 认为在较高的选择压力下,甲烷丝菌属容易附着沉积在一些微小颗粒物质的表面,形成结构松散的颗粒污泥,而甲烷八叠球菌自身就容易聚集形成颗粒污泥,与选择压力无关,其形成的颗粒污泥密度小、容易流失,只有当其被甲烷丝状菌属形成的颗粒污泥捕捉、缠绕后,才会形成沉降性能良好的颗粒污泥。

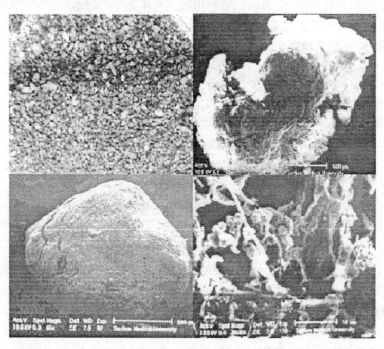

图 12.21 ABR 反应器中的颗粒污泥

Boopathy 等的研究表明,ABR 反应器中的颗粒污泥呈现出如图 12.20 所示的变化规律。图 12.21 为他观察到的反应器中颗粒污泥。图 12.22 为沈耀良等分离到的 ABR 反应器优势菌属。

表 12.20 是 ABR 各隔室颗粒污泥的粒径及其分布。颗粒污泥的颜色通常以黑色或深

甲烷八叠球菌 Methanosarcina

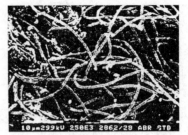
甲烷丝状菌 Methanosarcina

图 12.22　ABR 反应器中的优势菌属

浅不同的黑灰色为多,但是 ABR 的前端隔室,尤其是第一隔室,颗粒污泥却呈现典型的白色或灰白色,随着隔室的后移,逐渐向浅灰至黑色过渡。

表 12.20　ABR 中颗粒污泥的粒径

隔室号	1	2	3	4	5	6
最小粒径	0.5	0.5	0.2	0.2	0.2	0.1
最大粒径/mm	5.0	4.0	4.0	3.0	2.0	1.5
平均粒径/mm	2~3	2~3	2~3	1~2	0.5~1	1.0

光电显微镜及扫描电镜下均可以看到颗粒污泥表面存在的孔隙,这些孔隙被认为是底物和营养物质进出颗粒内部,供给微生物利用和代谢废物排出的通道,同时也是颗粒内部微生物代谢产气的释放渠道。通常颗粒污泥的孔隙率在 40%~80% 之间。图 12.23 是赵丹拍摄的电镜照片,可以明显观察到 ABR 中颗粒污泥的孔隙。

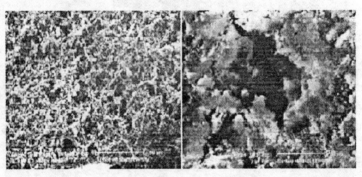

图 12.23　ABR 中颗粒污泥的空隙

孔隙的存在对于颗粒污泥是十分必要的,但是随着污泥的成长、粒径的增大,内部微生物量增加,常常出现孔隙的物质传递速率不抵内部的微生物利用速率,造成内部微生物发生内源呼吸而自溶,其结果有两种情况:其一,空腔以及内部气体因来不及释放而积累使颗粒污泥密度减小,随产气或出水上浮流失;其二,颗粒在水力剪切的作用下破碎。对于后种情况,破裂的碎片常常可以作为载体或内核,促进新生污泥的颗粒化,此即颗粒污泥的二次成核理论。

一般来说,产酸细菌在细小的絮状物中或直径小于 1.2 mm 的小颗粒中活性较高,而乙酸裂解产甲烷菌(甲烷丝状菌、甲烷八叠球菌等利用乙酸产甲烷的细菌)则在直径大于 1.2 mm 的颗粒中活性较高。表 12.21 为 ABR 不同隔室颗粒污泥的微生物组成。电镜观察表明,第一隔室存在大量的杆菌及丝状体微生物,颗粒污泥表面较粗糙,结构较松散,表面有淡色粘膜附着层并呈多核状。第二隔室则有较多杆菌和部分球菌,而第三、四隔室多有球菌、双球菌、八叠球菌及少量杆菌,第四隔室以后则多为丝状菌,颗粒污泥较为紧密,更后的隔室中,则以丝状菌为主。

表 12.21　ABR 中颗粒污泥的微生物组成

隔室号	微生物组成
1	多为丝状体及杆菌
2	多为杆菌,少量八叠球菌和丝状体菌
3	大量八叠球菌,少量丝状体菌,具形状不规则颗粒污泥
4	八叠球菌多于隔室3、少量杆菌,形状规则颗粒污泥
5	较多八叠球菌
6	少量八叠球菌、多为丝状体菌

Guiot(1991)等提出了厌氧颗粒污泥中微生物的伙伴关系(Consortium)以及基质和产物扩散的结构模式,如图 12.24 所示。此模式在一定程度上可以表达微生物种群在颗粒污泥中的栖息位置、基质和分解产物进入颗粒污泥的扩散能力和被利用状况。

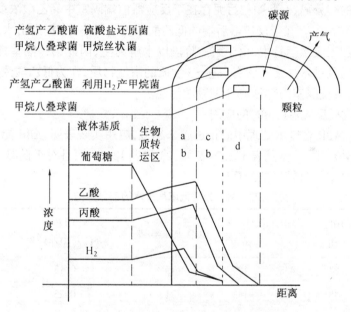

图 12.24　厌氧颗粒污泥的伙伴关系示意图
a—活性氢利用(低亲和力);b—活性乙酸利用(低亲和力)
c—活性氢利用(高亲和力);d—活性乙酸利用(高亲和力)

根据组成颗粒污泥微生物的差异,目前公认的颗粒污泥类型可以分为以下三种:

①以产甲烷八叠球菌为主的球型颗粒污泥,以下简称为 A 型颗粒污泥。这种类型的污泥颗粒比较密实,表面不规则,扫描电镜下明显可见甲烷八叠球菌组成的大包囊,包囊外面为缠绕的甲烷丝状菌;

②以甲烷丝状菌为主的颗粒污泥,以下简称为 B 型颗粒污泥。这种类型污泥的表面比较规则,根据甲烷丝状菌的菌丝体长短可以分为长丝状体的丝状体颗粒和短丝状体的杆型颗粒。

③含有惰性固体颗粒核的 C 型颗粒污泥。这种颗粒污泥是由甲烷丝状菌缠绕于惰性固体颗粒表面形成的。

如前所述,在乙酸浓度较高时,甲烷八叠球菌占优势,因此易形成 A 型颗粒污泥,而当乙酸浓度较低时,甲烷丝状菌占优势,易形成 B 型和 C 型颗粒污泥。

在实际运行的厌氧反应器中,最常见的是 B 和 C 型颗粒污泥,一方面是因为这样可以充分利用甲烷丝状菌的高基质亲和力来降低出水有机物浓度,另一方面,在启动期为防止出现"酸化"等现象,常常采用较低的有机负荷,只有当去除率增加到一定程度才升高负荷,而此时高的产甲烷活性始终可以保证反应器中低的乙酸浓度,这样明显有利于 B 型和 C 型颗粒污泥的生长。

但是由于甲烷丝状菌形成的颗粒污泥活性不如甲烷八叠球菌形成的颗粒污泥的活性高,前者平均为 1.9 gCOD/gVSS·d,而后者可以达到 4.0~5.0 gCOD/(gVSS·d),因此装置中仅存在 B 型和 C 型颗粒污泥并非最佳的,若能够使甲烷丝状菌和甲烷八叠球菌共同存在于反应器中,使甲烷八叠球菌存在于进水端提高污泥活性,甲烷丝状菌位于出水端提高出水水质,则可以称为最佳状况。上述的分析完全可以用多阶段分相的 ABR 来实现,由于整体上推流的流态产生的相分离,A 型颗粒污泥存在于反应器前端隔室中高乙酸浓度的酸化阶段,而 B 型和 C 型颗粒污泥存在于反应器后端的低乙酸浓度的隔室中,提高出水水质。在 ABR 处理高浓度淀粉加工废水运行中,由于第一阶段以水解为主,因此第一隔室挥发酸(尤其是乙酸)含量较少,而且进水中常常含有一些 SS 性质的惰性物质,作为低乙酸浓度下甲烷丝状菌颗粒化的内核,会使隔室内部形成 C 型颗粒污泥。

(4) 厌氧折流板反应器(ABR)的应用

近年来,关于 ABR 在废水处理中的报道越来越多,应用实践表明,ABR 能够成功的运用到多种类型废水处理中,具体见表 12.22、表 12.23 和表 12.24,而且对于低温、高 SS 废水、含硫废水等类型的废水均有较好的处理效果。

表 12.22 ABR 处理低浓度废水的部分实例

废水	HRT /h	COD/(mg·L^{-1}) 进水	COD/(mg·L^{-1}) 出水	COD 去除率/%	OLR /[kg/(m^3·d)$^{-1}$]	气体产量 /[L·(L·d)$^{-1}$]
生活污水	84	438	109	75	0.13	0.025
生活污水	48	492	143	71	0.25	0.05
生活污水[a]	84	445	72	84	0.13	0.025
蔗糖废水[b]	6.8	473	74	74	1.67	0.49
蔗糖废水[b]	8	473	66	86	1.42	0.43
蔗糖废水[b]	11	441	33	93	0.96	0.31
屠宰废水	26.4	730	80	89	0.67	0.72
屠宰废水	7.2	550	110	80	1.82	0.33
屠宰废水	2.5	510	130	75	4.73	0.43

注:a 温度为 25 ℃;b 温度低于 16 ℃,其余为中温。

表 12.23 ABR 处理高浓度废水的部分实例

废水类型	原糖蜜废水	糖蜜酿酒釜馏液	养猪废水	威士忌酿造液
进水 COD/$g \cdot L^{-1}$	990	115.8	58.5	51
HRT/h	850	138～636	360	360
容积/L	150	150	15	6.3
温度/℃	37	37	35	30
OLR/$[kg/(m^3 \cdot d)^{-1}]$	28	4.3～20	4	2.2～3.46
COD 去除率/%	50	70～88	62～69	＞90
气体产率/$[L \cdot (L \cdot d)^{-1}]$	＞5	＞2.3	2.9～3.2	1.2～3.6

表 12.24 ABR 处理不同废水时的运行参数

废水类型	容积/L	隔室	污泥浓度/$gVSS \cdot L^{-1}$	进水 COD/$mg \cdot L^{-1}$	容积负荷/$[kg \cdot (m^3 \cdot d)^{-1}]$	COD 去除率/%	HRT/h	温度/℃
原海藻浆水	9.8	5		6000～36000	0.4～2.4		360	35
稀释海藻浆水	10 10 10	4 4 4		－ 67 200～89 600 80 000	1.6 5.6～6.4 1.6		－ 288～336 1 200	35 35 35
碳水化合物-蛋白质废水	6.3	5		7 100～7 600	2～20	79～82		35
稀释养猪废水	20	－		5 000	1.8	75	60	30
糖蜜废水	150	3	5.3	5 000～10 000	5.5	98		37
蔗糖废水	75	11		344～500	0.7～2	85～93	6～12	13～16
酿酒废水	6.3	5		51 600	2.2～3.5	90	360	30
碳水化合物-蛋白质	10	8		4 000	1.2～4.8	99	20	35
糖蜜废水	150	3	4.01	115 771～990 000	4.3～28	49～88	138～850	37
糖蜜废水	150	3	4.01	115 771～990 000	20		138	37
养猪场粪便	15	2～3	58 500	4	62～69		360	35
生活污水	350	3		264～906	2.17	90	4.8～15	18～28
屠宰废水	5.16	4		450～550	0.9～4.7	75～90	2.5～26	25～30
碳水化合物-蛋白质	10	4～8	0～8.5	4 000			1～80	35
糖蜜废水	150	3	4.11 和 7.21	115 771～990 000	20	＞70	～140	37

表 12.24

碳水化合物-蛋白质	10	8	18	4 000	1.2~4.8	98,93	29,80	35
制药废水	10	5		20 000	20	36~68	24	35
含酚废水		5	20~25	2 200	31.9	1.67~2.5	83~94	24
葡萄糖废水	6	5		1 000~10 000	2~20	72~99	12	35
生活污水与工业废水混合液	394 000	8		315	0.85	70	10.3	15
碳水化合物-蛋白质	10	8	18	4 000	4.8~18	52~98	1~20	35

(5) 厌氧折流板反应器的研究趋势

ABR 的运行稳定性和较高的处理效果,源于其良好的水力条件及生物相分离特性,这些特征使得它具有强的抗水力和有机负荷冲击的能力。表 12.25 列出了 ABR 处理不同类型废水时,推荐考虑的构造形式、相应的运行方式及应注意的问题。

此外,为加快 ABR 反应器在实际工程中应用的进程,尚需在以下方面作进一步研究:

①实际工程中往往将厌氧处理工艺与好氧处理工艺联合运用,因而对 ABR 在厌氧—好氧联用工艺中的作用及其运行控制要求、联用工艺中所用采用的好氧工艺形式及其与 ABR 的组合形式,应该做进一步的作深入研究。Lettinga 等指出,由于厌氧处理反应器中存在一定数量的"喜氧"甲烷菌,这些甲烷菌可在有氧的条件下保持良好的活性,而同时由于污泥床的阻隔作用可保持泥床的良好厌氧环境,因而对于具有分段特性的 ABR 而言,有可能将好氧组合到该反应器之中而成为一个反应器,这对诸如黑麻液、煤加工废水、石油工业废水及纺织废水的处理,具有良好的应用价值,可大大降低工程的投资费用。

②目前对于 ABR 反应器运行时上升隔室中的水流上升速度及其对工艺运行的影响的研究尚较少,有必要将其作为较为重要的工艺参数加以进一步研究。

③对 ABR 反应器的相分离、污泥的存在形式(颗粒化程度)及其有关的控制条件的研究,有利于该工艺针对不同废水的特性进行合理的控制。

④对 ABR 工艺的经济性、间歇及季节性运行的可行性问题作深入的研究。

表 12.25 ABR 处理不同废水时应注意的问题

操作条件	运行方式及注意事项
启动	建议采用低的初始负荷,以利于污泥颗粒或絮体的形成; 以脉冲方式投加乙酸,不仅可促进甲烷菌的生长,并可缓解容积负荷率增高带来的影响; 以较高的 HRT 启动,因其上升流速小而可减少污泥的流失,并可增加各隔室内甲烷菌属的含量
回流	回流可稀释进水中的有毒物质,提高反应器前段的 pH,减少泡沫和 SMP 产物,不过须注意回流所造成的问题

续表 12.25

操作条件	运行方式及注意事项
低浓度废水	建议采用较短的 HRT,以增强传质效果,促进水流混合,缓解反应器后部污泥的基质不足问题; 反应器中主要由异养菌(甲烷丝菌属)完成甲烷化作用
高浓度废水	建议采用较长的 HRT,以防止因产气的作用而造成的污泥流失,否则须加填料以减少污泥流失; 反应器中主要由甲烷八叠球菌和氢利用细菌完成甲烷化作用
高 SS 废水	建议增大第一隔室的容积,以有效地截留进水中的 SS
温度	对易降解废水而言,温度从 35 ℃降低到 25 ℃时,对处理效果的影响不大,但温度过低则影响运行,这是因为潜在毒性和营养负荷的影响及 K_s 降低的缘故;反应器启动后可以在低温下保持持续良性运行

思 考 题

1. 废水厌氧生物处理的基本原理是什么?
2. 厌氧生物处理反应器中的非产甲烷菌包括哪些主要类群?其主要功能是什么?
3. 与产酸菌相比,产甲烷菌有哪些生理特征?
4. 在厌氧生物处理反应器中,非产甲烷菌和产甲烷菌在生态学上有什么关系?
5. 常见厌氧生物处理的技术有哪些?其工艺原理是什么?
6. 影响厌氧生物处理效果的因素有哪些?如何防止厌氧反应器运行的失败?

第 13 章 水体的富营养化和氮磷的去除

13.1 水体富营养化

水体富营养化(eutrophication)是指大量溶解性营养盐类(主要是 $NH_3—N$、$NO_3^-—N$、$NO_2^-—N$、$PO_4^{3-}—P$)进入水体,使水中藻类等浮游生物大量生长繁殖,而后引起异养微生物旺盛代谢活动,耗尽了水体中的溶解氧(dissolved oxygen),水质变差,导致其他水生生物死亡,破坏水体生态平衡的现象。

水体的富营养化,实质上是生态系统受到了污染造成的,主要受排放的生活污水和含氮、磷较高的工业废水和农田冲刷水的污染。一般认为,水体形成富营养化的指标是:水体中含氮量大于 $0.2\sim0.3$ mg/L,含磷量大于 0.01 mg/L,生化需氧量(BOD_5)大于 10 mg/L,在淡水中细菌总数达到 10^4 cfu/mL,标志藻类生长的叶绿素 a 浓度大于 10 $\mu g/L$。

当水体形成富营养化时,水体中藻类的种类减少,而个别种类的个体数量猛增。如,淡水水域富营养化时,测得水华铜锈微囊藻(*Microcystis aeruginosa*)及水华束丝藻(*Aphanizomenon flosaquae*)的数量可达到 13.6×10^5 个/L。由于占优势的浮游藻类所含色素不同,使水体呈现蓝、红、绿、棕、乳白等不同的颜色。富营养化发生在湖泊中将引起水华(water bloom),发生在海洋中将引起赤潮(red tide)。

13.1.1 富营养化产生的原因

任何天然水体都不是与周围环境隔绝的封闭系统。降雨对大气的淋洗,径流对土壤的冲刷,总是挟带着各种各样的有机物质,特别是有机的和无机的氮、磷物质,经常不断地流入水体,给水体中带来了藻类生长所需要的营养物质。此外,水体内部的有机体,如水生动植物的遗体及它们的代谢产物,经水中好氧性微生物分解亦可作为藻类的营养。因此,富营养化是湖泊的一种自然老化现象,在天然水体中普遍存在。但是在没有人为因素影响的水体中,富营养化的进程是非常缓慢的,即使生态系统不够完善,仍需至少几百年才能出现。而且一旦水体出现富营养化现象,要恢复往往是极其困难的。这一结果往往导致湖泊→沼泽→草原→森林的变迁过程。

人类在生活和生产中排除的生活污水和食品加工、化肥、屠宰、制糖、造纸、纺织等工业废水,以及大量使用化肥的农田排水,都含有大量有机的和无机的氮、磷。这两种物质进入水体后,在微生物作用下形成硝酸盐和磷酸盐,为藻类的生长繁殖提供了充足的营养,从而加速了水体的富营养化。

藻类属于中温性微小浮游生物,在气温较高的夏季,风和日丽,光照充足,很适合它们生长,因此,这个季节水体较容易发生富营养化。阳光照射是藻类旺盛繁殖的必要条件。在富营养化的水体中,藻类的光合作用极为强烈,大量的藻类迅速生长繁殖,可使水面完全被藻类覆盖。通常认为,富营养化易发生在水流缓慢的水体,如湖泊、池塘、河口、海湾和内海等地方常是水华或赤潮产生的场所。但也有例外,我国每年发生很多次赤潮,许多是发生在并非海湾地区的急流海域。

13.1.2 富营养化的危害

富营养化的危害很大,可破坏水体自然生态平衡,会导致一系列的恶果。它不仅给渔业等生产造成重大经济损失,而且还会危害人类健康。

藻类过度繁殖,死亡后的藻类有机体被异养微生物分解,消耗了水中的大量溶解氧,使水中溶解氧的含量急剧下降,同时,由于水面被藻类覆盖,影响大气的复氧作用,使水中缺氧,甚至造成厌氧状态。此外,水体中藻类大量繁殖,也会阻塞鱼鳃和贝类的进出水孔,使之不能进行呼吸而死亡。这些因素将导致鱼类等水生生物因缺氧而窒息死亡,引起水面鱼尸漂浮;死亡的藻类被微生物分解放出胺类物质,产生严重的尸腐味;因水体处于厌氧状态而产生 H_2S 臭气。

许多产生水华和赤潮的藻类能产生毒素,不仅危害水生动物,而且对人类及牲畜、禽类等也会产生严重的毒害作用。如,蓝细菌中的丝状藻类微囊藻属(*Microcystis*)、鱼腥藻属(*Anabaena*)和束丝藻属(*Aphanizomenon*)等过度繁殖后,产生的内毒素经饮用进入人体,可使人体出现胃肠炎和严重的变态反应;褐沟藻(*Gonyaulax*)产生的毒素对多种动物的神经和肌肉都有毒害作用,尤其是能引起鱼类的呼吸中枢系统障碍,在几分钟内就能将实验鱼体窒息死亡;有一种裸甲藻产生石房蛤毒素,对心肌、呼吸中枢和神经中枢产生有害的影响。

还有一些藻类产生的毒素并不排出体外,当这些藻类被鱼、贝类所食后,毒素可贮存在鱼、贝类的卵中,这类毒素对鱼、贝类等虽不呈现明显的中毒现象,但人吃了这类鱼贝之后,却有中毒的危险。

富营养化的水体外观呈现颜色,水质变成混浊,水体中悬浮有大量的藻类和藻类尸体,并散发异味,严重时还将存在毒素。如果用这种水体作为自来水厂的水源水,不但可引起滤池堵塞,影响水厂正常运行,而且水中的异味和毒素难以去除,将严重影响水厂出水质量,危害人体健康。

13.1.3 控制水体富营养化的措施与方法

控制水体富营养化最根本的措施是加强对环境生态的管理,制定法规,对污水排放一定要严格控制,一般应达到二级处理排放标准,并应逐渐达到深度(三级或接近三级)处理标准,以去除 N 和 P。如果水体一旦发生了富营养化,应采用以下方法加以治理。

13.1.3.1 化学药剂控制

采用化学药剂来控制藻类的生长,对于水体面积小的水域、蓄水池、池塘等是很适用的。

在化学除藻方面,应用较为广泛的是用硫酸铜来防止藻类的过度生长。硫酸铜对蓝藻尤为有效。使用硫酸铜须在春天藻类生长繁殖之前及早加入,抑制藻类的生长,否则水体中的鱼类会大量死亡。这是因为,大量的藻类死亡细胞悬浮在水体中,被异养性微生物分解而造成水体缺氧状态,同时藻类释放出毒素也会毒死鱼类。

杀死藻类所需要的硫酸铜浓度应对人体和鱼类都是无毒的。喷洒硫酸铜后,水体中的硫酸铜浓度通常为 0.1~0.5 mg/L,可根据总水体体积计算出硫酸铜的用量。

13.1.3.2 生物学控制

可利用藻类病原菌抑制藻类生长。有人设想在湖、河中接种寄生于藻类的细菌,以抑制藻类生长。现已发现藻类的病原菌主要属于粘细菌,它专一性小,寄生范围较广,能使藻类的营养细胞裂解,但对异形胞无效。也有人考虑利用蓝细菌的天然病原真菌,主要是壶菌(*Chyevidius*)来控制蓝细菌,但该菌寄主范围很窄,有时甚至只局限于寄生在寄主的某一特定结构。

也可利用病毒来控制藻类的生长。据报道,侵噬蓝细菌的病毒已分离出来,从形态上看,这种病毒类似于细菌的噬菌体,称为蓝细菌噬菌体(*Cyanophages*)。试验表明,蓝细菌接种病毒后能明显降低藻类个体的数量,但此法目前尚未在天然水体范围内试验。

13.1.3.3 搅动水层

在天然湖泊中,水体有分层现象。夏季由于阳光照射,表层水为暖水区,水温可达 25 ℃以上。底层水为冷水区,水温一般不超过 9 ℃。表层水为藻类生长区,可以通过人工搅动破坏水体的分层现象,来控制藻类生长。一般可通过强烈通气达到搅动的目的。

在破坏水体分层过程中,表层水温度降低,同时使水体变混浊,影响了表层水的透光度,藻类的生长也受到了影响。经过人工搅动,也可改变藻类在湖泊中的优势种群,如经搅动后,使蓝细菌群体减少,而绿藻数目相对增加。

13.1.3.4 对二级生化处理的排出水进行脱氮和除磷

经二级生化处理后的排放水中,所存在的氮与磷是藻类生长的重要因素,其中氮素更是藻类生长的关键。因此,对排放水应做进一步的深度处理,去除氮与磷,可限制藻类生长。

目前所用的除磷方法,主要是用化学混凝沉淀除磷,即用钙盐、铁盐和铝盐等对磷化物进行凝聚沉淀。用量分别为:生石灰(CaO)300 mg/L 以上,硫酸铝$[Al_2(SO_4)_3 \cdot 12H_2O]$100 mg/L 以上,三氯化铁($FeCl_3 \cdot 6H_2O$)100 mg/L 以上。通过化学凝聚沉淀之后,水体中的含磷量大大降低,可使藻类数量明显下降(表 13.1)。除上述的化学凝聚除磷外,国内外正深入研究利用生物除磷,基本原理是利用细菌的合成代谢作用把水中的磷去除。

表 13.1 未加凝聚剂与加凝聚剂总磷含量和藻类生长量比较

凝聚剂名称	加药量/(mg·L^{-1})	总磷量/(mg·L^{-1})	藻类增殖量/(单位·L^{-1})
CaO	0	1.29	324
	300	0.12	13
$Al_2(SO_4)_3 \cdot 12H_2O$	0	1.35	344
	100	0.11	12
$FeCl_3 \cdot 6H_2O$	0	1.4	248
	100	0.07	5

13.1.3.5 采收藻类,综合利用

有人设想利用富营养化的水体来养殖藻类,并加以采收利用,同时达到了控制富营养化的目的。但在实际工作中会遇到一定的困难。首先碰到的问题是如何大规模地采收这些藻类,若利用离心机收集,则量太大,难以实现,如果用微孔滤器过滤,则滤膜易堵;其次,如何才能克服藻类存在毒性代谢物的有害影响,这些问题尚待深入探讨和加以解决。

13.1.3.6 生态防治法

生态防治法是指运用生态学原理,利用水生生物吸收利用氮、磷元素进行代谢活动的过

程,以达到去除营养元素的目的。其优点是投资少,有利于建立合理的水生生态循环。如,在浅水型富营养湖泊,种植高等植物(莲藕、蒲草等);根据鱼类不同的食性,放养以浮游藻类为食的鱼种,有效地去除氮、磷。

13.1.4 评价水体富营养化的指标

评价水体富营养化的方法是多种多样的,现介绍主要几种评价方法。

13.1.4.1 测定水域中光合作用强度与呼吸作用强度之比

光合作用(Photosynthesis)是指水中藻类原生质的合成作用。呼吸作用(Respiration)是指藻类原生质的分解作用。下面反应式用 P 来代表藻类的光合作用,用 R 来代表藻类的呼吸作用。

$$106CO_2 + 16NO_3^- + HPO_4^{2-} + 122H_2O + 18H^+ + 能$$
$$\text{(P)光合作用} \rightleftarrows \text{呼吸作用(R)}$$
$$C_{106}H_{263}O_{110}N_{16}P + 138O_2$$
$$\text{藻类原生质的成分}$$

从上述反应中可以了解,可溶性的 C:N:P 比为 106:16:1 时,在进行光合作用时,可溶性的 P 和 N 几乎同时耗尽,这就决定了这两类物质是生产藻类原生质的限制性因素。藻类死亡之后,尸体下沉,藻体被细菌矿化分解,产生营养元素的比例也是 C:N:P = 106:16:1。设在贫营养湖中 P:R = 1,即光合作用与呼吸作用达到平衡。因此,P:R 是评价水体富营养化和非富营养化的指标。

在富营养化的湖中,P:R 变化较大,其比值波动在 P:R 大于 1 或 P:R 小于 1 之间。当水体中 N、P 营养丰富时,日光充足,水温较高,藻类生长很快,光合作用强烈,使 P:R 大于 1。当 N、P 营养物逐渐减少时,光照不足,藻类生长受到了限制,使光合作用变弱,这时大量藻体死亡,又为水体中异养微生物提供了丰富的有机营养,水体中分解作用十分旺盛,使 P:R 小于 1。

从富营养化过程来看,P:R 远大于 1 往往是转化为 P:R 小于 1 的征兆。

13.1.4.2 测定藻类生产潜在能力(AGP)

该法是以利比希最低定律为基础的一种测定方法,用以测定藻类生产的潜在能力。测定方法是在自然水、废水或处理后排出水的水样中接种特定藻类,一般接种蓝细菌、绿藻和硅藻,然后置于一定照度和温度条件下培养,使藻类生长达到稳定期。最后用测定藻类细胞数或干重的方法,来决定藻类在某种水体中的增殖量。这个值称为藻类生产的潜在能力(algal growth potential,简称 AGP)。藻类生长受限制性营养物(N、P)支配,当这些营养物大量存在时,藻类旺盛生长;当这些营养物在水体中含量微小时,藻类生长受到限制。所以,营养物浓度与藻类生物量成正比关系,水体中氮和磷的含量就是藻类生长的潜在能力。一般贫营养湖的 AGP 在 1 mg/L 以下,中营养湖为 1~10 mg/L,富营养湖为 5~50 mg/L。污水处理厂排水出的 AGP 值一般为 150~300 mg/L,小型排水设备处理后的水可达 500 mg/L 以上。

AGP 测定方法:取 500 ml 待测水样,经滤膜(1.2 μm)过滤并高压灭菌(120 ℃,15 min)。接种羊角月牙藻或小毛枝藻等特定藻类,在温度 20 ℃,光照度 4 000~6 000Lx(14 h 明培养,10 h 暗培养)条件下,培养 7~12 d。然后测定其干重,便得 AGP 值(mg 藻类/L 试样)。

13.1.4.3 黑-白瓶法测定光合作用产氧能力

水体在自然光照条件下,由于藻类光合作用放氧而增加水体中溶解氧的含量。测定时,在日照出现之前到达测定现场,将水样取出倒入三个溶解氧测定瓶中,盖紧瓶盖并使瓶内不留有气泡。将一瓶水样带回实验室立即测定溶解氧的含量,作为该水样中所含溶解氧的本底值。另两瓶留在现场,其中一只瓶需要用黑布包好(黑瓶),使之不透光。把两个水样瓶都直接放在阳光下,经过一定时间光照后,分别测定各瓶里的溶解氧含量。将暴露在阳光下的白瓶内溶解氧含量扣除本底值,再加上黑瓶内因呼吸作用而消耗的氧值,即为该水样中藻类在一定时间内光合作用过程中所产生的氧量。产氧量越多说明藻类活动越旺盛。黑-白瓶法亦可在实验室中模拟自然条件进行。

13.1.4.4 其他评价富营养化的方法

1. 对指示性蓝细菌的调查

当水体富营养化时,蓝细菌将大量生长繁殖,可根据测定蓝细菌的数量来评价富营养化的发生和富营养化的程度。

2. 水体溶解氧浓度的测定

由于富营养化水体藻类大量生长繁殖,分泌代谢物释放于水中,再加上死亡的藻类尸体,给异养性微生物提供了丰富的营养,促使微生物大量生长繁殖,分解这些物质消耗溶解氧,使水中溶解氧逐渐减少,甚至造成缺氧情况。因此,可根据自然水体中溶解氧含量来确定富营养化的程度。

3. 藻类现存量的调查

水体在富营养化前,通常生活着各种各样的藻类,而且各个种类的个数基本上是固定的。当水域被污染产生富营养化时,不能适应环境变化的藻类死亡,使藻类的种群减少。适应富营养化水域的藻类生存下来,并能大量生长繁殖,个体数量增加很快。所以调查现存原始种类的情况,也可以反映水体富营养化的程度。

4. 叶绿素 a 的测定

叶绿素 a 可代表藻类的现存量。富营养化水体由于藻类数量剧增,叶绿素 a 也相应增加。叶绿素 a 量越多,水体富营养化就越严重。

5. 水体透明度的测定

由于水体富营养化,促使藻类大量生长繁殖,藻体悬浮在水中,藻类代谢产物又分泌出来释放在水中,使水体混浊度增加而透明度减少。一般富营养化和混浊度成比例关系。

6. 水中 CO_2 利用速度的测定

藻类利用 CO_2 进行光合作用,在有光照的条件下利用水中的氢来还原 CO_2 合成有机物质,使藻类生物量增加,而水中 CO_2 逐渐减少。因而,可通过藻类利用 CO_2 的速度来指示水体富营养化程度。日本学者提出预告水体富营养化的关系式如下式所示,借以测定和预告水体富营养化的发生和富营养化的程度。

$$\frac{COD\ mg/L \times 无机氮\ mg/L \times 无机磷\ mg/L}{1\ 500}$$

当该值小于 1 时,水体不能发生富营养化;当该值等于 1 时,水体中营养(包括氮、磷含量)增高,但富营养化不是很严重;当该值大于 1 时,则水体氮、磷等含量高,可发生富营养化。该值越大,富营养化程度越严重。

13.1.5 富营养化水体中的常见藻类

在富营养化的淡水水体中,发现的微型藻类主要是蓝细菌。虽然蓝细菌种类很多,但在水体富营养化时,能大量繁殖的仅有 20 种左右。其中,水华鱼星藻(Anabaena flos - aqua)铜色微囊藻(Microcystis aeruginosa)、水华束丝藻(Aphanizomenon flos - aqua)、居氏腔球藻(Coelosphaerium kuetzingianum)、细针胶刺藻(Glowotrichia echinulata)、泡沫节球藻(Nodularia spmigena)等常出现于水华情况下,均产生水华毒素。蓝细菌有一个共同的特点,即大多数具有气胞,这种气胞由中空的膜亚单位即气囊排列而成。气囊成堆排列在一起,囊壁由不溶性蛋白质构成。其强度能承受 200 kPa,超过这一压力,气囊即破裂。气胞随藻龄的增长而加大,主要功能是为藻类在水面的漂浮提供浮力,使藻类便于在水体中散布。

在海岸或海湾中,引起"赤潮"的藻类主要是甲藻,如角藻属(Ceratium)、环沟藻属(Gymnodinium)、膝沟藻属(Gonyaulax)等,这些藻类过度增殖可使海水染成红色或褐色,并能造成鱼类和其他生物死亡。

13.2 生物脱氮

生活污水和某些工业废水中含有大量的有机氮和无机氮化物。有机氮化物经过异养微生物的降解作用产生 NH_3。在氧气充足情况下,NH_3 可进一步被微生物氧化生成硝酸盐氮(NO_3^-—N)。如果硝酸盐氮含量超过排放标准,排放到自然水体后,给藻类提供了大量营养源,就潜伏着水体富营养化的危险,同时也污染了给水水源。因此,生物脱氮已日益受到国内外的重视。

13.2.1 水体中氮化物的危害

含氮工业废水和生活污水未经处理排入江河,会给环境造成严重危害。主要表现为如下几方面。

13.2.1.1 造成水体富营养化现象

由于水体中氮含量增高,促使某些藻类恶性繁殖,出现水华和赤潮现象,使水质恶化,引起鱼类和水生生物大量死亡。

13.2.1.2 增加给水处理的成本

在水厂加氯消毒时,水体中少量氨会使加氯量成倍增加。此外,还会脱色、除嗅、除味的化学药剂投加量增加。

13.2.1.3 消耗水体中氧量

还原态氮排入水体会因硝化作用而耗去水体中大量的氧。1 mol NH_3 氧化成 1 mol NO_3^-,需消耗 2 mol O_2。

13.2.1.4 对人及生物具有毒害作用

饮用水中的含氮物主要为硝酸盐,一般含量很少高于 1 mg/L。根据世界卫生组织

(WHO)规定,NO_3^-含量不能超过 10 mg/L。出生 4~6 个月的婴儿,对硝酸盐的耐受力比较低,当饮用水内 NO_3^- 含量为 90~140 mg/L 时,即可造成婴儿高铁血红蛋白症(methemoglobinemia),使红血球不能带氧而导致婴儿窒息死亡。

许多水生动物(如鱼类等)对 NH_3—N 较敏感,一般均有一定的耐受限度。如,水中 NH_3—N 超过 3 mg/L 时,金鱼在 24~9 h 内死亡。

此外,亚硝酸与胺作用生成亚硝胺,有致癌和致畸作用。所以,饮用水(或水源水)中应严格控制亚硝酸的含量。

13.2.2 生物脱氮的基本原理

废水经二级生化处理后,碳的去除率可达 95% 以上,而氮的去除率仅为 20% 左右,磷的去除率则更少。因此,经二级处理后的排出水含氮、磷量仍比较高,主要以 NH_3—N 以及 NO_3^-—N 和 N_2—N 形式存在。

生物脱氮过程主要参与的细菌有三个类群:氨化细菌,进行有机氮化合物的脱氨基作用,生成 NH_3;亚硝化和硝化细菌,将 NH_3 转化为 NO_2^- 和 NO_3^-;反硝化细菌,将 NO_2^-、NO_3^- 转化为 N_2。硝化作用过程的程度往往是生物脱氮的关键,是生物脱氮必须经过的步骤。

在废水生物处理工程系统中,为了达到硝化目的,必须保证以下运行条件:有机物浓度很低和溶解氧充足。所以,实际运行中一般可采用低负荷运行,或延长曝气时间,并保证曝气池中有足够的溶解氧量,以满足硝化细菌将 NH_3 氧化生成硝酸盐的条件。

大多数反硝化细菌是异养的兼性厌氧细菌,它利用各种各样的有机物作为反硝化过程中的电子供体,包括碳水化合物、有机酸类、醇类、烷烃类、苯酚盐类和其他的苯衍生物等,生成的氮气可从水中逸出,达到了脱氮目的。

$$C_6H_{12}O_6 + 4NO_3^- \rightarrow 6CO_2 + 6H_2O + 2N_2 + 能量$$

在反硝化过程中,必须提供有机化合物作为电子供体,而硝酸盐作为电子受体。所以要求向反硝化池中投加一定量的有机化合物。

废水生物处理过程中,氮的转化规律如图 13.1 所示。

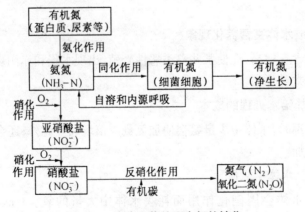

图 13.1 废水生物处理中氮的转化

在污水和活性污泥中,有很多细菌都能进行反硝化作用,其中绝大多数是异养的兼性厌氧细菌。包括有无色杆菌属(*Achromobacter*)、气杆菌属(*Aerobacter*)、产碱杆菌属(*Alcaligenes*)、黄杆菌属(*Flavbacterium*)、变形杆菌属(*Proteus*)、假单胞菌属(*Pseudomonas*)等。

13.2.3 生物脱氮的基本流程

废水经二级生化处理主要去除以 BOD_5 为主的含碳有机物质,并完成脱氨基作用甚至硝化作用。排出水中仍有浓度较高的氮化物(NH_3—N、NO_3^-—N)。氮化物可经生物脱氮法去除,生物脱氮技术是 20 世纪 70 年代后期发展起来的。

生物脱氮工艺同废水生化处理工艺一样,可根据细菌在处理装置中存在的状态,分为悬浮状态的活性污泥处理系统和固着状态的生物膜处理系统两大类。

13.2.3.1 活性污泥法系统

利用活性污泥降解废水中的有机碳和转化氨态氮为硝酸盐氮,再将硝酸盐氮还原为分子态氮。生物脱氮的活性污泥法与普通二级处理污泥法的工艺相同,但处理程度不同。后者一般不需完成硝化阶段,处理水中含有大量 NH_3-N;前者要求将 NH_3-N 尽可能转化为 NO_2^-—N 和 NO_3^-—N。根据去碳、硝化和脱氮的组合方式不同,可以把活性污泥法系统分为单级活性污泥法系统和多级活性污泥法系统。根据反硝化过程中利用的有机碳源来源不同,还可以把活性污泥法系统分为内碳源(污水或活性污泥自溶提供的碳源)系统和外加碳源系统。

1. 单级活性污泥内碳源系统

BOD_5 氧化(去碳)和硝化在一个曝气池中进行,先去碳(包括脱氨基)后硝化,要求曝气时间长。再将含有硝酸盐的处理水引入缺氮的反硝化池中(图 13.2),在缺氧条件下,硝酸盐还原细菌利用硝酸盐为电子受体,利用原水中或活性污泥内源呼吸释放的有机碳化合物作为电子供体,进行无氧呼吸。在单级系统中给予细菌交替的好氧和厌氧条件,以进行硝化和反硝化作用。

好氧池中达到硝化阶段时,水中有机碳化合物含量很低,难以作为内碳源;活性污泥中的微生物达到内源呼吸,其自溶后释放出有机碳所需时间较长,且碳源不足,致使反硝化速率低,所以利用内碳源提供有机碳化合物的方法不宜采用。

2. 单级活性污泥外加碳源系统

单级活性污泥外加碳源系统与单级活性污泥内碳源系统相同,不同的是在反硝化池内通入外加碳源,一般常添加甲醇(图 13.2)。该系统是最典型的生物脱氮工艺。

由于反硝化池外加碳源后出水的有机物浓度仍较高,所以常需设后曝气池,以达到排放标准。

3. 多级活性污泥内碳源系统

多级活性污泥内碳源系统主要分成两大部分:第一部分是活性污泥在好氧条件下去除有机物质,污泥经沉淀池分离后,又回流到曝气池,与后半部分并不混合;第二部分是通过硝化和反硝化达到脱氮的目的(图 13.3)。

该系统由于将污泥分成数级分隔开来,各级构筑物中生物相较单一,去碳、硝化和反硝化作用都比较稳定,处理效果较好,但是池子较多,基建费用较高。

4. 多级活性污泥外加碳源系统

多级活性污泥外加碳源系统的流程与内碳源系统相同,不同点在于反硝化池中加入外来碳源(图 13.3)。

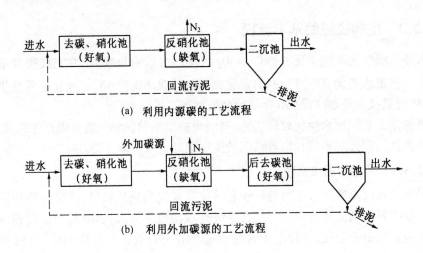

图 13.2 单级活性污泥生物脱氮系统

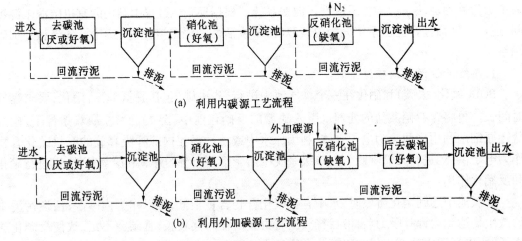

图 13.3 多级活性污泥生物脱氮系统

13.2.3.2 生物膜法系统

是利用介质上生长的生物膜来去碳、硝化和反硝化。可采用的生物膜法主要有生物滤池、淹没式生物膜法、生物转盘和生物流化床等。这个系统的工艺流程与活性污泥法基本相同。

目前研究认为,在生物转盘中,氧气很难渗透到生物膜最深处。因此,生物膜的深层厌氧层部分常存在反硝化细菌。所以,即使单级的生物转盘,亦可完成 BOD 氧化、硝化和反硝化过程,达到脱氮的目的。

淹没式生物膜法脱氮工艺,目前常采用交替出现缺氧、好氧区域的方法。如在长型池中,通过控制供气量,可达到不同区域存在好氧或缺氧条件,以达到脱氮的目的。

13.2.3.3 A/O 处理系统

Anoxicc/Oxic system 简称 A/O 系统,20 世纪 70 年代由美国、南非等国开创,是在二级生化处理的基础上又引进的缺氧段的工艺。A/O 系统采取内部污水和污泥循环,同时具有脱氮除磷和去除 BOD 的污水处理新方法。

其流程为进水首先通过厌氧(或缺氧)池,并在厌(缺)氧池内与回流硝化液和回流污泥完全混合。经过一段时间的厌氧分解,去除一部分 BOD,并将回流的硝化液中 NO_3^-—N 转化为 N_2。厌(缺)氧池处理的水引入好氧池进行有机物的彻底氧化,并进行硝化作用(图 13.4)。可见,反硝化的碳源直接来源于原污水中的有机化合物,而 NO_3^-—N 是通过硝化池中硝化液回流来提供的。这种方法具有流程简单、不用外加碳源和后曝气池等特点,基建费和运行费均较低。另外,还有其他的脱氮工艺,如同步硝化和反硝化工艺、Bardenpho 工艺、改进的 AB 工艺、TETRA 深床脱氮工艺和 SBR 工艺等。

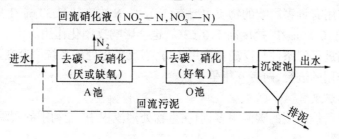

图 13.4　A/O 法工艺流程示意图

13.2.4　影响脱氮作用的环境因素

许多环境因素会影响硝化细菌和反硝化细菌的活性,主要因素有:氧的浓度、pH 值、毒物、硝酸盐浓度、碳源浓度等。

13.2.4.1　影响硝化作用的因素

1.有机碳浓度对硝化作用的影响

亚硝化细菌和硝化细菌大多为专性无机营养型,而在废水生物处理中常存在大量兼性有机营养型细菌,当水中存在有机碳化合物时,主要进行有机物的氧化分解过程,以获得更多的能量来源,而硝化作用缓慢。仅当有机碳化合物浓度很低时,才完全进行硝化作用。

2.氧对硝化作用的影响

硝化作用对氧的需要量很高,据资料介绍,硝化过程耗氧量超过有机部分氧化所耗氧的 3 倍以上。据统计,28 g 氮需要 128 g 氧才能完成硝化作用。

3.pH 值

硝化细菌适宜中性偏碱环境,过酸或过碱均会影响硝化速率。最适 pH 值为 7～7.5。

4.温度

硝化细菌属于中温性自养型细菌,最适宜的温度为 30 ℃,低于 5 ℃ 或高于 40 ℃ 时活性很低。

13.2.4.2　影响反硝化作用的因素

1.氧气

氧可抑制硝酸盐还原作用,能阻碍硝酸盐还原酶的形成,或者充当电子受体,从而竞争性地阻抑了硝酸盐的还原。在用活性污泥法进行的反硝化系统中,反硝化池的溶解氧应控制在 0.5 mg/L 以上,否则会影响反硝化的进行。当然,现在也有人在研究好氧条件下的反硝化作用。

2. 温度

温度对反硝化速度的影响很大,反硝化速度明显下降,低于5℃或高于40℃反硝化作用几乎停止。

3. pH 值

反硝化作用最适宜的 pH 值在 7.5～9.2 之间。pH 值还能影响反硝化最终产物,当 pH 值超过 7.3 时,终产物为氮气,低于 7.3 时,终产物为 N_2O。

4. 毒物

对反硝化作用有毒害影响的物质主要有:NO_2^-—N 浓度超过 30 mg/L 时,可抑制反硝化作用,镍浓度大于 0.5 mg/L,盐度高于 0.63%,也会影响反硝化作用。

反硫化作用进行的条件与反硝化作用相仿,当反硝化处理系统中存在过高的硫酸盐时,可影响反硝化作用的进行,两者互相争夺氢。

5. 碳源及其浓度

反硝化细菌所能利用的碳源很多,但在生物处理流程中,能利用的碳源可分为三类。

(1) 外加碳源

当废水中碳氮比过低,BOD_5:总氮(TN) < (3～5):1 时,需要投加碳源。现大多投加甲醇,因甲醇氧化后可分解出 CO_2 和 H_2O,不残留任何难以分解的中间产物,而且反硝化细菌利用甲醇的速率较快,可加快反硝化作用的进行。还原 1kg 硝酸盐需投加 2.4 kg 甲醇。

此外,还可利用含碳丰富的工业废水作碳源,如淀粉、制糖及酿造厂的含碳有机废水。

(2) 废水本身的含碳有机物

当废水中 BOD:总氮 > (3～5):1 时,可以不投加外碳源就能达到脱氮目的。

(3) 内碳源

活性污泥中的微生物死亡自溶后释放出来的有机碳,也可以作为反硝化作用的碳源。但这一碳源的获得需提供较长的水力停留时间,导致基建投资费较高。

13.3 生物除磷

采用好氧生物法处理废水主要能去除有机碳化物,废水中的有机氮化物则依处理深度不同而逐步转化生成氨氮、亚硝酸、硝酸和分子态氮(前节已叙及)。废水中的磷化物除极少部分用于生物合成外,大部分不能去除,以磷酸盐的形式随水排出。二级处理出水磷含量常常超过 0.5～1 mg/l,超出了排放标准,成为藻类生长的丰富营养来源,因而可造成水体的富营养化,给水产养殖、饮用水质量等造成严重的危害。据报导,水体中含磷低于 0.5 mg/L 时,能控制藻类过度生长;低于 0.05 mg/L 时,藻类几乎停止生长。因此,目前世界各国对于控制水体中的磷含量都特别重视。

长期以来,除磷大多采用化学方法,不但费用昂贵,而且化学处理沉降后的污泥量很大,难以处理。根据微生物代谢磷的生理生化特点,可利用微生物处理法除磷。生物处理法除磷效率高,处理成本低,操作方便,适合于现有污水处理厂的改建。

13.3.1 生物除磷的基本原理

自然界中有很多细菌,能从外界环境中吸收可溶性的磷酸盐,并在体内转化合成多聚磷酸盐积累起来，作为贮存物质。

线状多聚磷酸盐

实验表明，活性污泥在厌氧、好氧交替条件下运行时，在活性污泥中可产生所谓"聚磷菌"。聚磷菌在好氧条件下可超出生理需求过量摄取磷，形成多聚磷酸盐作为贮存物质，同时在细胞分裂繁殖过程中利用大量磷合成核酸，即

$$ADP + H_3PO_4 + 能量 \longrightarrow ATP + H_2O$$

使生成的活性污泥在好氧条件下利用磷的量比普通活性污泥（含磷量1%～2% P/MLSS）高2～3倍。

在厌氧条件下，活性污泥中聚磷菌为获得较多的能量，将积累于体内的多聚磷酸盐水解，产生大量能量，

$$ATP + H_2O \longrightarrow ADP + H_3PO_4 + 能量$$

同时将磷酸盐释放于环境中。

生物除磷原理就是利用所谓聚磷菌在好氧条件下可过量吸磷，即水中磷富集于活性污泥中；而在厌氧条件下活性污泥中磷可释放，即磷主要存在于上清液中，从而分别通过聚磷剩余

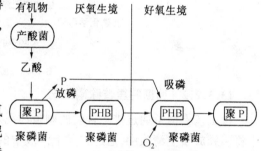

图13.5 生物除磷机理示意图

活性污泥排放和含磷上清液排放使磷脱离处理系统，达到生物除磷的目的。此外，在生物除磷过程中BOD亦得到分解（图13.5）。

由图13.5可知，在厌氧条件下，废水中的有机物经产酸菌作用形成乙酸。而聚磷菌在此条件下将聚磷物分解，释放出的能量一部分供自身生存需要，另一部分用于吸收乙酸、H^+和电子，使之以PHB形式贮藏于细胞内，无机磷排出胞外。在好氧条件下，聚磷菌分解PHB释放出能量，一部分用于自身的生长繁殖，另一部分用于无机磷的吸收，形成聚磷物贮藏在细胞内。

13.3.2 生物除磷的基本工艺流程

生物除磷工艺与二级活性污泥法处理污水工艺基本类似。根据生物除磷原理，欲使磷得以去除，必须将含磷介质排出系统外。为了创造除磷条件，并在活性污泥中形成磷过量摄取的所谓聚磷菌，应设置厌氧池和好氧池。现有的生物除磷工艺很多，包括 A/O 工艺、A^2/O 工艺、Phostrip 工艺、Bardenpho 工艺、UCT 工艺、Phoredox 工艺、AP（Activated Primary）工艺和 VIP 工艺等，常见的主要有两种：A/O 法和弗斯特里普（Phostrip）除磷工艺。

13.3.2.1 A/O 工艺

工艺流程如图13.6所示。该工艺主要通过排除富含磷的剩余污泥达到除磷的目的。其主要特点是工艺流程简单，不需投药，运行费和建设费少。缺点是除磷效率低，去除率为75%左右，当 P/BOD 值较高时，难以达到排放要求。

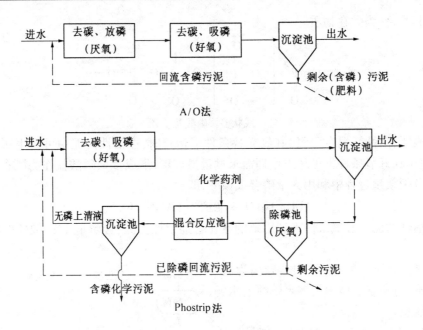

图 13.6 除磷工艺流程

13.3.2.2 弗斯特里普除磷工艺

该工艺不但可通过排除含磷的剩余污泥达到除磷的目的,还可利用活性污泥在厌氧池中将磷释放于上清液中,通过去除上清液中的磷而达到除磷的目的(图 13.6)。上清液中的磷可通过化学除磷方法去除。

该工艺弥补了 A/O 法效果欠佳的不足,磷去除率可达 90%以上。但缺点是工艺复杂,需投加药剂,运行费和建设费较高。

13.3.3 影响生物除磷的主要因素

13.3.3.1 溶解氧

在生物除磷工程系统中,聚磷菌的吸磷、放磷主要是由水中溶解氧浓度决定的。溶解氧是影响除磷效果最重要的因子,好氧吸磷池溶解氧最好控制在 3~4 mg/L,厌氧放磷池溶解氧应小于 0.2 mg/L。

13.3.3.2 NO_3^-—N 浓度

生物除磷系统中 NO_3^-—N 的存在,会抑制聚磷微生物的放磷作用。处理水中 NO_3^-—N 浓度高,除磷效果差,除磷效果一般与 NO_3^-—N 浓度呈负相关。为此,常采用同步脱氮除磷工艺,该工艺的主导思想是先除磷,如采用厌—好—厌—好—沉淀工艺。

13.3.3.3 BOD_5/TP 值

废水中的 BOD_5/TP 值是影响生物除磷系统去磷效果的重要因素之一。每去除 1 mg BOD_5 约可去除 0.04~0.08 mg。为使出水总磷小于 1 mg/L,应满足废水中的 BOD_5/TP 值大于 20,或溶解性 BOD_5/溶解性 P 大于 12~15,这样可取得较好的除磷效果。

思 考 题

1. 怎样判断是否为富营养化水体？
2. 水体富营养化产生的原因、危害和防治措施。
3. 生物脱氮的基本原理和主要的工艺。
4. 生物除磷的基本原理和主要的工艺。

第 14 章 污染控制微生物学的应用

14.1 微污染水源水的生物预处理

预处理通常是指在常规处理工艺之前,采用适当的物理、化学和生物等处理方法,对水中的污染物进行初级去除,以便使常规处理工艺更好地发挥作用,提高对污染物的去除效果,改善和提高饮用水水质。

依照污染物去除途径的不同,预处理方法可分为氧化法和吸附法两大类,其中氧化法又可分为化学氧化法和生物氧化法。化学氧化预处理是采用氧化剂来分解破坏水中污染物的结构,达到转化或分解污染物的目的。目前,采用的氧化剂有 Cl_2、$KMnO_4$、O_3 和紫外光氧化等。去除废水中悬浮性的和溶解性的有机物(如 BOD_5、氮和磷等),通常采用生物法,其特点是经济、有效。将污水的生物处理法移植到污染水源的给水处理中,是饮用水处理技术领域的一个重大进展。

14.1.1 生物处理的对象和目的

给水生物处理的主要对象是水中的有机物(包括天然有机物 NOM 和人工合成有机物 SOM,通常用总有机碳 TOC 表示)、氮(包括氨氮、亚硝酸盐氮和硝酸盐氮)、铁和锰等,这些物质在给水中的浓度达到一定程度时,就会对人体及配水系统造成危害。

14.1.1.1 总有机碳(TOC)及其危害

地下水的总有机碳(TOC)含量一般在 0.1~2 mg/L 之间,而地表水则为 1~20 mg/L。给水中的大量 TOC 通常源于水源中的腐殖质,其中包括复杂的高分子多环芳香族化合物。TOC 的其余一小部分(一般小于 10%)由合成有机化合物组成,这些化合物的浓度一般都很低,主要来自城市和农村的径流以及工业和城市排水。这些化合物可能是含氯有机物的前体物,或有利于饮用水中微生物的生长。

英国、美国、荷兰和我国进行的一些流行病学的调查研究,都证明了长期饮用含有多种微量污染物(特别是促癌和致癌、致畸、致突变污染物)的水的居民群,其消化道的癌症死亡率明显地高于饮用洁净水对照组的居民群。因此,从饮用水中去除这些微量污染物已成为当前保障人民饮水卫生乃至生命安全的首要的净水任务。但是,目前给水处理厂中最通用的混凝沉淀、砂滤、投氯消毒处理流程不能有效地除去这些微量污染物,为此需要研究和开发新的除污染净水技术。

14.1.1.2 氮及其危害

氮在原水中以有机氮、氨、亚硝酸盐和硝酸盐的形式存在,它们存在于饮用水中均是不利的,有机氮通常首先被生物氧化为氨,氨进一步被氧化为亚硝酸盐和硝酸盐。亚硝酸盐不稳定,在天然水中很少发现。

(1) 氨

饮用水中氨氮的浓度很少超过 3 mg/L,我国一些河流中氨氮浓度在 0.17~4.41 mg/L。冬季硝化作用减弱时,地面水氨氮浓度有季节性增高的特点。

通常供水中的氨氮对健康不造成直接明显的危害,但氨是自养菌繁殖的电子供体,在处理厂和配水系统中,氨氮浓度达到 0.25 mg/L 时,就足以使硝化菌生长,而硝化菌在代谢过程中产生的一些挥发性物质和氨本身的释放,会造成嗅味问题。氨还可以与氯、二氧化氯等氧化性消毒剂反应,从而降低消毒剂的消毒效率。

(2) 硝酸盐

由于地表径流稀释、植物吸收和反硝化作用,地表水中的硝酸盐浓度一般小于 5 mg/L。相反,由于植物吸收量小,用于反硝化的有机碳缺乏,地下水中的硝酸盐浓度一般较高。作物灌溉促使肥料中的硝酸盐进入地表水和渗入地下水。1985 年 AWWA 的调查表明,过多的硝酸盐导致美国有 23% 的主要饮用水源的水质受到破坏。

人体过多摄入硝酸盐,将使血红蛋白氧化为高铁血红蛋白,失去正常的输氧功能,引起中毒,这一毒害作用对婴儿尤甚。硝酸盐在厌氧条件下有被还原成亚硝酸盐的可能,亚硝酸盐进入生物体后,将取代血红细胞中氧的位置,大量摄入将导致窒息。亚硝酸盐还可与环境中的仲胺、酰胺或类似的氮氧化物发生反应,形成直接致癌的亚硝基化合物(如亚硝胺等),这种反应在酸性溶液中更容易发生,人和哺乳动物的胃中由于大量胃液的分泌,特别是在饮食后,导致胃内 pH 值很低,更易致癌。

14.1.1.3 铁和锰

铁、锰一般较多地存在于地下水中和层生湖泊的厌氧均温层中。我国含铁地下水分布较广,比较集中的地区是松花江流域和长江中、下游地区。地下水中的铁离子浓度通常是 1.0~10 mg/L,个别可高达 30 mg/L。在 pH 值为 5~8 的含氧地面水中的铁离子浓度一般在 0.05~0.2 mg/L,碱度低的厌氧水域中铁离子的浓度可高达 50 mg/L。锰在自然水域中比铁少,在中性以下的 pH 值条件下,溶解锰的主要形式是 Mn^{2+}。锰铁离子浓度一般在 0.1~3.0 mg/L 之间,个别高达 10 mg/L,在低 pH 值的水域中则浓度较高。

含铁、锰较高会造成饮用水质量下降并对配水管道造成危害。首先,给水中铁、锰浓度过高时,将产生红褐色甚至出现沉淀物,会使被洗涤衣物着色,并有金属味;其次,含铁、锰过高的水容易导致铁、锰细菌大量繁殖,造成管道腐蚀、堵塞。在给排水管道内常有铁、锰细菌的存在,尤其是具柄和鞘的铁细菌大量繁殖,将导致出现铁、锰氧化物与大量增生的菌体粘合在一起,造成管道阻塞,使管道过水能力明显下降。当水为中性时,具柄铁细菌起作用,使管道表面的可溶性 Mn^{2+} 氧化为不溶性 Mn^{4+}。具鞘铁细菌(如纤发菌)增生能力强,在短期内形成大量的鞘,鞘上有粘性分泌物,能沉积锰、铁造成管道堵塞。

14.1.2 生物预处理的特点

生物预处理是指在常规净水工艺之前增设生物处理工艺段,借助于微生物群体的新陈代谢活动,对水中的有机污染物、氨氮、亚硝酸盐及铁、锰等无机污染物进行初步去除,这样既改善了水的混凝沉淀性能,使后续的常规处理更好地发挥作用,也减轻了常规处理和后续深度处理过程的负荷,延长过滤或活性炭吸附等物化处理工艺的使用周期和使用容量,最大可能地发挥水处理工艺整体作用,降低水处理费用。另外,通过可生物降解有机物的去除,不仅减少了水中"三致"前体物的含量,改善出水水质。同时,也减少了细菌在配水管网中重新滋生的可能性。用生物预处理代替常规的预氯化工艺,不仅起到了与预氯化作用相同的效果,而且避免了由预氯化引起的卤代有机物的生成,这对降低水的致突变活性,控制三卤甲烷等物质的生成是十分有利的。

生物预处理在饮用水处理中具有以下特点。

1. 能有效地去除原水中可生物降解有机物

水中有机物种类繁多,形态各不相同,它们在水处理过程中的物理、化学和生物化学性质也存在较大差异。从分子量上来说,生物可降解有机物主要是分子量小于 1 500 的有机物。常规的给水处理工艺,即混凝、沉淀和过滤,主要是去除分子量为 10 000 以上的有机物,对低分子量有机物的去除率较低,特别是对分子量小于 500 的有机物,几乎没有去除能力。而这部分低分子量有机物可能是形成消毒副产物卤乙酸的主要前体,也是饮水管网中细菌生长的主要营养基质。生物预处理能有效去除这部分有机物,对提高整个给水处理工艺对有机物的去除效果有重要意义。

2. 增加整体处理工艺出水的安全可靠性

就深度处理的生物活性炭工艺而言,炭粒表面的生物膜在水力冲刷作用下,会产生脱落,进入出水。由于生物膜上的微生物在一定工艺运行条件下得到了长期驯化,它们对各种不利环境因素的适应性较强,具有比单体细菌更强的抗消毒剂能力,一般的后氯化消毒难以完全杀死这些微生物,因此,需要增大最后消毒的用氯量以保证饮用水的卫生安全,这样又势必引起水中卤代物生成量的增加和致突变活性的升高。Camper 等人对数家采用活性炭工艺的给水处理厂的出水分析结果表明:17% 的出厂水中仍含有超标准的大肠杆菌。因此,生物活性炭作为饮用水深度处理工艺所产生的卫生安全性问题已经引起了人们的注意。Bouwer 等人的研究指出,生物处理最好设置在物化处理工艺的前面作为预处理,这样既可以充分发挥微生物的生物降解作用,应付各种水质变化所带来的不利冲击,保护后续物化处理工艺的正常运行效率,同时,生物处理所产生的微生物代谢产物、脱落生物及其他颗粒生物也可以通过后续工艺加以控制,从而增加饮用水的卫生可靠性。

3. 能较好地去除低浓度有机物

目前,在饮用水处理中采用的生物处理系统大多数是生物膜类型。在生物膜反应器中,填料上生物量的积累大于悬浮生物处理系统,有利于世代期较长的微生物生长。饮用水中微量污染物浓度有利于诸如土壤杆菌、假单胞菌、嗜水气单胞菌、黄杆菌、芽孢杆菌和纤毛菌等贫营养微生物的生长繁殖,这些贫营养微生物具有较大的比表面积,对可利用基质有较大的亲和力,而且呼吸速率低,有较小的最大增殖速度和 Monod 饱和常数(K_s 约为 $1 \sim 10\ \mu g/L$ 左右),所以,在天然水体条件下,其对营养物的竞争具有较大的优势。Namkung 和 Rittmann 的研究表明,在多种微量基质同时存在时,其生物降解去除速率和生物量的积累,要比同样浓度的单个基质的生物降解更快、更多。这表明多种微量污染物的混合,可增加生物膜系统处理效果的稳定性,而受污染的水源水中往往含有多种微量有机物。另外,贫营养菌可通过共代谢作用去除浓度极低的微量污染物,例如,贫营养菌在分解利用浓度为 1.1 mg/L 的富里酸时,对浓度为 100 $\mu g/L$ 的酚和萘的去除率 90% ~ 92%,对土臭素和 2-甲基异茨醇的去除率分别为 55% 和 44%,这表明利用水中天然有机物形成的生物膜处理系统可较好地去除微量污染物、臭味及色度物质。

4. 能去除氨氮、铁、锰等污染物

生物膜固定生长的特点使生物在反应系统中具有较长的停留时间，一些生长较慢的微生物，如，硝化细菌等自养菌可在反应器内得到不断增殖和积累。对硝化反应动力学的分析表明，即使在低温条件下，生物膜去除氨氮的作用也是十分有效的。

铁和锰一般都是首先通过氧化作用形成不溶物再经过滤去除的，或首先氧化成可溶物再被水合三价铁和三价锰覆盖的过滤介质吸附而被去除。虽然人们对活性微生物存在时，快砂滤池和慢砂滤池、流化床反应器、GAC滤池和土壤渗透作用对铁、锰的去除进行了大量研究，但是微生物在这些系统中的作用和重要性还不甚清楚。化学和生物反应都能把铁、锰氧化成不溶物。法国的一项研究表明，微生物在快速砂滤池中是作为生物催化剂以加快铁、锰的去除。溶解氧低的地下水通过轻微曝气（$0.5 \sim 1.0$ mgO_2/L）再经快速砂滤池（$20 \sim 25$ m/h），可达到铁（$0.3 \sim 0.5$ mg/L）和锰（$0.02 \sim 0.0025$ mg/L）的有效去除。

5. 具有经济、有效的特点

生物预处理去除有机污染物、氨氮、铁和锰等，与物化处理工艺相比，具有经济、有效且简单易行的特点。

14.1.3 生物氧化预处理技术

由于水源水（包括地表水和地下水）羡染的不断加剧，采用常规的水处理工艺生产出合格用水变得越来越困难，而且各种物理化学方法以及生物活性炭的深度处理技术在推广使用中还存在一定的局限性，因而生物预处理工艺的开发与应用已受到人们的广泛重视。目前，饮用水生物处理技术在欧洲较为普及，尤其是法国的研究和使用代表着当今世界生物处理的先进水平。近几年来，亚洲国家（如日本）也相继开展了生物预处理的各种研究，并取得了较好的成果。水处理中的生物预处理技术主要是各种生物膜工艺，大致可分为生物过滤、生物塔滤、生物转盘、生物接触氧化、生物流化床及在水源地通过堤岸、沙丘等渗透的土地处理系统等类型，其机理与废水处理相似，下边分别给以简单介绍。

14.1.3.1 生物过滤

生物滤池是目前生产上常用的生物处理方法，有淹没式生物滤池、煤/砂生物过滤及慢滤池等。滤池中装有比表面积较大的填料，通过固定生长技术在填料表面形成生物膜，在水体与生物膜不断接触过程中，有机及氮等营养物质被生物膜吸收利用而被去除，这种滤池在运行中有时需补充一定量的压缩空气，这不仅为生物生长提供足够的溶解氧，而且有助于新老生物膜的更新换代，保证生物膜的高氧化能力。这种工艺的特点是污染物去除效率高，处理效果稳定，污泥产量少，运行费用低，管理方便，且受外界环境变化的影响较小，处理出水在有机物、嗅味、氨氮、铁、锰、细菌、浊度等方面均有不同程度的降低，使后续常规工艺的混凝剂耗量与消毒用氯耗量减少。

臭氧与生物活性炭联用已有较多的研究，由于臭氧具有改善水的可生化性的特点，所以，目前臭氧预处理与生物处理联用的工艺技术研究受到了普通重视。

14.1.3.2 生物塔滤

同生物过滤相同，塔式滤池控制污染也是通过滤料表面的生物膜的新陈代谢活动来实现的。塔式滤料的主要优点是负荷高、水处理量大、占地面积小，且对水量、水质变化有较强

的适应性。其缺点是动力消耗较大,且运行管理较为不便。

14.1.3.3 生物转盘

生物转盘在废水处理中已被广泛采用,目前,在给水处理中尤其是水源水污染较为严重的水处理中逐渐被研究者所采用。由于生物转盘上的生物膜能够周期地运动于空气与水两者之中,微生物能直接从大气中吸收需要的氧气(减少了溶液中氧传质的困难),使生化过程更为有力地进行。转盘上生物膜生长的表面积大,生物量丰富,不会出现生物滤池中滤料堵塞情况,容易清理与维修管理,而且生物转盘有较好的耐冲击负荷能力,运转费用较低,脱落生物膜也易于处理。存在的不足之处是生物需要的接触时间较长,构筑物占地面积较大,且塑料盘片的价格较贵。

14.1.3.4 生物接触氧化

生物接触氧化法也叫做浸没式生物膜法,即在池内设置人工合成填料,经过充氧的水以一定的速度流经填料,使填料上着生生物膜,在水体与生物膜接触过程中,通过微生物的代谢作用,使水中污染物质得到降解与去除。这种工艺是介于活性污泥法与生物过滤之间的处理方法,并且具有这两种处理方法的优点。接触氧化法的生物膜上生物相很丰富,除细菌外,球衣细菌等丝状菌也得以大量生长,并且还繁殖着众多种属的原生动物与后生动物。

生物接触氧化法的主要优点是处理能力大,对冲击负荷有较强的适应性,污泥生成量少,能保证出水水质,易于维护管理。缺点是在填料间水流缓慢,水力冲刷少,生物膜只能自行脱落,更新速度慢易引起堵塞,布水布气不易达到均匀,而且填料的使用,会大大增加投资费用。

14.1.3.5 生物流化床反应器

在流化床反应器中,生物膜是均匀分布的,生物膜与营养基质(溶解氧、C、N、P 等)接触几率增加,传质效果得以改善,基质在液相和生物膜之间的转移加快,使生物氧化在更快的反应速度下进行,提高了处理效率。

14.1.3.6 土地处理系统

利用土地生态系统对水源水进行预处理,也是一种重要的预处理技术,例如,利用堤岸过滤或沙丘渗透等系统对莱茵河水进行预处理的技术已有 70 多年历史了。在控制污染的过程中,土壤中生长的大量微生物起到了十分重要的作用。至今仍有不少的水厂采用该方法作为处理流程中的第一个环节。

14.2 污染控制微生物学在废水处理中的应用

14.2.1 废水微生物处理工艺设计的基本原则

废水处理厂的工艺流程系指在保证处理水达到所要求的处理程度的前提下,所采用的废水处理单元的有机组合。

废水处理工艺设计,主要应遵循以下基本原则。

14.2.1.1 废水的处理程度

这是废水处理工艺流程选定的主要依据,而废水的处理程度又主要取决于处理水的出路、去向。当处理水排放水体时，废水处理程度可考虑用以下几种方法进行确定。

(1) 按水体的水质标准确定

即根据当地政府、环境保护部门对该受纳水体规定的水质标准进行确定。

(2) 按城市废水处理厂所能达到的处理程度确定

一般多以二级处理技术所能达到的处理程度作为依据。

(3) 充分利用排放废水受纳水体的自净容量

这样可在一定程度上降低对处理水水质的要求，降低处理程度和运行费用，但对此应采取谨慎态度，应取得当地环境保护部门的同意。

14.2.1.2 处理水回用及可用物质的回收

在水资源日趋紧张的今天，对以处理水回用为主的城市废水和工业废水的综合治理技术越来越受到人们的重视，在进行工艺设计时必须给以充分重视。处理水有多种回用途径，可用于农田灌溉、浇灌菜田；可作为城市的杂用水，用于冲洗公厕、喷洒绿地、公园；冲洗街道和城市景观用水，以及其他水域的补给水等。无论回用的途径如何，在进行深度处理之前，城市废水必须经过完整的二级处理。

对于特种工业废水的处理，应首先考虑对废水中有用物质进行回收利用的可能性和可行性，这一点对节约资源，减少排污总量，保护环境具有重要意义。

14.2.1.3 废水处理副产物的合理处置

在废水生物处理工艺设计中，应充分重视一些副产物的处置和处理，以免造成二次污染。如在废水处理过程中不可避免地要产生大量的剩余污泥，我们可以采用由厌氧消化、脱水、干化等技术组成的系统对其进行处理，处理后的污泥已去除其中含有的细菌和寄生虫卵，并可以作为肥料用于农业。再如，在高浓度有机废水的生物处理工艺中，由厌氧生物处理设备产生的大量生物气如果直接排放，势必会造成大气的污染。如果生物气中含甲烷量较高(60%)，则是一种可贵的能源物质，在对其回收利用的同时，也避免了直接排放所造成的环境污染问题；如果生物反应器排出的异味气体没有回收价值，也必须对其进行适当处理后再行排放，或在一定的条件下，施行高空排放。

14.2.1.4 工程造价与运行费用

使处理水达到相应的水质标准是前提条件，工程造价和运行费用也是工艺设计的重要因素。以原废水的水质、水量及其他自然状况为已知条件，以处理水应达到的水质指标为约束条件，而以处理系统最低的总造价和运行费用为目标函数，建立三者之间的相互关系。

减少占地面积也是降低建设费用的重要措施，从长远考虑，它对废水处理厂的经济效益和社会效益有着重要的影响。

14.2.1.5 当地的自然条件

当地的地形、气候等自然条件也对废水处理工艺流程的选定与设计具有一定的影响。例如，如当地拥有农业开发利用价值不大的旧河道、洼地、沼泽地等，就可以考虑采用稳定塘、土地处理等废水的自然生物处理系统。在寒冷地区应当考虑在采取适当的技术措施后，处理系统在低温季节也能够正常运行，并采用保证取得达标水质的工艺，处理构筑物应尽可能地都建在露天，以减少建设与运行费用。

14.2.1.6 原废水的水量与废水流入工况

除水质外,原废水的水量也是处理工艺设计的一个重要参数,水质、水量变化较大的原废水,应考虑设调节池或事故贮水池,或选用承受冲击负荷能力较强的处理工艺,如完全混合型曝气池等。某些处理工艺,如塔式滤池和竖流式沉淀池只适用于水量不大的小型废水处理厂。

工程施工的难易程度和运行管理需要的技术条件也是选定处理工艺流程需要考虑的因素。地下水位高,地质条件较差的地方,不宜选用深度大、施工难度高的处理构筑物。

总之,废水处理工艺流程的选定是一项比较复杂的系统工程,必须对上述各项因素加以综合地考虑,进行多种方案的经济技术比较,必要时应当进行深入的调查研究和试验研究工作,这样才有可能选定技术可行、先进,经济合理的废水处理工艺流程。

14.2.2 常规废水生物处理工艺技术

有代表性的常规废水生物处理工艺技术体现在城市废水处理中,图 14.1 是城市废水处理工艺的典型流程。该流程是由完整的二级处理系统和污泥处理系统所组成。

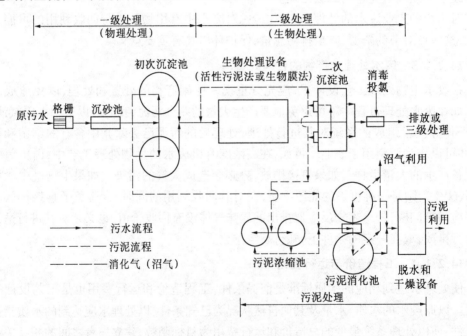

图 14.1 城市废水处理典型流程

该工艺流程通过包括格栅、沉砂池和初次沉淀池在内的一级处理,去除废水中的固体污染物质,包括从大块垃圾到颗粒粒径为数毫米的悬浮物(非溶解性的和溶解性的)。废水的 BOD 值,通过一级处理能够去除 20% ~ 30%。

以生物处理技术为基础的二级处理系统是城市废水处理工艺的核心,其主要作用是去除废水中呈胶体和溶解状态的有机污染物(以 BOD 或 COD 表示)。通过二级处理,废水的 BOD 值可降至 20 ~ 30 mg/L,一般可达到排放水体和灌溉农田的要求。

各种类型的生物处理技术,如活性污泥法、生物膜法以及自然生物处理技术,只要运行正常,都能够取得良好的处理效果。

污泥是废水处理过程的副产品,也是必然的产物,如,从初次沉淀池排出的沉淀污泥,从生物处理系统排出的生物污泥等。这些污泥应加以妥善处置,否则会造成二次污染。在城市废水处理系统中,对污泥的处理多采用由厌氧消化、脱水、干化等技术组成的系统。处理后的污泥已去除其中含有的活性细菌和寄生虫卵,并可以作为肥料用于农业。

14.2.3 高浓度有机废水生物处理工艺

目前,我国水体污染物仍然以有机污染物为主,有机污染物的主要来源是工业排放,另一方面是由于人口的增加和城市化的加速,城市生活废水量不断增加,使有机污染物增加,据调查,化工、冶金、炼焦、轻工、制药等行业是有机污染物的主要来源,这类工业废水不仅数量多,而且浓度高,有些还含有有害和有毒的物质,对环境造成极大的危害。因此,控制有机污染的关键是要治理工业污染源。为了治理高浓度有机废水,"七五"国家科技攻关项目中已专门列题研究,为了实现可持续发展的战略目标,近些年,我国更是加大了科研攻关力度。经过努力,高浓度有机废水处理技术得到了迅速发展,其中尤以生物处理技术最受青睐。以下就几种典型的工业高浓度有机废水的生物处理技术做以介绍。

14.2.3.1 造纸废水的生物处理工艺

造纸工业是一个与国民经济和社会建设息息相关的重要产业部门,其发展水平已经成为衡量一个国家经济和社会发展水平的重要标志。另一方面,造纸业也是一个重要的污染源,在美国,造纸工业被列为环境污染的六大公害之一(钢铁、炼油、电力、石油化工、矿山和有色金属、造纸)。日本也将造纸行业列为五大公害之一(钢铁、电力、石油化工、冶金、造纸)。据近年统计资料介绍,我国制浆造纸工业废水排放量约占全国废水排放总量的10%~12%,居第三位;排放废水中化学耗氧量(COD)约占全国排放总量的40%~45%,居第一位。

制浆和造纸厂的废水主要来源于三个方面:制浆废液(黑液、黄液或红液等),中段水(包括洗浆水和漂白水)和纸机白水等。其中,造纸工业的污染主要来自于制浆段(黑液、黄液或红液),约占总污染物发生量的90%。每生产1 t纸浆需2.3 t纤维原料、300 kg碱和10 t水,若不考虑废液中的资源回收,则将有1.5 t左右的原材料(其中包括400 kg木质素,300 kg碱)成为环境污染物,形成江河污染的主要污染源。由于制浆黑液的直接排放会造成极大的资源浪费和严重的环境污染,所以,我国已对黑液的资源回收利用做出了严格规定,经过工艺改革后的造纸企业,其主要污染源将来自中段废水。

造纸废水中主要含有木质素、纤维素,以及磺化、氯化木质素等大分子物质。其中,木质素是结晶态和无定形态相间的结构,十分复杂,包含有诸多苯环基团在内的天然有机大分子,广泛存在于植物木质化组织的细胞壁中,填充于纤维素的间隙而增加植物木质组织的机械强度,在自然环境中极难降解,也是造成造纸废水难于治理的主要原因。磺化和氯化的木质素大分子是在漂白和蒸煮(硫酸盐法制浆)时产生的,这些物质不但难以自然降解,而且是强致癌、致畸、致突变物质,对生物有很强的毒性。总的说来,制浆造纸废水具有水量大,色度高,COD和BOD高,纤维等悬浮物多,并伴有硫醇类恶臭气体排放,含有难降解的毒性物质等特点,它的有效治理是亟待解决的环境问题。

对于造纸厂的废水,采用某种单一的物理化学或生物化学处理方法很难使其达标排放,往往需要多种技术的联合工艺才能达到有效治理的目的。目前,国内外采用的多是以生物处理为核心,以物化处理作为前期和后续处理的联合工艺技术。其中的生物处理可以是多种形式,活性污泥法、氧化塘法、生物滤池法、生物转盘法、生物接触氧化法、厌氧消化法,以及土地处理法都可有效地去除造纸废水中的有机污染物。

民丰造纸集团于 1990 年建立了一套中段水处理工程,该工程是国内第一座万吨规模的碱法草浆中段废水处理工程。该工程已竣工并通水试车,之后又经过两年多的改造和试运行,1989 年 9 月至今,该工程运行正常,日处理 1 万 t 废水,出水 $COD_{Cr} < 300$ mg/L。其工艺流程如图 14.2 所示。

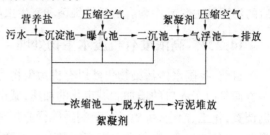

图 14.2 中段水处理工艺流程图

美国桑诺哥造纸厂建有曝气氧化塘和沉淀池,以处理该厂 8 台圆网抄纸机(用废纸浆生产特种纸)和 2 台长网纸板机(生产瓦楞纸板心层)排出的废水。整个系统每天处理废水量约 23 200 m³(夏季)至 34 000 m³(冬季),去除 BOD 为 9 100 kg。废水中悬浮物浓度小于 75 mg/L,BOD 为 400 mg/L,因此,该废水未经一级处理而直接送至曝气塘进行曝气处理,然后再通过后续的 2 台并联沉淀池的沉淀作用,进行泥水分离。沉淀池出水的 BOD 为 30~60 mg/L,悬浮物为 20~60 mg/L。

曝气塘面积 5.2 km²,深 4 m,装有 12 台曝气机,分别由 9~37 kW 电动机带动,日曝气量相当于 14 000 kg 氧气。为促进废水的净化,该工艺在运行中,适量地加入营养盐并控制废水流量,水力停留时间为 7 d。曝气后的废水流入 2 个沉淀池(每个 7 300 m³),水力停留 16 h,使固体物获得沉淀,澄清水或供灌溉用,或排入江河,处理流程详见图 14.3 所示。

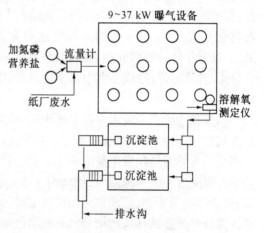

图 14.3 美国桑诺哥纸厂废水处理设备布置图

我国一些造纸企业根据本身和当地的自然条件,也有采用其他以生物处理为核心的废水处理技术的。如福建兴光造纸集团马尾造纸厂的废水处理采用的是以"絮凝→生物接触氧化"为主体的工艺技术,山东日照黄海木浆有限公司废水处理的主体工艺为"中和调节→曝气氧化塘",牡丹江林业造纸厂采用"气浮→絮凝→厌氧生物处理→好氧生物处理"的工艺对生产废水进行治理,内蒙牙克石林业造纸厂采用的是"生化曝气→废水库→土地处理"工艺,江苏盐城射阳造纸厂采用"生化曝气→絮凝→稳定塘→苇田处理"等。

14.2.3.2 印染废水的生物处理工艺

印染废水具有水量大,色度高,成分复杂等特点,废水中主要污染物包括染料(染色加工过程中的 10%~20% 染料排入废水中)、浆料、助剂、油剂、酸碱、纤维杂质及无机盐等,而且,染料结构中的硝基和胺基化合物及铜、铬、锌、砷等重金属元素具有较大的生物毒性,如

第14章 污染控制微生物学的应用

果不经过有效治理而直接排入环境,将造成严重的环境污染。

印染厂加工工艺一般主要经过退浆、漂白、丝光、染色、整理等工序,印染过程各工序排出的废水组成印染废水,主要包括以下污染物:悬浮物——纤维屑粒、浆料、整理加工药剂等;BOD——有机物,如染料、浆料、表面活性剂酯酚、加工药剂等;COD——染料、还原漂白剂、醛、还原净水剂、淀粉整理剂等;重金属毒物——铜、铅、锌、铬、汞、氰离子等;色度——染料、颜料在废水中呈现的颜色。表14.1 给出了印染工业废水的水质情况。

表14.1 印染工业废水水质情况

项目 废水种类	pH	色度/倍	SS/(mg·L^{-1})	COD/(mg·L^{-1})	BOD$_5$/(mg·L^{-1})	BOD$_5$/COD	备注
印染厂废水	8.5~10	200~500	100~300	400~500	200~300	0.375~0.5	国内调查资料
色织厂废水	7~9	30~40	200~300	250~300	100~300	0.4~0.43	
毛纺厂废水	5~7	100~200	500左右	300~500	150~300	0.5~0.6	
针织厂废水	9~14	<200	200~300	200~500	100~200	0.5	

对于印染废水的处理也包括各种物理化学法和生物处理法。由于水质水量的复杂性和多变性以及生物毒性物质的存在,使得印染废水成为最难处理的工业废水之一,采用单一的物化法往往很难达到有效治理的目的。目前,我国多采用以生物处理为核心的二级处理工艺,取得了良好的效果。

印染行业染色废水经生化处理后的COD一般可以达到国家规定的废水综合排放标准,但是棉纺印染行业由于涤纶等化纤织物比例上升,涤棉布所使用的聚乙烯醇(PVA)浆料可生化性很差,增加了染色废水生化处理难度。染色废水的生化处理,需要辅以物化技术作为前处理和后续处理,但主要负荷集中在生物膜或活性污泥处理。因此,生化处理是目前染色废水处理核心,而且运转费用低于物化法。各种生化处理装置技术条件,综合概括如表14.2。

表14.2 染色废水几种生化装置技术条件

处理方法	容积负荷(kgBOD$_5$/m^3·d)	停留时间h	BOD/(mg·L^{-1})			COD/(mg·L^{-1})			色度去除率%	电耗(kWh/t废水)	备注
			原水	出水	去除率%	原水	出水	去除率%			
延时曝气	0.15	15~36	100~150	3~7.5	95~98	124~600	37~48	70~80	50~70	0.4	
表曝	1.2~2.4	3~5	300~400	25~26	90~95	750~800	240	60~80	30~60	0.25~0.3	
塔式生物滤池	1.8	4	420~640	140~240	50~60	800~1000	450~500	40~50	~	0.075	太原印染厂
生物转盘	1.1~1.26	1.3~4	195	19.5	90	400	160	60	50	0.045	株洲织布厂
生物接触氧化池	2.5	1.5~3	200~500	45	80	600~700	243	60~65	40~70	0.4~0.5	榆茨印染厂
生物流化床	4.77	0.65~0.78	193.65	36.99	80.44	289.59	131.76	53.77		2.3	辽宁环保所

综合各种技术条件,生化处理方法首推生物流化床,其次是接触氧化和表面曝气法。废

水厂需根据自身的具体情况,选择最佳处理工艺方案。一般认为,废水流量小于 500 m^3/d,选用"生物转盘 – 混凝沉淀"为主体的处理工艺比较适宜;当废水流量大于 500 m^3/d 时,采用"表面曝气 – 混凝沉淀"为主体的工艺技术比较理想,如果厂区占地面积受限,建议选用"生物流化床 – 混凝沉淀"为主体的处理工艺。

14.2.3.3 重金属废水的生物处理工艺

重金属污染已成为当今世界的一个公害问题。重金属污染不仅造成土壤、水体、大气环境的污染,而且由于重金属在生物体内的富集、吸收与转化,从而通过食物链危害人体健康。采矿、冶金、金属酸洗及电镀行业是主要的重金属污染源。对于重金属废水的处理,可以采用物化方法,也可以采用一定的生物法进行处理,因为许多金属也能加入到自然界的物质循环中去,这其中就包括了生物的转化作用。

微生物对金属元素的转化作用表现在以下四个方面:①合成作用。如 P、S 等元素通过生物合成作用组成菌体核酸、蛋白质,钴吸收在菌体内组成维生素,有的菌产生有机酸与金属离子螯合生成金属有机物等;②分解作用。含金属的有机物通过微生物的分解作用,使金属元素又以其无机态释放到自然界。如脱硫弧菌使 S 与 Fe、Cu,生成 FeS 或 Fe_2S_3 和 CuS 沉淀;③氧化与还原作用。化能自养型细菌在氧化无机物的过程中获得能源。同时,无机物又作为电子供体使 CO_2 还原为有机碳化物。如铁细菌,可将 Fe^{2+} 氧化为高价的 Fe^{3+},从中取得其生活所需的化学能。再如,汞细菌能将 Hg^{2+} 还原成元素 Hg 等;④溶解与沉淀。产酸细菌生成的 HNO_3、H_2SO_4 等强酸可使矿物溶解;有的微生物可生成 H_2S,使金属元素转化成硫化物沉淀。另外,微生物可以通过多种机制对重金属产生抗性,对重金属进行吸附、络合、沉淀和化合价转化,像这样的微生物可以用于重金属污染物的处理。目前,可用于重金属污染物处理的微生物方法主要有以下几种。

1. 生物吸附法

生物吸附是利用生物量(活性污泥或发酵工业的剩余菌体)通过物理化学机制,将金属吸附或通过活细胞吸收并浓缩环境中的重金属离。由于重金属具有毒性,如果浓度太高,活的微生物细胞就会被杀死,所以,必须严格控制被处理水的重金属浓度。例如,利用藻类和蓝细菌通过吸附可以降低矿山排出水的 Cu、Cd、Zn、Hg 和 Fe 的浓度,把这些微生物装在一个空心柱中,然后把含有重金属的废水流过柱子,重金属的去除率可达 99%。再如,可以利用工业发酵后剩下的芽孢杆菌菌体或酵母菌吸附各种重金属。具体做法是首先用碱处理菌体,以便增加其吸附重金属的能力,然后通过化学交联法固定这些细胞,固定化的芽孢杆菌对重金属的吸附没有选择性,可以去除废水中的 Cd、Cr、Cu、Hg、Ni、Pb、U 和 Zn,去除率可达到 99%。吸附在细胞上的重金属可以用 H_2SO_4 洗脱,然后用化学方法回收重金属。经过碱处理后的固定化细胞还可以重新用于吸附重金属。

2. 硫酸盐还原菌净化法

脱硫弧菌属硫酸盐还原菌是厌氧化能细菌,它最大特征就是在无自由氧条件下,在有机质存在时通过还原硫酸根变成 H_2S,从中获得生长的能量而大量繁殖;它繁殖的结果,使溶解度很大的硫酸盐变成了极难溶解的硫化物或 H_2S。这类细菌分布极广,海洋、湖泊、河流及陆地上都能存在,在没有自由氧而有硫酸盐及有机物存在的地方,它就能生长繁殖。其生长温度为 26~35℃,pH 值为 6.2~9.5。该细菌的作用可将废水中的硫酸根变成 H_2S,使废水中浓度较高的重金属 Cu、Pb、Zn 等转变为硫化物而沉淀，从而使废水中的金属得以去除。

由于脱硫弧菌(*Desulfovibrio desulfuricans*)只能在厌氧条件下产生 H_2S，所以，利用这种微生物去除环境中的重金属不需要给反应体系提供 O_2，所用的反应器一般为 Sludge-blanket 反应器。这种生物反应器可以有效地处理受有毒重金属和 SO_4^{2-} 污染过的地下水，为了使微生物能在反应器中正常生长并维持较高的代谢活性，需向所处理的金属废水中投加一定量的有机物作为营养物质，乙醇是被经常采用的微生物生长底物。

3. 磷酸盐沉淀法

柠檬酸杆菌(*Citrobacter sp.*)的休止细胞表面上存在一种叫做酸性磷酸酶的物质，可以催化有机磷酸，如催化 2-P-甘油释放出 HPO_4^{2-}，并使二价金属阳离子发生沉淀反应，所形成的沉淀物累积于细胞表面上。根据这个原理可以利用这种细菌处理含有重金属或核放射性物质的废水。

4. 利用微生物的转化作用去除重金属

微生物可以通过氧化作用、还原作用、甲基化作用和去烷基化作用(Dealkylation)对重金属和重金属类化合物进行转化。例如，利用抗 Hg^{2+} 的细菌，通过连续培养的方法可以把 Hg^{2+} 还原成单质 Hg，Hg 的挥发速率为 2.5 mg/L·h，Hg^{2+} 去除率为 98%。许多真菌、藻类、细菌和酵母菌可以把 Ag^+ 还原成 Ag，Ag 便沉积在培养容器上或菌落周围。有些能还原 CrO_4^{2-} 的细菌，如阴沟肠杆菌(*Enterobacter cloacae*)能抗 $1 \times 10^4 \mu mol/L$ 铬酸盐，在厌氧条件下能使 CrO_4^{2-} 还原成 Cr^{3+}，Cr^{3+} 可通过沉淀反应与水分离而被去除。

14.3 污染控制微生物学在大气治理中的应用

大气污染主要是由人类活动造成的。大气污染物来源广泛，主要包括各类化工厂、化纤厂、石油化工、火力发电厂、垃圾焚烧厂等的废气和汽车尾气，以及废水处理厂和垃圾处理场均产生臭气等。废气中含有许多有毒的污染物，散发能够挥发的有机污染"三致"物，还有恶臭、强刺激、强腐蚀及易燃、易爆的组分，导致空气污染。有些大气污染物可与大气中的其他成分发生化学或光化学反应，形成诸如硫酸盐雾和光化学烟雾等二次污染物，造成严重的公害事件。

废气的处理方法有物理和化学方法，如，吸附、吸收、氧化及等离子体转化法，还有生物净化法。废气的微生物处理是利用微生物的生物化学作用，使污染物分解，转化为无害或少害的物质。由于废气的微生物处理具有设备简单、能耗低、不消耗有用的原料、安全可靠、无二次污染等优点，在当代受到了高度重视，发展迅速。

20 世纪 80 年代，德国、日本、荷兰等国家已有相当数量(工业规模)的各类生物净化装置投入运行。对于许多一般性的空气污染物，该项技术的控制效率已达到 90% 以上。我国在这一技术领域的工作尚处于起步阶段，亟待研究开发。

微生物能氧化有机物，产生二氧化碳和水等物质，但这一过程难于在气相中进行，因此，废气的生物处理必须先将气态物质溶于水后才能用微生物法处理。另外，废气的成分往往比较单一，难以全面满足微生物生长代谢对营养的要求，所以，在废气的生物处理中需要向生物反应器中投加适宜的营养物质才能保证处理效果。目前，微生物主要用来处理污染大气中的有机污染物，特别是脱除臭味。如乙醇、硫醇、硫醚、酚、甲酚、吲哚、噻吩衍生物、脂肪酸、乙醛、酮、二硫化碳、二氧化硫、氨和胺等，都可以通过微生物进行处理。通常某类微生物特别适合于某种污染物的处理。

废气的微生物处理的主要方法可分为生物吸收法、生物洗涤法、生物滴滤法和生物过滤法等。

14.3.1 微生物吸收工艺

微生物吸收法是利用由微生物、营养物和水组成的微生物吸收液处理废气，适合于吸收三溶性的气态污染物。微生物混合液吸收了废气后进行好氧处理，去除液体中吸收的污染物，经处理后的吸收液再重复使用。图 14.4 是生物吸收法处理废气的工艺流程示意图。

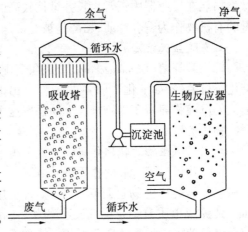

图 14.4 生物吸收法工艺流程示意图

废气的微生物吸收法处理工艺一般由吸收装置和废水反应装置两部分组成。吸收设备可以采用多种形式，如喷淋塔、筛板塔、鼓泡塔等。吸收过程进行非常迅速，混合液在吸收设备中的停留时间仅有几秒钟，而生物反应的净化过程相对较慢，废水在反应设备中一般需要停留几分钟至十几小时。如果生物转化与吸收所需时间相差不大，可不另设生物反应器，反之则需要将吸收器和生物反应器分开设置。

废水在生物反应器一般采用好氧处理装置，活性污泥法和生物膜法最为常见。经微生物处理后的废水可以直接进入吸收器循环使用，也可以经过泥水分离后再重复使用。废气经过吸收后所剩余的尾气，若有必要，再作净化处理（一般是再送入吸收器）。

14.3.2 微生物洗涤工艺

微生物洗涤法处理废气工艺类似于微生物吸收处理工艺（图 14.4），废气吸收液有废水处理厂剩余的活性污泥配置而成。该技术工艺对脱除复合型臭气效果显著，脱臭效率可达 90%，而且能脱除很难治理的焦臭。

14.3.3 生物滴滤工艺

图 14.5 为生物滴滤法废气处理工艺流程示意图。该工艺以生物滴滤反应塔为主体设备，内布多层喷淋装置，从底部进入的废气在上升过程中被喷淋的混合液充分吸收，并在反应塔底部形成废水处理系统，在曝气的条件下，微生物将废水中的有机物降解转化，达到稳定或无害化。该技术工艺集废气吸收器和废水处理器为一体，投资少，占地小，工艺简单，易于操作，处理效率高，受到普遍重视。

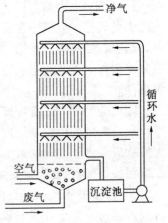

图 14.5 生物滴滤池法工艺流程示意图

14.3.4 微生物过滤工艺

微生物过滤法废气处理工艺是用含有微生物的固体颗粒吸收废气中的污染物，然后微生物再将其转化为无害物质。常用的工艺设备有堆肥滤池、土壤滤池和微生物过滤箱。

14.3.4.1 堆肥滤池

堆肥滤池结构如图 14.6 所示。在地面挖浅坑或筑池,池底设排水管。在池的一侧或中央设输气总管,总管上再接出直径约 125 mm 的多孔配气支管,并覆盖砂石等材料,组成厚度为 50~100 mm 的气体分配层;在分配层上再铺 500~600 mm 厚的堆肥,形成过滤层。过滤材料可用泥炭(特别是纤维状泥炭)、固体废弃物堆肥或草等。

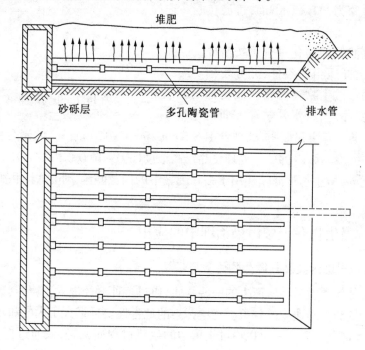

图 14.6 堆肥滤池

14.3.4.2 土壤滤池

土壤滤池构造与堆肥滤池基本相同,气体分配层下层由粗石子、细石子或轻质陶粒骨料组成,上部由黄砂或细粒骨料组成,总厚度为 400~500 mm。土壤滤层可按(以下为质量分数)粘土 1.2%、含有机质沃土堆肥 15.3%、细砂土 53.9% 和粗砂 29.6% 的比例混配,厚度一般为 0.5~1.0 m。有资料报道,在土壤中添加 3% 的鸡粪、2% 膨胀珍珠岩,滤层透气性不变,对甲硫醇的去除率提高 34%,对硫化氢的去除率提高 5%,对二甲基硫的去除率提高 80%,对二甲基二硫的去除率提高 70%。土壤使用一年后,就逐渐酸化,需及时用石灰调整 pH 值。

微生物滤池已用于处理肉类加工厂、动物饲养场、堆肥场等产生的废气。这类废气的主要特点是带有强烈的臭味,臭味是由一种或多种有机成分引起的,但这些有机成分在废气中的浓度不高。

14.3.4.3 微生物过滤箱

微生物过滤箱为封闭式装置(图14.7),主要由箱体、生物活性床层、喷水器等组成。床层由多种有机物混合制成的颗粒状载体构成,有较强的生物活性和耐用性。微生物一部分附着于载体表面,一部分悬浮于床层水体中。

废气通过床层,部分污染物被载体吸附,部分被水吸收,然后由微生物对污染物进行降解。床层厚度按需要确定,一般在 0.5~1.0 m。床层对易降解碳氢化合物的降解能力约为 200 g/(m³·h),过滤负荷高于 600 m³/(m²·h)。

微生物过滤箱的净化过程可按需要控制,因而能选择适当的条件,充分发挥微生物的作用。微生物过滤箱已成功地用于化工厂、食品厂、废水泵站等方面的

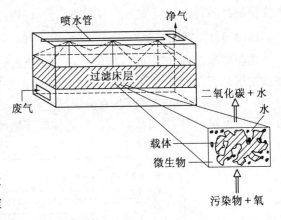

图 14.7 生物过滤箱

废气净化和脱臭。有研究证明,处理含 H_2S 50 mg/m³、CS_2 150 mg/m³ 的聚合反应废气,在高负荷下 H_2S 的去除率可达 99%。处理食品厂高浓度(600~10 000 Nod/m³)恶臭废气,脱臭率可达 95%。此外,微生物过滤箱还用于去除废气中的四氢呋喃、环己酮、甲基乙基甲酮等有机溶剂蒸气。

14.3.5 微生物在土壤污染治理中的应用

14.3.5.1 土壤污染及其微生物修复原理

土壤污染是指人类活动所产生的一些物质,通过多种途径进入土壤,其数量和速度超过了土壤环境容量和自净速度的现象。土壤污染的危害性要远远大于大气和水体污染。土壤一经污染后,除部分有害物质可以通过土壤中的生化过程而减轻,或通过挥发逸失外,还有不少有害物质能较长时期存留在土壤中,难于消除,特别是一些重金属化合物,残留时间长,危害作用大,经作物吸收后进入食物链危害人畜健康,严重时,可形成危害极大的公害病,使人们的生命财产造成损失。

土壤污染主要是由人类活动产生的人为污染源造成的,这些人为污染源包括工业污染源、农业污染源和生物污染源。污染源的复杂性决定了进入土壤污染物的多样性和复杂性,土壤污染物一般可分为无机污染物、有机污染物和病原微生物污染物。

土壤污染可以采用包括微生物作用在内的生物修复技术进行治理,尤其是受有机污染物污染的土壤可用微生物降解的方法来治理修复。微生物使土壤净化的原因是多方面的,除了生物体的吸附、吸收和蓄积等作用外,最主要原因有两方面:①在土壤中存在着多种多样的微生物,它们体内存在种类繁多的固有酶,在这些酶的作用下,微生物可将土壤中的有机污染物降解转化;②对于一些难降解或有毒的有机污染物,微生物可通过诱导酶的合成和微生物之间的共代谢作用使其降解或转化。另外,土壤微生物的活动对一些重金属也有很好的去除作用。

14.3.5.2 用于土壤治理的微生物

在污染土壤治理中起作用的微生物可以根据其来源分为三种类型,即土著微生物、外来微生物和基因工程菌(GEM)(详见第 15 章)。

14.3.5.3 土壤污染的生物治理工艺

土壤污染生物治理工艺主要可分为,原位处理(in situ 工艺)、异位处理(ex-situ)工艺(详见第15章)。

14.4 微生物在固体废弃物处理中的应用

14.4.1 微生物对固体废弃物的处理方法与原则

固体废弃物可按来源分为五类:①来自矿物开采和矿物选洗过程的矿业固体废物;②来自冶金、煤炭、电力、化工、交通、食品、轻工、石油等工业生产和加工过程的工业固体废物;③来自城镇居民的生活、市政建设和维护、商业活动的城市垃圾;④以农业生产和禽畜饲养主要来源的农业废弃物;⑤来自核工业和核电的生产、核燃料循环、放射性医疗和核能应用及有关的科学研究等的放射性废物。这些固体废弃物如果未经适当处理或处置不善,会对人类赖以生存的环境造成极大危害,主要表现在侵占土地、污染土壤、污染水体和污染大气等方面。

对于固体废弃物的处理应把握以下主要原则:①可用物质的回收利用,尤其是工矿企业的固体废渣和废料;②有机固体废物的资源化,如堆肥和沼气生产;③避免造成二次污染及满足卫生细菌学要求等。

目前,世界各国处理城市固体废弃物所采用的主要方法有填埋、焚化、堆肥以及制取沼气等,对于特种工业产生的有害固体废弃物应该根据废弃物的性质进行特殊处理或处置。

14.4.2 有机固体废弃物的生物处理

对于可生物降解的有机固体废弃物(一般是天然有机物),主要采用堆肥、沼气发酵和卫生填埋的方法进行处理。

14.4.2.1 堆肥法

堆肥法是在人工控制条件下,利用自然界广泛分布的细菌、放线菌和真菌等微生物将有机固体物质降解,向稳定的腐殖质进行生化转化的微生物学过程。按其需氧程度可区分为好氧堆肥和厌氧堆肥,现代化的堆肥工艺基本上都是好氧堆肥,这实际上是有机基质的微生物发酵过程。

好氧微生物的发酵过程可分为中温和高温两个阶段,中温范围是 15~45 ℃,高温范围是 45~80 ℃。在现代化堆肥生产工艺中,高温发酵时间持续最长,因此,称为高温堆肥化。在中温阶段和高温阶段活动的微生物是有区别的,分别称为嗜温性微生物和嗜热性微生物。各种嗜温性微生物适于在 15~45 ℃,即中温发酵阶段活动。现代化堆肥生产的最低温度确定为55 ℃,这是因为大多数微生物在 45~80 ℃范围内最活跃,分解有机物的能力最强,而且其中的病原菌和寄生虫大多被杀死。参与堆肥过程中分解有机物的嗜热菌有嗜热脂肪芽孢杆菌、高温单胞菌、嗜热放线菌、热纤梭菌、嗜热真菌,如白地霉、烟曲霉、微小毛壳菌、嗜热于囊菌和嗜热色串孢。这些微生物在高温下能分解纤维素、半纤维素、果胶、木质素、淀粉、脂肪、蛋白质,有些甚至可以分解塑料,从而使固体废物得到净化。

堆肥化开始，温度慢慢上升，嗜温菌较为活跃，大量增殖。有机物在被微生物转化和利用的过程中，有一部分化学能转变成热能，加之堆肥物料本身具有良好的保温作用，温度不断上升。这种自我加热的作用可以把堆料中的温度升高到 75 ℃左右或者更高。到达此温度时，嗜温细菌受到抑制，甚至死亡，复杂的有机物如半纤维素、纤维素和蛋白质也得到分解。经过高温发酵，堆料中的温度会逐渐下降，当温度稳定在 40 ℃左右时，堆肥基本达到稳定，形成腐殖质。然后将基本达到稳定的物质送到发酵室堆积，使其中的有机物熟化（腐热）。熟化过程一般不需通气，每 1~2 周可翻动一次。为了防止具有恶臭的硫醇、甲硫醚、二硫化物及二甲胺等生成物的挥发扩散，需在堆上覆盖一层熟化后的堆肥，厚度约为 30 cm。堆肥的熟化根据不同情况大约需要 7~120 d。

在堆肥过程中，应考虑影响发酵过程的各种环境因素，寻求适宜的操作参数。

(1) 温度

堆肥的最佳温度在 35~55 ℃，因为许多微生物种群都适于在这个温度范围内活动，可以提高堆肥效率；

(2) 水分

一般来讲，物料的含水率在 50%~60% 时最适于堆肥，含水率过高，会导致缺氧源，有机物分解效率降低，而且由于有硫化氢和硫醇产生，会发出恶臭；但含水率过低，也会妨碍微生物的增殖，降低有机物的分解速度；

(3) C/N 比

有机物被微生物分解速度随 C/N 比而变，适宜的 C/N 值约 4~30；

(4) C/P 比

堆料中磷的含量对发酵起很大影响，堆肥原料适宜的 C/P 比为 75~150；

(5) pH 值

通常，堆肥发酵时不需要调整 pH 值，但有的物料 pH 值偏高时需在露天堆积一段时间或掺入其他肥料以降低 pH 值，pH 值过高时（如超过 8.5），氮会形成氨而造成堆肥中氮的损失。

垃圾堆肥化是很好的生物处理法，这种方法在国内外有着广阔发展的前景。从国外发展趋势看，堆肥化被认为是解决城市垃圾和下水污泥的重要途径，例如，在荷兰和法国堆肥化处理的城市废物占总垃圾量（质量）的 20%，比利时占 9%，美国占 5%，德国占 3%。从我国农业发展的情况看，更需要大量有机肥料作为土壤改良剂，因而需要生产出优质堆肥，特别是肥效高的放线菌堆肥。我国每年有近万吨的生活垃圾产生，如果能将其中的有机垃圾用于生产堆肥，将会在我国农田培肥、作物增产、调整我国化肥工业氮、磷、钾严重失调上发挥巨大作用。堆肥化是垃圾处理的"最切合实际的生物处理法"。

14.4.2.2 沼气发酵

利用有机垃圾、植物秆、人畜粪便、污泥等制取沼气，除了能使有机污染物的降解达到稳定外，还具有许多其他优点，如工艺简单、成本低廉，严格密封的沼气池还能提高原料的肥效和杀灭寄生虫卵等，可改善环境卫生。沼气发酵的原理和主要控制因素已在"厌氧生物学原理及厌氧生物处理技术"一章做过详细讨论，在此不在赘述。

目前，沼气池在我国农村已得到推广，尤其是在南方的广大地区。常见的是在房前屋后建一座 6~8 m³ 的沼气池,并与猪圈、厕所连通,所产生的沼气可满足五口之家的烧饭、照明之用。

沼气的发展不仅可解决农民的烧柴困难,还为农业机械化、农村电气化提供了新能源,同时还增加了有机肥料,改善了土壤,为处理有机垃圾、粪便找到了有利途径,对保护环境亦能起到重大作用。

14.4.2.3 卫生填埋法

卫生填埋法是在堆肥法的基础上发展起来的,始于 20 世纪 60 年代,其原理与厌氧堆肥相同,都是利用好氧微生物、兼性厌氧微生物和专性厌氧微生物对有机物质进行分解转化,使之最终达到稳定化。

有机固体废弃物须分层填埋并压实,每层厚度一般为 2.5~3 m,层与层之间须覆土 20~30 cm。填埋场底部要铺设水泥层,以防渗滤液渗漏造成地下水污染。为防止渗滤液造成二次污染,须在填埋场底部铺设渗滤液收集管,以便排放和处理。垃圾填埋后,由于微生物的厌氧发酵,会产生 CH_4、CO_2、NH_3、CO、H_2、H_2S 及 N_2 等气体,因此,在填埋场内还须按一定路径铺设排气管道,以收集厌氧分解过程中产生的甲烷等气体。

填埋的废弃物分解速度较为缓慢,一般需 5 年的发酵产气。填埋坑中微生物的活动过程一般可分为以下几个阶段:①好氧分解阶段,是垃圾填埋后初始阶段,由于大量空气的存在,各种好氧微生物比较活跃,垃圾只是好氧分解,此阶段时间的长短取决于分解速度,可以由几天到几个月,好氧分解将填埋层中氧耗尽以后进入第二阶段;②厌氧分解不产甲烷阶段,在此阶段,微生物利用 NO_3^- 和 SO_4^{2-} 作为电子受体,产生硫化物、N_2 和 CO_2,硫酸盐还原菌和反硝化细菌的繁殖速度大于产甲烷细菌。随着氧化还原电位的不断降低和高分子有机物的不断分解,产甲烷菌逐渐活跃,甲烷的产量逐渐增加,随后便进入稳定产气阶段;③稳定产气阶段,此阶段稳定地产生二氧化碳和甲烷等气体。填埋场气体一般含有 40%~50% 的 CO_2 和 30%~40% 的 CH_4 以及其他气体。所以,填埋场的气体经过处理以后可以作为能源加以回收利用。

思 考 题

1. 水源水生物预处理的对象和目的是什么?生物预处理有何特点?
2. 水源水生物预处理技术主要有哪些?各有什么优点和不足?
3. 举例说明高浓度有机废水生物处理技术的基本工艺。
4. 对于重金属废水能否采用生物处理法,其基本原理是什么?
5. 利用微生物处理废气的主要工艺有哪些?它们的原理怎样?
6. 污染土壤的微生物修复原理是什么?
7. 固体废物生物处理的主要方法和原理有哪些?

第15章 生物修复技术

15.1 概　　述

15.1.1 基本概念

有毒有害及难降解的有机污染物不仅(由于工业废水的排放)存在于地表水中,而且更广泛地存在于土壤、地下水和海洋中。利用生物特别是微生物催化降解有机污染物,从而去除(remeaging)或消除(eliminating)环境污染的一个受控或自发进行的过程,称为生物修复(bioremediation)。

大多数环境中都存在着天然微生物降解净化有毒有害有机污染物的过程。研究表明,大多数土壤内部含有能降解低浓度芳香化合物(如苯、甲苯、乙基苯和二甲苯)的微生物,只要地下水中含足够的溶解氧,污染物的生物降解就可以进行。但是,在自然的条件下,由于溶解氧不足、营养盐缺乏和高效降解微生物生长缓慢等限制性因素,微生物自然净化速度很慢,需要采用各种方法来强化这一过程。例如,提供氧气或其他电子受体,添加氮、磷营养盐,接种经驯化培养的高效微生物等,以便能够迅速去除污染物,这就是生物修复的基本思想。就原理来讲,生物修复与生物处理是一致的,两个名词的区别在于生物修复几乎专指已被污染的土壤、地下水和海洋中有毒有害有机污染物的原位生物处理,旨在这些地方恢复"清洁";而生物处理则有较广泛的涵义。微生物降解技术在废水处理中的应用已有几十年的历史,而用于土壤和地下水的有机污染治理却是崭新的,有待大力发展的。

生物修复技术的出现和发展反映了污染防治工作已从耗氧有机污染物深入到影响更为深远的有毒有害有机污染物的治理,而且从地表水扩展到土壤、地下水和海洋。近年来,这种新兴的环境微生物技术,已受到环境科学界的广泛关注。

15.1.2 背景和发展

从污染物的类型来分类,土壤污染主要分为两大类:重金属污染和有机污染。随着人为地将有机污染物向土壤中不断排放,土壤有机污染日益严重,越来越引起人们的重视。这些污染物包括农药、石油及其产品、固体废物及其渗滤液等。一些采用了生物修复技术的受污染地点的污染物情况见表15.1。有机污染物进入土壤后的迁移转化如图15.1所示。

表15.1　生物修复技术使用地的污染物情况

主要污染物	污染地数量	百分比
五氯酚钠	5	13.2%
多环芳烃	12	31.6%
苯、甲苯和二甲苯	9	23.7%
酚	4	10.5%
其他氯化物	5	13.2%
非氯化物	3	7.9%
总计	38	100%

这些有机污染物的存在,造成了一系列的环境问题,如:① 土壤物理化学性质的改变;② 土壤生物群落的破坏;③ 污染物在农作物和其他植物中积累,进而威胁高营养级生物的生存和人类的健康。

目前的土壤修复技术主要分为物理、化学和生物的方法,在各种方法中,对有机污染物而言,只有热解法和生物修复治理是最彻底的处理方法。生物修复治理技术的研究开始于 20 世纪 80 年代年前,经过大量的实际应用,现已取得了很大的进展,其应用范围在不断扩大。

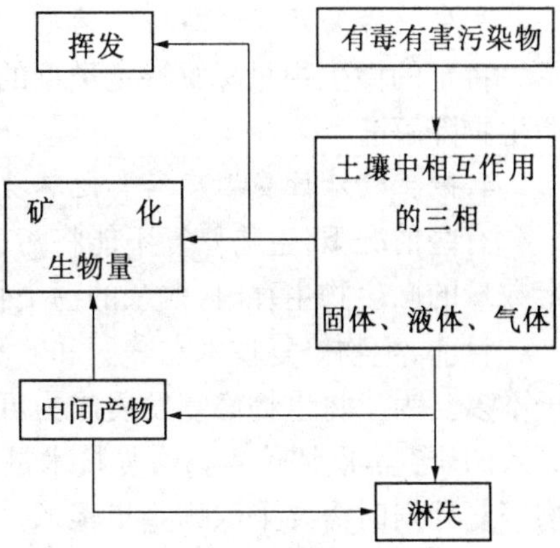

图 15.1 有机污染物进入土壤后的迁移转化

15.1.2.1 生物修复技术的优点

1. 费用低

生物修复技术是所有处理技术中最便宜的,其费用约为焚烧处理费用的 1/3 ~ 1/4。20 世纪 80 年代末,采用生物修复技术处理每立方米的土壤需 75 ~ 200 美元,而采用焚烧或填埋处理需 200 ~ 800 美元。

2. 环境影响小

生物修复中只是一个自然过程的强化,其最终产物是二氧化碳、水、脂及酸等,不会形成二次污染或导致污染物转移,可以达到将污染物永久去除的目的,使土地的破坏和污染物的暴露减少到最低。

3. 最大限度地降低污染物浓度

生物修复技术可以将污染物的残留浓度降得很低,如某一受污染的土壤经生物修复技术处理后,苯、甲苯和二甲苯的总浓度降为 0.05 ~ 0.10 mg/L,甚至低于检测限度。

4. 处理其他技术难以应用的场地

受污染的土壤位于建筑物或公路下面不能挖掘和搬出时,可以采用原位生物修复技术,因而,生物修复技术的应用范围有其独到的优势。

5. 生物修复技术可以同时处理受污染的土壤和地下水

在环境科学界,生物修复技术被认为比物理和化学处理技术更具发展前途,它在土壤修复中的应用价值是难以估量的,预计美国对生物修复治理的技术服务及其产品的需求,在今后若干年中的平均增长率应为 15%。如果生物修复治理技术能继续健康发展的话,上述预测结果将远低于实际市场的需求。

15.1.2.2 生物修复技术自身的局限性

1. 微生物不能降解所有进入环境的污染物

污染物的难生物降解性、不溶性,以及与土壤腐殖质或泥土结合在一起等因素,常常会使生物修复不能进行。

2. 生物修复需要具体考察

生物修复需要对地点的状况和存在的污染物进行详细而昂贵的具体考察,如在一些低渗透性的土壤中可能不宜使用生物修复技术,因为这类土壤或在这类土壤中的注水井会由于细菌过度生长而阻塞。

3. 生物修复只能降解特定物质

特定的微生物只降解特定类型的化学物质，污染物的结构稍有变化可能就不会被同一微生物降解。

4. 微生物活性受温度和其他环境条件影响

有些情况下，生物修复不能将污染物全部去除，因为，当污染物浓度太低不足以维持一定数量的微生物生存时，残余的污染物就会留在土壤中。

目前，生物修复技术在美国和欧洲各国主要处于实验室小试和中试阶段，实际应用的例子不多。为了将生物修复发展成为可靠而成熟的技术，研究工作者需要在如下几方面进行深入的研究：① 评价生物修复技术是否适用于某地时，需要考虑哪些因素；② 实行有效的生物修复计划时需要采取哪些步骤；③ 如何确定生物修复技术彻底降解污染物所需要的运行周期；④ 如何通过大量的现场实验获得可信的实际应用数据和跟踪记录；⑤ 怎样对土壤和地下水有效地注入微生物、营养物和提供氧气；⑥ 怎样保证微生物与污染物有良好的接触，使污染物能被微生物迅速降解；⑦ 如何监测生物修复计划的进展和污染物降解的过程；⑧ 土壤污染的生物修复计划中是否会造成新的污染或导致污染的扩散；⑨ 是否可以建立有关生物修复技术应用的、统一的评价程序和标准；⑩ 在生物修复工程中运用遗传工程技术的安全性如何；⑪ 如何将生物降解修复技术与物理化学处理方法组成统一的技术体系，即根据实际情况采用微生物法、生态法，还是组合方法。

15.1.2.3 生物修复技术需要多方因素的支持

发展成熟的生物修复技术，还需要多方面研究人员的合作。该技术不仅需要有关微生物学的知识，还需要对工程科学、化学测试分析方法和污染物（包括其代谢产物）生物毒性等知识的了解。因此，美国国家环保局下属五个实验室确定了四个主要的研究领域以深化对生物修复技术的研究。

1. 工程科学

生物修复技术的最终成功依赖于微生物与待降解基质（污染物）的密切接触和适当的微生物生长环境，但是有些工程技术并不能保证这一点，因而降低了处理效率。工程科学研究的目标就是要为生物修复技术中的微生物提供最合适的微环境，并促进污染物与微生物细胞间的相互接触。

2. 微生物学

在细胞水平上研究微生物对污染物的降解作用，以及污染物降解的生化过程，将有助于建立特定微生物物种降解具体污染物的资料，以便指导具体污染地点选择合适的微生物菌种。同时，对污染物降解过程的了解，能帮助判定污染物的不完全降解产物是否会造成新的环境问题。

3. 测试和分析技术

测试和分析是生物修复研究中的重要组成部分，只有采用适当的采样和分析手段，才能精确地判断是否发生了生物修复过程和生物修复进行的程度。

4. 风险评价

为了保证生物修复技术的安全性，评价接种微生物和分解产物对人类和生态系统的卫生效应和毒性效应是必要的。一些污染物是致癌和致突变化合物，而另一些是前致癌物，需要发展可靠的试验方法确定这些毒性和致癌特性。

生物修复技术具有广阔的应用市场，但是它也必然受到某些条件的限制。只有与物理化学处理方法组成统一的处理技术体系，生物修复技术才能真正像人们所期望的那样，为人类解决目前所面临的最困难的环境问题——有机污染物危害的治理，提供一种可能。在有些情况下，最经济有效的组合是首先用生物修复技术将污染物处理到较低的水平，然后采用费用较高的物理或化学方法处理残余的污染物。

在我国，土壤和水体中的有毒有害有机污染十分严重，随着经济的发展和人们生活水平的提高，这一问题必将会更加突出。借鉴国外的经验，及时研究相应的处理技术，对于防治有毒有害的有机的污染，保护土壤和水资源以及人体健康有着积极的意义。

15.2 生物修复技术的原理

15.2.1 生物修复中的微生物学方法

微生物法和微生物生态法是生物治理的两种基本方法，它们都可用于一些有机污染环境的治理。但两种方法各具特点，具体治理方案要视实际污染状况而定。欲使治理方案最佳，必须在确定方案之前，预先估计污染场所的有关情况，尤其是要求治理的时间期限、污染物浓度等，从而提高治理效果。

15.2.1.1 微生物法及其特点

微生物法的基本原理是利用微生物的代谢作用，在污染场所投加成品菌株或筛选驯化的现场菌株，迅速提高污染介质中的微生物浓度，在短期内提高污染物生物降解速率，其特点是：可迅速提高微生物浓度，并有可能在短期内提高微生物的生物降解速率；与实验室相比较，菌株在现场的降解能力可能有所下降，现场适应可能有困难；可能需要多次投加菌种；应用可能受 TSCA 条文限制（毒物控制条例）。具体特点如下。

(1) 使用培养的现场菌株

通过大量培养一种或数种采自污染现场具有降解能力的菌株，再将其应用于该污染现场的治理，以克服使用成品菌株的一些局限性。但此法也有其局限性，即工作量大、条件所限、生态机理很难弄清等。

(2) 使用成品菌株

据观察，成品菌株有时难以适应已含有多种微生物的污染介质。导致这种现象的原因很多，其中最主要的原因是，菌株从自然环境中分离出来后，在实验室中保存的时间越长，它的适应力就越差，返回自然环境后的存活率也就越低。因此，在选用菌株治理环境污染时，必须查明所选菌株在实验室的保存时间。

(3) 微生物法的缺点和局限性

①使用现行的微生物分离方法可能会使所得到的菌株并不十分理想，从而使得实验室分离的有效菌株与污染现场所需的治理菌株性能之间存在着一定差距。

目前常用的分离方法是：将稀释的污染土样或水样溶液加入含有主要营养物（N、P 等）和微量营养物（微量元素）的琼脂培养基平皿上，培养一定时间以后，待平皿上出现一个或多个菌落时，将单个菌落移入其他含有污染物的琼脂培养基平皿中，此时培养出来的菌落通常可降解相应浓度的污染物。进一步研究这些菌落对污染物的降解能力及其对营养物的需要量,就可筛选并培养出降解能力较强的菌株。

微生物法假定在平皿中培养起来的微生物是污染现场中具有较强活力和重要作用的菌株,但由于琼脂培养基及培养条件往往对细菌具有选择性,故上述假定并不一定符合实际。

②微生物法通常在纯培养环境中研究所分离的菌株行为。虽然许多微生物具有降解能力,但当它们处于混合微生物群体中时(如自然界)所表现出来的降解能力与它们处于单独培养时相比会有所不同。因此,许多细菌在治理现场污染时所表现出来的降解能力不如其在实验室的降解能力强。

在某些情况下有机物的充分降解必须依靠许多菌类的代谢活动。菌落群的综合生物降解能力主要取决于群体中微生物相互作用所表现出来的协同效应。因此,虽然用纯培养方式可揭示微生物的一些生长规律,但无法确知它们在混合培养环境(如自然环境)中所具有的性能。

③微生物法不太适用于地下污水层的治理。若将菌株直接投放于地下污水层中,仅能使投放点附近区域的治理效果有所改善。

④另一特殊局限源于国家政策。EPA 在 1988 年提出在污染现场使用自然菌落群将被视为在释放微生物,因此首先必须得到有关部门的许可。

15.2.1.2 微生物生态法及其特点

微生物生态法的基本原理是通过调节污染物场所的微生物生存状况,加速现场微生物降解有机污染物。其特点是:评估和应用过程较为简单;费用少于微生物法;难以确知治理所需的时间以及估计最终可能达到的污染物浓度;不适于处理分散的污染物和浓度过高或过低的污染物。

与微生物法比较,微生物生态法是通过调节污染场所的物理、化学及生物等环境条件来加速现场微生物降解有机污染物的过程,似乎不应受 TSCA 条文的限制。微生物生态法利用存在于污染环境中的已有细菌进行治理,可避免在使用微生物法过程中遇到的许多问题(如细菌之间的相互竞争性、菌种的适应性及持效性)。与微生物法相比,化学试剂(如氧、过氧化氢或无机培养基)在污水中的扩散速率比微生物要快,所以微生物生态法常用来就地处理污水。

在下列情况下,微生物生态法的应用将受到限制:

①当污染刚发生时,污染现场的微生物活性不强甚至已经死亡,微生物活性的恢复或重新培植需要较长时间,提高微生物对污染物的降解能力也需较长时间;

②污染物浓度太高,对自然微生物产生有害影响,使其有效降解能力降低;

③如果制定的污染物环境标准浓度太低,用生物法治理可能达不到要求。虽然存放于实验室的微生物能将水中许多污染物的浓度降至 10^{-9} 数量级,但目前环保规定的一些污染物的允许浓度仍远低于此值,例如,规定水中二噁二烯的允许质量浓度不得超过 0.013×10^{-15} mg/L。此外,随着检测手段的日益现代化,制定的环保管理条例越来越严,如果规定污染物的浓度应低于 10^{-12},那么,微生物生态法也许就不适用了。

与微生物法相类似,微生物生态法的另一个缺点是难以确定需要的治理时间。由于使用微生物生态法时没有外加菌种,故所需的治理时间可能比采用微生物法长。在污染物对人体或环境能很快产生有害影响而需立即治理的场所,如果采用微生物生态法,就难以达到要求。

15.2.1.3 选择生物治理方案的基本原则及其应用指南

生物治理方案的选择,主要取决于污染场所的污染时间、污染物浓度和类别,要求治理的期限等因素,一旦选定了生物治理方案后,应结合污染现场的具体情况,对选定的方案进一步进行论证,按照生物治理法的特点及应用范围,对上述两种生物治理方法进行优化选择,发挥各自的优势,选出最佳生物治理方法,达到治理目标。

1. 微生物法应用指南

在下述情况下,采用微生物法进行生物治理能收到较好效果:
① 污染场所形成的时间不长;
② 污染场所含浓度很高(如数量级为 10^{-2})的污染物;
③ 污染场所含有浓度较高的有毒金属和有机污染物;
④ 污染场所需要快速治理;
⑤ 污染场所含有的污染物浓度虽然很低,却仍然达不到环境标准。

上述①在新形成的污染场所里细菌较少,对污染物的降解作用不大,为了加快治理进度,应外加能降解污染物的细菌;

上述②由于污染物浓度太高,导致污染场所里的大部分细菌失活,故应添加能降解高浓度污染物的菌种;

上述③中,必须选用经过驯化的对有毒金属有较强耐力的菌株;

上述④中,必须选用对传染物分解速率较快的菌株;

在上述⑤中,选用的菌株必须能够降解浓度很低($<1\times10^{-9}$)的污染物。

在菌株营养物浓度低于某一极限值时,自然界的许多菌株就会死亡或转向依靠其他浓度较高的含碳物质。这一极限浓度通常为 1×10^{-9} 左右,但某些污染物即使已降解至此极限浓度,却仍不符合环境标准。据报道,目前已从自然界中分离出寡养菌,它们能在有机营养物浓度很低的环境中生存,但尚不能断定能否将这些寡养菌用于污染土壤和污染水体的治理,以进一步降低污染物浓度,达到治理目的,尽管如此,用寡养菌进行生物治理仍是一个值得探索的领域。

2. 微生物生态法应用指南

在下述情况下,采用微生物生态法可收到较好效果:
① 污染场所形成时间较长;
② 污染场所形成已久并且含多种有机污染物;
③ 污染场所的污染物浓度"适中";
④ 污染场所不需快速治理;
⑤ 污染场所含有污染水体。

在上述①中污染物存放的时间越长,就越有可能在被污染的土壤或水体中形成能降解污染物的微生物群。虽然无法准确知道这些微生物群的形成时间,但一般认为不会超过数月。例如,由美国 EPA 和 EXXON 组成的生物治理小组在处理 EXXON Valdez 的泄油过程中发现,污染场所在数月内即可自行产生能降解泄油的微生物。

在上述②生物治理过程中,如果使用从其他地方筛选的菌株,那么这些菌株则有可能受到污染场所已有微生物群的排斥。因此,如果能直接激活存在于污染场所的微生物群,使之具有降解污染物的能力,预计治理效果将会更好,并可缩短处理时间。

如果污染物由多种有机物(如石油、石油产品以及防腐油等)组成并且存放已久,则该污染场所存在的微生物群可能已具备降解许多有机组份的能力,但若使用取自其他地方的菌种进行驯化培养,使之具备这种降解能力,则可能比较困难。此外,借助存在于污染场所的微生物群的协同作用,则许多有机污染物可完全转化。这种生物转化主要是矿化,即将有机污染物最终转化为二氧化碳或代谢产品后,进入生物机体或成为腐殖物的组成部分。

在上述③中,污染场所的污染物浓度对生物治理过程具有重要影响。根据 Woodward-clyde 咨询公司的研究结果,如果污染物浓度低于数千 mg/L,污染物的生物降解速率不会受到影响,微生物生态法甚至可用于治理污染物浓度高达百分之几的场所,但这一论点尚需证实。目前尚不十分清楚适于用生物治理方案处理的污染物浓度下限。有研究结果表明,经过治理后的污染物浓度常可降至检测限(1×10^{-9})以下,据此推知,适于用生物治理方案处理的污染物的浓度范围很广,允许有 8 个数量级的范围。

大多数污染场所的有机污染物浓度通常低于 10^{-1},此时采用微生物生态法也许是最有效的快速治理途径。然而,采用微生物生态法也会带来最终污染物浓度难以确定这一问题,故对一些有机污染物也许达不到治理指标。在这种情况下,待污染场所的微生物群将污染物降解至最低极限后,即应另外补加适于降解低浓度污染物的菌种。

在上述④中,当污染物对人和环境的影响不大,不需快速治理的场所,采用微生物生态法较为适宜。因在同等条件下,微生物生态法所需的投资费用通常比微生物法所需的要少,但采用微生物生态法时难以确定治理所需时间,如果不考虑时间因素,微生物生态法就可能成为最有效的治理方法。

在上述⑤的污染水体中,化学试剂的扩散速率通常大于微生物的扩散速率,因此污染水体似乎最适于采用微生物生态法进行治理。该法的特点是通过加入某些化学试剂调节污染水体的物理化学性质,从而达到治理目的。污水性质是决定就地治理成败的关键。如果污水成分复杂,难以控制其物理化学性质,则无论采用哪种治理方案,均需要较长时间才能达到治理目的。

综上所述,在以下情况下可优先考虑应用微生物法:污染场所形成的时间不长;高浓度污染物(包括有毒金属)的降解;污染场所需要快速治理;低浓度污染物的降解。在以下情况下可优先考虑应用微生物生态法:污染场所形成的时间较长;污染物种类较多且浓度适中;污染场所不需要快速治理;污染场所含有污染水体。

组建高效工程菌就是结合微生物法和微生物生态法的特点,通过一系列工作得到适应目标生境的工程菌,同时为其创造最适生存条件,使其最终达到高效且稳定去除难降解物质的目的。

组建工程菌属于一种生物强化技术,工程菌会面临复杂的生态环境,既有微生物种群之间的竞争,也有被原生动物捕食的可能。所以,要保持工程菌系统的高效和稳定,要定期投加工程菌,或是采用固定化技术。

15.2.2 用于生物修复的微生物

可以用来作为生物修复菌种的微生物分为三大类型:土著微生物、外来微生物和基因工程菌(CBM)。

15.2.2.1 土著微生物

微生物降解有机化合物的巨大潜力是生物修复的基础。自然界中经常存在着各种各样的微生物,在环境受到有毒有害的有机物污染后,实际上就自然地存在着一个筛选、驯化过程,一些特异的微生物在污染物的诱导下产生分解污染物的酶系,或通过协同氧化作用将污染物降解转化。

目前,在大多数生物修复工程中实际应用的都是土著微生物,其原因一方面是由于土著微生物降解污染物的潜力巨大,另一方面也是因为接种的微生物在环境中难以保持较高的活性,以及工程菌的应用受到较严格的限制。引进外来微生物和工程菌时,必须注意这些微生物对该地土著微生物的影响。

当处理包括多种有机污染物(如直链烃、环烃和芳香烃)的污染时,单一微生物的能力通常很有限。土壤微生态试验表明,很少有单一微生物具有降解所有这些污染物的能力。另外,化学品的生物降解通常是分步进行的,在这个过程中包括了多种酶和多种生物的作用,一种酶或微生物的产物可能成为另一种酶或微生物的底物。因此,在污染物的实际处理中,必须考虑要接种多种微生物或者激发当地多样的土著微生物。土壤微生物具有多样性的特点,任何一个种群只占整个微生物区系的一部分,群落中的优势种会随土壤温度、湿度以及污染物特性等条件发生变化。当然,对污染水体的生物修复也存在同样的问题。

15.2.2.2 外来微生物

土著微生物生长速度缓慢,代谢活性不高,或者由于污染物的存在而造成土著微生物的数量下降,因此,需要接种一些降解污染物的高效菌。例如,处理 2-氯苯酚污染的土壤时,只添加营养物,7 周内 2-氯苯酚浓度从 245 mg/L 降为 105 mg/L,而同时添加营养物和接种恶臭假单胞菌($P.\ putida$)纯培养物后,4 周内 2-氯苯酚的浓度即有明显降低,7 周后仅为 2 mg/L。

采用外来微生物接种时,会受到土著微生物的竞争,需要用大量的接种微生物形成优势菌群,以便迅速开始生物降解过程。研究表明,在实验室条件下,30 ℃时每克土壤接种 10^6 cfu五氯酚(PCP)降解菌,可以使 PCP 的半衰期从 2 d 降低到小于 1 d。这些接种在土壤中用来启动生物修复最初步骤的微生物,被称为"先锋生物",它们能催化限制降解的步骤。

有一些重大的研究项目正在扩展用于生物修复的微生物的范围,科学家们一方面在寻找天然存在的、有较好的污染物降解动力学特性、并能攻击广谱化合物的微生物;另一方面,也在积极地研究将在极端环境下生长的微生物,包括可耐受有机溶剂,可在极端碱性条件下或高温下生存的微生物应用于生物修复工程中。极端环境微生物的重要性在于它们存在于对大多数微生物生长不利的环境中。

至 1993 年,美国共有 159 个污染地点已经或正准备使用生物修复技术进行修复治理,对其中的 124 个地点使用的生物修复技术作了分类,其中 96 处(77%)使用的是土著微生物,17 处(14%)是采用添加微生物的方式,另外 11 处(9%)是两种方式共用。

15.2.2.3 基因工程菌

采用细胞融合技术等遗传工程手段可以将多种降解基因转入到同一微生物中,使之获得广谱的降解能力。例如,将甲苯降解基因从恶臭假单胞菌转移给其他微生物,从而使受体菌在 0 ℃时也能降解甲苯,接种特定微生物的方法比这些细菌单独去除多种污染物并适应外界环境要有效得多。

基因工程菌引入现场环境后,会与土著微生物菌群发生激烈的竞争,基因工程菌必须有足够的存活时间,其目的基因方能稳定地表达出特定的基因产物——特异的酶。如果在基因工程菌生存的环境中最初没有足够的合适能源和碳源,就需要添加适当的基质促进其增殖并表达其产物。引入土壤的大多数外源基因工程菌在无外加碳源的条件下,不能在土壤中生存与增殖。目的基因表达的产物对微生物本身的活力并无益处,有时会降低基因工程菌的竞争力。

现已分离出以联苯为惟一碳源和能源的多株微生物,它们对多种多氯联苯化合物有着共代谢功能,相关的酶有四个基因编码,这些酶将多氯联苯转化为相应的氯苯酸,这些氯苯酸可以逐步被土著菌降解。由多氯联苯降解为二氯化碳的限速步骤是在共代谢氧化的最初阶段。联苯可为降解菌提供碳源和能源,但其水溶性低和毒性强等特点给生物修复带来困难。解决这一问题的新途径是为目的基因的宿主微生物创建一个适当的生态位,使其能利用土著菌不能利用的选择性基质。

理想的选择性基质应有以下特点:对人和其他高等生物无毒、价廉以及便于使用。一些表面活性剂能较好地满足上述要求。选择性基质有时还会成为土著菌的抑制剂,增加基质的可利用性,对有毒物质降解更为有效。环境中加入选择性基质会造成土壤微生物系统的暂时失衡,土著菌需要一段时间才能适应变化,基因工程菌就利用这段时间建立自己的生态位。由于土著菌群中的一些成员在后期也可利用这些基质,因此,含有现场应用性基因质粒的基因工程菌特别适合于一次性处理目标污染物,而不适于反复使用。

尽管利用遗传工程提高微生物生物降解能力的工作已取得了巨大的成功,但是美国、日本和其他大多数国家对工程菌的实际应用有严格的立法控制。在美国,工程菌的使用受到"有毒物质控制法"(TSCA)的管制。因此,尽管已有许多关于工程菌的实验室研究,但至今还未见现场应用的报道。这种现状受到美国一些科学家的抨击,例如,美国微生物学会和工业微生物学会以及全国研究理事会都认为,从科学的观点来看,决定是否将一种微生物施用于环境中,主要基于该微生物的生物学特性(如致病性等),而不是它的来源。他们指出过分严格的立法和不切实际的科学幻想宣传,阻碍了现代环境微生物技术在污染治理中的推广和应用。虽然许多环境保护主义者因害怕发生环境灾难而反对将遗传工程菌释放到环境中的观点是可以理解的,但因而放弃微生物遗传工程技术这一 20 世纪辉煌的科学成就,也绝不是科学的和实际的态度。

15.2.2.4 微生物降解活性的监测

处理各种化学性质不同的污染物常需要保持特殊和复杂的微生物种群,并维持其降解活性,但在实际应用中,通常难以保持这些微生物种群的持久性,因此,需要及时监测微生物的数量和活性。

一种新型监测微生物活性的方法是进行基因检测,其方法是在降解基因中融入编码可检测生物活性的基因,当微生物表现出降解活性时,也就表现出相应的生物学活性。例如,美国田纳西大学的 G.S.Saybr 开发出一种微生物发光检测技术,用于监测微生物的降解活性的表现是引起发光。使用这一技术能够实时地监测特殊的细菌群落,根据监测结果调节环境因子,使微生物的活性达到最大,也可在需要时重新加入微生物。

15.2.2.5 微生物产品和酶

目前,在美国约有几百家公司出售用于环境生物治理的微生物,但这类产品的价值很值得怀疑,因为常常是受污染地点的天然土著菌已将污染物生物降解,再添加这些微生物产品虽然无害,但也未必有益,大多数出售的生物降解菌并没有加强本地微生物的生物降解速率。

在有些情况下,微生物产生的酶可被直接用于土壤的生物修复。霉菌的酚氧化酶是一种多酚氧化酶,能够通过氧化耦合反应,催化酚类污染物与土壤中的腐殖质结合,从而将其固定并解毒。

15.2.3 生物修复的影响因素

生物修复过程中主要涉及微生物、有机有害污染物和环境,因此,可将影响生物修复的因素分为三个方面,即微生物活性、污染物特性和环境性质,在研究和选择生物修复技术时均应加以考虑。

15.2.3.1 微生物营养盐

在土壤和水体中,尤其是地下水中,氮、磷都是限制微生物活性的重要因素,为了使污染物达到完全降解,适当添加营养物,比接种特殊的微生物更为重要。例如,添加酵母膏或酵母废液,可以明显地促进石油烃类化合物的降解。国外研究者对于一些微量营养元素(如微量元素和维生素等)在生物修复中的作用开展了相关的研究,但并未取得较大的进展。

与其他化合物相比,石油中的烃类是微生物可以利用的大量碳源,但它只能够提供比有机碳而不能提供氮和其他无机养料。有些研究者对此进行了试验,发现加入氮和磷酸盐能直接而明显地促进受污染土壤中石油的生物降解作用。据报道,调节被石油污染的土壤的C:N:P比,对石油的生物降解很有好处,但只有在把本来很低的土壤pH值调高之后才行。向受汽油污染的地下水中通入空气,并加入氮和磷的水溶性化合物,能提高微生物的活性,加速汽油的清除。

为达到良好的效果,必须在添加营养盐之前确定营养盐的形式、合适的浓度,以及适当的比例。目前,已经使用的营养盐类型很多,如铵盐、正磷酸盐、聚磷酸盐、酿造废液和尿素等,尽管很少有人比较过各种类型盐的具体使用效果,但已有的研究表明,其效果因地而异。施肥是否能够促进有机物的生物降解作用,既取决于施肥的速度和程度,也与取决于壤原有的肥力。

石油在海水中的降解情况基本上与土壤中一致。在海水中,只有3%的原油被生物降解,1%被矿化。分别加入硝酸盐或磷酸盐时,对生物降解效率的提高很小,但当同时加入硝酸盐和磷酸盐时,70%的原油被生物降解,42%被矿化。在海洋中,氮和磷能得到不断的补充,对于石油的生物降解有积极的影响。根据氧消耗速率计算,每氧化1 mg石油大约需要4 μmol的氮。

虽然可以在理论上估算氮、磷的需要量,但一些污染物降解速度太慢(无法预料的因素较多),且不同现场氮、磷的可处理性变动很大,计算值只能是一种估算,与实际值会有较大的偏差。例如,同样是石油类污染物的生物修复,不同的研究者得到的 C:N:P 的比值分别是 800:60:1 和 70:50:1,相差一个数量级。鉴于上述原因,在选择营养盐浓度的比例时,通常要经过小试确定。

据报道,正烷烃的生物降解更易受到氮、磷肥料的促进。其他研究者也发现,施肥能加速正烷烃的生物降解,而类异戊二烯化合物在施肥后仅以较低的速率被生物降解。

水溶性的氮、磷营养源加入水中后会很快被稀释,而不会停留在污染地,它们还能促进藻类的繁殖,造成水体的富营养化。为了避免这些缺点,研究者试用以石蜡处理后的尿素和辛基磷酸盐的一种混合物作为肥料施用于现场,取得良好的效果。在实验室和现场实验中,C:N:P的比值为100:10:1,把$MgNH_4PO_4$掺入石蜡烃中,成为一种缓慢释放的肥料,可促进海洋中原油的生物降解。有的商业公司针对特定的应用环境开发出相应的强化生物修复的肥料,其中的营养物可以溶于油相,缓慢释放,对于处理使用传统的水溶性营养物无济于事的海上溢油尤为理想。在发生了Exxon Valdez油轮海上溢油事件以后,这种肥料就曾用于受溢油严重污染的海岸,效果显著。

一般施肥能促进土壤中石油的生物降解,但研究结果表明,有时加入氮磷等营养并不能促进过时有机污染物的生物降解。不过这些研究者的试验方法存在一些问题,如:有的未能持续较长时间以使添加营养的效果显示出来;有的同时添加了有机营养和无机营养,有机营养的加入反而抑制了微生物对有机污染物的生物降解,这是由于有机营养物比有机污染物更容易被微生物利用。

总之,添加氮磷对土壤生物修复的影响是比较复杂的,这方面研究的报道有些也是矛盾的。

15.2.3.2 电子受体

微生物的活性除了受到营养盐的限制外,土壤中污染物氧化分解的最终电子受体的种类和浓度也极大地影响着污染物生物降解的速度和程度。微生物氧化还原反应的电子受体主要分为三类,包括氧、有机物分解的中间产物和无机物(如硝酸根和硫酸根)。

土壤中氧的浓度有明显的垂直分布,存在着好氧带、缺氧带和厌氧带。研究表明,好氧有利于大多数污染物的生物降解,氧是现场处理中的关键因素。然而由于微生物、植物和土壤微型动物的呼吸作用,与空气相比,土壤中的氧浓度低,二氧化碳含量高。微生物代谢所需的氧要依赖于来自大气中的氧的传递,当空隙充满水时,氧传递会受到阻碍,呼吸消耗的氧量超过传递来的氧量,微环境就会变成厌氧。粘性土会保留较多水分,因而不利于氧传递。有机物质会增加微生物的活性,也会通过消耗氧造成缺氧。缺氧或厌氧时,兼性和厌氧微生物就成为土壤中的优势菌。

为了增加土壤中的溶解氧,可以采用一些工程化的方法。例如,①鼓气。即在被处理土壤的地下布设通气管道,将压缩空气从中送入土壤,一般可以使溶解氧浓度达到8~12 mg/L,如果用纯氧,可达50 mg/L。②向土壤中添加产氧剂。通常是添加过氧化氢,其浓度在100~200 mg/L时,对微生物没有毒性效应,若经过驯化,微生物可以耐受1 000 mg/L的双氧水,因此可以通过逐渐增加双氧水浓度的方法来避免其对微生物的毒性作用。除了双氧水之外,一些固体过氧化物,如过氧化钙也可用作原位生物修复时的产氧剂,将这些产氧剂包裹在聚氯乙烯的胶囊中能够降低、避免土壤板结和限制土壤中的耗氧有机物含量等。

苯及一些低碳烷基苯在水中有较大的溶解度,汽油或有机溶剂泄漏等会造成这类污染物在水中有10~100 mg/L的溶解量,这样大量的化合物若在好氧条件下分解,大约需要20~200 mg/L的氧才能将碳氢化合物全部氧化成二氧化碳和水。然而,一般土壤和地下水中通常只有5 mg/L的溶解氧,因而一旦土壤和地下水被污染,要除去上述污染物,需要4~40倍于被污染水的体积才能提供这些污染物好氧生物降解所需要的氧。事实上,土壤和地下水中的氧量是很微量的,这些污染物的生物降解过程势必处于厌氧状态下。

在厌氧环境中,硝酸根、硫酸根和铁离子等都可以作为有机物降解的电子受体。厌氧过程进行的速率太慢,除甲苯以外,其他一些芳香族污染物(包括苯、乙基苯、二甲苯)的生物降解需要很长的启动时间,而且厌氧工艺难以控制,所以一般不采用。但也有一些研究表明,许多在好氧条件下难于生物降解的重要污染物,包括苯、甲苯和二甲苯以及多氯取代芳香烃等,都可以在还原性条件下被降解成二氧化碳和水。另外,对于一些多氯化合物,厌氧处理比好氧处理更为有效,如多氯联苯的厌氧降解在受污染的底泥中已被证实。目前,在一些实际工程中已有采用厌氧方法对土壤和地下水进行生物修复的实例,并取得良好效果。应用硝酸盐作为厌氧生物修复的电子受体时,应特别注意对地下水中硝酸盐浓度的限制。

相比于在好氧条件下的生物降解研究,有机污染物在厌氧条件下的生物降解途径、机理和工艺研究的报道目前还很少,这可能与其降解速度太慢,难于收集到足够量的代谢中间物进行分析有关。

土壤中溶解氧的情况不仅影响污染物的降解速度,也决定着一些污染物降解的最终产物形态。如某些氯代脂肪族的化合物在厌氧降解时,产生有毒的分解产物,但在好氧条件下这种情况就较为少见。

15.2.3.3 共代谢基质

研究表明,微生物的共代谢对一些难降解污染物的降解起着重要作用,因此,共代谢基质对生物修复有重要影响。据报道,一株洋葱假单胞菌($P. ccpacia$ G4)以甲苯作为生长基质时,可以对三氯乙烯共代谢降解。有些研究者发现,某些分解代谢酚或甲苯的细菌也具有共代谢降解三氯乙烯、1,1-二氯乙烯、顺-1,2-二氯乙烯的能力。近来的研究表明,某些微生物能共代谢降解氯代芳香类化合物,这已引起各国学者的广泛兴趣。

15.2.3.4 有毒有害有机污染物的物理化学性质

影响土壤和地下水生物修复过程的有毒有害有机污染物的物理化学性质,主要是指淋失与吸附、挥发、生物降解和化学反应这四个方面的性质。需要了解有关污染物的内容如下:

① 化学品的类型,即属于酸性极性、碱性极性、还是中性或非极性中性的有机物、无机物。

② 化学品的性质,如相对分子质量、熔点、结构和水溶性等。

③ 化学反应性,如氧化、还原、水解、沉淀和聚合等。

④ 土壤吸附参数,如弗兰德里希(Freudlich)吸附常数、辛醇-水分配系数(K_{OW})、有机碳吸附系数(K_{OC})等。

⑤ 降解性,包括半衰期、一级速度常数和相对可生物降解性等。

⑥ 土壤挥发参数,如蒸气压、亨利(Henry)定律常数等。

⑦ 土壤污染数据,包括土壤中污染物的浓度、污染的深度和污染的日期,以及污染物的分布等。

了解污染物的上述情况是为了判断能否采用生物修复技术,以及采取怎样的对策强化和加速生物修复过程。例如,对于因水溶性低而导致对土壤中生物有效性较差的化合物(石蜡等),可以使用表面活性剂增加其生物有效性。研究表明,添加表面活性剂可以显著提高一些污染物的生物降解速度。这是因为微生物对污染物的生物降解主要是通过微生物酶的作用来进行的,许多酶并不是胞外酶,污染物只有同微生物细胞相接触,才能被微生物利用并降解,表面活性剂正是增加了污染物与微生物细胞接触的几率。表面活性剂已用于煤焦油、油烃和石蜡等污染物的生物修复中小试和现场规模处理。表面活性剂的选择要满足以下几个条件:

① 能够提高生物有效性。
② 对微生物和其他生物无毒害作用。
③ 易生物降解(但这可能会引起微生物首先降解表面活性剂)。
④ 不会造成土壤板结。

有些表面活性剂就是由于不能满足上述条件而不能大规模应用。

15.2.3.5 污染现场和土壤的特性

土壤可分为四个组分:气体、水分、无机固体和有机固体。气体和水分存在于土壤空隙中,两者一般占50%的体积。土壤空隙的大小、空隙的连续气水比例都影响污染物的迁移(如向上溢出土壤或向下进入水饱和地层),土壤特性和污染物的理化性质影响着污染物在气水两相间的相对活性,这些最终又对污染物的生物修复速度和程度发生一定的作用。

土壤的无机和有机固体对生物修复的进行有着相当重要的影响。在大多数土壤中,无机固体主要是砂、无机盐和粘土颗粒,这些固体具有较大的比表面积,可以将污染物和微生物细胞吸附在高反应容量的表面,能够固定有机污染物,并形成具有相对高浓度的污染物和微生物细胞的反应中心,提高污染物降解速度。有些粘土带有很高的负电荷,阳离子交换能力很高,另一些粘土带有正电荷,可以作为负电荷污染物的阴离子交换介质。有机固体也具有高反应容量的表面,并且能够吸附阻留土壤中的有机污染物。例如,腐殖质是一种相对稳定的有机成分,可以使疏水性的污染物从水相进入有机相,从而降低其在土壤中的运动性,这种固定化会延长污染物生物降解的时间,同样也降低污染物的生物有效性。

土壤固体对有机污染物的吸附作用比较复杂,有机物的结构对该过程有着重要的影响,其一般规律如下:

① 有机物相对分子量越大,吸附越显著,这是因为范德华力的作用。
② 污染物的疏水性越大,越容易吸附在有机固体表面。含碳、氢、溴、氯、磺基团的多是疏水的化合物,含氮、硫、氧和磷基团的多为亲水性的化合物,化合物的亲水性与疏水性决定于两种基团的净和。
③ 土壤中常是负电荷多于正电荷,因此,带负电的污染物不易吸附在土壤固体表面。污染物的带电状态受 pH 值的影响,可以根据污染物的 pK_a 估计 pH 值下污染物的带电情况及吸附程度,带两种电荷的污染物可用等电点 PI(即污染物分子中各功能团的 pK_a 的总效应)估计值 pH 对吸附的影响。

影响生物修复效果的现场及土壤因素包括以下几方面:

① 坡度和地形。
② 土壤类型和场地面积。
③ 土壤表面特点,如边界特征、深度、结构、大碎块的类型和数量、颜色、亮度、总密度、粘土含量、粘土类型、离子交换容量、有机物含量、pH 值、电位和通气状态等。
④ 水力学性质和状态,如土壤水特征曲线、持水能力、渗透性、渗透速度、不渗水层的深度、地下水的深度(要考虑季节性变化)、洪水频度和径流潜力等。
⑤ 地理和水力学因素,包括地下地理特征与地下水流类型及特点等。

⑥ 地形和气象数据,包括风速、温度、降水和水量预算等。

上述数据将为生物修复技术的决策和具体操作技术提供基本资料。例如,土壤的水基质势能(为克服毛细作用和吸附力所需的能量)控制着水的生物有效性,进而影响微生物的活性。另外,土壤水也影响污染物、氧和代谢产物的传质速度,还影响土壤的曝气状态以及营养物质的量和性质。在干旱地区,土壤中的氧比较充分,但微生物的活性较低,污染物的生物有效性差,代谢产物也不易从土壤中去除,因此,在采用生物修复技术时,要考虑增加土壤湿度。我国南方土壤含水量大,氧传递速率低,对于好氧生物修复技术的采用是不利的。

土壤的 pH 值对大多数微生物都是适合的,只有在特定地区才需要对土壤的 pH 值进行调节。

通常随着温度的下降,微生物的活性也降低,在 0℃时,微生物活动基本停止。温度决定生物修复进程的快慢,在实际处理中是不可控制的因素,在设计处理方案时应充分考虑温度对生物修复过程的影响以及影响土壤温度的因素。表土温度日变化和季节变化都较剧烈,土温日变化强度随土壤深度的增加而减小。含水多的土壤温度变化小,因为它的比热容大。另外,一些影响土壤温度的因素包括坡向、坡度、土色和表面覆盖等。

15.3 生物修复的可行性研究

15.3.1 评价生物修复可行性的程序

由于环境污染的复杂性、多样性,为了确定生物修复技术是否适于某一受污染地区和某一污染物,应按以下步骤进行研究。

15.3.1.1 数据调查

数据调查包括五个方面:

① 污染物的种类和化学性质,在污染环境中的分布和浓度,受污染的时间。

② 当地正常情况下和受污染后微生物的种类、数量和活性,以及在污染环境中的分布,分离鉴定微生物的属种,检测微生物的代谢活性,从而确定该地是否存在适于完成生物修复的微生物种群。具体的方法包括镜检(染色和切片)、生物化学法测生物量(测 ATP)和酶活性,以及平板技术等。

③ 污染环境的特征,如温度、孔隙度、渗透率、pH、DO 等。

④ 受污染现场的地理、水力地质和气象条件,以及空间因素(如可用的土地面积和沟渠)。

⑤ 有关的管理法规,根据相应的法规确定净化的目标。

15.3.1.2 技术查询

在掌握当地的情况后,应向有关信息中心咨询是否在相似的情况下进行过生物修复处理。例如,在美国要向"新处理技术信息中心"(Alternative Treatment Technology Information Center,简称 ATTIC)提出技术查询。

15.3.1.3 选择技术路线

选择技术路线对包括生物修复在内的各种修复技术以及它们可能的组合,进行全面客观的评价,列出可行的方案,并确定最佳技术。

15.3.1.4　可处理性试验

假如生物修复技术可行,就要设计小试和中试,从中获取有关污染物毒性、温度、营养和溶解氧等限制性因素的资料,为工程的具体实施提供基本工艺参数。在进行可处理性试验时,应选择先进的取样方法和分析手段来取得详实的数据,以证明结果是可信的。进行中试时,不能忽视规模因素,否则,根据中试数据推出现场规模的设备能力和处理费用可能会与实际有较大差异。

15.3.1.5　实际工程设计

如果小试和中试均表明生物修复技术在技术和经济上可行,就可以开始生物修复计划的具体设计,包括处理设备、井位和井深、营养物和氧源(或其他电子受体)等。

15.3.2　可处理性试验

实际环境中的污染物一般是混合性化学物质。例如,原油含数千种不同结构的碳氢化合物,加工后的油有数百种组分,多氯联苯等污染物有数十种的衍生物,有些场地中污染物是无法确定的油类、农药、其他有机化合物和无机物及重金属复合体。污染现场各有特点,氧、营养浓度、水的可用性和运动等因素会影响微生物的生长能力和污染物的迁移及其生物有效性等。在一现场起作用的生物修复技术,在另一现场常常不起作用。所以,对每个现场都需要进行可处理性研究,以便对决定生物修复技术效果的关键因素有基本的了解。

可处理性试验研究主要是提供污染物在生物修复过程中的行为和归宿的数据,评价表层和深层土壤中生物修复所能达到的速度和程度,其实验数据和污染物及污染现场的特性需要同时考虑,用以评估生物修复技术的可行性和局限性,规划保持生物修复系统中微生物活性最大的策略。根据可处理性试验得到的净化时间、净化所能达到的水平以及处理费用等,结合具体受污染现场的处理要求,就能决定生物修复技术是否能够在该地应用。

可处理性试验分为三个不同规模:实验室小试、中试和现场试验。可处理性试验的数据应为实际工程的实施回答以下几个问题:

① 污染物进一步扩散的可能性以及防治措施。
② 提高微生物活性的技术手段。
③ 评价生物修复效果所需的检测手段。

生物修复的目标是将有毒有害的污染物降解或解毒成为对人类和环境无害的产物,因此,在进行可处理性试验时,要监测污染物的降解过程中最终产物的毒性,监测的方法有两种:化学分析和生物监测。采用液相色谱、气相色谱、色质联机,以及放射性同位素等化学分析手段,可以掌握污染物的降解途径和最终分解产物,其操作技术较为复杂,费用也昂贵。采用生物检测手段能够了解污染物的降解和解毒过程中产物毒性的变化。目前,常用 Ames 试验检测遗传毒性,用发光菌毒性试验检测急性毒性,后一种法简单方便,费用低廉。例如,采用生物修复技术可以将土壤中的烃类化合物去除 95% 以上,而用 Ames 试验和发光菌试验检测的结果证明,污染物在 20 周以后完全解毒。

污染物的降解通过测定一种或多种物质的浓度变化来表述,并用零级或一级动力学方程式来拟合,从而得到用于评价生物修复技术可行性的重要参数——污染物半衰期。零级反应与污染物浓度无关,取决于其他因素。当污染物浓度较低而生物活性较高时,一般采用一级反应动力学方程式拟合,此时,反应速度与污染物浓度成正比。

在进行可处理性试验时,必须设置非生物因素的对照,以便测定物理和化学过程(如非生物性水解、取代、氧化和还原等)引起的污染物的减少,从而能够真实地评价生物修复技术对污染物消减的贡献。另一种能够准确评估生物降解的方法是进行物料衡算和矿化计算。物料衡算需要测定毒体化合物和转化产物,矿化计算需要测定二氧化碳(或甲烷)或氯、溴等基团的释放。

进行可处理性试验时,可以采用多种方法,如土壤柱试验、摇瓶试验,以及反应器试验等。

15.4 生物修复工程技术

15.4.1 土壤生物修复工程技术

就土壤来说,目前实际应用的生物修复工程技术有原位处理法和异位处理法。

15.4.1.1 原位处理法

原位处理法是在受污染地区直接采用生物修复技术,不需要将土壤挖出和运输。一般采用土著微生物处理,有时也加入经过驯化和培养的微生物以加速处理。需要用各种工程化措施进行强化,例如,在受污染区钻井,井分为两组,一组是注水井,用来将接种的微生物、水、营养物和电子受体等物质注入土壤中,另一组是抽水井,通过向地面上抽取地下水造成所需要的地下水在地层中流动,促进微生物的分布和营养等物质的运输,保持氧气供应(图15.2)。通常需要的设备是水泵和空压机。有的系统还在地面上建有采用活性污泥法等手段的生物处理装置,将抽取的地下水处理后再注入地下。

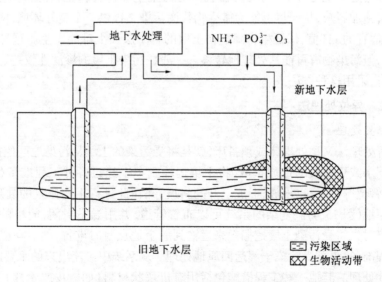

图 15.2 生物修复原位处理方式示意图

该工艺是较为简单的处理方法,费用较低,不过,由于采用的工程强化措施较少,处理时间会有所增加,而且在长期的生物修复过程中,污染物可能会进一步扩散到深层土壤和地下水中,因而适用于处理污染时间较长、状况已基本稳定的地区或者受污染面积较大的地区。

生物通风(bioventing)是原位生物修复的一种方式。在这些受污染地区,土壤中的有机污染物会降低土壤中氧的浓度,增加二氧化碳的浓度,进而形成抑制污染物进一步生物降解的条件。因此,为了提高土壤中的污染物降解效果,需要排出土壤中的二氧化碳和补充氧气,生物通风系统就是为改变土壤中气体成分而设计的(图 15.3)。生物通风方法现已成功地应用于各种土壤的生物修复治理,这些被称为"生物通风堆"的生物处理工艺主要是通过真空或加压进行土壤曝气,使土壤中的气体成分发生变化。生物通风工艺通常用于由地下储油罐泄漏造成的轻度污染土壤的生物修复。由于生物通风方法在军事基地成功地应用,美国空军将生物通风方法列为处理受喷气机燃料污染土壤的一种基本方法。

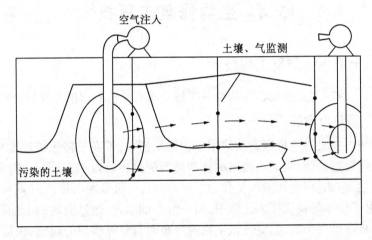

图 15.3 生物通风系统示意图

地耕处理也是原位处理的一种方式,就是对污染土壤进行耕耙,在处理过程中施加肥料,进行灌溉,施加石灰,从而尽可能为微生物代谢污染物提供一个良好环境,使其有充足的营养、水分和适宜的 pH 值,保证生物降解在土壤的各个层面上都能发生。这种方法的优点是简易、经济,但污染物有可能从处理地转移。一般在污染土壤的渗滤性较差、土层较浅、污染物易降解时,采用这种方法。

15.4.1.2 异位处理法

1.挖掘堆置处理

挖掘堆置处理法又称处理床或预备床,就是将受污染的土壤从污染地区挖掘起来,防止污染物向地下水或更广大的地域扩散,将土壤运输到一个经过各种工程准备(包括布置衬里,设置通风管道等)的地点堆放,形成上升的斜坡,并在此进行生物修复的处理,处理后的土壤再运回原地(图 15.4)。复杂的系统可以布置管道,并用温室封闭,简单的系统就只是露天堆放。有时先将受污染土壤挖掘起来运输到一个地点暂时堆置,然后在受污染的原地进行一些工程准备,再把受污染土壤运回原地处理。从系统中渗流出来的水要收集起来,重新喷洒或另外处理。其他一些工程措施包括用有机块状材料(如树皮或木片)补充土壤,例如,在受氯酚污染的土壤中,用 35 m³ 的软木树皮和 70 m³ 的污染土壤构成处理床,然后加入营养物,经过三个月的处理,氯酚浓度从 212 mg/L 降到 30 mg/L。添加这些材料,一方面可以改善土壤结构,保持湿度,缓冲温度变化,另一方面也能够为一些高效降解菌(如白地霉(*Geotrichum candidum*))提供适宜的生长基质。将五氯酚钠降解菌接种在树皮或包裹在多聚物材料中,能够强化微生物对五氯酚钠的降解能力,同时,还可以增加微生物对污染物毒性的耐受能力。

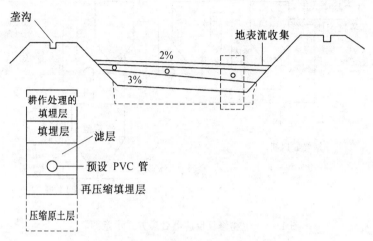

图 15.4 生物修复挖掘堆置处理方式示意图

这种技术的优点是可以在土壤受污染之初限制污染物的扩散和迁移,减小污染范围,但用在挖土方和运输方面的费用显著高于原位处理法。另外,在运输过程中可能会造成污染物进一步暴露,还会由于挖掘而破坏原地的土壤生态结构。

2. 反应器处理

反应器处理法是将受污染的土壤挖掘起来,与水混合后,在接种了微生物的反应器内进行处理,其工艺类似于污水生物处理法。处理后的土壤与水分离后,经脱水处理再运回原地(图 15.5)。处理后的出水视水质情况,直接排放或送入污水处理厂继续处理。反应装置不仅包括各种可以拖动的小型反应器,也有类似稳定塘和污水处理厂的大型设施。在有些情况下,只需要在已有的稳定塘中装配曝气机械和混合设备就可以用来进行生物修复处理。

高浓度固体泥浆反应器能够用来直接处理污染土壤,其典型的方式是液固接触式。该方法采用序批式运行,在第一单元中混合土壤、水、营养、菌种、表面活性剂等物质,最终形成含 20%~25% 土壤的混合相,然后进入第二单元进行初步处理,完成大部分的生物降解,最后在第三单元中进行深度处理。现场实际应用结果表明,液固接触式反应器可以成功地处理有毒、有害、有机污染物含量超过总有机物浓度 1% 的土壤和沉积物。反应器的规模在 $100\sim250\ m^3/d$ 之间,具体不好确定,与土壤中污染物浓度和有机物含量有关。

反应器处理的一个主要特征是以水相为处理介质,而前两种处理方法是以土壤为处理介质。

由于以水相为主要处理介质,污染物、微生物、溶解氧和营养物的传质速度快,而且避免了复杂而不利的自然环境变化,各种环境条件(如 pH 值、温度、氧化还原电位、氧量、营养物浓度、盐度等)便于控制在最佳状态,因此,处理污染物的速度明显加快,但其工程复杂,处理费用高。另外,在用于难生物降解物质的处理时必须慎重,以防止污染物从土壤转移到水中。

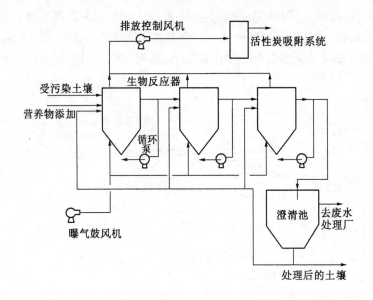

图 15.5　生物修复反应器处理方式示意图

3. 堆肥法

作为传统的处理固体废弃物的方法——堆肥,也可以用于受到石油、洗涤剂、多氯烃、农药等污染土壤的修复处理,并可以取得快速、经济、有效的处理效果,将污染土壤与水(至少有 35% 的含水量)、营养物、泥炭、稻草和动物肥料混合后,使用机械或压气系统充氧,同时加石灰以调节 pH 值。经过一段时间的发酵处理,大部分污染物被降解,标志着堆肥完成。污染土壤经处理后,可返回原地或用于农业生产。堆肥法包括风道式堆肥处理、好氧静态堆肥处理和机械堆肥处理。

在生物修复实践中,还有人将几种处理方法加以优化组合,从而形成新的处理系统,达到提高处理效果、扩大适用范围的目的。

15.4.2　地下水生物修复工程技术

地下水生物修复工程技术可以分为三类。

15.4.2.1　原位处理

与土壤原位处理法基本相同,参见上文。

15.4.2.2　物理拦阻

使用暂时的物理屏障以减缓并阻滞污染物在地下水中的进一步迁移,该方法在一些受有毒、有害污染物污染的地点已获得成功。

15.4.2.3　地上处理

地上处理又称为抽取处理技术,该技术是将受污染的地下水从地下水层中抽取出来,然后在地面上用一种或多种工艺处理(包括气提法去除挥发性物质、活性炭吸附、超滤臭氧-紫外线氧化或臭氧-双氧水氧化、活性污泥法以及生物膜反应器等)之后,再将水注入地层。但在实际运行中很难将吸附在地下水层基质上的污染物提取出来,因此,这种方法的效率较低,只是作为防止污染物在地下水层中进一步扩散的一种措施。例如,在生物膜反应器中,用沙作为固定生物膜的载体,以甲烷或天然气为初始基质,能去除高于60%的多氯联苯。

进行地下水生物修复处理时,应注意调查该地的水力地质学参数是否允许向地上抽取地下水,是否能将处理后的地下水返注;地下水层的深度和范围,地下水流的渗透能力和流向,地下水的水质参数(如pH值、溶解氧、营养物、碱度及水温)是否适合于运用生物修复技术。

15.5 海洋石油污染的生物修复

海上溢油事件发生以后,可以采取机械、化学和生物处理三类方法修复海洋污染,主要的机械和化学应急措施有:①建立油障(围油栏),将溢油海面封闭起来,使用撇油机、吸油带、拖油网将油膜清除;②投入吸附材料,使吸附材料漂浮在海面上,能起到大量吸附油污的作用。吸附材料可以是海绵状聚合物或天然材料(椰子壳、稻草等);③使用化学分散剂;④燃烧。燃烧的效率可高达95%~98%,但燃烧产生的黑烟造成二次污染;⑤海岸带用高压水枪清洗。

15.5.1 加强生物降解的方法

当前加速海洋石油污染降解的生物修复方法有以下三种。

15.5.1.1 接种石油降解菌

接种石油降解菌效果不明显,海洋中存在的土著微生物常常会影响接种微生物的活动。尽管在实验中的基因工程菌可以迅速降解石油,但是,在开放的环境中释放基因工程菌却一直是引起争论的问题。

15.5.1.2 使用分散剂

分散剂即表面活性剂,可以增加细菌对石油的利用性。有许多商品制剂可供使用,在国外用得较多的是Sugee 2,一种原油分散剂,可以促进原油中C_{17}~C_{28}正烷烃的降解(Mulkings-Phillips & Johnson,1989)。

并不是所有的表面活性剂均有促进作用,许多表面活性剂由于其毒性和持久性会造成环境污染,特别是沿岸地区的环境污染。因此,经常利用微生物产生的表面活性剂来加速石油降解。Harvery等(1990)利用铜绿假单胞菌(*Pseudomonas aeruginosa*)和SB30产生的糖脂类表面活性剂,进行不同条件下(活性剂浓度、接触时间、冲洗浓度、有无黄胞胶)去除阿拉斯加砾石样品中的石油的试验,结果表明,温度在30℃及其以上时,这种微生物表面活性剂能使细菌的降解能力提高2~3倍。

15.5.1.3 使用氮磷营养盐

使用氮磷营养盐是最简单而有效的方法。在海洋出现溢油后,石油降解菌会大量繁殖,碳源充足,限制降解的因素是氧和营养盐。

使用的营养盐有三类:缓释肥料、亲油肥料和水溶性肥料(沈德中,1992)。

1. 缓释肥料

要求具有适合的释放速率,通过海潮可以将营养物质缓慢地释放出来。在阿拉斯加使用的是两种缓释剂:一种是美国伊利诺斯州Vigoro工业公司生产的块状物,氮磷钾的比例为

14:3:3。亚异丁基双脲(isobutylidane diurea)从惰性块状基质上淋溶下来,经自发化学水解释放出尿素、柠檬酸溶性磷肥。另一种是美国加州 Sierra 化学公司生产的颗粒状肥料 Customblem,氮磷钾的比例为 28:8:0。在由二烯化处理的菜油包衣内包裹着硝酸铵和磷酸铵,可以缓慢释放氨、硝酸盐和磷酸盐。实验室研究证实,这两个产品最初可迅速释放营养物质,剩余的营养物质在 3~4 周内缓慢释放。

块状肥料放在网袋内,每个网袋 14 kg,在海滩上放两排,一排在低潮线上,一排在中潮线上。颗粒肥料则用播种机播撒在海滩表面($90\ g/m^2$),由于它的相对密度大,有倾向于粘附在油中的趋势,故可以保持在海滩中。

2. 亲油肥料

亲油肥料可使营养盐"溶解"到油中。在油相中螯合的营养盐可以促进细菌在表面生长。亲油肥料的配方有多种。Atlaas 和 Bartha 曾经做过开拓性工作,他们将石蜡化尿素和辛基磷酸盐加到漂浮原油的水面中,促进了石油的生物降解。还有以石蜡为载体的 $MgNH_4PO_4$、Victavwet 12(2-乙基己基-二聚乙烯氧化物磷酸盐)及几种天然来源的亲脂性氮磷,如大豆磷脂和乙基脲基甲酸盐(allophanate)等。美国阿拉斯加现场选择的是法国巴黎 Elf Aquitaine 公司生产的亲脂性肥料 Inipol EAP22,在现场用背负式喷雾器向海滩喷薄薄的一层,使用量为 $0.5\ L/m^2$。该产品是稳定的微滴乳化液,以尿素为核心,外面包围着油酸载体,并加入月桂磷酸酯作为稳定剂和磷源,还加入 2-丁氧基乙醇以降低粘度。实验室测试表明,开始几分钟内释放出 50%~60% 的铵盐和磷酸盐,剩余部分在以后 3 周内缓慢释放。

3. 水溶性肥料

在阿拉斯加使用硝酸铵及三聚磷酸盐和海水混合,用泵通过草坪喷头在低潮时喷在海滩上。施用量为氮 $6.9\ g/m^2$,磷 $1.5\ g/m^2$。

在阿拉斯加的试验中,以 Imipol EAP22 表现最为出色。在海滩上 28 m×14 m 的小区内进行试验,在喷施 2~3 周后可以观察到海滩表面的砾石明显地变清洁,海滩上呈现一个个"窗口",但在鹅卵石下面还有大量的油污,又经过几周后油污全部消失。而对照区和其他肥料区没有见到这种变化。通过总油残留物和十八烷与植烷比值的测定也表明了这种趋势。十八烷和植烷是气相色谱行为十分相近的两种烷烃。一般认为,气相色谱相近的烃类在非生物降解过程中不会有什么差别,而在生物降解过程中可能有很大差别。十八烷是直链烷烃,植烷是支链烷烃,生物降解差别很大。检测表明,用亲油肥处理海滩,十八烷与植烷比值较 4 周前大约下降了 70%(图 15.6)(Pritchard P. H & Costa C. F,1991);而块状缓释肥料处理只下降了 30%,未经处理的对照和后者差不多。这说明块状肥料提供的营养与海潮带来的营养物质没有多大差别。

尽管现场的试验表明,施用亲油肥料能使石油污染带上有较高数量的降解微生物,但是残留分析表明,处理与未处理小区间烃类的数量没有显著性的差异,问题是由于在处理区和对照区中的原油呈斑块状不均匀分布,有高度的异质性。生物统计学家曾提出在现场补充一定原油,使其较均匀一致,但遭到拒绝。

在第二年又进行一次现场试验,使用了一个更难降解的内标 $17\alpha(H),21\beta(4)$-何帕烷(hopane)。何帕烷是一个五环的 C_{27} 的饱和烃,其他烃类的浓度都被标准化到何帕烷的浓度上。这样就降低了由于油污块状分布而造成的样品间的差异。根据现场的实验数据,运用回归模型预测含油沉积物的总烃生物降解速率相对增长(图 15.7)(Atlas & Bartha,1998)。

当在污染海滩加入 0.4~0.8 kg/m² 的肥料时，烃类的生物降解速率提高了 2~4 倍。

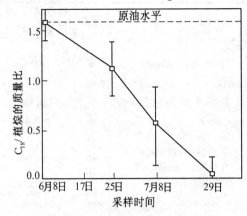

图 15.6　一次施用亲油性肥料后十八烷与植烷的质量比(mg/g)随时间的变化
(1989 年 6 月 8 日实验,21 个海滩的平均值和标准差)

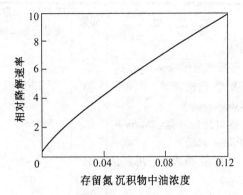

图 15.7　沉积物中存留的氮(μmol)与沉积物中油浓度(mg/kg)之间的关系
图中相对降解速率以加肥料后的降解速率/背景降解速率表示。

如图 15.7 中，生物修复可以提高 10 倍。但在实验中相对沉积物的油浓度为 1 mg/kg，施用氮负荷为 0.03~0.05 μmol 时，生物降解速率比未处理的海滩提高 3~5 倍。

15.5.2　生物降解新方法

以色列开发了一种新方法(Rosenberg et al,1992)，即利用一种需要接种非土著菌的肥料。这种肥料是一种专利的聚合物，不被大多数细菌利用，因此，这种肥料对土著微生物无用，而且能够攻击这种聚合物并利用其中肥料的烃降解菌已经被分离。所以，可以将这种菌和这种聚合物肥料一起加到被污染的海滩上。这种方法对接种的细菌是有利的，因为只有它们才可以直接利用这些营养物质。由于避免了肥料中的养分竞争，对接种细菌的烃降解活动很有利，对生物修复很有效。在地中海砂岸石油污染的生物修复处理中，已经证明这种方法十分有效。

15.6　无机污染物的生物积累和生物吸附

研究表明许多微生物，包括细菌、真菌和藻类可以生物积累(bioaccumulation)和生物吸着(biosorption)外部环境中的多种阳离子和核素(表 15.2)(Gadd,1992)。微生物能够在较高金属浓度下生长，因此，可以降低和去除无机污染物的毒性。这种特性与它们本身固有的或诱导的抗性有关，还与外部环境条件有关，如 pH、氧化还原电位、无机阴离子、无机阳离子、溶解性有机物、颗粒性有机物、粘土矿物和盐度。

表 15.2 重金属和放射性核素的微生物积累

微生物	元素	吸收量(干重,质量分数)/%	微生物	元素	吸收量(干重,质量分数)/%
细菌			藻类		
链霉菌属(Streptomyces.)	铀	2~14	小球藻(Chlorella vulgaris)	金	10
绿产色链霉菌(S. viridochromogenes)	铀	30		铀	15[①]
			规律小球藻(Chlorella regularis)	铀	0.4[①]
铁氧化硫杆菌(Thiobacillus ferrooxidans)	银	25		锰	0.8
			霉菌	银	2
蜡样芽孢杆菌(Bacillus cereus)	镉	4~9	茎点霉属(Phoma)	铀	8~17
	钴	25	青霉属(Penicillium)	铜	1.6
动胶菌属(Zoogloea)	铜	34	少根根霉(Rhizopus arrhizus)	镉	3
	镍	13		铅	10.4
	铅	34~40		铀	19.5
柠檬酸杆菌属(Citrobacter)	镉	40		钍	18.5[①]
铜绿假单胞菌(Pseudomonas aeruginosa)	铀	15		钍	11.6[①]
				银	5.4
				汞	5.8
				钍	18.5[①]
混合培养	铜	30	黑曲霉(Aspergillus niger)	钍	13.8[①]
混合培养	银	32		铀	21.5
芽孢杆菌(Bacillus)	铅	60.1	酵母		
	铜	15.2	啤酒酵母(Saccharomyces cerevisiae)	铀	10~15
	锌	13.7		钍	12
	镉	21.4		锌	0.5
	银	8.6	酵母	银	0.05~1

注:①来源于不同的实验数据。

生物积累和生物吸着的概念不一样,生物积累是生物主动吸收的过程,需要使用代谢能来同化;而生物吸着不需要代谢能,通常是无机污染物与细胞外表面的配位体或官能团发生络合。

15.6.1 生物积累和生物吸附的作用方式

活细胞和死细胞的细胞壁成分、色素、多糖、金属结合蛋白、铁载体都能与重金属、类金属、金属有机物结合(Gadd,1992)。

微生物在结合无机污染物上表现出选择性,多于大多数合成的化学吸附剂。微生物对金属的吸附和积累主要取决于不同配位体结合部位对金属的选择性。例如,在细胞质中 Cd 能与多聚磷酸盐或含硫蛋白质络合,也能在细胞外形成磷酸铜或硫化铜沉淀。这些无机沉淀的形成是由于 Cd^{2+} 偏好 p 和 s 配位体。在一些情况下,细胞外部吸附金属的量会超过根据细胞壁电荷密度估计的量,因此,提出存在的两个阶段过程的假设,金属先和细胞壁上带电荷的部分结合,然后以最初结合的金属作为核心部位沉淀更多的金属。

15.6.1.1 金属磷酸盐、金属硫化物沉淀

金属可在细胞表面形成金属磷酸盐和金属硫化物沉淀。柠檬酸杆菌属(Citrobacter)可以促进磷酸镉沉淀,因为与其结合的细菌细胞壁上的磷酸酶使甘油-2-磷酸成为 HPO_4^{2-}。

该无机磷酸产生系统也可以使沉淀铀成为磷酸双氧铀(uranyl)。荧光假单胞菌(*Pseudomonas fluorescens*)和柠檬酸杆菌都可以使 Pb 以磷酸铅的形式积累在细胞壁上。产气克雷伯氏菌(*Klebsieea aerogenes*)和瘰疬分枝杆菌(*Mycobacterium scrofulaceum*)可使 Cd 和 Cu 以硫化物形式沉淀在细胞壁上。

15.6.1.2 细菌胞外多聚体

细菌胞外的荚膜或粘膜层可产生多种胞外多聚体，主要是多糖、蛋白质和核酸，但主要以多种杂合多聚体形式存在，如糖蛋白、脂多糖等。金属和这些多聚体的结合方式主要包括阳离子基团的离子交换和络合物的形式。参与阳离子交换的基团有羧基、有机磷酸、有机硫酸盐和酚羟基等。另外，金属化学形式的改变会形成沉积。

在活性污泥中，生枝动胶菌(*Zoogloea ramigera*)由于产生大量的胞外多糖，因此，在絮凝中起重要作用。有荚膜的产气克雷伯氏菌和假单胞菌也产生多糖。粘节杆菌(*Arthrobacter viscosus*)含有葡萄糖、半乳糖等。

节杆菌属、假单胞菌属和不动杆菌属(*Acinetobacter*)的细菌可以产生一种乳化剂——乳化胶(emulsan)。乳化胶及其衍生物可以去除铀。乳化胶以多糖为骨架，其中有三种氨基糖，即 D-半乳糖胺、D-半乳糖胺糖醛酸和未鉴定的己糖胺，并与脂肪酸相连接。与铀结合要有二阶阳离子，且 pH 值要大于 6。如果把乳化胶用声波在水中分散形成的溶液或在含有十六烷的水中分散形成溶液，这种"乳化胶溶液(emulsanosol)"可以结合铀 800 mg/g。

胞外多聚体能够吸附自然条件下或废水处理设施中的重金属和放射性核素。胞外多聚体的产生可以由培养条件控制，这些条件包括碳源、氮源、营养物、污染物离子的存在与否和污染物的浓度。

15.6.1.3 金属硫蛋白、植物螯合肽和其他金属结合蛋白

所有的微生物，如蓝细菌、细菌、微细藻类和丝状真菌均有金属结合蛋白。

1. 金属硫蛋白(metallothionein, MT)

金属硫蛋白是富含半胱氨酸的短肽，既可以结合必需的金属元素(如铜和锌)，也可以结合非必需的金属元素(如镉)。利用啤酒酵母(*Saccharomyces cerevisiae*)对铜的抗性可诱导产生 6573Da 富半胱氨酸蛋白，因而形成了 Cu-MT。这说明酵母 MT 及其类似蛋白可以回收金属，因为这种 MT 及其类似物还可以与 Cd、Zn、Ag、Co 及 Au 结合，但这些金属元素一般不能诱导 MT 合成。另据报道，啤酒酵母诱导的 Cd-结合蛋白(9000Da)也是富半胱氨酸，含很高的 Cd(63 μg/mg 蛋白质)，并和 Cu-MT 有相似的氨基酸组成。将 MT 基因 cup I 克隆到大肠埃希氏菌(*E. coli*)中，可以表达出具有结合 Cu、Cd 和 Zn 功能的结合蛋白，并可以增加细菌对金属元素的积累能力。对于酵母 MT 的开发可以有两种方法。

第一种方法是构建使 MT 基因组能够成型表达的酵母工程菌株，这样，菌株可以积累较高量的不能诱导酵母 MT 基因转录的金属，如 Au 等。

第二种方法是当一接触到合适的分泌信号，MT 基因序列就向胞外释放 MT，最终目的是产生对不同金属有特异性的不同的 MT。

2. 植物螯合肽(phytochelatin)

植物螯合肽是小分子的半胱氨肽——γ-谷氨酰肽。藻类和植物有谷氨酰肽，能使重金属脱毒。一些真菌和酵母也能有这样的作用。它们的通式为

$$(\gamma - Glu - Cys)_n - Gly, \quad n = 2 \sim 5$$

即(γ-谷氨酰-半胱氨酸)$_n$-甘氨酸。金属离子结合在寡肽的金属-硫簇(metal-thiolate cluster)中。酿酒酵母不能合成植物螯合肽，但是粟酒裂殖酵母(*Schizosaccharomyces pombe*)在与重金属接触的情况下至少合成7种不同的同源γ-谷氨酰肽。这些金属有Cd、Cu、Pb、Zn和Ag，其中以Cd更重要。粟酒裂殖酵母在有Cu^{2+}时，合成$Cu^{2+}-\gamma$-谷氨酰肽复合物(含非不稳定硫)，也可以和Cu^+结合。

Cd诱导产生的γ-谷氨酰肽含有不稳定S，其大部分来源于Cd刺激产生的S^{2-}，如粟酒裂殖酵母和假丝酵母(*Candida glabrata*)就是如此。S^{2-}含量为0.1~1.5 mol/mol肽时，可以提高肽复合物的稳定性和金属含量。在研究S^{2-}和Cd^{2+}物质量的比例时，发现在比率为0.7时的络合物含有γ-谷氨酰肽包被的直径为2 nm的微晶。这些微晶充当着量子颗粒，表现出颗粒大小决定的电子态，并具有类似半导体聚簇的特性。*C. glabrata*可用金属特异性的方式表达金属硫蛋白和γ-谷氨酰肽的合成，这些分子的金属亲和性可以决定在有金属的情况下金属硫蛋白或植物螯合肽是否合成。

15.6.1.4 铁载体(嗜铁素)

铁载体又称嗜铁素、铁螯合剂，是一种低相对分子质量Fe^{3+}的配位化合物。它是由许多依赖铁的微生物(尤其是细菌和真菌)在铁受限制的条件下分泌出来的，能从环境中积累铁供植物生长。在生物体适宜的pH值下，Fe^{3+}的最大浓度大约只有10^{-18} mol/L，这种浓度太低而不能支持微生物生长。

铁载体有两类，即酚盐-儿茶酚盐型和异羟肟酸盐型。儿茶酚类和异羟肟酸盐类的典型结构分别有肠杆菌素(enterobactin)和高铁色素(ferrichrome)。这两类物质的合成取决于在铁受限制情况下基质中铁的状态。尽管铁载体对铁有特异性，但也可以和其他的金属络合，如Ga^{3+}、Cr^{3+}、Sc、In、Ni、U和Th。Pu^{4+}也能和铁载体络合，这提示锕族元素也可以起反应，因为Pu^{4+}和Fe^{3+}、Pu^{6+}和Th^{4+}有类似的化学特性，蓝细菌和藻类也可以产生铁载体及其类似物，在没有铁的条件下也可以络合铜元素等。鱼腥蓝菌属(*Anabaena*)产生的铁载体可与铜络合，产物不被细胞吸收，保护细胞防止铜毒害。

用铁载体去除和回收工业废水中金属的进展不大，对铁载体的应用研究主要是探索Ga^{3+}的多价螯合。由毛链霉菌(*Streptomyces pilosus*)突变产生的改性铁载体脱铁氧草胺(des-ferrinxamine，商品名为Desferal)，可被固定起来作为不同功能的载体材料，如促进PuO_2的溶解。化学合成的异羟肟酸盐类的新金属螯合剂在去除金属方面有很高的效率。

15.6.1.5 真菌来源物质对金属的去除

目前，人们开始重视霉菌和酵母对金属的吸着作用，因为工业发酵会产生大量的真菌生物量(biomass)。许多真菌的细胞壁内含几丁质(chitin)，这种N-乙酰葡糖胺多聚体是一种有效的金属与放射性核素结合的生物吸附剂。啤酒酵母可以使铀沉积在细胞壁上，其质量可达细胞干重的50%。少根根霉(*Rhizopus arrihizus*)上铀可以和几丁质的胺基氮迅速配位，同时吸附在细胞壁上，然后缓慢地以氢氧化双氧铀的形式沉淀。脱乙酰壳多糖和其他几丁质也具有明显的生物吸附能力。来源于黑曲霉(*Aspergillus niger*)的不溶性脱乙酰壳多糖-葡聚糖复合体(chitosan-glucan complexes)和葡聚糖(含有氨基和糖酸基)表现出生物吸附特性，并能去除溶液中溶解的过渡金属离子。一种合成的脱乙酰壳多糖的衍生物N-[2-(1,

2-二羟基乙基)四氢呋喃]脱乙酰壳多糖(NDTC)比原来完整的少根根霉生物量去除废液中的能力提高了一个数量级。经过氢氧化物处理的各类真菌,暴露出几丁质、脱乙酰壳多糖和其他金属结合的配位体,形成菌丝层,可以有效地去除废水中的重金属,但增加其厚度后会降低流速。

真菌黑素可以促进许多物种在逆境的生存能力。真菌黑素位于细胞壁上或细胞壁外,以密集电子沉积的颗粒物的形式存在。颗粒物释放到基质中,被称为胞外黑素。胞外黑素实际上是胞外合成的黑素,主要是由分泌的酚氧化酶降解氧化酚或分泌的酚氧化形成的。真菌含酚多聚体和黑素中含有单元酚、肽、糖类、脂肪烃和脂及酸,因此,在真菌黑素上有许多金属结合部位。在这些物质中的含氧基团有羧基、酚基和醇羟基、羰基和甲氧基,对金属的结合非常重要。真菌有多种类型的黑素。担子菌纲细胞壁的黑素来源于谷氨酰胺-3,4-二羟苯或儿茶酚。子囊菌和半知菌的壁黑素,一般以1,8-二羟萘作为中间体经五肽(pentapeptide)途径合成。真菌及一些其他的黑色素称为"异源"黑素。许多重金属可以诱导或加速真菌菌体和孢子体(如厚垣孢子)黑素的产生。出芽短梗霉(*Aureobasidium pullulans*)能够结合大量的金属(Cu^{2+}和Fe^{3+})以及有机金属化合物,如三丁基氯化锡。

应用柠檬酸发酵废物黑曲霉生物量去除废水中含金属颗粒物,如锌尘、磁铁矿和金属硫化物,这个过程与代谢活动无关,但生长旺盛时更有利,金属颗粒可以包埋在菌丝层中。吸附的铁可以用磁铁从生物中分出。

15.6.1.6 衍生、诱导或分泌的微生物产物与金属去除

实际上,所有的生物物质都对重金属和放射性核素有高度的亲和性。有些生物分子可在一定重金属存在的条件下诱导产生,如金属硫蛋白和其他金属结合蛋白就是这样形成的;也可在剥夺了必要的金属离子后产生,如由于Fe^{3+}缺乏,导致了铁载体(siderophore)的产生。其他一些具有显著结合金属能力的分子,可在暴露亚致死金属浓度时过量产生,并干扰正常代谢,例如,真菌黑素(fungal melanin)就是这样。然而,存在于微生物中的或分泌出的大多数能结合金属生物分子是在正常的生长中合成的,并且是细胞的重要结构成分。金属与这些成分结合的相对效率,在很大程度上取决于金属的种类、形态和存在的结合配位体的化学性质及反应活性。应当注意到,微生物细胞会有多种多样的化学成分,某一微生物物种的大分子组分是受培养条件和遗传因素控制的。

15.7 湖泊的生态修复

近年来,随着人口的增长和经济的高速发展,水资源系统受到很大冲击,使得水质变劣,湖泊富营养过程加剧,生态环境恶化,严重制约了社会经济的可持续发展。要实现水资源的可持续利用,必须加快水污染的综合治理。除陆域实施严格的达标治理、河网水质调控、农业面源及生活污水治理外,湖泊生态修复和富营养化治理已为当务之急。

湖泊生态修复的措施主要有以下几种。

15.7.1 湖泊底泥生态疏浚

湖泊底泥是湖泊水生态系统的重要组成部分,是湖泊营养物质循环的中心环节,也是水土界面物质(物理的、化学、生物的)的交换带。底泥中富含的营养物是湖体的内污染源,是

造成水体富营养化和藻类爆发的营养盐来源之一。据资料显示,底泥释放 TN 占总污染量的 18.5%,TP 占 29.4%,即使将外部入湖污染全部控制,仅湖内底泥释放和动力作用下的再悬浮、溶出也将引起藻类的发生。

15.7.1.1　湖泊底泥的生态疏浚

一般工程疏浚为物理工程,以取走泥沙为目的,而生态疏浚的目的在于清除含高营养盐的表层沉积物质,包括沉积在淤泥表层的悬浮、半悬浮状(由营养物形成)的絮状胶体,或休眠状活体藻类及动植物残骸体等,属生态环境工程范畴。

15.7.1.2　湖体底泥疏浚是治标之计

底泥疏浚适宜进入湖体污染物的初步得到有效控制,或为缓解重要城市取水口水质问题的应急方案,是重要的治理措施之一。主要是对大中型城市供水水源地、重要旅游区和特殊水域保护区的水质保障有重要意义。

15.7.1.3　生态疏浚技术和方法

依据湖底泥营养盐分布特征确定,疏浚深度以 50 cm 为宜。疏浚时务必采用特殊技术和装置,密闭和抽吸是关键,即疏浚器械头部采用类似吸尘器原理结构,以免扰动底泥。疏浚作业的最佳施工期宜选在湖泊处于低水位期,湖面风浪较小,湖泊水体交换缓慢,沉积物基本处理相对静态,有利于提高施工效率。

15.7.2　利用浮床陆生植物治理典型富营养化水域

浮床陆生植物采用生物调控法,利用水上种植技术,在以富营养化为主体的污染水域、水面种植粮食、蔬菜、花卉或绿色植物等各种适宜的陆生植物。在收获农产品、美化绿化水域的同时,通过根系的吸收和吸附作用,富集 N、P 等元素,降解、富集其他有害有毒物质,并以收获植物体的形式将其搬离水体,从而达到变为宝、净化水质、保护水域的目的,它类似于陆域植物的种收办法,而不同于直接水面放养水葫芦等技术,开拓了水面经济作物种植的前景。

在浮床陆生植物治理工程中,植物体直接吸收水中营养物质,不需施肥。治理工程有良好的美化绿化水面效果,已被环保、园林和旅游部门认可、采纳,并予以推广。

15.7.3　建立渔业生态工程,控制过度养殖,适度利用水体

利用湖泊水生植物丰富、水动力条件稳定、适宜于鱼类和水生动物繁衍和养殖等自然条件,网围养殖,不占陆域,经济效益高,对开发湖泊大水面资源、促进渔业发展有积极作用。湖体养殖受制于湖体水生态系统的承载能力,应建立总量控制的渔业生态工程,在开发利用的同时,维护水资源的再生。

近年来,多数湖泊围网养殖规格无序快速扩大,使湖泊生态系统的外源营养负荷过高。大量外源性饵料投入,水生植物过度繁殖和退化,鱼类等动物正常新陈代谢过程中的排泄物等远远超过水生态系统的承载能力和水体自净能力,草型富营养化程度加重。目前,应采取措施,做好生态保护规则,控制过度养殖,重建草型湖泊良性生态循环。在规划指导下,依法压缩和控制养殖面积,推广精养经济价值高的鱼种,控制水生植物无序繁衍,收割和更新高等水生植物种群,对养殖业和水生植物优化改造,控制环湖外源营养负荷的输入,疏浚湖体,

调活水体,增加水体营养物输出,强化湖泊自身净化能力。

15.7.4 建立环湖湿地保护带,恢复和重建滨岸渔带水生植被,实现长效生态管理和调控

建立环湖湿地保护带工程包括两大部分:一是湖岸湿地保护带工程;二是滨带高等水生植物恢复和调控工程。湿地和水生高等植物能起物理阻滞作用,消浪,促使沉积,降低沉积物的再悬浮,大量吸收水体和沉积物中的营养盐,改变水生网络结构,同时又有资源利用价值。该工程旨在沿湖岸水陆界面侧分别建立生态保护带,改善湖泊滨岸特有的自然景观。

在湖岸陆域区种植芦苇等湿地高等植物,建立第一防线。湖滨水深小于 1 m 的水域,种植挺水植物(如芦苇、茭草等);大于 1 m 深的水域,种植苦草、黑藻、马来眼子菜等;在城镇区沿湖或旅游区,种植观赏性的莲藕等水生植物。

15.7.5 藻类收集和资源化再利用

藻类收集是治标措施,在藻类爆发期,湖湾迎风面,利用专用藻类收集设备,收获藻类,一方面减轻取水口藻类富集的危害,另一方面将藻类移出湖体,减轻湖体营养盐负荷。据研究,新鲜蓝藻约含氮 2.8%,含磷 0.075%,收获 1×10^3 kg 新鲜蓝藻,可从湖中取出 2.8 kg 氮,0.76 kg 磷。收集的藻体可制成藻粉作为农业肥料。

15.8 污染土壤的植物修复

工业生产中排放的废物、农业生产中使用的农药以及化学品在运输和储藏过程中的泄漏都会导致土壤污染。土壤污染使农业生产受到损害,农作物产量降低,农产品质量下降。污染物淋溶到含水层,还会污染地下水。我国有些地区,因工业废水排放、工业降尘、石油开采和农药的使用等造成的土壤污染相当严重。江西大余矿区、株洲冶炼厂、沈阳冶炼厂附近、东北的沈抚灌区以及北京东南郊灌区都是十分严重的土壤污染地区。劣质磷肥中含有过量的三氯乙醛,常常引起农作物死苗和减产事故。近年来,农田土壤中的重金属污染有加重的趋势,主要污染物有铅、锌、汞、铬、镉、铜和砷等。

由于土壤在生物圈中的重要地位,使得土壤污染的防护与治理十分重要。我国在过去的二十几年中,在土壤污染的防治上取得了一些研究成果和经验。

国内外使用的土壤污染修复方法种类很多,有物理、化学和生物学等方法。修复污染的基本途径有两条,即去污染(decontamination)和稳定化(stabilization)。

植物修复(phytoremediation)是利用植物的独特功能,并可和根际微生物协同作用,从而可以发挥生物修复更大的效能(沈德中,1998;桑伟莲和孟繁翔,1999;骆永明,1999)。植物修复作为一种高效生物修复途径正受到越来越多的重视。根据 1998 年 4 月美国发表的市场报告表明,1998 年全美植物修复市场销售在 1700 万~3000 万美元之间,主要包括:地下水有机污染物的去除,在 500 万~1000 万美元之间;其次为填埋场渗滤液处理和土壤金属修复,两者均在 300 万~500 万美元之间;然后是土壤有机化合物和废水有机污染物的修复。估计除美国以外,欧洲各国、加拿大等国家在植物修复方面也有很大发展。

15.8.1 植物修复的特点

植物修复是利用植被原位处理污染土壤和沉积物的方法,它是一种很有效的廉价处理某些有害废物的新方法。这种方法在美国等发达国家已经开展了大规模的试验,并被证明是有效的。我国也有植物修复方面的报道,黄会一等(1986)发现杨树(*Populus* spp.)对镉和汞污染有很好的消减和净化功能;熊建平等(1991)研究发现,水稻田改种苎麻后能极大地缩短受汞污染的土壤恢复到背景值水平的时间。

植物土壤修复系统,可以看成是同废水处理类似的生物处理系统,它有以太阳能为动力的"水泵"和进行生物处理的"植物反应器",植物可吸收转移元素和化合物,可以积累、代谢及稳定污染物。

植物修复的成本较低,是物理化学修复系统的替代方法。根据美国的实践,种植管理的费用在每公顷 200~10 000 美元之间,即每年每立方米的处理费用为 0.02~1.00 美元,比物理化学处理的费用低几个数量级。植物修复还有其他好处,可以增加土壤有机质的含量,激发微生物的活性;可有助于土壤的固定,控制风蚀、水蚀;蒸腾作用可以防止污染物向下迁移;可把氧气供应给根际,有利于有机污染物的降解。

植物是活的生物体,需要有合适的生活条件,因此,植物修复有局限性。植物修复往往会受土壤毒物毒性的限制,然而植物通常比参与生物修复的大多数微生物更耐有害废物。植物的根系一般较浅,植物修复对浅层土壤污染的治理更为有效。植物修复过程比物理化学过程缓慢,因此,植物修复比常规治理(挖掘、场外处理)需要更多的时间,特别是当疏水污染物与土壤颗粒紧密结合的情况下,需要的时间更长。

植物修复的方式有去污染和稳定化两类,共四种方式:

1) 植物提取(phytoextraction) 污染物被植物吸收积累,植物收获后再进行处理;收获后可以进行微生物处理和化学处理。

2) 植物挥发(phytovolatilization) 污染物被植物吸收到体内后并将其转化为气态物质释放到大气中。

3) 植物稳定化(phytostabilization) 植物与土壤共同作用,将污染物固定,以减少其对生物与环境的危害。

4) 植物转化(phytodegradation) 植物与其相关的微生物区系将污染物转化为无毒物质。

15.8.2 污染物的植物提取

植物提取是目前研究最多并且最有发展前景的方法。它是利用专性植物根系吸收一种或几种污染物,特别是有毒金属,并将其转移、贮存到植物茎叶,然后收割茎叶,易地处理。植物提取比传统的工程方法更经济,其成本可能不到各种物理化学处理技术的 1/10,并且通过回收植物中的金属还可进一步降低植物修复的成本,如提取有经济价值的镍和铜等,被称作植物采矿(phytomining)。

在长期的生物进化中,生长在重金属含量较高土壤中的植物,产生了适应重金属胁迫的能力。适应重金属胁迫的植物会有三种情况:①不吸收或少吸收重金属元素;②将吸收的重金属元素钝化在植物的地下部分,使其不向地上部分转移;③大量吸收重金属元素,植物仍能正常生长。

可利用前两种情况在金属污染的土壤中生产金属含量较低、符合要求的农产品。利用第三种情况可进行植物提取,通过栽种绿化树、薪炭林、草地、花卉和棉麻作物等去除重金属。

植物可以吸收和积累必需的营养物质(浓度可高达 1% ~ 3%),某些非主要元素(如钠和硅)也可以在植物体内大量积累,大多数植物会将重金属排除在组织外,使重金属的积累只有 0.1 ~ 100 mg/kg。但也有一些特殊植物超量积累重金属,从分类上来说,超量积累植物(hyperaccumulator)很广泛。据报道,现已发现有 Cd、Co、Cu、Pb、Ni、Se、Mn、Zn 的超积累植物 400 余种,其中,73% 为 Ni 超积累植物。山榄科的渐尖塞贝山榄(*Sebertia accuminata*)可以在含铁量很高的土壤中生长,树液内含有 25% 的镍(以干重计)。十字花科的天蓝遏蓝菜(*Thlaspi caerulescens*)在其植物组织内能够积累高达 4% 的锌而没有明显伤害。一些显著具有积累重金属能力的植物列于表 15.3 中(Cunningham et al,1995)。大多数研究者希望超量积累植物中的金属含量能达到 1% ~ 3%。

表 15.3　已知植物地上部分超量积累的金属含量

金属	植 物 种	超量积累含量/(mg·kg^{-1})	金属	植 物 种	超量积累含量/(mg·kg^{-1})
Cd	*Thlaspi caerulescens*(天蓝遏蓝菜)	1 800	Mn	*Macadamia neurophylla*(粗脉叶澳洲坚果)	51 800
Cu	*Ipomoea alpina*(高山甘薯)	12 300			
Co	*Haumaniastrum robertii*	10 200	Ni	*Psychotria douarrei*(九节属)	47 500
Pb	*Thlaspi rotundifolium*(圆叶遏蓝菜)	8 200	Zn	*Thlaspi carulescens*(天蓝遏蓝菜)	51 600

植物提取需要有超量积累植物。根据美国能源部的标准,筛选超量积累植物用于植物修复应具有以下几个特性:①即使在污染物浓度较低时,也有较高的积累速率;②能在体内积累高浓度的污染物;③能同时积累几种金属;④生长快,生物量大;⑤具有抗虫抗病能力。

在所有污染环境的重金属中,铅的植物修复研究最多,并且已有公司计划将铅污染的植物修复技术商业化。很多研究表明,植物可以大量吸收铅,并能在其体内积累铅,圆叶遏蓝菜(*Thlaspi rotundifolium*)吸收铅可达 8 500 μg/g(以茎干重计)。芥菜(*Brassica juncea*)培养在含有高浓度可溶性铅的营养液中时,可使茎中铅含量达到 1.5%。美国的一家植物修复技术公司已用芥菜进行野外修复试验,预计在两年内达到修复的目标。芥菜不仅可吸收铅,也可吸收并积累 Cr、Cd、Ni、Zn 和 Cu 等金属。

超量积累在生物修复中的应用要受以下几个方面的制约:①超量积累植物经常只能积累某些元素,还没有发现能积累所有金属元素的植物;②许多超量积累植物生长缓慢而且生物量低;③对于它们的农艺性状、病虫害防治、育种潜力以及生理学了解很少。这类植物通常稀少,生长在边远地区,它们的生长环境有可能正在受到采矿、开发和其他活动的威胁。

通过研究发现,可以使用土壤改良剂,使超量积累植物高产,使植物对金属积累的速率和水平提高。研究表明,一些农作物,如玉米和豌豆可以大量吸收 Pb,但达不到植物修复的要求。在土壤中加入人工合成的螯合剂以后,可以促进农作物对 Pb 的吸收及其向茎内的转移。在土壤中加入螯合剂以后可增加芥菜对铅的吸收。近几年来,多个田间试验证明,这种化学与植物综合技术是可行的。土壤改良剂 EDTA 可络合 Pb、Zn、Cu、Cd,使其保持在土壤中且处于溶解状态,以供植物利用。

最根本的方法是不断扩大寻找其他能够超量积累的植物资源,以及改良超量积累植物的品种,包括常规育种和转基因育种。

筛选突变株,可以产生有用的超量积累植株。例如,豌豆(*Pisum sativum*)的突变株是单基因突变,积累的铁比野生型高 10～100 倍;拟南芥属(*Arabidopsis*)积累镁的突变株可比野生型积累的镁高 10 倍。

近年来,将超量积累植物与生物量高的亲缘植物杂交,已经筛选出能吸收、转移和耐受金属的许多作物与草类。许多超量积累植物都属于十字花科植物。

基因工程是获得超量积累植物的新方法。通过引入金属硫蛋白(metallothioneins)基因或引入编码 Mrr A(汞离子还原酶)的半合成基因,增加了植物对金属的耐受性。转基因植物拟南芥属可将汞离子还原为可挥发汞,使其对汞的耐受性提高到 100 μmol。据研究,耐受机制还包括植物螯合肽(phytochelatins)和金属结合肽的改变。需要促进金属从根部向地上部分的转移,通过发根土壤杆菌(*Agrobacterium rhizogenes*)的转化作用改变根的形态,可以加强不容易迁移的污染物的吸收。

15.8.3 植物挥发

植物挥发是利用植物去除环境中的一些挥发性污染物的方法,即植物将污染物吸收到体内后又将其转化为气态物质,释放到大气中。目前,在这方面研究最多的是金属元素汞和非金属元素硒,但尚未见有植物挥发砷的报道,通过植物或与植物微生物复合代谢,形成甲基胂化物或砷气体是可能的。

在土壤或沉积物中,离子态汞(Hg^{2+})在厌氧细菌的作用下,可以转化为毒性很强的甲基汞(MeHg)。利用抗汞细菌先在污染点存活繁殖,然后通过酶的作用将甲基汞和离子态汞转化成毒性小得多的可挥发的元素汞,已被作为一种降低汞毒性的生物途径之一。当前研究利用转基因植物转化汞,即将细菌体内对汞的抗性基因(汞还原酶基因)转导到植物拟南芥属(*Arabidopsis*)等中,将植物从环境中吸收的汞还原为元素汞,使其成为气体而挥发。研究证明,转基因植物可以在通常生物中毒的汞浓度条件下生长,并能将土壤中的离子汞还原成挥发性的元素汞。

许多植物可从污染土壤中吸收硒,并将其转化成可挥发状态(二甲基硒和二甲基二硒),从而降低硒对土壤生态系统的毒性。在美国加州 Corcoran 的一个人工构建的二级湿地功能区(1 hm^2)中,种植的不同湿地植物品种显著地降低了该区农田灌溉水中硒的含量(在一些地点硒含量从 25 mg/kg 降到 5 mg/kg 以下)。因硒的许多生物化学特性与硫类似,硒酸根以一种与硫类似的方式被植物吸收和同化。在植物组织内,硫是通过 ATP 硫化酶的作用还原为硫化物。运用分子生物学技术在印度芥菜体外证明硒的还原作用也是由该酶催化的,而且在硒酸根被植物同化成有机态硒过程中,该酶是主要的转化速率限制酶。印度芥菜中硒酸根的代谢转化是 ATP 硫化酸基因的过量所致,其转基因植物比野生品种对硒具有更强的吸收力、忍受力和挥发作用。根际细菌在植物挥发硒的过程中也能起作用。根际细菌不仅能增强植物对硒的吸收,而且还能提高硒的挥发率。这种刺激作用部分归功于细菌对根须发育的促进作用,从而使根表有效吸收面积增加。更重要的是,根际细菌能刺激产生一种热稳定化合物,它使硒酸根通过质膜进入根内;当将这种热稳定化合物加入植物根际后,植物体内出现硒盐的显著积累。进一步实验表明,对灭菌的植株接种根际细菌后,其根内硒浓度增加了 5 倍;而且经接种的植株,硒的挥发作用也增加了 4 倍,这可能是由微生物引起的对硒吸收量的增加。

这一方法只适用于挥发性污染物,所以应用范围很小;由于将污染物转移到大气中对人类和生物有一定的风险,因此,它的应用也将受到一定的限制。

15.8.4 土壤污染物的植物稳定化

植物稳定化是利用植物吸收和沉淀来固定土壤中的大量有毒金属,以降低其生物有效性,并防止其进入地下水和食物链,从而减少其对环境和人类健康的污染风险。植物在污染物的植物稳定化中有两种主要功能:保护污染土壤不受侵蚀,减少土壤渗漏来防止金属杂物的淋移;通过在根部累积和沉淀来加强对污染物的固定。Berti 和 Cunningham 等(1995)研究了植物对环境土壤中铅的固定作用,发现了一些植物可降低铅的生物有效性,缓解铅对环境中生物的毒害作用。

有机物和无机物在具有生物活性的土壤中,进行着不同程度的化学和生物的络合或螯合。这种络合或螯合会降低植物修复的有效性,但同时也降低了淋失性。这种螯合作用包括有机物与木质素、土壤腐殖质的结合,金属沉淀物及多价螯合物存在于铁氢氧化物或铁氧化物的包膜上,而这些包膜形成于土壤颗粒之上或包埋于土壤结构的小孔隙之中。植物稳定化进一步降低了生物有效性。

重金属污染土壤的植物稳定化技术的主要目的是对采矿、冶炼厂废气干沉降,清淤污泥和污水厂污泥等污染土壤的复垦。土壤改良剂能够改变土壤化学性质和多价螯合金属污染物的性质。常使用的土壤改良剂有堆肥污泥、无机阴离子(磷酸盐)、金属氧化物或氢氧化物等。植物的作用是通过改变土壤的水流量,使残存的游离污染物与根结合,以及防止风蚀和水蚀等,进而增加对污染物的多价螯合作用。利用植物改变多价螯合污染物的方法有:氧化还原反应(如由 Cr^{6+} 变为 Cr^{3+});将污染物变为不可溶的物质(铅变为磷酸铅);将有机物结合到植物木质素中。

植物稳定化技术适用于相对不宜移动的物质,如表面积大、土壤质地粘重、有机质含量高的物质。目前,这项技术已在矿区污染修复中使用,在城市和工业区中采用的不多。

然而,植物稳定化并没有将环境中的重金属离子去除,只是暂时将其固定,使其对环境中的生物不产生毒害作用,没有彻底解决环境中的重金属污染问题。如果环境条件发生变化,金属的生物有效性可能又会发生改变。因此,植物稳定化不是一个很理想的去除环境中重金属的方法。

15.8.5 有机污染物的植物降解

植物修复可用于石油化工污染、炸药废物、燃料泄漏、氯代溶剂、填埋淋溶液和农药等有机污染物的治理。例如,裸麦(*Lolium perenne*)可以促进脂肪烃的生物降解(Gunther et al, 1996),在田间试验的水牛草(*Buchloe dactyloides*)可以分解萘(Qiu et al, 1997),*Fustuca arundinacea* 可以使苯并[a]芘矿化(Epuri & Sorensen, 1997),冰草属的 *Agropyron desortorum* 可以使 PCP 矿化(Ferro et al, 1994)。但是,有时植物并没有发生作用,例如,种植紫苜蓿(*Medicago sativa*)对土壤中的苯并没有起到降解作用(Ferro et al, 1997)。所以,正确的选择作物,对生物修复很重要。

植物降解的成功与否,取决于有机物污染物的生物有效性,即植物-微生物系统的吸收和代谢能力。生物有效性与化合物的相对亲脂性、土壤的类型(有机质含量、pH值、粘土含量与类型)和污染物龄(the age of the contaminant)有关。传统的分析方法不能测定污染物的可利用性。土壤含有的可生物降解的污染物,会因为土壤的性质和污染物龄变化而变为难降解的污染物。污染物的生物有效性,可以在实验室内用微生物测定其生物降解性的方法得到大致的了解。与土壤颗粒紧密吸附的污染物、抗微生物或植物吸收的污染物不能很好地被植物降解。如果污染物也不与其他生物(土壤节肢动物、草食动物)发生相互作用,又不易移动(以淋失表示),可以考虑植物稳定化。

植物修复有机污染有三种机制:直接吸收并在植物组织中积累非植物毒性的代谢物;释放促进生物化学反应的酶;强化根际(根-土壤界面)的矿化作用(这与菌根菌和同生菌有关)。

15.8.5.1 有机污染物的直接吸收和降解

植物对浅层土壤中的中度憎水有机物(辛醇-水的分配系数的参数 $\lg K_{ow} = 0.5 \sim 3$)有很高的去除效率,中度憎水有机物有 BTEX、氯代溶剂、短链脂肪族化合物。憎水有机物($\lg K_{ow} > 3.0$)和植物根表面结合得十分紧密,致使它们在植物体内不能转移,水溶性物质($\lg K_{ow} < 0.5$)不会充分吸着到根上,因此,不会通过植物膜迅速转移。

一旦有机物被吸收,植物可以通过木质化作用,在新的植物结构中储藏它们及其残片,也可以代谢或矿化它们,还可让它们挥发。去毒作用可将原来的化学品转化为对植物无毒的代谢物,如木质素等,并储藏于植物细胞的不同地点。化学物质经根直接吸收的情况取决于其在土壤水中的浓度和植物的吸收率、蒸腾率。植物的吸收率又取决于污染物的物理化学特性和植物本身(植物受有机污染物运载剂组分的影响)。蒸腾作用是决定植物修复工程中污染物吸收速率的关键变量,它又与植物种类、叶表面积、养分、土壤水分、风力条件和相对湿度有关。概括起来,植物对污染物的吸收受三个因素的影响:化合物的化学特性、环境条件和植物种类。因此,为了提高植物对环境中有机污染物的去除率,应从以上三方面入手。

通过遗传工程可以增加植物本身的降解能力,把细菌中的降解除草剂基因的转移到植物中,产生抗除草剂的植物。使用的基因还可以是非微生物的,如哺乳动物的肝和具有抗药性的昆虫。

某些细菌能以卤代烷烃作为其生长的惟一碳源。如自养黄色杆菌(*Xanthobacter autotrophicus*)可将二氯乙烷(或二溴乙烷)分解成烃基乙酸,并进入生物体中心代谢循环。郝林等(1999)将卤代烷烃脱卤酶基因(*dhl A*)转入拟南芥菜中,以期获得一种对卤代烷烃类污染土壤能进行生物修复的工程植株系统,利用植物根系去除土壤和地下水中的污染物。

dhl A 酶的作用底物较广,有二氯乙烷、二溴乙烷、二溴丙烷、二溴甲烷等。实验中,以土壤农杆菌介导将该基因整合到拟南芥菜基因组中,经数代筛选便可得到转基因纯合种子,Northem 印迹和气相色谱检测表明,转基因的表达程度很高,酶量占细胞可溶性总蛋白的8%,酶活力达 7.8 mU/ml 提取物。

将 dhl A 中的表达活性和酶活力(均为最高)的转基因植株的种子接种到含不同浓度的二氯乙烷 MS 培养基中培养,当培养基中的二氯乙烷达到 50 mmol/L 时,转基因种子不能萌发,而作为对照的野生型 MS 种子在 250 mmol/L 的二氯乙烷培养基上仍能正常生长。这一结果从活体植株水平上进一步证明了 dhl A 基因具有高水平的表达。因为,在对自养黄色杆菌代谢中间物的研究中发现,二氯乙烷分解后的代谢中间物要比它本身对植物体的毒害更大。这些中间产物包括氯乙醇、氯乙醛和氯乙酸,尤其是氯乙酸的毒害最大。在自养黄杆菌中,产生的氯乙酸在卤代乙酸脱卤酶的催化下,转变为羟基乙酸,并进入生物体中心代谢循环。经试验,植物体内不含有这种酶,所以转基因植株在含二氯乙烷的培养基上不能生长。因此,要得到能完全代谢卤代烷烃的工程植株,至少还需将这种脱卤酶基因一同转入目标植物中。

15.8.5.2 酶的作用

植物根系释放到土壤中的酶可直接降解有关的化合物,并降解得非常快,致使有机污染物从土壤中的解吸和质量转移成为限速因素。植物死亡后,相关的特有酶释放到环境中还可以继续发挥分解作用。植物特有酶的降解过程为植物修复的潜力提供了有力的证据。在筛选新的降解植物或植物株系时,需要关注这些酶系,注意发现新酶系。

美国佐治亚州 Athens 的 EPA 实验室从淡水的沉积物中鉴定出五种酶:脱卤酶、硝酸盐还原酶、过氧化物酶、漆酶和腈水解酶,这些酶均来自植物。硝酸盐还原酶和漆酶能分解炸药废物(2,4,6 - 三硝基甲苯 TNT),并将破碎的环状结构结合到植物材料或有机物残片中,变成沉积有机物的一部分。来源于植物的脱卤酶,能将含氯有机溶剂(三氯乙烯)还原为氯离子、二氧化碳和水。

分离得到的酶(例如硝酸盐还原酶)确实可以迅速转换某一类底物(例如 TNT),但经验表明,植物修复还要靠整个植物体来实现。游离的酶系会在低 pH 值、高金属浓度和细菌毒性下被摧毁或钝化,而在有植物生长的土壤上,酸性物质被中和,金属被生物吸着或螯合,酶被保护在植物体内或吸附在植物表面,不会受到损伤。

15.8.5.3 根际的生物降解

Anderson 等(1993)证明,植物以多种方式帮助微生物转化,根际在生物降解中起着重要作用。根际可以加速脂肪烃类、多环芳烃类和农药的降解。例如,几种表面活性剂的矿化速率在有根际的土壤条件比无根际的土壤条件下快 1.4~1.9 倍(Knaebel & Vestal,1992),深根系的土壤比未耕种的土壤中苯并(a)蒽噁、苯并(a)芘、二苯并(a,h)蒽等消失得快(Aprill & Sims,1990)。郑师章和乐毅全(1989)研究了凤眼莲对酚的降解,发现无菌凤眼莲 10 h 只降解了 1.9%,有假单胞菌时酚也只降解了 37.9%,但在凤眼莲 - 假单胞菌体系却能降解 97.5% 的酚。这表明凤眼莲的根系不能降解酚,是根际分泌物促进了假单胞菌等酚降解菌的生长,加速了酚的去除。

植物提供了微生物的生长环境(habitat),可向土壤环境释放大量分泌物(糖类、醇类和酸类等),其数量约占年光合作用产量的 10%~20%,细根的迅速腐解也向土壤中补充了有机碳,这些都加强了微生物矿化有机污染物的速率。如莠去津的矿化与土壤中有机碳的含量有直接关系;植物根系微生物密度增加,多环芳烃的降解也增加;草原地区的微生物对 2 - 氯苯甲酸的降解率升高了 11%~63%。植物为微生物提供生存场所并提供氧气,使根际的好氧转化作用能够正常进行,这也是植物促进根际微生物矿化作用的一个机制。

根上有菌根菌生长,菌根菌与植物共生具有独特的代谢途径和独特的酶系,可以代谢自生细菌不能降解的有机物。

15.8.6 放射性污染的修复

植物修复除了可以治理重金属和有机物污染物以外,对放射性污染物的治理也有很大的潜力。

核反应装置运行产生的放射性物质是环境中的一类重要污染物。这些放射性核素长期存在于土壤中,对人类及生物的健康造成很大的威胁,如果农业生态系统被污染则会造成很多问题。植物可从污染土壤中吸收并积累大量的放射性核素,因此,用植物去除大面积低浓度的放射性核素污染是一个值得研究的方向。Nifontova 等(1989)在核电站的附近地区找到多种能大量吸收 ^{137}Cs 和 ^{90}Sr 的植物。Entry 等(1993)则发现桉树苗一个月可去除土壤中 31.0% 的 ^{137}Cs 和 11.3% 的 ^{90}Sr。Whicker 等(1960)发现水生大型植物天胡荽属(*Hydrocotyle* spp.)比其他 15 种水生植物积累 ^{137}Cs 和 ^{90}Sr 的能力强。用生长很快的多年生植物与特殊的菌根真菌或其他根区微生物共同作用,以增加植物吸收和累积放射性核素的速度,这是一个很有价值的研究方向。

植物对放射性污染物的吸收不仅与植物种类有关,还与土壤的性质有着密切的关系。土壤的离子交换能力越强,植物对放射性核素的吸收能力越大。另有研究表明,在土壤中加入有机物、整合剂和化肥可改变土壤的物理和化学特征,增加土壤中对植物放射性核素的可利用性,并能降低这类污染物在土壤中的流动性。

植物是一个有效的土壤污染处理系统,它同其根际微生物一起,利用生理代谢功能担负着分解、富集和稳定污染物的作用。土壤污染的植物修复技术是一项非常有前途的新技术,有许多优点,特别是和其他修复技术相比,费用较低,适合在发展中国家采用。但是由于刚刚起步,它在理论体系、修复机理和修复技术等方面还有许多不完善的地方,还有许多工作要做。在基础研究方面包括:超量积累和耐性去污植物资源的筛选;植物分解、富集和稳定化污染物的机制;污染物在植物体系中的迁移和转化规律;污染物在植物 – 微生物体系中的作用规律;污染物在植物 – 土壤体系中的作用规律;特定植物的生理特性,各种植物的搭配,工程设计规范和工程治理标准,提高去除效率和减少费用,克服生物修复局限性,扩大生物修复应用范围以及和其他修复技术结合使用等问题。这些问题的研究,需要植物学、生态学、环境化学、土壤学、工程学、生物化学、遗传学、微生物学等多学科的通力合作。

思 考 题

1. 什么是生物修复?同物理、化学方法比较有什么优缺点?
2. 生物修复受哪些因素影响?
3. 土壤的生物修复有哪些方法?
4. 地下水生物修复有哪些方法?
5. 怎样对石油污染的海洋进行生物修复?
6. 简述湖泊生态修复技术。
7. 简述利用植物对污染土壤进行修复的方法。

附 录

附录一 2003年哈尔滨工业大学硕士研究生入学考试试题

微生物学（微生物学专业）

一、名词解释（30分）
1. 协同氧化 2. 葡萄糖效应 3. 生物修复 4. 一步生长曲线 5. 硝酸盐呼吸
6. 营养缺陷型 7. 恒化连续培养 8. 竞争性抑制作用 9. PCR技术 10. 生态位

二、填空（20分）
1. 原生动物的营养方式有（　）、（　）、（　）、（　）。
2. 证明核酸是遗传变异物质基础的三个经典实验是（　）、（　）、（　）。
3. 检测饮用水中大肠菌群数的常用方法是（　）和（　）。
4. 细菌细胞结构可分为（　）结构和（　）结构。
5. 霉菌的菌丝按其功能分为（　）、（　）和（　）。
6. 空气中微生物的检测方法有（　）、（　）和（　）等。
7. 有些细菌细胞内贮存的异染颗粒作为（　）贮藏物，聚β-羟基丁酸作为（　）贮藏物。
8. 电子通过电子传递链传递最终和（　）分子结合。

三、简答题（40分）
1. 分析细菌表面带电性。
2. 生物除磷的基本原理。
3. 总结微生物运输营养物质的方式和特点。
4. 配制培养基应遵循哪些原则。
5. 为什么同等温度下湿热灭菌法效果优于干热灭菌法？
6. 绘图说明自然界碳循环过程。
7. 按照微生物生长的最适温度细菌分哪几种类型？
8. 微生物在生态系统中的作用。
9. TCA循环的生理意义。
10. 化能异养型微生物产能产谢的方式和特点。

四、实验（25分）
1. 革兰氏染色法的机理。（5分）
2. V.P试验（乙酰甲基醇试验）原理。（5分）
3. Ames实验的原理及实验步骤。（15分）

五、论述题（15分）
怎样获得某一纯菌种的生长曲线，生长曲线分几个时期，各时期有什么特点？

六、综述题（20分）
在叙述水体自净过程的基础上，分析由于某些地区向天然水体中排放过量污染物，使水体的自净过程无法实现的主要原因，并讨论怎样能利用人工强化措施恢复自净过程。

污染控制微生物学（环境科学与工程、市政工程专业）

一、名词解释(20分)

1. 共代谢 2. 二次生长曲线 3. 生态位分离 4. 菌胶团 5. 生物修复
6. 裂解量 7. 生长因子 8. CoA 9. 氧化磷酸化 10. 生态平衡

二、填空(20分)

1. 原生动物的营养方式有(　)、(　)、(　)和(　)。
2. 1摩尔葡萄糖完全氧化产生(　)摩尔CO_2,(　)摩尔ATP。
3. 营养琼脂培养基常用的灭菌温度是(　),时间是(　)。
4. 真核微生物和原核微生物的呼吸链分别位于(　)和(　)。
5. 同型乳酸发酵和乙醇发酵的最终氢受体是(　)和(　),同时NADH+H+转化为(　)。
6. 细菌细胞的特殊结构有(　)、(　)和(　)。
7. 空气中微生物的检测方法有(　)、(　)和(　)。
8. 病毒的检验常用(　)检验法。

三、简答题(50分)

1. 生物脱氮的原理。
2. 底物浓度对酶促反应速度有什么影响?
3. 水体自净的过程。
4. 废水处理后污染物的去向。
5. 基因突变的原理。
6. 微生物的营养类型及划分的依据。
7. 生态系统的构成及其中微生物的作用。
8. 脂肪有氧代谢的途径。
9. 举例说明拮抗作用。
10. 配制培养基应遵循哪些原则?

四、实验(25分)

1. 利用发酵法测水中大肠菌群数时回答下列问题:
①培养基中的碳源是什么?（1分）
②培养基中溴甲酚紫的作用?（1分）
③什么现象属于阳性结果?（1分）
④实验原理?（5分）
2. 利用平板菌落计数法对某一污水样中的细菌计数。（17分）

五、论述(15分)

生长曲线各时期有什么特点?怎样利用生长曲线指导废水生化处理系统的快速启动?

六、综述(20分)

讨论废水生化处理的微生物学原理。你认为对于高浓度有机废水应采用什么处理方法,并说明其中的微生物作用原理。

附录二　2004年哈尔滨工业大学硕士研究生入学考试试题

微生物学　（微生物学专业）

一、名词解释（20分）

1. 个体、种群和群落　2. 葡萄糖效应　3. 双名法　4. 肽聚糖　5. 前噬菌体　6. 外源性呼吸与内源性呼吸　7. 连续培养　8. 生态幅　9. F因子　10. LD50

二、填空（20分）

1. 霉菌产生的无性孢子有（　　）、（　　）、（　　）等。
2. 我国应用的六界分类系统包括动物界、植物界、（　　）、（　　）、（　　）和病毒界。
3. 双成分酶由酶蛋白和（　　）两部分构成。
4. 非竞争性抑制剂存在时的酶促反应动力学关系式为（　　）。
5. 革兰氏染色多数放线菌为（　　）性，蓝细菌为（　　）性。
6. 实验室常用的湿热灭菌法有（　　）和（　　）等。
7. 细菌细胞在高渗溶液中产生（　　）现象，在低渗溶液中产生（　　）现象。
8. 乳糖蛋白胨培养基的灭菌压力是（　　），温度是115℃；营养琼脂培养基的灭菌压力是（　　）、温度是121℃。
9. （　　）技术又称DNA多聚酶链式反应。
10. 细菌的荚膜多在生长曲线的（　　）期形成。
11. 细菌的等电点（PI）在（　　）之间，通常培养条件下细菌表面带（　　）电荷。

三、简答（50分）

1. 微生物有哪些特点。
2. 合成代谢与分解代谢的关系。
3. 培养基按用途划分为哪几种？并简单说明用途。
4. 简述自然界碳的循环过程，并说明微生物在其中的作用。
5. 微生物与氧的关系。
6. 举例说明微生物之间的互生关系。
7. 推导出计算细菌代时（G）的方法。
8. 简述葡萄糖的发酵途径。
9. 列表比较微生物运输营养物质的方式及特点。
10. 抗生素对微生物生长有什么影响？

四、实验（20分）

1. Ames实验的原理？（5分）
2. 活性污泥法是废水生化处理的主要方法之一，其主要成分活性污泥由细菌、原生动物等组成，检测生物相是判断系统运行是否正常的重要指标，请设计实验检测活性污泥中细菌的优势菌属及原生动物的组成和数量。（15分）

五、论述（15分）

1. 噬菌体在基因工程中的作用。（7分）

2. 利用操纵子模型解释酶的诱导和阻遏现象。(8分)

六、综述(25分)

根据你所掌握的微生物学知识,谈一谈微生物学在环境保护中的应用。

污染控制微生物学 （环境科学与工程专业）

一、名词解释(20分)

1. 质粒 2. 菌胶团 3. 硝化作用与反硝化作用 4. 灭菌、消毒与防腐 5. 水华 6. 代时

7. 中心法则 8. 竞争排斥原理 9. 酶 10. 巴斯德效应

二、填空(20分)

1. 生物的学名采用林奈的"双名法"(　　)名在前,(　　)名在后。
2. 鞭毛的化学组成主要是(　　)。
3. 当(　　)浓度足够大并为一定值,且酶浓度也相对较低时,酶浓度与反应速度成正比。
4. 米门方程式的表达式是(　　)。
5. 酶的活性中心由(　　)基团和(　　)基团构成。
6. 霉菌由(　　)、(　　)、(　　)三种菌丝构成。
7. 实验室常用的灭菌方法有(　　)、(　　)。
8. 一般认为水体形成富营养化的指标是,水体中含氮量大于(　　)mg/L,含磷量大于(　　)mg/L。
9. (　　)技术又称DNA多聚酶链式反应。
10. 细菌纯培养的分离方法有(　　)、(　　)、(　　)等。
11. 病毒的化学组成主要有(　　)和(　　)。

三、单选题(10分)

1. 污水净化过程中,指示生物出现的顺序

   A. 细菌、轮虫、植物性鞭毛虫　　B. 植物性鞭毛虫、细菌、轮虫
   C. 轮虫、细菌、植物性鞭毛虫　　D. 细菌、植物性鞭毛虫、轮虫

2. 能产生抗生素的种类

   A. 细菌　　　　B. 放线菌　　　　C. 酵母菌　　　　D. 病毒

3. 异养型微生物

   A. 蓝细菌　　　B. 硫细菌　　　　C. 啤酒酵母　　　D. 衣藻

4. 细菌形成荚膜主要在

   A. 延迟期　　　B. 对数期　　　　C. 稳定期　　　　D. 衰亡期

5. 细菌与噬菌体的关系

   A. 互生关系　　B. 共生关系　　　C. 拮抗关系　　　D. 寄生关系

6. 催化 $A-B \rightleftharpoons A+B$ 的酶属于

   A. 水解酶类　　B. 转移酶类　　　C. 裂解酶类　　　D. 合成酶类

7. 细胞膜中含有的主要物质

A. 肽聚糖　　　　　B. 核酸　　　　　　C. 蛋白质　　　　　D. 无机盐
8. 利用发酵法测定水中的总大肠菌群数,通常不考虑的细菌是:
A. 大肠埃希氏杆菌　B. 产气杆菌　　　　C. 枸橼酸盐杆菌　　D. 副大肠杆菌
9. 蛋白质合成的部位
A. 中体　　　　　　B. 核糖体　　　　　C. 线粒体　　　　　D. 高尔基体
10. F 因子表示什么质粒
A. 抗药性质粒　　　B. 致育因子　　　　C. 大肠杆菌素质粒　D. 降解质粒

四、简答(50 分)

1. 比较呼吸与发酵的异同。
2. 为什么微生物在含多种有机物的环境中有时会出现二次生长现象?
3. 利用操纵子模型说明诱导酶是怎样产生的。
4. 什么是基因重组? 基因重组可通过什么方式实现?
5. 生物除磷的基本原理。
6. 生物修复技术的优点。
7. 通常培养条件下细菌表面带哪种电荷,为什么?
8. 厌氧生物处理工艺中,产酸菌与产甲烷菌的关系。
9. 总结微生物运输营养物质的方式及特点。
10. 微生物有哪些特点?

五、实验(20 分)

1. 用光密度值(OD)测得的生长曲线能否代替测活菌数得到的生长曲线? 为什么? (5 分)
2. 怎样对荚膜染色。(5 分)
3. 用发酵法测饮用水中大肠菌群数的操作过程。(10 分)

六、论述(10 分)

讨论多糖、脂肪、蛋白质降解转化的规律。

七、综述(20 分)

论述自然界碳循环与生态平衡的关系。

微生物学（微生物学专业）

一、名词解释（20分，每题2分）

1. 溶原性细菌 2. 聚β-羟基丁酸颗粒 3. 生态位分离 4. 生物放大 5. 基团转位
6. 硫酸盐呼吸 7. 抗生素 8. cDNA 9. 分批培养 10. 中间产物学说

二、填空（20分，每空1分）

1. 细菌细胞的可变结构有（ ）、（ ）、（ ）。
2. 生物的学名由（ ）名和（ ）名组成，以（ ）文表示。
3. 得用发酵法测大肠菌群数时，乳糖蛋白胨培养基中的碳源是（ ），溴甲酚紫的作用是（ ）。
4. 测定细菌的代时应在生长曲线的（ ）期进行。
5. 操纵子包括（ ）基因、（ ）基因、（ ）基因。
6. 以有机物作为供氢体的微生物属于（ ）型微生物。
7. 细菌细胞壁的肽聚糖由（ ）和（ ）及少量氨基酸短肽链聚合而成的一个大分子复合体。
8. 病原微生物的致死温度在（ ）左右，牛奶等常用（ ）灭菌法杀灭病原微生物。
9. 琼脂是固体培养基中常用的凝固剂，其熔点是（ ），凝点是（ ）。
10. （ ）的比例控制氧化还原进程和代谢产物种类，是细胞内物质代谢的重要因素。

三、简答题（50分，每题5分）

1. 请叙述噬菌体感染实验的过程。
2. 微生物在自然界碳循环中起什么作用。
3. 微生物产能的方式。
4. 解释二次生长现象。
5. 写出酵母菌在有氧及无氧条件下降解葡萄糖的途径。
6. 酶的结构与催化作用的关系。
7. 比较放线菌与霉菌的异同。
8. 原核微生物和与真核微生物的主要区别。
9. 为什么通常用碱性或中性染料对细菌染色？
10. pH值对酶促反应速度有什么影响。

四、实验（15分）

1. 测定某一纯菌种的生长曲线。（10分）
2. 怎样从土壤中分离细菌？（5分）

五、论述（30分，每题10分）

1. 举例说明微生物之间的相互作用关系。
2. 总结原核微生物基因重组的方式。
3. 概述环境微生物分子生态学的主要研究方法。

六、综述(15 分)

请你根据所学的微生物学知识,谈一谈硕士学习期间如何从事环境微生物学的科研工作。

污染控制微生物学(环境科学与工程专业)

一、名词解释(20 分,每题 2 分)

1. 营养缺陷型 2. NAD 3. PCR 4. 顶极群落 5. 基因重组 6. 限制因子 7. 双名法 8. 菌落 9. 发酵 10. 操纵子

二、填空(20 分,每空 1 分)

1. 地衣是( )和( )组成的共生体。
2. 1 mol 乙酰 CoA 经 TCA 循环完全氧化理论上可产生( ) molATP 和( ) mol CO_2。
3. 核糖体由( )个亚基构成,化学组成是( )和( )。
4. 微生物在自然界碳循环中的作用是( )和( )。
5. 米氏方程中 K_m 的含义是( )。
6. 噬菌体的核酸类型大多为( )。
7. 革兰氏染色过程中使用碘液作用是( ),乙醇作用是( )。
8. 放线菌由三种菌丝构成包括( )、( )和孢子丝。
9. 生态系统的功能包括生物生产、( )、( )、( )和调节能力。
10. 在分类地位上细菌属于( )界,酵母菌属于( )界。

三、单选题(5 分,每题 1 分)

1. 硫化细菌属于
   A. 光能自养型微生物 B. 化能自养型微生物 C. 光能异养型微生物 D. 化能异养型微生物
2. 下列哪种不属于原生动物
   A. 草履虫   B. 太阳虫   C. 钟虫   D. 轮虫
3. 土壤中微生物数量
   A. 表层土分布多   B. 深层土分布多
   C. 表层土与深层土分布相关不多   D. 与土壤深度无关
4. 氧化塘中菌和藻的关系
   A. 互生关系   B. 共生关系   C. 拮抗关系   D. 寄生关系
5. 维持酶活性中心的空间构型
   A. 结合基团   B. 催化基团   C. 多肽链   D. 底物

四、简答题(50 分,每题 5 分)

1. 矿质营养对微生物生长的作用。
2. 同一有机污染物在有氧和无氧条件下降解有哪些异同?
3. 分析水体富营养化造成藻类大量繁殖后,为什么溶解氧反而下降?
4. 铁细菌在给水处理系统中可能造成的危害。

5. 细胞膜的化学组成及生理功能。
6. 生物脱氮的微生物学原理及主要的微生物类群。
7. 基因工程的主要操作过程。
8. 为什么选用大肠菌群作为生活饮用水细菌卫生指标之一?
9. 细菌纯培养生长曲线与活性污泥增长曲线的异同。
10. 抑制剂对酶的活性有哪些抑制作用?

五、实验(20 分)

1. 革兰氏染色中造成假阴性和假阳性的原因是什么?怎样保证在对未知菌染色时结果正确?(5 分)
2. 怎样对未知菌种鉴定?(15 分)

六、论述(20 分,每题 10 分)

1. 绘图说明活性污泥处理系统中,随着有机物浓度的改变原生动物的演替规律。
2. 乙酰 CoA 在三大有机物有氧降解中的地位。

七、综述(15 分)

请你根据所学的微生物生理生态学原理,分析组合式厌氧-好氧处理工艺的作用原理及两者之间的关系。

附录四 2006年哈尔滨工业大学硕士研究生入学考试试题

微生物学（微生物学专业）

一、名词解释（30分，每题3分）
1. 烈性噬菌体 2. 硝化作用与反硝化作用 3. 辅基 4. 顶极群落
5. 呼吸与发酵 6. 细菌细胞的可变结构 7. 同步生长 8. 乳糖操纵子
9. 耐性定律 10. 同义突变

二、填空（20分，每空1分）
1. 原核微生物呼吸链位于（　　），真核微生物呼吸链位于（　　）。
2. 在分类上细菌属于（　　）界，原生动物属于（　　）界，后生动物属于（　　）界。
3. DNA双螺旋结构模型中，两条互补链靠氢键联结，其中A与T形成（　　）个氢键，G与C形成（　　）个氢键。
4. 丙酮酸是许多代谢途径的公共中间产物，一分子丙酮酸完全氧化可产生（　　）分子ATP和（　　）分子CO_2。
5. 米氏方程推导的依据是（　　）。
6. 霉菌由（　　），（　　），（　　）三种菌丝组成。
7. 作为脱氢酶的辅酶有（　　），（　　）。
8. 营养物质运输方式不受浓度限制的有（　　），（　　）。
9. 细菌的繁殖方式是（　　），酵母菌的繁殖方式是（　　）。
10. 用（　　）可表示噬菌体的增殖能力。

三、简答（50分，每题5分）
1. 细菌细胞壁的结构和化学组成。
2. 举例说明微生物之间的拮抗关系。
3. 实验室常用的灭菌方法和适用范围。
4. 诱导契合学说的要点。
5. 放线菌孢子的形成方式。
6. 为什么芽孢耐热和干燥？
7. 蛋白质合成的要点。
8. 染料为什么能抑制细菌生长？
9. 蛋白质有氧条件下的代谢途径。
10. 硝化细菌的产能代谢过程。

四、实验（20分）
1. 怎样利用实验确定酶促反应的最大反应速度和米氏常数？（5分）
2. 怎样利用选择培养基分离筛选出目标微生物（可举一实例）？（10分）
3. 微生物生长量的测定方法有哪些（只写出方法，不要求过程）？（5分）

五、论述（30分，每题10分）
1. 草履虫竞争试验的内容，试验结果说明了什么问题？

2. 绘图说明自然界氮循环的过程,并指出哪条是主要途径,为什么?
3. 细菌纯培养的生长曲线各时期有什么特点?如何利用生长曲线指导细菌发酵过程?

污染控制微生物学(环境科学与工程、市政工程专业)

一、名词解释(20分,每题2分)

1. 生长因子 2. 细菌的特殊结构 3. 辅酶A 4. 糖酵解 5. 赤潮
6. 基因重组 7. 遗传密码 8. 生态平衡 9. 温和性噬菌体
10. 葡萄糖效应

二、填空(20分,每空1分)

1. 霉菌产生的无性孢子有( )、( )、( )和节孢子。
2. 细胞膜的主要化学组成是( )和( )。
3. 一分子丙酮酸完全氧化可产生( )分子二氧化碳和( )分子ATP。
4. 细菌的荚膜通常在生长曲线上的( )时期产生。
5. 原核生物能量产生的部位在( ),而真核生物能量产生的部位在( )。
6. 按培养基的用途可分为:基础培养基、( )、( )、和( )。
7. 实验室常用的灭菌方法有( )、( )。
8. 微生物在生态系统中的作用是( )和( )。
9. 饮用水中大肠菌群数常用的检测方法有( )和( ),病毒的检测方法是( )。

三、单选题(5分,每题1分)

1. 厌氧产酸段将大分子有机物转化成有机酸的微生物类群
   A. 发酵细菌群   B. 产氢产乙酸细菌群 C. 同型产乙酸细菌群   D. 产甲烷细菌
2. 若在对数期某一时刻测得大肠杆菌数为$1.0×10^2$cfu/ml,经400分钟培养后增至$1.0×10^9$cfu/ml,那么该菌的代时为多少分钟?
   A. 17   B. 19   C. 21   D. 23
3. 供氧不足时产生有机酸的主要原因
   A. 微生物发酵   B. 微生物有氧呼吸   C. 微生物无氧呼吸   D. 细菌死亡
4. 测定水样中活细菌数的方法
   A. 计数器直接计数法 B. 平板菌落计数法 C. 染色涂片计数法   D. 比浊法
5. 催化 A-X+B $\rightarrow$ A+B-X 反应的酶属于
   A. 氧化还原酶类   B. 转移酶类   C. 裂解酶类   D. 合成酶类

四、简答(50分,每题5分)

1. 比较霉菌与放线菌有哪些异同。
2. 为什么细菌表面带负电荷?
3. 生物脱氮的基本原理。
4. 烈性噬菌体的增殖过程。
5. 酶的结构与功能的关系。
6. 微生物的营养类型及划分依据。

7. 微生物突变的机理。
8. 产甲烷菌的生理特征。
9. 生物修复技术有哪些局限性？
10. 水体自净的过程。

五、实验(15 分)
1. 怎样测某一纯菌种的生长曲线？(10 分)
2. 革兰氏染色的主要操作过程及机理。(5 分)

六、论述(20 分,每题 10 分)
1. 富营养化水体可能存在的生态演替过程及危害。
2. 举例说明微生物之间的相互作用关系。

七、综述(20 分)
有机污染物在废水生物处理系统中转化的规律。

附录五　2006年哈尔滨工业大学博士研究生入学考试试题

污染控制微生物学　（环境科学与工程专业）

1. 举例说明利用有机废弃物获取生物质能的方法和途径。(10分)

2. 根据生长所需碳源和能源的不同，可将微生物的营养类型分为哪几种？试从营养方式上对它们进行比较说明。(10分)

3. 在微生物培养中，常用的培养基有哪些？配制培养基需遵循什么样的基本原则？(10分)

4. 在分批培养中，微生物的生长经历了停滞期（迟缓期）、对数生长期稳定期和衰亡期等几个时期。请根据各阶段的特点，谈谈微生物的生长曲线对废水生物处理有何指导意义？(10分)

5. 含氮、磷过高的废水如果直接排入天然水体，会造成水体的富营养化，使水体的正常生态平衡遭到破坏，因此，需严格控制排放废水中的氮磷含量。应用生物学方法可有效地去除有机废水中的氮磷，请就废水的生物脱氮除磷工艺及其原理加以说明。(20分)

6. 论述题(40分)

请从以下几方面写一个报告。

(1)介绍一下你的硕士学位论文所研究的主要内容。

(2)假定一个研究课题，写一篇博士论文开题报告。要求围绕课题研究的意义和目的、研究方法和手段、研究的主要内容和创新点、研究进展和预期成果等方面进行论述。要求所提出的研究课题和研究内容既要有创造性，又要有理论或实际的根据。

附录六 2007年哈尔滨工业大学硕士研究生入学考试试题

微生物学（微生物学专业）

一、名词解释（30分，每题3分）
1. 竞争排斥原理 2. 代谢工程 3. 肽聚糖 4. 呼吸链 5. 诱变育种 6. 营养缺陷型 7. 间歇培养 8. 原生质体融合 9. 限制因子 10. 无氧呼吸

二、填空（20分，每空1分）
1. 核糖体的主要成分是（　　）和（　　）。
2. 常用的湿热灭菌法有（　　）和（　　）。
3. 乳糖操纵子由（　　）、（　　）和（　　）组成。
4. 乙酰辅酶A是许多代谢途径的公共中间产物，一分子乙酰辅酶A三羧酸循环可产生（　　）分子ATP和（　　）分子CO_2。
5. 米氏方程中米氏常数的含义是（　　）。
6. 放线菌由（　　），（　　），（　　）三种菌丝组成。
7. 耗能的营养物质运输方式有（　　），（　　）。
8. 酶的活性中心包括（　　），（　　）。
9. 牛肉膏蛋白胨培养基的灭菌压力是（　　），温度是（　　）。
10. 蓝细菌的（　　）有固氮能力。

三、简答（50分，每题5分）
1. 温和性噬菌体的增殖过程。
2. 什么是连续培养，连续培养有哪些优点？
3. 基因工程的主要操作过程。
4. 硝化细菌和硫细菌的产能方式。
5. 脂肪完全氧化的途径。
6. 比较细菌和霉菌的菌落特征。
7. 脱氮除磷的基本原理。
8. 抗生素抑菌原因。
9. 碳循环过程及微生物的作用。
10. 微生物和氧的关系。

四、实验（20分）
1. 革兰氏染色的主要操作过程和机理。（5分）
2. 如何利用常规方法和现代分析手段，将一株细菌鉴定到种？（15分）

五、论述（30分，每题10分）
1. 运用微生物生理生态学原理，分析微生物之间的相互作用关系。
2. 总结影响酶促反应速度的因素。
3. 举例说明如何利用DGGE方法解析微生物群落结构。

污染控制微生物学（环境科学与工程、市政工程专业）

一、名词解释（20分，每题2分）

1. 无氧呼吸 2. 中体 3. 呼吸链 4. 指示生物 5. 生态位 6. 溶原性
7. 酶的活性中心 8. 生物修复 9. 自净容量 10. 限制因子

二、填空（20分，每空1分）

1. 细菌的特殊结构有（　）、（　）、（　）。
2. 细胞膜的主要化学组成是（　）和（　）。
3. 一分子乙酰辅酶A完全氧化可产生（　）分子二氧化碳和（　）分子ATP。
4. 活性污泥法利用了菌胶团的（　）和（　）性质。
5. 原生动物的营养方式有（　）、（　）、（　）和（　）。
6. 常用的湿热灭菌法有（　）、（　）。
7. 微生物营养类型划分的依据是（　）和（　）。
8. 水体富营养化的指标是含氮大于（　），含磷大于（　），BOD大于（　）。

三、单选题（10分，每题2分）

1. 胞外酶属于哪一类
   A. 合成酶 B. 脱氢酶 C. 水解酶 D. 裂解酶
2. 米-门方程式表示那种因素与酶促反应速度有关
   A. 酶浓度 B. 底物浓度 C. 温度 D. pH值
3. 噬菌体进入宿主细胞是哪部分
   A. 核酸 B. 蛋白质 C. 核酸和蛋白质 D. 核酸和蛋白质都不
4. 同一种有机物在有氧和无氧条件下氧化产生的ATP数
   A. 有氧条件下多 B. 无氧条件下多
   C. 有氧和无氧条件下相差不多 D. 无法判断
5. 细菌属于哪一界
   A. 真菌界 B. 原核生物界 C. 真核原生生物界 D. 病毒界

四、简答（50分，每题5分）

1. 水源水中藻类的生长需要什么条件？
2. 原核生物与真核生物在细胞结构上有什么区别？
3. 主动运输的过程及特点。
4. 抑制剂对酶抑制作用的原理。
5. 三羧酸循环的生物学意义。
6. 为什么抗生素对细菌的生长有抑制作用？
7. 描述DNA结构模型。
8. 原生动物在废水处理中的作用。
9. 举例说明微生物之间的正相互作用关系。
10. 细菌纯培养生长曲线对活性污泥系统的运行有什么指导意义？

五、实验(20 分)

1. 发酵法测定饮用水中大肠菌群数回答下列问题(10 分,每题 5 分)
(1)实验原理。
(2)选择大肠菌群作为卫生指标的原因。
2. 怎样测定某污水中的细菌总数?(5 分)
3. 革兰氏染色的过程及原理。(5 分)

六、论述(10 分)
分析有机污染物在不同条件下的生物转化规律。

七、综述(20 分)
以某一废水生物处理工艺为例,分析整个处理系统的微生物生理生态学原理。

附录七 2008年哈尔滨工业大学硕士研究生入学考试试题

微生物学（微生物学专业）

一、名词解释（20分，每题2分）

1. 同步生长 2. 伴孢晶体 3. 曲颈瓶试验 4. 生长因子 5. 分生孢子 6. 水体自净
7. 察氏培养基 8. 自外裂解 9. 生态位分离 10. 氧化磷酸化

二、填空（20分，每空1分）

1. 常用的分析环境微生物群落结构和群落动态的分子生态学方法有：FISH 技术、（　　）技术和（　　）技术。
2. 真菌的有性孢子有（　　）、（　　）和（　　）。
3. 诱发突变可分为三类，即（　　）、（　　）和（　　）。
4. 参与酰基转移的辅酶是（　　）。
5. 米氏方程的表达式是（　　）。
6. 生活饮用水卫生标准（GB 5749—2006）中，微生物指标由2项增至6项，增加了大肠埃希氏菌、（　　）、（　　）和（　　）；修订了总大肠菌群；
7. 微生物中能产生抗生素的类群是（　　）和（　　）。
8. 根据碳源的不同将微生物分为（　　）和（　　）两类。
9. 营养琼脂培养基的灭菌压力是（　　），灭菌时间（　　）。
10. 紫外线灭菌的机理是（　　）。

三、简答（60分，每题6分）

1. 细菌细胞膜的组成物之一蛋白质有什么功能？
2. 如何理解酶具有特异性。
3. 基团转位运送营养物质的机制。
4. 利用生态位解释微生物之间的竞争关系。
5. 水华和赤潮的产生机制。
6. 举例说明微生物之间的互利关系。
7. 放线菌和霉菌的异同。
8. 绘图说明大肠杆菌的 F^+、F^-、F' 和 Hfr 菌株之间的关系。
9. 生长曲线中的对数生长期有什么特征？
10. 分析细菌表面的带电性？

四、实验（20分）

1. 怎样对芽孢和荚膜染色。（5分）
2. 如何分离高产蛋白酶的菌种并鉴定。（15分）

五、论述（30分，每题15分）

1. 讨论决定微生物对有机污染物降解能力的因素。
2. 如何理解 TCA 循环是有机物彻底氧化的公共途径？

污染控制微生物学（适用专业：环境科学与工程、市政工程、城市水资源）

一、名词解释（20分，每题2分）

1. 氧化磷酸化　2. 孢子与芽孢　3. 裂解量　4. 无氧呼吸　5. 载体蛋白　6. 生态演替
7. 基因工程　8. 生态幅　9. 呼吸与发酵　10. 同型分裂

二、填空（20分，每空1分）

1. 放线菌的孢子繁殖方式有（　）、（　）和（　）。
2. 病毒的化学组成是（　）和（　）。
3. 微生物在自然界碳素循环中的作用是（　）和（　）。
4. 米门方程式的推导依据是（　）。
5. 乳糖蛋白胨培养基中溴甲酚紫的作用是（　），乳糖的作用是（　）。
6. EMP途径的产物是（　）、（　）、和（　）。
7. 根据碳源的不同将微生物分为（　）、（　）两类。
8. （　）、（　）和结构基因总称为操纵子。
9. 根据（　）、（　）和（　）实验证明了核酸是遗传的物质基础。

三、单选题（10分，每题2分）

1. 细菌形成荚膜主要在（　）
   A. 延迟期　　　　B. 对数期　　　　C. 稳定期　　　　D. 衰亡期
2. 检验水中病毒的方法（　）
   A. 平板菌落法　　B. 蚀斑检验法　　C. 多管发酵法　　D. 测定叶绿素A含量
3. 产甲烷菌能将哪类物质转化为甲烷（　）
   A. 大分子有机物　B. 一碳有机物　　C. 死亡的细菌　　D. 水
4. 使蛋白质变性导致酶促反应速度下降的因素（　）
   A. 酶浓度　　　　B. 底物浓度　　　C. 温度　　　　　D. 抑制剂
5. 哪项不是芽孢的作用（　）
   A. 繁殖　　　　　B. 休眠　　　　　C. 抗干燥　　　　D. 耐高温

四、简答（50分，每题5分）

1. 原核生物与真核生物的区别。
2. 底物浓度与酶促反应速度的关系。
3. 为什么湿热灭菌法的效果优于干热灭菌法。
4. 解释由于反硝化作用引起二沉池沉淀效果变差的原因。
5. 铁细菌的营养方式及在输水管线中的危害。
6. 发生赤潮的微生物学原理。
7. 细胞壁的化学组成及生理功能。
8. 配制培养基应遵循那些原则。
9. 举例说明在废水生化处理系统中的竞争关系。
10. 诱变育种的主要过程。

五、实验(15分)

1. 利用比浊法及活菌计数法均可测得细菌的生长曲线,两者有什么异同。(5分)
2. 怎样筛选出目标微生物。(10分)

六、论述(10分)

描述活性污泥中微生物的演替规律和指示作用。

七、综述(25分)

分析 A/O 工艺中有机污染物在系统内的转化规律。

附录八 2009年哈尔滨工业大学硕士研究生入学考试试题

微生物学(微生物学专业)

一、名词解释(20分,每题2分)

1. 连续培养 2. 诱导契合学说 3. 限制因子 4. 鞘细菌 5. 内源呼吸 6. 一步生长曲线 7. 生态演替 8. 鉴别培养基 9. 拮抗作用 10. 水体富营养化

二、填空(20分,每空1分)

1. 乳糖蛋白胨培养基中溴甲酚紫的作用是(   ),乳糖的作用是(   )。
2. 常用的湿热灭菌法有煮沸、(   )、(   )和(   )。
3. 原生动物的营养方式有动物性营养、(   )、(   )和(   )。
4. 病毒的检验方法是(   )。
5. 米氏方程的推导依据是(   )。
6. TCA循环的终产物有(   )、(   )和(   )。
7. DNA双螺旋结构模型于(   )年,由(   )两位科学家提出的。
8. 原核生物的核糖体由(   )和(   )两个亚基组成。
9. 酶的活性中心包括(   )和(   )。
10. 蓝细菌的异形胞具有(   )功能。

三、简答(60分,每题6分)

1. 微生物分类鉴定的依据。
2. 抑制剂对酶抑制作用的机理。
3. 总结营养物质运输方式的特点。
4. 比较革兰氏阳性菌与阴性菌细胞壁结构的差异。
5. 总结微生物产能代谢的方式及特点。
6. 富集培养的作用是什么。
7. 比较DNA和RNA的异同。
8. 噬菌体在基因重组中的作用。
9. 解释细菌的二次生长现象。
10. 糖类物质在细菌细胞内的代谢规律。

四、实验(20分)

1. 微生物生长量的测定方法有哪些。(5分)
2. 如何检测水域中的藻类。(15分)

五、论述(30分)

1. 讨论微生物在自然界物质循环中的重要作用?(10分)
2. 为什么微生物对有些有机污染物降解能力较差?怎样提高微生物对难降解有机物的降解能力?(20分)

污染控制微生物学（适用专业：环境科学与工程、市政工程、城市水资源）

一、名词解释（20分，每题2分）

1. 二次生长现象 2. 肽聚糖 3. 生长因子 4. 连续培养 5. 温和性噬菌体 6. 顶级群落 7. 诱变育种 8. 生态位分离 9. 电子传递体系 10. 内含颗粒

二、填空（20分，每空1分）

1. 按功能将质粒分为（   ）、（   ）和（   ）。
2. 细菌的等电点是（   ）所以通常培养条件下带（   ）电荷。
3. 核糖体的化学组成是（   ）和（   ）。
4. 米门方程式的表达式（   ）。
5. 产甲烷菌可以将（   ）和（   ）在厌氧条件下转化为甲烷。
6. 作为氢载体的辅酶有（   ）、（   ）、和（   ）。
7. 硝化细菌和铁细菌的能量分别来自于（   ）和（   ）的氧化。
8. 原核生物和真核生物的呼吸链分别位于（   ）和（   ）。
9. 根据（   ）、（   ）和（   ）实验证明了核酸是遗传的物质基础。

三、简答（60分，每题6分）

1. 微生物的特点。
2. 抑制剂对酶抑制作用的机理。
3. 病毒的特点。
4. 解释无氧条件下有机污染物去除率较低的原因。
5. 分析有些污染物难以生物降解的原因。
6. 引起湖库藻类爆发的微生物学原理。
7. 细胞膜的化学组成及生理功能。
8. 霉菌的繁殖方式。
9. 分析在废水生化处理系统中的竞争关系及可能导致的结果。
10. 分析氧化塘生态系统的结构。

四、实验（15分）

1. 实验室常用的灭菌方法有哪些。（5分）
2. 怎样分离和纯化细菌。（10分）

五、论述（10分）

描述微生物群体增长规律及对废水生化处理系统运行的指导意义。

六、综述（25分）

分析不同营养类型的微生物在污染物转化过程中的作用及污染物的转化规律。

附录九 2010年哈尔滨工业大学硕士研究生入学考试试题

微生物学(微生物学专业)

一、名词解释(20分,每题2分)
1. 滑动细菌 2. 异染颗粒 3. 硝酸盐呼吸 4. Ames实验 5. 厚垣孢子 6. 内源呼吸
7. 电子传递体系 8. 核酸探针 9. 富集培养 10. DGGE

二、填空(20分,每空1分)
1. 磷酸转移酶系统包括酶Ⅰ、(　　)和(　　)。
2. 放线菌孢子形成的方式有(　　)、(　　)和(　　)。
3. 基因突变包括(　　)、(　　)和(　　)。
4. (　　)决定了微生物代谢的方向。
5. 遗传密码表中的起始密码是(　　)。
6. 六界分类系统分为动物界、植物界(　　)、(　　)、(　　)、和病毒界;
7. 微生物学的奠基人是法国学者(　　)和德国细菌学家(　　)。
8. 细胞膜的化学组成是(　　)和(　　)。
9. 乳糖蛋白胨培养基的灭菌压力是(　　),灭菌时间(　　)。
10. 酵母菌主要以(　　)方式繁殖。

三、简答(60分,每题6分)
1. 噬菌体的增殖过程?
2. 为什么微生物在有氧代谢时繁殖速度快。
3. 如何理解细胞壁是有效的分子筛。
4. 利用生态位说明耐冷型微生物和嗜冷型微生物的区别。
5. 转化实验的过程和说明的问题。
6. 分析微生物由于种间竞争而可能产生的结果。
7. 为什么芽孢耐热和抗干燥。
8. 自养菌代时长的原因。
9. 如何利用生长曲线指导微生物的发酵?
10. 氧化还原电位对微生物生长有什么影响?

四、实验(20分)
1. 怎样确定某一酶促反应的最大反应速度和米氏常数。(5分)
2. 细菌的鉴定方法。(15分)

五、论述(30分,每题15分)
1. 讨论微生物的代谢调节机制。
2. 谈一谈微生物学在环境领域的应用?

污染控制微生物学（适用专业：环境科学与工程、市政工程、城市水资源）

一、名词解释(20分，每题2分)

1. 内源呼吸 2. 放线菌 3. 呼吸链 4. 硫酸盐呼吸 5. 基团转位 6. 生态位 7. 操纵子 8. 质粒 9. 菌落 10. 一步生长曲线

二、填空(20分，每空1分)

1. 霉菌的有性孢子繁殖方式有（　）、（　）和（　）。
2. 核糖体的化学组成是（　）和（　）。
3. 微生物之间相互有利的关系是（　）和（　）。
4. （　）决定了微生物代谢的方向。
5. 细菌细胞壁的主要成分是（　）和（　）。
6. 在生长曲线的（　）时期，细菌代时最稳定。
7. 有机污染物经生化处理后的去向是（　）、（　）、和（　）。
8. TCA循环的终产物有（　）、（　）和（　）。
9. 基因突变的方式有（　）、（　）和（　）。

三、简答(60分，每题6分)

1. 荚膜的化学组成及生理功能。
2. 酶作用的基本原理。
3. 矿质营养对微生物生长的意义。
4. 同一种有机物在好氧和厌氧条件下转化的异同。
5. 为什么有机物缺乏会影响TN的去除。
6. 利用生态学原理说明制定废水排放标准的原因。
7. 细菌为何出现二次生长现象。
8. 为何要考虑废水中BOD:N:P的比例。
9. 比较细菌纯培养生长曲线和活性污泥增长曲线的异同。
10. 噬菌体在基因重组中的作用。

四、实验(15分)

1. 发酵法测大肠菌群数的实验原理。（5分）
2. 怎样测水中的细菌总数。（10分）

五、论述(10分)

微生物对三大有机污染物的降解规律。

六、综述(25分)

分析湖库中过量营养盐类的主要来源及可能导致水生生态系统的变化过程，怎样控制其进入水体。

附录十 2011年哈尔滨工业大学硕士研究生入学考试试题

微生物学（微生物学专业）

名词解释（20分，每题2分）
1. 呼吸链 2. 溶原性反应 3. 致育因子 4. 锁钥学说 5. 生态位 6. 富集培养基 7. 子囊孢子 8. 酶的活性部位 9. 裂解量 10. 硫酸盐呼吸

二、填空（20分，每空1分）
1. 铁细菌的能量来自于（　　）的氧化。
2. 细菌纯培养的分离方法有（　　）、（　　）、（　　）和（　　）。
3. 蓝细菌常见的属有（　　）、（　　）和（　　）。
4. 病毒的主要组成物质是（　　）和（　　）。
5. 细菌荚膜主要在生长曲线的（　　）形成。
6. 证明核酸是遗传物质基础的经典实验（　　）、（　　）和（　　）。
7. FAD是（　　）的辅酶。
8. 异染颗粒是细菌（　　）和（　　）的储藏物。
9. 生物的学名由（　　）和（　　）组成。
10. 霉菌的营养类型属于（　　）。

三、简答（60分，每题6分）
1. 土壤中微生物分布规律。
2. 为什么pH对酶促反应速度有影响。
3. 总结藻类适宜的生存条件。
4. 自然界氮循环过程及微生物的作用。
5. 比较原核生物与真核生物的主要区别。
6. 举例说明微生物之间的拮抗作用。
7. 总结DNA双螺旋模型要点。
8. 处于对数期细菌的特点。
9. 为什么要考虑培养基中各营养物质的比例。
10. 举例分析水生态系统的结构。

四、实验（15分）
怎样筛选出对石油烃类有降解能力的微生物。

五、论述（35分）
1. 讨论对微生物生长有影响的生态因子？（15分）
2. 总结微生物产能代谢的方式及能源物质的转化规律？（20分）

污染控制微生物学（适用专业：环境科学与工程、市政工程、城市水资源）

一、名词解释（20分，每题2分）
1. 巴氏消毒法 2. 连续培养 3. 调节基因 4. 异染颗粒 5. 溶源性细胞 6. 耐性定律

7. 同化容量　8. 致育因子　9. 酶的辅因子　10. 竞争性抑制剂

二、填空(20分,每空1分)

1. 细菌的全数计数法有(　　)、(　　)和(　　)。
2. 细菌的等电点是(　　),通常用(　　)染料对其染色。
3. 核糖体的化学组成是(　　)和(　　)。
4. 米门方程式中 K_m 的含义是(　　);V_m 的含义是(　　)。
5. 硝酸盐还原菌的营养类型是(　　)。
6. 基因重组的方式有(　　)、(　　)、和(　　)。
7. 活性污泥法利用了活性污泥(　　)和(　　)的性能。
8. 蓝细菌异形胞的作用是(　　)。
9. 生物膜沿水流方向微型动物按(　　)、(　　)、(　　)和(　　)的顺序出现。

三、简答(60分,每题6分)

1. 原生动物的营养方式。
2. 分析氧化塘的工作原理。
3. 生物除磷的原理。
4. 分析富营养化水体生态系统的演替规律。
5. 氧化还原电位对微生物生长有什么影响。
6. 引起 DNA 突变的原因。
7. 细胞壁的化学组成及生理功能。
8. 放线菌的繁殖方式。
9. 举例说明在废水生化处理系统中的竞争关系。
10. 解释二次生长现象。

四、实验(15分)

1. 饮用水利用液氯消毒的原理。(5分)
2. 怎样检测水中的大肠菌群数。(10分)

五、论述(10分)

酶浓度和底物浓度与反应速度的关系及对废水生化处理系统运行的指导意义。

六、综述(25分)

总结废水生化处理系统中影响污染物转化的因素。

参考文献

[1] 武汉大学复旦大学生物系微生物学教研室. 微生物学[M]. 2版. 北京:高等教育出版社,1990.

[2] 王鄂生. 代谢调控[M]. 北京:高等教育出版社,1990.

[3] 王宝贞. 水污染控制工程[M]. 北京:高等教育出版社,1990.

[4] 任南琪. 有机废水处理生物产氢原理及工程控制对策研究[D]. 哈尔滨:哈尔滨建筑工程学院,1993.

[5] 王祖农. 微生物学词典[M]. 北京:科学出版社,1990.

[6] 马放. 生物监测与评价[M]. 哈尔滨:东北林业大学出版社,1999.

[7] 马文漪,杨柳燕. 环境微生物工程[M]. 南京:南京大学出版社,1999.

[8] 沈耀良,王宝贞. 废水生物处理新技术——理论与应用[M]. 北京:中国环境科学出版社,1999.

[9] 徐亚同. 废水中氮磷的处理[M]. 上海:华东师范大学出版社,1996.

[10] 周德庆. 微生物学教程[M]. 2版. 北京:高等教育出版社,2003.

[11] 陈荷生. 太湖生态修复治理工程[J]. 长江流域资源与环境,2001(3):173-177.

[12] 张甲耀. 生物修复技术研究进展[J]. 应用与环境生物学报,1996(2):193-199.

[13] JONSE W J,NAGLE D F,WHITMAN J R W B. Methanogens and the Diversity of Archaebacteria[J]. Microbiological Review,1987(51):135-177.

[14] GAUDY,GAUDY E T. Microbiology for Environmental Scientists and Engineers[M]. New York:McGraw-Hill Book Company,1980.

[15] BAILEY J E,OUIS D F. Biochemical Engineering Fundamentals[M]. New York:McGraw-Hill Book Company,1986.

[16] HEAD I M,SAUNDERS J R,RICKUP R W. Microbial Evolulion,Diversity,and Ecology,A Deeade of Ribosomal RNA Auolysis of uncultivated Microorganisms[J]. Microbial Ecology,1998(35):1-21.

[17] WINTZINGERODE F V,GÖBEL U B,SFACKEBRANDT F. Determination of Microbial diversity in Envronmental samyles:pitfalls of pcr-based rRNA analysis[J]. FEMS Microbiology Reviews,1997(21):213-229.

[18] 马迪克 M T,马丁克 J M,帕克 J. 微生物生物学[M]. 杨文博,等,译. 北京:科学出版社,2001.

[19] 于玺华. 现代空气微生物学[M]. 北京:人民军医出版社. 2002.

[20] 东秀珠,蔡妙莫. 常见细菌系统鉴定手册[M]. 北京:科学出版社,2001.

[21] 沈萍. 微生物学[M]. 北京:高等教育出版社,2000.

[22] 马放,杨基先. 环境生物制剂的开发与应用[M]. 北京:化学工业出版社,2004.

[23] 任南琪,王爱杰. 厌氧生物技术原理与应用[M]. 北京:化学工业出版社,2004.

[24] 李建政,汪群慧. 废物资源化与生物能源[M]. 北京:化学工业出版社,2004.

[25] 任南琪,李建政.环境污染防治中的生物技术[M].北京:化学工业出版社,2004.
[26] 冯玉杰.现代生物技术在环境工程中的应用[M].北京:化学工业出版社,2004.
[27] 王爱杰,任南琪.环境中的分子生物学诊断技术[M].北京:化学工业出版社,2004.
[28] 汪群慧.固体废物处理及资源化[M].北京:化学工业出版社,2004.
[29] 任南琪,马放.污染控制微生物学原理与应用[M].北京:化学工业出版社,2003.
[30] 尹军,陈雷,王鹤立.城市污水与资源再生及热能回收利用[M].北京:化学工业出版社,2003.
[31] 李铁民,马汐平.环境生物资源[M].北京:化学工业出版社,2003.
[32] 迪芬巴赫 C W,德维克斯勒 G S.PCR技术实验指南[M].影印版.北京:科学出版社,2004.
[33] 英格拉哈姆 J L.微生物学导论[M].影印版.北京:科学出版社,2003.
[34] 普雷斯科特 L M.微生物学[M].影印版.北京:高等教育出版社,2002.
[35] MOLLES I M C.生态学:概念与应用[M].影印版.北京:科学出版社,2000.
[36] 雷特迪吉 R C.生物技术导论[M].影印版.北京:科学出版社,2002.

市政与环境工程系列丛书（本科）

书名	作者	价格
建筑水暖与市政工程 AutoCAD 设计	孙 勇	38.00
建筑给水排水	孙 勇	38.00
污水处理技术	柏景方	39.00
环境工程土建概论（第3版）	闫 波	20.00
环境化学（第2版）	汪群慧	26.00
水泵与水泵站（第3版）	张景成	28.00
特种废水处理技术（第2版）	赵庆良	28.00
污染控制微生物学（第4版）	任南琪	39.00
污染控制微生物学实验	马 放	22.00
城市生态与环境保护（第2版）	张宝杰	29.00
环境管理（修订版）	于秀娟	18.00
水处理工程应用试验（第3版）	孙丽欣	22.00
城市污水处理构筑物设计计算与运行管理	韩洪军	38.00
环境噪声控制	刘惠玲	19.80
市政工程专业英语	陈志强	18.00
环境专业英语教程	宋志伟	20.00
环境污染微生物学实验指导	吕春梅	16.00
给水排水与采暖工程预算	边喜龙	18.00
水质分析方法与技术	马春香	26.00
污水处理系统数学模型	陈光波	38.00
环境生物技术原理与应用	姜 颖	42.00
固体废弃物处理处置与资源化技术	任芝军	38.00
基础水污染控制工程	林永波	45.00
环境分子生物学实验教程	焦安英	28.00
环境工程微生物学研究技术与方法	刘晓烨	58.00
基础生物化简明教程	李永峰	48.00
小城镇污水处理新技术及应用研究	王 伟	25.00
环境规划与管理	樊庆锌	38.00
环境工程微生物学	韩 伟	38.00
环境工程概论——专业英语教程	官 涤	33.00
环境伦理学	李永峰	30.00
分子生态学概论	刘雪梅	40.00

市政与环境工程系列研究生教材

书名	作者	价格
城市水环境评价与技术	赫俊国	38.00
环境应用数学	王治桢	58.00
灰色系统及模糊数学在环境保护中的应用	王治桢	28.00
污水好氧处理新工艺	吕炳南	32.00
污染控制微生物生态学	李建政	26.00
污水生物处理新技术（修订版）	吕炳南	25.00
构效关系及研究方法	王 鹏	38.00
神经网络控制原理与工程应用	张吉礼	20.00
生理学研究技术与方法	李永峰	45.00